विभ्रम और यथार्थ

विभ्रम और यथार्थ

काव्यरचना के स्रोतों का अनुशीलन

क्रिस्टोफर कॉडवेल

अनुवादक

भगवान सिंह

राजकमल प्रकाशन

ISBN : 978-81-7178-092-1

मूल्य : ₹995

पहला संस्करण : 1990
दूसरा संस्करण : 2015
This book is printed on **Print on Demand** Technology : 2025

प्रकाशक : राजकमल प्रकाशन प्रा. लि.
1-बी, नेताजी सुभाष मार्ग, दरियागंज
नई दिल्ली-110 002
शाखाएँ : अशोक राजपथ, साइंस कॉलेज के सामने, पटना-800 006
पहली मंजिल, दरबारी बिल्डिंग, महात्मा गांधी मार्ग, प्रयागराज-211 001
1, अनमोल सोराबजी संतुक लेन, धोबी तलाव, मरीन लाइंस, मुम्बई-400 002
वेबसाइट : www.rajkamalprakashan.com
ई-मेल : info@rajkamalprakashan.com

VIBHRAM AUR YATHARTHA
Hindi Translation of the Illusion and Reality
by Christopher Caudwell

क्रम

बारहवाँ अध्याय

भूमिका

यह पुस्तक केवल कविता के विषय में ही नहीं अपितु कविता के स्रोतों के विषय में भी है। कविता भाषा में लिखी जाती है अतः यह पुस्तक भाषा के स्रोतों के विषय में भी है। भाषा एक सामाजिक अवदान है। यह एक ऐसा उपकरण है, जिसके द्वारा लोग विचारों का आदान-प्रदान करते हैं और एक-दूसरे को अनुप्रेरित करते हैं। अतः कविता के स्रोतों के अध्ययन को समाज के अध्ययन से अलग नहीं किया जा सकता।

साहित्यालोचन की यह आम धारणा है कि साहित्य के स्रोत असंगत और महत्त्वहीन हैं और साहित्य की आलोचना पूरी तरह साहित्य के रूप में ही की जा सकती है। कभी प्रकृति के अध्ययन के विषय में ऐसा ही दर्शन प्रचलित था। यह द' हालबाख़ का यांत्रिक भौतिकवाद था, जिसे आज के अधिकांश वैज्ञानिक अवचेतन रूप में अपनाए बैठे हैं। यह माना जाता था कि पदार्थ का विवेचन पूरी तरह पदार्थ के रूप में ही किया जा सकता है और चूँकि मनुष्य भौतिक तत्त्वों से बना है, अतः उसका विवेचन भी पदार्थ के रूप में ही किया जा सकता है। इस दर्शन का आरंभ पदार्थ को उन सभी गुणों से वंचित करते हुए हुआ, जिनमें विषयगत या मानसिक घटक—रंग, ठोसता, स्वाद—पाए जाते हैं। संहति, आकार, काल और दिक् को वस्तुगत भौतिक गुण माना जाता था। इन्हें पदार्थ का पदार्थ रूप में विवेचन माना जाता था। ऐसा तब तक चलता रहा जब तक आइंस्टाइन ने यह सिद्ध नहीं कर दिया कि स्वयं प्रेक्षक भी इनके निश्चय में स्थान रखता है। पर आइंस्टाइन ने भी इसी तरह का प्रयत्न एक निरपेक्ष पद 'टेंसर' को जन्म देने के साथ किया, जिसे पुनः क्वांटम भौतिकविदों ने अनिश्चयात्मकता का सिद्धांत सिद्ध किया जो कि प्रेक्षक पर निर्भर करता है। आधुनिक भौतिकी ने समीकरणों को छोड़ अन्य किसी चीज को निरपेक्ष नहीं रहने दिया है और समीकरण विचार हैं। स्पष्ट है कि यांत्रिक भौतिकवाद का यह अप्रत्याशित प्रतिफलन इस कारण नहीं था कि यह भौतिकवादी था, बल्कि इसलिए था कि यह पर्याप्त भौतिकवादी नहीं था। विचारों और ऐंद्रिक गुणों को शुद्ध रूप में एक विषयगत और कृत्रिम अस्तित्व, जो पदार्थ के यथार्थ से बाहर था, देकर यांत्रिक भौतिकवादियों ने तुरंत एक अभौतिक यथार्थ का

क्षेत्र स्थापित कर दिया जो उनकी प्रक्रिया के आधार को ही खंडित करता है।

जब यांत्रिक भौतिकवाद पदार्थ के वस्तुगत या विमृष्ट पक्ष को विकसित कर रहा था, भाववाद इसके सक्रिय और आत्मगत (विषयगत) पक्ष को विकसित कर रहा था। भाववाद ऐंद्रिकता का अध्ययन बन गया और इंद्रियबोध एक सक्रिय प्रक्रिया। यह सिद्ध किया गया कि मनुष्य संसार को जिस रूप में जानता है वह ऐंद्रिक गुणों—रूपों, अवधारणाओं, विचारों—से बना है। सबसे पहले कांट ने एक अज्ञात स्वतः-वस्तु (थिंग इन इटसेल्फ) को स्वीकार किया, परंतु हीगेल ने इसको ध्वस्त कर दिया और केवल विचार को शेष रहने दिया, जो मनुष्य के दिमाग में नहीं बल्कि इससे बाहर—परम विचार—में विद्यमान है। निरपेक्ष होने के कारण यह वस्तुनिष्ठ था; वस्तुनिष्ठ होने के कारण भौतिक था। भाववाद भौतिकवाद बन गया, परंतु चूँकि आरंभ से ही इसने वस्तुनिष्ठ, विमृष्ट पदार्थ को छोड़ रखा था, अतः यह हीगेल के तर्कशास्त्र का कठोर, प्रेत रूप भौतिकवाद था जिसका विचार द्वारा नियत एक स्वतः-पर्याप्त ढाँचा था।

यह इसलिए घटित हुआ क्योंकि भौतिकवाद में वस्तु विषय से अलग हो गई थी और इस पर विमृष्ट रूप में (कंटेंप्लेटिवली) विचार किया जाता था जब कि भाववाद में विषय पर निश्चित रूप से सक्रिय रूप में विचार किया गया था परंतु यह किसी वस्तु पर सक्रिय नहीं बल्कि मात्र आभास पर सक्रिय था। मार्क्स ने इसे अनुभव किया और इससे आत्म-वस्तु के सक्रिय संबंध की अवधारणा ने जन्म लिया। मनुष्य का सिद्धांत वस्तु पर अभ्यास (प्रैक्टिस) का परिणाम है और बोध किसी चीज का बोध-ग्रहण है। सिद्धांत को उन्होंने आत्म अर्थात मनुष्य के वस्तु अर्थात प्रकृति के साथ संघर्ष से उत्पन्न माना।

परंतु यह अवधारणा यहीं रुकी नहीं रह गई। कारण, एक बार यह जाहिर हो जाने पर कि दर्शन की भूल वस्तु से आत्म को काटकर अलग करना रहा है तो यह भी स्पष्ट हो गया कि सक्रिय आत्म-वस्तु संबंध मनुष्य के प्रकृतिगत जीवन के अतिरिक्त और कुछ नहीं है। ये अमूर्त प्रकृति में जीनेवाले अमूर्त मनुष्य नहीं हैं बल्कि ये वे मनुष्य हैं, जो वास्तव में जीते और आचरण करते हैं। ये अमूर्त रूप में चिंतन कर सकें इससे पहले इन्हें ठोस रूप में जीना पड़ेगा और इसलिए इनके अमूर्त चिंतन पर ठोस जीवन का चिह्न दिखाई देगा। मार्क्स ने लक्ष्य किया कि भोग में आत्म और विमर्श में वस्तु का जो अलगाव दर्शन में घटित हुआ है, वह ठोस जीवन में चिंतक वर्ग के चेतन अस्तित्व तथा शेष समाज की अवचेतन क्रिया के बीच इसी तरह की एक दरार का अमूर्त प्रतिबिंब है। चूँकि सिद्धांत और व्यवहार सामाजिक यथार्थ में बँटे हुए हैं इसलिए चेतना में भी ये बँटे हुए हैं।

अतः मार्क्स को लगा कि ठोस जीवन के अवदानों की समझ के लिए, जिनमें दर्शन एक है, ठोस जीवन को समझना प्राथमिक महत्त्व का है। एक ओर तो स्वयं

ठोस जीवन है जो सिद्धांत और व्यवहार दोनों को समेटे हुए है और दूसरी ओर ठोस जीवन का सिद्धांत है जो सिद्धांत और व्यवहार के ठोस संबंधों को सिद्धांत में उतारने का प्रयत्न करता है ।

ठोस जीवन कोई ठोस मणिभ (क्रिस्टल) नहीं है । किसी भी एक समय पर लोग अलग-अलग तरह की क्रियाएँ करते रहते हैं और एक-दूसरे से संबंध बनाए रखते हैं । इन मानव संबंधों का एक सामान्य रूप में अध्ययन समाजशास्त्र है । मानव संबंधों का यह योग समय के साथ अपरिवर्तित नहीं बना रहता बल्कि तेजी से बदलता है । किसी निश्चित काल में मनुष्यों के संबंधों को निश्चित करनेवाले सामान्य नियम और इन संबंधों का समय-समय पर परिवर्तन ही ऐतिहासिक भौतिकवाद का सिद्धांत है ।

यांत्रिक भौतिकवाद और भाववाद केवल दर्शन तक सीमित नहीं हैं बल्कि इनकी अभिव्यक्ति विज्ञान, सौंदर्यशास्त्र तथा मानव इतिहास में भी होती है । यदि मनोविज्ञान के क्षेत्र में कोई यांत्रिक भौतिकवादी किसी कविता पर विचार करेगा तो इसे वह आचरण का एक रूप मानेगा; यदि दर्शन के क्षेत्र का यांत्रिक भौतिकवादी इस पर विचार करेगा तो वह इसे एक मानव पिंड में संघटित द्रव्य में जन्मजात सौंदर्यबोध की तुष्टि के अतिरिक्त और कुछ नहीं मानेगा । भाववादी का दृष्टिकोण आम तौर पर कविता के लिए अधिक उपयुक्त माना जाता है, जिसकी व्याख्या सत्यं शिवं सुंदरम् रूप में की जाती है ।

कोई व्यक्ति जो कला में सच्ची रुचि रखता हो, उसके लिए इन आक्षेपों का निराकरण करना बहुत कठिन नहीं है, यद्यपि ये आक्षेप प्रायः जितने भ्रामक होते हैं उतने ही वंचनापूर्ण भी । परंतु दृष्टिकोण का यही विलगाव उन लोगों की पद्धति में भी दिखाई देता है जो पूरी तरह कला के क्षेत्र तक ही सीमित रह जाते हैं और शुद्ध सौंदर्यशास्त्रीय नुक्तों को छोड़कर अन्य किसी को स्वीकार ही नहीं करते ।

कला के ये यांत्रिक भौतिकवादी कलाकृति को एक विच्छिन्न वस्तु मानते हैं और कला का एक ऐसा सिद्धांत प्रतिपादित करने का प्रयत्न करते हैं जिससे विषय या कलाकार को अलग कर दिया जाता है, और कला की तकनीक या रूप को सामने रखकर ही एक सिद्धांत रच दिया जाता है । यह मान लिया जाता है कि जब कला की युक्तियों, तकनीक और अमूर्त गुणों को, जिनकी जाँच कलाकार से स्वतंत्र रूप में की जा सकती है, निचोड़कर एक सिद्धांत का रूप दे दिया जाता है तो कला की व्याख्या स्वयमेव हो जाती है । रूपवाद का यही सिद्धांत है, और यह तो स्पष्ट ही है कि सौंदर्यशास्त्र के एक सिद्धांत के रूप में यह दर्शन के यांत्रिक भौतिकवाद से मेल खाता है । इन दार्शनिकों की ही भाँति रूपवादी के पास भी अंत में केवल आत्मनिष्ठ यथार्थ—अवधारणाएँ, विचार, योजनाएँ और नियम—ही बचे रह जाते हैं ।

कला क्षेत्र के भाववादी कलाकृति को भावक या कलाकार के मन में एक

'भावना' के रूप में आत्मनिष्ठ मानते हैं और केवल इसी आधार पर कला का सिद्धांत गढ़ने का प्रयास करते हैं। वे समझते हैं कि सौंदर्यात्मक आवेग अंतिम और संदेहातीत है, यह पूरी तरह उनके भीतर है, कला की कोई भी आलोचना व्यक्तिगत और आत्मपरक होती है। 'आवेगवाद' का यही सिद्धांत है।

यह सिद्धांत दर्शन के क्षेत्र में भाववादियों के सिद्धांत से मेल नहीं खाता बल्कि उन्हीं की तरह उनका सिद्धांत भी भौतिकवाद का भूत खड़ा करके खत्म भी हो जाता है। जैसा कि आगडेन और रिचर्ड[1] के सिद्धांतों से प्रकट होता है, अंततः सौंदर्य भावना सहप्रतीति में पुनः कुछ खास तंत्रिकाओं का उत्तेजन बनकर रह जाता है। जिस तरह रूपवाद 'विचारपुंज' बन जाता है, उसी तरह मनोभाववाद 'शरीर विज्ञान' बनकर रह जाता है।

जब हीगेल ने इस अंतर्विरोध को उस बिंदु पर पहुँचा दिया जहाँ अंततः एक नए स्तर पर मार्क्स ने समाधान किया तब भी एक दोनस्ली संधि की, प्रत्यक्षवाद (पाजिटिविज्म) और गोचरवाद (फेनामेनलिज्म) के बीच संधि की संभावना बनी हुई थी। इसने मात्र संबंध को ही वास्तविक बनाकर आत्म-वस्तु की समस्या का समाधान कर दिया। अब केवल क्रिया-व्यापार का ही अस्तित्व रह गया।

यह समाधान कोई समाधान नहीं था। चूँकि केवल आभासों का ही अस्तित्व है इसलिए यथार्थ (जैसे मन या पदार्थ) का जो कि आभासों को संघटित और मूल्यांकित कर सकता है, अस्तित्व ही नहीं है, और सभी एक-जैसी प्रामाणिकता रखते हैं। चूँकि आभासों की संख्या अनंत है अतः आभासों के ये संघटन, जिन्हें विज्ञान, सिद्धांत या सत्य के रूप में जाना जाता है, मनमाने और आधारहीन हो जाते हैं।

वस्तुतः प्रत्यक्षवाद हमेशा गैरईमानदार होता है और आरंभ से ही अपने को संघटित करने और प्रामाणिकता का कुछ मानदंड प्रदान करने के लिए किसी दूसरे यथार्थ (आम तौर से मन) को उस प्रणाली में सम्मिलित करता है। इस यथार्थ को 'सुविधा' या 'संभाव्यता' जैसे किसी नाम के पीछे छिपाए रखा जाएगा। अतः प्रत्यक्षवाद आमतौर पर एक मुँहचोर भाववाद या जब-तब (अज्ञेयवाद के रूप में) मुँहचोर भौतिकवाद है। प्रत्यक्षवाद की तुलना हीगेलवाद से करें तो भी यह दर्शन में एक गिरावट को सूचित करता है और द्वंद्वात्मक भौतिकवाद में समस्या का जो वास्तविक समाधान मिलता है, उसके मुकाबले तो यह और अधिक गिरावट को सूचित करता है।

अतः सौंदर्यशास्त्र के क्षेत्र में भी प्रत्यक्षवाद कलाकृति के शुद्ध रसास्वादन के, कला कला के लिए के सिद्धांत के रूप में प्रकट होता है। निस्संदेह इससे

1. देखें आगडेन और रिचर्ड्स, 'मीनिंग ऑफ मीनिंग' तथा रिचर्ड्स 'प्रिंसिपल ऑफ लिटरेरी क्रिटिसिज्म'।

कलाकृतियों के बीच या कलाकृतियों के रसास्वादन के बीच विभेद करने का कोई मानदंड नहीं मिलेगा। वास्तव में सभी सौंदर्यशास्त्री प्रत्यक्षवादी किसी न किसी संयोजक सिद्धांत की, सामान्यतः मनोभाववादी (मनोभावों के यथार्थ या व्यक्तित्व के समाकलन) और जब-तब रूपवादी (लय या 'रूप') सिद्धांत को चोरी से ला रखते हैं।

यदि सौंदर्यशास्त्र की अंग्रेजी की विख्यात कृतियों की जाँच की जाए तो यह पाया जाएगा कि वे कवि भी, जिनका दृष्टिकोण शुद्ध रूप से सौंदर्यवादी बना रहता है, एक हिस्से में तो मनोभाववादी मानदंडों को अपनाते हैं और दूसरे हिस्से में रूप-वादी मानदंड तथा इन दोनों दृष्टिकोणों के जाहिर अंतर्विरोधों के बीच सामंजस्य बैठाने का प्रयत्न भी नहीं करते। परंतु सौंदर्यशास्त्र का अंग्रेजी का ऐसा कोई लेखक शायद ही मिले जो सौंदर्यशास्त्रीय दृष्टिकोण पर मुस्तैदी से जमा रह जाता हो। आमतौर पर वह भी कला के क्षेत्र से बाहर के दृष्टिकोणों का आयात करता है जो मूलतः मनोवैज्ञानिक, ऐतिहासिक या जीववैज्ञानिक तक होते हैं और चूँकि इनमें से कुछ दृष्टिकोण सिद्धांततः भाववादी हो सकते हैं (उदाहरण के लिए मनो-विश्लेषण) और कुछ भौतिकवादी (जैसे शरीर विज्ञान या डार्विन का जीवविज्ञान); साथ ही इन्हें इतने अलग-अलग और निराशाजनक रूप से परस्पर विरोधी तत्त्ववादी सिद्धांतों के साथ मिलाया जा सकता है जैसे सिपनोज़ा, हीगेल और यहाँ तक कि मार्क्स के सिद्धांत, अतः इसका नतीजा बहुत ही कमाल का होता है! विशेषज्ञता उपयोगी होती है; समन्वय आवश्यक होता है; पर विभिन्न दर्शनों का समन्वय, जो इन दोनों का परिहार करता है, इन दोनों की मिट्टी खराब कर देता है और यह आधुनिक चिंतन का चारित्रिक लक्षण बन गया है।

जहाँ तक कविता के अध्ययन का सवाल है, हम आरंभ से ही शुद्ध सौंदर्यशास्त्रीय सीमाओं में बँधे रहने का निषेध करते हैं। यदि कोई पूरी तरह सौंदर्यशास्त्र के क्षेत्र तक ही सीमित रहना चाहता है तो वह एक रचनाकार या भावक के रूप में ही ऐसा कर सकता है। इस सीमित क्षेत्र में ही सौंदर्यशास्त्र 'शुद्ध' रह पाता है।

परंतु जैसे ही कोई काव्य के रसास्वादन या सर्जना से आगे बढ़कर कला की आलोचना की ओर बढ़ता है तो यह साफ है कि वह कला के क्षेत्र से बाहर चला जाता है और इस पर बाहर से देखने लगता है। परंतु कला के बाहर क्या है? जैसे मोती सीपी की उपज है वैसे ही कला समाज की उपज है और कला से बाहर स्थित होने का अर्थ है समाज में स्थित होना। कला की आलोचना शुद्ध रसास्वादन या सर्जना से इस अर्थ में भिन्न है कि इसमें एक समाजशास्त्रीय तत्त्व होता है। कला की आलोचना में मूल्यों को एक परिदृश्य या विश्व दृष्टि में व्यवस्थित और समन्वित किया जाता है, जो बाहर से साहित्य का अपेक्षाकृत अधिक सामान्य

दृष्टिकोण है । यह एक सक्रिय दृष्टिकोण है, और कला के साथ निष्प्राण अनुशीलन के बजाय एक सक्रिय जीवंत संबंध को सूचित करता है, इसीलिए इससे कला का एक सक्रिय दृष्टिकोण ध्वनित होता है, जिसकी अंतर्वस्तु विस्फोटक और ओजस्वी है । और यह कला का दृष्टिकोण है न कि समाज का या मन का ।

परंतु भौतिकी, नृतत्व, इतिहास, जीवविज्ञान, दर्शन और मनोविज्ञान भी समाज की ही उपज हैं, इसीलिए एक स्वस्थ समाजविज्ञान कला-मर्मज्ञ को इन क्षेत्रों के मानदंडों का विभिन्न दर्शनों की खिचड़ी पकाए या कला का मनोविज्ञान या राजनीति से घोटाला किए बिना, उपयोग करने में समर्थ बनाएगा । केवल एक ही स्वस्थ समाजविज्ञान है जो समाज के विचारधारात्मक अवदानों के पारस्परिक और सक्रिय जीवन के साथ सामान्य सक्रिय संबंधों को खोलकर रखता है और वह है ऐतिहासिक भौतिकवाद । अतः ऐतिहासिक भौतिकवाद इस अध्ययन का आधार है ।

यद्यपि दूसरी कलाओं का विवेचन समाज के साथ उनके सामान्य संबंधों को सामने रखते हुए किया गया है, पर एक विशेष कला अर्थात कविता पर मुख्य रूप से ध्यान केंद्रित करना अधिक अच्छा समझा गया, क्योंकि इसका प्राचीन इतिहास और किंचित अप्रचलित होता हुआ रूप सौंदर्यशास्त्र के अध्येता के लिए आज बहुत महत्त्वपूर्ण समस्याएँ खड़ी करता है, जब कि इस तथ्य ने कि यह लेखक के लिए सर्वाधिक आकर्षक कला रही है, उसके लिए इस कार्यभार को विशेष रुचि का विषय बना दिया ।

अध्याय 1

कविता का जन्म

कविता मानव मन के प्राचीनतम कलात्मक व्यापारों में से एक है। जहाँ इसे किसी जाति की आरंभिक साहित्यिक कला की पृथक उपज के रूप में नहीं पाया जा सकता, वहाँ इसका कारण यह है कि यह समूचे वाङ्मय अर्थात् इतिहास, धर्म, जादू और यहाँ तक कि कानून के भी आम माध्यम के साथ घुली-मिली रहती है। जहाँ किसी सभ्य जाति का आरंभिक साहित्य बचा रह गया है, वहाँ इसे लगभग पूरी तरह काव्यात्मक रूप में अर्थात् लयबद्ध और छंदोबद्ध रूप में ही पाया जाता है। यूनानी, स्कैंडिनेवियाई, आंग्ल-सैक्सन, रोमन, भारतीय, चीनी, जापानी और मिस्री राष्ट्र इस सामान्यीकरण की मिसालें हैं।

यह कविता किसी आधुनिक अर्थ में 'शुद्ध' कविता नहीं है। हम इसे आम जबान का ओजपूर्ण रूप कह सकते हैं, पर हम यह नहीं कहते कि यही कविता की समीचीन परिभाषा है। यह ओजस्विता एक रीतिबद्ध विन्यास—छंद, लय, अनुप्रास, चरणों की समानता, नियमित यति या मात्रा, सुर आदि के द्वारा लाई जाती है। ये ऐसी युक्तियाँ हैं जो इसे आम जबान से अलग करती हैं और इसे एक रहस्यमय, किंचित चमत्कारिक महत्त्व देती हैं। इसमें टेक, रूपक और अन्योक्तियाँ होती हैं जिन्हें इनकी रीतिबद्धता के कारण हम तत्त्वतः काव्यात्मक मानते हैं।

इस सामान्यीकरण को आमतौर पर स्वीकार किया जाता है और इसलिए इसके कुछ थोड़े-से दृष्टांत देना ही काफी होगा। हीसियड को एक धर्मशास्त्रीय कृति और किसानी की एक पुस्तिका के लिए काव्यात्मक कलेवर का उपयोग करना स्वाभाविक लगा था। सोलोन ने अपनी राजनीतिक सूक्तियों और विधि-सूत्रों को बिना किसी संकोच के छंदबद्ध किया था। भारतीय आर्यों ने अपने तत्त्व चिंतन को छंदबद्ध किया था। मिस्र का ज्योतिष और सृष्टिविज्ञान छंदबद्ध रूप में था। धर्म की भाषा हमेशा ही लयात्मक या छंदबद्ध रही है। जिस प्रकार महाकाव्य का विकास अभिजातीय इतिहास की प्रशस्ति करनेवाली काव्यात्मक देवविद्या से

हुआ, इसी तरह कृषि संबंधी आरंभिक अनुष्ठानों को छंदबद्ध करने से यूनानी ट्रेजेडी और कॉमेडी का विकास हुआ, और अंततः अनेक उतार-चढ़ाव के बाद यह ऑपेरा और क्रिसमस के मूकाभिनयों में काव्य-नाट्य के रूप में जीवित है।

नृजातीय अनुसंधानों ने यह भी सिद्ध कर दिया है कि कैसे रमणीय उक्तियाँ--चाहे वे मौसम संबंधी उक्तियाँ हों या किसानों की सूक्तियाँ, मंत्र या अनुष्ठान और धर्म की अपेक्षाकृत अधिक परिष्कृत गूढ़ोक्तियाँ—सभी जातियों में, सभी युगों में ओजपूर्ण भाषा की ओर प्रवृत्त होती हैं। जब लोग आत्म-सचेत रूप में साहित्यिक होते जाते हैं तो इस ओजपूर्ण भाषा को साहित्य की एक विधा कविता के विशिष्ट माध्यम के रूप में अलग कर दिया जाता है और यह अलग-अलग युगों में लेखन और भाषण के दूसरे उपयोगों से विभिन्न सीमाओं तक फर्क रखती है। किसी सभ्य युग में कविता का जो विशिष्ट रूप होता है, वह समूचे साहित्य में सबसे आदिम है। इसलिए साहित्यिक कला पर विचार करने के लिए कविता पर विचार करना बुनियादी महत्त्व रखता है।

आदिम जनों में औपचारिक अवसरों पर हमारा सरोकार अक्सर भाषा के ओजपूर्ण रूप से होता है। जब इन मुहावरों को लिपिबद्ध किया जाता है तो यह ओजस्विता गायब हो जाती है। यह ओजस्विता शब्दों के साथ संगीत या अनगढ़ लय के संयोग से—उनके गायन से आती है। यह मानने का लोभ होता है कि लेखन के आविष्कार से पहले लयात्मक या छंदबद्ध भाषा के साथ हमेशा कोई न कोई अनगढ़ संगीत लगा रहता था। यद्यपि यह बात दावे के साथ नहीं कहीं जा सकती। असल में इस प्रकार की कल्पना के पक्ष में यह बात कही जा सकती है कि संगीत का जन्म भी ठीक उसी समय हुआ जब आदिम कविता का और यह कि आदिवासी जो अपने नृत्य के ताल में अंग चेष्टाएँ करते और कुलाँचें भरते थे, आवाज देते और अर्थहीन बोलियाँ बोलते और लकड़ी और पत्थर बजाते हुए कृत्रिम शोर पैदा करते थे उसी से नृत्य, कविता और संगीत का जन्म हुआ। अफ्रीका में इस सिद्धांत के पक्ष में खासे प्रमाण मिल सकते हैं। मिसाल के लिए इस दृष्टि से अशांतीजनों के बातूनी ढोल काफी महत्त्वपूर्ण हैं, जिनका वर्णन रैत्रे ने किया है। ये ढोल संदेश को गूढ़ संकेतों द्वारा प्रसारित नहीं करते, जो कि अक्षरों से अपरिचित आदिम जनों के लिए एक असंभव अमूर्तन है, बल्कि प्रसारित करते हैं ढोल पर ध्वनि की लय और उतार-चढ़ाव की इस तरह नकल करके कि ढोल सचमुच बात करते-से प्रतीत होते हैं।

पर, इस प्रकार का अनुमान चाहे जितना भी आकर्षक क्यों न हो, पर है इतना सतही कि इसके लिए पक्के प्रमाण जुटाना कठिन है। इस पर अपनी बुनियाद खड़ा करना हमारे लिए खतरनाक होगा। अतः हम इतना ही मानकर चल सकते हैं कि लिखित सभ्य साहित्य का सामान्य विकास ओजपूर्ण भाषा के एक विशेष रूप से

हुआ है। पहले यह ओजपूर्ण भाषा लगभग समूचे परंपरागत साहित्य पर एकाधिकार जमाए रहती है पर सभ्यता के विकास के साथ-साथ यह अपने एक छोटे-से खाने में सिमटकर रह जाती है।

अपनी आरंभिक अवस्थाओं में इस ओजपूर्ण भाषा के साथ आमतौर पर संगीत और नृत्य जुड़े रहते हैं। यहाँ तक कि पेरीक्लीजकालीन एथेंस जो साहित्यिक दृष्टि से काफी सजग था, उसके साहित्य में भी कविता और संगीत के बीच कोई वास्तविक विभेद नहीं किया जाता था। यूनानी कविता के प्रत्येक रूप के साथ उसके अनुरूप ही कोई बाजा बजाया जाता था और नाट्य-कविता के साथ तो एक वाद्यवृंद ही लगा होता था। यह संबंध छाया रूप में आज भी बना हुआ है। संगीत और कविता काफी लंबे समय से अपना स्वतंत्र अस्तित्व बनाए चले आ रहे हैं, परंतु गान और नृत्य-संगीत के क्षेत्र में इनका फर्क मिट-सा जाता है।

सभ्यता में विकास के साथ भाषा का विभेदन और विशेषीकरण निश्चय ही सभी सभ्य कार्यों का चारित्रिक गुण बन जाता है। सभ्यता का विकास श्रम के निरंतर विभेदन से हुआ है, जो कि सामाजिक अर्थव्यवस्था के सतत समाकलित जाल का कारण है, न कि इसका विरोधी। जेली फिश की तुलना में, जिसके शरीर के किसी हिस्से को काटकर अलग कर दिया जाए तो भी वह जीवित बनी रहेगी, मनुष्य का शरीर अपने जटिल तंत्रिका तंत्र के द्वारा अपने अंगों के विशेषीकरण के कारण बहुत अधिक समाकलित है, उसी तरह समाज का उत्पादक आधार एक ओर जहाँ अधिकाधिक जटिल और भिन्नीकृत होता है, वहीं अधिकाधिक एकनिष्ठ भी होता जाता है। किसी भी समग्र सभ्यता को लें तो यही बात देखने में आएगी कि जैसे-जैसे इसका आर्थिक आधार जटिल और परस्पर संपृक्त होता जाता है वैसे ही वैसे इसकी संस्कृति का समूचा ऊपरी ढाँचा अधिकाधिक भिन्नीकृत होता जाता है। सरल कबीलाई अर्थव्यवस्था में सभी कर्मों के साथ कविता एक सहायिका के रूप में लगी रहती है। आधुनिक संस्कृति की जटिलता में यह एक ऐसी क्रिया बन जाती है जो उपन्यास, इतिहास और नाटक के साथ-साथ खड़ी रह सके। इस विकास से हमें मात्र कविता की अर्थवत्ता का ही सूत्र नहीं मिलेगा बल्कि यदि हम क्रमशः आगे खुलते जानेवाले मार्गों पर गौर करें तो मनुष्य के जीवन में समस्त कला और विज्ञान की सार्थकता का भी पता चल जाएगा। जैसे-जैसे मानव समाज विकसित होता जाता है हम उसकी कला में भी इसी के अनुरूप विकास की आशा कर सकते हैं और मनुष्य, समाज तथा सभ्यता के उन प्रच्छन्न गुणों को अधिकाधिक स्पष्टता से व्यक्त कर सकते हैं, जिनके कारण यह विकास संभव हो पाया।

II

हम इस बात का निश्चय कैसे करेंगे कि कोई विशेष समाज किसी दूसरे की अपेक्षा

अधिक विकसित है ? क्या यह जैव विकास का प्रश्न है ? फिशर ने सुझाया है कि जैव दृष्टि से विचार करने पर उपयुक्तता (फिटनेस) की सिर्फ एक ही परिभाषा हो सकती है और वह है पर्यावरण की, जिसमें दूसरे प्राणि वर्ग (स्पीशीज) भी आते हैं, कीमत पर संख्या की वृद्धि । मनुष्य के मामले में यह वृद्धि निश्चित रूप से आर्थिक उत्पादन के स्तर पर निर्भर करती है—यह जितना ही उन्नत होगा, मनुष्य अपने पर्यावरण पर उतना ही हावी होगा ।

परंतु मनुष्य का केवल एक ही प्राणिवर्ग (स्पीशीज) होमोसैपिएंस है और उसके आर्थिक उत्पादन का स्तर अलग-अलग बिंदुओं पर असमान है और यह विभिन्न आकारों की स्वतः अंतर्विष्ट प्रणालियों में विकसित होता है । मानव जाति में पाया जानेवाला परस्पर-विशिष्ट अंतर ही मनुष्य जाति को दूसरे प्राणि वर्गों से अलग करता है और यह उस खास शाखा में, अर्थात संस्कृति के क्षेत्र में, जिसमें कि हमारी दिलचस्पी है, जैव मानकों को सबसे महत्त्वपूर्ण मानक नहीं रहने देता । ऐतिहासिक युगों के दौरान मुनष्य के अपेक्षाकृत स्थिर जैव रूपाकार पर ऊपर से लादा हुआ अ-जैव परिवर्तन ही साहित्यिक इतिहास का विषय है । यह विकास इसलिए अ-जैव है क्योंकि यह आर्थिक है । यह प्रकृति के साथ मनुष्य के संघर्ष की कहानी है जिसमें कि प्रकृति पर और खुद अपने आप पर उसका अधिकाधिक अधिकार किन्हीं जन्मजात गुणों में उत्कर्ष के कारण नहीं बल्कि उत्पादन प्रणाली में उन्नति के कारण है जिसमें उसके औजार, उनका उपयोग करने की तकनीक, भाषा, सामाजिक व्यवस्थाएँ, मकान तथा अन्य हस्तांतरणीय बाह्य संरचनाएँ और संबंध शामिल हैं । यह विरासत मानवीय गुणों का अपरिमित ठोस संचय है जिनका हस्तांतरण शारीरिक रूप से नहीं बल्कि सामाजिक रूप से होता है । इनके उपयोग के लिए मेधा की आवश्यकता होती है, परंतु यह एक मूर्त शक्ति है, जो इन विकासशील और हस्तांतरित रूपों को परिवर्धित करती है । इस तरह विचार करने पर संस्कृति को आर्थिक उत्पादन से या कविता को सामाजिक संगठन से अलग नहीं किया जा सकता । ये प्रजातियों के साधारण जैव गुण-धर्म से तीव्र भेद रखती हैं ।

अतः कविता को सारतः जातीय, राष्ट्रीय, आनुवंशिक या विशिष्ट नहीं, कुछ आर्थिक-सी चीज माना जा सकता है । हम इसीलिए सांस्कृतिक और काव्यगत विकास से इस बात की अपेक्षा करते हैं कि यह श्रम विभाजन की जटिलता के साथ, जिस पर कि यह आधारित है, वृद्धि पाएगी । अभी तक कोई भी सौंदर्यात्मक मानदंड नहीं स्थापित हुए हैं । जटिलता सौंदर्यात्मक मानदंड नहीं है । यह श्रम के विभाजन और संगठन से ही जुड़ा हुआ एक गुण है ।

आदिम जनों में—ऐसे जनों में जिनका आर्थिक उत्पादन आहार संग्रह या आखेट या मछियारी के आरंभिक चरण से आगे नहीं बढ़ा है—ऐतिहासिक दृष्टि से विकसित जनों की तुलना में कार्य का अपेक्षाकृत कम विभेदीकरण हुआ है । इनमें

महत्त्वपूर्ण भेद केवल सेक्स, आयु वर्ग और वैवाहिक गोत्रों या टोटेमी समुदायों पर आधारित पाए जाते हैं। अतः आश्चर्य नहीं कि उनकी औपचारिक भाषा और उनकी कला भी समान रूप से अभिन्नीकृत है और कविता अथवा ओजपूर्ण भाषा सामूहिक ज्ञान के आम माध्यम हैं।

जहाँ तक विभेदीकरण की वास्तविक प्रक्रिया का प्रश्न है, इसके विषय में नृतत्त्ववेत्ताओं के बीच मतभेद है। यहाँ तक कि आस्ट्रेलियाई आदिवासियों की भी एक संस्कृति है, जो ऐतिहासिक विकास की एक लंबी अवधि का परिणाम है। वास्तव में ऐसे नृतत्त्ववेत्ता जो मानव जाति के किसी एक ही केंद्र से सर्वत्र बिखरने का सिद्धांत मानते हैं, इसमें मिस्री छायाएँ (प्रभाव) देखते हैं। फ्रेजर इस प्रक्रिया को इस रूप में देखते हैं कि आदिवासियों में अधिक चालाक लोगों ने जादू-तंत्र के पदों को अपने कब्जे में कर लिया और इसके जरिए वे पुरोहित या देव-नियुक्त राजा बन गए। यह दृष्टिकोण भ्रामक है, क्योंकि व्यक्तिगत चालाकी से तब तक स्थायी वर्गों की सृष्टि नहीं हो सकती थी, जब तक कि सामाजिक उत्पादन के तंत्र में वे कुछ महत्त्वपूर्ण योगदान न देते रहे हों। वास्तव में देव-नियुक्त राजा, कृषि संगठन में एक महत्वपूर्ण वर्ग होने के कारण, यह काम करता था, पर फ्रेजर इसका उल्लेख नहीं करते।

अतीत का उद्‌घाटन करते हुए दुर्खीम आदिम जनों को समूह चेतना युक्त समांग इकाई के रूप में देखते हैं और लेवी बूल इस समूह-चेतना को प्राक्तार्किक (प्रि-लाजिकल) मानते हैं। दुर्खीम इस प्रकार की आदिम जाति को लगभग सर्वथा अभिन्नीकृत मानते हैं। यहाँ तक कि कबीले के सामूहिक प्रतिनिधित्व की आम छाप को, जो कि दमनकारी होती है और व्यक्ति के स्वतंत्र चिंतन पर हावी रहती है, छोड़ दें तो कोई इसके सदस्यों को चरित्र या वैयक्तिकता से शून्य मान सकता है।

यह एक अमूर्त अवधारणा है, क्योंकि इस प्रकार का कोई समांग कबीला आज नहीं पाया जा सकता। इस प्रकार के अमूर्तन की ऐसी सीमाएँ हैं, जिन तक समाज कभी पूरी तरह पहुँच नहीं पाता। यदि चरित्रों या टाइपों के निर्माण में आर्थिक कार्य और आनुवंशिक रचना के बीच के संबंधों की स्पष्ट धारणा इस शाखा (स्कूल) के पास होती तो वे विभेदीकरण को व्यक्तिकरण (निजी वैशिष्ट्य, इनडिविजुएशन) मानने की भूल नहीं करते जैसा कि दूसरे अनेक नतृत्त्वशास्त्री करते हैं। व्यक्तिगत भेद आनुवंशिक होते हैं, वे जीवों के एक खास पुंज के परिणाम होते हैं। जैव दृष्टि से कहें तो ये रूपांतरण (वैरिएशन) होते हैं। परंतु सामाजिक विभेदीकरण का अर्थ है कि व्यक्ति सामाजिक उत्पादन में एक खास भूमिका अदा करता है। यह विभेदीकरण व्यक्तीकरण का ठीक प्रतिलोम हो सकता है, क्योंकि इसके द्वारा व्यक्ति को एक साँचे में ढाला जा सकता है—चाहे वह खान-मजदूर का हो या बैंक क्लर्क का, वकील का हो या पादरी का—जो कि उसकी जन्मजात निजता का दमन

करने के लिए बाध्य है। वह एक व्यक्ति की बजाय एक 'टाइप' बन जाता है। एक वंशगत चरित्र को एक अर्जित साँचे में बलात कस दिया जाता है। विभेदीकरण जितना ही अधिक होगा, साँचा उतना ही विशेषीकृत होगा और समायोजन उतना ही तकलीफदेह होगा। मनोवैज्ञानिक दृष्टि से कहें तो जैसा कि युंग ने सिद्ध किया है, इस प्रक्रिया के चलते एक मानसिक कार्य का—जो आनुवंशिक रूप में सबसे प्रधान होता है और इसलिए आर्थिक दृष्टि से जिसके लाभप्रद सिद्ध होने की सबसे अधिक संभावना रहती है—उन्नयन हो जाता है। इस कार्य की अतिवृद्धि और चुनिंदा ढंग के व्यवसायों की दृष्टि से इसकी अनुकूलता के कारण दूसरे मानसिक कार्यों में मंदता आ जाती है जो अंततः काफी हद तक अवचेतन का रूप ले लेते हैं और अवचेतन में चेतन व्यक्तित्व पर उल्टा जोर डालते हैं। इसी का नतीजा है आधुनिक काल की खास बेचैनी और मनोग्रस्तता। बीसवीं शताब्दी की सभ्यता जो शुद्ध आर्थिक व्यक्तित्ववाद की दिव्य गाथा है, इस तरह अतंतः व्यक्तित्व-विरोधी बन गई है। यह व्यक्ति को इस बात के लिए बाध्य करती है कि वह अपने प्रिय कार्य को एक ऐसे टाइप के अनुसार ढाले जिसकी सेवाओं का विनिमय मूल्य हो। इस प्रकार यह व्यक्ति की जन्मजात संभावनाओं के पूर्ण विकास का विरोध करती है। इसके एक ताजे प्रतिरूप के तौर पर (टी. ई. लॉरेंस की तरह) हम एक खानाबदोश सभ्यता को, या बेदोइनों को ले सकते हैं। यहाँ जन्मजात वैयक्तिकता का अर्थात व्यक्ति के चरित्र का सबसे अधिक सम्मान किया जाता है और यह अत्यंत विकसित पाया जाता है और यहीं पर हम आर्थिक विभेदीकरण को भी निम्नतम स्तर पर पाते हैं।

क्या इसका अर्थ यह है कि जैव वैयक्तिकता आर्थिक विभेदीकरण के विपरीत है और सभ्यता 'स्वतंत्र' वृत्तियों पर बंधन लगाती है, जैसा कि फ्रायड, एडलर, युंग और डी. एच. लॉरेंस एवं उनके मतावलंबी प्रकारांतर से दावा करते हैं? नहीं, असल में यह आर्थिक विभेदीकरण ही है जो विशेषीकरण की संभावना पैदा करके जैव व्यक्ति के अंतर के लिए वैविध्यों की विचित्रताओं के अत्यंत विस्तृत विकास के लिए अवसर प्रदान करता है। परंतु इस अवसर की शर्त है किसी भी व्यक्ति द्वारा आर्थिक कार्यों के एक पूरे क्षेत्र का स्वतंत्र चुनाव। आधुनिक सभ्यता के वर्गीकृत ढाँचे के कारण इसमें ऐसा कोई स्वतंत्र चुनाव नहीं हो पाता। यही नहीं कि व्यक्ति अपने माता-पिता के लगभग समान आय और प्रशिक्षण के खर्चवाले पेशे में जाने की बहुत अधिक *बाध्यता* अनुभव करता है, बल्कि कम लाभकर व्यवसाय (जैसे कि कविता) की ओर विशेष रुझान को विशेष रूप से लाभकर व्यवसाय (जैसे कंपनी प्रबंध) की ओर हल्की रुझान के सामने बलि दे दिया जाता है, साथ ही बेकारी की जिंदगी, जोकि आज करोड़ों का अनैच्छिक कार्य है, सभी उपयोगी विकल्पों का गला घोंट देती है।

सभ्यता खुद ब खुद अपने विभेदीकरण के द्वारा आनुवंशिक व्यक्तित्व का गला

नहीं घोटती । इसके विपरीत, इसकी जटिलता इसके विकास के लिए और अधिक संभावनाएँ प्रस्तुत करती है और मानक विचलनों (स्टैंडर्ड डेविएशन) के योग को बढ़ाती है । सभ्यता की एक ही घटना—समाज में वर्गों का विकास और व्यक्ति के लिए कार्य के चुनाव पर अधिकाधिक बंदिश—व्यक्तित्व के विकास को अवरुद्ध करती है, जिसकी छूट सामाजिक संबंधों की एक अधिक *नरम* व्यवस्था में उत्पादन की मौजूद शक्तियों के कारण मिल सकती थी । पूँजीवाद जो 'मुक्त' बाजार के कठोर और लौह नियमों के तहत समस्त प्रतिभाओं और नैसर्गिक शक्तियों को एक माल में बदल देता है, अब व्यक्ति के मुक्त विकास को ही रोकता है, जिसकी छूट इसकी विराट उत्पादक शक्तियों के मुक्त होने पर बड़ी आसानी से मिल सकती है । फ्रायड, युंग और एडलर ने सभ्यता द्वारा उत्पीड़ित सहज प्रवृत्तियों की जो पड़ताल की है, उसकी शिकायत इसी से पैदा होती है ।

ताज्जुब की बात नहीं कि ऐसी सभ्यताएँ जिनमें यह कठोरता एक व्याधि बन गई थी और वैयक्तिकता लगभग लुप्त-सी हो गई थी—जैसा कि हमें ह्रासोन्मुख मिस्री या रोमन साम्राज्य में देखने में आता है—वे आर्थिक उत्पादन की निम्नतर अवस्थावाले ऐसे बर्बरों के प्रहार से ध्वस्त हो गईं, जिनमें वैयक्तिकता की अपेक्षाकृत खुली छूट थी । यह वर्गीय कठोरता स्वतः ही किसी संस्कृति के आर्थिक आधार के पूर्ण विघटन का ही प्रतिबिंब है, जिसमें मनुष्य के बंदी चरित्रों की तरह उत्पादन की शक्तियाँ चुके हुए सामाजिक संबंधों की लौह श्रृंखलाओं के साथ निष्फल कलह में अपना क्षय करती हैं ।

दुर्खीम ने किसी कबीले की चेतना की परिकल्पना इसकी अभिन्नीकृत अर्थव्यवस्था के अनुरूप ही एक ठोस और अभिन्नीकृत बिल्लौर के रूप में की है । इस परिकल्पना को जब चरम पर पहुँचा दिया जाता है तो आनुवंशिक वैयक्तिकता को ही आर्थिक विभेदीकरण का आधार मानने की गलती की जाती है । यह ठीक वैसे ही है, जैसे समाज के अवरोधों से जूझते हुए सभ्य मनुष्य की मूल वृत्तियों की अवधारणा में आर्थिक विभेदीकरण को व्यक्तित्व की सार्थक अभिव्यक्ति मानकर इसके महत्त्व की उपेक्षा कर दी जाती है । जीवविज्ञानी इसका एक महत्त्वपूर्ण साम्य अपने ही विज्ञान के 'अर्जित' और 'जन्मजात' लक्षणों के विषय के प्रसिद्ध विवाद में पा सकते हैं ।

दुर्खीम कबीले की सामूहिक *छवि* को जिससे कि सामूहिक मानस बनता है, इसके दमनकारी चरित्र के कारण वैयक्तिक *छवि* से अलग मानते हैं जिससे व्यक्ति मन बनता है । यह त्रुटि समकालीन दर्शन की एक बुनियादी त्रुटि है, जो कि स्वतंत्रता की प्रकृति के विषय में अपनी गलत अवधारणा के कारण निरंतर एक ही राग अलापता रहता है । जो चेतना समाज के विकास से निर्मित होती है उसकी प्रकृति दमनकारी नहीं होती । इसके विपरीत जब इस चेतना की अभिव्यक्ति

विज्ञान और कला में होती है तो यह एक ऐसा साधन बन जाती है, जिसके द्वारा व्यक्ति अपनी स्वतंत्रता हासिल करता है। सामाजिक चेतना सामाजिक श्रम का परिणाम है तथा उसी की अनुसंगिनी है, और उसी की तरह यह मनुष्य की स्वतंत्रता का उपकरण है। समाज द्वारा अनुकूलित सहज प्रवृत्तियाँ तत्त्वतः स्वतंत्र नहीं होतीं। इसके विपरीत अपरिवर्तित सहज प्रवृत्तियाँ मनुष्य को अंधी अनिवार्यता और अवचेतन विवशता का दास बना देती हैं।

इसके बावजूद सामाजिक चेतना को कभी-कभी लोग दमनकारी महसूस करते हैं—ऐसा क्यों है ? क्योंकि यह एक ऐसी चेतना है, जो सामाजिक सत्य को प्रस्तुत नहीं करती; क्योंकि यह सामाजिक सहयोग की समूची प्रक्रिया में स्वतंत्र रूप से जन्म नहीं ले पाती है। इस प्रकार की चेतना वर्ग-विरोध की उपज होती है। यह एक वर्ग की चेतना होती है जो श्रम-विभाजन के विकास और संपत्ति के अनन्य अधिकार के द्वारा आर्थिक उत्पादन से कटकर अलग हो गई है और इसलिए पंगु और व्यर्थप्राय है। यह चेतना अब सामाजिक तथ्य की स्वतःस्फूर्त अभिव्यक्ति बनने की जगह विशेषाधिकार की संरक्षिका बन जाती है, और इसलिए इसे शेष समाज पर जबर्दस्ती थोपना होता है। दुर्खीम यह नहीं देखते कि यह दमनकारी ढंग की सामूहिक चेतना आदिम जनों में सबसे कम और जटिल सभ्यता में सबसे अधिक पाई जाती है।

हम इस बात पर गौर किए बिना नहीं रह सकते कि आरंभिक कविता का—कविता जो कि जनजातीय ज्ञान का भंडार और अनगढ़ इतिहास है—उस समाज की अवस्था से क्या संबंध है, जिसमें श्रम-विभाजन के कारण आर्थिक विभेदीकरण का शायद ही अस्तित्व था। आदिम समाज में मनुष्य की आनुवंशिक वैयक्तिकता बड़ी सरल रीति से किसी शारीरिक लक्षण—*चौड़ा* माथा या *सपाट* पाँव—के रूप में व्यक्त होती है। यदि हम इस बात को याद रखें कि हर युग में कविता में कुछ खास सादगी और *ऋजुता* रही है, कि अच्छी कविता अपेक्षाकृत अपरिपक्व व्यक्ति द्वारा लिखी जा सकती है, कि साहित्य की किसी अन्य विधा के मुकाबले यह अधिक आत्मपरक और आवेगपरक होती है, तो हम यह अनुमान लगा सकते हैं कि कविता एक खास ढंग से व्यक्ति के आनुवंशिक सहजज्ञानमूलक अंश को अभिव्यक्त करती है। कहें, इस अर्थ में यह उपन्यास से उल्टी है जो कि व्यक्ति को एक अनुकूलित टाइप (प्रकार) के रूप में, एक सामाजिक चरित्र के रूप में, समाज में *स्थापित* व्यक्ति के रूप में व्यक्त करता है। अतः उपन्यास-जैसी कोई कला-विधा किसी ऐसे ही समाज में उत्पन्न हो सकती थी, जिसमें आर्थिक विभेदीकरण के चलते व्यक्तिगत भिन्नताओं की सिद्धि का इतना अवसर मिल सके कि मनुष्य अर्थात व्यक्ति को इस कोण से प्रस्तुत करना उपयोगी और मूल्यवान हो सके। यह कोई तात्त्विक भिन्नता नहीं है, यदि भिन्नता है तो महज पहलू की।

मगर यह एक महत्त्वपूर्ण भिन्नता है और एक ऐसी भिन्नता जिसकी चर्चा हम बार-बार करेंगे। इस दृष्टि से कविता उसी तरह प्रकृति की संतान है, जैसे विकसित उपन्यास आधुनिक संस्कृति की जटिलता की संतान है।

हम आनुवंशिक वैयक्तिकता को सामाजिक विशिष्टीकरण से यांत्रिक रूप में अलग करने के विषय में अपनी चेतावनी को पुनः दुहराना चाहेंगे। इनमें से एक दूसरे की सिद्धि का साधन है। त्रासदी, नाट्य-गीत और महाकाव्य में ये दोनों एक हो जाते हैं, क्योंकि इनका अभ्युदय एक ऐसे समय में होता है जब समाज तेजी से बदल रहा है, एक ऐसा समाज जिसमें पुराने वर्ग-भेद खंडित हो रहे हैं और मनुष्य की आनुवंशिक वैयक्तिकता, उसके मनोवेगों, उसकी मूल प्रवृत्तियों, उसकी अंधी लालसाओं द्वारा नए आर्थिक कार्य, नए विशिष्टीकरण, नए मानक प्रारूप मूर्त और सिद्ध हो रहे हैं। ओडीसियस, ईडिपस और हैमलेट सामाजिक कविता के ऐसे ही चरित्र हैं, और इस प्रकार के महाकाव्य और दुखांत नाटक जिन समस्याओं का समाधान करते हैं, वे परिवर्तन के ऐसे काल की विशिष्ट समस्याएँ हैं।

ऐसी सभी समस्याएँ स्वतंत्रता की प्रकृति से संबंधित समस्याएँ हैं, और इसलिए त्रासदी अनिवार्यता की समस्या को बड़ी मार्मिकता के साथ पेश करती है, यद्यपि प्रत्येक युग में अनिवार्यता एक भिन्न पहलू को लेकर सामने आती है, क्योंकि प्रत्येक युग में अनिवार्यता मनुष्य पर विभिन्न शाखाओं से दबाव डालती है। जो अनिवार्यता ईडिपस को प्रेरित करती है, वह उस अनिवार्यता से भिन्न है जो हैमलेट को उद्विग्न करती है, और यह अंतर एथेंस और एलिजाबेथकालीन संस्कृतियों के अंतर को प्रकट करता है। यही अनिवार्यता निरंतर धर्म का विषय बनी रहती है, यद्यपि इसे तत्त्ववादी ढंग से पेश किया जाता है और इसके समाधान को परलोक पर छोड़ दिया जाता है। जैसे ही धर्म का इस समस्या से सामना होता है वैसे ही वह अच्छाई और बुराई की चर्चा छेड़ देता है। धर्म 'पाप' की अपनी व्याख्या द्वारा विकास के उस चरण को व्यक्त करता है, जिस चरण तक वह समाज, जिसने इसे जन्म दिया, पहुँच चुका है।

III

नृवंशविद (एथनालॉजिस्ट) जिन लोगों के बीच रहता है, उनमें सभी लोग उसके समक्ष उसी तरह पृथक स्वभाव प्रस्तुत करते हैं जैसे कि अन्य प्राणी। जैसी कि गिलेन और स्पेंसर ने टिप्पणी की है : "आस्ट्रेलियाई आदिवासियों में पुरुष सामाजिक दृष्टि से उपयोगी विशेष प्रकार की दक्षताओं के लिए ख्याति पाते हैं और वे इनको इस सीमा तक अमल में लाते हैं, जिससे यह प्रकट होता है कि विभेदीकरण उनमें भी विद्यमान है। इनमें कुछ श्रम-विभाजन पाया जाता है, पर यह अभी तक आनुवंशिक ही है। यह किसी ऐसी पेचीदगी से उत्पन्न नहीं हुआ है, जो प्रत्येक

पीढ़ी को साँचों में ढालता हो और जिससे आगे चलकर वर्ग की रचना होती हो।"

अतः एक अनगढ़ किस्म का साँचा, जिसमें कविता का जन्म हुआ, हम आज के औसत आहार-अन्वेषी या आखेटजीवी कबीले को मानते हैं जिसमें कविता एक सम्मोहन, प्रार्थना और इतिहास है। इस अभिन्नीकृत समूह में सामाजिक कार्यों में और इसलिए विचारों में सबकी साझेदारी होती है और यह समूह उस 'आदिम अनायास सहानुभूति' (प्रिमिटिव पैसिव सिंपैथी) से बँधा होता है जिसे कोलर ने नर-वानरों में लक्ष्य किया था और जिसे मैक्डूगल ने एक विशिष्ट मानवीय सहज वृत्ति माना है। इस समूह के साथ एक ओजस्वी भाषा का उदय होता है, जो मानव अनुभव में संरक्षणीय प्रतीत होनेवाले समस्त तत्त्वों की आम वाहिका है।

हमें इस भाषा पर सोचते समय, उसके नीरस लिपिबद्ध रूप को नहीं, बल्कि उस रूप को ध्यान में रखना चाहिए जिसमें यह पैदा हुई थी और जैसे युग-युगांतर तक यह अपने सामूहिक जीवन में जीवित डफलों के ताल, नृत्य और अंगभंगी, सामूहिक पर्वों और उग्र आवेशों के साथ एक ऐसा स्रोत बनी रही जिसमें केवल जीवित समूह ही भाग नहीं लेते रहे बल्कि मृत पितरों के सभी प्रेत, जो कि कबीलों की प्रमुख शक्ति होते हैं, भी भाग लेते रहे। अभिन्नीकृत समाज से श्रम के विभाजन द्वारा पुरोहित, वकील, प्रशासक और सैनिक के उपयुक्त वर्गों के प्रकार उत्पन्न हुए और इसी तरह से आदिम *भावाभिव्यक्ति* (उल्लासपूर्ण नाच-रंग) की ओजस्वी भाषा विज्ञान, इतिहास, धर्मशास्त्र, विधि, अर्थशास्त्र तथा सांस्कृतिक पूँजी के अन्य उपयुक्त विभागों में बँट गई है। ऐसा करते समय प्रत्येक विभाग एक विशेष प्रकार की पदावली और साहित्यिक प्रहार की शैली विकसित करता है जो सिर्फ दूसरे विभागों से ही नहीं बल्कि बोलचाल की जबान से भी भिन्नता रखती है। परंतु ये विभाग एक-दूसरे से बिल्कुल असंपृक्त नहीं हैं। उनका विकास एक-दूसरे को और बोलचाल की जबान को भी परस्पर और निरंतर प्रभावित करता है, क्योंकि इन सभी की जड़ें वास्तविक सामाजिक जीवन के एक ही विकासशील जटिल जगत में जमी हुई हैं।

सुविधा के लिए ही हम *ओजस्वी* भाषा की बात कर रहे हैं। परंतु अभी इस अवस्था में इस विशेषण के प्रयोग से इस बात का रंच मात्र भी भ्रम नहीं होना चाहिए कि यह एक मूल्य-निर्णय है। क्योंकि विकास के किसी भी चरण में किसी भी जन द्वारा अपनाई गई ओजस्विता की व्याख्या काव्यशास्त्र, संगीत या नृत्य की संगत से या ऐसे विशेष शब्दों के प्रयोग से की जा सकती है जिन्हें लौकिक प्रयोजनों से उपयोग में लाने की अनुमति नहीं होती। काव्यशास्त्र की कोई भी पुस्तक पढ़ने पर हमें यह कल्पना करने का आधार मिल जाएगा कि अभिव्यक्ति के माध्यम के रूप में कविता निर्बंध आम जबान के मुकाबले निम्न स्तर की है, मगर अभी हम इसकी श्रेष्ठता या हीनता में से किसी का भी दावा नहीं करते। यदि दावा करते हैं तो

महज गुणात्मक अंतर का। और यदि यह पूछा जाए कि अगर किसी भाषा को भिन्न बनाया जाता है तो इस भिन्नता के पीछे उसे बेहतर बनाने के अलावा और कौन-सा आशय हो सकता है, तो इसका जवाब दिया जा सकता है। लय का कार्य शुद्ध रूप से स्मृति में सहायता करने का हो सकता है। यह बात तुकांत सूक्तियों के मामले में साफ जाहिर है :

> रेड ऐट नाइट
> द शेफर्ड्स डिलाइट
> रेड इन द मॉर्निंग
> द शेफर्ड्स वार्निंग।

या

> नेवर कास्ट ए क्लाउट
> टिल मे इज आउट

एक समय था जब यह माना जाता था कि आदिम जनों में 'एकाग्रता की शक्ति' कमजोर थी और यह कि लयात्मक पैटर्न उनके ध्यान को एकाग्र बनाए रखता था। आधुनिक नृतत्त्ववेत्ताओं में से बहुत कम ऐसे होंगे, जो आज इस दृष्टिकोण को स्वीकार करें। 'एकाग्रता' एक 'शक्ति' नहीं अपितु मन:जीवन का एक ऐसा तत्त्व है जो सहज प्रवृत्तियों से जुड़ा हुआ है; और यदि कहीं मेधाविता कम हो, वहाँ यदि यह कुछ हो सकती है तो अधिक शक्तिशाली ही हो सकती है। किसी चिड़िया पर घात लगाए बिल्ली या सील मछली की घात में बर्फ में बने सूराख पर नजर रखता हुआ एस्किमो, इन दोनों में कम से कम उतनी ही एकाग्रता पाई जाएगी जो एक प्रयोग पर गौर करनेवाले किसी आधुनिक वैज्ञानिक में। अपनी दिलचस्पी के किसी भी विषय में—चाहे वह कोई अनुष्ठान हो या नाटकीय आयोजन या शिकार—आदिम जनों में अपेक्षाकृत अधिक सभ्य समुदायों की तुलना में अधिक लंबी एकाग्रता देखने में आती है। रिवर्स ने लिखा है कि मेलानेसियनों के बीच अपना शोधकार्य करते समय उसने पाया कि किसी जिरह के दौरान जब वह थका हुआ और मानसिक रूप में बिखरा-बिखरा-सा अनुभव करने लगता, तब भी जिससे वह सवाल कर रहा होता था वह व्यक्ति अभी ताजा बना रहता था और आगे भी सूचना देने के लिए तत्पर रहता था, जबकि दो सभ्य जनों के बीच लगभग बिना किसी अपवाद के होता यह है कि प्रश्नकर्ता नहीं बल्कि वह व्यक्ति पहले थक जाता है जिससे प्रश्न किया जा रहा है।

हमने आदिम जनों की ओजगर्भित भाषा को, जो मानो आनुष्ठानिक सज्जा में आम जबान होती है, *कविता* की संज्ञा दी है और हम देख आए हैं कि विकास के क्रम में यह कैसे गद्यात्मक होती गई और इतिहास, दर्शन, धर्मशास्त्र, कहानी और

नाटक में विभाजित हो गई। इससे एक सवाल यह उठ खड़ा होता है कि क्या कविता जिस अविभक्त अर्थव्यवस्था में पैदा हुई थी उसका प्रतिबिंब होने से अधिक भी कुछ थी और क्या अपने आप में कविता के अस्तित्व का कोई वास्तविक औचित्य है ? यह तथ्य इसका पूरा जवाब नहीं है कि इसका अस्तित्व आज भी बना हुआ है क्योंकि विकास में बहुत से पुराने अवशेष बने रह जाते हैं और कविता इसमें से एक हो सकती है। कविता के 'भावकों' की संख्या निरंतर कम होती जा रही है। साहित्य में यह अकेली है जो ओजगर्भित भाषा से चिपकी हुई है। यह मात्र ह्रास का एक लक्षण हो सकता है, मानो यह मनोदुर्बल व्यक्ति की तरह अभी तक बचकानी तुतलाहट से जुड़ी हुई है, जबकि शेष परिवार जिसे एक प्रौढ़ जगत में अपनी जीविका कमानी हो, इससे आगे बढ़ चुका है।

हम जानते हैं कि कविता की अतिजीविता कुछ संयोग की-सी बात है। लोग बोलते हैं, पुराने किस्से सुनाते हैं, छिट-पुट ज्ञान की बातें दुहराते हैं और यह लुप्त हो जाता है। अपनी ओजस्वी भाषा को लिए कविता जिंदा रह जाती है और इसलिए हम इसे 'साहित्य' मान लेते हैं और बोलचाल की शेष सामाजिक भाषा से इसे कृत्रिम रूप में अलग कर लेते हैं। इसके चलते हम इस बात की अपेक्षा कर सकते हैं कि कविता ओजस्वी भाषा का प्रयोग क्यों करती है, यह क्यों जिंदा रहती है, इसमें एक आपेक्षिक परिवर्तनहीनता और शाश्वता क्यों है।

आदिम कविता परवर्ती 'साहित्य' का उतना साँचा नहीं है जितना इसका एक ध्रुव। अपनी समवेत और परंपरागत प्रकृति के कारण, यही एक ऐसी है जो बची रह गई है, और हम लोगों को जो इसमें एक आदिम जन का एकमात्र साहित्य देखते हैं एक ऐसे स्वर्ण युग की कल्पना करने को प्रेरित करती है जिसमें आप्त वाक्य भी महाकाव्यों की भाषा में व्यक्त होते थे।

इस दूसरे ध्रुव की प्रकृति क्या है ? एक आधुनिक व्यक्ति आदिम दृश्यावली का सर्वेक्षण करते हुए, और इस ध्रुव पर समस्त अस्पष्ट आकांक्षाओं, धार्मिक स्वप्न-चित्रों, पौराणिक सृष्टि-शास्त्रों और सामूहिक आवेगों को एकत्र होते देखकर इसके दूसरे ध्रुव को वैज्ञानिक ध्रुव सोच बैठेगा। यह निर्व्याज कथन का, आवेग की रंगत से शून्य तथ्यों के संग्रह का अर्थात वंशावलियों, ज्योतिष की गणनाओं, जनगणनाओं और अन्य सभी साहित्यिक कृतित्वों का ध्रुव है, जिनका लक्ष्य है सरल यथार्थ की मजबूत पकड़।

परन्तु आदिम व्यक्ति को विज्ञान कविता का प्रतिरूप प्रतीत हो, इसकी संभावना नहीं है। वह विज्ञान को साहित्य की एक शाखा के रूप में नहीं जानता। वह विज्ञान को केवल एक अभ्यास के रूप में, एक प्रविधि के रूप में, नावें बनाने और पेड़ लगाने के तरीके के रूप में ही जानता है जिसे एक प्रकार की मूक नकल के द्वारा ही सबसे अच्छी तरह और आसानी से सीखा जा सकता है। इसी कारण यह

अभ्यास किसी कबीले के समस्त सदस्यों में सामान्य रूप से पाया जाता है। पूर्वाग्रह से मुक्त और निरे यथार्थ का भावुकता से शून्य वाहन के रूप में कोई कथन हो सकता है, यह खयाल उसे आ ही नहीं सकता। शब्द शक्ति के, लगभग चामत्कारिक शक्ति के, प्रतीक हैं, और आवेगहीन कथन, उसे इस शक्ति से वंचित करता प्रतीत होता है और इसके स्थान पर बाह्य यथार्थ के एक अक्स (दर्पणबिंब)को ला रखता है। परंतु वास्तविक पदार्थ और उसके अक्स में, लघुता को छोड़कर और क्या अंतर पाया जाता है ? आदिम जनों को शब्दों में यथार्थ के जिस बिंब की तलाश रहती है, वह एक भिन्न प्रकार का है। वह एक जादुई *पुतले का बिंब* है, ठीक वैसे ही जैसे कोई अपने शत्रु का बनाता है। इस पर क्रिया करते हुए वह यथार्थ पर क्रिया करता है।

यदि आदिम जन नितांत तथ्यपरक (फोटोग्राफिक) वैज्ञानिक कथन में दिलचस्पी नहीं रखते तो वे इसकी हिमायत इस रूप में कर सकते हैं। यह चिंतन के इतिहास में बहुत बाद में आया एक अमूर्तीकरण है। यह एक ऐसी सीमा है जिसे पाने का प्रयत्न सभी विज्ञान करते हैं, परंतु जिसे वे अपनी गणितीय अंतर्वस्तु में ही पूरी तरह हासिल कर पाते हैं। शायद वहाँ भी केवल इस सीमा तक ही जहाँ तक कि इसे गणितीय सिद्धांत के वृद्धिघात (लाजिस्टिक) में रूपांतरित किया जा सकता है।

यह रंगहीन कथन आदिम संस्कृति द्वारा निर्मित मस्तिष्क के लिए एक अजनबी-सी चीज है और आदिम व्यक्ति प्रयोजनशून्य भाषा को समझ ही नहीं पाता। लयबद्ध भाषा का उद्देश्य स्पष्ट है। इसका उद्देश्य है उस आंतरिक शक्ति का, देवताओं के साथ संपर्क का अहसास दिलाना, जो उसे आश्वस्त रखता है। लय से शून्य भाषा का उद्देश्य भी उतना ही स्पष्ट है। इसके लिए कोई कार्य ढूँढ़ने का कोई सवाल नहीं उठता। जैसा कि सभी जैव विकासों में होता है, इस कार्य ने ही अपने अंश की सृष्टि की और इसके द्वारा गढ़ा गया। अपने व्यक्तित्व के विस्तार, अपने पड़ोसियों पर इसकी छाप छोड़ने, पलायन, पड़ाव या हमले के समय उनके संकल्पों को अपने संकल्पों के मेल में लाने की आवश्यकता ने ही अंग-चेष्टाओं को, फिर घुड़कियों को जन्म दिया होगा और यही अंततः मुखर भाषा बन गई होगी। वास्तव में मानव-भाषा की उत्पत्ति के विषय में सर रिचर्ड पैगेट का युक्तियुक्त सिद्धांत तो इस धारणा पर ही आधारित है कि मनुष्य अपने साथियों के मस्तिष्क पर जो बिंब डालना चाहता था, उसी की नकल वह अपनी जबान तथा अपने उच्चारण तंत्र के हिलनेवाले अन्य अंगों की चेष्टाओं से करने की कोशिश करता था।

तो फिर लय-शून्य भाषा का कार्य अनुचालित करना था। चूँकि इसका जन्म व्यक्तिगत कार्य के रूप में, एक व्यक्तिगत संकल्प के विस्तार के रूप में हुआ अतः इसको लययुक्त भाषा की सामूहिक भावना के ठीक उल्टा माना जा सकता है। आदिम समाज में जिसकी समस्त शक्ति का स्रोत है इसका सामूहिक आविर्भाव।

कविता की लय ही इसके सामूहिक आयोजन को अधिक आसान बना देती है। उदाहरण के लिए शिशु कक्षा में पहाड़े को भी गीत की तरह रटा जाता है और गणित को गेय बना दिया जाता है।

जैसा कि सभी उल्टे ध्रुवों के साथ होता है, ये दोनों परस्पर संपृक्त हो जाते हैं। परंतु कुल मिलाकर लयशून्य भाषा, जो रोजमर्रा की जबान पर आधारित होती है, निजी अनुचालन की भाषा है और लयात्मक भाषा सामूहिक जबान की भाषा है, सार्वजनिक आवेग की भाषा है। आदिम संस्कृति के स्तर पर भाषा का यह सबसे बड़ा अंतर है।

IV

कविता का अपना विशेष लक्षण यह है कि यह गान है, और गान का विशेष लक्षण यह है कि इसकी लय के कारण इसे सामूहिक रूप में गाया जाता है। यह सामूहिक आवेगों को अभिव्यक्त करने में सक्षम है। यह ओज गर्भित भाषा के रहस्यों में से एक है।

परंतु किसी कबीले को सामूहिक आवेग की *आवश्यकता* क्यों होती है? किसी शेर, शत्रु, वर्षा, भूचाल के आने पर सहज रूप में एक अनुकूलित और सामूहिक अनुक्रिया उत्पन्न होगी। सभी त्रस्त हो उठेंगे, सभी डर जाएँगे। ऐसी स्थितियों में सामूहिक आवेग उत्पन्न करने के लिए किसी उपकरण की आवश्यकता नहीं है। कबीला हिरणों के भयभीत झुंड की तरह मूक भाव से अनुक्रिया करता है।

परंतु इस प्रकार का उपकरण समाज के लिए तब जरूरी होता है जब कोई दृश्य या प्रत्यक्ष कारण उपस्थित नहीं होता, और फिर भी इस प्रकार के कारण की संभावना बनी रहती है। इसी तरह कबीले के आर्थिक जीवन से कविता की और यथार्थ से भ्रम की उत्पत्ति होती है।

पशुओं के विपरीत, सादे से सादे कबीले के जीवन में ऐसे अनेक प्रयत्न अपेक्षित होते हैं जो सहज नहीं होते परंतु जिनकी जरूरत अ-जैव आर्थिक लक्ष्यों—उदाहरण के लिए फसल—के कारण पड़ती है। अतः किसी सामाजिक युक्ति द्वारा सहज वृत्तियों को फसल की इन जरूरतों के साथ जोड़ना होता है। इस युक्ति का एक महत्त्वपूर्ण हिस्सा है सामूहिक उत्सव। यह युक्ति है कविता का साँचा, जो संचित आवेगों को मुक्त कर देता है और इन्हें एक सामूहिक दिशा में प्रवाहित करता है। यथार्थ वस्तु, प्रत्यक्ष ध्येय, अर्थात फसल, उत्सव में एक काल्पनिक-सी वस्तु बन जाती है। यथार्थ वस्तु अब यहाँ नहीं रह जाती। अब यहाँ फन्तासी में वह काल्पनिक वस्तु ही रह जाती है। जिस प्रकार मनुष्य नृत्य की उत्कटता, संगीत के शोर-गुल और पद्य की सम्मोहक लय द्वारा वर्तमान यथार्थ से कट जाता है जिसमें कि अनबोई फसल नहीं होती उसी तरह वह एक निरी

काल्पनिक दुनिया में पहुँच जाता है, जिसमें ये चीजें मायावी रूप में मौजूद होती हैं। विश्व अधिक यथार्थ हो जाता है, और यहाँ तक कि जब संगीत डूब जाता है तो अनउगी फसल उसके लिए अधिक बड़ा यथार्थ बनी रहती है, और उसे निरंतर उस श्रम के लिए उद्वेलित करती रहती है, जो इसे काटने के लिए जरूरी होता है।

इस प्रकार नृत्य, अनुष्ठान और संगीत के साथ मिलकर ऐसे सामूहिक कार्यों की श्रृंखलाओं को निदेशित करती हुई जिनके तात्कालिक कारण या परितोष दृष्टि-परिधि में नहीं होते और जिनका निर्णय स्वतः सहज वृत्ति से नहीं होता, कविता कबीले की सहजजन्य ऊर्जा का महान *स्विच बोर्ड* बन जाती है।

फसल के लिए जमीन तैयार करना जरूरी है। युद्ध अभियान पर प्रस्थान करना जरूरी है। जाड़े के लंबे दुर्दिनों में कटौती करना और सिमटकर रहना जरूरी है। ये सामूहिक दायित्व मनुष्य से इस बात की माँग करते हैं कि वह अपनी सहज ऊर्जा को उपयोग में लाए, फिर भी ऐसी कोई सहज वृत्ति नहीं जो उसे इस ऊर्जा को काम में लाने की बात सिखाए। चींटियाँ और मक्खियाँ सहज वृत्ति से प्रेरित होकर संग्रह करती हैं; परंतु मनुष्य नहीं। ऊदबिलाव सहज वृत्ति से प्रेरित होकर निर्माण करता है, परंतु मनुष्य नहीं। श्रम की चक्की से मनुष्य की सहज वृत्तियों को जोड़ना, उसके आवेगों का आकलन करना और उन्हें उपयोगी आर्थिक दिशा देना जरूरी होता है। चूँकि यह आर्थिक है, अर्थात सहज वृत्तियों से शून्य है, अतः इस सहज वृत्ति को निदेशित करना होता है। अतः जो उपकरण उन्हें निदेशित करता है उसकी उत्पत्ति भी आर्थिक कारणों से होती है।

इन आवेगों का आकलन कैसे हो सकता है ? साधारणतः सामाजिक जीवन में प्रत्येक मनुष्य के लिए शब्दों के भावात्मक साहचर्य बन जाते हैं। इन शब्दों का चुनाव सावधानी के साथ किया जाता है और लयात्मक पद विन्यास के कारण उन्हें एक साथ मिलकर गाया जा सकता है और इसके सामूहिक अस्तित्व की समूची सुस्पष्टता के साथ इनके भावात्मक साहचर्य खुल जाते हैं। संगीत और नृत्य साथ मिलकर यथार्थ से एक बेगानगी पैदा करते हैं, जो समाज के समूचे तंत्र को आगे बढ़ाता रहता है। उन क्षणों के बीच जब आवेग पैदा होता है और यह उस स्तर तक पहुँच जाता है जहाँ यह 'काम' पैदा कर सके, यह तिरोहित नहीं होता। कबीले का व्यक्ति सामूहिक श्रम में भाग लेने के बाद बदल-सा जाता है, वह शिक्षित हो जाता है, अर्थात सामाजिक जीवन में ढल जाता है। भोज और कबीलाई नृत्य अनुकूलन के उत्कट क्षण हैं। इनमें से कुछ तो सामान्य होते हैं और इनका प्रभाव जीवनपर्यंत बना रहता है, जैसे खतना या विवाह संस्कार। दूसरे जिनमें निरंतर नवीनता आती रहती है और जिनके विशेष उद्देश्य होते हैं, जैसे फसल के समारोह या युद्धोत्सव या जाड़े के मध्य के आमोद पर्व।

परंतु यह सामूहिक आवेग जो कबीलाई पर्वों के अवसर पर कला द्वारा

आयोजित होता है, चूँकि काम को प्रीतिकर बनाता है और चूँकि इसका जन्म श्रम की जरूरतों से होता है अतः पुनः श्रम को हल्का बनाने के लिए उससे जुड़ जाता है। आदिम जन गोड़ाई, मड़ाई, जुताई, कटाई और ढुलाई-जैसे सामूहिक काम एक लयबद्ध गायन के साथ करते हैं। इन गीतों की कलात्मक अंतर्वस्तु कार्य-भार की आवश्यकता से जुड़ी होती है और उस कार्यभार के पीछे छिपे सामूहिक आवेग को व्यक्त करती है।

श्रम के विभाजन के कारण, जिसमें इसका अधिकाधिक संयोजन भी आता है, कविता को एक ऐसी दिशा मिलती है, जो इसे ठोस जीवन से इस तरह अलग खींच ले जाता है कि कला कार्य के प्रतिकूल, फुर्सत की सर्जना प्रतीत होती है। अब कवि एक एकांतजीवी व्यक्ति बन जाता है; उसकी अभिव्यक्ति गीत बन जाती है। श्रम के इस विभाजन से एक वर्ग समाज का जन्म हुआ है, जिसमें कि चेतना शासक वर्ग के ध्रुव पर पुंजीभूत होती है, जिसका शासन अंततः आरामतलबी के लिए स्थितियाँ तैयार करता है। अतः कला काम से पूरी तरह कट जाती है जिसके परिणाम दोनों के लिए घातक होते हैं। इस घाव को वर्गों की समाप्ति करके ही भरा जा सकता है। परंतु इसी बीच इस आंदोलन के कारण तकनीक का भी बहुत अधिक विकास हुआ है।

सामूहिक रूप में जनित आवेग एकांत में भी इस तरह बने रहते हैं कि एक व्यक्ति अकेले, कोई गाना गाते हुए भी यह महसूस करता है कि उसके आवेग सामूहिक बिंबों से प्रेरित हैं। वह कला के उस विरोधाभास को ही जाहिर करता है जिसके चलते मनुष्य अपने साथियों से अलग हटकर कला की दुनिया में इसलिए सिमटता है कि वह मानव समाज के साथ अधिक निकट संपर्क में आ सके। एक बार कविता का सामूहिक आवेग गल जाने पर यह नितांत वैयक्तिक और निजी आदान-प्रदान में व्याप्त हो सकता है। यौन प्रेम, वसंत, सूर्यास्त, बुलबुल का गान और गुलाब की चिरंतन ताजगी, आवेगों और अनुभवों के उस समूचे इतिहास से समृद्ध होते आए हैं जिसमें हजारों पीढ़ियों का साझा रहा है। इनमें से कोई भी प्रतिक्रिया सहज वृत्तियों से संबंधित नहीं है इसलिए इनमें से कोई भी व्यक्तिगत नहीं है। बंदर के लिए या भेड़िए द्वारा पाले गए किसी बच्चे के लिए गुलाब संभवतः खाने की कोई चीज या एक चटक रंग होगा। कवि के लिए यह कीट्स का, एनाक्रियन का, हाफिज़ का, ओविद का और जूल्स लाफोर्ग का गुलाब है। कारण, कला का यह संसार सामाजिक आवेग का—ऐसे शब्दों और बिंबों का संसार है जो सभी के जीवनानुभवों एवं ऐसे भावात्मक साहचर्यों के कारण, जो सभी के साथ पाए जाते हैं, संचित हुए हैं, और इनकी बढ़ती हुई जटिलता सामाजिक जीवन की बढ़ती हुई जटिलता को प्रतिबिंबित करती है।

सभी लोगों में पाए जानेवाले आवेग समाज के विकास के साथ परिवर्तित होते

हैं। आहार-अन्वेषी या आखेटजीवी आदिम कबीला प्रकृति में अपनी इच्छाओं को पाने के लिए उसमें खुद अपना प्रक्षेपण करता है। प्रकृति के साथ तालमेल रखने के लिए वह अपने को सामाजिक रूप में बदलता है। इसलिए उसकी कला प्रकृतिवादी और बोधपरक है। यह पुरापाषाणकालीन मनुष्य के स्पष्ट रेखांकन या पक्षियों और पशुओं के नृत्यों की नकल और ऑस्ट्रेलियाई आदिवासियों का गान है। इसका चिह्न है गणचिह्न (टोटेम)—इसका मनुष्य वस्तुतः प्रकृति है। इसका धर्म है अन्न।

फसल पैदा करनेवाला या ढोर पालनेवाला कबीला इनकी तुलना में अधिक आगे है। यह प्रकृति को अपने भीतर समेटता है और पालन के द्वारा यह प्रकृति को अपनी इच्छाओं के अनुरूप बदलता है। इसकी कला रूढ़िवादी और क्रियात्मक है। इसे नवपाषाणकालीन मनुष्य की अटपटी सजावटों या अफ्रीकी या पोलीनेशियाई कबीलों के विस्तृत अनुष्ठानों में देखा जा सकता है। इसका चिह्न अन्नपूर्णा या पशुपति है। प्रकृति इसके लिए वस्तुतः मनुष्य है। इसका धर्म वस्तुपूजा और प्रेतपूजा का है।

प्रकृति को कबीले में शामिल कर लेने के कारण श्रम का विभाजन और इस तरह प्रधानों, पुरोहितों और शासक वर्गों का निर्माण होता है। *रास नर्तक* अपने को अनुष्ठान से अलग कर लेता है और एक अभिनेता—एक व्यक्ति बन जाता है। कला देवताओं के साथ-साथ अभिजात व्यक्तियों का चित्रण करने लगती है। समूहगान एक महाकाव्य बन जाता है। व्यक्तियों के बारे में एक सामूहिक कहानी बन जाती है और अतंतः गीत एक व्यक्तिपरक उद्‌गार बन जाता है। प्रकृति के साथ अपनी भिन्नता और फिर उसके साथ अपनी एकता के प्रति सचेत हो जाता है, क्योंकि पहली बार इनके अहसास की स्थितियाँ उत्पन्न होती हैं।

इस प्रकार पर्यावरण के साथ संघर्ष के चलते समाज की विकासोन्मुख जटिलता से उसी प्रकार कविता निसृत होती है जैसे अस्तित्व के साथ अ-जैव और विशिष्टतः मानवीय अनुकूलन के अंग के रूप में कृषि की तकनीक निसृत होती है। औजार मानव जाति के हाथ की वंशागत शक्ल को बदले बिना इसे नए कार्य के अनुकूल बना देता है। कविता मनुष्य के हृदय की आंतरिक इच्छाओं को बदले बिना इसे नए उद्देश्य के अनुकूल बनाती है। वह यह काम मनुष्य को एक मुक्त कल्पनालोक में प्रक्षेपित करके करती है, जो उसके वर्तमान यथार्थ से श्रेष्ठतर है। क्योंकि यह उच्चतर यथार्थ का एक जगत है, एक अधिक महत्त्वपूर्ण यथार्थ का लोक है जिसे अभी तक हासिल नहीं किया जा सका है, जिसकी सिद्धि उस कविता की ही माँग करती है जो स्वप्नचित्रों द्वारा इसका पूर्वाभास देती है। यहाँ हर प्रकार की भूल के लिए गुंजाइश है, क्योंकि कविता एक ऐसी चीज को सामने लाती है, जिसे काव्य का विषय बनाने का कारण ही यह है कि हम अभी इसे छू, सूँघ या चख नहीं सकते।

परंतु इस श्रम के द्वारा ही एक ऐसे यथार्थ को अस्तित्व में लाया जा सकता है जो अन्यथा अस्तित्व में आ ही नहीं सकता। ऐसे अनुष्ठानों के बिना जिनमें अकूत अन्न से भरे हुए अन्नागारों का, फसल के सुख-भोगों और आनंद का चित्रण किया जाता था, लोग इसे असलियत में उतारने के लिए अपेक्षित कठिन श्रम का सामना नहीं करते। फसल के गाने की मधुरता के साथ काम सुचारु रूप में चलता है। चूँकि कविता का स्वरूप ही ऐसा है, अतः वह जिस यथार्थ को जन्म देती है उससे भी परे के यथार्थ को दर्शाती है और सांकेतिक रूप में एक ऐसे यथार्थ का चित्रण करती है जो गौण होते हुए भी अधिक ऊँचा और जटिल है। कारण, कविता अन्न के वस्तुगत पक्ष और फसल की तथ्यगत उपादेयता को अर्थ देते हुए भी, इसके अपने अस्तित्व की शर्त है, तथा यह इनकी विवेचना और अभिव्यक्ति उतनी नहीं करती। यह उस भावनापूर्ण, सामाजिक और सामूहिक समग्रता का वर्णन और अभिव्यक्ति करती है, जो फसल से उस कबीले के संबंध को प्रकट करती है। यह सत्य के एक समूचे नए संसार को, इसके आवेग, इसके सख्य, इसके पसीने, इसकी दीर्घ प्रतीक्षा और आनंदपूर्ण परितुष्टि को व्यक्त करती है जो इसलिए अस्तित्व में आया है कि फसल के साथ मनुष्य का संबंध सहज और अंध नहीं है बल्कि आर्थिक और सचेतन है। अतः कविता का *सत्य* इसका अमूर्त कथन, इसके तथ्यों की अंतर्वस्तु नहीं बल्कि समाज में इसकी नाटकीय भूमिका, सामूहिक आवेग की इसकी अंतर्वस्तु है।

अध्याय 2

पुराणकथाओं की मृत्यु

हम उस बिंदु तक पहुँच चुके हैं, जहाँ धर्म का उद्भव होता है। कविता के ये सामूहिक स्वप्नचित्र (फंतासी) प्रत्येक व्यक्ति के निजी जीवन में प्रवेश कर जाते हैं क्योंकि इससे समाज का पूरा ताना-बाना ही आर्द्र हो उठता है। फिर जब श्रम के विभाजन से यह ताना-बाना भिन्नीकृत हो जाता है, तब यह भौतिक जगत के पार्थिव जीवन से अलग कर्म की एक दुनिया के रूप में, एक जटिल विकास के रूप में पुनः प्रकट होती है।

कविता एक व्यक्ति के रूप में नहीं बल्कि साझे आवेग की एक पूरी दुनिया के भागीदार के रूप में मनुष्य की उदीयमान आत्म-चेतना है। चूँकि यह साझा आवेग है, इसलिए प्रत्येक व्यक्ति के लिए यह एक वस्तुगत और इसलिए आभासिक रूप में बाह्य अस्तित्व रखता है। इस सामाजिक वस्तुनिष्ठता को आदिम मनुष्य भौतिक वस्तुनिष्ठता मान बैठता है। यहाँ तक कि फंतासी की दुनिया चूँकि व्यक्ति के समक्ष बाहर से, बाहरी जोड़-तोड़ से प्रस्तुत होती है, इसलिए वह इसे भ्रमवश भौतिक जगत समझ बैठता है, जिससे वह टक्कर लेता है। दूसरे लोग अपने कार्यों से भौतिक जगत की वस्तुनिष्ठता की पुष्टि करते हैं। इसी तरह वे कल्पना-विलास की दुनिया के लिए एक ऐसी ही वास्तविकता की पुष्टि करते प्रतीत होते हैं। वे इसके विधि-निषेधों को मानते हैं।

मनुष्य के आवेग अस्थिर और भ्रामक होते हैं। उसकी संस्कृति की आदिम अवस्था में सर्वात्मवाद, पाषाण-पूजा और अन्नपूजा में बाहरी दुनिया में इनका प्रक्षेपण इसलिए नहीं होता कि वह अपने पर्यावरण से एकाकार होता है बल्कि इसलिए कि शिकार और अन्न संग्रह द्वारा अपने पर्यावरण में अपनी इच्छाओं को तलाशने के लिए उसने अपने को सचेत रूप में इससे अलग कर लिया है। चूँकि पर्यावरण उससे किंचित सचेत रूप में पृथक-सी एक चीज है, इसलिए वह 'चीजों' को अपने से बाहर या अपने भीतर स्थापित करने के लिए चिंतित रहता है। चूँकि ये सामूहिक आवेग, पीड़ा या घाव की तरह नहीं बल्कि सूर्यास्त या तड़ित झंझा की

तरह सभी के द्वारा अनुभव किए जाते हैं, इसलिए इन्हें वस्तुनिष्ठता की और भौतिक यथार्थ की मान्यता मिल जाती है और इन्हें उन वस्तुओं में 'स्थित' मान लिया जाता है जो इन्हें उत्पन्न करती हैं। मनुष्य प्रकृति में प्रवेश कर जाता है। मनुष्य की निजी आत्मा से मंडित होकर प्रकृति 'सजीव' हो उठती है।

कबीलाई कविता का यह आवेगात्मक जाल वास्तव में क्या है? यह भौतिक यथार्थ है या केवल मनःप्रसूत भ्रम? यह इनमें से कुछ भी नहीं है। यह एक *सामाजिक* यथार्थ है। यह असंगृहीत फल के साथ मनुष्य की सहज वृत्तियों के सामाजिक संबंध को प्रकट करता है। इन सहज वृत्तियों ने इन आवेगों को इसलिए पैदा किया है कि इन्होंने अपनी निरी जैव आवश्यकताओं का अंध-अनुधावन नहीं किया है बल्कि ये सार्वजनिक आर्थिक लक्ष्य के लिए सामूहिक क्रिया की वस्तुगत आवश्यकताओं द्वारा ढाली गई हैं। कविता का स्वप्नचित्र एक सामाजिक बिंब है।

इसलिए काव्यात्मक अनुष्ठान, मिथ या नाटक का फंतासीपूर्ण लोक एक सामाजिक सत्य को—मानवीय सहजवृत्तियों के जैव या वैयक्तिक अनुभव में नहीं बल्कि समुच्चय के अनुभव में प्रकट सत्य को—अभिव्यक्त करना है। अतः इस प्रकार के सत्य अनिवार्य रूप से आवेगों की भाषा में व्यक्त होते हैं। एक पियानोला के पर्दे में छेद बने होते हैं। ये छिद्र वास्तव में ठोस सत्ता रखते हैं। परंतु ये संगीत नहीं हैं। संगीत वह है जो उसे बजाने पर घटित होता है। कविता वह है जो इसे पढ़ने पर घटित होती है।

अतः कबीलाई कविता या धर्म का वह भाग जिससे पहले इसका अभेद होता है, समाज का और उसके साथ मनुष्य के संबंध का भ्रांत ज्ञान है।

और जादू? अपने आवेगों के प्रति सचेत मनुष्य इनकी अनियमितता को उस वस्तु में स्थित मान लेता है जो उन्हें उद्दीप्त करती है, क्योंकि आतंक और लालसा-जैसी सचेत भावनाएँ, जो किसी कबीले के आम अनुभव के कारण होती हैं, किन्हीं खास चीजों की सापेक्षता में कबीले के सभी सदस्यों में पाए जानेवाले प्रभाव होते हैं। अतः आवेग उन वस्तुओं में स्थित प्रतीत होते हैं, और अपनी प्रत्यक्ष स्पष्टता के कारण ये इन चीजों की आत्मा, इनकी सारभूत वास्तविकता प्रतीत होते हैं। बल जो पेशीय प्रयत्न का गतिज संवेदन है अभी हाल तक वैज्ञानिक चिंतन पर हावी रहा है, और फिर भी यह पकृति को सप्राण मानने के आदिम तरीके को ही व्यक्त करता है।

मनुष्य के आवेग भी उसी में होते हैं। इसलिए वे उसके नियंत्रण में ऐसे साधन प्रतीत होते हैं जिनसे—चीजों के आवेगात्मक सार-तत्त्व के माध्यम से—वह यथार्थ पर हावी हो सकता है। वह अर्थात व्यक्ति, अपनी इच्छा-शक्ति से यथार्थ पर हावी हो सकता है। सम्मोहन, अनुष्ठान और टोने के द्वारा सिद्ध कार्य के अनुरूप आवेगों को जाग्रत करके वह विश्वास कर लेता है कि कार्य पूरा हो गया। उसे

लगता है कि अपने आप में लौटकर वह बाह्य यथार्थ पर काबू पा सकता है। ऐसा, असल में, वह कर भी सकता है, पर सिर्फ तभी जब कि वह विचार वैज्ञानिक विचार हो, जो कार्य के लिए मार्गदर्शक का काम करे, और यथार्थ से जूझने के लिए वह फिर बाहर आ जाए।

चूँकि व्यक्ति मानव के संदर्भ में समाज पर्यावरण-जैसा है और पर्यावरण के संदर्भ में मनुष्यों का संगठन, आदिम अर्थव्यवस्था में समाज बहुत कम विकसित होता है और इसलिए यह व्यक्ति और बाह्य यथार्थ के बीच एक पतली चादर-जैसा होता है, जादू और धर्म एक-दूसरे को व्याप्त किए रहते हैं और बहुत घनिष्ठ भाव से परस्पर मिल जाते हैं।

जादू से विज्ञान का जन्म होता है क्योंकि जादू बाह्य यथार्थ को कुछ नियमों का पालन करने का आदेश देता है और यथार्थ इससे इनकार करता है और इस तरह यथार्थ की हठीली प्रकृति के ज्ञान की छाप जादूगर पर पड़ती है। वह मंत्र-प्रभाव से पानी पर चलने की कोशिश नहीं करता, या यदि करता है तो मंत्र-प्रभाव निष्फल हो जाता है। मंत्र से वृष्टि करानेवाले रेगिस्तानों में नहीं पाए जाते, बल्कि वहाँ पाए जाते हैं जहाँ वर्षा यदा-कदा आती है। कोई जादूगर असमय फसल का जादू नहीं करता। इस तरह धीरे-धीरे यह बात समझ में आ जाती है कि यथार्थ में कुछ खास हठधर्मिताएँ हैं जिनके लिए अधिक ताकतवर जादू की जरूरत है। और इसलिए यह बात स्वीकार कर ली जाती है कि कुछ नियमों का अतिरेक महाशक्तियों द्वारा—देवताओं या भाग्य द्वारा—ही किया जा सकता है और अंततः भाग्य भी इसी निर्णय पर पहुँचता है कि ये शक्तियाँ किसी के भी वश में नहीं हो सकतीं। परमेश्वर भी भाग्य के अधीन है। भाग्य नियम है। जादू उलटकर अपना विलोम अर्थात वैज्ञानिक नियतिवाद बन जाता है।

मनुष्य अर्थतंत्र के विकास के द्वारा जिस अनुपात में यथार्थ की प्रकृति को अधिकाधिक उद्घाटित करता है, उसी अनुपात में जादू अपने लिए अधिक साहसिक और जटिल कार्यभार निर्धारित करता है और अनुभव द्वारा वह अधिकाधिक संशोधित होता जाता है। यह मनुष्य के सामने अद्भुत संभावनाएँ रखता है, जिन्हें मनुष्य फलीभूत बनाता जाता है। परंतु वह इन्हें जादू द्वारा सिद्ध नहीं करता। ओझाओं की बेतुकी महत्त्वाकांक्षाओं और कीमियागरों की असंभव आशाओं के बिना आधुनिक रसायन का अस्तित्व नहीं हो सकता था, जो इन दोनों की ही पूर्ति करता है। जादूगर 'भाग्य' द्वारा, चीजों की असाध्य निश्चयता द्वारा हमेशा पराजित होता है और जब वह निश्चयता के विषय में सचेत हो जाता है और जादू विज्ञान में बदल जाता है तभी वह वास्तव में उन चीजों को करने में समर्थ होता है जिनकी कल्पना जादू ने कर रखी थी। इस तरह भ्रम यथार्थ की कठपुतली बन जाता है। जादू जो भावनाओं के अंध-दबाव द्वारा मुक्ति का आश्वासन देता है,

तभी कृतकार्य होता है जब आवेगात्मक अंतर्वस्तु तिरोहित हो जाती है, जब जादूगर की आँखें खुल जाती हैं और वह यथार्थ की आवेशहीन कारणता के प्रति सचेत हो जाता है।

जादू का अस्तित्व बाह्य यथार्थ के भ्रांत प्रत्यक्षबोध के रूप में ही संभव है, क्योंकि मनुष्य इसके साथ अपने संबंधों के बारे में स्वयं भी भ्रांत है। उसने अपने को अपने पर्यावरण से पृथक नहीं किया है। उसके मनोगत भावों को ही भ्रमवश वस्तुगत गुण समझ लिया जाता है। वह इस भ्रांति को किस तरह दूर करता है? कहीं उसके हाथ मैले न हो जाएँ, इस डर से कीचड़ में हाथ लगाने से इनकार करके, महज चिंतन द्वारा वह ऐसा नहीं करता। वह आर्थिक जीवन के विकास के दौरान अपने पर्यावरण के साथ संघर्ष करते हुए और सक्रिय रूप में इसमें अंतर्ग्रस्त होते हुए, अपने को अपने पर्यावरण से पृथक करता है। आर्थिक उत्पादन में बाह्य यथार्थ से निरंतर संघर्ष करते हुए जब मनुष्य बाह्य यथार्थ की प्रकृति को समझ लेता है तब वह अपने पर्यावरण और स्व के बीच फर्क को समझ जाता है, क्योंकि वह इनकी एकता को समझ जाता है। तब वह जान जाता है कि एक यंत्र के रूप में मनुष्य भी अनिवार्यता के अधीन है, और एक प्रक्रिया के रूप में विश्व मुक्त विकास की रंगशाला है।

II

हम मानव जाति के शैशव में धर्म को कविता से कैसे अलग कर सकते हैं? दोनों के आर्थिक कार्यभाषा और सामाजिक अंतर्वस्तु हैं।

हम इन दोनों के बीच फर्क इसलिए करते हैं कि कविता में हम प्रत्येक युग में एक ऐसा भेदक लक्षण पाते हैं जो हमें धर्म में उस समय नहीं मिलता जब धर्म अधिकाधिक 'सच्चे' धर्म के रूप में प्रकट होता जाता है। कविता उत्पादनशील और परिवर्तनशील है। एक युग की कविता दूसरे युग की तुष्टि नहीं करती, बल्कि प्रत्येक नई पीढ़ी (पुरानी कविता की प्रशंसा करने के बावजूद) ऐसी कविताओं की माँग करती है जो अधिक अनन्य और विशेष ढंग से इसकी अपनी समस्याओं और आकांक्षाओं को अभिव्यक्त करती हैं। इस प्रकार हम काव्य जीवन की विशिष्टता के रूप में जन गीतों, कहानियों, मिथकों, महाकाव्यों, उपन्यासों की निरंतर सृष्टि होते पाते हैं, जिससे प्रकट होता है कि कला एक सजीव और परिवर्तनशील चीज है, जो सामाजिक वृक्ष पर पूरे वृक्ष के साथ ही विकसित और प्रस्फुटित होते हुए फल के समान है क्योंकि यह उसी रस को चूसती है, और पूरे वृक्ष के लाभ के लिए एक विशेष दायित्व का निर्वाह करती है।

काव्य कला का यह अनवरत परिवर्तन केवल इसलिए संभव हो पाता है कि भावक भ्रम को भ्रामक मान लेता है। वह फंतासी को वस्तुगत जगत की

अभिव्यक्ति करनेवाला तभी तक मानता है जब तक वह फंतासी में मग्न रहता है, परंतु एक बार फंतासी के समाप्त हो जाने के बाद वह इस बात की माँग नहीं करता कि उसे अब भी वास्तविक जगत के अंग के रूप में स्वीकार किया जाए। वह सभी कहानियों और काव्यगत उक्तियों से उसी अनुरूपता की माँग नहीं करता जिस तरह की अनुरूपता की माँग वह अपने वास्तविक जीवन के अनुभवों के बीच करता है।

दुनिया एक कहानी में परीलोक हो सकती है, दूसरी में नरक। एक महाकाव्य में पारिस हेलेन की घेराबंदी कर सकता है, दूसरी में वह उसको पट्टी पढ़ाकर निकल सकती है और मिस्र में सम्मान की मौत मर सकती है। इसके कारण कवि और उसके श्रोता चिंतन के तार्किक नियमों के आधार पर कविता के आभासिक संसारों को रोजमर्रा के अनुभवों के वास्तविक संसार से संघटित करने की समस्या का सामना नहीं करते। इसका यह आशय कदापि नहीं है कि किसी प्रकार का संघटन हो ही नहीं सकता। पर कविता या उपन्यास को एक भ्रम के रूप में स्वीकार किया जाता है। हम काव्य कला की उक्तियों को केवल विशिष्ट स्वीकृति ही दे पाते हैं और इसलिए इनमें यथार्थ का कोई निहित स्वार्थ नहीं रहता। इसके कारण उस अजस्र उत्पादन में कोई रुकावट नहीं आती जो सभी युगों में कला का प्राण है।

धर्म की भी भेदक विशेषता यही है, परंतु केवल आरंभिक अवस्थाओं में ही, जब कि यह कविता में ही अंतर्भुक्त था, उस समय का धर्म पुराण था और उसमें आत्मविरोध की वह सारी स्वतःस्फूर्त सर्जनशीलता और बेपरवाही पाई जाती है, जो पुराण की भेदक विशेषता है।

पुराण में यह आवयविक लक्षण क्यों दिखाई देता है? क्योंकि यह है ही आवयविक और यह अभी तक समाज से अंगांगीभाव से जुड़ा हुआ है और इसके प्रत्येक रंध्र में प्रविष्ट है। आदिम जातियाँ जो आज जहाज को देखती हैं, उनके पुराणों में एक विशाल सफेद पक्षी का चित्रण मिलता है। आरंभिक ईसाई धर्म में पुराण कथाओं का वही उत्कट प्रसार मिलता है जो कला की भेदक विशेषता है।

पौराणिक सर्जना का युग समाप्त होने के साथ धर्म का एक नया रूप आरंभ होता है। पुराण को अपना तो लिया जाता है, पर इसमें जड़ता आ जाती है। धर्म 'सच्चा' धर्म बन जाता है।

इतना तो साफ ही है कि पुराण गाथा में जो अंतर्विरोध भरे हुए हैं उनके कारण इसे आदिम जनों की एक खास किस्म की स्वीकृति ही मिल सकती है। यह उससे अपने अतर्क्य अंशों की स्वीकृति की माँग करता है। लेवी ब्रूल की बात यहाँ तक ठीक है। परंतु बीसवीं शताब्दी का मनुष्य कविता और साहित्यिक कलाकृतियों को उसी अतर्क्य रूप में स्वीकार करता है। उसके लिए हैमलेट जीवित रहता है। फ्यूरीज (प्राकृतिक प्रकोपों की मानवीकृत शक्तियाँ) भी जीवित रहती हैं। नरक

का भी यही हाल है । इसके बावजूद वह न तो मरणोत्तर नरक में विश्वास करता है, न ही कर्मफल में ।

यह सच है कि बीसवीं शताब्दी के मनुष्य के अनुमोदन में वैसा ही जोर नहीं होता । आदिवासी मनुष्य के लिए देवता सामूहिक समारोहों और सामूहिक आवेगों में जीवित रहते हैं । चूँकि आदिम समाज में श्रम का इतना कम विभाजन हुआ रहता है, तथा समाज अभी तक अभिन्नीकृत रहता है, इसलिए आवेगों का वह सामूहिक जगत जिसमें कि देवता निवास करते हैं, व्यक्ति के जीवन की प्रत्येक घड़ी में समाया रहता है । मंच या उपन्यास की दुनिया के साथ यह बात नहीं पाई जाती । ये अपने को मनुष्य की अपेक्षाकृत अधिक जटिल जिंदगी से काटकर अलग कर लेते हैं । बीसवीं शताब्दी का कला-संसार अधिक किनारा कसे हुए है । यहाँ तक कि विचारक इसे लगातार एक सर्वथा अलग क्षेत्र के रूप में कल्पित करते हैं, और इसके लिए 'शुद्ध' सौंदर्यशास्त्रीय मानदंड—'कला कला के लिए' की हिमायत करते हैं ।

परंतु अनुमोदन की प्रखरता भले ही भिन्न हो, इसकी कोटि वही है । साहित्यिक कला का संसार कबीलाई पुराण गाथा का ही संसार है जो इसलिए परिष्कृत, जटिल और आत्मसजग हो गया है कि प्रकृति के साथ अपने संघर्ष में मनुष्य प्रकृति से अलग हट गया है और पारस्परिक प्रतिक्षेपी क्रिया द्वारा उसके और अपने तंत्र को उजागर कर दिया है । अपने अनुष्ठानों के द्वारा पुराण गाथा वही काम करती है जो कला अपनी प्रस्तुतियों के द्वारा और यह कार्य है मनुष्य के आवेगों को सामाजिक सहयोग की अनिवार्यताओं के अनुकूल बनाना । दोनों समाज के एक भ्रांत प्रत्यक्ष बोध को, परंतु समाज की यथातथ्य अनुभूतियों को मूर्त करते हैं । यह सच है कि पुराण गाथा के दूसरे भी कार्य हैं । परंतु यहाँ हमारा सरोकार पुराण गाथा की काव्यात्मक अंतर्वस्तु से है, जो बाद में अपने को अलग करके एक सुस्पष्ट क्षेत्र का रूप ले लेती है ।

चूँकि पुराण गाथा आदिम मनुष्य के जीवन में इतनी अंतर्व्याप्त रहती है अतः यह किसी प्रकट या औपचारिक स्वीकृति की माँग नहीं करती । कोई धार्मिक विधान इसे लोगों के गले नहीं उतारता, क्योंकि सामूहिक समारोह में यह स्पष्टतः उनके हृदय से फूटती है । अतः यह लचीली रहती है । जैसे-जैसे कबीले के संबंध अपने पर्यावरण के प्रति या स्वतः अपने प्रति बदलते हैं, यह उसके अनुसार झुकता या बदलता है । किसी हवाई जहाज की घुसपैठ या विजेता का आक्रमण होने पर सामूहिक मानस सतत अस्थिर पुराण गाथा को नए रूप में गढ़कर तदनुरूप अनुकूलन कर लेता है । इसलिए पुराण गाथा में 'आत्म शोधन' की एक प्रवृत्ति होती है । कुल मिलाकर सापेक्षता में कबीले के सामूहिक भावनात्मक जीवन को यह उस सीमा तक यथातथ्य प्रतिबिंबित करती है जिस सीमा तक अपने आर्थिक उत्पादन में पर्यावरण के साथ कबीले की अंतर्व्याप्ति के कारण यह यथातथ्यता

संभव हो पाती है।

एक वास्तविक सजीव विकास के रूप में पौराणिक युग का स्थान क्यों जड़ सिद्धांत या 'सच्चे' धर्म का युग ले लेता है, जबकि पुराण गाथा को चूँकि अब सच मानने की बाध्यता उत्पन्न होती है तो यह यथार्थ की अविराम गति को प्रतिबिंबित नहीं कर पाती और जड़ीभूत व मृत होने लगती है ? पुराण गाथा का विकास और परिवर्तन रुक जाता है और यह अपना ही खंडन करने लगती है और एक *कठोर* और सर्वथा सत्य रूप में स्थापित हो जाती है। इसको स्वीकार करने के लिए आस्था की जरूरत होती है जिसका कि आदिम मनुष्य को पता ही नहीं होता। चूँकि आदिम मनुष्य अपने सामूहिक आवेगों के संसार का अकृत्रिम और प्रत्यक्ष अनुभव कर सकता था अत: उसके लिए आस्था आवश्यक नहीं थी। उपन्यास पढ़नेवाले के लिए आस्था जरूरी नहीं है, क्योंकि कला की दुनिया का वह तत्काल और प्रत्यक्ष अनुभव कर रहा होता है। आस्था की जरूरत उस समय पड़ती है जब पुराण गाथा जड़ीभूत होकर 'सच्चे' धर्म का रूप ले लेती है। आस्था और धर्म-सिद्धांत आस्था के अभाव और सिद्धांत के प्रति संदेह के लक्षण हैं। इनसे प्रकट होता है कि किसी न किसी तरह पुराण गाथा ने अपने को समाज से पृथक कर लिया है।

ऐसा कैसे हुआ ? सिर्फ इसलिए कि समाज ने अपने को अपने आपसे अलग कर लिया है; क्योंकि धर्म का आधार समाज का मात्र एक अंग बनकर रह गया है और शेष समाज के विरोध में खड़ा है। इसकी वजह से धर्म शेष समाज से कटकर अलग हो गया है। 'सच्चा' धर्म समाज में आर्थिक वर्गों के उदय को सूचित करता है। एक विकासशील चीज के रूप में पुराण गाथा का अंत अभिन्नीकृत कबीलाई जीवन का अंत है।

III

मार्क्स ने स्पष्ट किया है कि कैसे श्रम का विभाजन पर्यवेक्षकों, गाँव के मुखियों, सिंचाई निर्माण कार्यों के प्रबंधकों आदि की माँग करता है, जिनका पर्यवेक्षण, विभेदीकरण के बढ़ने के साथ, उत्पादन के सामाजिक साधनों के प्रशासन से धीरे-धीरे खिसकता हुआ उन विशेष अधिकारों और सुविधाओं तक पहुँच जाता है जिन्हें उनका स्वामित्व कहा जाता है। समाज की ओर से चुनाव के आधार पर उत्पादन के साधनों के प्रशासन से भिन्न, अकाट्य अधिकार के रूप में इनके ऊपर स्वामित्व का उदय समाज के विकास में एक निश्चित अवस्था अर्थात वर्ग-समाज की अवस्था को सूचित करता है। ये वर्ग-विभाजन समाज को दो टूक चीर देते हैं और फिर भी ये एकमात्र ऐसे साधन हैं, जिनके द्वारा समाज उस समय तक उत्पादन संबंधी विकास के उच्चतर चरण पर पहुँच सकता है जब तक कि एक ऐसी अवस्था नहीं आ जाती जब एक ऐसा वर्ग पैदा होता है जिसकी आर्थिक परिस्थितियाँ उसे

वर्गों का अंत करने में समर्थ बनाती हैं।

शासक वर्ग के सदस्यों को पर्यवेक्षकों की विशेष भूमिका के कारण, ऐसे साधन मिल जाते हैं जिनके द्वारा वे समाज द्वारा उत्पादित माल में से सिवाय उस अंश के जो शोषित वर्गों के सतत अस्तित्व के लिए जरूरी है, शेष सारा माल अपनी ओर खींच सकें। मूल रूप में जो लोग 'बौद्धिक' योग्यता के कारण पर्यवेक्षक के रूप में चुने गए थे, उनकी भूमिका उस समय भी जब यह एक अकाट्य अधिकार बन जाता है और इसलिए मानसिक क्षमता से इसका कोई सरोकार नहीं रह जाता, उसी तरह मुख्य रूप से मानसिक कार्य की माँग करती है जैसे उत्पादन के साधनों को काम में लाने के लिए मुख्यतः शारीरिक श्रम की माँग होती है। इसके साथ ही विशेषाधिकार की स्थिति और सामाजिक उत्पादन के प्रमुख हिस्से के उपभोग से प्राप्त अवकाश के कारण इस वर्ग में चिंतन और संस्कृति को प्रोत्साहन मिलता है, जबकि दूसरे वर्ग की मशक्कत से भरी जानवरों-जैसी दशा उसमें संस्कृति को हतोत्साहित करती है।

इससे उसी तरह तेजी से उत्तरोत्तर अस्थिरता की एक अवस्था पैदा होती है जैसी इंजीनियरी में उस अवस्था से होती है जो 'क्रांतिक' दोलन उत्पन्न करती है, और प्राकृतिक जगत में कुछ खास प्रजातियों में प्रतिकूल अनुकूलन, जैसे विशाल शिखा, बहुत मोटी चमड़ी, विशालकाय दुम और विशाल उभार, उत्पन्न करती है। लुढ़कते हुए बरफ के गोले की तरह शरीर अपने विनाश की गति को तेज कर लेता है।

इसी तरह श्रम के विभाजन के कारण एक बार वर्गों का निर्माण हो जाने के बाद एक विशेष चरण पर पहुँचकर दरक की प्रक्रिया तेज होती जाती है। वर्ग विभाजन के कारण एक ओर तो एक शोषक वर्ग उत्पन्न होता है जो यथार्थ से अधिकाधिक कटता जाता है; चिंतन, आनंद और संस्कृति से अधिक से अधिक वास्ता रखता है और दूसरी ओर एक शोषित वर्ग उत्पन्न होता है, जो चिंतन से अधिकाधिक कटता जाता है, अधिक से अधिक श्रम करता है और परिस्थितियों का अधिक से अधिक गुलाम होता जाता है।

कार्यों का यह विशेषीकरण पहले तो लाभकर होता है पर अंततः एक व्याधि बन जाता है। चिंतन ने अपने को शुरू-शुरू में क्रिया से अलग कर लिया था, पर यह निरंतर क्रिया पर लौटकर ही अपना विकास करता है। इसने अपने को क्रिया से इसलिए अलग किया था कि यह उसका मार्गदर्शन कर सके। एक बार शोषक वर्ग पर्यवेक्षक और नेता की भूमिका से हटकर जब निरा विलासी और परजीवी बन जाता है तो चिंतन अपने को अंततः भौतिक यथार्थ से काटकर अलग कर लेता है और जड़ीभूत होकर निरी औपचारिकता और आचार्यत्व का रूप ले लेता है। और शोषित वर्ग एक बार जब सहभागी और कबीले का साथी न रहकर निरे गुलामों में

बदल जाता है तो क्रिया चिंतन से अपने को पूरी तरह काटकर अलग कर लेती है और अंधी यांत्रिकता बन जाती है। संस्कृति, विज्ञान और कला के रीतिवाद और घोर व्यर्थता में पतन के द्वारा और आर्थिक उत्पादन के अकुशलता और अराजकता में पतन के द्वारा इसका प्रतिबिंबन समाज के पूरे जीवन में होता है। मिस्र, चीन, भारत और पतनशील रोमन साम्राज्य आदि सभी इस अधोगति के उदाहरण हैं।

अविभाजित कबीले का पर्यवेक्षकों और कामगारों में यह विभाजन, जिनमें से एक चिंतन करता है और दूसरा केवल काम करता है, धर्म और कला में इसी प्रकार के द्विशाखन में प्रतिबिंबित होता है। धर्म और कला कबीले की सामूहिक कृति नहीं रह जाते और शासक वर्ग की कृति बन जाते हैं, जो धर्म को उसी प्रकार लादता है जैसे किसी कार्य को।

कोई कबीला अपने सदस्यों को काम करने का आदेश नहीं देता। उनका काम पूरे समुदाय की सामूहिक क्रियाशीलता से, परंपरा और धर्म के दबाव में, जिसकी जड़ों की छानबीन हम कर आए हैं, स्वाभाविक रूप में फूटता है। किसी भी समस्या या काम को पूरे कबीले के हितों के अनुसार ही निबटाया जा सकता है क्योंकि कबीला एक पूरी इकाई होता है। परंतु जब स्वार्थ अलग-अलग होते हैं, तब शासक वर्ग शासित वर्ग को आदेश देता है। अब यह संबंध बल प्रयोग पर आधारित होता है।

इस प्रकार धर्म जड़ सिद्धांत बन जाता है। जब वर्ग-समाज बन जाता है तो धर्म, जो समाज के भ्रामक प्रत्यक्ष बोध के रूप में काम करता रहता है, कपोल कल्पना का एक नया और विस्तृत संसार पैदा करता है, परंतु यह एक ऐसा संसार होता है जो वर्गीय ढाँचे से जुड़ा होता है। राजतंत्री समाज में एक सर्वोच्च देवता होता है या तानाशाही समाज में एक देव मंडली होती है या मिस्र-जैसे किसी समाज में एक देवकुल होता है जो ऐसी विभिन्न विकसित वर्गीय इकाइयों के समन्वय से बनता है जिनके पहले से अपने देवता होते हैं। लौकिक शासक वर्ग के विभाजन के अनुरूप ही इसमें उसी जोड़-तोड़ के लिपिक, पुरोहित और सेनानायक होते हैं।

इसी बीच उत्पादनों के विषम विभाजन और विरोधी वर्ग-स्वार्थों के कारण एक विरोध पैदा होता है जो समाज में फूट पैदा करता है। इसमें विस्फोट, विद्रोह, और बगावतें होती हैं जिनका दमन करना होता है। उत्पादन के साधनों पर निरंकुश अधिकार पूरे समाज के सामने उपस्थित मसलों के स्वाभाविक समाधान के रूप में नहीं उभरता। यह मनमाना होता है और इसलिए अंततोगत्वा हिंसा पर आधारित होता है। चीजें इसे अनिवार्य नहीं बनातीं और इसलिए इसे लोगों द्वारा लागू कराया जाता है। इसी तरह वर्ग-धर्म अब चूँकि समाज के सामूहिक अनुकूलन को व्यक्त नहीं करता इसलिए यह भी मनमाना होता है। यह जड़ सिद्धांत बन जाता है। इसको चुनौती देना राज्य को चुनौती देने-जैसा होता है। धर्मद्रोह एक

नागरिक अपराध बन जाता है।

अब शासक वर्ग समूचे सामाजिक श्रम को भुनाता है। अत्यंत विकसित कृषि-सभ्यता के साथ एक देवतुल्य राजा (भूपति) इस पूरी पीढ़ी में सबसे ऊपर प्रतिष्ठित किया जाता है और वह समस्त सामाजिक शक्तियों से लैस प्रतीत होता है। इस नृपति द्वारा नियंत्रित सामाजिक श्रम की ताकत के सामने गुलाम अपने आपमें बहुत तुच्छ प्रतीत होता है। आपस में मिलकर गुलाम एक विराट शक्ति से, पिरामिडों का निर्माण करनेवाली शक्ति से लैस होता है। परंतु गुलाम को यह शक्ति अपनी नहीं मालूम होती। उसे यह भूपति की शक्ति मालूम होती है जो इसका संचालन करता है। इस प्रकार गुलाम अपनी सामूहिक शक्ति के सामने खुद ही अपनी तौहीन करता है। वह भूपति को देव-प्रतिमा बना लेता है और समूचे शासक वर्ग को पवित्र समझ बैठता है। यह आत्म परकीयकरण (सेल्फ एलीनेशन) संपत्ति के परकीयकरण का प्रतिबिंब है जिसके कारण यह उत्पन्न हुआ है। गुलाम की यह दीनता केवल उसकी गुलामी की ही निशानी नहीं है, बल्कि यह उस समाज की शक्ति की भी निशानी है जो उस अवस्था तक विकसित हो चुका है जहाँ गुलामी का अस्तित्व होता है और इससे एक प्रबल सामाजिक शक्ति उत्पन्न होती है। मिस्र, चीन, जापान, और सुमेरियाई, बेबीलोनी तथा अक्कादी नगर-राज्यों के देवोपम राजाओं की दैवी महत्ता द्वारा गुलाम के लिए यह सत्ता उलटे छोर पर व्यक्त होती है। रोम-जैसे किसी समन्वयात्मक साम्राज्य में सम्राट की पूजा के राजधर्म के नीचे दूसरे धर्मों का भी अस्तित्व हो सकता है। ये स्थानीय पूजा-विधियाँ शोषण के स्थानीय रूपों को व्यक्त करती हैं, जिस पर साम्राज्यवादी शोषण लादा गया है और देवोपम सम्राट को चुनौती देना ही साम्राज्यवादी शोषण को चुनौती देने के समान है और इसलिए रोमन कानून में यह एक अपराध है। मार्क्स ने धर्म-तत्त्व का अध्ययन करते हुए 1844 में ही लक्ष्य किया था कि 'यह राज्य, यह समाज, धर्म को—जो दुनिया की उलटी चेतना है—इसलिए पैदा करता है क्योंकि यह दुनिया खुद ही एक *उलटी दुनिया* है। धर्म इस दुनिया का सामान्य सिद्धांत है, इसका विराट सार संग्रह है, इसका लोक ग्राह्य रूप में तर्कशास्त्र है, इसकी आत्मिक आन है, इसका उत्साह, इसका नैतिक विधान, इसकी भव्य पूर्णता, इसका सामान्य दृढ़ीकरण और औचित्य स्थापन है। यह मनुष्य की फंतासीपूर्ण सिद्धि है, क्योंकि मनुष्य की कोई सच्ची सिद्धि नहीं है। ... धार्मिक कष्ट एक साथ ही वास्तविक कष्ट की अभिव्यक्ति और उस वास्तविक कष्ट के प्रति एक विरोध, दोनों ही है।'[1]

इस वर्ग-विभाजन से निरंतर छिन्न-भिन्न हुआ समाज जब उस तरह की पतनशील अर्थव्यवस्था के दौर में प्रवेश करता है जो पतनोन्मुख रोमन साम्राज्य में

1. मार्क्स, ऑन हीगेल्स फिलॉसफी ऑफ राइट

दिखाई देती है तो उत्पादित माल घटता जाता है और बाँट अधिकाधिक अवपीड़क होती जाती है। इसलिए धर्म भी अधिकाधिक अवपीड़क होता जाता है, अधिक रूढ़िवादी और अपधर्म के प्रति अधिक उद्विग्न होता जाता है।

पहले शासक वर्ग अपने धर्म में विश्वास करता है, क्योंकि तब आदिम देवगाथा से विलगाव शुरू ही हुआ रहता है। जिस प्रकार यह समाज के सारे सामानों को अपनी मिल्कियत बनाता आया था, उसी तरह यह धर्म के सारे माल को भी अपनी मिल्कियत बनाने की चेष्टा करता है। स्वर्ग के सर्वोत्तम आसन हथिया लिए जाते हैं, या—जैसाकि मिस्र के आरंभिक शासकों के साथ या यूनान के कुलीन तंत्र में देखने में आता है—स्वर्गलोक के खेतों पर उनका एकाधिकार हो जाता है। मगर जब बेचैन शोषित वर्ग शासक वर्ग को चुनौती देता है तो शोषक वर्ग अपने स्वर्गीय माल में इसको भी साझेदार बनाकर उसे परितुष्ट करता है क्योंकि भौतिक वस्तुओं की तरह ये बंटवारे से कम नहीं हो जाते। इसलिए मिस्र में अमरता धीरे-धीरे गुलामों के विषय में भी स्वीकार कर ली गई थी और पतनोन्मुख साम्राज्य में रहस्यवादी धर्मों ने तुच्छ से तुच्छ को भी देवोपम मानना स्वीकार कर लिया जब कि पहले केवल सम्राट को ही देवोपम माना जाता था। इस प्रकार शोषित वर्ग की अधिकाधिक पीड़ा को मरणोत्तर जीवन की अधिकाधिक सुंदरता में प्रतिबिंबित किया गया। शर्त यह कि वह जिंदगी में नेक, अर्थात अपने मालिक के प्रति आज्ञाकारी बना रहे। कल्पित भोग जो कबीलाई जीवन में अंततः हमेशा मिलते हैं, वर्ग समाज में बहुजन के लिए कल्पित स्वर्ग के लिए स्थगित कर दिए जाते हैं, क्योंकि वास्तविक भोग भी बहुजन को नसीब नहीं होते।

धर्म के दायित्व की इस बढ़ती हुई चेतना से खुद शासक वर्ग ही इसके विषय में संदेहशील हो जाता है जो कि बल प्रयोग द्वारा एक ऐसा धर्म लादता है जिसमें उसका विश्वास नहीं होता और वह खुद ही एक रमणीय प्रत्ययवाद या दीक्षागम्य दर्शन की शरण लेता है।

शासकीय धर्म तब तक नहीं बदल सकता जब तक कि वे उत्पादन संबंध नहीं बदलते जिन्होंने इसे जन्म दिया है। इस धर्म के नीचे अंधविश्वासों और दंतकथाओं का एक पूरा अंबार बिछा रहता है। यह 'अंधविश्वास' महज जनता की पुराण गाथा होता है, जो अपनी पुरानी सामूहिक भूमिका प्रस्तुत करता है, परंतु जिसे अब शासक वर्ग द्वारा कुछ भोंडा और अभद्र माना जाता है। इस अंधविश्वास में ही इस बात के लक्षण होते हैं कि यद्यपि यह सामूहिक है पर इसकी सामूहिकता एक अशक्त वर्ग की अशक्त समांगता है। इसमें एक बचकानापन और दासता होती है जो इसे एक अविभाजित समाज की सर्जनाओं की बर्बर सादगी से अलग करती है। इस अंधविश्वास को कभी बर्दाश्त किया जाता है, कभी इसकी भर्त्सना की जाती है, और इस तरह यह पुराण गाथा की अनुकूलन की शक्ति को प्रकट

करती है, परंतु यह एक शोषक वर्ग की जड़ता के धब्बे होते हैं। यह सौभाग्य, सोने, चामत्कारिक भोजन और सौभाग्शाली पुत्रों से अर्थात उन सभी चीजों से भरपूर है जिसका इस वर्ग में दारूण अभाव होता है। परंतु यह खरा होता है और इस पर आस्था की जरूरत के बिना ही इसलिए विश्वास कर लिया जाता है कि इसे बलपूर्वक लादा नहीं जाता है बल्कि यह सामूहिक भावना की स्वतःस्फूर्त उपज होता है और यदि यह अंधविश्वास किसी अविभाजित समाज का नहीं होता तो कम से कम एक अविभाजित वर्ग का तो होता ही है। यह एक ऐसे समय में धर्म की कविता है, जब कि धर्म खुद अपना कवित्व खो चुका है। यह दलितों की कला है। यद्यपि यह मनुष्य की भावनाओं को सामाजिक जीवन से अनुकूलन करके कविता के दायित्व को पूरा करती है, पर यह महान कविता नहीं हो सकती, क्योंकि यह झूठ नहीं है कि महान कविता केवल स्वतंत्र लोगों द्वारा ही लिखी जा सकती है। यह कविता महज इच्छापूर्ति के दायरे में ही भटकती रहती है। इसके सर्जकों के अपने जीवन में इतनी कम स्वतःस्फूर्तता होती है कि वे अनिवार्यता के विषय में बहुत अधिक सचेत हो ही नहीं सकते। इसीलिए यह हमेशा दुखांत कविता नहीं होती।

कबीलाई पुराण गाथा इसलिए स्वतंत्र और काव्यात्मक थी कि कबीले की अभिन्नीकृत अर्थव्यवस्था के कारण इसके सदस्यों का अपेक्षाकृत मुक्त होकर काम करना संभव था। यह स्वतंत्रता वास्तविक स्वतंत्रता थी, अनिवार्यता की चेतना थी। उनका काम प्रगट रूप में पर इस प्रकार की क्रियाओं की माँग करता था और ये व्यक्ति की अपनी अनिवार्यता की चेतना से प्रेरित होकर स्वतःस्फूर्त रूप में किए जाते थे। यह युक्ति केवल सापेक्ष है। यह एक सीमित अर्थव्यवस्था से उत्पन्न सीमित चेतना को प्रतिबिंबित करती है। एक गहनतर चेतना और उच्चतर स्वतंत्रता के लिए जमीन तैयार करने के लिए वर्ग-समाज के विभाजन आवश्यक थे। परंतु आदिम स्वतंत्रता भी है तो स्वतंत्रता ही। यह एक ऐसी स्वतंत्रता है जिसे उस अवस्था का मानव-समाज जान सकता था। यह एक ऐसा चरण है जब अर्थव्यवस्था के अविभाजित होने के कारण सभी लोग सीमित उत्पादनों की ही तरह सीमित स्वतंत्रता में भी बराबरी का हिस्सा बँटा सकते थे। इस प्रकार की जमीन में कविता या काव्यमयी पुराण गाथा तरल और स्वतःस्फूर्त रूप में फूटती है।

एक वर्ग-समाज में कामगार से उसके पर्यवेक्षक जिस तरह काम करने को कहते हैं, वे आँख मूँदकर उसी तरह काम करते हैं। वे बनाते तो पिरामिड हैं पर उनमें से प्रत्येक व्यक्ति का अंशदान महज एक पत्थर होता है। सिर्फ शासक को मालूम होता है कि एक पिरामिड बनाया जा रहा है। दायित्व की मात्रा से ही यथार्थ की अधिक प्रखर चेतना संभव होती है, मगर यह चेतना केवल शासक वर्ग के छोर पर ही संचित होती है। शासित अंध भाव से आज्ञापालन करते हैं और परतंत्र बने रहते हैं।

शासक किसी सीमा तक अपनी चेतना का विस्तार करने के लिए स्वतंत्र होते हैं। इसलिए कला का अभ्यास उनका अनन्य विशेषाधिकार बनता जाता है जो उनकी ही महत्त्वाकांक्षाओं और इच्छाओं को प्रतिबिंबित करता है। एक वर्ग के अधिकारों को बरकरार रखने की जरूरत के कारण धर्म जड़ीभूत हो जाता है और इसलिए कला अपने आपको धर्म से अलग कर लेती है। इसके अलावा अपने खुले शोषक चरित्र के कारण शासक वर्ग खुद ही धर्म में विश्वास नहीं करता। अतः एक वर्ग-समाज में धर्म का जड़ीभवन और संदेहवाद में वृद्धि कला के उत्कर्ष के साथ अर्थात स्वतंत्र शासक वर्ग की कला के साथ हमेशा लगा रहता है। यह एक ऐसी कला है जो आदिम धर्म के समस्त तरल, परिवर्तनशील और अनुकूलनपरक लक्षणों को सोख लेती है। अब धर्म मुख्यतः वर्ग-दमन की अभिव्यक्ति, वास्तविक दुख और उसके विरोध की अभिव्यक्ति रह जाता है जबकि कला शासक वर्ग की आवेगात्मक अभिव्यक्ति बन जाती है। शोषकों की परिष्कृत कला शोषितों की परीकथाओं और लोककथाओं के विरुद्ध हो जाती है। दोनों कुछ समय तक एक-दूसरे के पास-पास विकसित होती हैं।

यह अवस्था भी मात्र अस्थायी होती है। कारण, शासक वर्ग अधिकाधिक परोपजीवी होता जाता है और अपने पर्यवेक्षण के कार्य को दूसरों को सौंप देता है और स्वयं भी अपेक्षाकृत कम स्वतंत्र हो जाता है। औपचारिक रूप में यह बीते कल की चेतना को दुहराता है, फिर भी यह जिस यथार्थ को व्यक्त करता है, वह बदल चुका होता है। यह वर्ग यथार्थ के प्रति वस्तुतः सचेत नहीं रह जाता क्योंकि अब उसके हाथ में वह लगाम नहीं रह जाती जिसका दबाव उसके हाथ पर पड़ने से उसका मार्गदर्शन होता था। कला का अभ्यास, निगरानी की भाँति खानसामों और नौकरों द्वारा प्राचीन रूपों, कार्यों और प्रचालनों की यांत्रिक आवृत्ति बन जाता है। कला रीतिवादिता में अथवा एक अकादमिक रूढ़िवादिता में, जो धार्मिक जड़ सिद्धांत से शायद ही बेहतर हो, मरने लगती है। विज्ञान निरा पांडित्य प्रदर्शन बन जाता है और जादू से शायद ही बेहतर रह पाता है। शासक वर्ग अंधा और इसलिए स्वतंत्रता से हीन हो जाता है। ऐसी जमीन में कविता का विकास नहीं हो पाता।

शोषित वर्ग भी अधिक शोषित और आपन्न हो जाता है। शासक वर्ग के ह्रास के कारण अर्थव्यवस्था का ह्रास होता है, जिससे एक अधिक तीखा और अधिक कड़वा शोषण उत्पन्न होता है। शासकों और शासितों के बीच की दरार के कारण शासितों का जीवन अधिक यांत्रिक और दासतापूर्ण और स्वतंत्रता से वंचित हो जाता है। कृषकों या छोटे भूस्वामियों पर आधारित अर्थव्यवस्था जमींदारों और खेतिहर अर्धदासों की अर्थव्यवस्था बन जाती है। 'लोक' कला और 'अंधविश्वास' पैदा करने के लिए भी एक सीमित स्वतःस्फूर्तता आवश्यक होती है। खानाबदोशों, छोटे जोतदारों और आम नागरिकों के विपरीत किसी दास वर्ग की

अपनी कोई कला नहीं होती । अनुकूलन का और भी सारभूत कार्य अब मनुष्यों के मस्तिष्क के लिए एक ऐसे धर्म द्वारा पूरा किया जाता है, जिसकी स्थिर जड़सूत्रता और अंधविश्वासी आस्था शासकों की स्वतःस्फूर्तता की कमी और उनकी क्षीण चेतना को व्यक्त करती है ।

इस प्रकार के पतन अनिवार्य रूप से पूरे ही नहीं हो जाते । कारण, शासक वर्ग तथा उस वर्ग के बीच जिसे शोषण का दाह झेलना होता है, दूसरे वर्ग विकसित हो सकते हैं जो क्रांति के परिणामस्वरूप शासक वर्ग बन सकते हैं । जड़ीभूत धर्मों को धर्मद्रोहों द्वारा चुनौती मिलती है जो खासकर इसलिए सफल हो जाते हैं, क्योंकि ये अर्थव्यवस्था के विकास के कारण अलक्षित रूप में ही बने एक दूसरे वर्ग के हितों को प्रकट करते हैं और जो पुराने वर्ग का स्थान ले लेता है । इस प्रकार के धर्मद्रोह शासक वर्ग के अस्तित्व के लिए चुनौती होते हैं और इनका मुकाबला इसी रूप में किया जाता है ।

IV

अतः कविता की सर्जना विशिष्ट मानव-क्रिया द्वारा होती है और इसलिए उसे समाज से काटकर अलग नहीं किया जा सकता । मानव-क्रिया सहज वृत्तियों पर आधारित है । परंतु मानव-क्रिया के वे रूप सर्वाधिक परिवर्तनशील हैं और सहज वृत्ति पर सबसे कम निर्भर करते हैं, वे ही उच्चतम और सर्वाधिक मानवीय हैं । यह क्रिया चूँकि विकासशील रूपों और प्रणालियों के पीढ़ी दर पीढ़ी उत्तराधिकार पर आधारित है जो कि वास्तविक और भौतिक तो है परंतु फिर भी जैव अर्थ में परिवेशगत नहीं है, अतः ये प्रत्येक नई पीढ़ी को एक नए रूप में ढालते हैं । परंतु ये पीढ़ियाँ मिट्टी का लोंदा मात्र नहीं हैं, क्योंकि इनकी अपनी आंतरिक क्रिया बाह्य प्रणाली की गतिविधियों को परिचालित करती है । व्यष्टि या प्रकृत मानव और समूहबद्ध या सभ्य मनुष्य के बीच का अंतर्विरोध ही कविता को अनिवार्य बनाता है और इसी से उसे अपनी अर्थवत्ता और अपना सत्य मिलता है । कविता मनुष्य की उत्पादनशील या आर्थिक क्रिया है । इस आधार से इसे अलग करने पर इसके विकास को समझना असंभव हो जाता है ।

विभिन्न कालों में कविता के दायित्व के विषय में लोगों ने जो कुछ सोचा है, वह हमारे अपने विश्लेषण से कहाँ तक मेल खाता है ? मिल्टन, कीट्स, शेली या वर्ड्सवर्थ-जैसे कवियों ने आम तौर पर यह महसूस किया है कि एक 'द्रष्टा', 'देवदूत' या 'शिक्षक' के रूप में कवि का एक महत्त्वपूर्ण सामाजिक दायित्व है । इसे हूबहू इसी तरह नहीं, बल्कि रूपकीय ढंग से, काव्यात्मक लहजे में व्यक्त किया गया है, जिसमें इन दावों की तीखी अनुगूँज के पीछे सामाजिक अंतर्दृष्टि की अस्पष्टता और दरिद्रता भी छिपी देखी जा सकती है । वास्तव में बुर्ज्वा अर्थव्यवस्था की स्थितियों में कविता ऐसी हर चीज की तरह जिसे अब तक पवित्र

समझा जाता था, एक सौदा बनने लगती है और कवि जिसे अभी तक अलौकिक प्रेरणा से प्रेरित माना जाता था, अनाम मुक्त बाजार के लिए एक उत्पादक बनने लगता है। इन स्थितियों में बुर्ज्वा चिंतन की सीमाओं में बँधे किसी भी आलोचक के लिए उस प्रत्ययवादी नकाब के भीतर झाँककर देख पाना असंभव हो जाता है, जिससे आधुनिक युग में कविता ने अपनी मोलभाव पर चढ़ी शर्म छिपा रखी है।

फिर भी आदिम आत्म-मूल्यांकन का सहारा लेना असंभव है, क्योंकि साहित्यिक आलोचना का अस्तित्व उन आदिम जनों में हो ही नहीं सकता, जिनमें आत्म-सजगता तक का अभाव है, जो कि उनके समाज की अविभाजित अवस्था की अनिवार्य देन-सी है। उनकी आलोचना सीधी, शब्दहीन और फलवती होती है—कवि का मूल्यांकन आदिम समाज में कवि को स्वेच्छा से दिए गए स्थान द्वारा और कविता का मूल्यांकन उसकी आवृत्ति और अतिजीविता द्वारा व्यक्त होता है।

एथेंस में पाँचवीं शताब्दी ईसा पूर्व में एक ऐसे समाज का उदय हुआ था, जो यद्यपि कविता के सामाजिक दायित्व के प्रति सजगता की दृष्टि से खासा आदिम था परंतु उसमें इतनी काफी विभेदना भी आ चुकी थी कि वह कविता को संस्कृति के क्षेत्र की एक विशिष्ट चीज मानकर इसे अलग कर सके। कवि कर्म अभी तक पेशा नहीं बना था क्योंकि एथेंस अभी तक ऐसा पूँजीवादी नगर नहीं बन पाया था जो मुख्य रूप से माल तैयार करने में लगा हुआ हो। यह एक बंदरगाह था, विनिमय का एक केंद्र था। इसलिए कविताओं की बिक्री एक व्यवसाय बन गई थी—यह तुक्कड़ों और गायकों का पेशा बन गई थी।

यह एक ऐसा समाज था जिसमें उफान आ रहा था, क्रांति आ रही थी। एजियन सागर का विकासशील वाणिज्य ऐसे व्यापारियों और गुलाम रखनेवालों का एक वर्ग पैदा कर रहा था जो पुराने जमींदार, अभिजात वर्ग का स्थान ले रहा था। एथेंस में शासन की योग्यता का आधार भू-संपदा नहीं रह गई थी बल्कि यह धन की आय पर आधारित हो गई थी और यह बात स्पार्टा से ठीक उलटी थी। एथेंस जो पहले महज एक बाजार का शहर और अमीरों का निवास था और ऐटिका का दुमछल्ला मात्र था, अब एक पूरा शहर बन गया था। सौदागरों और कारीगरों का केंद्र हो गया था। हेलीनीज ने इसे एक ऐसा परिवर्तन माना है जिसके साथ 'अभिजात तंत्र' का 'लोकतंत्र' की ओर संक्रमण हुआ था। जैसा कि इसी प्रकार के दूसरे संक्रमणों में देखा जाता है, यह ट्यूडर राजशाही की तरह एक मजबूत, केंद्रीय सरकार या 'स्वेच्छाचारिता' के एक संक्रामक दौर के जरिए घटित हुआ। 'लोकतंत्र' निश्चय ही अत्यंत एकांगी है—यह संपन्न व्यक्तियों का लोकतंत्र है। सर्वहारा को मताधिकार प्राप्त ही नहीं है।

मध्यकालीन अर्थव्यवस्था में एक ऐसे ही चरण—सामंतवाद से पूँजीवाद की ओर संक्रमण—की तरह यह ऐसा वर्ग-संघर्ष नहीं है जिसका अंत क्रांतिकारी वर्ग की

स्पष्ट विजय के साथ होता है, बल्कि इसका अंत परस्पर टकरानेवाले वर्गों की आपसी बर्बादी में होता है। कुलीनतावादियों और लोकतंत्रवादियों के बीच संघर्ष, एथेंस और स्पार्टा के बीच संघर्ष यूनान की धज्जियाँ उड़ा देता है। यह शहर और देहात के बीच संघर्ष है, दास, भूदासों और दाससेवी नगरों के बीच का संघर्ष था। चूँकि यह गुलाम रखनेवाले मालिकों के दायरे में ही सीमित रह जाता है इसलिए यह किसी अंतिम समाधान की दृष्टि से अक्षम है। इसमें भूदासों को मुक्त करने-जैसा कोई वैसा निर्णायक आघात संभव नहीं है, जो बुर्ज्वा क्रांति का आधार बना था। कोई भी वर्ग दूसरे वर्ग की नींव को उखाड़कर फेंक नहीं सकता था; क्योंकि दोनों ही दास प्रथा पर और वह भी एक-जैसी ही प्रकृतिवाली दास प्रथा पर निर्भर थे।

संस्कृति इस समय तक भी इतनी अविभाजित है कि एक व्यक्ति ही पूरे का सर्वेक्षण कर सके और प्लेटो तथा अरस्तू ऐसे दार्शनिक हैं जो साहित्य सहित संस्कृति के समूचे क्षेत्र का सर्वेक्षण करते दिखाई देते हैं। दोनों इस अर्थ में भाग्यशाली थे कि वे उस समय से पहले ही पैदा हुए थे जब वर्ग संघर्ष यूनान में अपनी अंतिम निष्फल परिणति पर पहुँच रहा था। अभी कुछ ही समय पहले विभिन्न वर्गों के बीच अपने आम दुश्मन फारस के विरुद्ध समझौता हुआ था और यह समझौता अभी तक जीवंत और सृजनात्मक बना हुआ था। अरस्तू जो अपेक्षाकृत नए वर्ग के लक्ष्यों और महत्त्वाकांक्षाओं को मुखर करते हैं, प्लेटो की अपेक्षा अधिक आग्रही, अधिक व्यावहारिक और यथार्थ के अधिक संपर्क में हैं। उनका मुकाबला प्लेटो से करें, जो कुलीन वर्ग के प्रवक्ता हैं, तो प्लेटो में अरस्तू की एक मौलिक प्रतिक्रिया पाएँगे। यह महज संयोग की बात नहीं है कि स्ताजिरा का अरस्तू फिलिप और सिकंदर से इतनी निकटता से जुड़ा था, क्योंकि उसके वर्ग के अधिक ठोस विजय प्राप्त करने और किसी हद तक विजेता के रूप में उभरने की संभावना तभी थी जब कि वह नगर की सीमाओं को तोड़कर बाहर आए और यूनान की सीमाओं के बाहर आकर उस पूरे यूनानी साम्राज्य पर शासन कर सके जो सिकंदर के उत्तराधिकारियों के अधिकार में आया था।

अरस्तू निजी और सार्वजनिक भाषा के बीच, लयहीन और लयात्मक भाषा के बीच, वैयक्तिक प्रेरणा और सामाजिक आवेग के बीच के आदिम फर्क को स्पष्टतः समझते हैं। वास्तव में उस काल के किसी यूनानी के लिए यह फर्क इतना स्वतः सापेक्ष्य और व्यावहारिक प्रतीत होता था कि इसकी किसी व्याख्या की जरूरत नहीं थी। एक ओर तो वक्तृता का महान उपकरण था जिसके द्वारा कोई व्यक्ति अपने साथियों को बहा ले जा सकता था : दूसरी ओर काव्यशास्त्र की दुनिया थी, जिसमें सामूहिक रूप में लोगों के आवेगों को उभारा जा सकता था। अरस्तू इन दोनों के विषय में इस तरह लिखते हैं मानो कोई व्यक्ति उपयोगी और महत्त्वपूर्ण मानवीय क्रिया-व्यापार के विषय में पाठ्य पुस्तक लिख रहा हो।

वक्तृता के विषय में अरस्तू का दृष्टिकोण महज यह है कि यह लोगों को अनुचालित करने की कला है। परंतु वह इस बात को स्पष्ट कर देते हैं कि उनके दिमाग में मुख्यतः वे सुस्पष्ट और सार्वजनिक अवसर—कानूनी अदालतें और राजनैतिक सभाएँ—ही हैं, जहाँ इस कला की जरूरत पड़ती है। वक्तृता की उनकी अवधारणा के अनुसार यह सार्वजनिक अवसरों पर उपयोग में आनेवाला व्यक्तिगत भाषण है जिसे कविता की प्रचारात्मकता से भिन्न समझा जाना चाहिए। यह राजकीय अवसरों का प्रचार है। यहाँ राज्य और समाज में फर्क किया गया है। आदिम जीवन में ये दोनों एक होते हैं। परंतु एथेंस के वर्ग-विकास ने नगर को लोगों से अलग कर दिया था। अरस्तू के अनुसार ऐसे अवसर जिन पर लोग राज-संगठन और राजकीय अवसरों का उपयोग दूसरों को अनुप्रेरित करने के लिए करते हैं; उन अवसरों से अलग हैं, जब एक व्यक्ति दूसरों को रोजमर्रा की सामान्य घटनाओं के विषय में अनुचालित करने के लिए उनसे बात करता है। वर्गों के विकास के कारण नगर मनुष्यों के साधक-से बन गए हैं। ये समाज से पृथक और इस पर लदे हुए एक ऐसे ढाँचे की तरह हैं, जो समाज के ऊपर कंगूरे की तरह उठे हुए हैं। इसी दृष्टिकोण का चरम उत्कर्ष हीगेल की निरपेक्ष राज्य की अवधारणा में होता है। परंतु नगर द्वारा दिए गए मृत्युदंड के फैसले से भागकर बचने से जब सुकरात ने इनकार किया था तो उनके इस इनकार में भी इसका संकेत मिलता है। अपने इनकार में सुकरात ने भविष्यवाणी की थी कि वर्ग-संघर्ष यूनान को ध्वस्त कर देगा, क्योंकि नगर ऐसा कोई वर्ग या यहाँ तक कि ऐसा एक आदमी भी पैदा नहीं कर सकता जो नगर की सीमाओं से परे देखने में समर्थ हो।

अरस्तू ने काव्यशात्र का जो विवेचन किया है उस पर अधिक विस्तार से विचार करने की जरूरत है। वह एक ऐसी आदिम कविता का विवेचन करते हैं जो अब तक ओड, नाटक, महाकाव्य और प्रेमकाव्य में विभाजित होने की प्रक्रिया में थी और जो वक्तृत्व से अलग हो चुकी थी; और इसलिए वह ऐसे लक्षणों की तलाश करते हैं जो सभी काव्यात्मक सर्जनाओं में पाए जाते हों और जो इन्हें गैर काव्यात्मक शाखाओं से अलग करते हों। यूनानियों के लिए काव्य का एक स्पष्ट लक्षण यह था कि इसमें कोई न कोई कहानी कही जाती है। इसमें देवताओं या मनुष्यों के या कवि की भावनाओं के बारे में कुछ बातें कही जाती हैं जो यद्यपि सच नहीं होतीं पर सच प्रतीत होती हैं। महाकाव्य एक झूठा इतिहास है, और नाटक एक नकली कार्य। यहाँ तक कि प्रेमकाव्य में भी कवि पूरे औचित्य से कह सकता है, ''मैं कला के प्रेम में मर रहा हूँ'' जब कि कला का अस्तित्व तक न हो। अतः यूनानियों को काव्य की आत्मा भ्रम—एक सचेतन भ्रम प्रतीत होता था।

प्लेटो को काव्य-कला का यह लक्षण इतना निदंनीय प्रतीत होता है कि वह गणतंत्र में कवियों को जगह देने तक को तैयार नहीं होते या होते हैं तो इस शर्त पर

कि उनकी कृतियों की निर्ममतापूर्वक काट-छाँट की जाए। प्लेटो के दर्शन-जैसे प्रतिक्रियावादी या फासिस्ट दर्शनों के साथ संस्कृति का, विशेषतः समसामयिक संस्कृति का निषेध जुड़ा रहता है और प्लेटो की समसामयिक संस्कृति मुख्यतः काव्यात्मक थी। अतः एक व्यक्ति के रूप में कविता से मुग्ध होने के बावजूद एक दार्शनिक के रूप में वह इससे घृणा करते हैं। एक क्रांतिकारी दौर में संस्कृति क्रांति की आकांक्षाओं अथवा स्वत्व-वंचितों की आशंकाओं को व्यक्त करती है। स्वत्व-वंचितों के दार्शनिक इन आकांक्षाओं और आशंकाओं दोनों ही को 'खतरनाक' या 'भ्रष्ट' मानते हैं और एक ऐसी संस्कृति चाहते हैं जो उनकी सड़ाँध को छानकर किनारे पर ला लगाए। इस प्रकार की संस्कृति उस अतीत को आदर्श रूप में प्रतिष्ठित करती है जब वे शक्तिशाली थे। वह आदर्शीकृत अतीत वास्तविक अतीत से बहुत अधिक सादृश्य नहीं रखता, क्योंकि यह एक सावधानी से व्यवस्थित अतीत होता है, अति वास्तविक अतीत की भाँति यह फिर से वर्तमान को जन्म नहीं दे सकता। प्लेटो ने इस अतीत को रिपब्लिक में आदर्शीकृत किया है, जो कुलीनों द्वारा शासित था तथा जो एक आदिम साम्यवाद पर अमल करता था। प्लेटो इस प्रकार उस व्यापार को समूल उखाड़ फेंकने की आशा करते हैं जिसके द्वारा प्रतिद्वंद्वी वर्ग शक्तिशाली हुए हैं।

यूनानी सोचते थे कि कविता का उद्देश्य है भ्रम की सृष्टि करना। ऐसी स्थिति में जाहिर है कि कवि एक ऐसी चीज रचता है जो भ्रम की सृष्टि करे, चाहे वह चीज कपोल कल्पित ही क्यों न हो। वह ऐसी कहानियाँ गढ़ता है जिन्हें वास्तव में मंच पर देखा जा सके, या जैसा कि होमर के कालचक्र में मिलता है, एक ऐसा इतिहास गढ़ता है, जो रोजमर्रा की जिंदगी के लेन-देन से अधिक यथार्थ होता है, यूनानियों के सामूहिक जीवन में यथार्थतम होता है। यूनानियों का खयाल था कि यह सर्जना ही कवि का विशेष लक्षण है। कवि के लिए यूनानी में जो शब्द है, वह स्वयं ही 'रचना' से व्युत्पन्न है, ठीक उसी तरह जैसे इसका आंग्ल-सैक्सन पर्याय रचनाकार से व्युत्पन्न है।

> वस्तु से बनाना अतिशय महान है,
> पर सर्जना देवों और कवियों का काम है।

बहरहाल, यूनानी यह नहीं मानते थे कि कवि शब्दों के द्वारा, जो कि यथार्थ के प्रतीक मात्र हैं, शून्य से किसी चीज की सर्जना कर सकता है। उनका खयाल था कि कवि *यथार्थ* की एक कृत्रिम अनुकृति, एक *नकल* तैयार करता है। प्लेटो का विचार था कि कवि सारतः एक ऐसा व्यक्ति है जो अपने श्रोताओं को एक छाया-जगत से छलने के लिए जीवन की सर्जनाओं की नकल उतारता है। इस दृष्टि से कवि एक ऐसा स्रष्टा है जो यथार्थ की छायाओं द्वारा जीवन की कंदरा में

बसनेवाले मनुष्यों की नकल उतारता है।

अनुकृति के इस सिद्धांत को ही विशेष लक्षण मानकर अरस्तू वक्तृता और कविता के बीच फर्क करते हैं। साहित्य में उस समय से लेकर आज तक हुए विभेदीकरण के कारण यद्यपि यह फर्क त्रुटिहीन नहीं है परंतु अरस्तू के जमाने में यह काफी बड़ा फर्क था।

हम कविता को उपन्यास और नाटक से पृथक करते हैं, परंतु अरस्तू ने नहीं किया। लेकिन साहित्य के मानदड उसी तरह शाश्वत नहीं हैं, जैसे तंत्रगत जीव विज्ञान के वर्गीकरण शाश्वत नहीं हैं। जैसे-जैसे तंत्र-विधान के उपादान विकसित होते हैं और अपनी प्रजातियों की संख्या और चारित्रिक गुणों को बदलते हैं वैसे ही वैसे इन्हें भी बदलना होता है। संस्कृति प्रजातियों (स्पीशीज) से अधिक तेजी से परिवर्तित होती है और सांस्कृतिक आलोचना को भी उसी के अनुरूप लचीला होना होगा। जैसा कि हमारे विश्लेषण से प्रकट होगा, अरस्तू का अनुकरण का सिद्धांत न केवल सतही नहीं है, बल्कि यह कला के कार्य और पद्धति को समझने की दृष्टि से भी बुनियादी महत्त्व रखता है।

अरस्तू ने अपने बहिर्मुखी मानस के कारण उपादान (आब्जेक्ट) पर विशेष जोर दिया और वह सर्जित वस्तु अर्थात नाटक में उस व्यक्ति के मुकाबले जो इससे प्रभावित होता है या जो इसकी सर्जना करता है, अधिक रुचि लेते हैं। इस तरह उनके आक्षेप का नुक्ता सौंदर्यशास्त्री दृष्टि से सही था। वह साहित्य का विवेचन एक मनोवैज्ञानिक या मनोविश्लेषक के रूप में नहीं करते हैं।

प्लेटो का मस्तिष्क अधिक अंतःप्रज्ञायुक्त और अंतर्मुखी था। उनकी दिलचस्पी रचना से अधिक कवि और उसके श्रोताओं में है। कवि मानस का उत्पादक और भावग्राही दशाओं की उनकी परिकल्पना अविकसित है जो कि प्लेटो के अपेक्षाकृत अधिक प्रतिक्रियावादी चरित्र के अनुरूप है, परंतु इस बर्बरता के पीछे एक कृत्रिम मुस्कराहट है, जो प्लेटो का अपना खास रंग है। संस्कार नहीं अपितु यह बर्बरता ही प्लेटो को एक ऐसे युग में जब लेखन के आविष्कार के कारण कविता सामूहिक से हटकर निजी चरण में प्रवेश कर रही थी, प्लेटो को कुछ हद तक कवि की भूमिका के आदिम दृष्टिकोण का प्रवक्ता बनाती है।

प्लेटो एथेंस की पुरानी दुनिया के जीव थे। उन्हें इस परिवर्तन का गुमान ही नहीं था। वह यह नहीं देख रहे थे कि यूनानी अर्थव्यवस्था का विकास उसी तरह कविता को नगरों और लोगों के बीच विनिमय की वस्तु बनाता जा रहा था जैसे यूनानी मृत भांडों को। पुरानी यूनानी त्रासदी की तरह कविता की जड़ें अब सामूहिक उत्सव में जमी नहीं रह गई थीं, जिसमें अभिनेता और श्रोता दोनों कला की एक दुनिया में एक साथ मग्न हो जाते थे। डायोनीसियन से अपोलोनियन तक की नीत्शे की यात्रा आदिम एथेंस से सुसंस्कृत अर्थात भिन्नीकृत एथेंस की यात्रा के

परिणामस्वरूप पहले ही घटित हो चुकी थी । अब कविताएँ समाज के प्रमुख भाग से कट चुकी थीं और इनका रसास्वादन समाज से अलग व्यक्तियों या समूहों द्वारा किया जा सकता था । अर्थव्यवस्था का विकास उस अवस्था तक हो चुका था जिसमें अभिलेख और संदेश अत्यावश्यक बन गए थे । इसके चलते ही लेखन का आविष्कार हुआ, क्योंकि अभिलेख अब कबीले की सामूहिक याददाश्त मात्र नहीं रह गए थे और लोग अब साझी जिंदगी नहीं जीते थे । लेखन के आविष्कार के फलस्वरूप लिखित कविताएँ आरंभ हुईं । इसका कारण सिर्फ यह नहीं था कि लेखन का आविष्कार हो चुका था, परंतु यह कि जिन आवश्यकताओं के तकाजे से लेखन का आविष्कार हुआ, उन्हीं का यह भी तकाजा था कि कविता को सामूहिक उत्सवों से अलग किया जाए और लोग एकांत में इसका रसास्वादन करें । यूरीपिडीज की रचनाओं तक आते-आते नाटक भी एक सीमित दायरे में बंद होकर रह गया । बहरहाल, जैसा कि प्लेटो द्वारा पुस्तकों तथा लेखन कला की भर्त्सना से प्रकट होता है, उन्हें इसका सामान्य-सा ही आभास था । प्लेटो की आलोचना डी. एच. लारेंस की आलोचना की तरह है । वे उस अतीत में, उस काल तक जा पहुँचते हैं, जब समाज अभिन्नीकृत था और आवेग सामूहिक हुआ करते थे । ये दोनों सही हैं पर व्यर्थ हैं, क्योंकि आलोचक को इस बात का ध्यान नहीं कि जिस चीज की वह भर्त्सना कर रहा है, वह एक ऐसे भिन्नीकृत समाज की उत्पत्ति है जिसकी जड़ें अर्थव्यवस्था में उतरी हुई हैं । अतः वह आज की कठिनाइयों के समाधान की ओर आगे नहीं बढ़ता, बल्कि लौटकर उस युग में चला जाता है, जिसमें अभी ये कठिनाइयाँ पैदा ही नहीं हुई थीं । परंतु कोई व्यक्ति कालचक्र को उलटा नहीं घुमा सकता ।

प्लेटो फासिस्ट दार्शनिकों में सबसे मोहक, सहृदय और सभ्य दार्शनिक है । वह उस युग के अनुरूप ही है जब पेलोपोनेशियन युद्ध के दुष्प्रभाव ने अभी प्रतिक्रिया को नृशंसतापूर्ण नहीं बना दिया था । इस दृष्टि से वह एथेंस का हीगेल है । आज का कोई प्रतिक्रियावादी दार्शनिक उस शहरीपन और मोहकता को नहीं हासिल कर सकता जो प्लेटो में पाई जाती है । कवि के विषय में प्लेटो की धारणा इस प्रकार है :

सुकरात आयन नामक एक चारण से बात कर रहे हैं :

> दैवी प्रभाव ही वह चीज है जो तुम्हें आंदोलित करता है । यह उस प्रभाव की तरह है जो पत्थर में निवास करता है और जिसे यूरीपिडीज ने चुंबक कहा है और जिसे आम लोग हेराक्लीआ कहते हैं । कारण, उस पत्थर में न केवल लोहे के छल्लों को आकर्षित करने की शक्ति होती है, अपितु यह उनमें दूसरे छल्लों को आकर्षित करने की शक्ति का संचार भी करती है और इस तरह

कभी-कभी तुम लोहे के छल्लों तथा लोहे के दूसरे पदार्थों की एक लंबी शृंखला देख सकते हो जो इस प्रभाव के कारण एक-दूसरे से जुड़े और टँगे रहते हैं। और जिस प्रकार पत्थर की शक्ति इस शृंखला की हर एक कड़ी में संचारित होती है, और प्रत्येक को दूसरों से जोड़े रहती है, इसी प्रकार वाग्देवी जिसे सबसे पहले प्रेरित करती है, उसके माध्यम से उन सभी लोगों में जो उस प्रथम आवेश की क्षमता रखते हैं, संचार करती हुई एक शृंखला और क्रम की सर्जना करती है। कारण, उन महान काव्यों के रचयिता जिनकी हम सराहना करते हैं, अपनी उत्कृष्टता पर किसी कला के नियमों के जरिए नहीं पहुँचते, बल्कि वे अपने काव्य के मधुर संगीत का उद्गार भावावेश की एक अवस्था में करते हैं, मानो वे किसी ऐसी आत्मा से आविष्ट हों जो उनकी अपनी न हो। इस प्रकार गीत काव्य के रचयिता अपने प्रशंसित गीतों को देवदासियों की तरह दैवी विक्षिप्तता की अवस्था में रचते हैं, जो अपने पवित्र नृत्य के उल्लास में अपने तर्क पर अधिकार खो बैठती हैं, और इस अलौकिक आवेश के दौरान उस लय और ताल से उत्तेजित हो जाती हैं जिसे वे दूसरों तक संचारित करती हैं। जैसे बैकस के पुजारी जब इस देवता के आवेश में होते हैं तो उन्हीं नदियों से शहद और दूध निकाल लेते हैं जिनमें होश में आने पर सादे पानी के अलावा कुछ नहीं पाते। कारण, जैसा कि कविगण हमें बताते हैं कि कवियों की आत्माएँ इस जगत में एक विचित्र योजना रखती हैं। वे हमें बताते हैं कि ये आत्माएँ शहद की मक्खियों की तरह एक फूल से दूसरे पर उड़ती हुई बागों और वादियों में और वाग्देवी के मधुपूरित स्रोतों पर डोलती हुई माधुर्य और संगीत से पूरित होकर हमारे पास आती हैं और चूँकि ये कल्पना के पंखों से युक्त होती हैं, इसलिए ये सत्य का उद्गार करती हैं। कारण, एक कवि वास्तव में हवा-सा हल्का, पंखयुक्त और पवित्र होता है, अतः वह जब तक भावावेश या विक्षिप्तता की अवस्था में नहीं आता, या जब तक उसमें लेशमात्र भी तर्क बचा रहता है जब तक वह ऐसी कोई चीज नहीं रच सकता जो कविता कहलाने योग्य हो। इसका कारण यह है कि जब तक किसी कवि में तर्क का लेशमात्र भी बाकी है, तब तक वह कविता रचने में या भविष्य दर्शन में पूरी तरह अक्षम होगा। प्रत्येक गायक या कवि, चाहे वह जिस भी छंद या विधा में क्यों न लिखता हो, वह उसी अनुपात में उत्कृष्ट हो पाता है जिस अनुपात में वह दैवी प्रभाव में होता है, जिस अंश में वाग्देवी उस पर स्वयं आकर विराजती हैं। दूसरे मामलों में कवि खासे अनजान या अक्षम हो सकते हैं। कारण, वे किसी अर्जित कला के द्वारा रचना नहीं करते, बल्कि अपने भीतर दैवी स्फुरण से रचना करते हैं। कारण, यदि उन्हें आलोचना के किन्हीं ऐसे नियमों का पता होता जिसके

> अनुसार वे किसी भी विषय पर सुंदर कविताएँ रच सकते तो वे उसी प्रतिभा का प्रदर्शन सभी या किसी भी दूसरे विषय पर भी कर सकते। ईश्वर ने किसी उद्देश्य से ही सभी कवियों, पैगंबरों और भविष्यद्रष्टाओं को तर्क और बोध के अणु मात्र से भी वंचित कर रखा है ताकि वे मंत्रदाताओं और व्याख्याताओं के अपने कार्यभार के अनुरूप अपने को अधिक अच्छी तरह ढाल सकें। और हम जो उनके श्रोता हैं, हमें यह मानना होगा कि जो लोग इतनी सुंदर रचनाएँ करते हैं वे आविष्ट होते हैं और दैवी प्रेरणा से ही हमें संबोधित करते हैं।[1]

यहाँ प्लेटो कविता को सचेत अभिव्यक्ति, अनुचालन की कला से, जिसे यूनानी दृष्टिकोण के अनुसार नियमों में बाँधा और सीखा जा सकता था, कुछ भिन्न प्रकार का सिद्ध करते हैं। परंतु कविता कभी सीखी नहीं जा सकती क्योंकि प्लेटो के अनुसार यह ऐसा सचेत कार्य नहीं है जिसके आलोचना के अपने नियम हों, बल्कि यह देवता का प्रसाद है और कवि को पैगंबर और भविष्यज्ञ के साथ रखते हुए वह आदिम संस्कृति के काफी निकट पहुँच जाते हैं। इसके अतिरिक्त प्लेटो के विचार से यह प्रेरणा केवल कवि के लिए ही नहीं बल्कि उसके पाठक के लिए भी अत्यावश्यक है। जो आशुकवि इसका उद्‌गार करता है और जो श्रोता इससे प्रभावित होता है उन्हें भी देव-प्रेरित होना चाहिए। दूसरे शब्दों में कहें तो काव्य-रचना ही नहीं बल्कि कविता का रसास्वादन भी एक अवचेतन (या तर्कशून्य) क्रिया है। प्लेटो के विचार से समस्त छलावा सम्मोहन का ही एक रूप है। कवि जादूगर है जिसमें चामत्कारिक शक्तियाँ होती हैं। चुंबकित छल्लों का जो प्रतीक प्लेटो ने चुना है, वह आदिम कविता के आदिम चरित्र को अच्छी तरह प्रकट करता है। अरस्तू के विपरीत भाववादी प्लेटो कविता के प्रयोजन से नहीं अपितु उसके रसावादन से ही सरोकार रखते हैं।

परंतु अरस्तू कवि मानस में दिलचस्पी नहीं रखते और उनको इस बात की भी चिंता नहीं है कि कविता की रचना और रसास्वादन एक चेतन क्रिया है या नहीं। वह इसका मूल्यांकन इसके परिणाम अर्थात कविताओं से करते हैं। वह उन्हें व्यवस्थित करते हैं, उनका विश्लेषण करते हैं और उन्हें नियमों में बाँधते हैं। वह इस नतीजे पर पहुँचते हैं कि अनुकृति काव्यशास्त्र की भेदक विशेषता है और वह एक विश्वसनीय और सफल अनुकृति रचने के लिए नियमों की छानबीन करते हैं।

प्लेटो के विपरीत, वह इससे भी आगे जाते हैं। वह प्रश्न करते हैं : त्रासदी की सामाजिक प्रयोजनीयता क्या है ? और यह बात एक ऐसे दार्शनिक के अनुरूप ही है, जिसने तत्कालीन राज्यों के संविधानों का अध्ययन किया था।

---

1. आयन, अनु. शेली

उनका उत्तर सर्वविदित है। इसका प्रभाव है रेचन-परिष्कार। एक बार इसके पीछे झाँकने की चेष्टा करें तो यह उत्तर कुछ गूढ़-सा है। इस उक्ति की एक आधुनिक व्याख्या करने का लोभ होता है। उदाहरण के लिए, यह सुझाया गया है कि यूनानी लबादे में यह महज फ्रायड का बुनियादी उपचार—अनुप्रक्रिया (एब्रिऐक्शन) द्वारा उपचार—ही है। एक ओर तो इसमें अरस्तू को अतिशय मार्जित रूप में रखा जाता है और दूसरी ओर इसमें अनुप्रक्रिया द्वारा उपचार की वास्तविक प्रकृति के विषय में भी गलतफहमी को प्रकट करता है। दूसरी फंतासियों की तरह काव्य-सर्जनाएँ भी स्नायविक अंतर्द्वंद्व या ग्रंथियों की वाहिका हो सकती हैं। परंतु फंतासी एक ऐसा लबादा है जिसके द्वारा सेंसर अवचेतन ग्रंथि पर परदा डाल सकता है। अतः यह प्रक्रिया रेचन तो है ही नहीं, यह फ्रायड के अपने सिद्धांतों के अनुसार भी इसके विपरीत है। अनुप्रक्रिया द्वारा मूल ग्रंथि का उपचार करने के लिए फंतासी को अपने छद्म से मुक्त होना होगा और शैशवकालीन तथा आदिम अंश को खोलकर सामने लाना होगा।

इस तरह स्वयं फ्रायड की अनुभववादी खोजों के अनुसार भी काव्यसर्जना स्वयं कवि के लिए भी अनुप्रक्रियात्मक उपचार का स्थान नहीं ले सकती। परंतु अरस्तू त्रासदी को दर्शकों के लिए रेचक मानते हैं। यदि कवि पर फंतासी का अनुप्रक्रियात्मक असर होता भी हो तो यह असंभव-सी बात है कि प्रत्येक दर्शक में न केवल वे ही ग्रंथियाँ हों जो कवि में होती हैं, बल्कि वे ही साहचर्य भी हों, जिन्हे विश्लेषण से सामान्यतया नितांत व्यक्तिपरक पाया गया है।

अतः फ्रायड के अनुयायी जो यह सुझाते हैं कि अरस्तू का रेचन फ्रायड के अनुप्रक्रिया द्वारा उपचार का समानार्थी है, न सिर्फ अरस्तू को गलत समझते हैं बल्कि वे उन अनुभववादी खोजों से भी अधूरा ही परिचय रखते हैं जिन पर मनोविश्लेषण आधारित है।

अतः जब तक हम खुद इस विषय में स्पष्ट न हो लें कि कविता की प्रयोजनीयता क्या है, और अरस्तू के विचारों की तुलना अपने निजी विचारों से न कर लें तब तक अरस्तू की इस सीधी-सादी अवधारणा के पीछे न जाना ही अच्छा रहेगा। अरस्तू अपनी इस व्याख्या पर कैसे पहुँचे हैं, यह काफी स्पष्ट है। एक ओर तो उनकी दृष्टि में त्रासदी दर्शक के भीतर अप्रीतिकर आवेग—भय, चिंता और क्षोभ—उत्पन्न करती है। दूसरी ओर ये ही दर्शक उनसे अधिक तुष्टि पाकर लौटते हैं, यहाँ तक कि वे बार-बार अधिकाधिक त्रासदियाँ देखने को लौटकर आते हैं। ये आवेग अप्रीतिकर होने के बावजूद उनके लिए हितकर सिद्ध होते हैं। इसी प्रकार कड़वी औषधियाँ लोगों को लाभ पहुँचाती हैं और संभवतः अरस्तू इससे भी आगे जाते हैं, और त्रासदी की कल्पना एक ऐसी चीज के रूप में करते हैं, जो मन से अप्रीतिकर आवेगों को उसी तरह निकाल बाहर करती है, जैसे विरेचन शारीरिक विकारों को

निचोड़कर शरीर से बाहर निकाल देता है। मुझे ऐसा लगता है कि त्रासदी के प्रति यह नितांत व्यावहारिक दृष्टिकोण न स्वस्थ ही है और न ही यह उत्कृष्ट साहित्यिक आलोचना है, बल्कि यह सारतः यूनानी दृष्टिकोण है। यदि त्रासदी अपनी दुखांतता के बावजूद यूनानियों को हल्का नहीं करती थी तो यह घटिया थी। त्रासदी का एक कवि जिसने फारस में अपने यूनानी भाइयों की करुण गाथा से उन्हें फूट-फूटकर रोने को विवश कर दिया था, उस पर जुर्माना लगाया गया था। इसी प्रकार का आरोपण हमारे अपने शुद्ध भावुकतापूर्ण युद्ध साहित्य में देखते में आता है।

चूँकि हमारी अपनी संस्कृति में जो विभेदीकरण इतना आगे बढ़ गया है, वह तब शुरू ही हुआ था, अतः साहित्य के विषय में यूनानियों का यह दृष्टिकोण सर्वथा विलक्षण था। एक ओर वक्तृता जो कि अनुप्रेरण की कला थी, सचेत रूप में प्रयोग में आती थी और इसका प्रभाव ग्रहण भी सचेत रूप में होता था। यह आम बातचीत की कला थी जो नगर राज्यों की सारगर्भिता से ओतप्रोत थी। दूसरी ओर कवित्व एक अनुकृति थी और यथार्थ का अनुकरण करने की इसकी सफलता की कसौटी यह थी कि यह श्रोताओं में इतने प्रखर आवेग जाग्रत कर सके मानो वे वस्तुतः इससे सरोकार रखते हों। प्लेटो और अरस्तू दोनों ही इस बात पर सहमत हैं। परंतु प्लेटो के खयाल से इस प्रखरता को हासिल करने के लिए कोई नियम नहीं बनाया जा सकता क्योंकि सर्जना और रसानुभूति दोनों ही चेतन मस्तिष्क से बाहर से आते हैं। इसके अलावा प्लेटो को कविता का कोई सामाजिक औचित्य नहीं दिखाई देता। अरस्तू इसका प्रतिवाद करते हैं कि 'जाग्रत आवेग एक सामाजिक उद्देश्य की पूर्ति करते हैं और वह हैं रेचन।'

साहित्य की ऐसी कोई परिभाषा आज अपर्याप्त है। इसका कारण यह नहीं है कि यूनानी गलती पर थे बल्कि यह कि समाज की ही तरह साहित्य भी बदल चुका है। यदि अरस्तू आज सिद्धांत प्रतिपादन कर रहे होते तो उन्होंने देखा होता कि आज साहित्य की विद्यमान विधाओं के बीच विभेदन के लिए अनुमति इस वजह से अपर्याप्त नहीं है कि मूल परिभाषा में कोई कमजोरी थी बल्कि इसलिए अपर्याप्त है कि सामाजिक विकास के क्रम में साहित्य के नए रूप पैदा हो गए हैं। अनुकरण आधुनिक उपन्यास और गद्य नाटक की भेदक विशेषता है। आज हम जिसे कविता कहने पर सहमत हैं, वह नाटक और उपन्यास दोनों से अलग है, जिसके लिए विशिष्ट भेदक लक्षण ढूँढने होंगे। हमारा अगला कार्य होगा इनकी खोज करना।

परंतु अरस्तू की परिभाषा हमें इस बात की याद दिलाती है कि कविता के स्रोत का अध्ययन करते समय हम साहित्य के अन्य रूपों के अध्ययन की उपेक्षा नहीं कर सकते क्योंकि एक ऐसा समय था जब समस्त साहित्य काव्य था। संस्कृति की

भौतिकवादी व्याख्या में इस प्रकार की भूल से बचा जाता है। हम यह देख चुके हैं कि एक ऐसा समय था, जब समस्त धर्म और साथ ही समूचा वाङ्मय काव्य था। फिर भी आधुनिक होने के कारण, पूँजीवादी युग में जीनेवाले मनुष्यों के रूप में हमारा सरोकार मुख्य रूप से बुर्ज्वा कविता से होना चाहिए। अतः अगले खंड में हम आधुनिक कविता के विकास के सामान्य इतिहास का अध्ययन करेंगे।

अध्याय 3

आधुनिक कविता का विकास

जब सामान्य अर्थ में हम 'आधुनिक' शब्द का प्रयोग करते हैं तो हम इसका प्रयोग संस्कृति के उस समूचे ताने-बाने के लिए करते हैं, जो यूरोप में विकसित हुआ और पंद्रहवीं शताब्दी से आज तक इससे बाहर की ओर फैलता रहा। शेक्सपियर, गैलीलियो, माइकेल ऐंजेलो, पोप, और वाल्तेयर में ऐसा कुछ 'आधुनिक' है जिसे हम होमर, थेल्स, चासर और बिओवुल्फ से अलग छाँट सकते हैं और जिसकी तुलना वेलरी, सेजां, जेम्स ज्वायस, बर्गसां और आइंस्टाइन से कर सकते हैं। यह ताना-बाना एक आर्थिक आधार पर टिका हुआ है। स्वयं यह ताना-बाना भी परिवर्तनशील है। मानव इतिहास का कोई भी युग इतना विविधतापूर्ण और गतिशील नहीं रहा है जितना एलिजाबेथ काल से आज तक का हमारा युग रहा है। परंतु इसका आर्थिक आधार भी सामंती से बदलकर औद्योगिक हो गया है। यह सांस्कृतिक ताना-बाना उत्पादन में बुर्ज्वा क्रांति का ऊपरी ढाँचा है। इस क्रांति की प्रकृति का पूरा विश्लेषण पहली बार मार्क्स ने 'पूँजी' में किया। आधुनिक कविता पूँजीवादी कविता है।

जब तक हम आधुनिक कविता को ऐतिहासिक रूप में, इसकी गतिशीलता को सामने रखकर नहीं देखते तब तक इसे समझ पाना असंभव है। तब तक हम कविता का अध्ययन स्थिरीभूत 'कलाकृतियों' के रूप में, शिलीभूत और जड़ीभूत-जैसी एक चीज के रूप में करते हुए निष्प्राण सूत्र ही निकाल सकते हैं। एक ऐसी स्थिति में जिसमें कविता बेतहाशा उग्र गति से बढ़ रहे समाज की अविच्छिन्न उपज है, यह बात खासतौर से सही है।

फिर भी बुर्ज्वा संस्कृति के समस्त काव्य का उस काल से ही अध्ययन करना एक दुष्कर कार्य है। अनेक राष्ट्र और अनेक भाषाएँ बुर्ज्वा आंदोलन की लपेट में आई हैं, और फिर साहित्य के किसी और रूप की अपेक्षा कविता की यह एक खास विशेषता है कि इसका मूल्यांकन करने के लिए उस भाषा की अधिक आत्मीय जानकारी होनी चाहिए जिसमें यह लिखी गई है।

परंतु हुआ यह कि आर्थिक क्षेत्र में बुर्ज्वा क्रांति का अग्रणी इंग्लैंड बना। इटली ने इधर उससे भी पहले कदम उठाया था परंतु इसका विकास बहुत आरंभ में ही कुंठित होकर रह गया था। अमरीका ने इसे पीछे छोड़ दिया पर ऐसा कुछ बाद में चलकर हुआ। बुर्ज्वा क्रांति का अधिकांश भाग इंग्लैंड में ही घटित हुआ और वहीं से यह दुनिया के शेष भागों में पहुँचा।

1789-1871 की अवधि में फ्रांस में बुर्ज्वा क्रांति अनेक चरणों में इंग्लैंड की अपेक्षा तेज रफ्तार से, अधिक नपे-तुले ढंग से और अधिक निष्ठुरता से बढ़ी परंतु इसकी इस रफ्तार के कारण ही इसकी विचारधारात्मक अधिरचना अधिक गड़बड़ हो गई। सामान्य तौर पर बुर्ज्वा साहित्यिक कला के अध्ययन के लिए उस अवधि का फ्रांस अधिक मूल्यवान है, परंतु खासतौर से कविता का अध्ययन करने के लिए इंग्लैंड अधिक अच्छा क्षेत्र है जहाँ इस क्रांति का इतने अधिक संतुलित रूप में और इतने विस्तार से उद्घाटन हुआ।

इंग्लैंड की बुर्ज्वा अर्थव्यवस्था के अपेक्षाकृत पहले और अधिक विकसित होने के कारण, इसका ह्रास भी दूसरे देशों के मुकाबले अधिक बाद में शुरू हुआ। इसलिए साम्राज्यवाद के दौरान काव्यगत लक्षण सबसे पहले इंग्लैंड के अतिरिक्त, फ्रांस, जर्मनी और रूस आदि दूसरे देशों में प्रकट हुए। अतः इस अंतिम दौर को छोड़कर आधुनिक कविता का हमारा ऐतिहासिक सर्वेक्षण एक ही देश—इंग्लैंड—तक सीमित रहेगा।

यह मात्र संयोग की बात नहीं है कि यह देश इंग्लैंड ही आधुनिक कविता में अपने योगदान के लिए परिमाण और वैविध्य दोनों के लिए विख्यात रहा है। ये दोनों तथ्य असंबद्ध संयोग नहीं बल्कि इतिहास की एक ही यात्रा के हिस्से हैं कि इंग्लैंड तीन शताब्दियों तक पूँजीवाद के विकास में दुनिया का नेतृत्व करता रहा और उसी अवधि में वह कविता के विकास में भी दुनिया का नेतृत्व करता रहा।

> बुर्ज्वाजी वर्ग ने ऐतिहासिक दृष्टि से एक नितांत क्रांतिकारी भूमिका अदा की है।
>
> बुर्ज्वाजी वर्ग को चाहे जिस भी तरह से प्रधानता क्यों न प्राप्त हुई हो, पर इसने समस्त सामंती, पितृ सत्तात्मक और मध्यकालीन संबंधों को खत्म कर डाला। इसने उन विविध प्रकार के सामंती संबंधों को निर्ममतापूर्वक चीरकर रख दिया है जिन्होंने मनुष्य को अपने 'नैसर्गिक श्रेष्ठ जनों' के साथ बाँध रखा था और मनुष्य और मनुष्य के बीच नंगे स्वार्थ-साधन और निष्ठुर 'नगद-भुगतान' को छोड़कर अन्य कोई आधार बिंदु रहने ही नहीं दिया है।
>
> उत्पादन के उपकरणों में, और इनके द्वारा उत्पादन और समाज के समूचे संबंधों में निरंतर क्रांति लाए बिना बुर्ज्वाजी वर्ग जिंदा ही नहीं रह सकता। इसके विपरीत इससे पहले के सभी औद्योगिक वर्गों के अस्तित्व की

> पहली शर्त थी—उत्पादन के पुराने तरीकों को अपरिवर्तित रूप में बचाए रखना। उत्पादन में निरंतर क्रांति, समस्त सामाजिक अवस्थाओं में निरंतर उपद्रव, अनंत अनिश्चितता और अशांति बुर्ज्वाजी युग को पहले की सभी अवस्थाओं से अलग करते हैं। समस्त स्थिर, जड़ीभूत संबंध, अपने प्राचीन और समाहत पूर्वाग्रहों और मतों की शृंखला के साथ झाड़-बुहार दिए जाते हैं, और सभी नवजात पूर्वाग्रह और विचार जड़ होने से पहले ही पुराने पड़ जाते हैं। जो कुछ ठोस है वह हवा हो जाता है, जो कुछ भी पवित्र है वह दूषित हो जाता है, और अंततः मनुष्य अपने जीवन की वास्तविक स्थितियों और मानवता का साक्षात्कार अधिक मन से करने को बाध्य होता है।[1]

पूँजीवादी कविता इन्हीं स्थितियों को प्रतिबिंबित करती है। यह इन परिस्थितियों का ही परिणाम है। कविता का जन्म कबीले के अभिन्नीकृत गर्भ से हुआ था जिससे इसे एक पौराणिक चरित्र मिला था। वर्ग समाज में इसने शासक वर्ग की कला के रूप में अपने को धर्म से पृथक कर लिया, परंतु चौथी शताब्दी पूर्व के यूनान में जैसा क्रांतिकारी संक्रमण हुआ था उस तरह के क्षणों को छोड़कर यह कला उस वर्ग के मंद उत्थान और मंद ह्रास को प्रतिबिंबित करती हुई, 'जिसके अस्तित्व की पहली शर्त अपनी उत्पादन पद्धति को अपरिवर्तित रूप में बनाए रखना' थी, यह कला चुपचाप जीवित रही। तभी सामंतवाद की शांत और रूढ़ कला के नीचे एक ऐसा वर्ग विकसित हुआ, जिसकी प्रखरता की पहली घोषणा गाथिक गिरजाघरों द्वारा हुई थी। यह वर्ग आगे चलकर शासक वर्ग बन गया, परंतु यह एक ऐसा वर्ग था जिसके अस्तित्व की एक शर्त थी, उत्पादन के साधनों में निरंतर क्रांति लाते रहना, और इसके द्वारा उत्पादन के संबंधों और इन दोनों के साथ पूरे समाज के संबंधों में क्रांति लाते जाना।

अतः यह कला सारतः एक विद्रोही, गैर-रीतिवादी और प्रकृतवादी कला है। क्रांतिकारी यूनान की कला ही एक मात्र ऐसी है जो बुर्ज्वा कला की प्रकृतवादिता का कुछ हद तक पूर्वाभास देती है। यह एक ऐसी कला है जो अपनी निजी परिपाटी में ठीक उसी तरह निरंतर क्रांति लाती रहती है, जैसे बुर्ज्वा अर्थव्यवस्था उत्पादन के अपने निजी साधनों में निरंतर क्रांति लाती रहती है। यह अनवरत क्रांति, पुराने व श्लाघ्य पूर्वाग्रहों और मतों की यह अनवरत झाड़-बुहार, तथा 'अनंत अनिश्चितता और अशांति' बुर्ज्वा कला को इससे पहले की समस्त कलाओं से अलग करती है। कोई भी बुर्ज्वा कलाकार जो एक पीढ़ी के लिए भी अपने समय की परिपाटी से चिपका रह जाता है, अकादमिक हो जाता है और उसकी कला निर्जीव बन जाती है। यही आंदोलन अंग्रेजी कविता की खासियत है।

पूँजीवादी अर्थव्यवस्था की खासियत यह है कि प्रत्यक्षतः यह मनुष्यों के बीच

1. मार्क्स तथा एंगेल्स : कम्युनिस्ट मैनिफेस्टो (1848), मास्को, 1953, पृ. 56-58

के समस्त प्रत्यक्षतः अवपीडक संबंधों का सफाया कर देती है—और इनके स्थान पर मनुष्यों और वस्तुओं के बीच के अवपीड़क संबंधों को—जैसे राज्यानुमोदित संपत्ति के अधिकार को ला रखती है। अब लोग अवपीड़क रूप में एक-दूसरे से उस तरह नहीं जुड़े रह जाते, जैसे सामंती समाज में भूदास भूस्वामी (लार्ड) से और भूस्वामी ताल्लुकेदार (ओवर लार्ड) से, बल्कि वे स्वतंत्र रूप से मुक्त बाजार के लिए उत्पादन करते हैं और उसी मुक्त बाजार से स्वतंत्र रूप से खरीद करते हैं। वे बाजार में सिर्फ अपनी पैदावार ही नहीं ले जाते बल्कि अपनी योग्यताओं को भी ले जाते हैं और वे वहाँ पर अपनी श्रम-शक्ति को भी बिना किसी रोक-टोक के अधिक पारिश्रमिक देनेवाले को बेचने का अधिकार रखते हैं। निर्बंध बाजार में यह अबाध पहुँच ही पूँजीवादी समाज की 'स्वतंत्रता' है।

इस प्रकार मनुष्यों के बीच कोई जोर-जबरदस्ती का संबंध नहीं दिखाई देता बल्कि मनुष्यों और एक वस्तु (संपत्ति) के बीच शक्ति समर्थित संबंध ही दिखाई देते हैं जिनसे एक व्यक्ति और बाजार के बीच के संबंध पैदा होते हैं। बाजार प्रकृति का एक ऐसा हिस्सा, पर्यावरण का एक ऐसा टुकड़ा प्रतीत होता है जो पूर्ति और माँग के नैसर्गिक 'नियमों' के अधीन है। इसका उत्पीड़न मनुष्यों का उत्पीड़न नहीं बल्कि किसी अंधड़ या ज्वालामुखी के विस्फोट की तरह अंधी प्राकृतिक शक्तियों का उत्पीड़न प्रतीत होता है।

वास्तव में बाजार मनुष्यों के बीच वास्तविक संबंधों की अंधी अभिव्यक्ति के अलावा कुछ नहीं है। ये संबंध उत्पीड़न के संबंध हैं, उत्पादन के साधनों पर स्वामित्व तथा मुक्त श्रमिक की श्रम शक्ति की, जो कि अपने दो खाली हाथों के अलावा हर तरह की संपत्ति से वंचित होता है, खरीद द्वारा पूँजीवाद के अपने विशिष्ट शोषण के संबंध हैं। परंतु चूँकि यह एक अंधी अभिव्यक्ति है इसीलिए यह उत्पीड़क और अराजक भी होती है और एक प्राकृतिक शक्ति-जैसी ही प्रचंडता और अनियंत्रित स्वच्छंदता से काम करती है। चूँकि पूँजीपति और मजदूर के बीच के अवपीड़क संबंधों पर पर्दा पड़ा रहता है इसीलिए ये इतने ही अधिक पाशविक और निर्लज्जता भरे होते हैं।

अतः पूँजीवादी अर्थव्यवस्था अधिकांश जनों के लिए छद्म व्यक्तिवाद और खोखली स्वतंत्रता की अर्थव्यवस्था है। एक शासक वर्ग के रूप में बुर्ज्वा वर्ग के अस्तित्व की और इसीलिए समाज में इसकी स्वतंत्रता की एक मात्र शर्त यह है कि मनुष्य और मनुष्य के बीच प्रत्यक्षतः अवपीड़क संबंध न रहें। इस प्रकार के अवपीड़क संबंध प्रतिबंध हुआ करते हैं, जैसे सामंती प्रतिबंध जो भूदास को भूस्वामी से बाँधकर रखते हैं। परंतु सामाजिक संबंधों के बिना स्वतंत्रता कतई स्वतंत्रता हो ही नहीं सकती। इसके बजाय यह एक अंधी अराजकता है जिसमें समाज की मृत्यु निश्चित है। मनुष्यों के बीच सीधे संबंध के अभाव के अतिरिक्त

बुर्ज्वा समाज में उत्पादन के साधनों पर पूर्ण स्वामित्व के अधिकार अर्थात् 'निजी संपत्ति के अधिकार' को भी शामिल रखना बहुत जरूरी है। इस पूर्ण स्वामित्व को एक अवपीड़क राज्य-सत्ता द्वारा, इसके कानूनों, पुलिस और सेना द्वारा निभाया जाता है। चूँकि यह संपत्ति के अधिकार को लादती है न कि आदमी पर आदमी का प्रत्यक्ष स्वामित्व, इसलिए ऐसा लगता है कि यह कोई मध्यस्थ और स्वतंत्र-सी चीज है। परंतु चूँकि संपत्ति का यह अधिकार उत्पादन के साधनों पर स्वामित्व के जरिए बुर्ज्वा को 'मुक्त श्रमिकों' पर जोर-जबरदस्ती करने की शक्ति देता है, इसलिए राज्य और बुर्ज्वा अर्थव्यवस्था दोनों ही अधिकांश जनता के लिए एक अवपीड़क समाज के ऊपर पर्दा डाले रहते हैं। इसमें केवल एक ही स्वतंत्रता होती है और वह पूँजीपतियों की प्रकृति से स्वतंत्रता, जिसे वह सामाजिक उत्पादन पर एकाधिकार कायम करके हासिल करता है और मानवीय अवपीड़न से उसकी स्वतंत्रता, जो कि सामंती ढंग के सभी प्रत्यक्षतः अवपीड़क संबंधों को खत्म करने से हासिल होती है। यदि बुर्ज्वा दृष्टिकोण से देखा जाए तो बुर्ज्वा समाज एक स्वतंत्र समाज है जिसकी स्वतंत्रता इसकी व्यक्तिवादिता, इसके सर्वथा मुक्त बाजार और प्रत्यक्ष सामाजिक संबंधों के अभाव के कारण है और प्रत्यक्ष सामाजिक संबंधों के अभाव का कारण मुक्त बाजार है और इसकी अभिव्यक्ति भी इसी में होती है। परंतु शेष समाज के लिए बुर्ज्वा समाज एक अवपीड़क समाज है जिसके अवपीड़न का तरीका है व्यक्तिवाद और मुक्त बाजार। बुर्ज्वा समाज का यह बुनियादी अंतर्विरोध है और उस पूरे आंदोलन को समझने के लिए, जिससे पूँजीवादी संस्कृति का विकास होता है, इसे समझ लेना बहुत जरूरी है।

कविता के जन्म का विश्लेषण करते समय हमने देखा कि आरंभिक कविता सारतः सामूहिक आवेग है और इसका जन्म सामूहिक उत्सवों में हुआ था। यह वैसा अननुकूलित, निसर्गजात सामूहिक आवेग नहीं है जो कि किसी झुंड में शत्रु को देखकर पैदा हो सकता है। यह आर्थिक साहचर्य की आवश्यकताओं द्वारा अनुकूलित अनुक्रिया का सामूहिक आवेग है।

कोई बुर्ज्वा संस्कृति किसी ऐसे वर्ग की संस्कृति नहीं है जिसे स्वतंत्रता अर्थात् मनुष्य की अपनी समस्त निसर्गजात शक्तियों की पूर्ण सिद्धि 'व्यक्तिवाद' द्वारा हो सके। अतः ऐसा लग सकता है कि बुर्ज्वा सभ्यता को काव्य-विरोधी होना चाहिए, कारण कविता सामूहिक होती है और बुर्ज्वा एक व्यक्तिवादी होता है।

परंतु ऐसा करना बुर्ज्वा को उसके अपने मूल्यांकन के अनुसार ही स्वीकार करने-जैसा होगा। इसमें संदेह नहीं कि उसे चाहे पूँजीपति के रूप में समझना हो या कवि के रूप में, सबसे पहले हमें ऐसा करना ही होगा। बुर्ज्वा अपने को स्वतंत्रता के लिए अकेला संघर्ष करता हुआ एक योद्धा, प्रकृत मनुष्य को बेड़ियों में बाँधनेवाले समस्त सामाजिक संबंधों के खिलाफ युद्ध करता हुआ एक ऐसा व्यक्तिवादी मानता

है जो स्वतंत्र पैदा हुआ है और किन्हीं अजीबो-गरीब कारणों से हर जगह बेड़ियों में जकड़ा हुआ है। और वास्तव में उसके व्यक्तिवाद के कारण निरंतर तकनीकी विकास होता रहता है और इसलिए अधिकाधिक स्वतंत्रता प्राप्त होती जाती है। सामंती संबंधों के विरुद्ध उसकी लड़ाई से समाज की उत्पादक शक्तियों का बहुत बड़ा उन्मोचन होता है। उसका व्यक्तिवाद उस विशेष तरीके को प्रकट करता है जिसके द्वारा बुर्ज्वा अर्थव्यवस्था, उस आधार में जिस पर वह टिकी है, तब तक निरंतर क्रांति लाती रहती है जब तक ऊपरी ढाँचे के लिए आधार बहुत दुर्वह नहीं हो जाता और बुर्ज्वा अर्थव्यवस्था फूटकर अपनी उल्टी शक्ल नहीं ले लेती।

इसी तरह बुर्ज्वा कवि अपने को एक ऐसे व्यक्तिवादी के रूप में देखता है, जो अपने हृदय की ऊर्जा को विस्तृत बाह्य गति देकर, उन आंतरिक शक्तियों को मुक्त करके, जिन्हें बाहरी रूप कुंठित कर रहे हैं, अपने अंतरतम को अभिव्यक्ति दे रहा है। यह बुर्ज्वा स्वप्न है; यह एक ऐसा स्वप्न है जिसमें एक व्यक्ति अकेले ही दुनिया के समस्त वस्तु-व्यापार को पैदा करता है। वह फास्ट, हैमलेट, राबिसन क्रूसो, शैतान और प्रूफ्राक है।

बुर्ज्वा का व्यक्तिवाद सामंती समाज की पाबंदियों को खत्म करने की जरूरत से उत्पन्न होता है और उत्पादन में अपार और अनवरत तकनीकी प्रगति लाता है। इसी तरह इसके कारण कविता में तकनीक के क्षेत्र में अपार और अनवरत प्रगति आती है।

परंतु पूँजीपति और कवि दोनों ही अमांगलिक—पहले दुखांत, फिर करुण और अंततः दुष्ट—रूप ले लेते हैं। पूँजीपति पाता है कि उसकी व्यक्तिवादिता और उसकी स्वतंत्रता ही युद्ध का समस्त अंध उत्पीड़न, अराजकता, मंदी और क्रांति करती है। अपनी उत्पादकता के कारण मशीन अंततः उसे भी आतंकित करती है। अपने अंधेपन के कारण बाजार प्रकृति की एक खौफनाक शक्ति बनता है।

बाजार के माध्यम से पूँजीपति अपने साथी पूँजीपतियों को निरंतर श्रमिक बनने को विवश करता जाता है या उन्हें कुछ समय के लिए सुविधाप्राप्त वेतनभोगी की श्रेणी में उतारता जाता है। कल का दस्तकार आज फैक्टरी का मजदूर बन चुका है। इस साल का दूकानदार अगले साल अनेक शाखाओंवाली दूकान का प्रबंधक बन जाता है। पिछले हफ्ते जो एक छोटे व्यापार का मालिक था, आज वह एक बड़े ट्रस्ट का वैतनिक कार्यकारी है। यह है वह नाटकीय प्रक्रिया जिसके द्वारा पूँजीवाद अपने भीतर क्रांति लाता रहता है। व्यक्तिवाद और स्वतंत्रता की गारंटी का नतीजा बिल्कुल उल्टा होता है—इससे वित्त पूँजी पर निर्भरता और ट्रस्टीकरण ही पैदा होता है। न्यायपूर्ण प्रतिस्पर्धा के इस स्वर्ण-उद्यान में न्यायोचितता का उल्टा ही परिणाम होता है और यह है मूल्य कटौती, युद्ध, मूल्य निर्धारक समितियाँ (कार्टेल), इजारेदारियाँ, अकूत जमाखोरी

(कार्नर्स) और विभिन्न स्तरों के ट्रस्ट। ये बुराइयाँ बुर्ज्वा को अपनी स्वतंत्रता से काटकर फेंक देती हैं, उसे प्रत्यक्ष और यातनापूर्ण सामाजिक संबंध प्रतीत होती हैं, और असल में वे यही हैं भी। वह इनके विरुद्ध विद्रोह करता है क्योंकि उसके ये आदर्श नुस्खे, मुक्त बाजार के ठीक विपरीत सिद्ध होते हैं। वह इनके विरुद्ध विद्रोह करता हुआ अधिक उचित बाजार और अधिक तीखी प्रतिस्पर्धा की माँग करता है और उसे इस बात का अहसास ही नहीं होता कि चूँकि ये बुराइयाँ मुक्त बाजार से ही पैदा हुई हैं अतः इसकी मुक्तता को तीखी बनाने की माँग करना उस गुलामी को ही तीखी बनाने की माँग करने-जैसा है, जिससे वह नफरत करता है। इसलिए वह उस आंदोलन को आगे बढ़ाता है, जिसे वह नापसंद करता है और जिससे वह पूँजीवादी अंतर्विरोध से छुटकारा पाने के द्वारा ही छुटकारा पा सकता है। बुर्ज्वा हमेशा आजादी (लिबर्टी) की बात इसलिए करता रहता है कि यह उसकी पकड़ से लगातार छूटती जा रही है।

बुर्ज्वा कवि भी इसी तरह के चक्कर में फँसा रहता है। उसकी स्वतंत्रता (फ्रीडम) की शर्त है एकाकीपन, पर यह उसे असह्य और यातनापूर्ण प्रतीत होती है। उसे इस धरती और विश्व का अनुभव अधिकाधिक अमित्रतापूर्ण और उसकी स्वतंत्रता पर अंकुश-जैसा प्रतीत होता है। वह अपनी आत्मा से प्रत्येक सामाजिक चीज को निकाल बाहर करता है और पाता है कि यह उसे तुच्छ, खोखला और असुरक्षित बनाता हुआ दबोचकर रख देता है।

ऐसा कैसे घटित हुआ ? हम इसके कारणों का पता तभी लगा सकते हैं जबकि हम बुर्ज्वा के अपने मूल्यांकन को सही मानना छोड़ दें और उस आर्थिक गतिविधि को खोलकर रख दें, जिसका प्रतिबिंब स्वयं बुर्ज्वा का अपना मूल्यांकन है। बुर्ज्वा प्रत्येक चरण पर यह पाता है कि सामाजिक प्रतिबंधों को जब वह खत्म करता है तो इससे उनमें तीव्रता ही आती है। मुक्त बाजार की दिशा में उसकी दौड़ उत्पादक को होड़ की आँधी में डाल देती है जिसका एक मात्र परिणाम है घोटाला। जब वह संपत्ति के सीधे-सादे बुर्ज्वा अधिकार के समर्थन में सामंती 'जटिलताओं' को खत्म करता है तो करार के बुर्ज्वा नियमों के तरह-तरह के पेचीदे चक्कर पैदा हो जाते हैं। वह सामंती नियम और सामाजिक यातना से नफरत करता है पर इससे दृढ़ केंद्रीभूत बुर्ज्वा राज्य पैदा होता है, जिसमें व्यक्ति की आजादी के साथ निरंतर छोटी-मोटी छेड़छाड़ चलती रहती है। व्यक्तिवाद व्यक्तिवाद-विरोध को जन्म देता है। वह अर्थव्यवस्था जिसका एक मात्र ध्येय सभी सामाजिक संबंधों का सफाया प्रतीत होता है, स्वयं एक ऐसे समाज को जन्म देती है, जो अब तक के ज्ञात सभी समाजों की तुलना में अतिशय जटिल होता है। उसकी स्वतंत्रता की माँग स्वतंत्रता का निषेध है। उसकी क्रांतिकारिता की तुलना दर्पण में पड़नेवाले प्रतिबिंब से की जा सकती है। यह एक ऐसी चीज की माँग करता रहता है, जिससे उससे ठीक उल्टी

चीज हासिल होती है जिसकी वह इच्छा करता है और इस प्रकार वह समाज में लगातार क्रांति का मंत्र फूँकता रहता है।

यह आत्म-विरोधी प्रवृत्ति पूँजीवादी उत्पादन के बुनियादी नियम में ही निहित है। यह उसी नियम का परिणाम है, जिससे मूल्य कटौती का युद्ध शुरू होता है तथा प्रत्येक पूँजीपति दूसरे को तबाह करने को बाध्य होता है और उसके अलावा कुछ कर ही नहीं सकता क्योंकि यदि वह दूसरे सभी लोगों को उजाड़ने में देर करता है तो इससे उसका और पहले ही खात्मा सुनिश्चित हो जाएगा। इस प्रवृत्ति के कारण प्रत्येक उद्योग में स्थिर पूँजी की निरंतर वृद्धि होती जाती है जिसके कारण ब्याज की दरें गिरती जाती हैं और पूँजीवाद का वह सुपरिचित संकट पैदा होता है जिससे देश की संपदा के बहुत बड़े हिस्से को बरबाद करके ही मुक्ति मिल सकती है। यही अंतर्विरोध पूँजीवाद की विस्तारवादी बाढ़, अपनी ही गतिशील धुरी के इर्द-गिर्द इसका अनवरत नर्तन और विश्व के प्रत्येक कोने में एक लोलुप दबाव को भी पैदा करता है। इससे निरंतर एकीकरण और न्यासधारिता उत्पन्न होती जाती है जो स्थिर पूँजी के अनुपात को बढ़ाते हुए मुनाफे की दरों में आनेवाली गिरावट को अधिक तेज करती जाती है।

पूँजीवादी उत्पादन में इस अंतर्विरोध के कारण ही उसका क्रांतिकारी विस्तार होता है और इसी से इसका क्रांतिकारी ह्रास भी होता है। जब पूँजीवाद की विस्तारवादी शक्तियाँ पूरी दुनिया को अपने चंगुल में ले लेती हैं तो विकास के प्रतिस्पर्धी केंद्रों में छिपे या खुले रूप में टकराव पैदा होता है। इससे ये एक-दूसरे में उन कारणों को अधिक प्रखर बना देते हैं जो विस्तार की माँग करते हैं। उत्पादक शक्तियों के लिए उत्पादन संबंधों को बनाए रखना बहुत मुश्किल हो जाता है। फिर 'अति-उत्पादन' का अंतिम संकट आता है। मुनाफे की दर में गिरावट जो कि पूँजीवाद के मूल में निहित आत्म-विरोध का अनिवार्य परिणाम है, भारी बेरोजगारी, विश्वव्यापी संकट, और पूँजीवादी विस्तार में एक आम मंदी, युद्ध और क्रांति के रूप में प्रत्यक्ष हो जाती है। और यह अंतिम प्रवृत्ति जिसमें बुर्ज्वा अपनी स्वतंत्रता की सुविधा को ही एक ऐसे बंधन के रूप में पाता है, जो उसे अपनी अनिवार्यता का गुलाम बनाए रखती है। उसकी अभिव्यक्ति उसकी कविता में, साम्राज्यवाद और फासीवाद की कविता में भी होती है।

समस्त प्रत्यक्ष सामाजिक अवपीड़न का वह खात्मा ही जो बुर्ज्वा प्रमुखता और इसलिए स्वतंत्रता की शर्त था, अब शोषितों और वंचितों की गुलामी की शर्त बन जाता है, क्योंकि यह पूँजी द्वारा अप्रत्यक्ष दमन को कायम रखने का जरिया बन जाता है और इसके लिए यह राज्य के अवपीड़क तंत्र का खुलेआम प्रयोग करता है। इसलिए पूँजीवादी विकास के इस बाद के दौर में बुर्ज्वा का सामना एक ऐसे वर्ग से होता है, जिसकी स्वतंत्रता का उपाय है मजदूर यूनियनों में उसका संगठित होना जो

कि मुक्त बाजार की यंत्रणा से उसको राहत देती है। ये अपनी स्वतंत्रता पूँजीपति पर अवपीड़क पाबंदियाँ लगाकर ही हासिल कर सकते हैं। यह वर्ग मजदूरों और सर्वहारा वर्ग का होता है। पहले माँगपत्र पेश करनेवालों के रूप में और फिर मजदूर यूनियनों में अपने को संगठित करके और अंततः एक जागरूक राजनीतिक पार्टी के नेतृत्व में आकर ये पूँजीपति पर फैक्ट्री अधिनियमों, सामाजिक बीमा आदि-जैसी अवपीड़क पाबंदियाँ लगाते हैं, जो कि उस प्रकार की मुक्ति की शर्तें होती हैं, जिसे वे बुर्ज्वा अर्थव्यवस्था की सीमा में हासिल कर सकते हैं। परंतु प्रत्येक वर्ग की स्वतंत्रता दूसरे की स्वतंत्रता का निषेध करती है—यह एक ऐसा अंतर्विरोध है, जो अब नंगा होकर सामने आ जाता है।

बुर्ज्वा उत्पादन इस वर्ग को संगठित होने पर मजबूर कर देता है। बुर्ज्वा अर्थव्यवस्था इसके सदस्यों को नगरों और फैक्टरियों में दलबंद कर देता है और उनके लिए मिलजुलकर काम करने की स्थिति पैदा करता है। बुर्ज्वा वर्ग को सामंती प्रतिबंधों को खत्म करने के लिए जहाँ कहीं लोगों के साथ समझौते की जरूरत हुई, वहाँ इसने मनुष्यों के बीच आपसी होड़ को दफना दिया और मनुष्यों के बीच भाईचारे की भावना पर जोर दिया। इससे मजदूरों को एक राजनीतिक शिक्षा मिली और इसके परिणामस्वरूप उनकी राजनीतिक पार्टी का गठन हुआ।

यह नया वर्ग अंततः एक शासक वर्ग—मजदूर सोवियतों (परिषदों) की शक्ति—के रूप में अपना एक पूर्ण कार्यकारी संगठन तैयार करके अपनी स्वतंत्रता हासिल करता है और बुर्ज्वाजी पर निजी संपत्ति के स्वामित्व से मुक्ति की अंतिम 'स्वतंत्रता' लादता है और इस तरह उस झूठ का पर्दाफाश करता है जिस पर स्वतंत्रता की बुर्ज्वा धारणा टिकी हुई थी। परंतु बुर्ज्वाजी के खत्म होने के साथ आर्थिक उत्पादन की अपरिहार्यता में मूलबद्ध अंतिम दमनकारी संबंध लुप्त हो जाता है और अब मनुष्य सच्चे अर्थ में स्वतंत्र होने की चेष्टा कर सकता है।

यह सर्वहारा क्रांति उन परिस्थितियों में पूरी की जाती है जो अनिवार्य रूप से बहुत सारे बुर्ज्वाजी को निर्मूल करती और उन्हें भी सर्वहारा में बदल देती है।

> अतः जिस प्रकार इससे पहले के एक काल में सामंतों का एक हिस्सा बुर्ज्वाजी में बदल गया था, उसी तरह अब बुर्ज्वाजी का एक हिस्सा सर्वहारा बन जाता है और खासतौर से बुर्ज्वा व्याख्याकारों का एक हिस्सा, जो सैद्धांतिक रूप में समूचे ऐतिहासिक आंदोलन को समझ पाने की स्थिति में आ जाते हैं, इस तरह अपने वर्तमान के ही नहीं बल्कि अपने भविष्य के हितों की भी रक्षा करते हैं। वे अपने दृष्टिकोण को छोड़कर सर्वहारा का दृष्टिकोण अपना लेते हैं।[1]

---

1. दि कम्युनिस्ट मैनिफेस्टो, (1848), मॉस्को (1955), पृष्ठ 72-3

पूँजीवाद के अंतिम चक्र में बुर्ज्वा विचारकों की अपने भावी हितों की रक्षा के लिए फूटकर अलग होने की यह प्रवृत्ति भी अंग्रेजी कविता में प्रतिबिंबित हुई है।

इसलिए हम पूँजीवादी कविता के बुनियादी आंदोलन को तब तक नहीं समझ सकते हैं जब तक हम इस बात को न समझ लें कि जो आत्मविरोध बुर्ज्वा कविता के विकास को इतनी तेजी और बेचैनी से परिचालित करता है, वह उस आत्म-विरोध का विचारधारात्मक प्रतिरूप है जो पूँजीवादी अर्थव्यवस्था में अधिकाधिक वेग उत्पन्न करता है और स्थिर पूँजी की वृद्धि, मुनाफे की दर में कमी और अविरत पूँजीवादी संकट का कारण है। बुर्ज्वा जिस चीज का वास्तविक जीवन में सामना करता है, वह अनिवार्य रूप से उसके वैचारिक अनुभव को भी ढालती है। कला का सामूहिक जगत वास्तविक समाज के सामूहिक जगत से पोषण पाता है क्योंकि उसका निर्माण उसी सामग्री से होता है जिसे अपना ढाँचा और भावनात्मक साहचर्य सामाजिक उपयोग से प्राप्त होता है।

II

बुर्ज्वा के लिए स्वतंत्रता अनिवार्यता की चेतना नहीं बल्कि उसका अज्ञान है। वह समाज को सिर के बल खड़ा कर देता है। उसकी नजर में मूल वृत्तियाँ 'स्वतंत्र' हैं, और समाज हर जगह उन्हें बेड़ियों में जकड़ देता है। यह केवल सामंती प्रतिबंधों के खिलाफ विद्रोह की ही प्रतिच्छाया नहीं है बल्कि स्वयं अपनी स्थितियों के विरुद्ध पूँजीवाद के अपने अनवरत विद्रोह का भी प्रतिबिंब है जो इसे हर चरण पर अपने ही आधार में क्रांति भरने के लिए उकसाता रहता है।

बुर्ज्वा एक ऐसा व्यक्ति है जो एक जन्मजात स्वतःस्फूर्तता में विश्वास रखता है जिससे मनुष्य की स्वतंत्र इच्छा उत्पन्न होती है। वह इस बात को नहीं देख पाता कि मनुष्य केवल उसी अनुपात में स्वतंत्र है जिस अनपात में वह अपने कार्यों के आशयों के प्रति जागरूक है। यह बात प्रतिक्षेपी ढंग की किसी आरोपित क्रिया, जैसे पीठ पर एक धक्के, से ठीक उलटी है। आशय के प्रति सचेत होने का अर्थ है कारण के प्रति सचेत होना, अर्थात् अनिवार्यता के प्रति सचेत होना। परंतु बुर्ज्वा इसके प्रति विरोध प्रकट करता है क्योंकि नियतिवाद स्वतंत्र इच्छा के प्रतिकूल प्रतीत होता है।

अपने आशयों के प्रति सचेत होने का अर्थ है स्वतंत्र रूप से इच्छा करना—अपने कार्यों की अनिवार्यता के प्रति सचेत होना। सचेत न होने का अर्थ है एक पशु की भाँति प्रवृत्तिवश या एक ऐसे व्यक्ति की भाँति जिसे पीछे से ठेला जा रहा हो, अंधे की तरह काम करना। यह चेतना अंतः साक्षात्कार से नहीं बल्कि यथार्थ के साथ संघर्ष से आती है जो इसके नियमों को खोलकर रख देता है और इन्हें सचेत ढंग से उपयोग में लाने का साधन मनुष्य को हासिल कराता है।

बुर्ज्वा इन्हें स्वीकार करने से इनकार करता है । उसका यह इनकार समाज के प्रति उसके रुख के ही समान है जिसमें वह सोचता है कि यदि वह बाहरी सामाजिक कर्तव्यों—सामंती प्रतिबंधों—से मुक्त है तो वह स्वतंत्र है । परंतु साथ ही पूँजीवादी उत्पादन की स्थितियाँ उससे इस बात की माँग करती हैं कि वह अपने साथियों के साथ अधिकाधिक जटिल संबंध सूत्र कायम करे । परंतु ये माँग और पूर्ति के नियमों द्वारा नियंत्रित वस्तुगत बाजार के साथ संबंध प्रतीत होते हैं । इसलिए वह इनकी वास्तविक प्रकृति के प्रति असावधान रहता है और समाज के उस वास्तविक नियतिवाद से अनजान रहता है, जो उसे अपनी मुट्ठी में रखता है । इसके कारण वह स्वतंत्रता से वंचित होता है । वह अंध-शक्तियों द्वारा तबाह रहता है, और संकटों, युद्धों, मंदियों और अनुचित होड़ का शिकार होता है । यद्यपि वह इन चीजों को पैदा नहीं करना चाहता पर उसके कार्य इन्हें जन्म देते हैं ।

जड़ प्रकृति की निश्चयता (डिटर्मिनिज्म) या अनिवार्यता को जिस रूप में विज्ञान प्रकट करता है—उस रूप में जिस हद तक वह बाह्य यथार्थ के नियमों को समझता है, जैसाकि मशीनों से जाहिर होता है, उस हद तक वह प्रकृति से स्वतंत्र होता है । यहाँ भी स्वतंत्रता अनिवार्यता की चेतना है । बुर्ज्वा इस स्वतंत्रता को, जिसका इससे पहले के समाजों में अभाव था, हासिल करने में समर्थ है । परंतु यह स्वतंत्रता व्यक्ति पर नहीं अपितु संगठित व्यक्तियों पर निर्भर है । मशीन जितनी ही जटिल होगी, उसे चलाने के लिए उतने ही व्यापक साहचर्य की आवश्यकता होगी । अतः सामाजिक साहचर्य के नियमों के प्रति सचेत हुए बिना मनुष्य प्रकृति से वास्तव में स्वतंत्र नहीं हो सकता । और मशीनों के विकास के साथ स्वतंत्र रहने की संभावना जितनी ही अधिक पैदा होती है, अज्ञानता की दासता की उतनी ही तीखी याद आती है ।

मनुष्य जिस सीमा तक समाज की प्रकृति को समझता है, जिस सीमा तक वह उस नियतिवाद को समझता है, जो चेतना और मनुष्यों के उत्पादक संबंधों को जोड़ता है, उसी सीमा तक वह एक व्यक्ति के रूप में अपने ऊपर और एक सामाजिक शक्ति के रूप में प्रकृति के ऊपर सामाजिक दबाव को नियंत्रित कर सकता है । परंतु बुर्ज्वा अर्थव्यवस्था की अपनी शर्तें ही यह माँग करती हैं कि सामाजिक संबंध मुक्त बाजार एवं विक्रय उत्पादनों द्वारा छिपे रहें, ताकि मनुष्यों के बीच संबंध वस्तु के साथ संबंधों के रूप में प्रकट हों । बुर्ज्वा समझता है कि इस बात की कोई भी माँग कि मनुष्य को आर्थिक उत्पादन को नियंत्रित करना चाहिए और नियतिवाद के प्रति सचेत होना चाहिए, आजादी में दखल है । और आजादी में इस अर्थ में दखल बुर्ज्वा के रूप में उसकी हैसियत और समाज में उसकी सुविधाजनक स्थिति अर्थात् उत्पादनों पर एकाधिकार और इस तरह समाज की स्वतंत्रता में दखल डालता है ।

इस प्रकार मूल प्रवृत्ति की सापेक्षता में स्वतंत्रता और समाज के कार्य के विषय में बुर्ज्वा भ्रम की जड़ बुर्ज्वा अर्थव्यवस्था के सारभूत अंतर्विरोध से—उत्पादन के सामाजिक साधन में निजी (अर्थात व्यक्तिगत) संपत्ति से उत्पन्न होती है। अपने सामाजिक संबंधों के प्रति सचेत होते ही बुर्ज्वा बुर्ज्वा नहीं रह जाता, क्योंकि चेतना मात्र अनुचिंतन नहीं है, यह एक सक्रिय प्रक्रिया की उपज है। जिस प्रकार उसकी प्रकृति की निश्चयता की चेतना प्रकृति को नियंत्रित करने के निमित्त उसके प्रयोगों से उत्पन्न होती है वैसे ही यह चेतना सामाजिक संबंधों को नियंत्रित करने के प्रयोगों से फूटती है। परंतु इससे पहले कि लोग अपने सामाजिक संबंधों को नियंत्रित करें, उनमें ऐसा करने की शक्ति—अर्थात उनमें उत्पादन के साधनों को, जिन पर सामाजिक संबंध टिके हुए हैं, नियंत्रित करने की शक्ति अवश्य होनी चाहिए। परंतु यदि यह शक्ति एक विशेषाधिकार प्राप्त वर्ग के पास है तो वे ऐसा कर ही कैसे सकते हैं?

एक सामंती समाज में बुर्ज्वा वर्ग की शर्त है, सामंती शासन का लोप। एक पूँजीवादी समाज में मजदूरों की स्वतंत्रता की शर्त है, पूँजीवादी शासन का लोप। एक पूर्णतः स्वतंत्र समाज, अर्थात एक वर्गहीन समाज के लिए स्वतंत्रता की भी यही शर्त है। केवल ऐसे समाज में ही सभी व्यक्ति अपनी सामूहिक नियति को नियंत्रित करके सामाजिक नियतिवाद की अपनी चेतना सक्रिय रूप में विकसित कर सकते हैं। बुर्ज्वा तब तक स्वतंत्रता की इस परिभाषा को स्वीकार नहीं कर सकता जब तक वह बुर्ज्वा होने से ही वंचित नहीं हो जाता और समूचे ऐतिहासिक आंदोलन को समझ नहीं लेता।

स्वतंत्रता की बुर्ज्वा धारणा के अंतर्विरोध की यह प्रकृति उसी अनुपात में जाहिर होती है जिस अनुपात में बुर्ज्वा समाज का ह्रास होता है, और बुर्ज्वा वर्ग की स्वतंत्रता पूरे समाज की स्वतंत्रता से अधिकाधिक विरोधमूलक होती जाती है। समूचे समाज की स्वतंत्रता आर्थिक उत्पादनों में निहित है। ये उत्पादन उस स्वतंत्रता को प्रस्तुत करते हैं जिसे मनुष्य ने प्रकृति के साथ संघर्ष करके हासिल किया है। जिस अनुपात में इनका विस्तार होता है उसी अनुपात में बुर्ज्वा अपने को न केवल स्वतंत्र अनुभव करता है बल्कि शेष समाज जो इन उत्पादनों में हिस्सा बँटाता है, वह भी बुर्ज्वा अर्थव्यवस्था की शर्तों की कृपा से इन स्थितियों को क्रांतिकारी ढंग से चुनौती देने को तैयार नहीं होता। वह भी इन्हें अकर्मण्य भाव से स्वीकार कर लेता है। इसलिए यह सबकुछ स्वतंत्रता के बुर्ज्वा सिद्धांत की पुष्टि मालूम होता है। इन विशेष परिस्थितियों में स्वतंत्रता का बुर्ज्वा सिद्धांत सही है। यह एक भ्रम है, एक विराट भ्रम है, जो कि इस अवस्था में चरितार्थ होता है। मनुष्य समाज के संबंधों को नकारते हुए स्वतंत्रता प्राप्त कर रहा है, क्योंकि ये संबंध सामंती संबंध थे, जो बुर्ज्वा अर्थव्यवस्था के विकास के द्वारा पहले ही जड़-मूल तक

व्यर्थप्राय हो चुके थे।

> परंतु किसी वर्ग को उत्पीड़ित करने के लिए कुछ निश्चित शर्तें अवश्य सुनिश्चित की जानी चाहिए जिनके अंतर्गत वह कम से कम अपने दासतापूर्ण अस्तित्व को जारी रख सके। भूदासता के काल में भूदास अपनी स्थिति सुधारकर उसकी तरह कम्यून का सदस्य बन सकता था जैसे सामंती निरंकुशता के दौरान निम्न बुर्ज्वा एक बुर्ज्वा के रूप में उभर सकता था। इसके विपरीत आधुनिक श्रमिक उद्योग में विकास के साथ ऊपर उठने की जगह अपने वर्ग के अस्तित्व की अवस्था के नीचे ही धँसता चला जाता है। वह अकिंचन बन जाता है और अकिंचनता जनसंख्या या संपत्ति के मुकाबले अधिक तेजी से विकसित होती है। यहाँ यह स्पष्ट हो जाता है कि बुर्ज्वाजी समाज में शासक बने रहने के लिए और अपने अस्तित्व की शर्तों को प्रमुख नियम के रूप में समाज पर आरोपित करते रहने के लिए अपात्र है। यह शासन करने के लिए अपात्र है क्योंकि यह अपनी दासता की सीमा में अपने गुलाम का अस्तित्व सुनिश्चित करने में अक्षम है, क्योंकि वह इस अवस्था में उसे धँसने से रोक ही नहीं सकता, तथा उसके द्वारा पोषित होने की जगह इसे उसका पोषण करना पड़ता है। समाज इस बुर्ज्वाजी वर्ग के अधीन अधिक समय तक रह ही नहीं सकता। दूसरे शब्दों में कहें तो इसके अस्तित्व का समाज के साथ तालमेल ही नहीं रह गया है।[1]

अतः इस बिंदु पर स्वतंत्रता की बुर्ज्वा परिभाषा की अंतर्विरोधी प्रकृति खुलकर सामने आ जाती है क्योंकि समाज की प्रकृति ने वस्तुगत रूप में इसको नकार दिया है। इसलिए इसका स्थान नियतिवाद की चेतना के रूप में स्वतंत्रता की परिभाषा ले लेती है और अब मनुष्य की स्वतंत्रता की शर्त सामाजिक संबंधों के निर्धारक कारणों की चेतना और नियंत्रण को माना जाता है। परंतु यह एक क्रांतिकारी माँग है। यह समाजवाद और सर्वहारा की सत्ता की माँग है और बुर्ज्वा इसे स्वतंत्रता का निषेध मानकर इसका विरोध करता है। यह वास्तव में एक बुर्ज्वा के रूप में उसकी स्वतंत्रता का निषेध है भी। वह समूचे समाज के नाम पर बात करता है, परंतु व्यापक जन-समाज का क्रांतिकारी आंदोलन स्वयं भी उसके इस अधिकार का निषेध करता है।

इस प्रकार स्वतंत्रता के विषय में बुर्ज्वा का भ्रम जो स्वतंत्रता और व्यक्तिवाद को नियतिवाद और समाज के मुकाबले खड़ा करता है, इस तथ्य की अनदेखी करता है कि समाज ही वह औजार है जिसके द्वारा स्वतंत्रता से वंचित व्यक्ति दूसरों के साहचर्य में अपनी स्वतंत्रता हासिल करता है और यह कि इस प्रकार के साहचर्य की

1. कम्युनिस्ट मैनिफेस्टो (1848), मॉस्को, 1955, पृष्ठ 75-6

शर्तें स्वतंत्रता की शर्तें हैं। यह भ्रम स्वयं भी एक विशेष वर्ग- समाज की उपज और उस विशेष सुविधा की झलक है जिस पर बुर्ज्वा शासन टिका हुआ है, और जो समाज को तब तक चीरता रहता है जब तक यह बना रहता है।

दूसरे वर्ग-समाजों के अपने निजी भ्रम होते हैं। इस तरह एक गुलाम-सेवी समाज स्वतंत्रता को अवपीड़क संबंधों के लोप के रूप में नहीं बल्कि एक विशेष अवपीड़क संबंध के रूप में देखता है। यह अवपीड़क संबंध उस इच्छा का है, जिसका निर्देशन स्वामी की ओर से होता है और जिसका गुलाम एक अधिकार समझकर पालन करता है। परंतु वर्गों का विकास उस चेतना को जो इस निर्देशक इच्छा को उस यथार्थ से काटकर अलग कर देता है जिसके साथ उस गुलाम को जो इसका पालन करता है, सक्रिय रूप में संघर्ष करना होता है। इसके परिणामस्वरूप जो आर्थिक ह्रास होता है, वह अनिवार्यता के विषय में मनुष्य की बढ़ती हुई चेतन अ-स्वतंत्रता की झलक है। इसका कारण है उस वर्ग की बढ़ती हुई अकर्मण्यता जिसे चेतना का और इसलिए स्वतंत्रता का वाहक समझा जाता है। चेतना का जन्म प्रकृति के साथ मनुष्य के सक्रिय संघर्ष से होता है और जब यह संघर्ष बंद हो जाता है तो यह मरकर एक अंध औपचारिकता का रूप ले लेती है।

स्वतंत्रता की सही प्रकृति से अवगत होने का अर्थ है पर्यावरण, मनुष्य और समाज की निश्चयता के विषय में सचेत होना जो अपने पारस्परिक संघर्ष को व्यक्त करते हैं। यह चेतना मानसिक असमंजसता से नहीं आती, बल्कि आती है सक्रिय संघर्ष से। अतः स्वतंत्रता की सही प्रकृति से अवगत होने का अर्थ है समाज में उस अंध अवपीड़न या शोषण के संबंधों को ही समाप्त करने के लिए संघर्ष करना जो इस चेतना के विकास को बाधित करते हैं। इन्हें समाप्त करने का अर्थ है वर्गों को समाप्त करना और लोगों को सच्चे अर्थ में स्वतंत्र होने के साधन प्रदान करना परंतु यह केवल इसलिए घटित हो सकता है कि पूँजीवाद ने खुद अपनी कब्र खोदनेवाले विकसित कर लिए हैं। यह है वह वर्ग जिसके अस्तित्व की शर्तें न केवल उसे विद्रोह के लिए और एक सफल शासन को संभव बनाने के लिए प्रेरित करती हैं बल्कि इस बात को भी सुनिश्चित करती हैं कि इसका शासन उन सभी अधिकारों के लोप पर ही आधारित हो सकता है, जो वर्गों को पैदा कर सकते हैं।

III

इस भ्रम का क्रमिक पर्दाफाश बुर्ज्वा स्वतंत्रता का इतिहास है। इसे हम उतना ही त्रासद पा सकते हैं जितना मैकबेथ को, और उतना ही विनोदपूर्ण जितना फाल्स्टाफ को, उतना ही प्रेरक जितना हेनरी पंचम को या उतना ही अरुचिकर जितना टाइसन ऑफ एथेंस की दुनिया को। ये सभी पहलू इसके विकास में इसके आर्थिक आधार में उसी-जैसे विकास के अनुरूप प्रतिबिंबित होते हैं।

क्या हम यह नहीं कह आए हैं कि त्रासदी हमेशा अनिवार्यता की समस्या है ? ईडिपस को त्रासदी उसी बाने में दिखाई देती है जिसमें एक गुलाम-सेवी समाज में स्वतंत्रता हासिल होती प्रतीत होती है । यह है समस्त मानव इच्छाओं का अतिक्रम करनेवाली इच्छा या भाग्य जिसे एक ईश्वरीय, सर्वोपरि इच्छा, के रूप में कल्पित किया गया है ।[1] मैकबेथ की त्रासदी पूँजीवादी स्वतंत्रता के चोगे में प्रकट होती है । मनुष्य की उत्कट रूप में फूटती हुई स्वतंत्र लालसाएँ परिस्थितियों से टकराकर उस पर प्रतिबिंबित होती हैं और अब अपने प्रतिकूल प्रतीत होती हैं । तीन चुड़ैलें मैकबेथ की लालसाओं की पूर्ति का वर देती हैं पर अब ये लालसाएँ उल्टे रूप में, अपने सार तत्त्व के अंतर्विरोध के रूप में, पुन: प्रकट होती हैं । बर्नम वुड डनसिनेन के पास आता है और उसकी हत्या एक ऐसा व्यक्ति करता है जो मादाजात नहीं है ।

समूची बुर्ज्वा कविता बुर्ज्वा भ्रमों के आंदोलन की अभिव्यक्ति है । पूँजीवाद के विकास के दौरान बुर्ज्वा अर्थव्यवस्था में मूलबद्ध अंतर्विरोध जैसे-जैसे उभरकर सामने आता है वैसे ही वैसे उसकी अभिव्यक्ति कविता में भी होती है । लोग अंध भाव से अर्थव्यवस्था द्वारा नहीं ढाले जाते । अर्थव्यवस्था उनके कार्यों का परिणाम है और इसकी गतिविधि मनुष्यों के स्वभाव की झलक देती है । अत: कविता परस्पर जुड़े हुए लोगों के वास्तविक स्वत्व की अभिव्यक्ति है और यही इसका सत्य है ।

अत: बुर्ज्वा भ्रम एक फंतासी (कपोल कल्पना) प्रतीत होता है और सत्य से इसका वही संबंध है जो आदिम पुराण गाथा की फंतासी का था । सामूहिक उत्सव में, जिसमें कि कविता का जन्म हुआ था, कविता का कल्पनालोक कर्मफल का पूर्वाभास देता था और ऐसा करके वास्तविक कर्मफल को संभव बनाता था । परंतु इस सामूहिक फंतासी का भ्रम भावी कर्मफल की एक नीरस नकल मात्र नहीं है । यह उस भावनात्मक पुंज का प्रतिबिंब है जो इस तथ्य में निहित है कि मनुष्य को दूसरों के साथ और कर्मफल के साथ एक निश्चित रिश्ता रखना ही चाहिए, और कर्मफल को संभव बनाने के लिए उसकी मूल वृत्तियों को प्रकृति के साथ और दूसरे व्यक्तियों के साथ अनुकूलित होना ही चाहिए । सामूहिक कविता या उत्सव यद्यपि वास्तविक भावी कर्मफल का एक गड्डमड्ड प्रत्यक्षीकरण है फिर भी यह कर्मफल की प्रक्रिया के संदर्भ में साहचर्य में बंधे लोगों के सहज अनुकूलन का एक यथातथ्य चित्र है । यह मनुष्य के हृदय की वास्तविक तस्वीर है ।

इस तरह बुर्ज्वा कविता अपनी समस्त विविधता और जटिलता में मनुष्य के पारस्परिक और प्रकृति के साथ सहज अनुकूलन की झलक देती है जो स्वतंत्रता के जनक सामूहिक संबंधों की जरूरत है । कारण, जैसा कि हम देख चुके हैं, स्वतंत्रता समाज के उस आर्थिक उत्पाद की, जिससे व्यक्ति आत्म-साक्षात्कार करता है,

1. "वह ईश्वर जिसकी लोग प्रार्थना करते हैं, चाहे वह बाध्यता हो या भाग्य या परम पिता जी असै"—यूरीपिडीज

महज फंतासीपूर्ण और काव्यात्मक अभिव्यक्ति है । इस आर्थिक उत्पाद में समाज के केवल वाणिज्यिक या बिकाऊ उत्पाद को ही नहीं बल्कि संस्कृति और भावनात्मक उत्पादों को भी शामिल करते हैं जिसमें मनुष्यों की अपने बारे में चेतना भी आती है । अतः स्वतंत्रता के बारे में यह बुर्ज्वा भ्रम की, जिसकी अभिव्यक्ति कविता में होती है, इस हद तक एक यथार्थता है कि यह अपने अस्तित्व द्वारा स्वतंत्रता को जन्म देता है । मैं यह बात किसी औपचारिक अर्थ में नहीं कह रहा हूँ । मेरा मतलब है कि जिस प्रकार आदिम कविता उस भौतिक कर्मफल के द्वारा अपना औचित्य सिद्ध करती है जिसे यह पैदा करती है, उसी प्रकार बुर्ज्वा कविता का औचित्य समाज के उस भौतिक उत्पादन से सिद्ध होता है जिसे यह अपने आंदोलन द्वारा उत्पन्न करती है । परंतु यह समूचे समाज के लिए स्वतंत्रता नहीं है, बल्कि बुर्ज्वा वर्ग की स्वतंत्रता है जो समाज के उत्पादन के अधिकांश भाग को हड़प जाता है ।

कारण, स्वतंत्रता एक अवस्था नहीं है । यह प्रकृति के साथ एक विशिष्ट संघर्ष है । स्वतंत्रता हमेशा सापेक्ष होती है । यह संघर्ष की सफलता से सापेक्षता रखती है। स्वतंत्रता की प्रकृति की चेतना एक तत्त्ववादी समस्या का सीधा-सादा अंतःचिंतन नहीं है, बल्कि समाज की एक विशेष अवस्था में एक मनुष्य के रूप में जीने और आचरण करने की क्रिया है । चेतना की प्रत्येक अवस्था निश्चित रूप में जीती जाती है । इसे सामाजिक आंदोलन द्वारा ही एक सजीव वस्तु के रूप में बरकरार रखा जाता है—इस आंदोलन को हम श्रम कहते हैं । स्वतंत्रता के विषय में बुर्ज्वा भ्रम का उद्घाटन पहले सत्य की विजय (पूँजीवाद की उत्तरोत्तर बढ़ती हुई समृद्धि) में होता है, फिर यह क्रमशः एक खुला झूठ (पूँजीवाद का ह्रास और अंतिम संकट) और अंततः जब यह अपना ही प्रतिकूल रूप ले लेता है, स्वतंत्रता सामाजिक अनिवार्यता की जीवन अर्जित चेतना (सर्वहारा क्रांति) बन जाती है । यह मनुष्यों, सामग्रियों, आवेगों और विचारों का एक विराट आंदोलन बन जाती है। यह मशक्कत करते हुए, शिक्षा लेते हुए, कष्ट भोगते हुए और आशाएँ बाँधते हुए लोगों का एक पूरा इतिहास बन जाता है । इस आंदोलन के आकार, ऊर्जा और भौतिक जटिलता के कारण बुर्ज्वा कविता चमकदार, सूक्ष्म, जटिल और बहुमुखी चीज बन पाई है । बुर्ज्वा भ्रम जो बुर्ज्वाजी की स्वतंत्रता की भी शर्त है, उनकी कविता में भी प्रतिफलित होता है, क्योंकि बुर्ज्वा कवि शेष बुर्ज्वा की ही भाँति इसकी सिद्धि इसके समूचे आवेग, इसकी त्रासदी, इसकी विश्लेषण की शक्ति और इसकी आध्यात्मिक वितृष्णा के साथ करते हैं । सामाजिक अनिवार्यता की चेतना वर्गविहीन, साम्यवादी समाज में समस्त जनता की स्वतंत्रता की शर्त है । इसकी सिद्धि साम्यवादी कविता में होगी, क्योंकि एक तत्त्तवादी सूत्र के रूप में नहीं बल्कि विकासशील साम्यवादी समाज में मनुष्यों में रूप में जीवित रहकर ही इसकी

तात्त्विक सिद्धि की जा सकती है, जिसमें कविता के रचनाकारों और पाठकों के रूप में जीना भी शामिल है।

IV

बुर्ज्वा मनुष्य की सहज वृत्तियों को—उसकी इच्छाओं और ध्येयों के स्रोत उसके हृदय को—अपनी स्वतंत्रता के स्रोत के रूप में देखता है। यह उतना ही झूठा होता है जितना कि अननुकूलित सहज वृत्तियाँ अंधी और अ-स्वतंत्र होती हैं। परंतु जब इन सहज वृत्तियों का अनुकूलन समाज के संबंधों द्वारा हो जाता है तो ये आवेगों को जन्म देती हैं। आवेग इन अनुकूलनों को ही व्यक्त और प्रतिबिंबित करते हैं। ये ही वे साधन हैं जिनके द्वारा मनुष्य की सहज:स्फूर्त ऊर्जा समाज के तंत्र को चलाने की ओर उन्मुख होती है। समाज का यह घूमता हुआ तंत्र मनुष्य को एक व्यक्ति के रूप में सहज वृत्तियों से प्रेरित मनुष्य के रूप में नहीं बल्कि संगठित और अनुकूलित मनुष्य के रूप में प्रकृति का सामना करने और उससे संघर्ष करने में समर्थ बनाता है। इस प्रकार सहज वृत्तियाँ उस आंदोलन को संचालित करती हैं जिससे मनुष्य अपनी स्वतंत्रता हासिल करता है। स्वतंत्रता और समाज के साथ मूल वृत्तियों के संबंध के विषय में यह भ्रम और सत्य बुर्ज्वा कविता में उद्घाटित होता है और यही इसकी गुप्त ऊर्जा और स्थिर जीवन का कारण है। अत: एक बार यह जान लेने के बाद कि बुर्ज्वा भ्रम का सार तत्त्व 'व्यक्तिवाद' या 'प्रकृत मनुष्य' के विषय में एक विशेष विश्वास है, जिसका स्रोत बुर्ज्वा अर्थव्यवस्था की शर्तें हैं, हम इस बात पर विस्मित नहीं हो सकते कि बुर्ज्वा कवि वह एकाकी मनुष्य है जो समाज से मुँह मोड़कर अपने भीतर झाँकने लगता है, और ऐसा करते हुए समकालीन समाज के तात्विक संबंधों को अधिक सशक्त रूप में व्यक्त करता है। बुर्ज्वा कविता व्यक्तिवादी है क्योंकि यह अपने युग के सामूहिक आवेग को अभिव्यक्त करती है।

हम देख चुके हैं कि काव्य-कला—जो पुराण गाथा के धर्म में स्थापित होने और फलत: कविता के पुराण गाथा से विलगने से मूलत: जन्मी—की बुनियाद स्वतंत्रता में है। और यह समाज की उस स्वत:स्फूर्तता की अभिव्यक्ति है जो प्रकारांतर में समाज के भौतिक उत्पादों पर निर्भर करती है और उन आवेगपरक संबंधों का एक तरह से ऐसा ढाँचा है जिसकी अपेक्षा ये भौतिक उत्पाद संगठित मनुष्यों से करते हैं। चूँकि कला स्वतंत्रता की अभिव्यक्ति है अत: एक विकसित वर्ग-समाज में कला पूरे समाज के नहीं बल्कि केवल शासक वर्ग के भ्रम की अभिव्यक्ति है। बुर्ज्वा भ्रम के विकास के दौरान काव्य-कला आगे चलकर कविता को कहानी से अलग कर देती है। कविता जो अपेक्षाकृत अधिक कमसिन है, अधिक आदिम है, भावनात्मक दृष्टि से अधिक सीधी है, इसलिए पूँजीवादी संस्कृति में, समाज के संबंधों की सहजस्फूर्त अनुक्रिया की स्थिति में, यह सहज

वृत्तियों से, चमक से चिनगारी की तरह फूटनेवाले आवेगों से ही सरोकार रखती है। यह बुर्ज्वा भ्रम के केवल उस हिस्से को व्यक्त करती है जो व्यक्ति मानव के हृदय और अनुभूतियों को स्वतंत्रता, जीवन और यथार्थ का स्रोत मानता है, क्योंकि समाज की स्वतंत्रता कुल मिलाकर अंततः उन मूल वृत्तियों की प्रेरणा पर निर्भर करती है, जिनके प्रकृति के साथ संघर्ष से समाज की सृष्टि हुई है। चूँकि इसे भाषा के सामूहिक जगत का भी उपयोग करना होता है इसलिए यह समाज के समूचे भावनात्मक जीवन को एक विराट 'अहं' पर केंद्रित करता है जो सभी मनुष्यों में समान रूप से पाया जाता है और जो सभी मनुष्यों को एक दमघोंट अनुभव प्रदान करता है।

कहानी इस टेपेस्ट्री का उल्टा पहलू है, और यह समाज में एक अनुकूलित मनुष्य में उभरनेवाली सहज वृत्तियों को व्यक्त करती है। इस मामले में बुर्ज्वा समाज का व्यक्तिवाद एक आम अनुभव में निचुरे मनुष्यों में अभिरुचि के रूप में नहीं बल्कि ऐसे चरित्रों के रूप में व्यक्त होता है जो वास्तविक जगत में जीनेवाले सामाजिक टाइप (प्रकार) होते हैं।

(क) अंग्रेजी कविता के प्रतिनिधि कवियों, वादों और प्रवृत्तियों में विकास, (ख) कविता की तकनीक, (ग) समूची भाषा से इसके विकास, (घ) अपने परिवेश पर कवि के जीवन के प्रभाव की प्रकृति, और (ङ) उस विशेष ढंग का अध्ययन करने के बाद जिसमें यह प्रभाव कविताओं को जन्म देता है, हम यह समझ सकेंगे कि किस तरह बुर्ज्वा भ्रम कविता को जन्म देता है, और यह अंतर्विरोध किस तरह वास्तविक कविताओं में अभिव्यक्त होता है।

अध्याय 4

अंग्रेजी के कवि

I. आदिम संचय का काल

पूँजीवाद के अस्तित्व के लिए दो शर्तें अपेक्षित हैं—पूँजी का बाहुल्य तथा 'मुक्त'—अर्थात स्वत्व वंचित—मजदूर। एक बार इस आंदोलन के शुरू हो जाने के बाद, पूँजीवाद आगे के विकास के लिए अपनी निजी स्थितियाँ पैदा कर लेता है। स्थिर पूँजी की राशि संचय से बढ़ती है और छीना-झपटी से पुंजीभूत होती जाती है। यह हड़प दूसरे दस्तकारों और निम्न बुर्ज्वा को निस्वत्व बनाकर मजदूरों की आवश्यक आपूर्ति पूरी करती रहती है।

इसलिए इन शर्तों के पूरा होने से पहले आदिम संचय का एक काल आवश्यक है। यह आदिम संचय अनिवार्य रूप से हिंसा और बलप्रयोग से किया जाता है, क्योंकि बुर्ज्वा वर्ग जो अभी तक शासक वर्ग नहीं होता है, अपने विस्तार के लिए अभी तक राजनीतिक स्थितियाँ तैयार नहीं कर पाया होता है। राज्य अभी तक बुर्ज्वा राज्य नहीं होता है।

इंग्लैंड में इस अवधि के दौरान बुर्ज्वाजी वर्ग ने तथा अमीरों के उस हिस्से ने जो बुर्ज्वा की जमात में चला गया था, चर्च की जमीन और दौलत को दबोच लिया और सार्वजनिक उपयोग की जमीन की घेराबंदी करके, मठों को बंद करके, भेड़-पालन का विस्तार करके और अंततः सामंती श्रीमंतों और उनके आश्रितों का सफाया करके संपत्ति-वंचित निराश्रितों की एक पूरी जमात ही तैयार कर दी। पूँजीवाद का आधार तैयार करने के लिए नई दुनिया से सोने और चाँदी की लूट ने भी एक महत्त्वपूर्ण भूमिका अदा की। यह चक्र इसलिए संभव हो पाया कि सामंत अमीरों से अपनी लड़ाई में राजशाही को बुर्ज्वा वर्ग का मुँह देखना पड़ा और उनके समर्थन के बदले उसने उन्हें पुरस्कृत भी किया। ट्यूडर शासक बुर्ज्वाजी वर्ग के साथ मनमाने ढंग से गठजोड़ कर रहे थे और उन्होंने अमीर वर्ग को बुर्ज्वाजी वर्ग में ढाल दिया।

आदिम संचय की इस अवधि में बुर्ज्वा वर्ग के विकास के लिए स्थितियाँ

अराजकतापूर्वक तैयार की गईं । लगता है कि प्रत्येक बुर्ज्वा के लिए उसकी मूल वृत्तियाँ—उसकी 'स्वतंत्रता'—कानूनों, अधिकारों और अंकुशों से असह्य रूप में बाधित हो रही थीं, और सौंदर्य तथा जीवन उसकी लालसाओं के उग्र विस्तार द्वारा ही हासिल किए जा सकते थे ।

आदिम संचय के इस युग की आत्मा है असंयत इच्छा, जिसका कोई मान या माप नहीं, जो 'खूंखार, निडर और कृतसंकल्प' है । अतः एलिजाबेथ युग के लिए निर्बंध, वैयक्तिक इच्छा जो अन्य सभी इच्छाओं पर हावी थी, जीवन का सिद्धांत बन चुकी थी । मार्लो का फास्ट और टैंबरलेन इस सिद्धांत के भोंड़े रूप को व्यक्त करते हैं ।

जीवन का यह सिद्धांत नवजागरण के राजा में अपने चरमोत्कर्ष को पहुँच गया है । इटली और इंग्लैंड में—जो कि इस समय में आदिम संचय में अग्रणी थे—जीवन का सबसे मार्मिक मुद्दा थी राजा की निरपेक्ष इच्छा । राजा की यह प्रतिमा बुर्ज्वा भ्रम को सबसे अधिक स्पष्टता से व्यक्त करती है । यह ठीक उसी तरह है जैसे वास्तविक समाज में राजा बुर्ज्वा विस्तार की स्थितियाँ जुटाने का आवश्यक साधन था । सामंतवाद के साँचे को तोड़ने के लिए और उससे पूँजी उगाहने के लिए एक निरंकुश शासक की शक्ति और निष्ठुरता की अपेक्षा थी । इसके लिए कोई स्थापित मर्यादा या उसकी इच्छा पर दैवी अधिकार की रोक-टोक गलत होगी, क्योंकि इस प्रकार की मर्यादा या रोक स्थापित और परंपरागत होने के कारण केवल सामंती ही हो सकती है और इसलिए बुर्ज्वा वर्ग के विकास में बाधक बनेगी ।

एलिजाबेथकालीन कविता अपनी समूची गरिमा और उभार के साथ इस राजकीय इच्छा की, निरपेक्ष बुर्ज्वा इच्छा की ही आवाज है जिसकी एक मात्र अच्छाई यह है कि यह सभी प्रचलित रूढ़ियों को तोड़ डालती है और अपने आपको चरितार्थ करती है । यही कारण है कि शेक्सपियर के सभी नायक राजा हैं, क्योंकि इस समय के मानव व्यवहार का आदर्श प्रकार राजोपमता है ।

मार्लो, चैपमैन, ग्रीन और सबसे बढ़कर शेक्सपियर जो बुर्ज्वा माता-पिता की संतान हैं, इस युग में राजमन्य बुर्ज्वा की उग्र शक्ति की—इसकी समग्र ओजस्विता और स्वेच्छाचारिता के साथ—सटीक अभिव्यक्ति करते हैं । लीयर, हैमलेट, मैकबेथ, ऐंटनी, ट्रायलस, रोमियो और कोरिओलैनस ये सभी अलग-अलग ढंग से खुद अपने वजूद को कायम रखने, अपने को अंतिम बूँद तक चरितार्थ करने, अपने स्व की विशिष्टता को शुद्धतम और उत्कृष्टतम रूप में प्रकट करने के अतिरिक्त दूसरा कोई आभार नहीं जानते । शौर्य का युग अपनी नजर में जो कुछ था, वह न रहकर श्रेयहीन और निरादृत-सा प्रतीत होता है जैसा कि बुर्ज्वा वर्ग इसे डान क्विरओट के चचेरे अंगरेज भाइयों हाटस्पर, फाल्स्टाफ और आर्मेडो के व्यक्तित्व में देखता है ।

यहाँ तक कि पैरोलीज-जैसा क्षुद्र, खोखला, श्रेयहीन, डींगबाज भी अपनी असीम आत्मसिद्धि को अपने मंचीय अस्तित्व का नियम और अपने चरित्र का कुछ हद तक औचित्य मानता है :

जो कुछ हूँ मैं वह होना ही
मुझे जिलाए रखेगा।

इस अविनीत आत्माभिव्यक्ति में ही, जिसके द्वारा वे अपने आंतरिक मायालोक को विस्तृत करके पूरे जगत को व्याप्त कर लेना चाहते हैं, शेक्सपियर के नायकों का महत्त्व है। उनकी मृत्यु का रहस्य और त्रासदी का समाधान दोनों ही इस बात में निहित हैं कि मृत्यु भी उनकी आत्मसिद्धि को खत्म नहीं कर पाती, कि वे—लीयर, हैमलेट, क्लिओपेट्रा और मैकबेथ—मृत्यु में भी अपनी तात्विक निजता को बनाए रखते हैं।

शेक्सपियर बुर्ज्वा भ्रम की कितनी गहराई में पैठते हैं, मानव समाज की उनकी पकड़ कितनी लाजवाब है, यह इस बात से ही प्रमाणित होता है कि अंततः वह एक त्रासदीकार ही बने रहते हैं। उनकी दृष्टि में मानव वैयक्तिकताओं की इस निर्बंध सिद्धि में अनिवार्यता की भी उतनी ही निर्बंध भागीदारी शामिल है। शेक्सपियर के नाटकों में बार-बार उस अंतर्विरोध की अभिव्यक्ति होती है जो पूँजीवाद की चालक शक्ति है। मैकबेथ में नायक की महत्त्वाकांक्षाएँ उलटे रूप में सिद्ध होती हैं। किंग लियर में नायक अपनी पुत्री की उतनी ही उत्कट इच्छा की अभिव्यक्ति के सामने और प्रकृति के सामने, जिसकी अनिवार्यता एक तूफान के रूप में प्रकट होती है, अपने को नष्ट कर डालता है। तूफान की प्रतीकात्मकता की शक्ति का रहस्य वस्तुतः यह है कि तूफान में प्रकृति अपने को किसी अमोघ तंत्र के रूप में नहीं बल्कि अपने आवेश में अनियंत्रित किसी व्यक्ति के रूप में संचालित करती है। आथेलो में मनुष्य के प्यार की चरम सिद्धि स्वयं उसी में होती है, फिर भी इस सिद्धि की आतुरता में वह 'उस व्यक्ति की ही हत्या कर देता है, जिसे वह प्यार करता है।' हैमलेट में अमित इच्छाओं के द्वंद्व की समस्या को एक दूसरे ही रूप में प्रस्तुत किया गया है—यहाँ एक व्यक्ति की इच्छा अपने ही विरुद्ध खड़ी है और इसलिए यद्यपि कोई 'बाह्य' चीज इसका विरोध या प्रतिबिंबन नहीं कर सकती, फिर भी यह अपने ही खिलाफ संघर्ष कर सकती है और नष्ट हो सकती है। एक ही इच्छा का 'दुहरापन' विषाक्त तलवारों और जाम में बड़े सटीक रूप में प्रतीकबद्ध किया गया है, जिसका एक लक्ष्य ऐसा है मानो दोमुँहा हो, और जिससे ठीक उलटे नतीजे सामने आते हैं। ऐंटनी और क्लिओपेट्रा तथा रोमियो और जूलियट में सरलतम और सबसे उग्र सहज वृत्ति की पूर्णता है। इतना अधिक प्यार करना जिसकी न कोई सीमा हो, न ही माप, और इस प्यार के चलते उन प्रेमियों का सर्वनाश हो जाता है, जिनका

औचित्य महज यह है कि प्यार असीम है, और देशप्रेम, परिवार के प्रति निष्ठा, तर्क और स्वहित का तिरस्कार करता है । इस प्रकार की मौतें दुखांत हैं क्योंकि इस युग में स्व की उग्र साधना शौर्यपूर्ण मानी जाती है । यह इतिहास का जीवन सिद्धांत है । हम महसूस करते हैं कि मृत्यु अनिवार्य है और इसे होना ही चाहिए था : ''यही कोई चीज आँसू बहाने के लिए नहीं है ।''

इस चरण में बुर्ज्वा शक्ति और ओज राजतंत्रवादियों के नेतृत्व में एक वर्ग के रूप में उनके एकजुट होने पर निर्भर करता है । इंग्लैंड में बुर्ज्वाजी जो काफी हद तक एक स्वतः सशक्त एवं क्रियाशील कम्यून का रूप ले चुके थे, न्यायालय को अग्रता देते हैं । न्यायालय प्रगति का केंद्र है और इसकी सार्वजनिक सामूहिक जिंदगी इस समय बुर्ज्वा प्रगति का स्रोत और आदिम संचय का उद्‌गम है । न्यायालय स्वयं बुर्ज्वा नहीं है : यह एक सामंती 'अधिपति' की तरह अपनी इच्छा को लादता है, परंतु यह ऐसा तभी कर सकता है जबकि यह बुर्ज्वाजी वर्ग के साथ अपनी मैत्री कायम कर ले, जिसके लिए राजा की 'निरंकुशता' यद्यपि तत्त्वतः सामंती है, परंतु जिसके परिणाम बुर्ज्वा हैं क्योंकि यह उसके विकास के लिए स्थितियाँ तैयार कर रहा है ।

इस प्रकार हम पाते हैं कि यद्यपि शेक्सपियर बुर्ज्वा भ्रम को मुखर करता है, पर वह दरबार का या बुर्ज्वा अभिजात वर्ग का एक मुसाहिब है । नाटककार 'रानी के सेवक' हैं । वह बुर्ज्वा बाजार या 'जनता' के लिए रचना नहीं करता । उसकी एक सामंती हैसियत है । इसलिए उसकी कला का रूप व्यक्तिवादी नहीं है; बल्कि सामूहिक है । इसमें दरबार के सामूहिक जीवन का उच्छ्‌वास मिलता है । एक अभिनेता और नाटककार के रूप में वह आवेगों के एक ऐसे खुले जगत में अपने भावकों के साथ जीता था, जिनसे उसका भावसाम्य था । यही कारण है कि एलिजाबेथकालीन कविता की महानतम अभिव्यक्ति नाटक में—वास्तविक, अभिनीत नाटक में—हुई है । यह सामाजिक और सार्वजनिक भी बना रह सकता था और साथ ही बुर्ज्वा वर्ग के साथ राजशाही के गठजोड़ के कारण बुर्ज्वा वर्ग की महत्त्वाकांक्षाओं की अभिव्यक्ति कर सकता था ।

एलिजाबेथकालीन कविता में एक कहानी कही जाती है । इस कहानी में हमेशा मनुष्य की उन वैयक्तिकताओं का वर्णन किया जाता है, जो आर्थिक कार्यों में फलीभूत होती हैं । इसमें इन्हें बाहर से 'चरित्रों' या 'टाइपों' के रूप में देखा जाता है । यह उन्हें बाहर से दीखनेवाले वास्तविक सामाजिक जगत में स्थापित करती है । परंतु आदिम संचय के युग में बुर्ज्वा अर्थव्यवस्था में इतनी भिन्नता नहीं आई थी कि इसमें सामाजिक टाइप या 'आदर्श' स्थिर हो चुके हों । बुर्ज्वा मनुष्य यह विश्वास कर रहा है कि महज अपने चरित्र की सिद्धि करके ही वह प्रकारांतर से एक आर्थिक भूमिका अदा कर रहा है । उसके लिए सहज मूलक चीजें और आर्थिक

चीजें स्वभावतः एक प्रतीत होती हैं। सामंती भूमिका ही उसे आरोपित और 'कृत्रिम' प्रतीत हो रही है। इसलिए अभी तक कहानी और कविता के बीच विरोध भाव नहीं आया है। अभी दोनों में अलगाव पैदा नहीं हुआ है।

आदिम संचय के इस युग में सबकुछ अस्थिर और समांगीकृत है। बुर्ज्वा समाज में अभी तक श्रम का उतना विभाजन नहीं हुआ है, जिसके कारण संस्कृति में व्यापक जटिलता उत्पन्न होती है। आज मनोविज्ञान, जीवविज्ञान, तर्कशास्त्र, दर्शन, कानून, कविता, इतिहास, अर्थशास्त्र, उपन्यास लेखन, निबंध आदि सभी चिंतन के पृथक क्षेत्र हैं। इनमें से प्रत्येक के अवगाहन के लिए विशेषज्ञता अपेक्षित होती है और प्रत्येक में विशिष्ट शब्दावली का प्रयोग किया जाता है। परंतु बेकन और गैलीलियो और दा विंची-जैसे लोगों ने विशेषज्ञता नहीं प्राप्त की थी और उनकी भाषा में विशेषज्ञता का यह अभाव झलकता है। एलिजाबेथयुगीन त्रासदी में सड़क की भाषा से लेकर दरबार तक के, तकनीकी से लेकर वर्णनात्मक भाषा तक के विराट दायरे और प्रसार में आनेवाली भाषा का प्रयोग किया जाता है क्योंकि अभी तक भाषा में बिलगाव नहीं आ पाया था।

किसी भी दूसरी महान भाषा की तरह इसे भी खरीदा गया है, इसकी भी कीमत चुकाई गई है। टाइनडेल ने इसकी कीमत अपने प्राणों से चुकाई। एक सादी और खुली सचाई के रूप में अंगरेजी गद्य की शैली, जो कविता के लिए उपयुक्त थी, उन नास्तिकों द्वारा मृत्यु के डर से रची जा रही थी, जिनके लिए वह एक धार्मिक, किंतु साथ ही एक क्रांतिकारी क्रिया थी, जो एक खुलेपन और सादगी की माँग करती थी और ओछे अलंकरण और रूढ़ि से परहेज रखती थी। सचाई को छोड़ इससे और किसी चीज की माँग नहीं की जा रही थी।

इन तथ्यों के समन्वय से ही एलिजाबेथकालीन कविता एक साथ ही नाटक और कहानी, सामूहिक और अभिन्नीकृत बनी रहती है और फिर भी आदिम संचय के उस युग में बुर्ज्वा भ्रम को असाधारण शक्ति और ओज के साथ व्यक्त करती है।

यदि शेक्सपियर ने पूँजीवादी विकास के उदयकाल में बुर्ज्वा अंतर्विरोध की विराट उलपब्धियों से लेकर इसके क्षुद्र ह्रास के समूचे आंदोलन को उद्घाटित नहीं किया होता तो उनको वह हैसियत नहीं मिली होती जो हासिल है। अपनी स्थिति के कारण, अपने सामती 'दृष्टिबोध' के कारण ही वह एक ही युग में उन सभी प्रवृत्तियों को भाँपने में समर्थ हुए जो अगले युगों में विलग होकर प्रकट हुए और इसलिए जिनका विवेचन किसी एक स्थल पर करना असंभव हो गया।[1] 'रोमियो और जूलियट' में बुर्ज्वा प्रेम की शबनमी ताजगी को, 'ऐंटनी और क्लिओपेट्रा' में

1. इसी प्रकार मोरे अपने *यूटोपिया* में सामंती दृष्टिबोध से पूँजीवाद के साम्यवाद में विकास की कल्पना करता है।

इसके घातक साम्राज्य-विनाशी खुमार, या 'मैकबेथ', 'हैमलेट', 'लीयर' और 'आथेलो' में व्यष्टि की इच्छाओं के द्वंद्व के आडंबर को व्यक्त करना ही काफी नहीं था। पूँजीवाद के समूचे आंदोलन द्वारा उत्पन्न अधोगति को जो मानव आत्मा की सिद्धि के लिए समस्त सामंती निष्ठाओं का सफाया कर देती है और अंततः पाती है कि यह आत्मा नकद नारायण का अभागा कैदी बनकर रह गई है, प्रकट करने के लिए तलछट को चखना अति यथार्थवाद का और जेम्स ज्वायस तथा टाइमन ऑफ एथेंस का पूर्वानुमान करना भी आवश्यक था—इसे केवल प्रतीकात्मक रूप में ही नहीं बल्कि ज्वलंत सटीकता से व्यक्त करना भी आवश्यक था :

सोना ? पीला, चमकीला, बेशकीमती सोना ? नहीं, भगवन, मैं कोई
नकारा पाखंडी नहीं। तुम स्वर्ग को दोषमुक्त कर दो।
यही सबकुछ बदल देगा धूमिल उज्ज्वल में, बेईमानी ईमानदारी में,
गलत सही में, क्षुद्र उच्च में, बृद्ध युवा और कायर बहादुर में,
ओह, तुम देवताओ ! ऐसा क्यों ? यह क्या, ओ देवताओ ?
क्यों, तुम्हारे पंडितों और दासों को यह तुम्हारी हदों से खींच लेगा,
मुटियाकर दोहरे हुए लोगों के सिर के नीचे से तकिए छीन लेगा—
यह पीतवर्णी दास गूँथेगा, तोड़ेगा धर्मों को, आशीषेगा
सताए हुए लोगों को, दुलराएगा बर्फ-से सफेद कुष्ठ को,
मान देगा चोरों को और देगा उन्हें उपाधियाँ, संबल
और मान्यताएँ सिनेटरों के बराबर बिठाकर।
यही तो है जो खिन्न विधवाओं को फिर से ब्याहेगा
वह महिला, नारि-निकेतन और सड़ते घाव का योग लिए
घाटियों में बहती तंग धारा-सी, फिर से यादों के घरौंदों और
चटपटे मसालेदार अप्रैल के दिन से महमह हो जाएगी।
आओ, धरती को लानत भेजो,
आप, मानव-जाति के एक-से लोगो,
वह देशों के गठजोड़ में तेजाब डालता है
मैं उसे सही रास्ते पर मोड़ दूँगा।

जेम्स ज्वायस के चरित्र टाइमन के अनुभव को दुहराते हैं :

सबकुछ टेढ़ा-मेढ़ा है।

कुछ भी सम नहीं हमारी शापित प्रकृति में
सीधी-सीधी खलनायकी है। सो, दूर रहो
सारे महाभोजों, समाजों और आदमी के जत्थों !
'उसका' हमशक्ल, हाँ-हाँ खुद 'वही', टाइमन घृणा करता है उससे।
विनाश, विषदंत मनु !

एलिजाबेथकालीन कविता का जीवन की चिंता से साम्राज्यवादी युग के मृत्यु-चिंता तक विकास का एक विराट दौर आता है परंतु शेक्सपियर के नाटकों में इन सभी को आकलित किया गया है और कुछ अस्पष्ट रूप में इन सभी का पूर्वानुमान किया गया है।

अपनी मृत्यु से पहले शेक्सपियर ने एक अ-दुखांत समाधान का, एक मृत्युहीन समाधान का कुछ धूमिल और फंतासीपूर्ण प्रयास किया था। बुर्ज्वा सभ्यता की सड़ाँध से दूर, 'द टेंपेस्ट' का द्वीप है जिसमें मनुष्य शांत और उदात्त रूप में, अपने विचारों के साथ अकेला जीने की कोशिश करता है। इस प्रकार के अस्तित्व में भी एलिजाबेथकालीन यथार्थ बना रहता है। इसमें शोषितों—नरभक्षियों, पशुतुल्य भूदासों—का एक वर्ग है और एक 'मुक्त' प्राण—एरिएल—है जो कुछ समय के लिए ही सेवा करता है और जो मुक्त मजदूरों का आदर्शीकरण है। यह स्वर्ग टिक नहीं सकता। अभिनेता वास्तविक जगत में लौट आते हैं। जादू टूट जाता है। पर फिर भी इसकी शुद्धता और बालसुलभ बुद्धिमत्ता के कारण 'टेंपेस्ट' में एक मोहक गुण है और इसका जादुई संसार जिसमें प्रकृति की शक्तियों को मानव उपयोग में लाया जाता है, साम्यवाद की एक धुंधली भविष्यवाणी है।

II

जब आदिम संचय धीरे-धीरे बुर्ज्वा उत्पादकों के एक पृथक वर्ग को जन्म देता है, तो सम्राट की इच्छा जो अपनी निरंकुशता के कारण एक सर्जनात्मक शक्ति बनी हुई थी, बुर्ज्वा-विरोधी और सामंती शक्ति बन जाती है। एक बार आदिम संचय के एक निश्चित बिंदु पर पहुँचने के बाद जिस चीज की सबसे तीव्र लालसा होती है, वह पूँजी नहीं बल्कि खास तरह की परिस्थितियाँ हैं जिनमें बुर्ज्वा अपनी पूँजी का विकास कर सके। यह फैक्टरियों के विकास के विपरीत 'विनिर्माण' का युग है।

निरंकुश राजतंत्र मुक्त भाव से इजारेदारियों और विशेषाधिकारों की मंजूरी देने के कारण उतना ही तकलीफदेह बन जाता है जितना सामंती निष्ठाओं का पुराना तंत्र था। जो भी हो, यह स्वयं भी तो सामंती प्रकृति का है। राजतंत्र और दस्तकारों के वर्ग, व्यापारियों, किसानों और दूकानदारों के बीच एक खाई पैदा हो जाती है।

राजदरबार बड़े जमींदारों या अमीरों को समर्थन देता है, जो पहले से ही परोपजीवी रहे हैं। बुर्ज्वाजी वर्ग का शोषण करने के लिए वह दरबार से गठजोड़ कर लेता है। दरबार उसे इजारेदारियाँ, विशेषाधिकार या विशेष करों से पुरस्कृत करता है जो कि उभरते हुए बुर्ज्वा वर्ग के बहुत बड़े तबके के विकास में रुकावट डालते हैं। अब आदिम धन संचय का युग समाप्त हो चुका है अतः राजा की निरंकुश 'इच्छा' इस चरण में बुर्ज्वा वर्ग के जीवन सिद्धांत को व्यक्त नहीं करती।

इसके विपरीत दरबार बुराइयों का स्रोत प्रतीत होने लगता है। इसकी चमक-दमकवाली भ्रष्ट जिंदगी से सड़ाँध की बू आने लगती है; सडाँध और जघन्य कृत्यों को रेशमी जामा पहनाया जाता है। बुर्ज्वा कविता उलटा रुख अपनाती है, और एक सर्वसम्मत आंदोलन द्वारा दरबारी जिंदगी की गंदगी से अपना दामन बड़े शुद्धतावादी अंदाज में बचाकर निकलती है। वह आंदोलन जो पहले कैथोलिक चर्च (रूढ़िवादी धर्म) के विरुद्ध सुधारवादी चर्च की प्रतिक्रिया था अब सुधारवादी चर्च के विरुद्ध शुद्धतावादी प्रतिक्रिया बन जाता है।

जो चर्च राजा की निरंकुश इच्छा और अमीरों के विशेषाधिकारों को व्यक्त करता था, उसका सामना शुद्धतावादी की वैयक्तिक अंतश्चेतना से होता है जो आत्मा अथवा अपनी ही आदर्शीकृत इच्छा के अतिरिक्त और किसी नियम को नहीं मानता। अब चूँकि आदिम धन संचय का दौर समाप्त हो चुका है अतः उसकी किफायतसारी पूँजी बढ़ाने की जरूरत को प्रकट करती है। अब स्वतंत्रता और सद्‌गुण अंधाधुंध और फिजूल लूट में नहीं बल्कि 'बचत' में निहित माना जाने लगता है।

डन इस संक्रमण से मर्माहत हो उठता है और इसलिए वह इसे वाणी देता है। सबसे पहले वह दरबार की ऐयाशी और चमक-दमक से मुग्ध होता है पर उसे जो अवमानना झेलनी पड़ती है, उससे दरबार से विमुख होने और पश्चात्ताप करने का एक दौर शुरू होता है परंतु पूरा नहीं होता। अपने अंतिम वर्षों में चूँकि डन मृत्यु चिंता और जीवन के प्रति उत्कट घृणा में डूबे रहते हैं अतः काया का गर्व उनके हृदय को चीरता-सा लगता है।

दरबार के सामूहिक जीवन से हटकर कविता केवल बुर्ज्वा के अध्ययन कक्ष के एकांत में ही पनाह ले सकती है, जो इतने नपे-तुले ढंग से सजाया गया है कि इसमें कुछ थोड़े-से चुने हुए दोस्त ही शरीक हो सकते हैं। दरबारी जीवन की सम्मोहक ख्याति से इसका परिवेश इतना भिन्न है कि यह कविता के शिल्प में बहुत तेजी से क्रांति-सी ला देता है। इस काल की समूची कविता शर्मीले, गर्वीले लोगों द्वारा लिखी प्रतीत होती है जो अपने अध्ययन कक्ष में अकेले लेखन कर रहे थे। क्राशा, हेरिक, हर्बर्ट, वान दरबारी जीवन से हटकर ग्राम्यांचल या स्वर्ग को संबोधित करने लगते हैं। यह परिवर्तन भाषा में भी प्रतिबिंबित होता है। अब गीत ऐसे नहीं रह जाते जिन्हें कोई संभ्रांत व्यक्ति अपनी प्रेमिका के सामने गा सके; दर्प अब ऐसे नहीं रह जाते जिन्हें दरबारी संलाप में उछाला जा सके। कविता अब ऐसी नहीं रह जाती जिसे गरजकर एक पंचमेल श्रोतामंडली को सुनाया जा सके। इससे उस पुस्तकालय की गंध आती है जहाँ बैठकर इसे लिखा गया है। यह पंडितों की—साहित्य के अध्येताओं की—कविता बन जाती है। कविता का पाठ होता है, गायन नहीं। इसमें इसी के अनुरूप सांकेतिकता और जटिलता भी आ जाती है।

परंतु सर्कलिंग और लवलेस दरबारी कविता अर्थात अपने वर्ग की सादी और खुली हुई कविता लिखते हैं। वे शुद्धतावादी कविता के मुकाबले खड़े होते हैं और एलिजाबेथकालीन दरबारी गीतों की परंपरा को बनाए रखते हैं।

सामूहिक नाटक, जिसका जन्म दरबार की सामूहिक भावना से हुआ था, अनिवार्य रूप से मर जाता है। वेब्स्टर और टोर्नियर इसकी अंतिम भ्रष्टता को बुर्ज्वा भ्रम के पहले चरण के नितांत दूषित और इतालवी ढंग की मृत्यु को व्यक्त करते हैं।

III

संक्रमण काल क्रांति की ओर अग्रसर होता है। बुर्ज्वा संसद, स्वतंत्रता और विचार सत्त्व के नाम पर राजतंत्र और विशेषाधिकार प्राप्त अमीरों के विरुद्ध विद्रोह करते हैं जो राजतंत्र को बुर्ज्वा की चुनौती के अतिरिक्त कुछ और नहीं। यह सशस्त्र क्रांति का, गृहयुद्धों का काल है और इसके साथ ही अंगरेजी का पहला ऐसा कवि प्रकट होता है जो खुले रूप में क्रांतिकारी है। यह कवि है मिल्टन।

उसकी शैली भी क्रांतिकारी है और अंतर्वस्तु भी। अब बुर्ज्वा एक भ्रम के चरण में पहुँचता है जहाँ यह अपने को विद्रोही और अकेला पाता है, जो भावी शक्तियों को चुनौती दे रहा है। अतः इसके साथ ही एक कृत्रिम और सायास अपनाई गई उदात्त शैली, एक विलग-सी शैली जन्म लेती है जो इससे पहले अंग्रेजी कविता में देखने को नहीं मिलती।

बुर्ज्वा क्रांतियाँ जो अक्सर समूची जनता की सहायता से हासिल की जाती हैं, हमेशा एक ऐसे चरण पर पहुँच जाती हैं जहाँ यह अनुभव किया जाता है कि ये 'अति' पर पहुँच चुकी हैं। जब तक स्वत्वहीन भी असीमित स्वतंत्रता की माँग करते रहते हैं जिसे केवल 'संपन्न लोगों' की कीमत पर ही हासिल किया जा सकता है, तब तक असीमित स्वतंत्रता की बुर्ज्वा माँग भी बहुत ठीक लगती है। फिर कोई क्रामवेल या राबेस्पियर क्रांति की प्रगति को जोर-जबरदस्ती से रोकने के लिए बीच में आ जाता है।

इस प्रकार के बुर्ज्वा अवरोध से हमेशा एक प्रतिक्रिया उत्पन्न होती है, क्योंकि इस प्रकार बुर्ज्वा वर्ग अपने ही जन आधार को नष्ट कर देता है। राबेस्पियर का स्थान कोई निदेशक मंडल और फिर कोई नैपोलियन ले लेता है। इससे पहले के चरण पर ही क्रामवेल का स्थान कोई मांक और कोई चार्ल्स द्वितीय ले लेता है। चक्का पूरा उलटा चक्कर नहीं काट पाता, बीच में ही एक समझौता आ जाता है।

जिन लोगों ने निम्न बुर्ज्वा के हितों को सीधे बुलंद किया था, उनके लिए उन प्यूरिटनों (शुद्धतावादियों) के लिए प्रतिक्रिया का यह अंतिम चरण क्रांति के साथ विश्वासघात प्रतीत होता है। इसलिए 'पैराडाइज लास्ट' में मिल्टन अपने को

शैतान से आविष्ट और फिर भी साहसी, अभिशप्त और क्रांतिकारी के रूप में देखता है। 'पैराडाइज रिगेंड' में वह परलोक की सत्ता के बदले में इहलोक की सत्ता का निषेध ही कर चुका है। वह दुनिया के मंदिरों और शिखरों का उपहास करता है। उसे परलोक में पुरस्कार मिलेगा क्योंकि वह समझौता नहीं कर सकता। इसलिए यह कविता पराजयवादी है और इसमें 'पैराडाइज लास्ट' की उदात्त चुनौती का अभाव है। 'सैम्सन एगोनिस्टस' में वह अपना साहस फिर हासिल करता है। वह उस दिन की आशा लगाए रहता है जब वह अपने उद्दंड दमनकारियों की विलासिता के मंदिरों को ध्वस्त कर सकेगा और विलासिता में लिप्त दरबारों का सफाया कर देगा।

क्या उसने सचेष्ट भाव से अपने को शैतान, ईसा और सैम्सन के रूप में चित्रित किया ? संभवतः केवल सैम्सन के रूप में उसने अपने को सचेष्ट भाव से चित्रित किया। परंतु जब वह इस बुर्ज्वा विषय का विवेचन करने चले कि मनुष्य जो स्वभावतः अच्छा है, क्यों हर जगह बुरा बना हुआ है और इसका सुपरिचित उत्तर—लोभ के कारण प्राकृतिक अच्छाई से आदम का पतन हुआ था—सामने आया तो वह वासना, शैतान और उसके पतन पर विचार करने को विवश हुआ था। और चूँकि शैतान का संघर्ष सीधे-सादे रूप में एक क्रांति था, अतः उसने इसे अपने क्रांतिकारी अनुभवों से समोया और पराजित क्रांतिकारी को एक प्यूरिटन और प्रतिक्रियावादी ईश्वर को एक स्टुअर्ट के रूप में प्रस्तुत किया। इस प्रकार शैतान का विराट व्यक्तित्व उभरता है, जो अपनी अप्रत्याशित अनुपातहीनता से यह प्रकट करता है कि मिल्टन का विषय 'उसके साथ ही पलायन' कर जाता है।

'पैराडाइज रिगेंड' में मिल्टन यह विश्वास पालते हैं कि अस्थायी रूप में पराजित होना 'अंततोगत्वा' विजय प्राप्त करने जैसा है। परंतु मिल्टन एक सच्चे सक्रिय क्रांतिकारी थे और जैसा कि इस कविता की अतुष्टि से प्रकट होता है। अपने हृदय में वह आध्यात्मिक तुष्टि को वास्तविक पराजय से भी खोखली पाते हैं। 'सैम्सन एगोनिस्टस' में वह पराजय और विजय का समन्वय करते हैं।

निश्चय ही इसका चुनाव 'कामस' में ही किया जा चुका था जिसमें संभ्रांत महिला दरबारी विलासिता का परित्याग करती है और मनुष्य के सहज सद्‌गुणों के साथ अपने को जोड़ लेती है।

ध्यान दें कि बुर्ज्वा भ्रम किस तरह किंचित आत्मसजग है। मिल्टन सचेष्ट रूप में अभिजात है, शेक्सपियर कदापि नहीं। एलिजाबेथकालीन लोगों में शौर्य है : प्यूरिटनों में नहीं, और इसलिए वे अपने आपको एक पुरातन सज्जा में शूर मानकर चलते हैं। कामचलाऊ सरकार के लातिन सेक्रेटरी के पद्य और शब्दावली भ्रम के दूसरे दौर को बखूबी प्रकट करते हैं। जरूरी नहीं कि कविताओं का विषय एक साथ ही उदात्त भी हो और किसी अर्थ में समकालीन भी। कविता सामूहिक दैनिक

जीवन से अपने को अलग करती जा रही है जिसके कारण उलटे छोर पर गद्य कहानी का जन्म अनिवार्य-सा हो जाता है।

इसमें कोई संदेह नहीं कि बुर्ज्वा भ्रम के दूसरे सभी आंदोलनों की भाँति दरबार से अलगाव का पूर्वाभास भी शेक्सपियर में मिलता है। 'टेंपेस्ट' में प्रास्पेरो किसी हर्बर्ट या किसी मिल्टन की तरह भ्रष्ट दरबारी जीवन से अलग हटकर अपने द्वीप के अध्ययन की शांति की शरण लेता है। शेक्सपियर जब निवृत्त होकर स्ट्रैटफोर्ड-आन-एवन चले गए थे तो अपनी जिंदगी में उन्होंने खुद भी यही किया था।

परंतु वह वहाँ लिख नहीं सके। उनकी जादू की छड़ी एक सामूहिक छड़ी थी। दरबार से अपना संबंध तोड़कर उन्होंने इसे भी तोड़ लिया था और उनकी कल्पना के गगनचुंबी महल कोरी हवा होकर रह गए थे।

IV

प्यूरिटन क्रांति के बाद आनेवाले प्रतिक्रिया के किसी दौर का वातावरण विनोदपूर्ण मानवद्रोह का वातावरण है। जिन अतिवादी आदर्शों के लिए लड़ाई लड़ी गई थी, उनका परित्याग करना अधिसंख्य लोगों को समझदारी की बात मालूम हुई थी। निर्बंध स्वतंत्रता, और आत्मा का मुक्त अनुसरण सिद्धांत रूप में उत्कृष्ट हो सकता था, परंतु व्यवहार में यह उस वर्ग के लिए ही कुछ अटपटा सिद्ध हुआ था जिसका रणनाद यही था। अब बुर्ज्वा भ्रम एक नए चरण में पहुँचा। यह चरण था पुनर्स्थापन का।

इस प्रकार का आंदोलन मानवद्रोही होता है, क्योंकि यह पार्थिव कारणों से आदर्शों के परित्याग का परिणाम होता है। यह विलासितापूर्ण है क्योंकि भूस्वामियों के जिस वर्ग को एक तीखा सबक सिखाकर बुर्ज्वाजी वर्ग एक बार फिर उससे गठजोड़ करता है, उसे पूँजी हासिल करने के लिए किफायतसारी की कोई जरूरत नहीं होती। यह सामूहिक है क्योंकि यहाँ फिर सार्वजनिक दरबारी जीवन और नाटक की ओर वापसी होती है। यह किसी सही अर्थ में पतनशील भी नहीं है। यह सच है कि बुर्ज्वाजी वर्ग ने पुराने मरणोन्मुख वर्ग के साथ गठजोड़ किया है—परंतु उसने इस वर्ग में एक नई जीवनी भर दी थी। वेब्स्टर जो दरबार के पतन को अभिव्यक्ति देता है, उनका स्थान ड्राइडन ले लेता है जो इसके ओज को वाणी देता है। और ड्राइडन जो अपनी जिंदगी में घोर अवसरवादी है, मिल्टन के अविचलित चरित्र से इतना भिन्न है, क्रामवेल से चार्ल्स द्वितीय और जेम्स द्वितीय से विलियम तृतीत तक के अपने समय के बुर्ज्वाजी वर्ग के दिग्भ्रमित और तीव्र आंदोलन को बिलकुल सटीक रूप में मुखर करता है। यह एक वास्तविक समझौता है—यहाँ सामंती शासन की वापसी का कोई सवाल नहीं है। 'गौरवमय क्रांति' में

जेम्स द्वितीय की नियति इस बात को साफ जाहिर करती है कि अब शासन बुर्ज्वाजी के हाथ में आ गया है।

कवि को अपने अध्ययन कक्ष से दरबार में आना होगा, पर अब यह दरबार पहले के मुकाबले अधिक शहरी, समझदार, कम रोमानी और भड़कीला दरबार है। खुद दरबार ही लगभग नागरिक बन गया है। इसकी भाषा में अध्ययन कक्ष से लंदन की गलियों तक की, सचेष्ट शौर्य से व्यवसाय-बुद्धि तक की वही यात्रा दिखाई देती है। मताग्रही बुर्ज्वा क्रांतिकारी जो कुछ-कुछ दिखावे की प्रवृत्ति रखता था, समझदार दुनियादार आदमी बन जाता है। मिल्टन से लेकर ड्राइडेन तक की यात्रा यही है। गौरवपूर्ण क्रांति से एक बार यह सिद्ध हो जाने के बाद कि इस गठजोड़ में बुर्ज्वा वर्ग भारी पड़ रहा है, प्रतिद्वंद्वी वर्गों के बीच समझौते का 'व्यवस्था' और 'मानदंड' के रूप में आदर्शीकरण जो कि प्रतिक्रिया का एक सुपरिचित लक्षण है, आगस्टस के युग की अवधारणा को जन्म देता है, जो एक अदृश्य रूप में बढ़ता हुआ अठारहवीं शताब्दी के राष्ट्रवाद का रूप ले लेता है।

इस युग का अपना मूल्यांकन आगस्टस के युग के रूप में करना वास्तव में सर्वथा समीचीन है। रोम में एक ऐसे ही आंदोलन में भूस्वामी वर्ग ने सबसे पहले सेनेट पर हावी वर्ग के विरुद्ध विद्रोह किया था और जब उससे आगे बढ़ना खतरनाक हो गया तो वह समझौता और प्रतिक्रिया के रास्ते पर उतर आया था। उस समय सीजर ने क्रामवेल की और आगस्टस ने चार्ल्स द्वितीय की भूमिका प्रस्तुत की थी।

इस तरह एलिजाबेथकालीन विद्रोह जो कि प्राथमिक संचय को मुखर कर रहा था अब अपने विपरीत आगस्टसकालीन औचित्य अर्थात विनिर्माण को मुखर करने लगता है। व्यक्तिवाद का स्थान सुरुचि ले लेती है। अपनी आरंभिक अवस्थाओं में बुर्ज्वा श्रेणी को समस्त सामंती रूपों को छिन्न-भिन्न करने की जरूरत थी और इसलिए इसका भ्रम स्वतंत्रता में अपनी सहज वृत्तियों की सिद्धि करता है। सबसे पहले पूँजी हासिल करने और फिर पूँजी के नग्न नृत्य के इस आंदोलन के दौरान यह पहले राजतंत्र—शेक्सपियर की ओर और फिर आम आदमी अर्थात मिल्टन—की ओर झुकता है। परंतु चूँकि यह एक वर्ग के हितों से जुड़ा है, इसलिए यह अपने दावों की ओर बहुत आगे जाने का साहस नहीं करता, क्योंकि पूरे समाज के हितों का पोषण करने का अर्थ है इसके अपने हितों का निषेध करना। इसे केवल उन पुराने रूपों को ही छिन्न-भिन्न नहीं करना था जिनके बल पर सामंत वर्ग का शासन टिका हुआ था, बल्कि इसे ऐसे नए रूप भी तैयार करने थे, जो एक शासक वर्ग के रूप में इसके अपने विकास को सुनिश्चित कर सकें। यह विनिर्माण और कृषिजन्य पूँजीवाद का युग था। इसकी अभी तक फैक्टरी नहीं बनी थी, बल्कि भूमि ही थी।

यह युग केवल प्राथमिक संचय के युग के ही विरुद्ध नहीं था, बल्कि यह मुक्त व्यापार का भी विरोध कर रहा था। पूँजी का अस्तित्व है, परंतु सर्वहारा अभी तक शायद ही अस्तित्व में आ सका है। पूँजीवादी आंदोलन के चलते अभी तक दस्तकारों और किसानों की जमात सर्वहारा नहीं बन सकी है अतः इस प्रक्रिया में सहायता देने के लिए राजा को उतारना ही पड़ेगा। अभी तक पूँजीवाद का प्रसारवादी युग नहीं आया है जिसमें दस्तकारों के तेजी से स्वत्वहरण के कारण हजारों की संख्या में मुक्त श्रमिक बाज़ार में झोंक दिए गए थे। एलिजाबेथ युग के बेठौर-ठिकाने के लोग पहले ही इसमें खपा लिए गए हैं। बुर्ज्वाजी महसूस करता है कि वेतनभोगी मजदूरों की कमी है, जिससे श्रम-शक्ति की कीमत इसके मूल्य (अर्थात भोजन और भाड़े में इसकी पुनरुत्पत्ति के खर्चे) से भी ऊपर जा सकती है।

इसलिए कानूनों के ऐसे एक जाल की जरूरत है जो मजदूरी और कीमतों को घटाए रख सके और श्रम को इस तरह विनियमित कर सके कि बुर्ज्वा वर्ग अपने विकास की स्थितियाँ हासिल कर सके। अब यह स्वतंत्रता की अपनी क्रांतिकारी माँग के 'अव्यावहारिक आदर्शवाद' को भाँप लेता है। व्यवस्था, उपाय, कानून, सुरुचि और अन्य आरोपित रूप आवश्यक हो जाते हैं। परंपरा और रूढ़ियाँ मूल्यवान हो जाती हैं। अब चूँकि सामंती राज्य खत्म हो चुका है अतः ये पाबंदियाँ बुर्ज्वा अर्थव्यवस्था के विकास को सुनिश्चित करती हैं। इस युग के अर्थशास्त्रियों को मुक्त व्यापार नितांत अवांछनीय प्रतीत होता है। बुर्ज्वा भ्रम अपनी पोल खोल देता है।

V

इसलिए अठारहवीं शताब्दी में बुर्ज्वा कविता बड़े भूस्वामी पूँजीपतियों की छत्रछाया में विनिर्माण की, छोटे बुर्ज्वाजी पूँजीपतियों की भावना को व्यक्त करती है जिनसे औद्योगिक पूँजीवाद का जन्म हो रहा है। पूँजीवाद का ध्वंसकारी विस्तार अभी आरंभ नहीं हुआ है। पूँजीवाद अभी तक उन अर्थव्यवस्थाओं के करीब है जिनमें 'परिरक्षण अस्तित्व की पहली शर्त' है और अभी तक यह उस अवस्था में प्रवेश नहीं कर पाया है जिसमें यह उत्पादन के साधनों में निरंतर क्रांति लाए बिना जिंदा ही न रह सके। पूँजीवाद अपने भीतर क्रांति ला रहा है पर यह उस धीरे-धीरे बढ़ते हुए पौधे की तरह है जिसे संरक्षण की आवश्यकता है न कि एक विस्फोट की तरह जिसमें एक हिस्से में पलीता लगाते ही शेष में विस्फोट हो जाता है। गौरवमय क्रांति के समझौते से ह्विग जमींदार वह संरक्षण देने को तैयार थे क्योंकि वे स्वयं भी बुर्ज्वा बन चले थे।

जब फैक्टरियों के उदय के साथ कृषि मूलक और औद्योगिक पूँजीवाद में अलगाव हुआ तब जाकर ही अभिजात वर्ग तथा बुर्ज्वाजी वर्ग के बीच की दरार

बुर्ज्वा श्रम पर निर्णायक प्रभाव डालने लगी । जब तक ऊन की मिलें हथकरघे और कृषि पर निर्भर पूँजीपतियों के भेड़ फार्मों के पुछल्ले से अधिक कुछ नहीं थीं तब तक इन दोनों वर्गों में सीधा विरोध नहीं था । जब ऊनी मिलें सूती मिलें बन गईं और अपने कच्चे माल के लिए बाहरी स्रोतों पर निर्भर करने लगी, और जब भेड़-पालन का विकास आस्ट्रेलिया में हुआ और उनसे इंग्लैंड की मिलों को ऊन मिलने लगा तब जाकर ही कृषि पर आधारित पूँजीवाद और औद्योगिक पूँजीवाद के बीच सीधा विरोध उत्पन्न हुआ, जो अंततः उद्योगपतियों के पक्ष में मुक्त बाजार की माँग और शाही कानून को निरस्त करने की माँग के रूप में प्रकट हुआ ।

पोप की कविता और इसका 'तर्क'—वह तर्क जो नितांत सादे और उथले मानकों के भीतर चलता रहता है पर चलता रहता है नितांत परिशुद्धता के साथ—जिसमें एक परिष्कृत भाषा है, छंद है और तीखी प्रतिस्थापनाएँ हैं, बुर्ज्वा श्रम के उस चरण का प्रतिबिंब है जिसमें बुर्ज्वाजी के लिए बहुत 'सीमित' स्वतंत्रता है । मनुष्य को अपनी माँगों में समझदार होना चाहिए फिर भी निराशा का कोई कारण नहीं है । सबकुछ ठीक-ठाक चलता रहता है । जीवन उन्नत है परंतु जल्दबाजी करना असंभव है । हृदय पर बाहरी रूपों का आरोपण अनिवार्य और सर्वमान्य है । अतः अठारहवीं शताब्दी के वीर छंद (हीरोइक कपलेट) के उदात्त जामे के साथ एलिजाबेथकालीन मुक्त छंद का विरोध देखने में आता है जिसके फैलाव के कारण इसके भीतर छिपे द्विवर्णिक लय (आयबिक रिदम) का सुगढ़ विन्यास ओझल रह जाता है ।

विनिर्माण के इस युग में बुर्ज्वाजी रंग में रँगे हुए अभिजात वर्ग के साथ बुर्ज्वा वर्ग के गठजोड़ की अचूक अभिव्यक्ति पोप की कविता में मिलती है ।

इस बात पर गौर करना महत्त्वपूर्ण है कि अभी भी एक कृतिकार के रूप में कवि का बुर्ज्वाजीकरण नहीं हुआ है । अभी तक वह मुक्त बाजार के लिए रचनाएँ नहीं करता । कवि शेक्सपियर के युग में एक दरबारी अथवा अभिजात पदाधिकारी था । इससे ठीक बाद के युग में कविता करना पादरियों या विद्वानों का पेशा बन गया था और यहाँ तक कि पोप के समय तक भी वह आश्रय की अपेक्षा रखता है । दूसरे शब्दों में कहें तो पोप के समय में वह जिस वर्ग का प्रवक्ता है उसके साथ वह एक अनुवर्ती अथवा रोमानी संबंध रखता है ।

इस प्रकार के रोमानी संबंध का अर्थ है कि कवि गैर रोमानी (अनारकीय) कविता लिखता है । वह अभी तक अपने को एक ऐसा व्यक्ति मानता है जिसकी एक सामाजिक भूमिका है । आदिम कवि के साथ यही स्थिति थी । पोप के बारे में भी यही सच बना रहता है । यह उसके ऊपर इस बात की विवशता-सी लाद देता है कि वह अपने अन्नदाता या साथ के कवियों की जबान में बोले । आदिम कबीले में इसमें समूचा समाज शामिल था, आगस्टसकालीन समाज में चंद लोग हैं, जो

उसके संरक्षक या शासक वर्ग बने रहते हैं । जानसन जो कि अंशदाताओं पर निर्भर था, बहैसियत कवि और उत्पादक के कवि के बीच की खाई को पाटता है । इस प्रकार कविता इस अर्थ में सामूहिक बनी रहती है । यह कमोबेश चालू भाषा का प्रयोग करती है, और कवि एक ऐसे भावक वर्ग के लिए रचना करता है जो प्रत्यक्षतः उसके मानस में होता है, जिसके सामने वह शायद अपनी कविता अभी पढ़ेगा और उस पर पड़नेवाले प्रभाव को लक्ष्य करेगा । काव्य अभी उसके लिए उतनी कविता—एक स्वतःजीवी कलाकृति—नहीं है जितनी रचनाकार से पाठक तक उसी तरह एक संचार है जैसे जनता के बीच अभिनीत किसी नाटक में आवेग का संचार या लोगों के मस्तिष्क में आनंद का संचार । इसलिए वह अपने को एक सामाजिक भूमिका अदा करनेवाला, मानवता को प्रेरित करनेवाला या मानव जाति की मूढ़ताओं का निवारण करनेवाला मानता है । अभी तक वह आत्मसजग कलाकार नहीं बन पाया है ।

अध्याय 5

अंग्रेजी के कवि

II. औद्योगिक क्रांति

अब बुर्ज्वा भ्रम एक दूसरे चरण में, अर्थात् औद्योगिक क्रांति के चरण में पहुँचता है। यह पूँजीवाद का विस्फोटक चरण है। अब पूँजीवाद की वृद्धि समस्त ग्रामीण पितृप्रधान संबंधों को निष्ठुर अर्थमूलक संबंधों में रूपांतरित कर देती है। इसमें उस वर्ग के साथ कवि के संबंध भी आते हैं जिसकी आकांक्षाओं को वह मुखरित करता है।

बेशक इससे कवि अपने को दूकानदार नहीं मानने लगता, न ही अपनी कविता को निरा सौदा मानने लगता है। ऐसा सोचने का अर्थ भ्रम और यथार्थ के आपसी संबंधों की प्रतिपूरक और गतिशील प्रकृति की उपेक्षा करना होगा। वास्तव में इसका उलटा असर होता है। इसके प्रभाव से कवि अपने को समाज से अधिकाधिक कटा हुआ मानने लगता है। वह अपने को एक ऐसा व्यक्तिवादी मानने लगता है जो केवल अपने हृदय की वासनाओं की तुष्टि करता है और समाज के तकाजों के प्रति जिम्मेदार नहीं रहता, चाहे यह तकाजा एक नागरिक के कर्तव्यों के रूप में व्यक्त हो अथवा धर्मभीरु के रूप में या लक्ष्मी के वफ़ादार सेवक के रूप में। इसके साथ ही साथ उसकी कविताएँ उसे अधिकाधिक स्वतः साध्य प्रतीत होने लगती हैं।

यह बुर्ज्वा अंतर्विरोध का अंतिम विस्फोटक दौर है। बुर्ज्वा भ्रम अभी तक एक अति से दूसरी अति की ओर डोलता रहा है परंतु इस अंतिम आंदोलन के परिणामस्वरूप यह एक छिटके हुए फ्लाई व्हील के चक्कर खाते हुए धातु खंड की तरह पूँजीवादी चिंतन-परिधि से बिलकुल बाहर चला जा सकता है।

विनिर्माण युग की विशिष्ट सुरक्षाओं और बचावों के जाल के नीचे उन्नीसवीं शताब्दी की संभावनाओं के परिणामस्वरूप बुर्ज्वा अर्थव्यवस्था उस अवस्था को पहुँच गई जहाँ मशीन, भाप इंजन और विद्युतचालित करघे के प्रयोग से इसने

अपने विस्तार के लिए अपार शक्ति प्राप्त कर ली। इसके साथ ही 'कारखाना' उस फार्म से कटकर अलग हो गया जिसका इससे पहले तक यह एक दस्तकारी का गौण अंश था और उसने इसे एक अधिक शक्तिशाली और विरोधी शक्ति के रूप में चुनौती दी।

एक ओर तो फैक्टरी के भीतर संगठित श्रमिक निरंतर बढ़ते चले गए, दूसरी ओर बाहरी बाजार की निजी अराजकता भी बढ़ी। एक ओर तो उत्पादन का सार्वजनिक रूप निरंतर बढ़ता गया, दूसरी ओर लाभ को हथियाने का निजी रूप भी क्रमशः बढ़ता चला गया। एक सिरे पर तो भूमिहीन और औजारहीन सर्वहारा था, दूसरे सिरे पर निरंतर धनी होता हुआ बुर्ज्वाजी वर्ग। पूँजीवादी अर्थव्यवस्था के इस अंतर्विरोध ने औद्योगिक क्रांति को प्रचंड वेग से भर दिया।

बुर्ज्वाजी वर्ग जिसने कि स्वतंत्रता के अपने ही क्रांतिकारी शुद्धतावादी आदर्शों को 'अतिवादी' पाया, और उस वाणिज्यिक सुरुचि के साथ समझौते पर लौट आया जो शाश्वत विवेक प्रतीत हो रहा था, अब महसूस कर रहा था कि इसका हृदय तो सही था परंतु विवेक गलत।

पहले तो यह पुराने ताल्लुकेदारों और औद्योगिक बुर्ज्वाजी के बीच एक दरार बनकर उभरा, जिसकी अभिव्यक्ति फार्म के ऊपर फैक्टरी की प्रमुखता के रूप में हुई। ताल्लुकेदारों का और अपनी वृद्धि के लिए वे जिस प्रकार की पाबंदियों की माँग कर रहे थे, उनका सामना औद्योगिक पूँजी और इसकी माँगों से हुआ। पूँजी को मशीनों में तथा कच्चे माल के बाहरी स्रोतों में अपने विस्तार की अनंत शक्ति प्राप्त हुई। इसलिए किन्हीं पुराने रूपों के मूल्यवान होने की तो बात ही दूर रही, ये उसे अवरोध प्रतीत होने लगे। श्रम-शक्ति को निरापद भाव से इसके वास्तविक मूल्य तक गिरने दिया जा सकता था, क्योंकि मशीन को अपनी सेवा के लिए जिस सर्वहारा की आवश्यकता होती है, उसे यह अपनी प्रतियोगिता द्वारा ही पैदा करती जाती है। पुनः श्रम का वास्तविक मूल्य गेहूँ के वास्तविक मूल्य पर निर्भर करता है जो कि उपनिवेशों और अमरीका में इंग्लैंड की तुलना में कम है क्योंकि यह सामाजिक रूप से अपेक्षाकृत कम अनिवार्य श्रम को प्रस्तुत करता है। अन्न कानून कृषिप्रधान पूँजीपतियों को सुरक्षा प्रदान करते हैं इसलिए औद्योगिक पूँजीपतियों के लिए रुकावट पैदा करते हैं। मजदूरों की कमी के दौर में उन्होंने अपने हितों का सामंजस्य बैठा लिया था पर अब वे विरोधी हो जाते हैं। ऐसे सभी रूपों और प्रतिबंधों को जो औद्योगिक बुर्ज्वाजी के मुक्त विस्तार का विरोध करते हैं ध्वस्त होना होगा। इस ध्वंस के लिए बुर्ज्वाजी वर्ग ठीक उसी तरह दूसरे सभी वर्गों का अपने स्तर पर आह्वान करता है जैसे शुद्धतावादी क्रांति (प्यूरिटन रिवोल्यूशन) के दौरान किया गया था। यह दमनकारियों के विरुद्ध जनता का प्रवक्ता होने का दावा करता है। उसने अन्य कानूनों का सुधार और निरसन करने की माँग की।

प्यूरिटनों (मेथाडिस्टों) के रूप में हो या खुले नागरिकों के रूप में, इसने चर्च पर प्रहार किए। इसने सभी कानूनों को समानता में बाधक करार देते हुए उन पर प्रहार किया। इसने इस धारणा का प्रचार किया कि मनुष्य प्रकृति से अच्छा है, वह आजाद पैदा हुआ है परंतु सर्वत्र बंधनों में जकड़ा हुआ है। कानूनों, मर्यादाओं, रूपों और परंपराओं की विद्यमान प्रणालियों के विरुद्ध इस प्रकार के विद्रोह बुद्धि के विरुद्ध हृदय के विद्रोह के रूप में, बंजर रीतिवाद और अतीत की निरंकुशता के विरुद्ध अनुभूति और भावनाओं के विद्रोह के रूप में हमेशा व्यक्त होते हैं। यहाँ मार्लो, शेली, लारेंस और दाली में एक साम्य दिखाई देता है : इनमें से प्रत्येक इस विद्रोह को ऐसे ढंग से व्यक्त करता है, जो उनके युग के सर्वथा उपयुक्त है।

जब तक हम यह न समझ लें कि जहाँ तक अपने आधार में क्रांति लाने का प्रश्न है, बुर्ज्वा वर्ग हर कदम पर क्रांतिकारी है तब तक हम कविता के इस आखिरी आंदोलन को नहीं समझ सकते। परंतु वह इसे अधिक बुर्ज्वा बनाने के लिए ही इसमें क्रांति लाता है। इसी तरह प्रत्येक महत्त्वपूर्ण बुर्ज्वा कवि क्रांतिकारी है, परंतु वह उस आंदोलन को ही व्यक्त करता है जो उस अंतर्विरोध को अधिक उत्कटता से बेनकाब करता है जिसके प्रति उसकी क्रांतिकारी कविता एक विरोध है। ये 'आईने के क्रांतिकारी' हैं। वे आईने में झलकती चीज के करीब पहुँचने के लिए, वास्तविक पदार्थ से दूर हटते जाते हैं और वह चीज आदमी की—एक उत्पादक और एक कवि दोनों ही रूपों में, आम चाहत—स्वतंत्रता के अतिरिक्त हो ही क्या सकती है ? उनकी पीड़ा और निराशा की प्रगल्भता इच्छित वस्तु से निरंतर दूर हटते जाने से प्रखर होती है जिसे पकड़ने को ये आगे बढ़ते हैं। 'निष्ठुर सुंदरी' इन सबको अपने पाश में लपेट लेती है। नींद टूटती है तो ये अपने को एक ठंडी पहाड़ी पर लुढ़का पाते हैं।

II

ब्लेक, बायरन, कीट्स, वर्ड्सवर्थ और शेली में से प्रत्येक अपने अलग ढंग से इस विचारधारात्मक क्रांति को एक रोमानी क्रांति के रूप में व्यक्त करते हैं।

बायरन अभिजात वर्गीय है—परंतु वह एक शक्ति के रूप में अपने वर्ग के विघटन और बुर्ज्वा वर्ग का पल्ला पकड़ने की अनिवार्यता, के प्रति सचेत है। उसमें मानव द्रोह और रूमानियत के मिश्रण का यही कारण है।

अपने वर्ग को छोड़कर आनेवाले ये लोग क्रांति के क्षणों में हमेशा उपयोगी और हमेशा खतरनाक मित्र होते हैं। उनके द्वारा अपने वर्ग का परित्याग और एक दूसरे वर्ग से उनका लगाव उतना समूचे ऐतिहासिक आंदोलन का समाकलन नहीं होता जितना उनके अपने ही वर्ग के विघटन से उनके ऊपर लादी गई क्षयशील परिस्थितियों के विरुद्ध एक विद्रोह होता है। और अहंग्रस्त अराजकता की

मन:स्थिति में वे अपने निजी संग्राम में दूसरे वर्ग की महत्त्वाकांक्षाओं को एक हथियार के रूप में अपना लेते हैं। ये हमेशा ही व्यक्तिवादी, रोमानी चरित्र होते हैं, जिनमें बनावट का एक प्रबल तत्त्व पाया जाता है। ये अपने वर्ग के ध्वंस की इच्छा तो करते हैं परंतु दूसरे वर्ग के उत्थान की नहीं। और जब यह उत्थान प्रकट रूप लेता है और उनसे इस बात की माँग करता है कि वे मरणोन्मुख वर्ग के प्रति अपनी निरी ध्वंसकारी शत्रुता को नए वर्ग के प्रति रचनात्मक निष्ठा में बदल लें तो यदि कथनी में नहीं तो करनी में ये शत्रु की गोद में जा बैठते हैं। ये प्रतिक्रांतिकारी बन जाते हैं। डैंटन और त्रात्स्की इसके नमूने हैं। मिसोलोंगी में बायरन की मृत्यु इस प्रकार का पूरा विकास होने से पहले ही हो गई, परंतु यह बात महत्त्वपूर्ण है कि वह मुक्ति के लिए इंग्लैंड में लड़ने की बजाय यूनान में लड़ने को तैयार था। बुद्धि के विरुद्ध हृदय का विद्रोह उसमें परिस्थितियों के विरुद्ध, आचारों के विरुद्ध, समस्त 'तुच्छताओं' और रूढ़ियों के विरुद्ध नायक के विद्रोह के रूप में प्रकट होता है। यह बायरनी प्रवृत्ति बहुत लाक्षणिक है, और यह भी लाक्षणिक है कि बायरन में यह प्रवृत्ति पूरी स्वार्थपरता और दूसरों की भावनाओं के प्रति अवज्ञा के साथ पाई जाती है। मिल्टन के शैतान ने एक नया बाना अपना लिया है जो अपेक्षाकृत बहुत कम उदात्त, यहाँ तक कि दु:शील बन गया है।

बायरन एक मसखरे के रूप में—एक डान जुआन के रूप में सबसे अधिक सफल है। एक ओर तो छिद्रान्वेषी होना, मानव अस्तित्व की हास्यास्पद स्थिति का मजाक उड़ाना, और दूसरी ओर भावुक हो उठना और शिकायत करना कि किस तरह वर्तमान समाज ने किसी की विलक्षण क्षमताओं को कुंठित कर दिया है—यह है बायरनी प्रवृत्ति का सार तत्त्व। यह अभिजात वर्ग के भीतर मनोबल के ह्रास को उसी तरह व्यक्त करता है जैसे अभिजात वर्ग के विरुद्ध विद्रोह को। इसीलिए ये लोग हमेशा मृत्यु-चिंता से कातर रहते हैं—आखिरी लड़ाई लड़ते हुए फासीवाद की मृत्यु-चिंता, जैकोबाइटों की मृत्यु-चिंता; एक अधिक द्विधाग्रस्त जीवन का औचित्य ठहराने के लिए शहीदाना मौत का गौरवमंडन इसके प्रमाण हैं। यदि ये अभिजात लोग क्रांतिकारी बन जाते हैं और कभी अनावश्यक, कभी उपयोगी परंतु हमेशा रोमानी और एकल रूप में असाधारण बहादुरी के कारनामे करते हैं तो वहाँ भी वैसी ही गुप्त मृत्यु-लालसा दिखाई देती है। ये क्रांति के हताश नायक की अवधारणा से ऊपर उठ ही नहीं सकते।

परंतु शेली अपेक्षाकृत एक अधिक यथार्थ गतिशील शक्ति को व्यक्त करता है। वह बुर्ज्वा वर्ग के प्रवक्ता हैं जो कि इतिहास के इस चरण में अपने को समाज की गतिशील शक्ति मानता है, और इसलिए सिर्फ अपने लिए ही माँगें नहीं रखता है, बल्कि समस्त पीड़ित मानवता की माँगों को बुलंद करता है। उसे ऐसा प्रतीत होता है कि यदि वे अपनी सिद्धि कर सके अर्थात यदि वे अपनी स्वतंत्रता के लिए

आवश्यक शर्तें प्राप्त कर सकें तो इससे शेष मानवता को अपने आप स्वतंत्रता मिल जाएगी। शेली को लगता है कि वह सभी मनुष्यों, सभी पीड़ितों का प्रवक्ता है। वह एक उज्ज्वल भविष्य की दिशा में सभी का आह्वान करता है। वाणिज्यिक युग के अवरोधों से जकड़ा हुआ पूँजीपति वर्ग ही प्रामिथियस है, अग्नि लानेवाला है, जो कि मशीन का उपयोग करनेवाले पूँजीपति के लिए एक सर्वथा उपयुक्त प्रतीक है। उसे मुक्त कर दो और पूरी दुनिया मुक्त हो जाएगी। शेली जो गाडविन से प्रभावित था, मानता था कि मनुष्य प्रकृति से अच्छा है। संस्थाएँ ही उसे अधम बना देती हैं। शेली इस युग के बुर्ज्वा कवियों में सबसे अधिक क्रांतिकारी है क्योंकि 'प्रामिथियस अनबाउंड' एक अतीत में विहार नहीं है, बल्कि वर्तमान के लिए एक क्रांतिकारी कार्यक्रम है। शेली ने अपने समय के बुर्ज्वा-लोकतांत्रिक क्रांतिकारी आंदोलन में जितनी आत्मीयता से भाग लिया था उससे भी यह बहुत मेल खाता है।

यद्यपि शेली नास्तिक है परंतु वह भौतिकवादी नहीं है। वह भाववादी है। वह पहला व्यक्ति है, जिसकी शब्दावली सचेत रूप में भाववादी है, अर्थात 'चमक', 'सत्य', 'सौंदर्य', 'आत्मा', 'ईथर', 'पंखा', 'मूर्च्छित', 'स्पंदित' जैसे शब्दों से भरी हुई है, जो अस्पष्ट आवेगों की एक पूरी दुनिया ही उजागर कर देते हैं। इस प्रकार के ग्रंथन अपने अनेकानेक आवेगात्मक साहचर्यों के कारण एक स्पष्ट ठोस सत्ता का संकेत देते प्रतीत होते हैं। यद्यपि वास्तव में इस प्रकार की किसी सत्ता का अस्तित्व नहीं है पर प्रत्येक शब्द अनेक भिन्न अवधारणाओं की सूचना देता है।

यह भाववाद क्रांतिकारी बुर्ज्वा वर्ग के इस विश्वास को व्यंजित करता है कि वर्तमान सामाजिक संबंध जो कि मनुष्य के लिए बाधक बने हुए हैं यदि एक बार ध्वस्त हो गए तो 'प्रकृत मानव अपनी सिद्धि कर सकेगा'—उसकी भावनाएँ, उसके आवेग, उसकी महत्वाकांक्षाएँ, ये सभी तत्काल भौतिक वास्तविकताओं का रूप ले लेंगी। शेली यह नहीं देख पाता कि इन ध्वस्त सामाजिक संबंधों का स्थान उस वर्ग के सामाजिक संबंध ले लेंगे जो इन संबंधों को ध्वस्त करने की शक्ति रखता है और यह कि ये भावनाएँ, महत्त्वाकांक्षाएँ और आवेग उन सामाजिक संबंधों की ही उपज हैं जिनमें उनका अपना अस्तित्व है और इनकी सिद्धि के लिए एक सामाजिक कार्य आवश्यक है, जो पुन: किसी मनुष्य की भावनाओं, महत्त्वाकांक्षाओं और आवेगों को प्रभावित करता है।

बुर्ज्वा भ्रम कविता के क्षेत्र में एक क्रांति है। वर्ड्सवर्थ की कविता में यह क्रांति प्रकृत मानव की ओर उसी तरह वापसी का रूप लेती है जैसे शेली की कविताओं में। शेली की ही तरह वर्ड्सवर्थ भी फ्रांसीसी क्रांति से बहुत अधिक प्रभावित था। वह स्वतंत्रता और सौंदर्य अर्थात जो कुछ भी मनुष्य में उसके सामाजिक संबंधों के कारण नहीं है, उसकी खोज 'प्रकृति' में करता है। अब फ्रांसीसी क्रांति बीच में आ जाती है। स्वतंत्रता की पूँजीपतियों की माँग अब एक प्रतिगामी रंगत ले लेती है।

अब यह क्रांति द्वारा स्वतंत्रता की उम्मीद न करके प्रकृत मानव की ओर वापसी द्वारा इसकी उम्मीद करती है।

वर्ड्सवर्थ की 'प्रकृति' निश्चय ही जंगली पशुओं और मनुष्य के कारनामों के युग के खतरे से मुक्त प्रकृति है। यह एक ऐसी प्रकृति है जिसमें एक खासी आमदनी करता हुआ कवि औद्योगीकरण के उत्पादनों की बदौलत उस समय भी जीता है जबकि वह औद्योगीकरण द्वारा अदूषित प्राकृतिक दृश्यावली का रसास्वादन कर रहा होता है। कृषिमूलक पूँजीवाद से औद्योगिक पूँजीवाद के अलगाव ने ही ग्रामांचल को नगरों से अलग कर दिया। औद्योगिकता के अंतर्गत आनेवाले श्रम-विभाजन के कारण ही वह पर्याप्त अतिरिक्त उत्पादन संभव हो पाया है जिससे कोई कवि कंबरलैंड में घोर निष्क्रियता में रह सके। परंतु दोनों के संबंधों को, उस संस्कृति को, भाषा और फुर्सत के उस सुयोग को जो प्रकृति के कवि को मूल मानवेतर प्राणियों से अलग करते हैं, आर्थिक क्रिया-व्यापार की उपज के रूप में देखा जा सकता है। इसे देखने का अर्थ है बुर्ज्वा भ्रम का भेदन करना और 'प्रकृति' काव्य की कृत्रिमता का पर्दाफाश करना। इस प्रकार की कविता तभी पैदा हो सकती है जब मनुष्य ने औद्योगीकरण के द्वारा प्रकृति पर, न कि अपने आप पर काबू पा लिया हो।

इसलिए वर्ड्सवर्थ निराशावादी है। सामाजिक संबंधों से, उद्योगवाद के विशिष्ट सामाजिक संबंधों से, मुक्ति की माँग करते हुए और साथ ही उन उत्पादनों और स्वतंत्रता को जो इन संबंधों के कारण ही संभव हो पाते हैं, बनाए रखते हुए, वह विद्रोह तो बुर्ज्वा ढंग से ही करता है, परंतु शेली की तरह नहीं बल्कि उलटी दिशा में।

इसके साथ ही एक सिद्धांत यह लगा हुआ है कि प्रकृत अर्थात बोलचाल की भाषा अधिक अच्छी है और इसलिए कृत्रिम अर्थात साहित्यिक भाषा से अधिक काव्यात्मक है। वह इस बात को नहीं देख पाता कि दोनों ही समान रूप से कृत्रिम हैं—अर्थात् एक ही सामाजिक लक्ष्य की ओर अग्रसर हैं—और हैं समान रूप से ही स्वाभाविक अर्थात प्रकृति के साथ मनुष्य के संघर्ष की देन। ये सिर्फ उस संघर्ष के विभिन्न क्षेत्रों और चरणों को प्रस्तुत करती हैं, और खुद अपने आपमें अच्छी या बुरी नहीं हैं बल्कि ऐसा इस संघर्ष की सापेक्षता में ही है। इस सिद्धांत के आवेश में ही वर्ड्सवर्थ की कुछ निहायत घटिया कविताएँ लिखी गई हैं।

वर्ड्सवर्थ के बुर्ज्वा भ्रम का रूप मिल्टन से कुछ निकटता रखता है। दोनों ही प्रकृत मानव की गौरव गाथा गाते हैं। एक प्यूरिटन 'आत्मा' के रूप में और दूसरा सर्वात्मवादी 'प्रकृति' के अधिक परिष्कृत रूप में। एक मनुष्य की प्रकृत निश्छलता के प्रमाण रूप में आदि पुरुष आदम पर बल देता है तो दूसरा शिशु पर। सौम्यता से पतन का कारण एक की नजर में आदिम पाप है तो दूसरे की नजर में

सामाजिक संबंध । अतः ये जब सचेत रूप से उदात्त और गौरवशाली रहते हैं तो दोनों ही बेजोड़ होते हैं । परंतु मिल्टन चूँकि आदिम धन संचय और इसकी भोली शाही आकांक्षा और इच्छा के दैवीकरण के विरुद्ध प्रतिक्रिया करता है इसलिए वह मनुष्य में, प्रकृत आदिम मनुष्य में पाए जानेवाले जंगलीपन को उस तरह गौरवान्वित नहीं करता जैसे वर्ड्सवर्थ करता है । इसलिए वह एक ऐसे तकनीकी सिद्धांत से बच जाता है जो कविता में 'गिरावट' को बढ़ाता है ।

कीट्स बुर्ज्वा भ्रम के इस चरण में मुक्त बाजार के लिए एक उत्पादक के रूप में कवि की स्थिति पर पड़नेवाले दबाव को अनुभव करनेवाला पहला महान कवि है । वर्ड्सवर्थ की आय बहुत थोड़ी थी; शेली यद्यपि हमेशा अभाव में रहा पर वह एक धनी परिवार का था और उसका अभाव महज उसकी लापरवाही, उदारता और अव्यावहारिकता के कारण है जो कि अक्सर संपन्न परिवार के एक खास मिजाज के लोगों में पाया जाता है । परंतु कीट्स का जन्म एक छोटे बुर्ज्वा परिवार में हुआ था और वह पैसे की समस्या से हमेशा परेशान रहता है । अपनी कविताओं की बिक्री का सवाल उसके लिए काफी महत्त्व रखता है ।

इसलिए कीट्स की दृष्टि में वर्ड्सवर्थ की तरह स्वतंत्रता प्रकृति की ओर वापस लौटने से नहीं मिल सकती । जब वह प्रकृति की ओर लौटता है तो इसके साथ ही उसे यह चिंता भी सताती रहती है कि पैसा कहाँ से आएगा ? शेली की तरह उसके लिए स्वतंत्रता इस दुनिया के सामाजिक संबंधों से मुक्ति पाने में भी नहीं है, क्योंकि निरी औपचारिक मुक्ति के बाद भी आदमी के साथ जीविका अर्जित करने की समस्या लगी ही रह जाएगी । अतः बुर्ज्वा यथार्थ के अधिक ज्ञान के कारण कीट्स ने एक ऐसा रुख अपनाया जो भावी बुर्ज्वा कविता का प्रधान स्वर बना और यह था यथार्थ से पलायन के रूप में 'क्रांति' । कीट्स रोमांटिक पुनरुत्थान का झंडाबरदार है । अब कवि 'कविता के अदृश्य पंखों पर' सवार होकर रोजमर्रा के दीन, कठोर और वास्तविक जगत से अलग रोमांस, सौंदर्य और मांसल जीवन की दुनिया में पलायन कर जाता है जिसमें वह माधुर्य का संचार करता है और इसकी अपनी मोहकता द्वारा चुपचाप जिसकी भर्त्सना भी करता है ।

यह दुनिया अपने प्रेमी के लिए लैमिया द्वारा या एंडाइमियन के लिए चाँद द्वारा निर्मित सम्मोहन भरी कुहरिल दुनिया है । यह हाइपीरियन की स्वर्ण-द्वार मंडित ऊपरी दुनिया है, बुलबुल के तरानों से भरा प्रदेश है, यह ग्रीसन अर्न का, बइए के द्वीप का प्रदेश है । यह दूसरा जगत वास्तविक जगत के सामने चुनौती के साथ खड़ा है :

> सुंदर सच और सच ही सुंदर, यही, तुम्हें
> अवगत धरती पर, यही जानना, तुम्हें जरूरी ।

और साधुओं, प्रतिस्पर्धी ताकतों और रोजमर्रा की जिंदगी की श्रीहीन शक्तियों के रूप में कठोर वास्तविकता इसके लिए हमेशा खतरा बनी रहती है। आइज़ाबेला की प्रेम की दुनिया दो धन-लोभी भाइयों के द्वारा उजड़ जाती है। यहाँ तक कि द ईव आफ सेंट ऐगनीज़ वन्य-मनोरमता भी, तूफानों के बीच मात्र एक क्षेपक, शीत और अंधकार के अंतस्तल से छीना हुआ एक रंगीन सपना है—इसके अंतिम चरण पतन की विजय की घोषणा करते हैं। 'निष्ठुर सुंदरी' (ला बेला डेम सां मर्सी) अपने नायक को जगने से पहले एक हल्की-सी ही खुशी दे पाती है। आइजाबेला के प्रेमी के सड़ते हुए सिर से बेसिल के फूल उग आते हैं जिन्हें वह अपने आँसुओं से सींचती है :

कल्पना भी इतनी खूबी से ठग नहीं सकती
जिसके लिए वह छलनामयी सुंदरी विख्यात है।
यह कोई भ्रम था या जाग्रत स्वप्न ?
वह संगीत डूब गया—मैं जगा हूँ या सो रहा ?

कोर्टेज़ की तरह कीट्स कविता की नई दुनिया में प्रवेश करता हुआ चैपमैन के सुनहरे लोक पर टकटकी लगाए रहता है जिसका आह्वान वह पुरातन के संतुलन को हासिल करने के लिए करता है। परंतु इसमें लाख पैठा जाए, यह फिर भी कोरी कल्पना का ही संसार रहता है।

कीट्स के साथ एक नई शब्दावली उभरती है। यह है भावी कविता की प्रमुख शब्दावली। यह वर्ड्सवर्थ की शब्दावली नहीं है, क्योंकि यहाँ ग्रामांचल की अदूषित सरलता पर बल नहीं दिया गया है। यह शेली की शब्दावली नहीं है, क्योंकि यहाँ उन 'विचारों' पर जोर नहीं दिया गया है जो वास्तविक भौतिक जीवन की सतह पर तैरते रहते हैं और जिन्हें झाग की तरह मथकर अलग किया जा सकता है। देहात वास्तविक भौतिक जगत का ही अंग है और इन आधिभौतिक संसारों का झाग बहुत ही निःसार है और इसलिए यह हमेशा उस वास्तविक जगत की याद दिलाता रहता है, जिसने इसे पैदा किया। चूँकि यह संसार अधिक अयथार्थ है इसीलिए एक ऐसे संसार का निर्माण करना जरूरी है जो अपेक्षाकृत अधिक वास्तविक हो, जिसमें इतनी कठोरता हो कि यह एक सफल तिलिस्मी आत्मविश्वास के साथ वास्तविक जगत का सामना कर सके।

वर्ड्सवर्थ या शेली की तरह वास्तविक जगत के सबसे स्वाभाविक, आध्यात्मिक या सुंदर समझे जानेवाले अंश को ग्रहण करने के स्थान पर शब्दों की माया से एक नए संसार की उसी तरह रचना की जाती है जैसे मोजेक कलाकार द्वारा की जाती है और इसलिए इन शब्दों में ठोसपन और यथार्थता भी होनी जरूरी है। कीट्स की शब्दावली में ऐसे शब्दों की भरमार है जिनका टसर की तरह एक

मजबूत भौतिक ताना-बाना है परंतु यह एक 'कृत्रिम' ताना-बाना है—पूरा का पूरा ईंगुरी, सुगंधित, रूढ़, कसा हुआ जरीदार और अ-समकालीन। यह उतना ही स्पष्ट है जितना गाथाचित्र। इस संसार को अधिकाधिक सामंती संसार में जड़ा गया है परंतु यह सामंती नहीं है। यह एक बुर्ज्वा संसार है, गाथिक गिरजाघरों का संसार और उत्तरकालीन सामंतवाद के अंतर्गत बुर्ज्वा वर्ग का समूचा विकासमान जीवन और ओज इसमें है। यहाँ भी काव्यगत क्रांति का उसी तरह एक सशक्त प्रतिगामी चरित्र है जैसे वर्ड्सवर्थ के साथ देखने में आता है, परंतु जो सबसे खरे क्रांतिकारी कवि शेली में नहीं था।

बुर्ज्वा वर्ग व्यक्तिवाद, मुक्त स्पर्धा, सामाजिक संबंधों की अनुपस्थिति और अधिक समानता की हर नई माँग के साथ अधिकाधिक संगठन, अधिक जटिल सामाजिक संबंधों, अधिक ऊँचे दर्जे के न्यासीकरण और गठजोड़, अधिक असमानता को ही जन्म देता है। परंतु इन अंतर्विरोधी आंदोलनों में से प्रत्येक उसके आधार में अधिकाधिक क्रांति लाता है और नई उत्पादक शक्तियों की सृष्टि करता है। इसी तरह शेली, वर्ड्सवर्थ और कीट्स की कविताओं में व्यक्त बुर्ज्वा क्रांति यद्यपि आंदोलन में अंतर्विरोधी है परंतु इसके बावजूद यह कविता के लिए बहुत व्यापक नए तकनीकी साधन स्रोतों को जन्म देती है और कला के समूचे तंत्र में क्रांति ला देती है।

बुनियादी आंदोलन अनेक दृष्टियों से आदिम धन-संचय के उस आंदोलन के समानांतर है जिसने एलिजाबेथकालीन कविता को जन्म दिया था। इसलिए इस युग के कवियों में शेक्सपियर और एलिजाबेथकालीन कवियों में नए सिरे से रुचि जाग्रत होती हैं। एलिजाबेथकालीन कविता में व्यक्त आनुवंशिक व्यक्तिवादिता धमाकेदार विस्फोट का एक सामूहिक बाना था क्योंकि इसके केंद्र में राजा का सामूहिक व्यक्तित्व था। रोमांटिक कविता में इसमें वैयक्तिक चरित्र, 'स्वतंत्र' बुर्ज्वा की भावनाओं और आवेगों की अभिव्यक्ति का अपेक्षाकृत अधिक कृत्रिम अंदाज है। कविता ने कहानी से, हृदय ने बुद्धि से, व्यक्ति ने समाज से अपने को अलग कर लिया है। सबकुछ अधिक कृत्रिम, भिन्नीकृत और जटिल हो गया है।

कवि में अब माल के उत्पादन के लक्षण दिखाई देने लगे हैं। हम इसकी व्याख्या आगे चलकर कुछ और विस्तार से करेंगे जबकि बाद के समय में कविता पूरी तरह इसके सुर में आ जाती है। इस समय सबसे महत्त्वपूर्ण कीट्स का यह कथन है कि वह अनंतकाल तक लिखता और फिर अपनी कविताओं को जलाता रह सकता है। अब कविता अपना लक्ष्य स्वयं बना चुकी है।

परंतु इस बात पर गौर करना महत्त्वपूर्ण है कि इसके बाद जो भी बुर्ज्वा कविता ऐसी है जिसे महान कहा जा सके, उस पर त्रासदी की छाया कैसे मंडराती रहती है। कविता निराशावादी और आत्म प्रताड़ित हो जाती है। बायरन, कीट्स और शेली

की असमय मृत्यु हो जाती है । और यद्यपि आमतौर पर इस बात का खेद व्यक्त किया जाता है कि वे अपनी सर्वोत्तम रचनाएँ रचने से पहले ही दिवंगत हो गए, परंतु वर्ड्सवर्थ, स्विनबर्न और टेनीसन के उदाहरणों से यह बात काफी स्पष्ट हो जाती है कि बात ऐसी नहीं है कि उनकी मृत्यु के व्यक्तिगत दुखद अंत ने—शेली और बायरन के मामले में तो ऐसा लगता है जैसे वे स्वयं इसकी तलाश में थे—इस त्रासदी को रोक दिया जो उनकी कविता में बुर्ज्वा भ्रम निर्वैयक्तिक ढंग से अपने को उद्घाटित करके ला सकता था । कारण, वह अंतर्विरोध जिसके चलते पूँजीवादी आंदोलन आया था अब इतनी तेजी से खुलने लगा था कि यह किसी कवि के जीवन में ही बेनकाब हो जाता था और वह भी हमेशा एक ही तर्ज पर । कवि की किशोरावस्था की उत्कट आशाएँ, आकांक्षाएँ, विश्वास या तो हवा हो जाते हैं या बदले हुए यथार्थ को देखते हुए उन्हें इतनी कठोरता और निरर्थकता के साथ दुहराया जाता है कि उनसे विश्वास की कमी झलकने लगती है और लगता है कि वह अपने यौवन की सत्यनिष्ठा का मखौल उड़ा रहा है । यह सच है कि सभी लोग बूढ़े होते हैं और उनकी जवानी की आशाएँ उनसे छिन जाती हैं—परंतु वे इस तरह ऐसा नहीं करते । एक सोफोक्लीज अपनी प्रौढ़ावस्था में एक जिज्ञासु परिपक्वता के साथ अपने जीवन के कष्टों की बात कर सकता है, और अस्सी वर्ष की आयु में वह एक ऐसा नाटक लिख सकता है जिससे ऐसी खुली सौम्यता झलकती है मानो बुद्धिमत्ता की बच्ची अब युवती हो गई हो । परंतु परिपक्व बुर्ज्वा कवियों में त्रासदी या तटस्थता की क्षमता नहीं, उनमें या तो यौवन के विश्वासों की एक नीरस आवृत्ति मिलती है अथवा चुप्पी । इतिहास की हलचल के साथ अंतर्विरोध अपना असली रूप जाहिर करने लगते हैं और फिर भी बुर्ज्वा को अपने से चिपके रहने को बाध्य करते हैं । उस क्षण के बाद यह झूठ उसकी आत्मा में प्रवेश कर जाता है और अनिवार्यता की चेतना के प्रति अपनी आँखें बंद करके उसने अपनी आत्मा को गुलामी के लिए सौंप दिया है ।

फ्रांसीसी क्रांति में बुर्ज्वाजी वर्ग ने स्वतंत्रता, समानता और बंधुता के नाम पर रूढ़ सामाजिक संबंधों के विरुद्ध विद्रोह किया था । उसने शेली की तरह समूची मानवता का प्रवक्ता होने का दावा किया था; पर फिर पहले तो कुछ अस्पष्ट रूप में और फिर आगे अधिकाधिक स्पष्ट रूप में सर्वहारा का भी दावा उभरने लगा जो स्वतंत्रता, समानता और बंधुता की माँग कर रहा था । परंतु इसे देने का अर्थ है उन स्थितियों का ही खात्मा जो बुर्ज्वा वर्ग के अस्तित्व को सुरक्षित रखे हुए हैं, और साथ ही खात्मा सर्वहारा के शोषण का । इसलिए स्वतंत्रता के आंदोलन जो पहले तो मुख्यतः मानवता के सुर में बोलते हैं, हमेशा एक ऐसे चरण में आकर रुक जाते हैं जहाँ बुर्ज्वा वर्ग को कविता में व्यक्त अपनी भाववादी संरचना को बेपर्द करना पड़ता है । उसे यह भूल जाना पड़ता है कि उसने मानवता का प्रवक्ता होने का दावा किया था और उस वर्ग को कुचलना पड़ता है, जिसकी माँगें उसके अपने अस्तित्व

से अनमेल पड़ती हैं । क्रांतिकारी बुर्ज्वाजी वर्ग से जन-समर्थन एक बार छिन जाने के बाद इसे प्रतिक्रियावादी शक्तियों से हमेशा मात खानी पड़ती है । यह सच है कि इन शक्तियों ने 'एक कड़वा सबक' सीखा है और वे उस बुर्ज्वाजी वर्ग के विरोध में, जिसने अपनी ताकत का इजहार कर दिया है, बहुत आगे नहीं जा सकतीं । ये दोनों सर्वहारा के विरुद्ध एकजुट हो जाती हैं । इसके बाद जब बुर्ज्वा वर्ग अपनी स्वतंत्रता की कथनी को बेपर्द कर देता है और अपने भाववादी ढाँचे से समझौता कर लेता है, अपने संघर्ष के भाववादी प्रतिफल को अपेक्षाकृत अधिक प्रतिक्रियावादी शक्तियों के हक में—अर्थात जहाँ संघर्ष सामंतवाद और भूस्वामी के बीच हो वहाँ सामंती शक्तियों के पक्ष में, और जहाँ संघर्ष कृषिमूलक पूँजीवाद और औद्योगिक पूँजीवाद के बीच चलता है वहाँ बड़ी आर्थिक शक्तियों के हक में—छोड़ देता है तब एक संतुलन की स्थिति आ जाती है ।

इस प्रकार का एक आंदोलन राब्सपियर से डाइरेक्टरी और जेम्स प्रथम विरोधी आंदोलन तक पाया जाता है, जो फ्रांसीसी क्रांति के परिणामस्वरूप समूचे यूरोप में फैल गया था । पूरी उन्नीसवीं शताब्दी इसी प्रवंचना का दस्तावेज है, जो कि कवियों के जीवन में युवावस्था के आदर्शवाद से मुकरने के रूप में व्यक्त होती है । 1830, 1848 और अंततः 1871 ऐसी तिथियाँ हैं, जो सभी बुर्ज्वा कवियों को वर्ड्सवर्थ का हमराह बना देती हैं जिसका क्रांतिकारी जोश फ्रांसीसी क्रांति के अंतिम चरण की सर्वहारा अंतर्वस्तु के परिणामस्वरूप एकाएक ठंडा पड़ गया था और इसका स्थान व्यवहार बुद्धि, प्रतिष्ठा प्रेम और करुणा ने ले लिया था ।

कीट्स ही वह कवि है जिसने लिखा था :

> 'कोई इस ऊर्ध्वता को हड़प नहीं सकता' छाया ने कहा,
> 'सिवाय उनके जिनके लिए विश्व के कष्ट
> कष्ट हैं, और उन्हें चैन नहीं लेने देंगे ।'

इस युग में बुर्ज्वा कवियों का दुर्भाग्य वस्तुतः यह है कि दुनिया के कष्ट, जिसमें उनके अपने विशेष कष्ट भी शामिल हैं, उन्हें चैन नहीं लेने देंगे और फिर भी समय का तकाजा कुछ ऐसा है कि वे उस वर्ग का ही समर्थन करने को बाध्य हैं जो इनका जनक है । अभी सर्वहारा क्रांति उस चरण तक नहीं पहुँच सकी है जहाँ 'कुछ बुर्ज्वा विचारक समूचे ऐतिहासिक आंदोलन को' आँककर इसके साथ अपने को जोड़ सकें और सचमुच पीड़ित मानवता की और एक ऐसे वर्ग की हिमायत कर सकें जो अभी तक संख्याबहुल है और कल की दुनिया का पूरा मानव समाज है । वे एक ऐसे वर्ग की हिमायत करते हैं जो जैसे-तैसे कल की दुनिया को सिरज रहा है, और प्रत्येक कदम पर पीछे हट जाता है और अपनी सहज आकांक्षाओं से मुकर जाता है क्योंकि उसे सचेत रूप में इस बात का ज्ञान है कि यह कल की जिस दुनिया को सिरज रहा है उसमें 'उसका कोई स्थान नहीं हो सकता' ।

अध्याय 6

अंग्रेजी के कवि

III. पूँजीवाद का ह्रास

बुर्ज्वा इतिहास के इस 'दुखांत' चरण में अर्नाल्ड, स्विनबर्न, टेनीसन और ब्राउनिंग प्रत्येक कवि अपने ढंग से बुर्ज्वा भ्रम के आंदोलन को चित्रित करता है।

टेनीसन जब सौंदर्य के संसार और कष्ट के वास्तविक संसार के बीच सामंजस्य बैठाने का प्रयत्न करता है तो उसका कीट्स का संसार ध्वस्त हो जाता है, जो उसे चैन नहीं लेने देता। उसका शोकगीत 'इन मेमोरियम', जिसमें निराशा का स्वर बहुत गहरा है और जो आज तक अंग्रेजी की सबसे खरी निराशावादी कविता है, कुछ सफलता के साथ समकालीन समस्याओं का समकालीन प्रतिबिंबन करता है।

डार्विन और इससे भी कहीं अधिक डार्विन के अनुयायियों की तरह वह पूँजीवादी उत्पादन की स्थितियों (अस्तित्व के लिए वैयक्तिक संघर्ष) को प्रकृति में प्रतिक्षेपित करता है और फिर सहज और इसलिए निरी अंधता द्वारा प्रेरित होकर अधिक उत्कट रूप में वह इस संघर्ष को फिर समाज में इस तरह प्रतिबिंबित करता है कि ईश्वर--जो कि समाज की आंतरिक शक्तियों का प्रतीक है—समाज के बाह्य पर्यावरण की प्रतीक प्रकृति का बंदी प्रतीत होता है :

क्या छिड़ा है द्वंद्व ईश्वर में प्रकृति में
जो दिखाती है प्रकृति दुःस्वप्न ऐसे
ध्यान कितना है प्रकारों का उसे
पर है उपेक्षित एक का जीवन अकेला।
देखकर सर्वत्र उसके/करतबों के गूढ़ अर्थों तक पहुँचकर
और पाकर यह कि वह अक्सर उगाती
बीज केवल एक बीसियों में से
लड़खड़ाते पाँव मेरे था जहाँ मैं अडिग चलता।

टेनीसन की 'प्रकृति' की अचेत दुर्दांतता वास्तव में एक ऐसे समाज की दुर्दांतता को ही प्रतिबिंबित करती है जिसमें पूँजीपति अपने सभी पूँजीपतियों को निरंतर सर्वहारापन की खाई में फेंकता जा रहा है :

'ध्यान क्या सचमुच प्रकारों का बहुत है !' नहीं
छिले नंगे शिखर में उत्खनित पत्थर से
निरंतर चीखती है, 'गए सहस प्रकार
चिंता किसी की भी नहीं मुझको, सभी जाएँगे ।'
बस करो ! यह दैत्य कोई या कि कोई स्वप्न
कोई द्रोह यौवन के कराल भुजंग
चीरते से एक दूजे को सरकते महाकर्दम में
बन गए संगीत सकरुण उसी के अनुरूप
तुच्छ जीवन, तुच्छ भंगुर दीन
आश कोई नहीं उत्तर की
यवनिका के गर्भ में, बस यवनिका के गर्भ में

ब्राउनिंग इस नीरस वर्तमान से विद्रोह करके भविष्य की ओर नहीं बढ़ता बल्कि पूँजीवाद के इतालवी वसंत की ओर लौटता है । अंग्रेजी कविता में इस ओज को ऐसी गहरी रंगीनी इससे पहले कभी नहीं प्रदान की गई थी । परंतु उसकी शब्दावली में एक कुहरिल प्रगल्भता है जो समकालीन समस्याओं का चित्रण करने में उसकी बौद्धिक गैरईमानदारी की झलक देता है । टेनीसन के साथ कीट्स सुलभ रोमांस की दुनिया, ब्राउनिंग के साथ इतालवी वसंत काल; ये दोनों ही पीछे की ओर विद्रोह कर रहे हैं और उस वर्ग के अंतर्विरोध से पलायन कर रहे हैं जिसके वे हिमायती हैं । समकालीन समस्याओं का चित्रण करते हुए ब्राउनिंग स्लज या बिशप ब्लोग्राम से ऊँची कविता नहीं रच सकता । इसके बावजूद वह भी अपने उत्सुक यौवनकाल में अपनी पिछली पीढ़ी के एक बुर्ज्वा कवि की इसलिए भर्त्सना करने से बाज नहीं आता कि वह प्रतिक्रिया के एक सुपरिचित दायरे में ही चक्कर काटता रह जाता है :

शेक्सपियर था सखा अपना, मिल्टन पक्षधर-सा था हमारा
बर्न्स, शेली थे हमारे साथ देखते वे कब्र से अपनी
वह अकेला हट गया है काफिले से मुक्त लोगों से
वह अकेला धँसा पीछे गुलामों में दुबक बैठा है ।

स्विनबर्न की कविता में शेली के अंतर्निहित प्रकाश और सौंदर्य का संसार है जो कीट्स की दुनिया की भौतिकवादिता और सम्मोहक बोझिलता के पुट से अकड़कर कुछ अलग हो गया है । चाहे अटलांटा इन कैलीडन की हर्षा के रूप में हो या

नेमेसिस के रूप में, भाग्य अब दुखांत नहीं है बल्कि अवसादपूर्ण है, बादलेयर की मृत्यु की तरह अवसादपूर्ण। स्विनबर्न समूचे यूरोप में घटित हो रही समकालीन बुर्ज्वा-लोकतांत्रिक क्रांतियों (1848-1871) के आग्रह से बहुत गहराई तक आंदोलित है, परंतु उसकी अनुक्रिया की निरी शाब्दिक और उथली प्रकृति इस उत्तरकाल के ऐसे सभी आंदोलनों के तात्विक खोखलेपन को प्रतिबिंबित करती है जब सर्वहारा के विकास के कारण वे लगभग तत्काल अपना निषेध करते हैं।

अर्नाल्ड की कविताओं में इस समय के बुर्ज्वा भ्रम के विशिष्ट निराशावाद का स्पर्श मिलता है, जो अब अपने अंतिम और (अपने लिए) दुखांत चरणों को उद्घाटित कर रहा है। अर्नाल्ड सतहीपन के विरुद्ध मोर्चा लेता है परंतु उसे यह आशंका बेचैन बनाए रहती है कि उसकी हार होकर ही रहेगी। और वस्तुतः वह पराजित होता भी है, क्योंकि वह दर्पण की परछाईं से लड़ाई लड़ रहा है। जब तक वह बुर्ज्वा मान्यताओं में चक्कर काटता रहता है, उसका अपना आंदोलन भी विषयासक्ति को ही जन्म देता है; वह उस आंदोलन का प्रेरक बनता है जो कवि को समाज से अलग काटकर ऐसे कवि पैदा करता है, जो विषयासक्त और कवि दोनों एक साथ बने रहते हैं।

II

अतः बुर्ज्वा कविता का अगला चरण 'माल की जड़ पूजा'—या 'कला कला के लिए'—का है और यह बाजार के लिए एक उत्पादक के रूप में बुर्ज्वा कवि की अपनी नकली हैसियत में प्रकट होता है, यह हैसियत जो बुर्ज्वा अर्थव्यवस्था के विकास द्वारा उस पर लाद दी गई है। समकालीन परिदृश्य का चित्रण करते समय जैसे अर्नाल्ड तथा तरुण टेनीसन का निराशावाद और ब्राउनिंग तथा स्विनबर्न तथा वृद्ध टेनीसन का अपेक्षाकृत अधिक अवसादपूर्ण आशावाद इस बात को अपरिहार्य बना देता है कि कवि समकालीन परिदृश्य को छोड़कर अलग हो जाए, उसी तरह यह भी उतना ही अपरिहार्य हो गया कि कवि 'माल की जड़ पूजा' का शिकार हो जाए। इसका अर्थ था एक ऐसे आंदोलन की शुरुआत जो कला जगत को यथार्थ जगत से पूरी तरह काटकर अलग कर दे और ऐसा करते हुए इसे स्वयं कला के स्रोत से ही अलग कर दे ताकि कृति जब सबसे अधिक आश्वासकर प्रतीत हो, ठीक उसी समय यह बुलबुले की तरह फूट जाए।

'ऐंटी ड्यूरिंग' में ऐंगल्स 'माल के उत्पादन' पर आधारित प्रत्येक समाज के लक्षण की बहुत स्पष्ट व्याख्या करते हैं :

> (इसमें) यह विशेषता होती है कि उत्पादक अपने निजी सामाजिक संबंधों पर नियंत्रण खो बैठता है। प्रत्येक व्यक्ति उसके हाथ जो भी साधन लग

> जाता है उसी से ऐसे विनिमय के लिए जो उसकी अपनी शेष जरूरतें पूरी करने के लिए अपेक्षित हो, अपने लिए उत्पादन करता है । कोई नहीं जानता कि उसके द्वारा निर्मित खास वस्तु किस परिमाण में बाजार में आ रही है और कितने की जरूरत होगी । कोई नहीं जानता कि उसके अपने उत्पादन की माँग भी होगी या नहीं, कि वह अपनी लागत भी निकाल पाएगा या नहीं या वह अपना माल बेच भी पाएगा या नहीं । समाजीकृत उत्पादन में अराजकता छा जाती है ।
>
> परंतु उत्पादन के प्रत्येक दूसरे रूप की तरह माल के उत्पादन के अपने आंतरिक नियम होते हैं जो इससे अलग नहीं किए जा सकते; और ये नियम अराजकता के बावजूद अराजकता के भीतर और उसी के माध्यम से काम करते हैं । ... इसलिए ये उत्पादकों से स्वतंत्र रूप में और उत्पादन के अपने विशेष रूप के अपरिहार्य प्राकृतिक नियमों की तरह उनके विरोध में फलीभूत होते हैं । उत्पादन उत्पादक पर शासन करने लगता है । (पृ. 376, मास्को संस्करण, 1954)

ऐंगल्स इसका मुकाबला विनिमय के लिए उत्पादन की पद्धति से न करके उत्पादन की अपेक्षाकृत पुरानी और सार्वभौम पद्धति से करते हैं और यह है उपयोग के लिए उत्पादन । यहाँ उत्पादन की उत्पत्ति और अंत दोनों को स्पष्टतः देखा जा सकता है । ये सभी एक सामाजिक क्रिया के अंग हैं और उत्पादन का मूल्य वहीं तक है जहाँ तक यह उस समाज के उपयोग का होता है जो इसे पैदा करता है । ऐसे समाज में स्वयं कविता का मूल्य सामूहिक आभास से, उस प्रभाव से जो यह अपने श्रोताओं के हृदय पर छोड़ती है और इसकी जो स्पष्ट छाप कबीले के जीवन पर पड़ती है, उससे नियत होता है ।

पूँजीवादी उत्पादन में, जो कि प्रमुख रूप में सौदे का उत्पादन है, सबकुछ उलट जाता है । इसमें प्रत्येक व्यक्ति आँख मूँदकर एक ऐसे बाजार के लिए उत्पादन करता है जिसके नियम गहन होते हैं, यद्यपि ये नियम फौलादी कठोरता के साथ अपना करिश्मा दिखाते हैं । समाज के जीवन पर बाजारू माल के प्रभाव को न तो मापा जा सकता है न ही देखा । 'मनुष्य ने अपने सामाजिक अंतःसंबंधों पर नियंत्रण खो दिया है ।' पूँजीवाद का समूचा ताना-बाना जो कि इस अराजकता के चारों ओर बुना हुआ एक जटिल जाल है, इस असहायता को अपरिहार्य बना देता है ।

कवि की दृष्टि में पूँजीवादी बाजार ही 'जनता' प्रतीत होती है । छपाई और प्रकाशन का आविष्कार और विकास सार्वभौम बुर्ज्वा मुक्त बाजार का ही अंग था । जिस प्रकार इस बाजार के विकास (उपनिवेशों की स्थापना और परिवहन तथा

विनिमय सुविधाओं के विस्तार के द्वारा) से यह संभव हो पाया कि मनुष्य उन स्थानों के लिए उत्पादन करने लगा जिसकी स्थिति की तो बात ही दूर रही, नाम तक वह नहीं जानता था, उसी तरह कवि अब ऐसे लोगों के लिए लिखने लगा जिनके अस्तित्व के विषय में वह अनभिज्ञ है, जिनका सामाजिक जीवन, रहन-सहन सबकुछ उसके लिए अपरिचित है। बाजार ही उसके लिए 'जनता' है—अंधी, अजनबी और निष्क्रिय।

इससे हम उस चीज पर पहुँचते हैं जिसे मार्क्स ने 'माल की जड़ पूजा' कहा है। कला-प्रक्रिया का सामाजिक चरित्र जो कि सामूहिक उत्सवों में इतना खुला हुआ था, अब तिरोहित हो जाता है। अतः माल एक रहस्यमय चीज बन जाता है। इसकी वजह सिर्फ यह है कि इसमें मनुष्यों के श्रम का सामाजिक चरित्र उन्हें ऐसा प्रतीत होता है मानो उस श्रम के उत्पादन पर वस्तुगत चरित्र की छाप-सी लगी हो। यह ठीक वैसे ही होता है जैसे किसी वस्तु का प्रकाश हमें अपनी नेत्र तंत्रिका पर एक आत्मगत उत्तेजना न प्रतीत होकर आँखों से बाहर किसी चीज का वस्तुगत रूप प्रतीत होता है। इसमें इस बात से भी मदद मिलती है कि साहचर्य में बँधे लोगों पर स्पष्टतः निर्भर कलाओं—नृत्य, गान, संगीत, स्वतःस्फूर्त नाटक और प्रहसन—से हटकर कला कला-प्रक्रिया के सुनिश्चित अभिलेखों का रूप ले लेती है, जो प्रत्यक्षतः समाज पर निर्भर नहीं करते—अर्थात लिपिबद्ध कविता, संगीत रचना, लिपिबद्ध नाटक, चित्र और मूर्ति। कला का उद्दीपन वस्तुनिष्ठ हो जाता है। यह एक माल बन जाता है।

पूँजीवादी आंदोलन के लिए पूँजी की अपेक्षा होती है। स्थिर पूँजी कुल पूँजी का निरंतर बढ़ता हुआ हिस्सा है। यह स्थिर पूँजी विशाल फैक्टरी संयंत्रों का और अप्रत्यक्ष रूप में अपेक्षाकृत अधिक विकसित तकनीक और इन संयंत्रों का उपयोग करने के लिए अपेक्षित संगठन का रूप ले लेती है। श्रम की निरंतर बढ़ती हुई उत्पादनशीलता के कारण स्थिर पूँजी और इसलिए सामाजिक संगठन की वृद्धि स्वामित्व में व्यक्तिवाद और निजी पूँजीपतियों की बढ़ती हुई संपत्ति के कारण स्वत्वहरण के विरुद्ध पड़ती है। इसी तरह बुर्ज्वा कविता की विशेषता है परंपरा और तकनीक का बढ़ता हुआ भंडार, जिसका दबाव कवि पर बराबर बना रहता है। अतः कविता में निबद्ध अपार सामाजिक अनुभव तथा कवि के व्यक्तिवादी और समाजविरोधी रुझान के बीच निरंतर एक अंतर्विरोध बना रहता है। 'परंपरा' कवि के सामने किसी दुर्धर्ष और विराट चीज की तरह तनी रहती है, जिसके साथ वह एक अहं के रूप में अपना हिसाब पूरा करता है।

परंतु कवि एक पूँजीपति नहीं है। वह श्रम का शोषण नहीं करता। पूँजीपति के लिए माल की जड़ पूजा सभी मालों के आम बाजारू अभिधान—धन—का दूषित रूप ले लेता है। धन उसके लिए एक उच्च, रहस्यमय, 'आध्यात्मिक' मूल्य ग्रहण

कर लेता है। परंतु लेखक तो खुद ही शोषित होता है।

जहाँ तक वह 'पैसे के लिए लिखता है' निश्चय ही वह एक पूँजीवादी मानसिकता अपना लेता है। वह स्वयं भी अपने सचिवों और भाड़े के आदमियों के माध्यम से जो कि उसके लिए उसका 'गधे का काम' करते हैं, शोषण कर सकता है। परंतु वह व्यक्ति जो पैसे के लिए लिखता है, कलाकार नहीं है, क्योंकि कलाकार का लक्षण यह है कि उसकी कृतियाँ 'अनुकूलनपरक' होती हैं, कि कलात्मक भ्रम सहज वृत्ति और चेतना के बीच, उत्पादक शक्तियों और उत्पादन के साधनों के बीच तनाव से उत्पन्न होती है। यह तनाव ही पूरे समाज को भावी यथार्थ की ओर अग्रसर करता है। बुर्ज्वा समाज में यह तनाव उत्पादक शक्तियों (फैक्ट्रियों में पूँजीवादी तकनीक की सामाजिक रूप में संगठित शक्ति) और सामाजिक संबंधों (निजी मुनाफे के लिए उत्पादन और उससे बाजार में उत्पन्न अराजकता, जो पूरी तौर पर परिलक्षित होती है प्रत्यक्ष अथवा उपभोग संबंधों की जगह लिए मुद्रा और विनिमय संबंधों की सार्वभौम सत्ता में) के बीच होता है। चूँकि यह बुनियादी अंतर्विरोध है अतः कवि 'मुनाफाखोरी' या विनिमय-मूल्य के लिए उत्पादन को कला के अर्थ और महत्त्व को कुंठित करनेवाला मानकर इस प्रणाली के विरुद्ध 'विद्रोह' करता है। परंतु जब तक वह बुर्ज्वा चिंतन की मान्यताओं के भीतर विद्रोह करता है, अर्थात जब तक वह आधारभूत बुर्ज्वा भ्रम को उतारकर फेंक नहीं देता—तब तक उसका विद्रोह एक ऐसा रूप लिए रहता है जिसे माल के उत्पादन की प्रणाली द्वारा अनिवार्य बना दिया गया है।

III

शोषित—जिनमें से कवि स्वयं भी इस तरह एक बन जाता है—पूँजीवादी समाज में दो प्रकार के होते हैं। ये दोनों प्रकार, अर्थात श्रमिक और दस्तकार, मध्यकाल के भूदासों और शिल्पियों की संतति माने जा सकते हैं। जो भी हो, यह शृंखला सीधी नहीं है। पूँजीवादी क्रांति के दौरान भूदास पूँजीपति बन गए और शिल्पियों को सर्वहारा की जमात में फेंक दिया गया। शोषितों को शिल्पियों के एक वर्ग की संतति माना जा सकता है। श्रमिक को पूरी तरह सर्वहारा बना दिया गया है। 'दस्तकार', विशेष कारणों से, पूँजीवादी उत्पादन में, जो उसे इस भ्रम में रखता है कि वह 'मध्य वर्ग' में अर्थात एक ऐसे वर्ग में आता है जो कुल मिलाकर वर्ग-संघर्ष से अछूता और ऊपर है, कुछ विशेष सुविधाएँ बनाए रह गया है। इसके बावजूद, सर्वहारापन की खाई हमेशा उसके पाँवों के नीचे मुँह बाए रहती है। उसकी सुविधाएँ पूँजीवादी उत्पादन के एक खास चरण का एक संयोग मात्र है जो उसकी पकड़ से लगातार छूटती जा रही हैं। परंतु पूँजीवादी उत्पादन का ऐतिहासिक परिवर्तन निरंतर उसके वर्ग के नए सदस्य पैदा करता रहता है, जो इसीलिए हमेशा

एक निश्चित स्थिरता और पृथक अस्तित्व रखता प्रतीत होता है, यद्यपि इसका अपना संघटन निरंतर उग्र अस्थिरता की स्थिति में रहता है। पूँजीवाद का अंतिम चरण अलगाव के इस धुएँ के पहाड़ की निस्सारता को प्रकट कर देता है और निम्न बुर्ज्वा पाता है कि उसकी सुविधाएँ उसके हाथों से छिनती जा रही हैं।

आइए इंग्लैंड में इन दोनों विभाजनों के मुख्य इतिहास की जाँच करें:

(i) *श्रमिक*—यह एक ऐसा आदमी है जो नीरस, एकरस और खून-पसीने की मजदूरी पर काम करता है, जो मशीन में एक पेंच मात्र है। यह सही अर्थों में सर्वहारा है, पूँजीवाद की अनूठी सृष्टि है। पूँजीपति के खिलाफ इसकी लड़ाई सबसे कड़वी और अटल है, क्योंकि उसका काम अपनी प्रकृति से ही इस किस्म का है जिसे पसंद करना असंभव है, और इसलिए इसका विद्रोह फुरसत के लिए लड़ाई के रूप में व्यक्त होता है, अपने मालिक के अनिच्छुक हाथों से फैक्टरी के बाहर सुधरे मानवीय अस्तित्व के प्रत्येक अतिरिक्त घंटे को छीनने की कोशिश में व्यक्त होता है। यह लड़ाई अधिक ऊँची मजदूरी के लिए संघर्ष के साथ चलती रहती है, ताकि वह अपनी फुरसत के चंद लमहों को जहाँ तक संभव हो पूर्ण और निर्बंध बना सके।

पूँजीवादी उत्पादन के दायरे में उसकी स्वतंत्रता का संघर्ष केवल यही रूप ले सकता है, क्योंकि उसके नीरस काम में स्वतंत्रता सामाजिक क्रिया-व्यापार या 'काम' के विपरीत रूप में व्यक्त होती है। चूँकि वह उस बहुसंख्यक वर्ग में आता है जिसकी श्रम-शक्ति के अतिरिक्त मूल्य से पूँजीपति अपना मुनाफा कमाता है, इसलिए इन दोनों वर्गों के बीच विरोध नंगा और सीधा होता है। पूँजीवादी समाज में विरोध भाव ही वर्ग-संघर्ष का सही मर्म है। उसकी फुरसत का प्रत्येक क्षण या उसकी मजदूरी का प्रत्येक पैसा पूँजीपति के मुनाफे में खासी कमी लाता है। उसकी स्वतंत्रता सच कहें तो पूँजीपति की अ-स्वतंत्रता है और इसी बात को उलटकर भी कहा जा सकता है।

(ii) *दस्तकार*—यह वर्ग पूँजीवादी उत्पादन में फोरमैन, ओवरसीयर, या मेकेनिक के रूप में या बैरिस्टर, डॉक्टर, इंजीनियर या वास्तुकार के व्यवसाय के रूप में, उसके व्यक्तिगत कौशल, तकनीक या प्रमुख कार्य के कारण एक विशेष हैसियत रखता है। अपनी सुविधाजनक स्थिति, अपने कौशल में उसकी खुशी और ऊँचे वेतन के कारण दस्तकार अपने को अक्सर सच्चे सर्वहारा के विरुद्ध पाता है। उसके काम का फुरसत से वैसा सीधा विरोध नहीं होता, न ही उसकी स्वतंत्रता का वैसा सीधा विरोध पूँजीपति की स्वतंत्रता से होता है, जैसा सर्वहारा के मामले में होता है। कभी-कभी 'एक मामूली ढंग' से, पूँजीपति के रूप में तो नहीं पर दो या तीन अप्रेंटिस सहायकों को रखकर और अपना माल बड़े पूँजीपतियों को बेचता हुआ वह व्यापार भी चलाता है। हितों का सीधा बिलगाव इन कामगारों के संगठनों में व्यक्त होता है। टी. ऐंड जी. डब्ल्यू., एन. यू. जी. तथा एम. डब्ल्यू. जैसी बड़ी

आम मजदूर यूनियनों और ऐसी ही दूसरी यूनियनों को जिनका नेतृत्व बेन टिलेर, टाम मान और जान बर्न्स कर रहे थे, अपने आरंभिक दिनों में एम. एस. ई. जैसी एकीकृत दस्तकार यूनियनों का विरोध और होड़ का सामना करना पड़ा था जिन्होंने उस गुटता की उदारतावादी परंपरा अपनाई थी जिसमें उससे भी पहले मूलतः जुझारु पर कुसंगठित यूनियनों को निकाल फेंका गया था।

इसके बावजूद पूँजीवादी उत्पादन का विकास दस्तकार को बड़ी निष्ठुरता के साथ मजदूरों में बदलता जाता है। मशीन सभी क्षेत्रों में उसके कुशल हाथों के उत्पादनों का मुकाबला करती है और उसे बेरोजगारों की 'औद्योगिक आरक्षित सेना' में पहुँचने को बाध्य करती है।

इसका पहला असर यह होता है कि वह अपने कौशल को सामाजिक उपयोग से काटकर अपने आप में एक माल के रूप में मानकर वाणिज्यीकृत बाजार की माँगों के विरुद्ध विद्रोह करने को बाध्य होता है। मिसाल के तौर पर आप ऐसे किसी दस्तकार को एक पुरानी नेपियर कार की तारीफ यह कहकर करते हुए पाएँगे कि यह कुशल दस्तकारों का सर्वोत्कृष्ट उत्पादन है और इसका मुकाबला बड़े पैमाने पर तैयार किए जानेवाली फोर्ड कार से करते पाएँगे, जो वही सामाजिक भूमिका निभाती है और पहली से अधिक सस्ती होती है। पुराना कौशल यद्यपि मानव श्रम की अधिक बर्बादी करता था परंतु इसने दस्तकार के लिए विशेष मूल्य इसलिए पा लिया है कि यह सर्वहारा से पृथक एक वर्ग के रूप में उसके अस्तित्व की शर्त है, और यह बाजार के मुनाफे के मानदंड के ऊपर और विरुद्ध स्थापित है, जिसके कारण उसका कौशल व्यर्थ बनता जा रहा है। अंततः एक फैक्टरी कर्मचारी के रूप में नियुक्त होने पर वह माडल बनाकर, छोटे-छोटे निजी विनोद के कार्यों में और सामाजिक दृष्टि से निरर्थक दूसरे ऐसे कार्यों में जिनमें वह अपने कौशल का उपयोग कर सकता है, व्यस्त रहकर वह पुराने कौशल से प्यार करता रह सकता है।

इस मामले में बुनियादी तौर पर उसका रुख एक लेखक-जैसा होता है। पूँजीवाद के साथ लेखक का संबंध भी सुविधाप्राप्त और दक्षतापूर्ण होता है यद्यपि उसकी 'भावगत' अंतर्वस्तु ने उसे एक ऐसे युग में जिसमें वर्ग-विभाजन ने चिंतन को करनी से अलग कर दिया है, हस्त कौशल के मुकाबले अधिक ऊँचा स्थान दे दिया है। लेखक डॉक्टर, बैरिस्टर, वास्तुकार, अध्यापक या वैज्ञानिक की तरह जिनके काम में एक-जैसी ही वैचारिक अंतर्वस्तु पाई जाती है, उच्च बुर्ज्वा वर्ग का एक हिस्सा है, पर दस्तकार 'निम्न मध्य वर्ग' से कतई ऊपर नहीं समझा जाता। इसके बावजूद ये दोनों ही निम्न बुर्ज्वा वर्ग की विशेष आकांक्षाओं और भ्रमों को अभिव्यक्ति देते पाए जाते हैं।

जिस तरह पूँजीवाद का विकास समस्त औद्योगिक उत्पादन को क्रमशः बड़े

पैमाने के उत्पादन में ढालता जाता है, हजारों कारीगरों को स्वत्व वंचित करता जाता है, और दस्तकारों को सबकुछ से वंचित करके एक मजूदर या मशीनचालक बनाता जाता है, उसी तरह कला के क्षेत्र में भी इसका वही प्रभाव होता है। बड़े पैमाने पर उत्पादित कला घटियापन का एक जड़ स्तर ला देती है। अच्छी कला की बिक्री गिर जाती है। चूँकि कला की भूमिका अब जनता को पूँजीवादी उत्पादन के जड़ यांत्रिक अस्तित्व के अनुरूप ढालना होता है, जिसमें काम उनकी अंतःवृत्तियों को जगाए बिना उनकी जीवन शक्ति को चूस लेता है, जहाँ फुरसत का समय सख्त कल्पना-विलासी फिल्मों, निरी इच्छापूर्ति के लेखन या संगीत जो कि महज आवेगपरक संदेश होता है, से अपने मस्तिष्क को शून्य बनाने का समय बन जाता है, इसलिए लेखक का यह अर्थकर कौशल उतना ही कष्टकर और थकानेवाला बन जाता है जैसा मशीन चलानेवाले का। पत्रकारिता इस युग की विशिष्ट उपज बन जाती है। फिल्मों, उपन्यासों और चित्रों सभी में गिरावट आ जाती है। अपार तकनीकी साधन स्रोत और मानव मन तथा चारित्रिक गुणों का पराभव और रूढ़िबद्धता पूँजीवाद के इस चरण में फैक्टरी उत्पादन और फैक्टरी कला दोनों में समान रूप से पाए जाते हैं। इस बात की पुष्टि कोई भी ऐसा कलाकार कर सकता है जिसे पत्रकारिता से अथवा रोमांचक कथाओं से अपनी जीविका कमानी पड़ती है, कि यह उसकी कला का घोर सर्वहाराकरण कर देना है। आधुनिक रोमांच कथाएँ, प्रेम कथाएँ, सस्ते रोमांस, घटिया फिल्में, जाज़ संगीत, अथवा घटिया रविवारीय पत्र आज के वास्तविक सर्वहारा साहित्य—अर्थात ऐसा साहित्य है जो आधुनिक पूँजीवादी उत्पादन द्वारा अधिकांश लोगों में कष्ट और सहज दरिद्रता का विशिष्ट सहचर है। यही साहित्य लेखक का सर्वहाराकरण कर देता है। यह वास्तविक कष्ट की अभिव्यक्ति होने के साथ ही साथ उस वास्तविक कष्ट के प्रति विरोध का एक स्वर भी है। यह कला जो सार्वभौम, स्थिर, कल्पनाप्रसूत, आधुनिक पूँजीवाद द्वारा अतृप्त सहज वृत्तियों के सस्ते गौरवमंडन से भरपूर है, जिसके पात्र उन्मत प्रेमी और जवाँमर्द चरवाहे और चकित करनेवाले जासूस हैं, आज का धर्म है। यह सर्वहारा के शोषण की वैसी ही सटीक अभिव्यक्ति है जैसे कैथोलिक मत सामंती शोषण की अभिव्यक्ति है। यह जनता की अफीम है, यह एक उलटे जगत को चित्रित करता है क्योंकि समाज की दुनिया ही उलटी है। यह बुर्ज्वा सभ्यता की सही लाक्षणिक कला है, जो बुर्ज्वा भ्रम की स्वप्रशंसित अंतर्वस्तु को नहीं बल्कि वास्तविक अंतर्वस्तु को व्यक्त करती है। अभिजात बुर्ज्वा कला की श्रीवृद्धि पूँजीपति वर्ग की स्वतंत्रता पर निर्भर है। अंत्यज सर्वहारा कला का विकास सर्वहारा की अस्वतंत्रता से होता है और यह अतृप्त विद्रोही सहज वृत्तियों के अपने संदेश द्वारा उस अस्वतंत्रता का अस्तित्व बनाए रखने में मददगार होता है। चूँकि यह निरा संदेश है, चूँकि यह मनुष्य को अस्वतंत्रता में रखने में न कि अपनी

स्वतःस्फूर्त सर्जना को प्रकट करने में मददगार होता है, इसीलिए यह घटिया कला है। इसके बावजूद यह एक ऐसी कला है जो वस्तुतः उससे कहीं अधिक सटीक है, जो बुर्ज्वा समाज में उससे कहीं अधिक महत्त्वपूर्ण और सर्वव्यापक भूमिका प्रस्तुत करती है जितना, उदाहरण के लिए, जेम्स जायस की कला।

कवि लेखकों में सबसे अधिक कुशल होता है। इसकी कला किसी कलाकार से उच्चतम तकनीकी कौशल की माँग करती है। और सच कहें तो यह तकनीकी कौशल ही वह चीज है जिसकी विकसित पूँजीवाद में अधिकांश लोगों को जरूरत नहीं होती। कवि उतना ही पुराना पड़ जाता है जितना प्लास्टर साँचे के जमाने में कोई मध्ययुगीन संगतराश। ज्यों-ज्यों समाज का वास्तविक सर्वहाराकरण बढ़ता जाता है, त्यों-त्यों स्वतःस्फूर्तता से शून्य लोगों की काम की स्थितियाँ, उनसे बड़े पैमाने पर रचे जानेवाले हलके दर्जे की कला की अधिकाधिक माँग करती हैं जिनकी सपाटता और सतहीपन उन्हें अपने को अपनी अ-स्वतंत्रता से समायोजित करने में सहायक होता है। कवि अभिजात बन जाता है, एक ऐसा व्यक्ति बन जाता है जिसकी कला की किसी को दरकार नहीं रह जाती। औसत आदमी के लिए कविता पढ़ना खासा सरदर्द बन जाता है।

अपने जीवन की शर्तों के कारण कवि की प्रतिक्रिया ठीक दस्तकार-जैसी होती है। वह सामाजिक दायित्व के मुकाबले में नक्काशी के कौशल को, जीवन के मुकाबले कला को स्थापित करने लगता है। दस्तकार की माल की जड़ पूजा कौशल की जड़ पूजा होती है। कौशल अब सामाजिक मूल्य के विपरीत एक वस्तुगत चीज प्रतीत होने लगती है। अतः कलाकृति का मूल्य कलाकृति में और कलाकृति के लिए आँका जाने लगता है।

परंतु कलाकृति एक समाज की दुनिया में जिंदा रहती है। कलाकृतियाँ हमेशा ऐसे उपादानों से निर्मित होती हैं जिनका एक सामाजिक संदर्भ होता है। इनमें निरा शोर नहीं होता बल्कि एक शब्द भंडार के शब्द होते हैं, आकस्मिक ध्वनियाँ नहीं बल्कि सामाजिक रूप में मान्य सरगमी धुनें होती हैं, महज बुलबुले नहीं बल्कि अर्थपूर्ण रूप ही कला की सामग्री बनते हैं। इन सभी के आवेगात्मक अर्थ सूत्र होते हैं जो सामाजिक होते हैं।

फिर भी यदि समाज की अवज्ञा और घोर विरोध करते हुए कला का मूल्यांकन स्वयं इसके लिए किया जाता है न कि समाज के लिए, जिसके लिए अब कौशल किसी काम का नहीं रह गया है तो वास्तव में कला का मूल्यांकन कलाकार के लिए किया जाता है। कोई भी ऊटपटांग ढंग से कोई कविता नहीं रच सकता यदि इनके साहचर्य सामाजिक नहीं होते तो वे व्यक्तिगत होते हैं, और कलाकृति जितनी ही समाज विरोधी होती है, ऐसे व्यक्तिगत साहचर्य उतने ही दुराग्रहपूर्वक चुने जाते हैं जो सामाजिक दृष्टि से बेतुके, विचित्र और फंतासी से भरे होते हैं। अतः बुर्ज्वा भ्रम

के इस युग में कविता कला की सामाजिक दुनिया से निजी फंतासी की व्यक्तिगत दुनिया की ओर तेजी से बढ़ती दिखाई देती है । इसकी परिणति व्यक्तिवादिता में होती है । पूँजीवाद से विद्रोह करते हुए कवि, महज बुर्ज्वा मान्यताओं में बँधे रह जाने के कारण घोर व्यक्तिवादिता, 'अपने सामाजिक संबंध पर नियंत्रण' के घोर अभाव; और शुद्ध रूप से माल उत्पादन अर्थात पूँजीवाद के उसी सार तत्त्व की ओर बढ़ जाता है जिसकी वह भर्त्सना करता है । वह पूरी तरह आईने का क्रांतिकारी बन जाता है ।

और जिस मुक्ति का वह इतना शोर मचाता आया था जब वह पूरी तरह हासिल हो जाती है तो यह ठीक वह क्षण होता है जब मुक्ति पूरी तरह उसके हाथों से खिसक चुकी होती है ।

IV

'कला कला के लिए'—अर्थात 'कला मेरे लिए' की दुनिया में यह पवेश इंग्लैंड में रोजेटी, समाजवादी बनने से पूर्व मारिस, वाइल्ड और कुछ हद तक हार्पिकस में अच्छी तरह लक्ष्य किया जा सकता है । परंतु पूँजीवाद के इस अंतिम चरण के इस दौर में यह आंदोलन दूसरे देशों में सबसे तेज हो जाता है । इंग्लैंड जिसने पूँजीवादी उत्पादन का सबसे तेजी से विकास किया उसका ह्रास सबसे मंद है । बुर्ज्वा कला का अंतिम आंदोलन दूसरे देशों में सर्वाधिक पूर्णता से संपन्न हुआ है ।

इस आंदोलन को शुद्ध रूप में फ्रांस में देखा जा सकता है । उसकी शुरुआत बादलेयर करता है । वर्लेन और रिम्बो इसे जारी रखते हैं, यद्यपि रिम्बो अपने को कम्यून के साथ जोड़ लेने के कारण पहली सर्वहारा तानाशाही के पतन के साथ कविता करना छोड़ बैठता है ।

इससे आगे यह आंदोलन पार्नेसियंस और प्रतीकवादियों से होता हुआ, अति यथार्थवादियों में अपनी पराकाष्ठा पर पहुँचता है । पार्नेसियनों की दृष्टि में शब्द का महत्त्व इसकी संगमरमरी नक्काशी की विशेषताओं के कारण है; प्रतीकवादियों की दृष्टि में इसका मूल्य शब्द से बाहर पड़नेवाले आवेगात्मक साहचर्यों के अस्पष्ट धूप-छाँव के कारण है, अर्थात इसके समाजेतर साहचर्यों के कारण है; अति यथार्थवादियों की निगाह में इसका महत्त्व सीधी इसकी निजी अवचेतन अर्थवत्ता के कारण है । हेरेदिया और लाफार्ग से होते हुए एयोलिनेयर तक का संक्रमण आश्चर्यजनक रूप से तेज और स्पष्ट है ।

इंग्लैंड में पहले तो ऐसा लगता है मानो कविता खत्म हो गई । बुर्ज्वा अर्थव्यवस्था का सार्वभौम आंदोलन जो कि समस्त कला में अधोगति ला रहा है या इसे अति यथार्थवाद की ओर अग्रसर कर रहा है, इंग्लैंड में छोटे-छोटे कोनों में या संरक्षित पेशों में रुका-हुआ सा है जो इंग्लैंड के बुर्ज्वा के लंबे ग्रीष्म के

सुरक्षित भंडारों का सूचक है। यह देश जो संपन्न औद्योगिक पूँजीपतियों द्वारा परिरक्षित और संरक्षित है और औपनिवेशिक देशों का कच्चे माल के लिए अधिक निर्ममता से शोषण करता है, और जिसके लिए अपने आसपास ग्राम्य संबंधों के कुछ अवशेष बनाए रखना अधिक सुविधाजनक प्रतीत होता है—एक ऐसा ही कोना है। इसकी देन है—हार्डी, टामस और डेविस—जैसे अपेक्षाकृत कम महत्त्व के ग्राम्य कवियों की एक पीढ़ी। आक्सफोर्ड और कैंब्रिज ऐसे दूसरे कोने हैं। इनकी देन हैं हाउजमन, फ्लेचर, ब्रुक और अनेक दूसरे जार्जियन कवि। यह काल युद्ध के साथ समाप्त हो जाता है। विश्व में पूँजीवाद का अंतिम संकट इंग्लैंड को भी प्रभावित करता है और अंग्रेजी कविता भी तेजी से प्रतीकवाद की ओर अग्रसर होती है और काव्य शिल्प की सबसे संगत तार्किक अभिव्यक्ति है अति यथार्थवाद।

अति यथार्थवादी कुछ हद तक उस शिल्पी के समान है जो अपने कौशल का अभ्यास करने के लिए अपने खाली समय में मामूली किस्म के माडल और खिलौने बनाता है। इस तरह वह सायास रूप में कोई ऐसी चीज जो अपनी प्रकृति से ही अनुपयोगी और इसलिए बड़े पैमाने पर किए जानेवाले उत्पादन की निरी शिल्पहीनता के विपरीत है, गढ़कर अपने विद्रोह को प्रकट करता है और अपने शिल्प के लिए कुछ मुक्त निकास पाता है। हम आगे चलकर अति यथार्थवाद का, और इसके द्वारा अवचेतन को दिए जानेवाले महत्त्व का विवेचन उस समय करेंगे जब हमें कला में सहज वृत्तियों और अवचेतन के वास्तविक कार्य पर विचार करने का अवसर मिलेगा। यहाँ हम केवल यह संकेत कर दें कि मुक्त साहचर्य जो कि अति यथार्थवादी तकनीक का आधार है, वस्तुतः मुक्त तो है ही नहीं, यह, जैसा कि फ्रायड, युंग और मैककर्डी ने स्पष्टतः प्रमाणित किया है कि सामान्य सवितर्क साहचर्यों की तुलना में कहीं अधिक बाध्यकर है। सवितर्क साहचर्य में बिंब यथार्थ के सामाजिक अनुभव से—अनिवार्यता की चेतना से नियंत्रित होते हैं। मुक्त साहचर्य में बिंब अवचेतन वृत्तियों के फौलादी हाथ से नियंत्रित होते हैं और इसलिए यह उससे अधिक मुक्त नहीं होता जितना किसी चींटी का 'चिंतन'। मनुष्य समाज के विरुद्ध अपनी सिद्धि करके मुक्त नहीं होता अपितु समाज के माध्यम से अपनी सिद्धि करके मुक्त होता है और साहचर्य का चरित्र ही कुछ निश्चित आम रूप और रूढ़ियाँ आरोपित करता है जो उसकी मुक्ति के प्रतीक होते हैं। परंतु चूँकि अति यथार्थवादी एक बुर्ज्वा है और उसने अपने सामाजिक संबंधों का नियंत्रण खो दिया है, इसलिए वह सोचता है कि मुक्ति इन रूपों के विरुद्ध विद्रोह करने में निहित है जिनके द्वारा अतीत में मुक्ति हासिल की जाती रही है। सामाजिक क्रियाशीलता ही स्वतंत्रता का साधन है। क्रियाशीलता जितनी ही अधिक सामाजिक होती जाती है, इसके उत्पादन उतनी ही पूर्णता से व्यक्तियों द्वारा खसोट लिए जाते हैं। इसलिए सामाजिक कार्य-व्यापार का उतनी ही मुस्तैदी से गैर सामाजिक कार्य व्यापार द्वारा

विरोध किया जाता है। चूँकि इसके उत्पादन समाज के लिए बेकार होते हैं और व्यक्तियों द्वारा इन्हें खसोटा नहीं जा सकता, इसलिए ऐसा अनुभव किया जाता है कि स्वतंत्रता गैर सामाजिक क्रिया-व्यापार में निहित है। निश्चय ही बाहर से देखने पर यह प्रक्रिया ऐसी ही लगती है। स्वतः कलाकार यह मानता है कि वह कलाकृति के 'तिलिस्मी' गुणों और कलाकार मन की अनूठी विशिष्टताओं से निष्पन्न एक आदर्श स्वतंत्रता की सिद्धि कर रहा है।

बुर्ज्वा अंतर्विरोध प्रत्येक चरण पर अपने को उद्घाटित करता हुआ अपने आधार में क्रांति लाता रहता है और तकनीकी साधन स्रोतों का नया विकास करता है। इसलिए 'कला कला के लिए' से अति यथार्थवाद की दिशा में चलनेवाला आंदोलन कविता की उस तकनीक का विकास करता है जिसका पहले बताई गई कमी के कारण सबसे अच्छा उदाहरण ईलियट है। परंतु यह अनंत काल तक नहीं चलता रह सकता। तकनीकी साधन स्रोतों और अंतर्वस्तु के बीच द्वंद्व एक ऐसे बिंदु पर पहुँच जाता है जहाँ इसका विस्फोट हो जाता है और यह उलटा रास्ता अपनाने लगता है। अब सामाजिक क्षेत्र में निरी उत्पादन की शक्तियों में उन्नति के विरुद्ध उत्पादन के संबंधों में परिवर्तन के अनुरूप मात्र तकनीक के आंदोलन के विरुद्ध अंतर्वस्तु की क्रांति आरंभ होती है। परिणामस्वरूप शब्दों के सामाजिक साहचर्य भी बदल जाएँगे और कविता की समूची विषयवस्तु भिन्न हो जाएगी, क्योंकि स्वयं भाषा ही अब एक भिन्न समाज में गढ़ी जा रही है। बुर्ज्वा काव्यमानों से साम्यवादी काव्यमानों की ओर सचमुच एक क्रांतिकारी आंदोलन होगा।

अतः 'अति यथार्थवादी' अंतिम बुर्ज्वा क्रांतिकारी है। उससे आगे—मिल्टन, गाडविन, पेटर, दादा और दाली से आगे—बढ़ने का अर्थ है चिंतन के बुर्ज्वा मानदंडों से आगे बढ़ना। यह अंतिम बुर्ज्वा क्रांतिकारी राजनीतिक दृष्टि से क्या है? वह एक अराजकतावादी है।

अराजकतावादी एक ऐसा बुर्ज्वा है जो बुर्ज्वा समाज के विकास से इतना तंग आ चुका है कि वह बुर्ज्वा विश्वासों को अत्यंत सार रूप में ही बुलंद करता है जैसे पूर्ण 'व्यक्तिगत' स्वतंत्रता, समस्त सामाजिक संबंधों का पूरा ध्वंस। अराजकतावादी इसके बावजूद एक क्रांतिकारी है क्योंकि उसमें समूचे बुर्ज्वा समाज का पूरा निषेध और विनाशकर तत्त्व है। परंतु वह बुर्ज्वा समाज से आगे नहीं बढ़ सकता, क्योंकि वह इसकी लपेट में फँसा हुआ है। बुर्ज्वा अर्थव्यवस्था के अराजक संगठन में संगठन के कुछ नियम जोरदार बने रहते हैं और इसलिए इन्हें एक नए शासक वर्ग के उच्चतर संगठन द्वारा ही खत्म किया जा सकता है।

अराजकतावादी उस देश की खास क्रांतिकारी देन है जिसमें पूँजीवाद का विकास देर से 'सुविधाजनक' स्थितियों में हुआ है, और जिसके परिणामस्वरूप कारीगरों या निम्न बुर्ज्वा दस्तकारों को बड़ी संख्या में तेजी से सर्वहारा की स्थिति में

पहुँचा दिया गया है । यह निम्न बुर्ज्वा विश्वास है । अतः इटली, स्पेन, रूस, फ्रांस जैसे देर से पूँजीवादी बननेवाले देशों में अर्थात ठीक उन देशों में जहाँ कला के क्षेत्र में अति यथार्थवादी प्रवृत्ति बहुत स्पष्ट है, यह इतना जोरदार है ।

पर एक राजनीतिक दर्शन के रूप में अराजकतावाद की और इसी तरह अति यथार्थवाद की यह विशेषता भी है कि व्यवहार में यह अपना ही निषेध करता है । एक राजनीतिक दर्शन के रूप में साम्यवाद और अराजकतावाद के बीच फर्क यह है कि साम्यवाद यह मानता है कि बुर्ज्वा शासन को संगठित आंदोलन द्वारा ही सफलतापूर्वक निर्मूल किया जा सकता है । इस संगठन की अभिव्यक्ति सोवियतों और मजदूर संघों में हुई है । यह बुर्ज्वा अर्थव्यवस्था की आम हालत द्वारा सर्वहारा पर लादे गए संगठन की सीधी उपज है । पर अराजकतावादी अभी हाल तक एक निम्न बुर्ज्वा, एक किसान या एक कारीगर रहा है । वह पूँजीपति वर्ग के विरुद्ध लंबे अरसे तक किसी औद्योगिक या राजनीतिक संघर्ष में संगठित नहीं रहा है । इसलिए वह क्रांति को प्रभुत्व का वैयक्तिक ध्वंस मान बैठता है जिससे ऐसी स्थितियाँ कायम हो जाएँगी, जिनमें वह अपने छोटे-मोटे श्रम का लाभ प्राप्त कर सकेगा ।

परंतु व्यावहारिक क्षेत्र में अराजकतावादी को पता चलता है कि किसी नए समाज का निर्माण करने की बात छोड़ भी दें तो किसी जर्जर समाज को खत्म करने के लिए भी संगठन की जरूरत होती है । इस कार्य की अनिवार्यताएँ ही पहले तो उसे मजदूर यूनियनों में और फिर सोवियतों के निर्माण में खींचकर लाती हैं । यह बात रूसी क्रांति में देखने को मिली थी जब घटनाचक्र के तकाजे से ही सच्चे सामाजिक क्रांतिकारी अधिकांशतः बोल्शेविक दृष्टिकोण अपनाने को विवश हुए थे और फिर देखने में आई थी स्पेन में जहाँ बार्सेलोना में अराजकतावादियों को एक मजबूत केंद्रीय सरकार को समर्थन देना पड़ा था, सेना, प्रतिरक्षा, आपूर्ति के संगठन में मदद देनी पड़ी थी और हर तरह से अपने विश्वासों का निषेध करने को बाध्य होना पड़ा था । अतः अराजकतावादियों की संहिता के विषय में इस पुराने मजाक में काफी सचाई है :

'पैरा 1—कोई भी व्यवस्था नहीं रहेगी ।'

'पैरा 2—पिछले पैराग्राफ का पालन कोई नहीं करेगा ।' और काफी महत्त्व है स्पेन में फासी क्रांति के बाद अखबार की उस रिपोर्ट का : 'अराजकतावादी बार्सेलोना में व्यवस्था सँभाले हुए हैं ।'

इसी तरह जब क्रांतिकारी परिस्थितियाँ तैयार होती हैं तो अति यथार्थवादी कवि या तो प्रतिक्रिया और फासीवाद की ओर मुड़ जाते हैं (जैसा इटली में अनेक ने किया) अथवा वे सर्वहारा की जमात में झोंक दिए जाते हैं जैसा फ्रांस में आरागां में हुआ ।

इंग्लैंड-जैसे किसी देश में दस्तकारों का अंतिम विद्रोह एक अलग ही रूप लेता

है। वहाँ दस्तकार एक स्वतंत्र कारीगर या निम्न बुर्ज्वा नहीं है, जिसके मन में सर्वहारावाद से पहली बार साबका पड़ने पर 'संगठन' के प्रति घृणा पैदा हो। इंग्लैंड में कारीगरों को सर्वहारा बनाने की प्रक्रिया अठारहवीं शताब्दी के उत्तरार्ध में ही आरंभ हो गई थी और चूँकि क्रांति की संभावनाएँ अधिक निराशाजनक थीं इसलिए वहाँ विद्रोह ने लुडिटिज्म का अर्थात उन मशीनों को तोड़ने का रूप ले लिया जिन्होंने उन्हें स्वत्व वंचित किया था। दस्तकारों के सर्वहारा बनने की दूसरी बड़ी प्रक्रिया दस्तकार यूनियनों के मुकाबले आम मजदूर यूनियनों के उभार के साथ आरंभ हुई और उस समय का संघर्ष बढ़ते हुए सर्वहारा और पूँजीपतियों के बीच का संघर्ष था जिसमें दस्तकार यूनियनें अलग खड़ी थीं।

इस तरह इंग्लैंड के अंतिम संकट में इंग्लैंड के पूँजीवादी विकास के लंबे सुखद काल के परिणामस्वरूप दस्तकारों को उत्पादन में सुविधाजनक स्थिति मिल गई। वह प्रसिद्ध श्रमिक उच्च वर्ग में पहुँच गया जिसे देखते हुए ऐसा लगने लगा कि बुर्ज्वा उच्च वर्ग और बुर्ज्वा राजतंत्र से असंतुष्ट इंग्लैंड का लक्ष्य अब बुर्ज्वा सर्वहारा का बन गया है। अंतिम संकट के दौर में जल्द ही यह जाहिर हो गया कि यह सुविधाजनक स्थिति विश्व पूँजीवाद में इंग्लैंड की सर्वोच्चता की अस्थायी अभिव्यक्ति थी, और प्रतिस्पर्धा तथा सीमा करों में वृद्धि के साथ यह तिरोहित हो गया। 1929 से 1936 तक के यौक्तिकीकरण (रैशनलाइजेशन) के परिणामस्वरूप बेकारी, असुरक्षा, मजदूरी में कटौती तथा बर्खास्तगी ने इंग्लैंड के सभी तबकों के दस्तकार और 'व्यावसायिक' तत्त्वों को उसी तरह बर्बाद कर दिया जैसे कुछ पहले इन्होंने जर्मनी में किया था। अतः इस प्रकार के लोगों में सर्वहारा बनने के कारण अराजकतावादी रुझान पैदा होने की जगह हर जगह उद्योगों के खास जगहों पर जैसे फैक्टरी में टूल रूप में सुपरवाइजरों, फोरमैनों, तकनीशियनों, विशेषज्ञों, प्रबंधकों और परामर्शदाताओं के प्रमुख पदों पर नियुक्त व्यक्तियों पर इसका उलटा असर हुआ। इन पदों पर रहते हुए वे महसूस करते हैं कि उनका कौशल इसलिए बेकार नहीं जा रहा है कि लोग फैक्टरियों में संगठित हो रहे हैं बल्कि संगठन की प्रगति—अर्थात एक अत्यंत बढ़ी हुई मानव उत्पादकता में इसकी तार्किक परिणति—पूँजीवादी उत्पादन की विशिष्ट अराजकता के कारण, विभिन्न फैक्टरियों के निजी स्वामित्व और आपसी होड़ के कारण विफल हो रही है।

इसलिए इस प्रणाली के विरुद्ध जो उन्हें पंगु बनाए हुए है, उनका विद्रोह कारीगरों की तरह प्रतिक्रियावादी नहीं है बल्कि सच्चे अर्थों में प्रगतिशील है क्योंकि यह अधिक संगठन की, फैक्टरियों में पहले से मौजूद संगठन का समूचे उत्पादन में विस्तार की माँग करता है।

परंतु यद्यपि इसकी अंतर्वस्तु प्रगतिशील ह पर इससे यह कतई साबित नहीं होता कि इस माँग का परिणाम भी प्रगतिशील होगा। इस क्रांतिकारी चरण में भी

दस्तकार दोराहे पर रुका खड़ा है। इनमें से एक रास्ता बुर्ज्वा की ओर जाता है जिसके साथ उसके जिम्मेदारीपूर्ण पद और ऊँचे वेतन ने उसे हमेशा जोड़े रखा था—वास्तव में डॉक्टर, वास्तुकार और कलाकार अपने कार्य की भाववादी अंतर्वस्तु के कारण बुर्ज्वाजी के ही सच्चे अंग रहे हैं। दूसरा रास्ता सर्वहारा की ओर जाता है, जिससे उसकी सुविधाजनक स्थिति ने उसे हमेशा अलग रखा है। कारण सर्वहारा बनने के साथ जिंदगी के हालात बिगड़ते हैं और इसलिए यह एक ऐसी चीज रहा है जिससे हर कीमत पर बचा जाता था। इसलिए उसमें सर्वहारा के साथ मैत्री करने में एक भीतरी नफरत बनी रही है। अतीत में वह अपनी सफलता और स्वतंत्रता को इस बात से मापता रहा है कि वह सर्वहारा से बुर्ज्वाजी वर्ग की दिशा में कितना ऊपर चढ़ चुका है। अर्थात उसकी माप रही है प्रसिद्ध निम्न बुर्ज्वा हेकड़ी और अनन्यता जो कि स्वतंत्रता के लिए मनुष्य की सतत इच्छा की एक हृदयहीन झलक मात्र है।

यदि वह ऊपर का रास्ता चुनता है तो वह एक ऐसे संगठन का चुनाव करता है जो ऊपर से बुर्ज्वाजी द्वारा—दूसरे शब्दों में कहें तो फासीवाद द्वारा आरोपित है। बेशक यह संगठन निरी बकवास है—यह पूँजीपति वर्ग के सबसे प्रतिक्रियावादी तबके का और आगे बढ़कर औचित्य सिद्ध करने और उसकी सत्ता को सुदृढ़ बनाने का एक खोल है। इसका परिणाम उत्पादन का और अधिक संगठन नहीं होता बल्कि होती है और अधिक अराजकता और अधिक तीखी होड़। आंतरिक रूप से यह अर्थव्यवस्था में बहुत गहरा विक्षोभ उत्पन्न करता है जिसका कारण है आवश्यक वस्तुओं और वेतन में आम गिरावट की कीमत पर आयुधों और ऐयाशी के उद्योगों की वृद्धि, और बाहरी तौर पर सीमाशुल्क और साम्राज्यवाद में वृद्धि तथा युद्ध की दिशा में एक आम ललक पैदा हो जाती है, जिससे भीतर और बाहर सभी ओर अराजकता बढ़ जाती है। एकमात्र सच्चा संगठन होता है सर्वहारा और निम्न बुर्ज्वा वर्गों की प्रतिक्रांतिकारी व्यूह रचना और मजदूर वर्ग के संगठनों का ध्वंस।

परंतु इतनी ही संभावना इस बात की रहती है कि दस्तकार नीचे का रास्ता अपनाए और उस स्थिति में उसके ऐसा करने की संभावना अधिक बढ़ जाती है जब औद्योगिक संकट का विकास और दूसरे देशों में फात्सीवाद की वस्तुगत मिसालें इसकी अपरिहार्यता को प्रकट करने लगती है। यह रास्ता है सर्वहारा के साथ मैत्री कायम करना और फैक्टरियों के भीतर उन अधिकारों—अर्थात उत्पादन के साधनों पर व्यक्तिगत स्वामित्व—को जो इसके रास्ते में रुकावट डालते हैं खत्म करके मजदूरों के संगठन को पूरे उत्पादन में फैलाना। चूँकि यह अधिकार मौजूदा समाज की वास्तविक शक्ति है अतः इसका अर्थ होता है पूँजीपतियों की सत्ता के स्थान पर मजदूरों की सत्ता स्थापित करना। दस्तकार जब यह चुनाव करता है तब उत्पादन में अपने प्रमुख स्थान, अपनी सुविधाजनक आय (जो कि उसे अधिक अवकाश और

सांस्कृतिक कार्यों के लिए अधिक अवसर प्रदान करती है) और अपने उत्तरदायित्व के अनुभव के कारण वह सर्वहारा का स्वाभाविक नेता बन जाता है न कि उसका सबसे दगाबाज शत्रु जैसा कि वह तब रहता है जब वह बुर्ज्वाजी का मित्र बना रहता है ।

यही वजह है कि इंग्लैंड में पिछले तीन वर्षों में उन्हीं दस्तकारों और निम्न बुर्ज्वा वर्ग में—अर्थात 'अभिजात श्रमिकों' में—एक क्रांतिकारी दृष्टिकोण का विकास हुआ है जिनमें पहले ऐसे सभी प्रतिक्रियावादी गुण पाए जाते थे जिनके कारण इस देश के दस्तकारों के संघ बदनाम थे और जर्मनी में उनके अनेक प्रवक्ताओं को फासी शासन का वास्तविक समर्थक बना रखा था । मजदूर यूनियनों के मसलों से परिचित कोई भी व्यक्ति यह जानता है कि जिस तरह पहले दस्तकारों के संघ और ऐसे दूसरे संघ जिनमें दस्तकारों का प्रभाव अधिक होता था आम मजदूर संघों का यह कहकर विरोध करते थे कि ये अधिक जुझारू और 'समाजवादी' हैं, उसी तरह आज ए.ई.यू., ई.टी.यू., ए.एस.एल.ई. ऐंड एफ., एम. ए. यू. डब्ल्यू. ऐंड सी. तथा एन.यू.सी. जैसे दस्तकारों के संघ और अर्ध-पेशेवर संघ जो कि अपने मजदूर यूनियन सम्मेलनों में और अपनी शाखाओं, महानगर परिषदों या जिला समितियों के जरिए जुझारू कार्रवाई पर जोर देते हैं और इनका विरोध आम यूनियनें यह कहकर करती हैं कि ये बहुत अतिवादी और 'कम्युनिस्ट' हैं । इसी तरह ऐसे दस्तकार जिनकी भाववादी वैचारिक अंतर्वस्तु के कारण उन्हें स्वयं बुर्ज्वा के बीच एक विशेष हैसियत मिल चुकी है जैसे डॉक्टर, वैज्ञानिक, वास्तुकार और अध्यापक—अब वाम की ओर मुड़ रहे हैं और बड़ी संख्या में कम्युनिस्ट पार्टी में भर्ती हो रहे हैं । ये उदारतावाद से बिना किसी बीच के भटकाव के सीधे लेबर पार्टी में पहुँचते जा रहे हैं ।

बुर्ज्वा भ्रम का यही अंतिम आंदोलन लोक मोर्चा 'पीपुल्स फ्रंट' के विकास में प्रतिबिंबित है जिसमें आधुनिक समाज की कौशलपरक अंतर्वस्तु को प्रस्तुत करनेवाले सभी उदारतावादी तत्त्व एक औपचारिक स्वरूप में लिखित मैत्री संबंध से अपने को सर्वहारा के नेतृत्व में ला रहे हैं और उस नेतृत्व की संभावनाओं को सीमित बना रहे हैं ।

अंग्रेजी कविता में यह बात इस तथ्य में प्रतिबिंबित होती है कि अंग्रेजी के कवि अति यथार्थवादी अराजकता में पूरी तरह प्रवेश किए बिना ही लगभग अति यथार्थवादी बिंदु से ठीक इससे उलटी दिशा में—एक साम्यवादी क्रांतिकारी रुख अपना रहे हैं जैसा कि आडेन, लेविस, स्पेंडर और लेमान ने अपनाया है । यह कहाँ तक सच्चे अर्थ में साम्यवादी रुख है और यह किस स्तर को प्रस्तुत करता है, इस पर विचार करना जरूरी है । पर इसे अगले अध्याय तक के लिए स्थगित रखा जाता है, क्योंकि इस आंदोलन के साथ बुर्ज्वा अंतर्विरोध अपने संश्लेषण की स्थिति में पहुँच जाता है । अब यह महज अपने उत्पादन की शक्तियों में ही क्रांति नहीं लाने लगता बल्कि अपने मानदंडों में भी क्रांति लाना आरंभ कर देता है, जिसके लिए अब उत्पादन की उन शक्तियों पर पाबंदी रख पाना असंभव हो जाता है, जिनकी सृष्टि इसके तनाव से हुई

है । यीद, रोलां, मालराक्स और आरागां के साथ फ्रांस में यह आंदोलन और आगे बढ़ता है जो आज एक ऐसी वर्दी पहने हुए हैं जिस पर कभी सभी फब्ती कसते थे । यहाँ अभी यह आरंभ ही हुआ है ।

हमने बुर्ज्वा अंग्रेजी कविता को प्रभावित करनेवाली सभी महत्त्वपूर्ण निर्णयकारी शक्तियों का संक्षिप्त सर्वेक्षण कर लिया है । अब उन सामाजिक और ऐतिहासिक आंदोलनों पर विचार करने की बात छोड़कर जो कवि की रुझान का निश्चय करते हैं और उस विशेष तनाव को उत्पन्न करते हैं जिनका समाधान कविता में हो सकता है, व्यक्तिगत सर्जना पर—अर्थात उस विशेष तरीके पर विचार करना जरूरी है जिसमें व्यक्ति इस बाहरी दबाव के प्रति अनुक्रिया करता है, और एक द्वंद्वात्मक प्रक्रिया से अपनी ही निसर्गजात ऊर्जा से इसे एक आंतरिक वेग प्रदान करता है । ऐसा करने से पहले हमें कविता के उन सामान्य तकनीकी लक्ष्यों का सर्वेक्षण करना होगा जो इस कार्य को अनुकूलित करती हैं ।

बुर्ज्वा कविता का आंदोलन

	सामान्य लक्षण	तकनीकी लक्षण
प्राथमिक संचय 1550-1600	एलिजाबेथ युग—मार्लो, शेक्सपियर । व्यक्तिवादिता की गतिशील शक्ति समस्त बाहरी रूपों को ध्वस्त करती हुई अपने को प्रतिफलित करती हुई कविता में व्यक्त होती है । इसका विशिष्ट नायक है सार्वजनिक जीवन में शानो-शौकत से भरपूर राजा । यह सार्वजनिक जीवन सामूहिक है और इसी के जरिए दूसरे व्यक्तित्व उसका निषेध किए बिना अपने को कृतार्थ कर सकते हैं ।	(क) आयंबिक रिद्म जो कि पुरानी दुनिया के बुर्ज्वा भ्रम के नायकोचित चरित्र को व्यक्त करता है, जिसे पूरे वैभव और स्वाभाविकता के साथ विकसित होने की छूट दी गई है । यह व्यक्तिगत इच्छा के मुक्त और असीम विकास को प्रकट करता है । यह सामूहिक है—भावुकता-पूर्ण संलाप के लिए सर्वथा अनुरूप है; उदात्त है—अर्थात शाही निर्देशों के लिए उपयुक्त है; लोचदार है-क्योंकि राजा का समूचा जीवन यहाँ तक कि उसके अंतरंग प्रसंग भी सहज खुलेपन के साथ जिया जाता है । (ख) गीत सामूहिक गायन

		के लिए उपयुक्त हैं (इनके चरण सादे होते हैं) पर साथ ही दरबारी (अलंकृत पदबंध) और परिमार्जित (पैनी गर्वोक्तियाँ)।
संक्रमण 1600-1625	जैकोबी युग—डन, हेरिक वान, हर्बर्ट, क्राशा। अब निरंकुश राजा भ्रष्टता पैदा करनेवाली एक शक्ति बन जाता है। और दरबार के शानदार सार्वजनिक जीवन से निजी अध्ययन कक्ष और देहात की ओर एक वापसी होती है।	प्यूरिटन (शुद्धतावादी) गीतों के बंधों को लेकर उन्हें दीर्घ और पांडित्यपूर्ण बना देता है। दरबारी कविता मर्मज्ञों की कविता बन जाती है जिसमें शब्दावली पर विशेष ध्यान दिया जाता है। मुक्त छंद (वेव्स्टर) वैभव के ह्रास को चित्रित करता है और इसमें इसकी उदात्तता का स्वर खत्म हो जाता है। अब गीत गेय नहीं रह जाता और दर्पोक्तियाँ प्रांजल और विचारोत्तेजक बन जाती हैं।
बुर्ज्वा विद्रोह 1625-1650	प्यूरिटन क्रांति—मिल्टन। बुर्ज्वा वर्ग अपने को इतना सशक्त अनुभव करता है कि यह राजतंत्र के विरुद्ध विद्रोह कर सके और 'जनता' की सहायता से स्टुअर्टों का उच्छेद कर सके। परंतु बुर्ज्वा स्वतंत्रता का यह अहसास खतरनाक साबित होता है। जनता इसकी भी माँग करती है और फिर तानाशाही आती है जो बुर्ज्वा वर्ग को किनारे डाल देती है और इसके बाद	नायकोचित बुर्ज्वा भ्रम पुरानी दुनिया को साथ लिए वापस आ जाता है; पर इसमें अधिक आत्म सजगता है और यह राजा की छवि में प्रक्षेपित नहीं है। नाटकीय न होकर यह वैयक्तिक है। दरबार के विरुद्ध प्यूरिटनों के विद्रोह से इसे एक खुला और पंडिताऊ शब्द भंडार मिलता है और इस सायास संयम की झलक अपेक्षाकृत अधिक कसी हुई लय में

	एक प्रतिक्रिया का दौर आता है। और फिर अपने को ही आदर्श माननेवाले क्रांतिकारी की सादगी (शैतान, सैक्सन, आगनिस्टस, रेगिस्तान में ईसा) पराजय के माहौल में लुप्त हो जाते हैं।	मिलती है।
शुद्धतावाद की जवाबी प्रतिक्रिया 1650-1688	पुनः प्रतिष्ठा (द रेस्टो-रेशन)— ड्राइडन, एर्कलिग, लवलेस। कविता अपने उदात्त भावों को भूल जाती है और छिद्रान्वेषी, संतुलित या औचित्यवादी हो जाती है। बुर्ज्वाजी वर्ग आम जनता से समझौता करता है, और राजा की वापसी तो होती है मगर निरंकुश राजा के रूप में नहीं। अब राजा 'औचित्य' के तहत है।	'आत्मा की हिंसा खतरनाक सिद्ध हुई थी अतः इसे संयत रखने के लिए औपचारिक नियम आरोपित किए जाते हैं। कविता वीर छंद (हीरोइक कपलेट) की सीमाओं में विचरती हुई समझौते के लिए अपनी तत्परता को प्रकट करती है। चूँकि बुर्ज्वाजी वर्ग अभिजात वर्ग से समझौता कर लेता है इसलिए दरबारी काव्य फिर प्रकट होता है और इसलिए एलिजाबेथ-कालीन गीति के सादे छंद और दरबारी रम्यता पंडिताऊ कविता की जटिलता को धता बता देती है। शब्दावली बोलचाल के अधिक निकट आ जाती है और अधिक सामाजिक हो जाती है।
वाणिज्यवाद और विनिर्माण का युग 1688-1750	अठारहवीं शताब्दी—पोप। श्रमिकों की कमी के कारण बुर्ज्वाजी कृषि पर निर्भर पूँजीपतियों (व्हिग अभिजातों)	अब बाह्य 'नियम' समझौते के रूप में नहीं बल्कि शैली के स्पष्ट और तर्कसंगत तत्त्व के रूप में स्वीकार कर लिए

	के साथ गठजोड़ बनाए रखता है ताकि यह उन नियमों और पाबंदियों को बरकरार रख सके जो श्रम की कीमत को घटाए रहते हैं और इसे विनिर्माण की अवस्था के विकास करने में समर्थ बनाते हैं। कविता रूपों और प्रतिबंधों, सुरुचि और उच्चवर्ग के लहजे के औचित्य और स्थायित्व में विश्वास प्रकट करती है।	जाते हैं। कविता आगस्टस कालीन प्रवृत्ति को अपना लेती है। इसकी शैली, वर्जन, परिष्कार में आदर्शीकरण और एक ऐसा विरोधाभास पाया जाता है जो स्वाभाविक समृद्धि को नियंत्रित करता है। शब्दावली रीतिवादी और अत्यंत सौष्ठपूर्ण हो जाती है।
औद्योगिक क्रांति और जैकबवाद-विरोधी प्रतिक्रिया 1750-1825	स्वच्छंदतावादी पुनरुत्थान —बायरन, कीट्स, शेली और वर्ड्सवर्थ। विनिर्माण से मशीनी शक्ति की दिशा में विकास दस्तकार वर्ग को सर्वहारा में बदल देता है, और अब वाणिज्यवादी पाबंदियाँ आवश्यक नहीं रह जातीं। जमींदार पूँजीपतियों और निम्न बुर्ज्वा वर्ग के बीच का समझौता अब खत्म हो जाता है क्योंकि बाजार के विस्तार तथा मशीनों के विकास से विनिर्माण अब देहातों का मोहताज नहीं रह जाता और औद्योगिक युग का उदय होता है जो राज्य की सर्वप्रमुख शक्ति बन जाता है। अब छोटी पूँजी को भी विस्तार की विशाल शक्ति मिल जाती है और बुर्ज्वाजी	कविता हृदय और भावना पर बल देती है और पुराने रूपों के विरुद्ध विद्रोह करती है। कविता एलिजाबेथ और जैकबकालीन छंदों और शब्दावली की ओर लौटती है और स्वाभाविक बोलचाल के साथ ही साथ बोलचाल के रूमानीकरण की भी माँग करती है। ऐसे शब्दों का बहुत बड़े पैमाने पर समावेश होता है जो अमूर्त धारणाओं को व्यक्त करते हैं। साथ ही साथ इंद्रियबोध, और भौतिकता से 'संपन्न' शब्द चलन में आ जाते हैं। ये दोनों मिलकर कविता की शब्दावली को वास्तविक जिंदगी से अलग कर देते हैं। लय जो कि एलिजाबेथकालीन कविता में भावुकतापूर्ण थी, जैकब-

वर्ग सत्ता में उन्मत्त हो जाता है। विनिर्माण के रूप उद्योग पर अंकुश के समान हैं। 'उदारतावादी' पूँजीपति जनता को स्वतंत्रता के नाम पर विशेषाधिकारों के विरुद्ध एक धर्मयुद्ध की ओर अग्रसर करता है। कविता आवेश और भावना से ओतप्रोत हो जाती है। एलिजाबेथकाल की व्यक्तिवादिता से इसका निकट संबंध दिखाई देता है। यह परंपरा के प्रति विद्रोह करती है, अधिक पूर्ण व स्वतंत्र जीवन की लालसा रखती है। परंतु फ्रांसीसी क्रांति में जनता के साथ बुर्ज्वाजी की मैत्री से सर्वहारा स्वतंत्रता की एक क्रांतिकारी माँग सामने आती है। में बुर्ज्वाजी वर्ग सहम उठता है, अपनी माँगों से पीछे हट जाता है, इसका जन-आधार खत्म हो जाता है और अपनी प्रतिक्रिया में यह बड़े जमींदारों के साथ समझौता करता है। कविता का मोह भंग हो जाता है और यह रोमांस की निजी दुनिया में अधिकाधिक प्रवेश करती जाती है। यह इस हद तक समझौता कर चुकी है कि घोर पाखंड या खोखली दिखावट के सिवाय यह कोई खासा सामाजिक यथार्थ नहीं

कालीन कविता में चिंतनपरक थी, प्यूरिटन काव्य में उदात्त थी, आगस्टसकालीन कविता सौष्ठवपूर्ण थी, स्वच्छंदतावादी कविता में सम्मोहनपूर्ण हो जाती है। कविता की तकनीक में बहुत अधिक प्रगति होती है।

	बन सकती। अब सभी कवि परिपक्व होने के साथ-साथ अपनी तरुणाई की कविता को धता बता जाते हैं।	
ब्रिटिश पूँजीवाद का ह्रास 1825-1900	विक्टोरियाकालीन कवि—टेनीसन, ब्राउनिंग, अर्नाल्ड, स्विनबर्न, रोजेटी, पैटमर, मारिस। पूँजीवादी संकट 1925 में आता है। कवि निराशावादी हो जाता है या जैसे-जैसे कवि पूँजीवादी उत्पादन की स्थितियों के कारण समाज से कटता जाता है वैसे ही वैसे वह अपनी एक निजी दुनिया में सिमटता चला जाता है।	उन्हीं तकनीकी साधनों को आमतौर पर अधिक प्रखर बनाया जाता है जिनकी खोज पिछले युग में की गई थी।
साम्राज्यवाद का युग 1900-1930	कला कला के लिए; पार्नेसियन, प्रतीकवाद, भविष्यवाद, अति यथार्थवाद—अतिशय यक्तिवाद, माल की जड़ पूजा और सामाजिक संबंधों पर नियंत्रण खोने के द्वारा कवि विद्रोह करता है। कविता सामाजिक जगत से लेकर पूरी तरह निजी जगत तक अनेक चरणों से गुजरती है। पूँजीवादी शर्तों के विरुद्ध यह विद्रोह अंततः अत्यंत शुद्धता से बुर्ज्वा उत्पादन के मानो को व्यक्त करता है। इस तरह यह अराजकता द्वारा	कला की दुनिया को समाज से पूरी तरह काटकर अलग करने का प्रयत्न। परिपाटी के विरुद्ध विद्रोह के रूप में कविता में सभी विशिष्टतः सामाजिक लक्षणों का निषेध। शब्दों का प्रयोग निरंतर व्यक्तिगत साहचर्यों के लिए किया जाता है। या तो लय मात्र का इसलिए निषेध किया जाता है कि यह जन्मतः सामाजिक है या इसका प्रयोग ऐसे साहचर्यों को व्यक्त करने के लिए जो अपनी गहनता के अनुपात में

स्वयं अपना ही निषेध करती है और बुर्ज्वा भ्रमों से बाहर निकलने को बाध्य हो जाती है। अब अंग्रेज पूँजीवाद की सुरक्षित अवस्था के कारण अंग्रेजी कविता शेष यूरोप की कविता के पीछे हो लेती है। विकास के लिए क्लासिक उदाहरण फ्रेंच कविता और (गौण रूप से) इतालवी, स्पेनिश और रूसी कविता बन जाती है। वाइल्ड, ईलियट, फ्लेचर और पाउंड का नामोल्लेख यहाँ किया जा सकता है।

विक्टोरिया - कालीन कविता सुरक्षित क्षेत्रों: ग्रामांचल (हार्डी, टामस और डेविस), आक्सफोर्ड और कैंब्रिज (हाउजमन, ब्रुक, स्क्वायर आदि) में बनी रह जाती है। महायुद्ध विकसित पूँजीवाद के असाध्य विरोध को व्यक्त करता है और प्रथम पूँजीवादी संकट के 100 वर्ष बाद अब आनेवाले आम आर्थिक संकट के साथ ही यह युग समाप्त हो जाता है।

व्यक्तिगत होंगे और इसलिए जिनमें अवचेतनता पाई जाती है, सम्मोहक रूप में किया जाता है। अंततः अति यथार्थवाद का सर्वथा मुक्त जगत आता है।

अध्याय 7

कविता के लक्षण

कविता से हमारा तात्पर्य आधुनिक कविता से है। कारण, न केवल हम अपने युग और समय की कविता की एक विशेष और गहरी समझ रखते हैं, बल्कि सभी युगों की कविता को हम अपने ही चश्मे से देखते हैं। आधुनिक कविता एक ऐसी कविता है जो कहानी से अलग हो चुकी है और इसने विकासशील बुर्ज्वा वर्ग की अपने परिवेश की चेतना की सापेक्षता में एक खास भूमिका निभाई है।

इस आधुनिक कविता—अच्छी आधुनिक कविता नहीं, बल्कि किसी भी आधुनिक कविता—के विशिष्ट लक्षण क्या हैं ? अनुकृति, जो कि यूनानी कविता का लक्षण था, बुर्ज्वा कविता का नहीं बल्कि बुर्ज्वा कहानी और नाटक का विशिष्ट लक्षण है।

जो गुण किसी विशेष साहित्यिक कृति को किसी संभ्रांत आधुनिक व्यक्ति के लिए कविता बनाते हैं, वे निम्न प्रकार हैं :

(क) कविता लयात्मक होती है

कविता की विशेष लय जो कि किसी भाषा की स्वाभाविक लय पर आरोपित-सी होती है, निम्न दो स्रोतों से आविर्भूत प्रतीत होती है :

1. यह भावावेशपूर्ण उक्तियों को सबके लिए आसान बना देती है और इसलिए कविता की सामूहिक प्रकृति पर बल देती है। यह उस सामाजिक साँचे की छाप है, जिसमें कविता का जन्म होता है। अतः लय की प्रकृति एक सूक्ष्म और संवेद्य रूप में कविता की निसर्गजात और मनोभावात्मक अंतर्वस्तु तथा उन सामाजिक संबंधों के बीच बड़े सटीक रूप में उस संतुलन को प्रकट करती है, जिसके माध्यम से आवेग सामूहिक रूप में संवेदित होते हैं। अतः समाज से व्यक्ति की अपनी सहज वृत्तियों के संबंध के विषय में उसके आत्म-मूल्यन में हुआ कोई परिवर्तन छंद और लय की उन परिपाटियों में प्रतिबिंबित होता है, जिनमें उसका जन्म होता है और जिन्हें एक कवि के रूप में वह एक या दूसरी दिशा में मोड़ता है।

बुर्ज्वा अंग्रेजी कविता के आंदोलन के दौरान छंदशास्त्रीय तकनीक में हुए परिवर्तनों का अध्ययन हम कर आए हैं। और यह स्पष्ट है कि 'मुक्त छंद' की दिशा में अंतिम आंदोलन सभी सामाजिक संबंधों का अंधनिषेध करते हुए उनका परित्याग करने के प्रयत्न को प्रतिबिंबित करता है क्योंकि मनुष्य अपने सामाजिक संबंधों पर अपना नियंत्रण पूरी तरह खो चुका है।

2. परंतु इससे हम कविता में बुर्ज्वा अंतर्विरोध के एक विशेष लक्षण पर आ पहुँचते हैं—यह है वह विशेष रीति जिसके द्वारा लय सामूहिक भावोद्‌गार और आवेग को सुगम बनाती है। शरीर में कुछ स्वाभाविक कालचक्र (हृदय की धड़कन, श्वास आदि) होते हैं जो बाहर की घटनाओं, आकस्मिक लक्षण और अहं के बीच एक भेद रेखा खींचते हैं और जिनसे हमें यह प्रतीत होता है कि हम समय को एक विशेष और प्रत्यक्ष रीति से आत्मगत रूप में अनुभव करते हैं। अतः कोई भी लयात्मक गति या क्रिया हमारे चेतन के क्षेत्र के शारीरिक घटकों को पर्यावरण की कीमत पर उन्मेषित करती है। यह एक खास किस्म की अंतर्मुखता पैदा करती है जिसे मैं मनोभावात्मक अंतर्मुखता कहूँगा और इसे तर्कग्राह्य अंतर्मुखता के मुकाबले रखूँगा जो कि तब घटित होती है जब हम किसी गणितीय समस्या पर ध्यान केंद्रित करते हैं। वहाँ पर लय बेमौके की चीज होगी।

लय के कारण सामूहिक उत्सवों में लोग शारीरिक और आवेगात्मक दोनों दृष्टियों से एक खास ढंग से एक-दूसरे के संपर्क में आ जाते हैं। वे एक-दूसरे के भीतर झाँक लेते हैं। परंतु यह वैसी सहभागिता नहीं है जो अपेक्षित होती है। इसके विपरीत जब वे इतनी स्पष्टता से एक-दूसरे को देख नहीं पाते, जब प्रत्येक व्यक्ति अपने भीतर लौट जाता है, जब वह उसी शारीरिक और आदिम स्पंदन के सहभागी होते हैं तब उन सभी में एक खास तरह की यूवासुलभ सहभागिता होती है जो कि एक-दूसरे को एक ही वास्तविक जगत के प्रत्यक्षानुभव में झाँकनेवाली सहभागिता से भिन्न होती है। यह सचेत सहभागिता के विपरीत सहज सहभागिता होती है; वस्तुगत ऐक्य के विपरीत आत्मगत ऐक्य होता है। आवेगात्मक अंतर्मुखता में लोग अपने जीनोटाइप (वंशजात) की ओर, प्रत्येक मनुष्य में कम या अधिक पाई जानेवाली सहज वृत्तियों की ओर लौट जाते हैं, जो जीवन के क्रम में बाह्‌य वास्तविकता द्वारा परिवर्तित और अनुकूलित होती है।

आवेगात्मक अंतर्मुखता स्वतः एक सामाजिक क्रिया है। चूँकि सभी मनुष्यों में वे सहज वृत्तियाँ होती हैं इसलिए समाज एक सुसंबद्ध कार्यरत समूह के रूप में एक साथ जुड़ा होता है। जिन उत्पादन संबंधों में किसी व्यक्ति का जन्म होता है, जिस परिवेश में वह प्रवेश करता है, वे उसकी चेतना को सामाजिक साँचे में ढालते हैं और इन्हीं से किसी समाज की संबद्धता भी हासिल होती है। यह सच है कि वे ही दो वंशजात जिनमें से एक का जन्म आदिम आस्ट्रेलियाई संस्कृति में और दूसरे का

आधुनिक यूरोपीय संस्कृति में हुआ है, परस्पर भिन्न होंगे और यदि बाद में इन्हें एकत्र कर दिया जाए तो ये एक सामाजिक तंत्र नहीं बना पाएँगे। परंतु एक ही संस्कृति में उत्पन्न एक बंदर और मनुष्य अपने समान परिवेश के बावजूद परस्पर भिन्न होंगे और ये भी एक ही तंत्र की रचना नहीं कर सकेंगे। मूल प्रवृत्ति और सांस्कृतिक पर्यावरण के बीच यह अंतर्विरोध समाज में नितांत प्राथमिक है। हम इसके जिस विशिष्ट रूप का विश्लेषण करते रहे हैं, वह जैसे पूँजीवादी समाज के विकास को आगे बढ़ाता रहता है, उसी तरह यह आम अंतर्विरोध समूचे समाज के विकास को आगे बढ़ाता रहता है। भाषा में यह अंतर्विरोध शब्दों द्वारा व्यक्त तर्क ग्राह्य अंतर्वस्तु अथवा वस्तुगत अस्तित्व तथा उन्हीं शब्दों द्वारा व्यक्त आवेगात्मक अंतर्वस्तु अथवा आत्मगत अस्तित्व के बीच के विरोध द्वारा प्रस्तुत होता है। इन दोनों को सर्वथा अलग कर पाना असंभव है क्योंकि ये उस ढंग में ही निहित होते हैं जिसके द्वारा भाषा का जन्म होता है—अर्थात ये प्रकृति के साथ मनुष्य के संघर्ष में ही निहित होते हैं। परंतु विज्ञान (अथवा यथार्थ) परिमेय अंतर्वस्तु का क्षेत्र है और कविता (या भ्रम) आवेगात्मक अंतर्वस्तु का क्षेत्र। अतः किसी न किसी रूप में कविता समाज के लिए उतनी ही चिरंतन है जितना प्रकृति के साथ मनुष्य का संघर्ष। आर्थिक उत्पादन के क्षेत्र में साहचर्य इस संघर्ष का ही परिणाम है।

स्वयं कविता में यह एक ऐसा रूप ले लेता है जिसमें व्यक्ति अपने आप में सिमटते हुए अपने साथी मनुष्यों के साथ आवेगात्मक सहभागिता कायम करता है। अतः जब बुर्ज्वा कवि यह सोचता है कि वह अपने अंतरतम में एक कलाजगत में प्रवेश करता हुआ अपनी निजता को अभिव्यक्त कर रहा है और यथार्थ से पलायन कर रहा है, तो वह वास्तव में महज सामाजिक जगत के परिमेय यथार्थ से आवेगात्मक सार्वजनीनता के सामाजिक जगत की ओर भाग रहा होता है। जब बुर्ज्वा कवि (जैसा कि वह सोचता है) अ-सामाजिक बन जाता है और 'कला कला के लिए' की दुनिया के लिए पूर्णतः समर्पित हो जाता है, तो उसकी लय अधिकाधिक प्रखर और सम्मोहनकारी रूप में तंद्रिल हो जाती है जैसा कि मलार्मे की 'ल आप्रेस्मिदि द उन फाउने' और अपोलिनेर की 'आल्कूल्स' में देखने में आता है। जब बुर्ज्वा ऐसे अराजक चरण में पहुँच जाता है, जहाँ वह समस्त बुर्ज्वा समाज का निषेध करता है और आयासपूर्वक केवल उन्हीं शब्दों का चुनाव करता है जिनमें केवल व्यक्तिगत साहचर्य निहित होते हैं, तभी जाकर लय के तिरोहित होने की संभावना पैदा होती है, क्योंकि अब कवि अन्य मनुष्यों में पाई जानेवाली सामान्य सहज वृत्तियों के सामाजिक बंधन सूत्र से भी खौफ खाने लगता है और इसलिए केवल उन्हीं शब्दों का चुनाव करता है जिनमें एक मानसिक विचित्रता हो। यदि वह ऐसे शब्दों का चुनाव करता है, जिनमें आवेगात्मक साहचर्य अत्यधिक प्रबल होते हैं तो एक सशक्त लय के सम्मोहन के साथ मिलकर ये मानवीय सहज वृत्तियों

के उस तल में उतर जाएँगे, जो सब में पाया जाता है। यही कारण है कि अति यथार्थवादी ऐसे शब्द-संयोजनों का चुनाव करते हैं जिनके विलक्षण साहचर्य व्यक्तिगत तो होते हैं, पर आवेगात्मक न होकर बोधगम्य होते हैं। अंतिम बात यह कि ऐसा करना उसी दिशा में संभव है जब कि भाषा और अर्थप्रतीति से बिलकुल अलग हो जाया जाए, क्योंकि चेतना की समस्त अंतर्वस्तुओं का आधार आनुवंशिकता और पर्यावरण दोनों ही दृष्टियों से सामाजिक होता है।

अतः यद्यपि लय कविता की एक बुनियादी शर्त है, फिर भी इसे किसी ऐसे सरल सूत्र से खारिज नहीं किया जा सकता कि 'लय में सम्मोहकता होती है और यह मूर्च्छना पैदा करती है', या यह कि 'छंदबद्धता सामाजिक मानदंडों की अभिव्यक्ति करती है।' लय का महत्त्व ऐतिहासिक है और किसी निश्चित काल में यह इस बात पर निर्भर करती है कि समाज के मूलभूत अंतर्विरोध भाषा में कहाँ तक उद्घाटित होते हैं।

(ख) कविता का अनुवाद कठिन है

कविता की सर्वमान्य विशेषताओं में से एक यह है कि अनुवाद मूल कविता से जाग्रत होनेवाले विशिष्ट आवेगों को शायद ही संप्रेषित कर पाता है। इस बात की पुष्टि कोई भी ऐसा व्यक्ति कर सकता है जिसने कोई अनुवाद पढ़ने के बाद मूल कविता की भाषा को सीखा है। छंद की पुनरुद्भावना की जा सकती है। जिसे हम 'भाव' कहते हैं उसका बिलकुल सही अनुवाद हो सकता है, परंतु कविता का विशिष्ट आवेग हवा हो जाता है। जब अनुवाद अच्छी कविता होते हैं, जैसा कि फिट्जेराल्ड की रुबाइयाँ या पोप का इलियड, तो वस्तुतः ये पुनर्सर्जना होते हैं। इनसे जो काव्यात्मक आवेग जाग्रत होता है, वह मूल कविता द्वारा जाग्रत होनेवाले आवेग से शायद ही बहुत अधिक साम्य रखता हो।

इसका श्रेय हम कविता के किसी रहस्यमय अलौकिक गुण को नहीं दे सकते। ऐसा हो भी सकता है और नहीं भी। यह श्लेषों का एक विशेष लक्षण है। कोई व्यक्ति निश्चय ही यह दावा नहीं कर सकता कि युद्ध और शांति (वार ऐंड पीस) तथा महामूर्ख (द ईडियट) जैसे महान उपन्यासों के अनुवाद से पाठकों को वह सबकुछ हासिल हो जाता है जो मूल में है। परंतु अनुवाद तक में इन कृतियों की असाधारण शक्ति की तुलना जब हम, 'इनफर्नो' या 'ओडेसी' के अनुवादों से करते हैं तो हम इस बात का दावा कर सकते हैं कि उपन्यास के महत्त्वपूर्ण कलात्मक गुण अनुवाद में भी इस हद तक बने रह जाते हैं जितने कविता के अनुवाद में नहीं बने रहते। निश्चय ही ऐसा रीतिगत छंदबंध के स्थानांतरण की कठिनाई के कारण नहीं है। इसके विपरीत—एक मुद्दा जिसकी अक्सर उपेक्षा कर दी जाती है—फ्रेंच कविता के रीतिगत छंदबंध को उससे अधिक आसानी से अंग्रेजी पद्यानुवाद में

उतारा जा सकता है जितना अंग्रेजी गद्यानुवाद में फ्रेंच की बलाघात रहित मौखिक लय को पुनरुज्जीवित रखा जा सकता है। इसके बावजूद आलोचक किसी विदेशी कवि का क्षीण आभास पाने के लिए छंदोबद्ध अनुवाद की तुलना में शब्दशः गद्यानुवाद को अधिक वरीयता देंगे।

(ग) कविता अतर्क्य होती है

इसका यह अर्थ नहीं कि कविता असंगत या अर्थहीन होती है। कविता व्याकरण के नियमों का पालन करती है और आमतौर पर इसका भावानुवाद किया जा सकता है, अर्थात उसी या किसी अन्य भाषा में गद्य रूप में उस उक्ति शृंखला को बयान किया जा सकता है जिनसे यह निर्मित होती है। परंतु जहाँ स्पिनोजा के दर्शन की व्याख्या यदि कोई शिष्य करे तो भी यह स्पिनोजा का दर्शन बना रहता है और ताल्स्ताय का कोई उपन्यास अनुवाद के बाद भी ताल्स्ताय का उपन्यास बना रहता है, और परीकथा चाहे कोई भी इसे क्यों न सुनाए, परीकथा बनी रहती है, वहाँ किसी कविता के भावानुवाद में यद्यपि मूल की ही बात कही जाती है, परंतु यह वही कविता नहीं रह जाती—संभवतः यह कविता तक नहीं रह जाती। तर्क्य से हमारा आशय है कि यह उन क्रम-व्यवस्थाओं से मेल खाता है जिसे पर्यावरण में देखकर लोग उनसे सहमत होते हैं। इस दृष्टि से वैज्ञानिक दलील तर्क्य होती है पर कविता नहीं। खैर, हम पहले ही यह देख आए हैं कि भाषा में एक सर्वगम्यता या सामाजिक सादृश्य भी होता है जिसे पर्यावरण के सादृश्य से अलग किया जा सकता है। यह आवेगात्मक या आत्मगत सादृश्य है। इसे हम 'आंतरिक यथार्थ से सादृश्य' कहेंगे। हम यह भी देख आए हैं कि कविता का यह लक्षण लयात्मक रूप से जुड़ा हुआ है। अतः जाहिर है कि जहाँ तक परिवेशगत सादृश्य का प्रश्न है कविता अतर्क्य होती है क्योंकि जहाँ तक आवेगात्मक सादृश्य का प्रश्न है यह तर्क्य होता है, और इन दोनों सादृश्यों के बीच एक अंतर्विरोध है। यह अंतर्विरोध एक-दूसरे का परिहार नहीं करता। ये भाषा में इसलिए परस्पर अंतर्व्याप्त होते हैं क्योंकि जीवन में भी ये परस्पर अंतर्व्याप्त होते हैं। कविता वास्तव में मनुष्य के आवेगों और उसके पर्यावरण के बीच उस अंतर्विरोध की अभिव्यक्ति है, जो प्रकृति के साथ मनुष्य के संघर्ष का बहुत ही वास्तविक और ठोस रूप ले लेता है। चूँकि कविता इस संघर्ष की ही उपज है अतः यह ऐतिहासिक विकास के प्रत्येक चरण से अपने क्षेत्र में अपने पर्यावरण के साथ मनुष्य के सक्रिय संबंध को प्रतिबिंबित करती है।

आयन का जो उद्धरण हम पहले दे आए हैं, उसमें प्लेटो ने कविता की इसी विशेष अतर्क्यता का हवाला दिया है। शेली ने जब कहा था, 'कविता एक ऐसी चीज है जो मस्तिष्क की सक्रिय शक्तियों के अधीन नहीं है' तो उसका आशय यही था।

(घ) कविता शब्द-रचित होती है

यह बात बहुत मामूली-सी प्रतीत हो सकती है, लेकिन यदि किसी बात को लगभग सभी कालों और अवसरों पर उन लोगों द्वारा भुला दिया जाए जिन्हें इसे जानना चाहिए तो कोई भी बात मामूली नहीं हो सकती। उदाहरण के लिए मैथ्यू अर्नाल्ड कहते हैं, 'कविता के लिए विचार ही सबकुछ है। जो कुछ बच रहता है वह भ्रम की, दिव्य भ्रम की एक दुनिया है। कविता अपने आवेगों को विचारों से जोड़ती है, विचार ही तथ्य है। हमारे आज के धर्म का सबसे सशक्त हिस्सा इसका अवचेतन काव्य है।'

हम जानते हैं कि अंतिम वाक्य एक वास्तविक सत्ता को तोड़-मरोड़कर पेश करता है। परंतु पहले दो वाक्यों को इस तरह ढाला गया है कि इनके वास्तविक अर्थ को पकड़ पाना कठिन है यद्यपि अगले अध्यायों से पता चलेगा कि एक अच्छा शिल्पी होने के नाते अर्नाल्ड कविता के एक महत्त्वपूर्ण पहलू की ओर संकेत कर रहा था।

शेली इसी तरह की शिथिल भाषा का प्रयोग करता है : "भाषा, रंग, रूप, धर्म और क्रिया की नागरिक आदतें, ये सभी कविता के उपकरण और उपादान हैं; यदि परिणाम को कारण का समानार्थी माना जा सकता है तो इन्हें भी उतने ही औचित्य से कविता कहा जा सकता है।"

इस शिथिलता के नीचे यह सत्य छिपा है कि कविता की सर्जना समाज में मनुष्य के वास्तविक अस्तित्व द्वारा होती है।

वह यह भी कहता है : "कवियों और गद्य लेखकों के बीच फर्क करना एक भोंडी भूल है...प्लेटो तात्विक रूप में एक कवि था। लार्ड बेकन एक कवि था। ...कविता बाह्य सत्य में अभिव्यक्त जीवन का ही बिंब है। ..."

यहाँ वह एक ऐसी शिथिलता के साथ अपनी बात कहता है जो किसी चीज को छिपाती नहीं। बेकन कवि नहीं था। ये अत्युक्तियाँ एक ऐसे काल में कविता का औचित्य सिद्ध करने के प्रयास में की गई हैं जब विकासोन्मुख बुर्ज्वा अर्थव्यवस्था द्वारा 'ग्राम्य संबंधों' का सफाया होना शुरू हो गया था जिससे कवि में एक हीन भावना पैदा होने लगी थी।

मलार्मे ने अपने चित्रकार मित्र को जो सलाह दी थी वह सर्वविदित है, 'कविता विचारों से नहीं शब्दों से रची जाती है।' वह हमारे धनात्मक लक्षण में एक नकारात्मक लक्षण ला जोड़ती है, जिसका समर्थन हम नहीं कर सकते। कविता निश्चित रूप से विचार अर्थात स्मृति-बिंब उत्पन्न करती है, अन्यथा यह निरी ध्वनि मात्र रह जाएगी। इसलिए यहाँ हम केवल इस प्रतिज्ञा तक ही अपने को सीमित रखेंगे कि कविता शब्दों से रची जाती है।

पाठक यह देख सकते हैं कि यह लक्षण वस्तुतः इस पूर्वोक्त लक्षण से उत्पन्न होता है कि 'कविता का अनुवाद करना कठिन है।' कारण, यदि कविता केवल भावना से लिखी जाती, अर्थात श्रोताओं में केवल भावनाएँ जगाने के लिए लिखी जाती तो दूसरी भाषाओं में से ऐसे शब्दों का चुनाव करके जो उन्हीं भावनाओं को जाग्रत करेंगे, इसका अनुवाद किया जा सकता था। चूँकि ऐसा नहीं किया जा सकता, अतः शब्द के रूप में शब्द में उससे अतिरिक्त कोई घटक होता है, जो भावना को जाग्रत करता है। अतः हम कह सकते हैं कि कविता शब्दों द्वारा एक ऐसे ढंग से लिखी जाती है जिस ढंग से उपन्यास नहीं लिखा जाता। इसके ध्वनि-प्रतीक में या मुद्रित रूप में जो वस्तुगत रूप में एक शब्द है, अर्थ से अलग एक विशेष जादू आ जुड़ता है। वास्तव में शब्द भावों से अलग इस ढंग की एक प्रभावकारी दीप्ति उद्दीपित करते हैं, जिसे अनुवाद में नहीं उतारा जा सकता।

(ङ) कविता गैर-प्रतीकात्मक होती है

यहाँ हम पर यह दोष नहीं लगाया जाएगा कि यह एक जानी-मानी बात है। इसके विपरीत यह इसका निषेध है, क्योंकि कविता के विषय में रस्मी भाववादी धारणा यह है कि यह अस्पष्ट रूप में प्रतीकात्मक होती है। फिर भी इस तथ्य से कि कविता अतार्किक होती है, अनिवार्य रूप से यह निष्कर्ष निकलता है कि यह गैर-प्रतीकात्मक होती है।

जब हम कहते हैं कि शब्द प्रतीकात्मक होते हैं, अर्थात प्रतीक के अतिरिक्त और कुछ नहीं होते तो हमारा आशय क्या होता है? हमारा आशय होता है कि शब्द अपने आप में कुछ नहीं होते, हमारी इनमें कोई दिलचस्पी नहीं होती, बल्कि हमारी दिलचस्पी उस चीज में होती है जिसका संकेत वे देते हैं।[1] परंतु जब एक गणितज्ञ लिखता है कि आठ धन नौ सत्रह होते हैं, तो उसकी दिलचस्पी शब्दों में नहीं बल्कि अनुभवात्मक यथार्थ में पेश आनेवाले कतिपय सामान्यीकृत वर्गों की क्रमव्यवस्था में होती है। चूँकि वह जिन शब्दों का प्रयोग करता है, वे प्रतीकात्मक होते हैं, अर्थात व्यक्तिगत अर्थवत्ता से शून्य होते हैं, अतः शब्द चाहे जो भी प्रयोग में लाए जाएँ, वाक्य की ठीक वही संगति रहेगी। उदाहरण के लिए फ्रेंच, जर्मन या इतालियन में एक गणितज्ञ के लिए ऊपर संदर्भित क्रमव्यवस्था ठीक एक-जैसी ही रहेगी, यद्यपि इन्हें भिन्न-भिन्न शब्दों में वर्णित किया जाएगा, क्योंकि शब्द स्वयं वास्तविक गणितीय व्यवस्था में संक्रिया के लिए प्रयुक्त होनेवाले इच्छाधीन परिपाटी समझे जाएँगे। यदि वाक्य को अनूदित करके $8 + 9 = 17$ किया जाए तो

1. शब्दों की इस सांकेतिक प्रकृति पर बहुत अच्छी चर्चा आडगेन और रिचर्ड की कृति 'मीनिंग आफ मीनिंग, में पाई जाती है।

गणितीय दृष्टि से वाक्य ठीक उतना ही पर्याप्त रहेगा। वास्तव में हम इससे भी आगे जा सकते हैं और यदि कल के गणितज्ञ एक ऐसी परिपाटी पर सहमत हो जाएँ जिसके द्वारा 8 की जगह 9 और 9 की जगह 8 और 17 की जगह 23, धन चिह्न का स्थान ऋण चिह्न और समान चिह्न का स्थान 'से बड़ा है' का चिह्न ले लें तो यह वाक्य 9–8 > 23 उन प्रयोगाश्रित संक्रियाओं की, जिसे प्रतीकात्मक रूप में 8 + 9 = 17 द्वारा व्यक्त किया जाता है, बिलकुल सटीक अभिव्यक्ति होगा। परंतु यदि कल हम सभी शब्दों को खत्म कर दें और शब्दकोश के प्रत्येक शब्द के लिए एक निजी संख्या निर्धारित कर दें तो हैमलेट के भाषण की काव्यात्मक अंतर्वस्तु की अभिव्यक्ति संस्थाओं की उस माला द्वारा नहीं हो सकेगी। इसे प्राप्त करने के लिए हमें इन संख्याओं को मानसिक रूप में मूल शब्दों में अनूदित करना होगा।

अतः गणित की प्रतीक-भाषा की अतिशय अनुवादिता, जिसके कारण ही गणित की एक सार्वभौम भाषा का विकास संभव हो पाया है, अप्रतीकात्मक कविता की अननुवादिता के ठीक विपरीत है। यह सार्वभौम गणितीय भाषा तर्कप्रधान अथवा प्रतीकात्मक तर्क[1] है।

जिस सीमा तक कवित्व को अनुवाद में उतारा जा सकता है, उस सीमा तक कविता में प्रतीकात्मकता का तत्त्व भी होता है।

परंतु हम यह भी देख आए हैं कि यद्यपि कविता में तर्क्य सादृश्य की कमी होती है; परंतु चूँकि यह आवेगात्मक सादृश्य से भरपूर है इसलिए, यद्यपि इसमें बाह्य प्रतीकात्मकता की—बाह्य वस्तुओं के संदर्भों की—कमी होती है पर यह आंतरिक प्रतीकात्मकता से—आवेगात्मक मनोवृत्तियों के संदर्भों से—भरपूर होती है। अतः प्रत्येक वास्तविक शब्द एक बाह्य सूच्य-वस्तु और एक आत्मगत मनोवृत्ति दोनों को ही प्रकट करता है। इसलिए वैज्ञानिक तर्क में कोई मूल्य-निर्णय निहित होता है, इसे अलग कर पाना असंभव होता है। इन निर्णयों को केवल प्रतीकात्मक तर्क में अलग किया जाता है। कविता में बाह्य वस्तुओं का कुछ हवाला होता है। इन्हें पृथक करने के बाद इसका कविता रह पाना असंभव होता है।

यदि समस्त बाह्य संदर्भ उसी तरह पृथक कर दिए जाएँ जैसे वैज्ञानिक तर्क से समस्त मूल्य-निर्णय अलग करके इसे प्रतीकात्मक तर्क बना दिया जाता है तो कविता क्या बन जाएगी ? कविता 'अर्थशून्य' ध्वनि बन जाएगी, परंतु ऐसी ध्वनि जो आवेगात्मक संदर्भों—दूसरे शब्दों में कहें तो संगीत—से भरपूर रहेगी, और संगीत प्रतीकात्मक तर्क की भाँति अनुवाद्य और सार्वभौम होता है। अतः हम देखते हैं कि संदर्भ और आवेग का मिश्रण, जो कि कविता का विशेष लक्षण है, मिलावट

1. इसका आविष्कार पीनो ने और विकास रसेल तथा ह्वाइटहेड ने किया। देखें, प्रिंसिपिया मैथमेटिका। इसके आविष्कारकों की आशाएँ पूरी नहीं हुईं।

नहीं है, बल्कि यह सहजबोध और पर्यावरणगत दो विरोधी छोरों के बीच द्वंद्वात्मक संबंध को व्यक्त करता है। यह एक ऐसा संबंध है जो ठोस सामाजिक जीवन—अंग्रेजी, फ्रेंच या यूनानी—की वास्तविकता में मूलबद्ध है। कविता जमा हुआ सामाजिक इतिहास है, प्रकृति के साथ मनुष्य के संघर्ष का आवेगात्मक स्वेद है।

(च) कविता ठोस होती है

यह एक धनात्मक पक्ष है जो पूर्ववर्ती ऋणात्मक पक्ष की पूर्ति करता है। परंतु स्वतः ठोसता प्रतीकात्मकता का विलोम नहीं है। उदाहरण के लिए एक प्रतीकात्मक भाषा विशेष के लिए सामान्य को अस्वीकार करके ठोस के निकट पहुँच सकती है। गणित बीजगणित की तुलना में अधिक ठोस होता है, क्योंकि इसके प्रतीक अपेक्षाकृत कम सामान्यीकृत होते हैं। यदि कोई ऐसा गणितीय चिह्न हो जिसमें दो का अर्थ दो ईंटें हो और दो घोड़ों, दो मनुष्यों आदि के लिए कोई और चिह्न हो तो जाहिर है कि गणित की विद्यमान प्रतीकात्मकता से वह अधिक ठोस होगी, परंतु इससे यह कम प्रतीकात्मक नहीं हो जाएगी, क्योंकि यह तब भी उतनी ही रूढ़ होगी और इसके चिह्नों के स्थान पर उतनी ही आसानी से दूसरे इच्छित चिह्न प्रयोग में लाए जा सकेंगे। परंतु यह बात साफ है कि कोई प्रतीकात्मक भाषा जितनी ही अधिक ठोस होती जाती है, उतनी ही बोझिल होती जाती है। चूँकि कोई दो व्यक्ति सर्वथा एक-जैसे नहीं होते, इसलिए पूर्णतः ठोस प्रतीकात्मक भाषा में व्यक्तियों के प्रत्येक सभव जोड़े के लिए अलग-अलग प्रतीकों की आवश्यकता होगी।

गणित की सामान्यता बाह्य यथार्थ की सामान्यता है; इसलिए गणित की विशिष्टता भी बाह्य यथार्थ की विशिष्टता होगी, और चूँकि बाह्य यथार्थों की संख्या अनंत है, इसलिए गणित का सामान्यीकृत होना आवश्यक है। चूँकि यह सबसे अधिक सामान्यीकृत है, इसलिए बाह्य यथार्थ का विवेचन करने की दृष्टि से यह सबसे लचीला औजार है। चूँकि वह केवल क्रम-योजना अर्थात वर्गों का ही विवेचन करती है इसलिए यह विश्व की अनंत विशिष्टताओं का अतिक्रमण कर सकती है। यह संयोग मात्र नहीं है कि गणित में अनंतता इतनी प्रचुरता से देखने में आती है।

कविता की तुलना कीजिए। उसका क्षेत्र है आत्मगत मनोवृत्तियों का। यहाँ चेतन क्षेत्र वास्तविक वस्तुओं का और उनके प्रति आत्मगत मनोवृत्तियों का है। इन वास्तविक वस्तुओं की नितांत सामान्य रूप में क्रम-योजना करके गणित एक ही प्रतीक में अनंतता पर पहुँच जाता है, जो समस्त बाह्य यथार्थ को इसकी पकड़ में ला देता है। परंतु यदि कविता इन सभी आत्मगत रुझानों को नितांत

सामान्यीकृत रूप में व्यवस्थित करे तो यह अहं पर, मात्र एक प्रतीक पर पहुँचती है जो समस्त आत्मगत यथार्थ को इसकी पकड़ में ला देता है ।

वास्तव में जिस प्रकार बाह्य यथार्थ के संबंध में गणित अमूर्त और सामान्यीकृत होता है, उस प्रकार आत्मगत (विषयगत) यथार्थ के संबंध में कविता नहीं बल्कि संगीत अमूर्त और सामान्यीकृत होता है । संगीत में पर्यावरण तिरोहित हो जाता है, अहं स्फीत हो जाता है और सारा नाटक इसी की परिधि में होता है । गणित बाह्य रूप में अमूर्त और सामान्यीकृत है; संगीत आंतरिक रूप में ऐसा है ।

परंतु कविता वैज्ञानिक तर्क की तरह होती है । यह अपमिश्रित होती है । इसके आवेग यथार्थ वस्तुओं से संबद्ध होते हैं और इससे इनमें एक खास विशिष्टता आ जाती है । अहं के आलोकवृत्त में यथार्थ मँडराता रहता है । इसका अर्थ यह है कि कविता भी उसी तरह मूर्त और विशेषीकृत होती है जैसे वैज्ञानिक तर्क होता है, यद्यपि प्रत्येक मामले में मूर्तन और सामान्यता यथार्थ के दो भिन्न लोकों से संबंध रखते हैं ।

उदाहरण के लिए जब कवि कहता है :

मेरा प्यार एक लाल, लाल गुलाब है

तो भाषा गैर-प्रतीकात्मक होती है, क्योंकि किसी भी रूढ़ मान्यता के अनुसार इसका भावानुवाद 'मेरी प्रेमिका गुलाब प्रजाति के लाल किस्म की एक फूल है' रूप में नहीं किया जा सकता जो कि मूल में व्यक्त कवि में काव्यात्मक आवेग की रक्षा कर सके । यह पंक्ति गैर-प्रतीकात्मक है । इसलिए यह नहीं माना जा सकता कि इसे मूर्त होना ही चाहिए । परंतु यदि यह मूर्त नहीं है तो यह कथन अपने वर्तमान रूप में सामान्यतः बिलकुल सच होगा । अर्थात, यदि वह अमूर्त न होता तो यह एक विशिष्ट मामला नहीं होता, एक विशेष प्रेम, एक विशेष मनोदशा, एक विशेष क्षण, एक विशेष व्यक्ति के विषय में कवि के लिए सर्वथा उपयुक्त उक्ति न होती, बल्कि एक नितांत सामान्य उक्ति होती, ताकि वक्ता 'मेरा प्यार' से चाहे जो भी अर्थ निकालता, उसके मस्तिष्क में एक सर्वथा निश्चित तथ्य के रूप में यह बात अनिवार्य रूप से होती कि वह 'एक लाल, लाल गुलाब-सी है ।'

परंतु चूँकि कविता अमूर्त नहीं बल्कि एक मूर्त प्रतीकात्मक भाषा होती है इसलिए हम अगली कविता लिखते समय यह कहने का अधिकार रखते हैं कि

मेरा प्यार है सफेद, सफेद गुलाब

या

यदि फूल सिर्फ मुकुल हों तो मेरा प्यार गुलाब नहीं है

परंतु एक अमूर्त गैर-प्रतीकात्मक भाषा में हमने पहले जो कविता बनाई, उससे भिन्न किसी कविता में, अर्थात किसी दूसरी भाषा में, हमें केवल यही बात कहने का

अधिकार होगा। इस मुद्दे को गलत समझ लेने के कारण ही प्लेटो सभी कवियों को मिथ्यावादी करार देते हैं और इसको समझ लेने के कारण ही सिडनी इस बात का विवेचन करते हुए कि कवि 'मिथ्यावादी नहीं होता, क्योंकि वह किसी बात की पुष्टि नहीं करता' उसका उत्तर देने में समर्थ होते हैं।

अतः कविता के आत्मगत सामान्यीकरण का यह मूर्त चरित्र ही वह चीज है जिसके कारण हम अनिवार्य रूप से कविता के भ्रम से अर्ध सहमत हो जाते हैं—इसकी उक्तियों को उस समय भी स्वीकार करते हैं जब हम इसके कल्पनाप्रसूत जगत में होते हैं परंतु इस बात की माँग नहीं करते कि उपन्यासों और कविताओं की सभी उक्तियों से एक ऐसा संसार बने जिसमें निराकरण और अंतर्विरोध के सिद्धांत उसी तरह लागू हों, जैसे वे वास्तविक भौतिक जगत में लागू होते हैं। इसका यह अर्थ नहीं कि उपन्यासों और कविताओं के बीच किसी तरह की एकान्विति आवश्यक ही नहीं है। यह एकान्विति ही तो सौंदर्यशास्त्र का क्षेत्र है। सौंदर्यशास्त्र का यह सारभूत दायित्व है कि वह हेरिक को मिल्टन से नीचे रखे और शेक्सपियर को इन दोनों से ऊपर स्थान दे, और काफी विस्तार से इस बात की व्याख्या करे कि इनमें फर्क क्यों है और कैसे है ? परंतु इस प्रकार के किसी कार्य के लिए एक मानक, एक एकांतिक विश्व दृष्टि की जरूरत होती है जो वैज्ञानिक अर्थात तर्कगम्य नहीं बल्कि सौंदर्यपरक होता है। यह कला का तर्क है।

यह सम्मूर्तन और वैशेषिकता वैज्ञानिक तर्क के क्षेत्र में भी लागू होती है, जो कि कविता की भाँति अपमिश्रित परंतु दूसरे छोर के निकट होता है। हर आदमी जानता है कि जीवविज्ञान, भौतिकी, समाजशास्त्र और मनोविज्ञान ऐसे क्षेत्र हैं, जिनमें से प्रत्येक में अलग-अलग नियम लागू होते हैं, यद्यपि उन्हें जोड़नेवाला एक सिद्धांत यह है कि अधिक सामान्यीकृत क्षेत्र में लागू होनेवाला नियम किसी अपेक्षाकृत कम क्षेत्र में खंडित न हो, जैसे समाजशास्त्र के क्षेत्र के नियम को भौतिकी के नियम से खंडित नहीं होना चाहिए। इसी तरह कविता में यह सादृश्य होना चाहिए कि 'मैं' किसी भी कल्पनाप्रसूत जगत में क्यों न हो, इसके अनुभव हमेशा उसी 'मैं' पर घटित होने चाहिए, और उपन्यासों में यह सादृश्य होना चाहिए कि उनके दृश्य हमेशा मानव समाज के उसी वास्तविक जगत में विकसित हों, 'मैं' (चरित्र) भले कोई भी क्यों न हो। और इस आवेगात्मक 'मैं' का ढाँचा या यथार्थ जगत ही सौंदर्यात्मक निर्णय का आधार है। यह अहं वास्तव में वह 'विश्व दृष्टि' है जिसमें कला का तर्क हमेशा दिया जाता है।

क्या इस अपमिश्रण का अर्थ यह है कि विज्ञान और कविता दोनों में से कोई भी वस्तुतः सत्य नहीं है ? स्थिति इससे उल्टी है। चूँकि सत्य केवल यथार्थ पर, वास्तविक ठोस जीवन पर ही घटित हो सकता है, और क्योंकि वास्तविक ठोस जीवन न तो पूरी तरह आत्मगत होता है न ही पूरी तरह वस्तुपरक, बल्कि इन दोनों

के बीच एक द्वंद्वात्मक सक्रिय संबंध (प्रकृति के साथ मनुष्य का संघर्ष) चलता रहता है, अतः इस संघर्ष के इन 'अपमिश्रित' उत्पादों को ही हम सत्य की कोटि में रख सकते हैं। सत्य का हमेशा एक सामाजिक, मानवीय संदर्भ होता है—मनुष्य के संदर्भ में ही यह सत्य होता है। अतः जैसा कि रसेल ने संकेत दिया है, गणित का मानदंड कदापि 'सत्य' नहीं बल्कि इसकी अंतःसंगति होता है। इसी तरह संगीत का मानदंड 'सौंदर्य' है। भाषा के सभी उत्पादनों में इन दोनों का मिश्रण होता है। इस तथ्य का कारण यह है कि अपने जीवन में मनुष्य हमेशा कीट्स की इस भविष्यवाणी को पूरा करने के लिए सक्रिय रूप में प्रयत्नशील रहता है कि :

सौंदर्य सत्य है, सत्य सौंदर्य

वह हमेशा पर्यावरण को अंतःवृत्ति, सौंदर्य को अंतःसंगति, लालसा को अनिवार्यता के अनुरूप बनाने के लिए, दूसरे शब्दों में कहें तो स्वतंत्र होने के लिए संघर्ष करता रहता है। भाषा उस संघर्ष की उपज है क्योंकि यह एक व्यक्ति का संघर्ष नहीं बल्कि साहचर्य में बँधे लोगों का संघर्ष है और भाषा संघबद्ध संघर्ष का उपकरण है। इसलिए भाषा में हर जगह मानवता की और साथ ही मनुष्य के पर्यावरण की छाप पाई जाती है। जैसे विज्ञान इस पर्यावरणवाले छोर के निकट है, उसी तरह कविता अंतःवृत्तिवाले छोर के निकट। विज्ञान का गुण है अंतःसंगति और कविता का गुण है सौंदर्य—इनमें से कोई न तो शुद्ध सौंदर्य बन सकता है न ही शुद्ध अंतःसंगति, फिर भी इसे हासिल करने के संघर्ष में ही मनुष्य इनका विकास करता रहता है। विज्ञान में हमेशा गणित की दिशा में बढ़ने की ललक बनी रहती है और कविता में हमेशा संगीत की दिशा में।

(छ) कविता का विशेष लक्षण है घनीभूत प्रभाव

ये प्रभाव, अर्थात सौंदर्यपरक प्रभाव, कविता के अपने निजी प्रभाव हैं। 'तुम्हारी पत्नी कल मर गई' यह तार उसके पाठक पर अतिशय घनीभूत प्रभाव डाल सकता है, परंतु यह निश्चय ही सौंदर्यपरक प्रभाव नहीं है। यहाँ भाषा का प्रयोग प्रतीकात्मक रूप में किया जाता है और यदि तार पानेवाला वह अभागा पति पहले से जानता रहा हो कि उसकी पत्नी खतरे में है (और कंजूस प्रकृति का होने की वजह से), उसने पहले से तय कर रखा हो कि उसकी पत्नी के मरने पर इसकी सूचना देने के लिए तार से भेजने के लिए 'गुजर गई' कूट शब्द भेजा जाए तो इस संक्षिप्त संदेश से उत्पन्न होनेवाला प्रभाव भी उतना ही सशक्त होगा। यदि तार छंदोबद्ध हो तो भी यही बात सच होगी। 'द टाइम्स' के मृत्युशोक कालम में जो तुकबंदियाँ छपती हैं, उनमें छंद की दृष्टि से काव्यात्मक तत्त्व होता है और इनमें उन लोगों के

लिए काफी प्रभावोत्पादकता भी होती है जो इन्हें जड़ते हैं; परंतु ये प्रभाव सौंदर्यपरक प्रभाव नहीं होते।

अब इन दोनों मामलों में एक दूसरी परीक्षा ली जा सकती है। अन्य लोगों पर जो कि शोकार्त नहीं हैं, इन शब्दों का वही असर नहीं होगा। गैर-सौंदर्यात्मक प्रभाव व्यक्तिगत होते हैं सामूहिक नहीं और ये सामाजिक अनुभवों पर नहीं बल्कि विशेष अनुभवों पर निर्भर करते हैं। अतः यदि आवेग किसी विशेष व्यक्तिगत अनुभव से उत्पन्न हो जिसे एक सामाजिक रूप में हासिल न किया जा सके या हासिल न किया गया हो तो इतना ही काफी नहीं है कि कविता में आवेगात्मक महत्त्व हो। यह आवेग साहचर्य में बँधे लोगों से उत्पन्न होना चाहिए, और अब हम देखते हैं कि कविता में 'मैं' की सामान्यता किस बात में निहित है। जिस प्रकार गणित की 'अनंतता' किसी एक व्यक्ति के गोचर जगत की अनंतता नहीं है उसी प्रकार यह आम समाज के किसी एक व्यक्ति का 'मैं' नहीं है। गणित की अनंतता भौतिक जगत की अनंतता है—सभी व्यक्तियों के गोचर जगत की अनंतता है। और कविता का 'मैं' साहचर्य में बँधे सभी व्यक्तियों के आवेगात्मक जगत का सर्वनिष्ठ 'मैं' है। पूँजीवादी आलोचना जो कि 'नागर समाज में व्यक्ति' के दृष्टिकोण से कभी ऊपर उठ ही नहीं पाई, इस समस्या को कैसे सुलझा सकती है कि वह कौन-सी चीज है जो सौंदर्यपरक वस्तुओं और आवेगों को दूसरी चीजों से अलग करती है। सौंदर्यात्मक वस्तुएँ उसी सीमा तक सौंदर्यात्मक हैं जिस सीमा तक वे निजी व्यक्ति में नहीं बल्कि साहचर्य में बँधे हुए व्यक्तियों में विशेष रूप से पाए जानेवाले आवेगों को जाग्रत करती हैं। इसी से कलात्मक आवेग का रागहीन, निर्लंबित और वस्तुपरक चरित्र उत्पन्न होता है।

सारांश यह कि कविता के लक्षण हैं—लयात्मकता, अनुवाद्यता, अतार्किकता, गैर-प्रतीकात्मकता, मूर्त और घनीभूत कलात्मक प्रभावशीलता।

ये लक्षण काव्य मात्र को समूचे साहित्य से अलग करने के लिए पर्याप्त हैं और अब हम इसकी पद्धति, इसकी तकनीक, इसके दायित्व और इसके भविष्य की निकट से परीक्षा कर सकते हैं।

अध्याय 8

जगत और 'मैं'

कविता के लक्षणों का अनिबार्य उत्स है भाषा की प्रकृति और समाज, मनुष्य तथा यथार्थ की सापेक्षता में कविता का सक्रिय दायित्व।

जब हम 'मनुष्य' की बात करते हैं तो हमारा आशय वंशजात या व्यक्ति से अर्थात जिस रूप में वह पैदा होता है उस अंत:वृत्तिवाले मनुष्य से होता है जिसे यदि उपेक्षित छोड़ दिया जाए तो वह बढ़कर एक मूक पशु बन सकता है, परंतु इसकी बजाय वह एक खास किस्म के समाज में बढ़कर एक खास किस्म का मनुष्य—यूनानी, ऐज्तेक या लंदनवासी बनता है। हमें यह नहीं समझना चाहिए कि वंशजात मनुष्य पूरी तरह लचीला या लोंदा होता है। इसमें कुछ निश्चित अंत:वृत्तियाँ और क्षमताएँ होती हैं जो इसकी ऊर्जा और बेचैनी का स्रोत होती हैं। सभी वंशजात एक-जैसे भी नहीं होते। मनुष्यों में जन्मजात लक्षणों के कारण परस्पर भिन्नता होती है। परंतु समाज इस प्रकार की जन्मजात वैयक्तिकता के विरुद्ध नहीं होता; उलटे, सभ्यता के विकास के साथ जो विभेदीकरण उत्पन्न होता है वह मनुष्यों की विशिष्टताओं को फलीभूत करने का साधन बनता है। जिस समाज में न कला हो न ही विज्ञान उसमें मनुष्य कलाकार या वैज्ञानिक बनने के बीच चुनाव नहीं कर सकता; न ही एक ऐसे समाज में जिसमें विज्ञान एक अस्पष्ट खगोलीय अंधविश्वास से अधिक कुछ न हो, वह जीवविज्ञान और मनोविज्ञान के बीच चुनाव कर सकता है।

यह वंशजात कभी 'कच्चे' रूप में नहीं पाया जाता। इसे हमेशा एक ठोस व्यक्ति के रूप में पाया जाता है, जिसकी एक ठोस सभ्यता होती है, सुनिश्चित मान्यताएँ, भौतिक परिवेश और शिक्षा होती है। यह एक ऐसा व्यक्ति होता है जिसके पास उन संबंधों से अनुकूलित एक चेतना होती है, जिन्हें वह दूसरे व्यक्तियों के साथ कायम करता है और जिनका वह चुनाव नहीं करता बल्कि जिनमें वह पैदा होता है।

सर्वप्रथम लोग प्रकृति अथवा बाह्य यथार्थ के अपने संघर्ष द्वारा ही संबंध

कायम करने को बाध्य थे। व्यक्ति के कुछ शारीरिक और मनोवैज्ञानिक नियम होते हैं। परंतु यथार्थ के एक भाग के रूप में मनुष्य ने इसके दूसरे भाग (प्रकृति) से अपने को काटने के लिए नहीं बल्कि इसके साथ संघर्ष करने के लिए और इस तरह आर्थिक उत्पादन में अधिक निकटता से अंतर्व्याप्त होने के लिए अपने को प्रकृति से जिस हद तक अलग कर लिया है उसी हद तक उसने नियमों के एक दूसरे क्षेत्र—समाजवाद—को भी जन्म दिया है। इन दोनों के नियमों में से कोई भी दूसरे का खंडन नहीं करता, ये एक-दूसरे को समृद्ध बनाते हैं।

परंतु एक बात जाहिर है कि समाजशास्त्र के क्षेत्र का एक खास महत्त्व इसलिए है कि यह मनुष्य और प्रकृति दोनों की अंतर्व्याप्ति का क्षेत्र है, और वैचारिक दृष्टि से दूसरे नियमों के जन्म का मूल स्रोत भी यही है।

मनुष्य और प्रकृति का संघर्ष एक भौतिक आंदोलन है, जो कि चिंतन के क्षेत्र में विषय और वस्तु के संबंध का रूप ले लेता है। यह दर्शनशास्त्र की सबसे पुरानी समस्या है। यह इसलिए एक असाध्य समस्या बन जाती है कि समाज का विभाजन वर्गों में होने के कारण वह वर्ग जो कि विचारधारा की सृष्टि करता है प्रकृति के साथ समाज के सक्रिय संघर्ष से अलग हो जाता है और इस खाई को विचारधारा के क्षेत्र में विषय और वस्तु के अलगाव के रूप में प्रस्तुत करता है जिसके कारण ये दोनों एक दूसरे का बहिष्कार करने लगते हैं।

पूरे दर्शन (चिंतन) के क्षेत्र में समाज में मनुष्य और प्रकृति का यह संघर्ष एक यथार्थ या 'सत्य' के रूप में प्रतिबिंबित किया जाता है। यह सत्य या यथार्थ आसमान से टपकी हुई कोई चीज नहीं है। यह एक जीवित, बढ़ता और विकसित होता हुआ तंत्र है। चूँकि यह सत्य विश्व के विषय में है इसलिए यह भूत पदार्थ के विषय में है। जब हम कहते हैं कि विश्व भौतिक है तो हमारा आशय होता है कि समस्त वस्तु-व्यापारों में कारणों या निर्धारक संबंधों के रूप में कुछ छिपे हुए संबंध सूत्र होते हैं जिनकी चरम समांगता को ही हम 'पदार्थ' कहते हैं। यह विज्ञान की प्रथम अवधारणा है, क्योंकि विज्ञान के क्षेत्र में किसी चीज को शामिल करने का अर्थ है, यह दावा करना कि इसमें इस तरह के जुड़ाव हैं। इस प्रकार के जुड़ाव को किन्हीं वस्तु-व्यापारों में नकारने का अर्थ है उनकी ज्ञेयता को और इसलिए विज्ञान के क्षेत्र में इनको शामिल करने की संभावना को नकारना। विज्ञान का इतिहास इन जुड़ावों की खोज और उनको वस्तुगत रूप में प्रदर्शित करने का इतिहास है। इनकी खोज मात्र चिंतन द्वारा नहीं हो सकती, बल्कि प्रत्येक चरण में प्रयोग—इन जुड़ावों का व्यावहारिक प्रदर्शन—आवश्यक है।

सत्य प्रकृति के साथ मनुष्य के संघर्ष की व्यवस्थित देन है। ज्यों-ज्यों यह संघर्ष पूँजी (तकनीक और ज्ञान) का संचय करता है और जटिलतर होता है, त्यों-त्यों सत्य, जो कि यथार्थ का प्रतिबिंब है, मनुष्य के मस्तिष्क में प्रस्फुटित होता

जाता है । किसी एक समय में इस सत्य का कोई एक पहलू ही किसी मनुष्य के मस्तिष्क में होता है । किसी एक मस्तिष्क में यथार्थ का यह विकृत, आंशिक और सीमित प्रत्यक्ष भी सभी जीवित मनुष्यों के मस्तिष्क में सत्य अर्थात विज्ञान की शक्ति ग्रहण कर लेता है, क्योंकि यह समाज की अवस्थाओं द्वारा व्यवस्थित होता है जो स्वयं भी आर्थिक उत्पादन की अनिवार्यता से उत्पन्न होती हैं । इस प्रकार किसी एक समय में सत्य सभी जीवित मनुष्यों के मस्तिष्क में यथार्थ के आंशिक प्रतिबिंब से बननेवाला विशेष संग्रथन होता है । परंतु यह संग्रथन मात्र उनका जमाकड़ा नहीं होता, बल्कि जिस रूप में ये दृष्टिकोण एक निश्चित समाज में, इसके प्रयोगात्मक तकनीक, वैज्ञानिक साहित्य, संचार और परिचर्चा तथा प्रयोगशाला की सुविधाओं के स्तर द्वारा व्यवस्थित होते हैं, उसी रूप में होता है ।

प्रत्येक मनुष्य में सत्य प्रत्यक्षबोध और स्मृति का रूप ले लेता है । प्रत्यक्षबोध यथार्थ का वह अंश है, जिसे वह अपनी ज्ञानेंद्रियों से पकड़ पाता है और स्मृति किसी भी विगत क्षण के प्रत्यक्षबोध का वह सक्रिय अंश है, जो वर्तमान प्रत्यक्षबोध को प्रभावित कर रहा है । चूँकि मनुष्य की ये चेतनाएँ उस समय अपार शक्तिशाली हो जाती हैं और सत्य बन जाती हैं जब उनकी अंतर्वस्तु साहचर्य द्वारा व्यवस्थित होकर उभरती है, अतः ये व्यक्ति पर, जिसकी स्मृति और प्रत्यक्षबोध समाज में रहने के कारण अधिकाधिक परिमार्जित होते जाते हैं, अधिक प्रखरता के साथ प्रतिबिंबित होती हैं । इस अर्थ में एक व्यक्ति की चेतना समाज की उपज है ।

सत्य व्यक्ति के वस्तु-व्यापारों के संबंध सूत्रों का ऐसा अनुभव है जो लाखों ऐसे ही दूसरे अनुभवों के साथ एकसार होकर व्यवस्थित होता है । इसको व्यवस्थित इसलिए किया जा सकता है कि ये प्रत्यक्षगत जगत उतने ही निजी आत्मगत संसारों के वस्तु-व्यापार नहीं होते बल्कि एक ही भौतिक संसार द्वारा प्रदर्शित क्रिया-व्यापार होते हैं । जिसके अंश सभी व्यक्ति होते हैं । इस सर्वनिष्ठ घटक के बिना निजी संसारों के बीच सादृश्य नहीं होगा इसलिए कोई वस्तुगत जगत भी नहीं होगा । अतः विज्ञान जो कि वस्तुगत सत्य है, वस्तु-व्यापार के भौतिक संबंध सूत्रों या कारण को प्रदर्शित करने से संबद्ध है ।

परम सत्य-जैसी कोई चीज नहीं होती, परंतु एक सीमा है जिसकी ओर किसी भी क्षण में समाज का सत्य निरंतर अग्रसर होता रहता है । परम सत्य की यह सीमा वह विश्व स्वयं है, जबकि मनुष्य प्रकृति से पूर्णतः अंतर्व्याप्त हो जाएगा । पर यह सैद्धांतिक सीमा भी एक ऐसे विश्व को, जो स्थिर बना रहता है और एक सत्य को जो इस विश्व से बाहर है, मानकर चलती है । सत्य तो विश्व का एक भाग है । परंतु सत्य का जन्म शेष यथार्थ के साथ मनुष्य के संघर्ष से होता है और इसलिए संघर्ष के प्रत्येक चरण में एक नया यथार्थ जन्म लेता है और विश्व जटिलतर होता जाता है । इसके परिणामस्वरूप स्वयं यथार्थ भी समृद्ध होता है और यथार्थ की

जटिलता में वृद्धि के कारण ही 'परम सत्य' का लक्ष्य एक कदम और आगे सरक जाता है। समाज उसी तरह परम सत्य को नहीं पा सकता जैसे कोई मनुष्य कितना भी लंबा क्यों न हो, वह अपने ऊपर नहीं देख सकता। फिर भी जिस प्रकार मनुष्य की ऊँचाई निरंतर बढ़ती हुई उसके दृष्टि प्रसार का विस्तार करती है उसी तरह समाज का विकास अपने सत्य का निरंतर विस्तार करता रहता है।

प्रकृति के साथ अपने सहचारी संघर्ष में मनुष्य ने जिन उपकरणों का विकास किया है, उनमें भाषा सबसे लोचदार उपकरण है। मनुष्य अकेले बहुत गहराई तक प्रकृति का मंथन नहीं कर सकता इसलिए अकेला वह उसको गहराई से नहीं जान सकता। परंतु साहचर्य में बँधे मनुष्य के रूप में वह अपने आर्थिक उत्पादनों का स्वामी बनकर उस पर अपने सक्रिय प्रभाव को व्यापक बनाता है और इसलिए उस सत्य का विस्तार करता है जो इस क्रिया की उपज है। भाषा मानव साहचर्य का अत्यावश्यक औजार है। यही कारण है कि सत्य इस हद तक साहचर्य की उपज है कि भाषाबद्ध कथन से अलग कोई सत्य की बात सोच ही नहीं सकता।

सत्य भाषा में किस तरह उद्भूत होता है? शब्द एक भावभंगी है, एक चीत्कार है। उदाहरण के लिए पशुओं के एक झुंड की बात लीजिए, जो संकट की स्थिति में एक खास प्रकार का चीत्कार करता है। जब एक पशु चीत्कार करता है तो आदिम निश्चेष्ट सहानुभूति की एक तरंग के परिणामस्वरूप सभी भयभीत हो जाते हैं और सभी भाग खड़े होते हैं।

अतः चीत्कार का एक आत्मगत पक्ष, एक 'अनुभूतिपरक सुर-ताल' है और सभी इससे भयभीत अनुभव करते और चीत्कार करते हैं।

परंतु चीत्कार किसी 'भयावह' चीज को किसी शत्रु या खतरे को भी सूचित करता है। अतः चीत्कार का एक वस्तुगत पक्ष भी है, यथार्थ की किसी गोचर चीज का भी संदर्भ है।

जाहिर है कि निरे जैव अस्तित्व के लिए चंद संक्षिप्त चीत्कारें ही पर्याप्त हैं। कुछ प्राणी मूक होते हैं। परंतु आपस में मिलकर किसी आर्थिक उत्पादन में लगे हुए प्राणी अर्थात मनुष्य नामक प्राणी के लिए चीत्कार शब्द बन जाता है। अब इसका मूल्य कदापि सहजमूलक नहीं रह जाता जो कि प्रकृत पर्यावरण के साथ वंशजात के संबंध से उत्पन्न होता है बल्कि यह मनचाहा हो जाता है जो कि आर्थिक उत्पादन के कृत्रिम पर्यावरण के साथ रूपांतरित वंशजात के संबंध से उत्पन्न होता है। आर्थिक उत्पादन के लिए साहचर्य के परिणामस्वरूप शब्द बनते समय चीत्कार में इसके दोनों पक्ष—इसका सहज अनुभूतिपरक ताल और अर्जित गोचर मूल्य—बने रह जाते हैं परंतु दोनों ही अधिक सटीक और जटिल हो जाते हैं।

सहजमूलक बनावट में समानता के कारण झुंड की अनुभूतियों में एक आम

समानता होती है। इसके साक्षात्कार में भी उनके जीने के ढंग में पाई जानेवाली सदृशता के कारण समानता होती है। इन समान अनुभूतियों को अलग-अलग प्राणी उसी तरह समान नहीं समझता, जैसे इनमें से प्रत्येक यह नहीं जानता कि उसके गोचर जगत एक-जैसे हैं। अकेला प्राणी अकेले अनुभव करता और देखता है। उनको देखनेवाले हम लोग उनके आचरण की समानता से प्राणियों के आवेगात्मक और गोचर संसारों की समानता का निष्कर्ष निकाल लेते हैं परंतु प्राणी एक सदृश संसार के विषय में इस तरह सचेत नहीं हो सकते।

मनुष्य जानता है कि मनुष्यों के संसारों में एक समानता है। उदाहरण के लिए इस समानता की अभिव्यक्ति विज्ञान में, गोचर यथार्थ की दुनिया में व्यक्त होती है। इसी तरह वह यह भी जानता है कि अनुभूतियों में भी एक सादृश्य है। इस सादृश्य की अभिव्यक्ति कला में, भावात्मक यथार्थ की दुनिया में होती है।

मनुष्य दूसरे मनुष्यों के साथ साहचर्य कायम करने के बाद ही अपने गोचर जगतों के सादृश्य के विषय में जान पाया। उसने इस तरह के संबंध क्यों कायम किए? ऐसा उसने अपने गोचर जगत को बदलने के लिए किया। यह अंतर्विरोध—अर्थात यह कि मनुष्य यथार्थ को बदलने के क्रम में ही उसको जान पाता है—विज्ञान का आधारभूत अंतर्विरोध है। प्रयोग में ठीक यही किया जाता है, और विज्ञान के लिए प्रयोग नितांत महत्त्वपूर्ण है। इस विशिष्ट अंतर्विरोध की अंतिम अभिव्यक्ति हाइज़ेनबर्ग के अनिश्चितता के सिद्धांत में होती है जो यह बताता है कि यथार्थ का समस्त ज्ञान यथार्थ को बदलने में निहित है। विज्ञान के सभी नियम यह बतानेवाले नियम हैं कि कौन-सी क्रियाएँ यथार्थ में क्या परिवर्तन लाती हैं। विज्ञान मनुष्य द्वारा अपने इतिहास के दौरान गोचर जगत में लाए गए ऐसे परिवर्तनों का आकलन है जिन्हें परिरक्षित, व्यवस्थित, सुग्राह्य, सारगर्भित और मर्मभेदी बना लिया गया है।

इसी तरह मनुष्य दूसरे व्यक्तियों के अहं को बदलने के प्रयास के क्रम में ही उनके सादृश्य का ज्ञान प्राप्त करता है। मनुष्य के रूप में परस्पर मिलकर रहने के लिए यह परिवर्तन अत्यंत आवश्यक है। मनुष्य की सहज वृत्ति हमेशा अमुक-अमुक करने की होती है। अतः जब तक इन सहज वृत्तियों को इस तरह परिष्कृत न किया जाए कि वह इनसे कुछ भिन्न कर सके तब तक मनुष्य भिन्न ढंग से कुछ करने की जगह सहज रूप में ही अनुक्रिया करेगा, और समाज का अस्तित्व असंभव हो जाएगा। मनुष्य एक आम भाव-जगत में उस अनुपात में ही रह सकता है जिस अनुपात में वह क्रिया द्वारा एक-दूसरे की अनुभूतियों में परिवर्तन ला सकता है। अनुभूति में यह परिवर्तन कला के लिए अत्यंत महत्त्वपूर्ण है। अमूर्त रूप में नहीं अपितु ठोस जीवन में उभरनेवाले इन परिवर्तनों का ऐसा योग ही कला है जिन्हें व्यवस्थित और मनुष्यों से स्वतंत्र बना दिया गया है।

परंतु विज्ञान और कला प्राणी में जन्मजात रूप में विद्यमान होते हैं। मादा को रिझाने, शत्रुओं से लड़ने का अर्थ है कि सक्रिय प्राणी अनिवार्य रूप से दूसरों की अनुभूति को बदलता है। प्रणय-निवेदन का नृत्य तथा लड़ाई से पहले की धमकानेवाली भाव भंगी कला के बीज रूप हैं। परंतु ये दोनों ही सहज रूप में लिए जाते हैं। इनमें स्वतंत्रता का अभाव होता है और इसलिए ये अचेतन होते हैं। ये समाज-अनुकूलित जगत की चीजें नहीं हैं। केवल वे अनुभूतियाँ ही कला का विषय हैं, जो मनुष्य की प्रकृति में या प्राकृतिक पर्यावरण में स्पष्टतः विद्यमान उपायों से इतर रूप में परिवर्तित होती हैं। जिस सीमा तक सहज वृत्तियों को प्रभावित करनेवाले विविध संभव उपायों के परिणामस्वरूप आनेवाले विविध प्रकार के उन सभी संभव परिवर्तनों को उद्घाटित करते हुए कला सहज वृत्तियों की वास्तविक अनिवार्यता को उद्घाटित करती है, उसी सीमा तक कला भाव-जगत की अनिवार्यता के विषय में सचेत और इसलिए स्वतंत्र हो पाती है। कला भाव-जगत में ठीक उसी तरह मनुष्य की स्वतंत्रता की अभिव्यक्ति है जैसे विज्ञान इंद्रिय-प्रत्यक्ष की दुनिया में मनुष्य की स्वतंत्रता की अभिव्यक्ति, क्योंकि ये दोनों भी अपने-अपने जगत की—कला भाव-जगत की या आंतरिक यथार्थ की और विज्ञान गोचर या बाह्य यथार्थ की—अनिवार्यताओं के प्रति सचेत हैं और उन्हें बदल सकते हैं।

किसी एक के चीत्कार द्वारा सूचित भयावह वस्तु से किसी झुंड का एक साथ पलायन विज्ञान का बीज है, परंतु यह विज्ञान तभी बन पाता है जब यह खतरे से प्रवृत्तितः पलायन द्वारा नहीं बल्कि आर्थिक रूप में—उदाहरण के लिए हथियार बनाकर, या धोखा खड़ा करके या खतरनाक जानवर को मारकर, या संगठित रूप में पिछले हिस्से का बचाव करते हुए पीछे लौटते हुए—इसे बदलकर गोचर जगत में उत्पन्न परिवर्तन की चेतना बन जाता है।

विज्ञान और कला यद्यपि गोचर जगत और भाव जगत में सामाजिक साझेदारी की अभिव्यक्तियाँ हैं परंतु ये मनुष्यों को एक-दूसरे की प्रतिच्छाया बनाकर नहीं रख देते। इसके विपरीत संभव परिवर्तनों से संबंधित होने के कारण, और नए परिवर्तनों की खोज से विस्तृत और समृद्ध होते रहने के कारण, ये ऐसे साधन बन जाते हैं, जिनके द्वारा व्यक्तिगत भिन्नताएँ आ पाती हैं। जो भिन्नताएँ पाशविक स्तर पर खरगोश-जैसे थूथन, अतिरिक्त मांसलता आदि में प्रकट होती हैं, वे अब आवेगात्मक जीवन की सूक्ष्म भिन्नताओं में प्रकट होती हैं और यथार्थ के समूचे ताने-बाने को रंगीन और समृद्ध बना देती हैं। भाषा वह विशेष माध्यम है जिसके द्वारा ये परिवर्तन सामाजिक सिक्के बन जाते हैं। शब्द मनुष्यता के वैचारिक बाजार के द्रव्य हैं। जिस प्रकार कुछ थोड़े-से आपसी विनिमय आधुनिक सामाजिक अस्तित्व की पूरी विस्मयकारी जटिलता को प्रकट करते हैं उसी तरह कुछ थोड़ी-सी ध्वनियाँ आवेग और सत्य के उस समूचे समृद्ध विश्व को प्रकट

करती हैं जो कि आधुनिक मनुष्य की विचारधारा का संसार है ।

II

आइए हम दुनिया का अध्ययन करें । जिस प्रकार एक सादी-सी चीज, रुपए के एक नोट के प्रतिबिंब को हम जब मूल्य और कीमत, पूर्ति और माँग, लाभ और लागत की दुनिया में देखते हैं, तो यह एक घोर जटिलता को प्रकट करता है उसी प्रकार एक शब्द विचारधारात्मक जटिलता के एक पूरे विश्व का बीज रूप है ।

शब्द का एक आत्मगत पक्ष (अनुभूति) है और एक वस्तुगत पक्ष (प्रत्यक्ष बोध) है । परंतु ये स्वतः शब्द में उसी तरह विद्यमान नहीं होते, जैसे रुपए का नोट अपने आप में महज कागज और उस पर पड़ी छाप नहीं होता । शब्द में ये एक गतिशील सामाजिक क्रिया के रूप में ही विद्यमान होते हैं, जैसे रुपए का नोट केवल विनिमय में ही अस्तित्व रखता है ।

शब्द बोला और सुना जाता है । आइए, इन पक्षों को हम वक्ता और श्रोता का नाम दे लें । शब्द गोचर यथार्थ के एक अंश को प्रकट करता है । यह इसका प्रतीकात्मक या संदर्भगत प्रसंग है । वक्ता श्रोता के गोचर जगत को इस तरह बदलता चाहता है कि उसमें वह चीज शामिल हो जाए जो शब्द द्वारा निर्दिष्ट होती है । उदाहरण के लिए, वह कहता है, 'वह देखो, गुलाब ।' वह चाहता है कि श्रोता गुलाब को देखे, या किसी गुलाब को देखने की संभावना का उसे बोध हो । या वह कह सकता है 'कुछ गुलाब नीले होते हैं' और इस मामले में वह श्रोता के गोचर जगत को इतना बदलता चाहता है कि उसमें नीले गुलाब शामिल हो सकें । और इसी बात को नितांत विस्तृत और कठिन गणितीय वार्ता तक पहुँचाया जा सकता है ।

परंतु ऐसा करने के लिए एक साझे गोचर जगत का होना—वक्ता और श्रोता दोनों का साझा—तथा साझे गोचर प्रतीक अर्थात उस साझे जगत की सत्ताओं की सूचना देनेवाले ऐसे प्रतीकों का होना जिसे वक्ता और श्रोता दोनों चालू मानते हों, जरूरी है ।

साझा गोचर जगत यथार्थ या सत्य का जगत है, और विज्ञान इसकी सर्वाधिक सामान्य अभिव्यक्ति है । हम देख चुके हैं कि मनुष्य के बदलते हुए यथार्थ के अनुभव से किस तरह इसका निर्माण हुआ । इसे कभी-कभी प्रत्यक्ष बोधों या प्रत्ययों (यह विभेद कृत्रिम है) के रूप में वर्णित किया जाता है । चूँकि 'नीला' और 'गुलाब' इस दुनिया में आम पाए जाते हैं इसलिए वक्ता इसमें नीला गुलाब लाकर श्रोता के प्रत्यक्षगत जगत को बदल सकता है । अब नीले और गुलाब को जोड़ दिया गया है और ये एक नई सत्ता—एक ऐसी सत्ता जो आम गोचर जगत में पहले नहीं थी—रचते हैं, परंतु अब ये एक-दूसरे को एक पूर्णता में रंग देते हैं, जो कि अंशों के

योग से कुछ अधिक है ।

तब फिर विनिमय का क्या नतीजा हुआ ? एक नीला गुलाब जो कि वक्ता के गोचर जगत में तो था परंतु साझे गोचर जगत में या श्रोता के गोचर जगत में नहीं था, अब साझे गोचर जगत में रच गया है और इसका प्रवेश श्रोता के गोचर जगत में हो गया है । अतः श्रोता का गोचर जगत और साझा गोचर जगत दोनों बदल गए हैं । अतः अब यदि वक्ता कहे कि नीला गुलाब गंधहीन है तो इस वाक्य का अब एक ऐसा अर्थ होगा जो इससे पहले तक नहीं था, क्योंकि अब नीले गुलाब वक्ता और श्रोता के उभयनिष्ठ जगत में विद्यमान हैं ।

ध्यान दें कि साझे गोचर जगत में एक नई सत्ता का समावेश करने के लिए एक नया शब्द जरूरी नहीं है, यद्यपि कभी-कभी इसका प्रयोग किया जाता है । हम कह सकते थे कि 'क' एक नीला गुलाब है । 'क' गंधहीन है । अधिकांश नई सत्ताएँ विद्यमान प्रतीकों के पुनर्योजन, विस्तार, संघनन और स्थानांतरण से द्योतित कराई जाती हैं न कि नए शब्द निर्माण से ।

परंतु यह विनिमय केवल श्रोता के गोचर जगत और साझे गोचर जगत को ही परिवर्तित नहीं करता । कारण, इस विलक्षण पुष्प के अनूठे व्यक्तिगत अनुभव को मूर्त रूप देकर श्रोता तक पहुँचाने के लिए वक्ता को इसे चालू सिक्के में रूपांतरित करना होता है । एक ऐसे अनूठे पुष्प से, जिसके जैसा कोई पुष्प इससे पहले या बाद में कभी कोई देखा ही नहीं गया, यह उसके लिए एक पुष्प के रूप में नीला गुलाब बनना था जो कि गुलाब की श्रेणी में आनेवाला एक पुष्प और जिसका दृश्य रूप नीला है । इस तरह संप्रेषण की क्रिया ने उसके अनुभव को बदल दिया और इसने साझे गोचर जगत और श्रोता के गोचर जगत को बदलने के साथ ही इसे एक सामाजिक लीक पर रख दिया ।

परंतु यह सोचना कि साझा जगत अनन्य व्यक्तिगत अनुभवों को प्रत्ययमूलक और घिसा-पिटा बनाकर हमारे प्रभावांकनों को छिछला बना देता है, इस प्रक्रिया को उलटने-जैसा होगा । हम अपने अनुभवों के प्रति व्यापक सहज प्रेरणाओं द्वारा अनुक्रिया करते हैं, जो हमारे अनुभवों को 'खाद्य', 'अखाद्य', 'खतरनाक', 'उदासीन', 'उजले' और 'काले' में बाँट देती हैं । अनुभव के साझे जगत के कारण हम फूलों को अखाद्य में, गुलाब को फूलों में, रंगों को गहनता में, नीले को रंगों में छाँटने में समर्थ होते हैं । इस प्रकार वस्तुगत यथार्थ सामाजिक माध्यम द्वारा चेतना के छोर पर अस्पष्ट रूप में सुगबुगाती अराजकता से अपने को अलग करता है । हमारा सामाजिक जगत जितना ही अधिक जटिल होगा, उतना ही अधिक कोई वैयक्तिक वस्तु-व्यापार अनेकानेक अवधारणाओं की संधिभूमि बन जाएगा और इसलिए यह उतना ही अधिक वैयक्तिक और अनन्य हो जाएगा । इस बात को हम एक बार फिर दुहरा दें कि समाज ही वैयक्तिकता को हासिल करने का साधन और

इसलिए स्वतंत्रता का मार्ग है । प्रत्यक्षबोध को सामाजिक रास्ते पर लाने का अर्थ है इसे चेतन बनाए रखना ।

वक्ता और श्रोता के गोचर जगतों में और साझे गोचर जगत में यह परिवर्तन शब्द का सार तत्त्व है । हल्का से हल्का शब्द भी इस प्रकार का परिवर्तन उत्पन्न करता है, भले ही वह कितना भी तुच्छ क्यों न हो । हम शब्द की शक्ति को इस परिवर्तन के अनुपात से ही परखते हैं ।

शब्द एक गतिशील सामाजिक क्रिया के रूप में ही अपनी पूरी सार्थकता की सिद्धि करता है, अन्यथा नहीं । हम इस तथ्य को उसी तरह भूल जाते हैं जैसे इस बात को भूल जाते हैं कि रुपए का एक नोट अपना महत्त्व केवल एक सामाजिक क्रिया के रूप में ही रखता है, क्योंकि श्रमविभाजन से उपजी जटिलताएँ बीच में एक बाजार को लाकर उत्पादक और उपभोक्ता के दरम्यान प्रभावों को विलंबित करते हैं । रुपए का नोट एक शब्द की तरह ही एक से दूसरे व्यक्ति के बीच—एक के मामले में माल और दूसरे के मामले में विचारों—के स्थानांतरण की अभिव्यक्ति मात्र है । परंतु माल के उत्पादन की शर्तें अवधारणाओं के रूप में स्वयं इन्हें एक रहस्यमय अस्तित्व प्रदान करती हैं । एक के मामले में यह 'मूल्य' की अवधारणा रहती है और दूसरे के मामले में 'अर्थ' की अवधारणा ।

अतः हमें लोगों के मस्तिष्क को इन निजी गोचर जगतों और फिर कुछ खास प्रत्यक्ष बोधों से उसी तरह भरा हुआ मानना होगा जो साझे होते हैं और एक साझे गोचर जगत का निर्माण करते हैं और इस प्रकार प्रत्येक व्यक्ति के निजी जगतों को रूपांतरित करने का साधन प्रदान करते हैं । सत्य समस्त निजी जगतों का कुल योग नहीं है, यह एक साझा जगत है—एक ऐसा साधन है जिसके द्वारा निजी जगत एक दूसरे को रूपांतरित करते हैं । जिस प्रकार इन निजी जगतों को अपने मस्तिष्क में रखनेवाले व्यक्तियों के बीच संबंध होते हैं, उसी प्रकार इन निजी जगतों के बीच भी संबंध होते हैं । संबंधों का यह जाल ही सत्य है ।

परंतु सत्य और प्रत्यक्षबोध दोनों में से कोई भी एक स्वतः पर्याप्त ऊपरी ढाँचे (अधिरचना) के रूप में विद्यमान नहीं होता है । ये भौतिक परिवर्तनों के प्रतिबिंबों के रूप में ही विद्यमान होते हैं । साझे गोचर जगत में सत्य और मिथ्या दोनों होते हैं । सत्य या मिथ्या का अर्थ 'एक साझे गोचर जगत' में रहना मात्र है । भौतिक यथार्थ के साथ साझे गोचर जगत के सक्रिय संबंध द्वारा ही सत्य अपने को मिथ्या से अलग करता है ।

हम देख चुके हैं कि प्रकृति के साथ मनुष्य की अंतर्क्रिया आर्थिक उत्पादन से निरंतर समृद्ध होती आई है । आर्थिक उत्पादन के लिए साहचर्य की जरूरत होती है और साहचर्य के लिए शब्दों की । एक साथ मिलकर काम करने के लिए, अर्थात सहज वृत्ति से भिन्न रूप में साथ क्रियारत होने के लिए जरूरी है कि मनुष्यों के पास

परिवर्तनीय गोचर यथार्थों का एक साझा जगत हो। परिवर्तनीय से हमारा आशय है, उनके कार्यों द्वारा परिवर्तनीय ऐसे परिवर्तन को भी मैं शामिल करता हूँ जिसका पूर्व कथन किया जा सके, जैसे प्रभात और ग्रहण। इसी तरह स्थितिसूचक परिवर्तनों को भी जैसे 'यहाँ' और 'वहाँ'। कारण, अपने ऊपर नियंत्रण के बल पर मनुष्य के लिए यह संभव है कि वह रात तक 'अमुक-अमुक' स्थान पर रहे, और इस तरह अनुक्रम और स्थान के सरल प्रत्यक्षगत विभेदों के परिणामस्वरूप अपने कार्यों से यथार्थ को बदल सके। इसलिए आर्थिक उत्पादन में मनुष्यों का साहचर्य शब्दों के माध्यम से उनके निजी और साझे जगतों में निरंतर परिवर्तन लाता रहता है और इन दोनों को समृद्ध करता रहता है। मनुष्य के व्यस्त हाथों के ऊपर एक विराट गतिशील ऊपरी ढाँचा खड़ा होता रहता है जो उस समग्र परिवर्तन की प्रतिच्छाया है जिसे युग-युगांतर से उसने क्रियान्वित किया या खोजा है। आज यह साझी दुनिया जटिल और ठोस सामाजिक जीवन से कटकर उतनी ही अलग हो गई है, जितना वह बाजार जिसका प्रतिरूप इसका रहस्यमय जीवन और अज्ञात सृजनात्मक शक्तियाँ हैं।

यह चिंतन या विचार या छाया-जगत है। यह लोगों के मस्तिष्क में यथार्थ जगत का प्रतिबिंब है। यह हमेशा और अनिवार्य रूप से यथार्थ जगत का प्रतीकात्मक रूप ही है। यह हमेशा और अनिवार्य रूप से एक ऐसा प्रतिबिंब है जिसका वस्तु से एक सक्रिय और सार्थक संबंध है। प्रतिबिंब के वे प्रक्षेपी गुण नहीं बल्कि यह सक्रियता और सार्थकता ही इसे सत्य की गारंटी देते हैं। विश्व का प्रत्येक अंश प्रक्षेपी रूप में शेष को प्रतिबिंबित करता है। केवल मनुष्य ही अपने परिवेश के प्रति सचेत होता है। विचार वस्तु नहीं है। प्रतिबिंब वस्तु नहीं है बल्कि यह उसे व्यक्त या बिंबित करता है। शब्द बोधों से जुड़े हुए हैं जो कि यथार्थ के अंशों के चित्रात्मक स्मृति-बिंब हैं। ये बोध ही घुल-मिलकर प्रत्ययों में परिवर्तित हो जाते हैं तथा नितांत अमूर्त रूप में गठित और क्रमबद्ध होते हैं। या अधिक सटीक रूप में कहें तो 'अस्तित्व' की व्यापक और कुलबुलाती हुई अराजकता—मामूली से मामूली बोध—से दूसरे प्रत्यय और बोध विभेदन और एकीकरण से उत्पन्न होते हैं। जिस प्रकार एक स्मृत बोध को केवल प्रतीकात्मक रूप में ही स्वीकार किया जाता है, उसी प्रकार उस समूचे मायाजाल को भी मनुष्य प्रतीकात्मक रूप में ही स्वीकार करता है। जब मनुष्य किसी विशेष घोड़े को याद करता है या घोड़े की अवधारणा पर विचार करता है तो इन दोनों में से किसी में भी वह वस्तुतः अपने मस्तिष्क में किसी घोड़े की स्थिति कल्पित नहीं करता है। यहाँ तक कि जब वह 'दो' की परिष्कृत अवधारणा पर विचार करता है तब भी वह यह नहीं सोचता कि दोनों चीजें उसके मस्तिष्क में हैं या उसका मस्तिष्क दुहरा है।

शब्द चिंतन में छाया-जगत का संकेत देता है और एक मनुष्य के मस्तिष्क में

इसके अंशों को ही जोड़ता-मिलाता है। अपने समस्त संघननों, संगठनों और स्थानांतरणों के बावजूद साझा गोचर जगत बाह्य यथार्थ का ही संकेत देता और उसे ही प्रतीकबद्ध करता है। यहाँ यथार्थ के समस्त बोध क्रिया की दिशा में प्रवृत्त होते हैं। बोधों में अंतर्हित यथार्थ जब प्रभावित होता है, उस समय बोधों के साथ जो कुछ घटित होता है उसी का सार रूप है यह। शब्द उस छाया-जगत को ही प्रतीकबद्ध करता है जिसकी सर्जना में यह सहायक होता है और इसलिए यह प्रतीक का प्रतीक है।

यह सत्य और भ्रांति का क्षेत्र है। शब्द क्रिया के एक सामाजिक संगम बिंदु को व्यक्त करता है। 'ख' यहाँ है। यदि बहुत से लोग एक साथ वस्तुतः यहाँ पहुँचते हैं तो यह सच है। 'स नीला है' सच है, यदि इस संदेश के परिणामस्वरूप 'स' के संबंध में (उदाहरण के लिए किसी तालिका में पहले से मान्य रंगों की इससे तुलना करते समय) समाज की प्रतिक्रिया में सादृश्य है। निश्चय ही हम हमेशा समाज के ठोस जीवन का हवाला नहीं देते। साझा गोचर जगत इस तरह गठित है कि अधिकांश मामलों (तर्कशास्त्र, कानून, अभिलेख) में इसका हवाला देना ही पर्याप्त होता है। परंतु यदि कोई ऐसा मतभेद पैदा होता है जिसे इस छाया-जगत के सहारे सुलझाया नहीं जा सकता (जैसे एक प्राक्कल्पना और अनुभव में अंतर्विरोध) तो इसे भौतिक यथार्थ (निर्णायक प्रयोग) के द्वारा ही सुलझाया जा सकता है, जिसके द्वारा साझा गोचर जगत बदल जाता है अर्थात नई प्राक्कल्पना सामने आती है। इस तरह कहें तो छाया-जगत का भौतिक यथार्थ से आवयविक संबंध है और यह इसके अंतर्विरोधों से ही निरंतर अपनी जीवन-शक्ति प्राप्त करता और अपना विकास करता रहता है। सिद्धांत और व्यवहार के बीच का अंतर्विरोध ही दोनों को आगे बढ़ाता रहता है। इनकी आवयविक एकता ही एक-दूसरे का खंडन करने में सहायता करती है। मिथ्या गर्म का खंडन नहीं कर सकता क्योंकि दोनों दो क्षेत्रों की चीजें हैं; ये एक नहीं हैं। मिथ्या का खंडन सत्य से और गर्म का खंडन ठंडा से होता है। सत्य और भ्रांति छाया-जगत की सीमा में बँधकर नहीं रह सकते; इनके समाधान के लिए यथार्थ भौतिक जगत का सहारा लेना पड़ेगा। कोई भी विवाद जो छाया-जगत तक ही सीमित होता है, सत्य और भ्रांति के विषय में विवाद नहीं बल्कि अंतःसंगति के विषय में विवाद है। इस जगत का कोई भी पूरा उपयोग भौतिक यथार्थ का सही और संक्षिप्त प्रतिबिंब—मात्र एक जड़ प्रतिबिंब नहीं बल्कि गतिशील प्रतिबिंब—होने को बाध्य है।

III

परंतु अब हमें शब्दों के पीछे छिपे एक दूसरे जगत को भी सामने लाना होगा। यह है अनुभूति जगत अर्थात अहं। जैसे चीत्कार का संबंध मात्र किसी बाहरी और

भयावनी चीज से ही नहीं बल्कि किसी ऐसी दशा से भी है जो भीतर है, उस प्राणी से भी है जो भयभीत है, उसी तरह सभी शब्द किसी बाहरी सत्ता को प्रकट करने के अतिरिक्त उस सत्ता के प्रति हमारे आंतरिक रुख को भी समेटे रहते हैं। पशु, प्राणी, हैवान, जीवधारी ये सभी एक-जैसी वास्तविक सत्ताओं को प्रकट करते हैं परंतु इनमें से प्रत्येक एक भिन्न अनुभूति-तालों के समूह में आता है।

पूछा जा सकता है कि अनुभूति-ताल के लिए क्यों न एक शब्द रखा जाए, वस्तुओं के लिए दूसरा, और इस तरह भाषा की लोच और बढ़ा ली जाए और स्पष्टता को अधिक सुगम बना लिया जाए ? उत्तर है कि ऐसा प्रकृति में या अनुभव की संभावना में नहीं है; क्योंकि अनुभूति-ताल और यथार्थ वस्तु के बीच अलगाव एक अमूर्तन है। वस्तुतः ये एक हैं—एक ही सक्रिय विषय-वस्तु संबंध के अंग हैं। हम चेतन क्षेत्र को यथार्थ (या वस्तुगत) गुणों और प्रतीयमान (या आत्मगत) गुणों में अलगा सकते हैं परंतु यह अलगाव कृत्रिम है।

उदाहरण के लिए यांत्रिक भौतिकवाद के उभरने की परिस्थितियों की मान्यता यह थी कि केवल वे ही गुण वास्तविक हैं जिनमें प्रेक्षक का दखल नहीं। इस तरह पहले तो जगत को रूप, स्पर्श, गंध और ऊष्मा से अलग कर दिया गया क्योंकि इन्हें आसानी से एक पृथक घटक सिद्ध किया जा सकता था। आइंस्टाइन ने इसे एक कदम और आगे बढ़ाते हुए आकार, भार, अवधि और गति को प्रेक्षक पर आश्रित सिद्ध किया—अतः इन दोनों का बहिष्कार कर दिया गया और मात्र टेंसर ही अचर रह गया। परंतु प्रमात्रा सिद्धांत ने इसे भी दोषपूर्ण सिद्ध कर दिया और 'तरंग'—अर्थात एक गणितीय कार्य—की संभाव्यता को छोड़ कुछ भी अचर नहीं बच रहा। इस तरह पूर्ण वस्तुनिष्ठता की खोज हमारे सामने कुछ समीकरणों को—अर्थात विचारों को छोड़ और सबकुछ छीन लेती है। यांत्रिक भौतिकवाद स्वयं अपने निषेध में—अहंवाद—में बदल जाता है।

परंतु भाववादी कार्यक्रम भी ठीक इतना ही सत्यानाशी है। वह इससे ठीक विपरीत, "सबकुछ मन ही है और इसमें कुछ भी भौतिक नहीं है" से आरंभ करके वह परम प्रत्यय या अवधारणा के अतिरिक्त हर चीज को अलग कर देता है। परंतु अवधारणा एक ऐसी चीज है जो मानव मस्तिष्क में होती है और मानव मस्तिष्क पदार्थ है। इस तरह भाववादी के पास अंततः भौतिक मानव मस्तिष्क के अतिरिक्त कुछ नहीं बच रहता। या यदि वह इस बात से इनकार करता है कि अवधारणाएँ मानव मस्तिष्क पर निर्भर नहीं हैं तो वह परम भाववादी है, और उसका संसार यथार्थ *चीजों* अर्थात मनुष्यों से अलग वस्तुगत रूप में विद्यमान प्रत्ययों से बना है।

जब तक अनुभव की ठोस उत्पत्ति की—इसके सक्रिय आत्म-वस्तु संबंध की—प्रकृति के साथ मनुष्य के संघर्ष की उपेक्षा की जाएगी तब तक यह द्वैतवादी ऊभ-चूभ बनी ही रहेगी। कारण, प्रत्येक अनुभव में एक सदृश्य और विदृश

अर्थात कुछ ऐसा जो पिछले अनुभव में निहित है और कुछ ऐसा जो उसमें निहित नहीं है, होता है । जिस चीज का सामना हम पहले कर चुके हैं, वह वस्तु है, और जो कुछ नया होता है वही अनुभव की प्राप्ति होता है, अर्थात यही वह चीज है जिसके बल पर हम इस वस्तु या इस वस्तु के साथ अपने साक्षात्कार को शेष से अलग कर पाते हैं । उदाहरण के लिए हम उसी गुलाब से होकर गुजर सकते हैं, परंतु किसी दिन का मिजाज दूसरा है और इसलिए गुलाब के प्रति हमारा रुख भी भिन्न होगा । नवीनता या फर्क उस विशेष अनुभव में, गुलाब के प्रति हमारे आत्मगत रुख में—उस अनुभव के अनुभूति-ताल में है । बेशक कुछ ऐसा भी है जो हमसे बाहर 'वहाँ कहीं' स्थित है जो इस नवीनता की अनुभूति का कारण है । और हमारे अनुभव में, इसके आत्मगत पक्ष में, एक फूल के रूप में, एक वस्तु के रूप में, एक यथार्थ चीज के रूप में गुलाब का अभिज्ञान भी है ।

'अनुभूति-ताल' सभी अनुभवों में सहज रूप में होता है : एक ओर तो एक यथार्थ होता है, चेतन क्षेत्र का एक वस्तुगत खंड होता है और दूसरी ओर इसके प्रति हमारा आत्मगत रुख होता है । एक 'मैं' का क्षेत्र होता है दूसरा विश्व का । हम कहते हैं कि हमारे अनुभव के परिणामस्वरूप प्रत्येक यथार्थ वस्तु में उससे लगे हुए आत्मगत साहचर्य होते हैं, परंतु इसमें संदेह नहीं कि ये यांत्रिक रूप में जुड़े नहीं होते बल्कि आंतरिक और बाह्य स्थिति पर निर्भर करते हैं । एक स्थिति में गुलाब के जो साहचर्य हैं; वे दूसरी स्थिति में गुलाब के साहचर्यों से अलग हैं ।

निरे सामान्य रूप में यह अनुकूलित अनुक्रिया का नियम है—अर्थात यह नियम कि अनिश्चित यथार्थ सहज अनुक्रियाओं द्वारा वर्गीकृत होता है और ये वर्ग अनुभव के अनुसार विस्तृत होते, छटते और बदलते हैं ।

बाह्य यथार्थ में इस सहजात वर्गीकरण का सबसे सादा रूप निश्चय ही सांख्यिक अर्थात अंकगणित है । आत्मचेतना की सबसे प्राथमिक कला वह है जो 'मैं' को प्रकृति से अलग करती है, और अलगाव को, अनिरंतरता की इस चेतना को जब सहानुभूतिपूर्वक वस्तुओं में अंत:क्षिप्त किया जाता है, तब इससे विभिन्न चीजों की अवधारणा बन पाती है । अत: गणित इतना आदिम है और उस कोटि का अनुभव है कि इसमें आत्मगत अंतर्वस्तु लगभग शून्य होती है । यह कहना सही नहीं है कि गणित में गुण नहीं होता, क्योंकि इसमें संख्याओं की गुणता का अंतर तो होता ही है जो स्वयं ही 'मैं' और अन्य के बीच के फर्क का प्रतिबिंब है । फिर भी यह गुण से लगभग शून्य-सा है और जैसा कि हम देख आए हैं, इसी वजह से गणित की भाषा सर्वाधिक शुद्ध रूप में प्रतीकात्मक है । परंतु चूँकि यह आत्म-चेतना के सबसे बुनियादी अंश पर आधारित है इसलिए यह सभी विज्ञानों में सबसे कम वस्तुपरक और सर्वाधिक 'प्रत्ययात्मक' प्रतीत होता है ।

शेष समस्त भाषा, चाहे वह कितनी भी वस्तुपरक और प्रतीकात्मक क्यों न

हो, अनिवार्य रूप से गुण की श्रेणियों का विवेचन करती है, क्योंकि वास्तव में किसी भी विज्ञान का क्षेत्र उन विशेष गुणों द्वारा परिभाषित होता है जिनसे इसका सरोकार होता है। इस कारण ही शेष भाषा में अनुभूति-ताल अर्थात अनुभव का वह आत्मगत सार तत्त्व जो कि 'गुण' का अंश है, अनिवार्य रूप में अलग-अलग मात्राओं में पाया जाता है।

गुण को केवल आत्मगत रूप में ही समझा जा सकता है और इसी रूप में इसमें विभेद भी किए जा सकते हैं। परंतु प्रत्यक्षतः यह कोई नई चीज नहीं रह गया है और अब एक सामाजिक तथ्य बन चुका है। इसे वस्तुगत रूप में प्रतिपादित किया जा सकता है और इसे परिमाण के क्षेत्र में उतारा जा सकता है। इस तरह एक बार जब हम सामाजिक रूप में नीले रंग को पहचान लेते हैं तो फिर इसे किसी खास तरंग-दीर्घता से भी जोड़ा जा सकता है और तब यह एक वस्तुगत तथ्य बन जाता है। अब इस पर वस्तुपरक ढंग से विचार किया जा सकता है। परंतु सर्वप्रथम जब यह एक विचित्र और अनन्य चीज प्रतीत हुआ था तब से लेकर अंततः एक तालिका पर मात्र एक अंक में बदलने तक इसमें कुछ न कुछ आत्मगत तत्त्व बना रहता है।

आत्मगत अनुभव का अपेक्षाकृत अधिक वस्तुगत क्षेत्र में यह अंतरण इसलिए महत्त्वपूर्ण है कि इसी से हम इस बात को समझ सकते हैं कि कैसे अनुभूति-ताल को अनुभूत विषय और इसलिए शब्द के भीतर पूरी तरह अलग नहीं किया जा सकता और इसके बावजूद हमारे पास केवल अनुभूतियों के लिए 'भीत', 'भय' जैसे शब्द कैसे हो सकते हैं। परंतु यहाँ 'भीत' और 'भय' वस्तुगत गुणों को प्रकट करते हैं। मन अपने भीतर झाँक सकता है और दूसरे लोगों पर नजर रख सकता है, और इस तरह इसकी अनुभूतियाँ सामाजिक जगत में प्रक्षेपित होकर वस्तुपरक बन जाती हैं, इसके लिए चिंतन का विषय बन जाती हैं। जिस अनुभव को हमने 'भीत' द्वारा सूचित किया, उसमें वह आत्मगत स्थिति भी है, जिसका यह वस्तुगत रूप में संकेत देता है और भयभीत होने में लोगों के सोचने की आत्मनिष्ठ अनुभूति-ताल भी है।

इस तरह अनुभव हमेशा अपने प्रतिवेश (Setting) से परिशोधित होता हुआ, हमेशा नए ताल और ग्रंथियाँ उत्पन्न करता हुआ स्वयं अपने ही को केंद्र में रखकर आगे-पीछे चलता रहता है और फिर भी जहाँ तक यह शब्द द्वारा सक्रिय होता है, हमेशा बाह्य यथार्थ और आंतरिक अनुभूति का प्रतीक बना रहता है।

जिस प्रकार शब्द वस्तुगत यथार्थ के एक अंश का ही संकेत देता है, अर्थात उसके विचार के लिए उद्दीपक बना रहता है उसी तरह यह अनुभूति-ताल के एक अंश के लिए भी उद्दीपक होता है।[1] शब्दावली की सीमाओं के कारण, कोई

1. शब्दों की भावात्मक और तर्क्य व्यंजना के बीच फर्क बहुत पुराने समय से होता आया है। भारतीय दर्शन ने कविता के विशेष लक्षण के रूप में ध्वनि अर्थात शब्दों के व्यंग्यार्थ को स्वीकृति दी है। दांते ने सिग्नम रैशनेल और सिग्नम सेंसुएल के बीच फर्क किया है जो पुनः

निश्चित शब्द बाह्य यथार्थ—उदाहरण के लिए, 'समुद्र' शब्द—के संभावित वर्गों, सत्ताओं या गतियों की एक पूरी शृंखला के लिए भी संभावित उद्दीपक होता है। परंतु दूसरे शब्दों के साथ व्याकरणिक संयोजनों के द्वारा इन अर्थों का एक हिस्सा ही प्रकट होता है—यह या तो केवल समुद्र का या किन्हीं स्थितियों में समुद्र का संकेत देता है। यही चयन किसी शब्द के संभावित अनुभूतिपरक साहचर्यों के विषय में भी लागू होता है, जिनमें से सभी किसी एक समय में उदित नहीं होते।

हम देख चुके हैं कि स्वीकृत प्रतीकोंवाले एक साझे गोचर जगत के अस्तित्व के कारण ही हम बाह्य यथार्थ के अपने अनुभव को अंशतः संप्रेषित कर पाते हैं। इसी प्रकार स्वीकृत प्रतीकोंवाले एक साझे अनुभूति-जगत के कारण ही हम अपनी अनुभूतियाँ दूसरों को संप्रेषित कर पाते हैं। यह साझा गोचर जगत समाज की चेतना में प्रतिबिंबित 'यथार्थ' जगत या सत्य के अतिरिक्त कुछ नहीं है। तब फिर साझा भावात्मक जगत क्या है? यह साझा भावात्मक जगत उस 'मैं' के अतिरिक्त कुछ नहीं है, जिसे लोग अपने सामाजिक अनुभव के परिणामस्वरूप रचते हैं।

हम घोर भाववादी की विडंबना को जानते हैं, जो यह नहीं जान सकता कि पदार्थ क्या है और इसलिए पदार्थ का ही निषेध कर जाता है, और जानते हैं उसके विपरीत व्यवहारवादी को, जो यह नहीं जान सकता कि लोग स्वयं के लिए क्या हैं और इसलिए चेतना का ही निषेध कर बैठता है। भाववादी का खंडन व्यवहार में यह सिद्ध करने से हो जाता है कि कुछ खास प्रचालनों से पदार्थ कुछ खास तत्त्वों को प्रदर्शित करता है, और जब परिवर्तन की इन समस्त संभावनाओं को खोज लिया जाता है तो 'स्वतः वस्तु' (थिंग इन इटसेल्फ) 'हमारे लिए वस्तु' (थिंग फोर अस) बन जाती है। इसी तरह व्यवहारवादी का खंडन व्यवहार में, अपने साथियों के साथ हमारे संबंधों के द्वारा हो जाता है, जिसमें हम इस बात का भरोसा रखते हैं कि उनमें हमारे-जैसी ही सहज प्रेरणाएँ हैं, जो समान क्रियाओं की ओर अग्रसर करती हैं और हम सहानुभूतिपूर्वक उनमें 'अपनी अनुभूति' करते हैं और इस तरह उनकी निजी चेतना (कांशसनेस ऑफ देमसेल्व्स) हमारे-लिए-व्यवहार (बिहैवियर फोर अस) बन जाती है।

साहचर्य में बंधे लोगों की साझी जिंदगी—जो कि किसी एक व्यक्ति के जीवन भर के अनुभव से कहीं बहुत अधिक शक्तिशाली होती है—बाह्य यथार्थ के साथ आदान-प्रदान के एक समूचे प्रसार को प्रतीकात्मक ढंग से सारबद्ध करती है, जो कि इस प्रकार प्रत्येक व्यक्ति के लिए ग्राह्य बन जाते हैं और जिनसे उनके ज्ञात विश्व

ओक्काम के विलियम द्वारा स्वीकृत भेद पर आधारित था। मिल्टन ने कविता की परिभाषा करते हुए इसे सरल, ऐंद्रिक और आवेशपूर्ण कहा था। यह प्रसिद्ध परिभाषा निश्चय ही इस अवधारणा से प्रभावित थी। आग्डेन (Ogden) और रिचर्ड ने अर्थ का जो विश्लेषण किया है, वह शब्दों के प्रतीकात्मक और आवेगप्रधान अर्थ के बीच विभेद है।

की रचना होती है। इसी प्रकार साहचर्य में बंधे मनुष्य ने भावात्मक अनुभवों का एक पूरा संसार जुटा रखा है, जो इस प्रकार सुगम्य बन जाता है और जिससे साझे अहं या मन[1] की रचना होती है। अब एक सभ्य मनुष्य का बाह्य यथार्थ विषयक दृष्टिकोण लगभग पूरी तरह साझे प्रत्यक्ष जगत से निर्मित होता है : वह सूर्य को एक दहकते हुए तारे के रूप में, गाय को एक जानवर के रूप में, लोहे को एक धातु के रूप में देखता है। भाषा की असाधारण शक्ति और सार्वजनीनता ही इस बात की गारंटी देती है। परंतु इतना ही सच यह भी है कि सूर्य, लोहा, गाय आदि के प्रति उसकी समस्त आवेगात्मक चेतना, उसका समूचा भावनात्मक नजरिया लगभग पूरी तरह साझे अहं से बना है जिसके द्वारा ही हम मनुष्य के रूप में परस्पर निकट साहचर्य में रह पाते हैं।

इस बात पर एक बार फिर बल देना जरूरी है कि न तो साझा गोचर जगत और न ही साझा अहं ही लोगों को एक मानवीकृत ढंग से सोचने या महसूस करने को बाध्य करता है। इसके विपरीत ये ही वे साधन हैं जिनके द्वारा मनुष्य अपनी वैयक्तिक भिन्नताएँ प्राप्त करता है। किसी एक प्रजाति (स्पीशीज) के प्राणियों को संसार बहुत कुछ एक-जैसा ही दिखाई देता है, क्योंकि यह इतना सरल-सा संसार होता है कि उनके जीवन में एक संकरे दायरे के भीतर बहुत अंतर नहीं हो सकता। एक सुसभ्य समाज में उत्पन्न एक मनुष्य के लिए दुनिया इतनी जटिल और विशद है कि उसका जीवन अनन्य हो सकता है। वह अपनी आनुवंशिक वैयक्तिकता (निजत्व) को पूरी तरह हासिल कर सकता है। इस तरह किसी एक जाति के प्राणियों का आवेगात्मक जीवन भी बहुत कुछ समान होता है क्योंकि उनका आवेगात्मक जीवन निहायत सादा होता है। परंतु कला और अनुभव की पीढ़ी-दर-पीढ़ी में सामाजिक अहं इतना सूक्ष्म और परिष्कृत हो गया है कि कोई व्यक्ति इसकी सीमा में अपनी आवेगात्मक विशिष्टताओं की पूर्ण सिद्धि कर सकता है।

एक पशु के लिए सूर्यास्त कुछ नहीं है। हमारे लिए यह जो कुछ है, वह कला

---

1. मन शब्द का दार्शनिकों और मनोवैज्ञानिकों द्वारा इतना भ्रामक विवेचन होता आया है कि इसका प्रयोग करते हुए झिझक होती है। इस शब्द का संभवतः सबसे सुसंगत प्रयोग गेस्टाल्ट मनोविज्ञान द्वारा किया गया है। चेतना के किसी भी क्षेत्र को लें तो मस्तिष्क उन तत्त्वों से निर्मित है जो ज्ञानात्मक और आत्मनिष्ठ छोर से जुड़े हुए हैं। भाववादी दार्शनिक मन का प्रयोग अधिक शिथिलता से करते हैं। सभी वस्तु-व्यापारों को मानसिक मान लिया जाता है, क्योंकि वे चेतन क्षेत्र के अंश हैं और चूँकि समस्त वस्तुओं को गोचर माना जाता है अतः समस्त वस्तुओं को मानसिक मान लिया जाता है। इस प्रकार भाववादी यथार्थ को 'मन' तक सीमित कर देता है, और चूँकि वह वस्तु-व्यापार को चेतन क्षेत्र का अंश मानता है अतः यथार्थ केवल 'उसका मन' रह जाता है।

की देन है। जब शब्द हमारे भीतर अनुभूति-ताल पैदा करते हैं तो हम इन्हें सामाजिक अहं से प्राप्त करते हैं। यदि ऐसा नहीं होता तो सिर्फ एक ध्वनि, जैसे कि पियानो की एक झंकार, समाज स्वीकृत मूल्यमान में से चुना हुआ एक तदनुरूप आवेगात्मक स्पंदन कैसे उत्पन्न कर पाती ?

चूँकि जटिल सामाजिक जगत और सामाजिक अहं हमें अपनी वैयक्तिकता की सिद्धि की ऐसी संभावनाएँ प्रदान करते हैं, अतः ठीक इसी कारण से हमें आधुनिक सभ्यता में समाज द्वारा वैयक्तिकता के रुद्ध होने की इतनी शिकायतें सुनने को मिलती हैं। बर्बर समाज में इस प्रकार की कोई शिकायत सुनने में नहीं आती, क्योंकि वहाँ स्वतंत्रता की संभावना तक का अस्तित्व नहीं होता। मनुष्य निहायत सादा और बंधा हुआ होता है। जब उत्पादन की शक्तियों के विकास के अनुरूप ही सामाजिक जगत और सामाजिक अहं में विकास होता है जो मनुष्य की आत्म-सिद्धि की अकल्पनीय संभावनाएँ प्रदान करता है, और इसके बावजूद इन शक्तियों का उपयोग उत्पादन-संबंधों द्वारा प्रत्यक्षतः रुद्ध हो जाता है, तब समृद्ध चेतना के एक संसार में हर ओर से 'आवेगात्मक दुर्भिक्ष' और 'व्यक्तित्व हनन' के विरुद्ध आवाजें उठने लगती हैं। ये शिकायतें एक समृद्ध संसार में कुपोषण और बेरोजगारी की भर्त्सना का वैचारिक प्रतिरूप होती हैं। ये आधुनिक समाज के विरुद्ध विरोध के निरंतर प्रखर होते हुए स्वर का ही अंग होती हैं। ये क्रांति का अग्रदूत होती हैं।

IV

हम देख चुके हैं कि अनुभव में वस्तु या आत्म, पदार्थ या मन, कोई भी कभी पूरी तरह 'शुद्ध' नहीं होते हैं, और यह कि इस मिलावट का प्रतिबिंब भाषा में दिखाई देता है। अतः साझा जगत और साझा अहं दोनों एक-दूसरे से पृथक नहीं होते, ये एक-दूसरे में घुले-मिले होते हैं। यथार्थ के किसी निश्चित अंश के प्रति एक निश्चित आत्मनिष्ठ रवैया संसार में हमेशा बना रहता है। विज्ञान जो कि वस्तुगत यथार्थ से संबंध रखता है, ऐसी शब्दावली का प्रयोग करता है जो यथासंभव स्व का परिहार या निषेध कर सके : कला यथासंभव ऐसी शब्दावली का प्रयोग करती है जो इनका निर्माण कर सके।

अनुभव मात्र व्यवस्थित होता है, यथार्थ होता है। यहाँ वस्तु-व्यापार पर रंचमात्र भी धुंध नहीं होती, बल्कि चीजें एक यथार्थ दिक्-जगत में फैलती चली जाती हैं। इसी तरह अनुभूतियाँ भी व्यवस्थित होती हैं। अहं में ये एक बिंदु पर आ जाती हैं, इनमें स्थिरता आती है और ये विकीर्ण होती हैं और इनमें व्यापक प्रेरणाएँ मर जाती हैं और समांगता आ जाती है।

इसलिए शब्दों को ऊल-जलूल ढंग से उछाला नहीं जा सकता। उनमें विन्यास होना ही चाहिए। उन्हें किसी यथार्थ चीज की—विश्व के एक अंश की,

और इसके प्रति एक वास्तविक रुझान की—अहं के एक अंश की—अभिव्यक्ति होनी ही चाहिए।

जब हम कोई वैज्ञानिक कथन करते हैं तो यह किन्हीं प्रेक्षणीय चीजों—क्रम व्यवस्था के प्रेक्षणीय प्रचालनों, प्रेक्षणीय रंगों, क्रियाओं आदि के विषय में होता है। हम यह मानकर चलते हैं कि 'कोई न कोई' यह क्रम व्यवस्था और गणना कर रहा है। यह कल्पना इतनी परोक्ष और अलक्ष्य होती है कि वैज्ञानिक हमेशा इस बात का अहसास नहीं कर पाते कि वे यह कल्पना करके चल रहे हैं और यह कि वे हर चीज का हवाला किसी प्रेक्षक को दे रहे हैं। यदि प्रश्न किया जाए तो वे जवाब देंगे कि यह प्रेक्षक कोई भी 'सही समझवाला व्यक्ति' हो सकता है और इस बात की व्याख्या नहीं करेंगे कि कौन-सा सही समझवाला व्यक्ति इतने चित्र-विचित्र अनुभव रख सकता है और इसके प्रति इतना तटस्थ और इतना अधिक निष्पक्ष रुख अपना सकता है। वैज्ञानिक इस कल्पित प्रेक्षक को एक पाड़-जैसा समझ कर चलते हैं और यह मान बैठते हैं कि यदि जरूरी हुआ तो इस पाड़ को आसानी से गिराया भी जा सकता है—पूरी इमारत को इससे कोई फर्क नहीं पड़ेगा। परंतु भौतिकी के क्षेत्र में हुए नवीनतम विकासों ने यह सिद्ध कर दिया है कि यदि इस पाड़ को गिरा दिया गया तो कुछ भी बाकी नहीं रह जाएगा। इमारत का सहारा पूरी तरह यह पाड़ ही है। विज्ञान का यह सार्वभौम 'आभासिक अहं' भ्रामक होते हुए भी आवश्यक है; विज्ञान की भाषा जिस यथार्थ को प्रतीकबद्ध करती है, वह समूचा 'उसी' से जुड़ा हुआ है। केवल गणित ही है जो उससे बच निकलता है, और वह भी, जैसा कि हम देख चुके हैं, केवल इसलिए कि यह बाह्य यथार्थ से बचकर मनुष्य के दिमाग में आ पहुँचता है और उस 'आभासिक अहं' के व्यक्तित्व का महज एक विस्तार बनकर रह जाता है। निश्चय ही वैज्ञानिक इस 'आभासिक अहं' को बहुत गंभीरता से नहीं लेते। उसे एक अमूर्तन के रूप में लिया जाता है। उसके घरेलू जीवन या आमोद-प्रमोद में किसी की कोई दिलचस्पी नहीं।

अब ठीक इसी तरह जब कविता—या मोटे तौर पर साहित्य—सामाजिक अहं को 'प्रतीकबद्ध' करना चाहता है, भावात्मक रुख को एक व्यवस्थित रीति से संप्रेषित करना चाहता है, तो भी यह यथार्थ के बारे में कुछ कथन करने के लिए बाध्य होता है। आवेग केवल यथार्थ के अंशों से जुड़े हुए यथार्थ जीवन में ही पाए जाते हैं और इसलिए यथार्थ के अंशों को—और वह भी व्यवस्थित अंशों को—इस तरह पेश किया जाना चाहिए कि इनसे वह आवेगात्मक रुझान उत्पन्न हो सके। परंतु अंतर्निहित आवेगात्मक रुझान के लिए चुने गए यथार्थ के बारे में कथन भौतिक यथार्थ के विषय में उसी तरह नहीं माना जाता जैसे विज्ञान का आभासिक अहं एक वास्तविक मनुष्य नहीं माना जाता। यह एक आभासिक जगत है; यह एक भ्रम है और इसी रूप में इसे स्वीकार किया जाता है। इस तरह एक घुमावदार रास्ते

से हम फिर उसी भ्रम पर, अनुकृति पर लौट आए हैं जो कि साहित्यिक कला का सार तत्त्व, इसकी गुत्थी और पद्धति है।

विज्ञान का यह आभासिक अहं और कला का यह आभासिक संसार दोनों आवश्यक हैं क्योंकि अनुभव में विषय और वस्तु पृथक नहीं होते बल्कि एक अनवरत संघर्ष से अंतर्विरोध में जुड़े रहते हैं। विज्ञान और कला दोनों ही भ्रम के प्राथमिक विभाजन द्वारा पुराण गाथा से अलग फूटे थे ताकि इनमें से प्रत्येक अधिक विकसित हो सके। इन दोनों में अलगाव के उस बिंदु का एक लक्षण या अदृश्य पहलू अभी तक बना रह गया है। यह अदृश्य पहलू है विज्ञान का आभासिक अहं और कला का आभासिक जगत। कला और विज्ञान दोनों प्लेटो के सिंपोजियम में अरिस्टोफेन्स की कथा के अनुसार उस आदिम अर्धनारीश्वर-जैसे हैं, जिसे बीच से चीरकर दो अर्धांगों में विभाजित कर दिया गया था और इसलिए इनमें से प्रत्येक अर्धांग उतनी ही उत्कटता से दूसरे की तलाश करता है। परंतु कला और विज्ञान को यदि एक-दूसरे से जोड़ दिया जाए तो भी ये एक पूरी ठोस दुनिया की रचना नहीं करते—ये एक पूरी खोखली दुनिया की—एक अमूर्त दुनिया की रचना करते हैं, जिसे उन ठोस मनुष्यों के ठोस जीवन के समावेश से ही ठोस और सजीव बनाया जा सकता है जिनके द्वारा इनका जनन हुआ है।

तब फिर विज्ञान और कला का प्रयोजन क्या है ? इनका सामाजिक दायित्व क्या है ? इस आभासिक दुनिया और इस आभासिक मनुष्य पर यथार्थ की एक ठंडी पर सही आकृति क्यों पलती है और मनुष्य की अपनी शक्ल का एक अजीबोगरीब पर मार्मिक प्रत्यंकन क्यों होता है ?

ये दोनों ही सामाजिक प्रक्रिया के अंग के रूप में जन्म लेते हैं : ये सामाजिक उपज हैं और सामाजिक उपज चाहे वह भौतिक हो या वैचारिक, इसका एक ही लक्ष्य हो सकता है और वह है स्वतंत्रता का लक्ष्य। मनुष्य प्रकृति के साथ अपने संघर्ष में जिस चीज की तलाश करता है, वह है स्वतंत्रता। यह स्वतंत्रता चूँकि क्रिया के बिना अर्जित नहीं की जा सकती इसलिए यह महज चिंतन की स्वतंत्रता नहीं है। इसे हासिल करने के लिए मनुष्य महज अपने भीतर सिमटकर नहीं रह जाता कि 'जो भी होता है होने दो।' जैसे कला की स्वत:स्फूर्तता श्रमजन्य क्रिया का परिणाम है, उसी तरह स्वतंत्रता की भी अपनी कीमत चिर सतर्कता नहीं अपितु सतत श्रम है। विज्ञान और कला क्रिया के मार्गदर्शक हैं।

(1) विज्ञान व्यक्ति को बाह्य यथार्थ में एक गहनतर और जटिलतर अंतर्दृष्टि प्रदान करता है। यह व्यक्ति की चेतना की गोचर अंतर्वस्तु को इस प्रकार रूपांतरित करता है कि वह जिस जगत को अधिक स्पष्टता और व्यापकता से समझता है उसमें विचरण कर सके; और वस्तुगत रूप में अर्थात यदि उसकी क्रिया के उपादानों के रूप में, उसकी हथौड़ी के लिए निहाई के रूप में, विचार करें तो

यथार्थ का यह अंतर्भेदन मनुष्यों के निष्प्राण पर्यावरण से बहुत आगे चला जाता है। कारण, यह विस्तृत और जटिल जगत साहचर्य में बंधे लोगों द्वारा ही उद्‌घाटित किया जाता है, क्योंकि यह एक मनुष्य के वश की बात नहीं है—इसलिए यह एक सामाजिक यथार्थ है, सभी मनुष्यों का साझे का संसार है। इसलिए इसका विस्तार व्यक्ति की स्वतंत्रता का विस्तार करने के साथ ही साहचर्य में बंधे मनुष्यों के लिए एक उच्चतर स्तर पर विकास की छूट प्रदान करता है। यह बाह्य यथार्थ की अनिवार्यता की चेतना है।

(2) कला का दूसरा संसार जो कि अनुभव से जुड़े व्यवस्थित आवेगों का संसार है, सामाजिक अहं का वह संसार है, जो सबकुछ को झेलता है, हर चीज का आनंद लेता है और अपने अनुभव द्वारा सबको संगठित करता है, व्यक्ति के लिए आंतरिक अनुभूतियों और आकांक्षाओं के एक समूचे नए विश्व की उपलब्धि कराता है। उन विविध रीतियों को प्रकट करके जिनके द्वारा सहज वृत्तियाँ और 'हृदय' अपने को अनुभवों के साथ अनुकूलित करते हैं, यह इनकी अनंत सामर्थ्यों का उद्‌घाटन करता है। यह चेतना की आवेगात्मक अंतर्वस्तु को इस तरह परिवर्तित करता है कि यह विश्व के साथ अधिक सूक्ष्मता और गहनता के साथ प्रतिक्रिया कर सके। आंतरिक यथार्थ का यह अंतर्भेदन चूंकि साहचर्य में बंधे लोगों द्वारा किया जाता है, और इसमें इतनी जटिलता होती है कि इसे हासिल करना एक आदमी के वश की बात नहीं है, अतः यह उसके साथियों के हृदयों को भी उद्‌घाटित करता है और समाज की पूरी सामूहिक अनुभूति को जटिलता के एक नए स्तर पर पहुँचाता है। यह मनुष्यों के बीच चेतन सहानुभूति, अवबोध और भावना को संभव बनाता है, जो आर्थिक उत्पादन द्वारा हासिल किए गए भौतिक संगठन के नए स्तरों से मेल खाता है। जिस प्रकार कबीलाई नृत्य में अपने हृदय में, अपनी सहज वृत्तियों के स्रोत में लीन प्रत्येक नर्तक की लयात्मक अंतर्मुखता अपने साथियों के साथ एक प्रत्यक्ष जगत में नहीं बल्कि सहज वृत्तियों और खून की गरमाईवाली लय के एक साझे संसार में हिस्सा बँटाती है, उसी तरह आज की कला का सहज संसार उस आम आदमी से बना है जिसमें हम अपने साथियों के साथ संपर्क कायम करने के लिए लीन होते हैं। कला सहज वृत्तियों की अनिवार्यता की चेतना है।

(3) इस बात को समझ लेना महत्त्वपूर्ण है कि कला उसी तरह प्रचार नहीं है जैसे विज्ञान। उसका यह अर्थ नहीं कि इनमें से किसी की कोई सामाजिक भूमिका ही नहीं होती। इसके विपरीत इनकी भूमिका कुछ ऐसी है जो प्रचार की प्राथमिक आवश्यकता है और यह प्रचार—अर्थात लोगों की मानसिकता को बदलने—की तुलना में अधिक बुनियादी है। ये लोगों की मानसिकता को एक खास ढंग से बदलती है। विज्ञान बाह्य यथार्थ के प्रति मनुष्य के दृष्टिकोण को किस तरह बदलता है, इसके एक अतिवादी मामले के रूप में एक गणितीय दृष्टांत को लें। यह

नहीं कहा जा सकता कि यह लोगों को अनुचालित करता है। गणित का कोई दृष्टांत या तो सही प्रतीत होगा या गलत। यदि सही सिद्ध हुआ तो यह बाह्य यथार्थ के एक अतिरिक्त अंश के रूप में हमारे मन में अपने को बिठा लेगा। यदि गलत सिद्ध हुआ तो हम इसे निरा शब्द-प्रपंच मानकर इसे अस्वीकार कर देंगे। परंतु यदि हम इसे स्वीकार करते हैं तो हम इसके सत्य से उससे अधिक अनुचालित नहीं होते जितना हम अपने सामने खड़ी एक इमारत की सचाई से अनुचालित होते हैं। हम इसे स्वीकार नहीं करते; हम इसे देखते हैं।

इसी तरह कला में, हम हैमलेट की उलझन, या पुफ्रोक के रुग्ण जीवन-विरक्ति के अस्तित्व से अनुचालित नहीं होते। हम एल्सिनोर या प्रूस्त के मैडेलिन केक के अस्तित्व से अनुचालित नहीं होते। कविता या नाटक या उपन्यास का समस्त भावनात्मक जाल हमारे आत्मनिष्ठ जगत में उतर जाता है। हम कुछ ऐसा-ऐसा और ऐसे-ऐसे महसूस करते हैं। हम इनके सत्य से उससे अधिक अनुचालित नहीं होते जितने दाँत की दर्द की सचाई से। परंतु आवेगात्मक पैटर्न की सुस्पष्टता और सामाजिक सार्वभौमता की घोषणा उस संवेदन की उत्कटता से होती है, जिसे हम सौंदर्य कहते हैं। संगीत इस बात का कहीं इससे भी बढ़िया उदाहरण है।

अतः सिर्फ इस वजह से कि सत्य और सौंदर्य क्रिया के लिए मार्गदर्शक का काम करते हैं, इनमें से कोई भी अनुचालन नहीं है। अनुचालन मार्गदर्शक नहीं होता बल्कि किसी कार्य की दिशा में अनुचालन होता है। कुछ भिन्न होने या करने के लिए एक दबाव होता है। वास्तव में विज्ञान और कला दोनों भाषा के दो उल्टे ध्रुव हैं और भाषा की प्रमुख भूमिका है लोगों को अनुचालित करना। इसने इन दोनों ध्रुवों को परिष्कारों के रूप में, जीवन के उन्नयन के लिए तपे शूलाग्रों की तरह ही विकास किया है। कला और विज्ञान ऐसे अनुचालन हैं जो अपने विशेषीकरण के कारण उसी तरह अनुचालन रह ही नहीं गए हैं, जैसे फूल की पंखुड़ियों में पत्तियाँ इतनी विशेषीकृत हो जाती हैं कि वे पत्तियों का काम करना बंद कर देती हैं।

भाषा का जीवन-स्रोत दैनिक जीवन है और दैनिक जीवन में ऐसा सारा वार्तालाप जो वस्तुगत दृष्टि से विचार करने पर बाह्य यथार्थ (अर्थात घटनाओं या वस्तुगत दृष्टि से देखने पर वक्ता की भावनाओं) की या आंतरिक यथार्थ (जैसे बलाघात, क्रुद्ध या तुष्ट लहजे, मौखिक अभिव्यक्तियाँ, विदग्ध उक्तियाँ, रीति, नम्र, पैनी, विस्मयकारी या हार्दिकतापूर्ण पदावली) की सूचना नहीं देता, वह अरस्तू के अर्थ में उद्गारपूर्ण होती है, अर्थात यह इस रूप में नियोजित होती है कि दूसरों को एक खास ढंग से काम करने या महसूस करने के लिए अनुचालित कर सके।

तो फिर उद्गार का विज्ञान और कला से यह संबंध है कि यह बाह्य यथार्थ या सहज वृत्तियों के प्रति क्रिया का मार्गदर्शक नहीं है बल्कि यह हमेशा मिश्रित या

सुरसंगत होता है। अतः जहाँ मनुष्य में किसी चीज को एक खास ढंग से करने की सहज ललक होती है, वहीं अनुचालन का लक्ष्य होता है। बाह्य यथार्थ की प्रकृति की इस प्रकार व्याख्या करना कि वह उस खास चीज को ही देखने या करने की आवश्यकता अनुभव करे, जिसके लिए हम उसे अनुचालित करना चाहते हैं। दूसरी ओर यदि स्थिति बड़े साफ ढंग से क्रिया का इजहार करती है, तो हमारे अनुचालन का लक्ष्य उस कार्य को पूरा करने के लिए आवेगात्मक ललक उत्पन्न करना होगा। इस तरह शब्दों के प्रयोग का एक तरह का विलोमीकरण होता है। आवेगात्मक कारणों से वस्तुपरक उक्तियों का और वस्तुपरक कारणों से आवेगात्मक उक्तियों का प्रयोग किया जाता है; परंतु सामान्यतः दोनों मिश्रित होती हैं।

उद्‌गार या अनुचालन भाषा के सार्वभौम रूप हैं, जिनके द्वारा एक ओर तो किन्हीं कार्यों की अनिवार्यता के विषय में और दूसरी ओर सहज वृत्तियों के तकाजों के विषय में रोजमर्रा के कार्य-व्यापार में जोर देकर लोग खुले रूप में एक-दूसरे का मार्गदर्शन और नेतृत्व करते हैं। उद्‌गार की जड़ें भी बाह्य यथार्थ में और वंशजात (जीनोटाइप) में हैं और चूँकि यह अधिक सीधा, जोरदार और गद्यात्मक होता है, अतः अधिक आदिम और रोजमर्रा की चीज होता है। साहचर्य के एक उपकरण के रूप में यह भाषा का ताना-बाना होता है, इसी से विज्ञान और कला की भाषाएँ अपेक्षाकृत अधिक विशेषीकृत, अधिक गठित, अधिक कटी हुई, अधिक अमूर्त और अपने विशेष क्षेत्रों में अधिक वास्तविक और ग्राह्य रूपों में अलग होती है और इसका असल कारण है उन अयथार्थ और भ्रामक पाड़ों में आभासिक अहं और आभासिक जगत में उनका उपयोग।

अनुचालन का प्रयोग लोगों को गुमराह करने के लिए भी हो सकता है, उद्‌गार खोखला और ढोंगपूर्ण भी हो सकता है, यह कहने का अर्थ होगा, इस सर्वविदित तथ्य को ही दूसरे ढंग से दुहराना कि सत्य और भ्रांति दोनों का अस्तित्व है और यह कि मनुष्य गलतियाँ भी करता है। यह अनुचालन को ही खारिज नहीं कर देता। विज्ञान झूठा हो सकता है, कला निष्प्राण हो सकती है, अनुचालन पाखंडपूर्ण और भ्रामक हो सकता है। ज्यों-ज्यों समाज का ऐतिहासिक विकास होता है, त्यों-त्यों गलत अनुचालन सही अनुचालनों से उत्पन्न होते हैं।

तो फिर हम देखते हैं कि भाषा केवल बाह्य यथार्थ की एक निष्प्राण प्रतिकृति को ही संप्रेषित नहीं करती बल्कि साथ ही इसके प्रति एक रुख को भी संप्रेषित करती है और यह ऐसा इसलिए करती है कि समस्त अनुभव, समस्त जीवन, समस्त यथार्थ प्रकृति के साथ मनुष्य के संघर्ष के दौरान सचेत रूप में उत्पन्न होते हैं। बाह्य यथार्थ का यह बिंब और यह अहं दोनों एक-दूसरे का सामना उस तरह जड़ रूप में

नहीं करते जैसे किसी खाई के दोनों ओर की चट्टानें। ये ठोस जीवन से उत्पन्न होते हैं और उसी में पुनः लौटते हैं। ये एक द्वंद्वात्मक विकास के परिणाम हैं। इनके बीच पदार्थ सेतु का काम करता है। ये दोनों उस जमीन पर बने हैं, जो शरीर को पर्यावरण से जोड़ती है। भाषा की प्रकृति स्वयं ही उस अंतर्भेदन का प्रमाण है। अतः कला और विज्ञान दोनों सामाजिक क्रिया के माध्यम से, अनुचालन की मध्यस्थता से, निरंतर एक-दूसरे के हाथ में खेलते रहते हैं। चूँकि मनुष्य का जीवन मनुष्य और प्रकृति के बीच के अंतर्विरोध से वर्तमान यर्थाथ से निःसृत होता है, अतः इस अंतर्विरोध से ही बाह्य यथार्थ और आंतरिक अनुभूति एक-दूसरे को और स्वयं अपने को विकसित करते हैं।

कविता उस मानव जीवन की ही भाँति, जो कि इसका उत्स है, गणित और संगीत के सार्थक कलह से उत्पन्न होती है।

अध्याय 9

मानस और फंतासी

कविता की रचना कवि द्वारा की जाती है। जो अंतर्विरोध इसको जन्म देता है, वह एक विशेष प्रकार का अंतर्विरोध है जो समाज को परिचालित करता है और जिसका सामना लोगों के वास्तविक जीवन और वास्तविक चेतना में किया जाता है। यह है मनुष्य की लालसा और प्रकृति की अनिवार्यता के बीच का अंतर्विरोध। कविता का उद्‌भव कवि की सहज वृत्ति और अनुभव के बीच के अंतर्विरोध से होता है। यह तनाव उसे एक भ्रामक फंतासी की दुनिया रचने को प्रेरित करता है जिसका उस यथार्थ जगत से एक निश्चित और कार्यमूलक संबंध है जिसका कि यह प्रस्फुरण है।

बीसवीं शताब्दी में फंतासी की सामान्य प्रकृति के विषय में बहुत कुछ जानने को मिला है। इस शताब्दी की महत्त्वपूर्ण खोजों में मनोचिकित्सा की खोजें आती हैं, जिसमें चार्कोट, येने, मार्टन प्रिंस और सबसे बढ़कर फ्रायड-जैसे अग्रणी व्यक्तियों द्वारा प्रयुक्त पद्धतियाँ आती हैं। फ्रायड के शिष्यों ने अनेक प्रतिस्पर्धी मतों की स्थापना की, जिनमें सबसे विख्यात युंग का (विश्लेषणात्मक मनोविज्ञान) और ऐडलर का (व्यक्तिनिष्ठ मनोविज्ञान) हैं।

संभवत: आधुनिक विज्ञान के किसी भी क्षेत्र में इसकी तात्विक कमजोरियों को उससे अधिक स्पष्टता से सिद्ध नहीं किया जा सका है, जितना फ्रायड द्वारा अपने आरंभिक अनुसंधानों में हासिल किए गए महत्त्वपूर्ण आँकड़ों का उनके परवर्ती विकास द्वारा। यह कमजोरी है एक ऐसी समन्वयकारी विश्व दृष्टि का अभाव, जिसमें कि अनुभवजन्य खोजों को समायोजित किया जा सके। फ्रायड-जैसे प्रतिभाशाली शोधकर्मी के अनुसंधानों ने आधुनिक विचारधारा की निराशाजनक उलझन को सुलझाने की जगह इन्हें बढ़ाया ही है।

वैज्ञानिक के पास दो ही विकल्प बच रहते हैं। एक ओर तो वह अपनी खोजों को केवल अपने विशेष क्षेत्र तक सीमित रखता है, और समग्र यथार्थ के प्रति सर्वथा सर्वदर्शनवादी रुख अपना लेता है, जिसके परिणामस्वरूप एक ऐसा दृष्टिकोण पैदा

होता है, जिसके अनुसार यथार्थ तत्त्वतः अज्ञेय बन जाता है और एक ऐसी अवधारणा जन्म लेती है, जिसके अनुसार विज्ञान ऐसी अनुभवपरक खोजों और सुविधाजनक समाहारों का आकलन बन जाता है, जो सुसंगत या समन्वयात्मक ही हों, यह आवश्यक नहीं। अथवा, दूसरी ओर, जिस वैज्ञानिक ने कुछ महत्त्वपूर्ण खोजें की हैं, वह विज्ञान मात्र में पाई जानेवाली विश्वदृष्टि की उपेक्षा करके अपने द्वारा की गई विशेष सीमित खोजों के आधार पर ही अपनी एक पूरी विचारधारा खड़ी कर सकता है। स्वाभाविक है कि इस प्रकार की विचारधारा यथार्थ को ही उलट देगी और यथार्थ तथा मानव मस्तिष्क के अधिकांश महत्त्वपूर्ण लक्षणों का समाधान करने में असफल रहेगी। इसकी व्याख्या द्वारा जिन चीजों का जवाब नहीं मिल पाएगा उन्हें किसी और चीज के द्वारा नहीं बल्कि निरी अधकचरी पद्धति के द्वारा जबर्दस्ती चंद इतर तथ्य कहकर टाल दिया जाएगा।

मगर यदि यह किसी वैज्ञानिक को अरुचिकर प्रतीत होता है—और यदि कोई व्यक्ति सचमुच कुछ मंजा हुआ वैज्ञानिक है तो उसे ऐसा लगेगा ही—तो ऐसे तत्त्वों की रहस्यवादी व्याख्या दी जाएगी, जिनकी व्याख्या उसकी सीमित विश्व दृष्टि द्वारा की हो नहीं जा सकती। यथार्थ के एक बहुत बड़े अंश को बड़ी सुविधा के साथ धर्म के क्षेत्र में पहुँचा दिया जाएगा जैसा कि प्राणवादियों, ईश्वरवादियों, आत्मानुभूति वादियों और अध्यात्मवादियों के साथ आम तौर पर पाया जाता है।

फ्रायड अनुभववाद के प्रतिनिधि हैं, जिसकी पद्धति अपव्याख्यावादी है तो युंग अपेक्षाकृत अधिक सर्वदर्शनवादी और रहस्यवादी दृष्टिकोण अपनाते हैं।

फ्रायड यौन भावना की किंचित विशद परिभाषा करते हुए, समस्त मानव विचारधारा में यौन भावना तलाश कर लेते हैं, परंतु इसे सबसे अधिक स्पष्टता के साथ तंत्रिकातंत्र की (स्नायविक) उलझनों की उपज के रूप में देखते हैं। इस यौन भावना का उदात्तीकरण कलात्मक, धार्मिक और दार्शनिक अनेक रूप लेता है। वास्तव में यह समस्त मानव क्रियाशीलता की जननी शक्ति है। इस पर आपत्ति करनेवाला कहेगा, "पर तब तो यौन भावना यौन भावना के अतिरिक्त कुछ और भी हुई क्योंकि यौन भावना यौन क्रिया की पूर्ति की दिशा में उन्मुख एक खास प्रवृत्ति है?" फ्रायड का उत्तर है, "नहीं। यौन भावना का चूँकि मानस में अहं तथा पराहं के कठोर निषेध से द्वंद्व होता है इसलिए यह इतना सरल रूप ले ही नहीं सकती। इस द्वंद्व के उदात्तीकरण के प्रयास में ही विचारधारा की संपदा उत्पन्न होती है। इस विचारधारा में धर्म, आचार, कला, दर्शन, आँधियाँ और स्वप्न आते है।"

फ्रायड इस मनमाने अहं-प्रकृति के द्वंद्व को आनंद और यथार्थ सिद्धांत द्वारा और आगे ले जाते हैं। आनंद का सिद्धांत मानस के यौन भाग की प्रवृत्तिजन्य कामनाओं को प्रस्तुत करता है। अहं यथार्थ के सिद्धांत से जुड़ा हुआ है। यहाँ हमें

सुपरिचित जैव विरोध—सहज जीव और वातावरण के साथ इसका अनुकूलन—के एक विशेष संस्करण के अतिरिक्त कुछ नहीं मिलता।

फ्रायड का आनंद सिद्धांत (जिसमें जैसा कि वह स्वयं मानते हैं, यौन वृत्ति के अतिरिक्त भूख की तथा अन्य सहज वृत्तियाँ भी शामिल हैं) जीवन की क्षुधामूलक चेष्टा है, और यथार्थ सिद्धांत है पर्यावरण द्वारा उत्पन्न इसकी क्षुधाओं का अनुकूलन या अनुरूपण। क्रिया में देखें तो अनुकूलन की यह सहज प्रवृत्ति वैसी ही लगेगी, जैसे चूहे का पीछा करती हुई बिल्ली, मछली का शिकार करता हुआ ऊदबिलाव, पहरा देता हुआ और फिर भागता हुआ हिरन। परंतु इन दोनों के बीच कोई कठोर भेद रेखा नहीं खींची जा सकती। जोड़े की खोज करते समय, भोजन की तलाश करते समय या खतरे से बचाव करते समय आनंद के सिद्धांत पर अमल किया जा रहा है, परंतु प्राणी बाह्य यथार्थ की उपेक्षा नहीं कर सकता। वास्तव में यथार्थ के प्रति अपने अनुकूलन की मदद से ही वह अपनी क्षुधा-वृत्ति को तुष्ट करता है। फिर ये दोनों प्राणियों में द्वंद्व क्यों नहीं उत्पन्न करते और इस तरह मनस्ताप और विचारधारा की सृष्टि क्यों नहीं करते ? मनुष्य का चेतन अहं क्यों यथार्थ के तत्त्व से जुड़ा है न कि यौन तुष्टि, भूख या आत्म परिरक्षण की अपेक्षाकृत अधिक 'अहंवादी' क्षुधामूलक सहज वृत्तियों से ?

वास्तव में फ्रायड, मनुष्य को अति प्राचीन काल से ज्ञात मानदंडों की अपने नए किंतु सीमित क्षेत्र में नए सिरे से खोज कर रहे थे और फिर इन्हें अपने क्षेत्र में प्राप्त होनेवाले नामों और विशेष तोड़-मरोड़ के साथ फिर पूरे मानव चिंतन के क्षेत्र पर लागू कर रहे थे। यह अहं और वस्तु, मनुष्य और प्रकृति, सहज वृत्ति और पर्यावरण, मुक्त इच्छा और अनिवार्यता, जीवन और पदार्थ के बीच का पूरा अंतर्विरोध है जो फ्रायड के मनोविज्ञान में तीन विभिन्न लिबासों में प्रकट होते हैं : (क) आनंद तत्त्व और यथार्थ तत्त्व के रूप में, (ख) जीवन और मृत्यु की प्रवृत्ति के रूप में, (ग) अहं (जिसमें इसकी संतति इद, इदं और अत्यहं भी आते हैं) तथा कामवासना के रूप में।

हम विषयवस्तु के इस द्वैतवाद के विषय में (जो कि अब तक लगातार हमारे अध्ययन का आधार बना रहा है) कह आए हैं कि लोग अपने को परस्पर निषेधकारी विलोमों के रूप में इन्हें अलग करते आए हैं और इनमें से केवल एक को यथार्थ की हैसियत प्रदान करते आए हैं। इस प्रकार यथार्थ को केवल उन तत्त्वों तक सीमित कर दिया जाता है जिनमें दूसरे का कोई अंश नहीं होता। चूँकि इस प्रकार के विलोम निषेधकारी नहीं होते बल्कि परस्पर व्याप्त रहते हैं, अतः इस प्रकार की अपव्याख्या अंततः विश्व को एक अर्थहीन संज्ञा से अधिक कुछ रहने ही नहीं देती।

चूँकि फ्रायड दार्शनिक नहीं बल्कि मनोवैज्ञानिक हैं, इसलिए वह समग्र यथार्थ

क्रा नहीं अपितु मनोव्यापार का, वस्तुगत रूप में विचार करें तो चेतन और अवचेतन का विवेचन करते हैं। परंतु जैसा कि ज्ञान के समूचे क्षेत्र में होता है, यहाँ भी पर्यावरण और सहज वृत्ति की वही अंतर्व्याप्ति घटित होती है और किसी भी ऐसे मनोव्यापार को विशिष्टतः सहज मानकर अलग करना जो पर्यावरण से किसी प्रकार अनुकूलित ही न हुआ हो, सर्वथा असंभव है। यदि हम ऐसा करने का प्रयत्न करें, किसी ऐसे मनोव्यापार को जिस पर पर्यावरण की छाप पड़ी हो 'अतिरिक्त' या 'उदात्तीकृत' कहकर निकाल देने का प्रयत्न करें तो हम तब तक चेतना की पर्त दर पर्त को गौण और अयथार्थ कहकर अलग छाँटते जाएँगे जब तक एक मात्र सच्चे मानसिक यथार्थ के रूप में हम एक अस्पष्ट और आकारहीन चीज तक अर्थात कामवासना नामक एक निरे नाम पर नहीं पहुँच जाते।

इसके बावजूद यह खोज मनोविज्ञान के प्रति फ्रायड के पूँजीवादी विश्लेषण में आरंभ से ही पाई जाती है। यह पूँजीवादी दार्शनिक एक नागरिक समाज में व्यक्ति के दृष्टिकोण से ऊपर उठने में असमर्थ है। समस्त सामाजिक सक्रियता प्रकृति का सीधा सामना करती हुई व्यक्ति की स्वतंत्र इच्छा और गतिशील ललक की उपज है। चूँकि इसका सहज केंद्र ही इसकी स्वतंत्रता का स्रोत है अतः सामाजिक संबंधों द्वारा इस पर लगाई गई कोई पाबंदी उसके कार्य-व्यापार के प्रसार को कुंठित और विकृत करती है।

यह धारणा निस्संदेह एक ऐसे वर्ग के सर्वथा उपयुक्त है जिसके अस्तित्व की शर्त यह है कि बाजार को ध्यान में रखते हुए उसे जो कुछ सर्वोत्तम प्रतीत हो, वह बिलकुल उसी का उत्पादन करने के लिए स्वतंत्र है। बाजार स्वयं प्रकृति या पर्यावरण का ही एक तरह का विस्तार है। एक ऐसे वर्ग के लिए जिसके विकास की आरंभिक शर्त यह थी कि यह सामंती संबंधों को खत्म कर दे, स्वतंत्रता अनिवार्य रूप से व्यक्ति का दैवी अधिकार प्रतीत होती है और स्वतंत्रता उन सामाजिक संबंधों की अनिवार्यता का अज्ञान प्रतीत होती है, जो व्यक्ति की लालसाओं को प्रभावित करते हैं।

इस प्रकार की अवधारणा से समाज और स्वतंत्रता का सर्वथा मिथ्या दृष्टिकोण और इसलिए मनोविज्ञान में मानस की सामाजिक अंतर्वस्तु की तथा सहज वृत्तियों के स्वतंत्र होने के तरीके की अपव्याख्या जन्म लेती है। यह एक ऐसे वर्ग के दृष्टिकोण को प्रतिबिंबित करता है जिसकी अपनी बढ़ती हुई स्वतंत्रता पर्यावरण के साथ सक्रिय संघर्ष से इसके अलगाव पर निर्भर करती है और इसलिए जिसकी विचारधारा में आत्म और वस्तु के बीच पहले से एक खाई मौजूद है। इस प्रकार के दृष्टिकोण में इस बात पर नजर डालने की बजाय कि आत्म और वस्तु अपने आपसी संघर्ष द्वारा सक्रिय रूप में परस्पर अलग होते हैं, यह मान लिया जाता है कि ये ही एक-दूसरे का निषेध करते हैं और प्रकृति से इसलिए चिंतन के स्तर पर ही

एक-दूसरे से अलग हैं। इस प्रकार की गलत समझ का परिणाम यही हो सकता है कि विश्व की व्याख्या या तो आत्मवादी ढंग से की जाए अथवा यंत्रवादी ढंग से और फ्रायड यद्यपि अपने को भौतिकवादी मानते हैं परंतु चुनाव वह अहं का ही करते हैं। कामवासना जो कि स्वतंत्र क्रिया का स्रोत है, ऐसा मानसिक पर्यावरण निर्मित करती है जो इसे कुंठित करता है। फ्रायड की भाववादी परिकल्पना रूसो के 'प्रकृत मानव' की परिकल्पना मात्र है, जो कि स्वतंत्र पैदा होता है परंतु सर्वत्र बंधनों में जकड़ा हुआ है।

परंतु जैसा कि हम पहले ही देख आए हैं ऐसी सहज वृत्तियाँ,जो समाज द्वारा अनुकूलित नहीं हैं, अंधी और अ-स्वतंत्र होती हैं। पशु स्वतंत्र नहीं होता। चींटी अपनी जन्मजात अनुक्रियाओं की गुलाम होती है। मनुष्य की स्वतंत्रता साहचर्य द्वारा हासिल होती है जिसके कारण यह संभव हो पाता है कि वह प्रकृति की और स्वयं अपनी आवश्यकता के प्रति सक्रिय रूप में सचेत होकर प्रकृति पर स्वामित्व प्राप्त कर सके। साहचर्य अनिवार्य रूप से स्वयं कुछ पाबंदियाँ, परिपाटियाँ और आभार लादता है जैसे सद्व्यवहार, भाषा और पारस्परिक सहायता। परंतु ये सभी चीजें उसकी स्वतंत्र सहज वृत्तियों (कामवासना) के लिए बंधन नहीं हैं। ये ऐसे उपकरण हैं, जिनके द्वारा सहज वृत्ति से चालित मनुष्य अपनी स्वतंत्रता हासिल करता है। यथार्थ का दृष्टिकोण अर्थात विज्ञान, अनुभूति के नियम जो कि कला और नीतिशास्त्र हैं, सहज वृत्तियों पर बाहर से आरोपित होते हैं; पर इसके बावजूद ये बंधन विरूपण, अंतर्बाधा या उदात्तीकरण नहीं हैं। ये ऐसे साधन हैं जिनके द्वारा सहज वृत्ति अपनी स्वतंत्रता हासिल करती है, क्योंकि इनसे प्रकृति की अनिवार्यता की और स्वयं अपने आप की समझ प्राप्त होती है, इसलिए ये एकमात्र ऐसे साधन हैं, जिनके द्वारा इच्छा-शक्ति सक्रिय रूप में अपनी सिद्धि कर सकती है, क्योंकि प्रकृति मात्र लालसा के सामने घुटने नहीं टेकती। और अपने अहं, अपने उदात्तीकरणों, अपने विरूपणों और अपनी सुस्पष्ट समृद्ध जटिलता के साथ मनुष्य की चेतना स्वतंत्रता की सिद्धि के लिए दूसरे मनुष्यों के साहचर्य में काम करने की शर्तों द्वारा मानसिक वंशजात (जीनोटाइप) में उत्पन्न अनुकूलन के अतिरिक्त और कुछ नहीं है। अपने विशदतम अर्थ में चेतना (और इसलिए जिसमें उपचेतन भी शामिल है जो कि परिष्कृत सहज वृत्ति की उपज है) एक सामाजिक देन है। महज इतना ही नहीं है कि चेतना के घटकों में एक सामाजिक तत्त्व भी होता है। चेतना का निर्माण ही मानस का सामाजीकरण है।

इसमें संदेह नहीं कि व्यक्तियों में भिन्नताएँ होती हैं और यह वैयक्तिकता उनकी चेतना में भी उसी तरह प्रतिबिंबित होती है जैसे व्यक्ति की शरीर रचना का अंतर उसकी पोशाक में प्रतिबिंबित होता है। फिर भी पोशाक पोशाक है, चमड़ी या खून नहीं, और मानव मानस के ये सामाजिक अनुकूलन ही वे साधन हैं जिनके

द्वारा व्यक्तिगत भिन्नताओं को हासिल किया और प्रखर बनाया जाता है। मनुष्यों के अनुभवों में भी अंतर होता है और चूँकि चेतना अनुभव द्वारा ही निर्धारित होती है अतः वैयक्तिक चेतना में भी अंतर रहेगा। परंतु ऐसा कहने का मतलब तो यही हुआ कि समाज ने श्रम के विभाजन से अपने को इतना भिन्नीकृत कर लिया है कि इससे भौगोलिक जगत या भावना जगत में बहुत भिन्न-भिन्न प्रकार के वैयक्तिक जोखिमों की संभावना उत्पन्न हो सकी है। यह भिन्नता किसी पशु-गिरोह के सदस्यों के बीच पाई जानेवाली सहज एकदशता के ठीक विपरीत है और यह भी यही सिद्ध करती है कि समाज का विकास ही वह साधन है जिसके जरिए ये भिन्नताएँ हासिल की जाती हैं और व्यक्तित्व अपनी पूरी सार्थकता हासिल कर पाता है।

चूँकि चेतनाओं का निर्धारण सामाजिक तंत्र से होता है जो उत्पादक शक्तियों के एक निश्चित ऐतिहासिक विकास द्वारा अनिवार्य बन जाता है, और चूँकि फ्रायड की यह मान्यता गलत है कि समाज का निर्धारण अपने समय के मानस की बनावट से होता है अतः विचारधारा, फंतासी, स्वप्न आदि की ऐतिहासिक उपज अनिवार्य रूप से मनुष्यों के सामाजिक ताने-बाने में होनेवाले ऐतिहासिक परिवर्तन पर निर्भर करती है। साफ जाहिर है कि यदि मानस के निसर्गजात गुण सामाजिक तंत्र का और साथ ही इसके सदस्यों की चेतना और विचारधारात्मक सर्जनाओं का निर्धारण करते होते तो फिर इनमें अलग-अलग युगों और अलग-अलग संस्कृतियों में इतना अंतर कैसे होता जब कि ऐतिहासिक युगों में आनुवंशिक रचना में शायद ही कोई अंतर आता होगा।

इस बात को प्रमाणित किया जा सकता है कि समाज की भौतिक उत्पादक शक्तियाँ और इनके द्वारा अनिवार्य बनाए गए मनुष्यों के आपसी संबंध समाज के क्षेत्र के अपने विशेष गुण के निर्धारक नियमों के अनुसार ऐतिहासिक रूप में भिन्नता रखते और विकास करते हैं, और चूँकि इन विकासों का द्वंद्व अंत तक उन लोगों की चेतना में चलता रहता है जो इन संबंधों में बंधे होते हैं अतः मानसिक वंशजात (जीनोटाइप) के अपरिवर्तित रहने के बावजूद विचारधारा और व्यक्तिगत चेतना में निरंतर होनेवाले परिवर्तनों की व्याख्या वैज्ञानिक ढंग से की जा सकती है। फ्रायड की तरह इन भौतिक कारणों को काटकर अलग कर देने का अर्थ है विचारधारा में होनेवाले ऐतिहासिक परिवर्तनों के कारण को वैज्ञानिक ढंग से समझने के एक मात्र साधन को काटकर अलग कर देना।

यह उनकी चिकित्सा को भी स्थानीय और विशेष महत्त्व की चीज से अधिक कुछ नहीं रहने देता। चूँकि चेतना के वैविध्य, जिसमें सभी मानसिक उलझनें भी शामिल हैं, जीवन की भौतिक स्थितियों से नहीं बल्कि अपने आपको त्रस्त करनेवाले मानस से, अपने को अलग करनेवाले और काम वासना से कठोर माँगें

करनेवाले अहं से उत्पन्न होते हैं, अतः मनुष्य अपने द्वंद्व के कारण के विषय में सचेत बनकर ही निरोग हो सकता है, और ये सभी मानस में होने के कारण इच्छा के उसी प्रयास द्वारा दूर किए जा सकते हैं। अतः फ्रायड का चिकित्सा-सिद्धांत आत्मवादी और धार्मिक है।

चूँकि फ्रायड अनुभववादी हैं, अतः वह इस पर अविचलित नहीं रहते। वह यह तो स्वीकार करते हैं कि मानसिक उलझनों के भौतिक कारण, जैसे पारिवारिक पालन-पोषण, अनुभव प्रसूत मानसिक आघात, अप्रीतिकर परिवेश और शुद्धतावादी शिक्षा आदि हैं। मगर वह पूरी तरह यह नहीं देख पाते कि यदि इस प्रकार की व्याख्या वैज्ञानिक भावना से अपनी अंतिम परिणति तक पहुँचाई जाए तो इससे चेतना के गठन की जिम्मेदारी तत्काल समाज के भौतिक आधार पर आ पहुँचती है। वह इस बात को पूरी तरह नहीं समझ पाते कि यदि अत्यहं माता-पिता का एक प्रतिबिंब है—क्योंकि बच्चे के प्रति माता-पिता का व्यवहार और इसके संदर्भ में उसकी हैसियत उस युग के आर्थिक विकास का प्रतिबिंब मात्र हैं—तो अत्यहं की रचना जो कि अधिकांश मानसिक उलझनों की कुंजी है, समाजशास्त्रीय नियमों द्वारा निर्धारित होती है। इस बात को पूरी तरह स्वीकार करने पर—एक बार मानस और पर्यावरण के बीच के संबंधों को समझ लेने के बाद—मनोचिकित्सा का अर्थ होगा इस बात को समझना कि स्वयं सामाजिक पर्यावरण को किस प्रकार रूपांतरित किया जाए। इसमें संदेह नहीं कि एक धनी विक्षिप्त व्यक्ति के परिवेश को अधिक आसानी से बदला जा सकता है और चूँकि फ्रायड के रोगी मुख्यतः इसी किस्म के हैं, अतः उनकी तरह किंचित अस्पष्ट ढंग से यह कह देना ही काफी है कि मनस्तापों का कारण परिवेश है। परंतु यदि इस प्रकार की चिकित्सा को समूचे समाज पर लागू किया जाए तो यह निस्संदेह क्रांतिकारी होगी।

कारण, यद्यपि समाज ही मनुष्य की स्वतंत्रता का उपकरण है अतः इससे यह अर्थ कदापि नहीं लिया जाना चाहिए कि यह एक निर्दोष उपकरण है। इसके विपरीत इसकी अपूर्णताओं से ही समाज का निरंतर विकास होता रहता है। वर्ग-समाज की प्रकृति ही अनिवार्य रूप से इस बात की माँग करती है कि उत्पादक शक्तियाँ—जिसकी शक्ति पर ही मनुष्य की स्वतंत्रता निर्भर करती है—उन सामाजिक संबंधों से ही अलग-अलग रूपों में अवरुद्ध और कुंठित होती रहें जिनके बल पर ही इनका आरंभिक विकास संभव हुआ था। वर्ग समाज स्वयं भी श्रम विभाजन का ही परिणाम है जिसके बल पर सामाजिक उत्पादनशीलता नए स्तरों पर पहुँच सकी है। ऐसे कालों में निश्चय ही ऐसा लगता है कि मनुष्य के सामाजिक संबंध उसकी स्वतंत्रता को कुंठित कर रहे हैं। ऐसे युगों में वह गुर्राता है, तड़पता और चीखता है क्योंकि इसके रूप और प्रतिबंध—सदाचार के नियम, धर्म और समाज के सभी चेतन प्रतिपादन—उसकी मुक्त सहज वृत्तियों को कुंठित कर रहे

होते हैं। जिन मनस्तापों की छानबीन फ्रायड करते हैं और जो विशिष्ट रूप से आधुनिक हैं, वे इस यंत्रणा के—एक नए समाज की इस प्रसव वेदना के—ही परिणाम हैं।

फ्रायड को हमेशा चेतना और मनोव्यापार के परिवर्तनशील तत्त्वों का कारण अपरिवर्तनीय सहज वृत्तियों में और एक अपरिवर्तनशील परिवेश में ढूँढ़ने की विडंबना का सामना करना पड़ता है। जैसा कि हम प्रमाणित कर चुके हैं कि ऐसा तभी किया जा सकता है जब किसी परिवर्तनीय तत्त्व अर्थात आर्थिक उत्पादनों द्वारा अनिवार्य बनाए गए संबंधों को बीच में लाया जाए। परंतु फ्रायड इसकी उपेक्षा कर जाते हैं। इसलिए वह ऐतिहासिक परिवर्तनों को व्यक्ति के मानस की रचना से उत्पन्न मानने को बाध्य होते हैं और इसलिए जो चीजें एक विशेष सामाजिक पर्यावरण का प्रतिबिंब मात्र हैं, उन्हें वह मानस का एक स्थायी अंग कल्पित कर लेते हैं।

युंग मनोविज्ञान के अंतर्विरोधों से अच्छी तरह अवगत है। परंतु वह इन्हें यांत्रिक और परस्पर निषेधकारी विलोम—'अंतर्मुखता' और 'बहिर्मुखता' या 'ऊर्जामूलक मात्रापरक परिणति' और 'भौतिक गुणात्मक कारणता' जैसे विलोम—मान बैठते हैं। वह जिन अंतर्विरोधों को उठाते हैं उनका कदापि समाधान नहीं कर पाते, क्योंकि वह मनोविज्ञान के अंतर्विरोधों से मनोविज्ञान के ठीक नीचे के क्षेत्र में, अर्थात समाज के क्षेत्र में कभी पहुँच ही नहीं पाते। इसकी जगह वह ठीक उल्टी दिशा में, मनोविज्ञान से मानस द्वारा विकसित प्रमाणवाद की ओर बढ़ते हैं और फिर आत्म और वस्तु की पुरानी सुपरिचित तत्त्ववादी उलझनों में खो जाते हैं। अतः युंग अपेक्षाकृत कम अनुभववादी और अधिक दार्शनिक मार्ग अपनाते हुए भी उसी विडंबना के शिकार हो जाते हैं, जिसके शिकार फ्रायड होते हैं। जब मानसिक द्वंद्व जीवन और यथार्थ के बीच के द्वंद्व के कारण है जिसे उदास रूप देने के लिए धर्म का विविध रूपों में विकास हुआ है, तब फिर रोगी निरोग कैसे हो सकता है ? फ्रायड रोगी को यह सुझाने की ताईद करते हैं कि उसकी दवा सिर्फ नल का पानी है। उनका विश्वास है कि यह आघात उसे निरोग कर देगा। (शाब्दिक प्रतिघात से चिकित्सा)। युंग इस बात की ताईद करते हैं कि रोगी को पानी में विश्वास करने दिया जाए, उसे इसके विषय में अपनी कल्पनाएँ गढ़ने को प्रोत्साहित किया जाए (संश्लेषण द्वारा चिकित्सा)। युंग विज्ञान से अपने इस मुकर जाने को इस विश्वास द्वारा उचित सिद्ध करते हैं कि पुराणगाथा मात्र के पीछे ऐसी अति आदिम संरचनाएँ हैं जो मन में निसर्गजात (आद्य स्वरूप) होती हैं, जो रोगी की विचारधारा के साथ टकराती हैं और इस तरह मिथों की सृष्टि करती हैं। यद्यपि वस्तुतः ये सच नहीं होतीं परंतु मनोवैज्ञानिक दृष्टि से सच होती हैं (बर्थ आफ द हीरो)। इस तरह युंग भी अहं का और बुनियादी तौर पर एक भाववादी मार्ग का

चुनाव करते हैं। इनकी चिकित्सा इच्छाशक्ति और रहस्यवादी मनो-नियंत्रण की चिकित्सा है। इनमें से किसी में भी विश्लेषक के सामने मनोव्याधियों के भौतिक अर्थात पर्यावरणजन्य कारण पूरे खुलेपन से नहीं आ पाते, बल्कि आते हैं विश्लेषक की ओर के एक सीमित कामुक विस्थापन के रूप में। विश्लेषक समाज की भूमिका पूरी करने की कोशिश करता है और इसे अनिवार्य रूप से बड़े घटिया और सीमित रूप में ही पूरा कर पाता है। इनमें से कोई यह नहीं देख पाता कि इस समस्या की प्रकृति ऐसी है कि इसे क्रिया से शून्य मात्र चेतना के क्षेत्र में नहीं सुलझाया जा सकता।

फ्रायड या युंग यह भी नहीं भाँप पाते कि जहाँ तक मनुष्य पतनशील संस्कृति पर प्लास्टर चढ़ाने के लिए धर्म को बीच में ला खड़ा करता है, मनुष्य को आदिम स्वरूपों या मनोविश्लेषक की दाईगीरी के बिना नई पुराणगाथाएँ गढ़ने में कोई कठिनाई नहीं होगी। वास्तव में मरणोन्मुख पूँजीवादी संस्कृति ने एक ओजस्वी धर्म का विकास किया है और यह है फासीवाद। यह जैसा कि जर्मनी और इटली में देखने में आया था, कपोल गाथाओं से भरपूर और तालबद्ध था। मानसिक द्वंद्व एक वास्तविक चीज है और फ्रायड तथा युंग जहाँ इसके बीज सभी सभ्य मनुष्यों में देखते हैं वहाँ वे बिलकुल दुरुस्त हैं। परंतु जब वे इसे सभ्यता की रुग्ण उपज मानकर इसका विरोध करते हैं और यह सोचते हैं कि इससे तभी छुट्टी मिल सकती है जब कि हम सभ्यता से ही छुट्टी पा लें तो वे गलती करते हैं। मनुष्य की सहज वृत्तियों और पर्यावरणजन्य यथार्थ के बीच का द्वंद्व ही तो जीवन है, और समाज के सारे उत्पादन—टोप, कला, विज्ञान, मकान, खेल, नीति, रीति और राजनैतिक संगठन—इस द्वंद्व को सह्य बनाने और इसे ठीक करने के लिए विकसित अनुकूलन हैं। चूँकि इस द्वंद्व की संतान स्वतंत्रता है, अतः इन अनुकूलनों को अनुकूलन के नाम पर स्वतंत्रता को कुंठित करनेवाला कहना बकवास है। ये उसी सीमा तक स्वतंत्रता को कुंठित करते हैं जिस सीमा तक ये पुराने पड़ जाते हैं, और उस स्वतंत्रता के विकास को रुद्ध करने लगते हैं जिन्हें इन्होंने जन्म दिया है। कुंठित करने की यह क्रिया इस बात का लक्षण नहीं है कि अनुकूलन से छुट्टी पा ली जानी चाहिए बल्कि इस बात का लक्षण है कि अब नए अनुकूलनों की जरूरत है। अतः फ्रायड की तरह यह सवाल उठाना कि सभ्यता का जो मूल्य हम हताशा और सहज वृत्तियों की पंगुता द्वारा चुकाते हैं, उसके योग्य यह है भी या नहीं, बेबुनियाद है, क्योंकि सभ्यता का विकास ही हताशा और सहज वृत्तियों की पंगुता को हल करने या कम करने के लिए किया गया था।

इसलिए आधुनिक सभ्यता जिसका ध्वंस युद्ध, बेरोजगारी, सार्वभौम अधःपतन, घृणा और निराशा में हो रहा है, उसके दौरान मनोविश्लेषण एक बहुत तुच्छ-सी भूमिका प्रस्तुत करता है। इतना तो स्पष्ट है कि सहज वृत्तियों और

पर्यावरण के बीच एक विश्वव्यापी द्वंद्व है और समाज के समूचे विस्तृत ऊपरी ढाँचे—धर्म, कला, कानून, विज्ञान, राज्यों, देशभक्ति, नीतिशास्त्र, राजनीतिक लक्ष्यों और महत्त्वाकांक्षाओं, मुक्ति, आरण्य, शांति, स्वयं जीवन—ये सभी चीजें डाँवाँडोल और ध्वस्तप्राय हो रही हैं। इसके बावजूद ठीक यह शानदार तंत्र ही है जिसे मनुष्य ने अपने पर्यावरण और अपनी सहज वृत्तियों के बीच के अंतर्विरोध के फ्रायडीय शब्दावली में 'उदात्तीकरण' के लिए और हमारी शब्दावली में 'समाधान' के लिए निर्मित किया। यह विराट ध्वंसोन्मुख ऊपरी ढाँचा किसी ऐसे क्रांतिकारी के मस्तिष्क को भी विस्मय से भर देता है, जो इसके ध्वंस के कारणों को और इसके ऊपर बननेवाले इससे भी अधिक जटिल ढाँचे को देख रहा है। परंतु इसके स्थान पर मनोविश्लेषण शपथपूर्वक फ्रायड के दर्शन या युंग की कपोलगाथा का बेजान सहारा पेश करता है। इन कटे-फटे कूड़ा-कबाड़ों से इस बात की आशा की जाती है कि ये उस उलझन को सुलझा देंगे, जिसे मानव उपलब्धियों का एक पूरा महाद्वीप भी सुलझा नहीं सकता।

ऊपरी तौर पर एडलर का तरीका अधिक यथार्थवादी प्रतीत होता है। अस्तित्व के लिए संघर्ष और इसके परिणामस्वरूप एक हीनता ग्रंथि के तथा एक क्षतिपूरक योग्यता के विकास के अपने सिद्धांत में उसने महसूस किया कि किस तरह पूँजीवादी प्रतिस्पर्धा अपने अंतिम चरणों में मनुष्य की वैयक्तिकता तथा योग्यता के सर्वोत्तम तत्त्वों का गला घोंट देती है। उसने परिवेश को स्वीकार किया।

आइए हम एडलर के एक उद्धरण पर दृष्टिपात करें :

> एक ऐसी सभ्यता में, जिसमें एक मनुष्य दूसरे का शत्रु है—हमारी समूची औद्योगिक प्रणाली यही तो है—नैतिक अधःपतन को निर्मूल नहीं किया जा सकता क्योंकि नैतिक अधःपतन और अपराध अस्तित्व के लिए उस संघर्ष की गौण उपज है—जिस रूप में इसे हमारी औद्योगिक सभ्यता जानती है।

यहाँ तक तो ठीक। यहाँ हम व्यक्ति पर पूँजीवाद के सामान्य प्रभाव का विश्लेषण पाते हैं। वह उपचार क्या सुझाते हैं?

इस नैतिक अधःपतन को सीमित और निर्मूल करने के लिए आरोग्य विद्या का एक पीठ स्थापित किया जाना चाहिए।

II

अतः हम देखते हैं कि मनोविश्लेषक जीवन की व्यावहारिक समस्याओं के प्रति भाववादी तरीका अपनाते हैं और महान वर्ग-धर्मों से भिन्न कोई रुख कतई नहीं अपना पाते। कारण यदि मनुष्य के कष्ट, बेचैनी और अवसाद की आत्मनिष्ठ

अनुभूतियाँ बाहरी भौतिक कारणों से उत्पन्न नहीं बल्कि पाप से (जैसा कि धर्म बताते हैं) या ग्रंथियों से (जैसा कि विश्लेषक कहते हैं) उत्पन्न हैं, तो फिर मनुष्य के कष्ट, अवसाद और बेचैनी के पाप को छोड़कर, आत्मनियंत्रण के द्वारा, मुक्ति के द्वारा, प्रवचन के द्वारा—संगठित प्रभावकारी क्रिया से रहित इच्छा के निरे व्यायाम को चाहे जो भी नाम कोई दे—दूर किया जा सकता है। वस्तुतः अनेक धर्म भौतिक कार्रवाई से कष्ट के कतिपय क्षेत्रों को स्वच्छ बनाने के लिए संगठनों—उदाहरण के लिए बीमारों का इलाज करने के लिए समितियों—का विकास करके इससे आगे पहुँचे हैं।

यदि अधिकांश मानवीय कष्टों के मूल कारण उस परिवेश में और उस परिवेश के सामाजिक संबंधों से मिलनेवाली बाधाओं, संभावनाओं, अनुकूलनों और आकर्षणों में जमे हुए हैं जिनमें मानस का विकास होता है, तो इन्हें भौतिक परिवर्तनों द्वारा ही दूर किया जा सकता है और इन्हीं से हृदय परिवर्तन भी हो सकता है। यह दृष्टिकोण धर्म और मनोविश्लेषण दोनों के विरुद्ध है।

क्रांति के सवाल को बिलकुल अलग भी छोड़ दें, तो यदि मनुष्यों की सहज वृत्तियों और पर्यावरण के बीच के संघर्ष को 'शिक्षा' द्वारा, एक मानसिक परिवर्तन द्वारा खत्म किया जा सकता है तो मनुष्य ने फैक्ट्रियों, कपड़ों, मकानों, पाक विद्या, भाषा, कला, धर्म, विज्ञान और राजनीतिक संगठनों का विकास क्यों किया? ये सभी सहज वृत्ति और पर्यावरण के बीच के संघर्षों की उपज हैं और यदि फ्रायड और धार्मिक नेता सही हैं तो ये सभी अनावश्यक हैं, क्योंकि मनुष्य के द्वंद्व को महज इनके कारणों के प्रति उसके सचेत बनने से ही सुलझाया जा सकता था।

निश्चय ही क्षुधा की प्रवृत्ति-जैसी एक खुली मिसाल का सामना होने पर फ्रायड यह दावा नहीं कर सकते थे कि यथार्थ के साथ इसका द्वंद्व भोजन की भौतिक चिकित्सा से इतर किसी साधना से शांत किया जा सकता है। परंतु तार्किक दृष्टि से उनका सिद्धांत निश्चित रूप से भाववादी या 'योगी' पर टिका हुआ है और यही वह चीज है जिसके कारण फ्रायडवादी कला को जो कि मनुष्य की स्वतंत्रता के उपकरणों में से एक है, एक ऐसी बचकानी-सी चीज मानते हैं जिसमें पलायनवादी रुझान काम करता है। वे यह नहीं देख पाते कि मनुष्य और प्रकृति के बीच का मानवीय द्वंद्व (रुग्ण तांत्रिक द्वंद्व जिसका एक विशेष रूप मात्र है) ही मनुष्यों को मुक्त साहचर्य के लिए प्रेरित करता है और कला इस साहचर्य की एक आवश्यकता है। यह एक ऐसा साधन है जिसके द्वारा ही यह स्वतंत्र बना रहता है और चूँकि वह स्वतंत्र रहता है इसलिए ऐसी ऊँचाइयों और गहराइयों तक पहुँच जाता है, जो एक अवपीड़ित साहचर्य की पहुँच से बाहर है।

समूचा मनो-विश्लेषणात्मक लेखन पूँजीवादी ज्ञान मीमांसा की दलदल में धँसा हुआ है, जिसमें विषय और वस्तु सैकड़ों मृग-मरीचिकाओं के छद्मों के नीचे

परस्पर निषेधकारी विलोमों-जैसे प्रतीत होते हैं और जहाँ मन की समस्याएँ ठीक इसलिए असाध्य हो जाती हैं कि जो समाज 'मन' की इस चर्चा का सूत्रपात करता है वह 'पदार्थ' से अलग हट गया है—विषय और वस्तु एक-दूसरे में सक्रिय रूप में परस्पर व्याप्त नहीं हो पाते और इसलिए अपने विलोमों की सैद्धांतिक एकात्मता को व्यवहार में स्थापित नहीं कर पाते।

चेतन, अवचेतन, प्रवृत्ति, यथार्थ, मन, भ्रम ये क्या हैं ? जाहिर है कि इन अवधारणाओं को समझना मनोविज्ञान के लिए बहुत महत्त्वपूर्ण है और यह आश्चर्य की बात नहीं कि फ्रायडवाद अपने अधकचरे रूसोवादी भाववाद के कारण एक संतोषजनक मनोविज्ञान नहीं बन पाता।

व्यक्ति कतिपय सहज वृत्तियों के साथ जन्म लेता है जो क्रिया (उद्दीपन के प्रति अनुक्रिया) में प्रमाणित और उस क्रिया (अनुकूलित अनुक्रिया) में परिवर्तित होती है। इस अनुकूलन में चेतना भी शामिल है। स्मृति, बिंब, विचार, प्रत्यक्षभूत तत्त्व तथा अभिज्ञान सहज वृत्तियों के अनुकूलन हैं।

परंतु सहज वृत्तियों के सभी अनुकूलन चेतना नहीं हैं। यह समझ लेना जरूरी है कि अवचेतन मनोव्यापार में कुछ भी रहस्यमय नहीं है। पुनरावृत्ति जो कि सूक्ष्मतः भिन्न होती है, घुमड़ती हुई लय जो कि चक्राकार होती है, प्रतिक्रिया जो कि पहले जो कुछ घटित हो चुका है, उसके कारण परिवर्तित होती है, मन या जीवन में ही नहीं पाई जाती, बल्कि यथार्थ की प्रक्रिया का सामान्य लक्षण है। सदृश, दिक्, विसदृश, काल के समावेश से उत्पन्न हैं। जब इस प्रक्रिया के साक्ष्य जीवन के क्षेत्र में मिलते हैं तभी हम इसे मानसिक कहते हैं, परंतु तब इसे उसी तरह चेतन कहने का कोई औचित्य नहीं रहता जिस तरह स्वायत्त तंत्रिकातंत्र (स्नायुमंडल) की सोद्देश्य सक्रियता को चेतन कहने का कोई औचित्य नहीं रहता। जिसे घुसपैठिया माना जाना चाहिए और इस रूप में ही जिसकी व्याख्या की जानी चाहिए, वह है चेतना न कि अवचेतना। इसका तात्कालिक अनुभव होने पर ही हम इसे स्वीकार करने का आधार पाते हैं।

जैसे ही मनोव्यापार चेतन होता है, यह एक गुणात्मक छलाँग लगाता है और मुक्त इच्छा के क्षेत्र में प्रवेश कर जाता है। चेतन मनोव्यापार चेतन होने कारण ही अवचेतन से भिन्न है। चेतना एक वास्तविक भौतिक गुण है न कि एक उपलक्षण। यह मनोव्यापार में स्वतंत्रता का गुण है।

व्यवहारवादी तर्क देते हैं कि हमें यह निष्कर्ष निकालने का कोई अधिकार नहीं कि चेतना दूसरों में भी होती है और यह कि पर्याप्त उद्दीपक को सामने रखकर उनके कार्यों की निश्चयात्मक व्याख्या की जा सकती हैं। पदार्थ के अनस्तित्व के विषय में आत्मवादी भाववादियों के तर्क की ही तरह मन के अनस्तित्व के विषय में इनका तर्क भी तभी तक सुदृढ़ प्रतीत होता है जब तक यह सिद्धांत के क्षेत्र में रहता

है। व्यवहार में यह गलत सिद्ध होता है। सचेत विचारों से जुड़ने पर हमारे कार्यों में गुणात्मक अंतर आता है, इससे हम स्वयं अवगत रहते हैं। दूसरे व्यक्तियों के साथ सक्रिय आदान-प्रदान के दौरान हम पाते हैं कि उनके कार्यों में भी इसी प्रकार के अंतर दिखाई देते हैं। उनके साथ आदान-प्रदान के दौरान जिस सीमा तक हम उनकी चेतना पर भरोसा करते हैं और इन आदान-प्रदानों को सफल पाते हैं, उस सीमा तक हम उनकी चेतना के यथार्थ को भी प्रमाणित करते हैं।

इससे ही हमें इस बात का सूत्र मिल जाता है कि चेतना है क्या। चेतना साहचर्य की उपज है। यह झुंडवाले साहचर्य की उपज नहीं है जिसका माध्यम सहज वृत्तियाँ होती हैं बल्कि उत्पादन के लिए साहचर्य की उपज है जिसका माध्यम स्वयं चेतना ही होती है अर्थात जिसका माध्यम मानसिक प्रवृत्तियों के विशिष्ट अनुकूलन होते हैं। हम साझे गोचर जगत के सिद्धांत के हवाले से चेतना को कदापि प्रमाणित नहीं कर सकते, क्योंकि यह समग्रतः वह जगत ही है। इसी प्रकार अ-चेतन (पदार्थ) को कदापि प्रमाणित नहीं कर सकते क्योंकि यह कदापि वह जगत है ही नहीं।

वस्तुएँ सामाजिक मनुष्यों के लिए जहाँ तक वस्तु बनती हैं, उस सीमा तक वे वस्तुओं के रूप में प्रत्यक्षबोध के प्रवाह से अपने को काटकर अलग कर लेती हैं। सूर्य जो कि जानवरों के लिए महज प्रकाश का एक अनपहचाना स्रोत है, वह मनुष्य के लिए एक सामाजिक रूप से मान्य वस्तु फसल को पकानेवाला, कार्यदिवस का मानदंड, शिकारी की घड़ी और कुतुबनुमा बन जाता है। प्रत्यक्षबोध का क्षेत्र आकृति और जमीन में उसी सीमा तक गठित होता है जहाँ तक आकृतियों का मनुष्यों की सम्मिलित कार्रवाई में कोई महत्त्व होता है। इस गठन का आधार है सहजात क्षुधा परंतु यह एक उच्चतर धरातल पर उठी होती है। समाज के लिए एक संगठन का रूप लेते ही यह चेतन हो जाती है।

यह हमारे भावात्मक जगत के विषय में भी उतना ही सच है। सहजस्फूर्त संगीत की यह प्रवहमान धूप-छाँव उसी हद तक एक पैटर्न बन जाती है, उसी सीमा तक चेतन बनती है जिस हद तक स्वयं वह सामाजिक जीवन ऐसी अनुभूतियों, भावनाओं, वासनाओं, स्थायी प्रवृत्तियों, लक्ष्यों और आकांक्षाओं को गठित करता है जो साहचर्य में बंधे लोगों के संबंधों से अपनी स्थिरता प्राप्त करता है।

चेतना का निर्माण करने में सबसे बड़ा उपकरण भाषा है। भाषा ही हमें सूर्य, तारों, वर्षा और समुद्र को अर्थात उन वस्तुओं को सचेत रूप में देखने में समर्थ बनाती है जो जानवरों में मात्र अनुक्रियाएँ उत्पन्न करते हैं। यही वह चीज है जो हमें सत्य और सौंदर्य का मूल्यांकन करने में समर्थ बनाती है, कारण, सत्य यथार्थ के प्रत्यक्षबोध और साझे गोचर जगत के बीच का एक संबंध है, और सौंदर्य यथार्थ के एक अनुभूति-ताल और साझे अहं के बीच का एक संबंध।

अतः हम देखते हैं कि एक चेतनाशून्य पशु में जैसा कि कोई मनुष्य किसी भेड़िया पोषिका द्वारा मोग्ली की तरह पाले जाने पर बनेगा, और चेतन मनुष्य में, जो कि वह समाज में बनता है, जिस बात से अंतर पड़ता है वह है, यथार्थ के उसके व्यक्तिगत अनुभव और साझे गोचर जगत और सामान्य भावात्मक अहं के बीच का सक्रिय संबंध। विज्ञान और कला इस जगत और इस अहं का विस्तार और विकास करते हैं। ये इनमें निहित नहीं हैं, ये समूचे जटिल कार्यशील समाज में छिपे हैं। विज्ञान और कला विभिन्न कारणों से गोचर यथार्थ और किसी ठोस सामाजिक अनुभव में छिपे भावात्मक रुख का विरोध या निषेध कर सकते हैं। ऐसे मामले में विज्ञान या कला मनुष्य की चेतना के साथ टकराते प्रतीत होते हैं।

साझा जगत और साझा अहं प्रकृति के साथ साहचर्य में बंधे मनुष्यों के सक्रिय संबंध द्वारा एक सजीव ऐतिहासिक विकास के रूप में उत्पन्न होते हैं और किसी व्यक्ति की चेतना का निर्माण इस संघर्ष के साथ व्यक्ति के अभिन्न जुड़ाव से होता है। इस बात को एक बार फिर दुहरा दें कि साझा गोचर जगत और साझा अहं वंशजात पर कोई मानकीकृत पैटर्न नहीं छाप देते। जिस समाज की उपज और प्रतिबिंब ये होते हैं, उसी की तरह ये ऐसे साधन हैं जिनके द्वारा वंशजात मानसिक क्षेत्र में व्यक्तिगत भिन्नताएँ हासिल करता है।

चेतना और अंतरात्मा के बीच इतने गहरे संबंध का यही कारण है। कारण, अंतरात्मा जो समाज के नैतिक नियमों की सारभूत छाप है, व्यक्ति की चेतना की उसी तरह एक विशेष एकान्विति है जैसे सत्य, सौंदर्य और यथार्थ दूसरे प्रकार की एकान्वितियाँ हैं, जो इन्हीं जैसी सामाजिक भूमिका प्रस्तुत करती हैं।

इसका यह अर्थ नहीं कि अंतरात्मा में कोई द्वंद्व नहीं हो सकता, इसके लक्ष्यों आदि में विरोध नहीं हो सकता। एक ओर तो प्रकृति के साथ संघर्ष में मनुष्य कभी पूर्णतः विजयी नहीं हो सकता और जिस प्रकार किसी भूचाल या मलेरिया के हमले जैसे 'संयोग' यह प्रकट करते हैं कि उसकी विजय कितनी सापेक्ष है; उसी तरह मनोवैज्ञानिक क्षेत्र में पागलपन, हत्या, मनस्ताप या अवसाद यह प्रकट करते हैं कि मनुष्य के अनुकूलन स्वयं अपने ऊपर या प्रकृति के ऊपर पूरी विजय नहीं प्राप्त कर पाते। मनुष्य अभी तक पूरी तरह स्वतंत्र नहीं है। चेतना अभी तक पूर्णतः एकान्वित नहीं है। विभिन्न पर्तों में विभिन्न प्रवृत्तियाँ पाई जा सकती हैं।

इसके अतिरिक्त जो समाज मनुष्य की स्वतंत्रता का उपकरण है, उसमें ही उत्पन्न अंतर्विरोधों के द्वारा प्रकृति के साथ मनुष्य का संघर्ष बहुत जटिल हो जाता है। इससे स्थानीय दबाव और तनाव, विराट उथल-पुथल, क्रांतियाँ या पूरे समाजों का ध्वंस या ह्रास शुरू होता है। यह अनिवार्य रूप में मनुष्य की चेतना में प्रतिबिंबित होता है। इसके उदाहरण हैं: नैतिक समस्याएँ; पाप, व्यर्थता या हताशा की भावनाएँ; व्यापक मृत्युचिंताएँ; व्यापक आध्यात्मिक आवश्यकताएँ

तथा विश्वास का अभाव। ये आवेगात्मक टीसें समाज की प्रसव-पीड़ा का हिस्सा हैं।

एक आदिम समाज जिसमें मनुष्य अभी तक अभिन्नीकृत (विशेषीकरण से अप्रभावित) है, चेतना और अंतरात्मा दोनों एक-जैसी ही सरल, सीधी और समरूप होती हैं, और इसी वजह से इनमें गहनता या प्रखरता का अभाव होता है। लगता है आदिम समुदायों में 'सामूहिक प्रतिनिधित्व' और भागीदारी की एक रहस्यात्मकता हुआ करती है। जब इस चेतना पर प्रहार होता है तो इस आघात को सह्य बनाने के लिए कोई जटिलता या शक्तियों का प्रतिसंतुलन पैदा नहीं होता। एक आदिम मनुष्य जो इस बात का कायल हो गया कि उसने पाप किया है या प्रेतबाधित है, वह जल्द ही मर जाएगा। यह एक ऐसा तथ्य है, जिसकी पुष्टि इस क्षेत्र में काम करनेवाले नृतत्वशास्त्रियों ने की है। उसकी चेतना का उथलापन उसके बिलगाव की सरलता में व्यक्त होता है, और व्यक्त होता है इस बात से कि कितनी आसानी से उसके मानस को उन्मादग्रस्त किया जा सकता है, उसमें निर्देश ग्रहण कितना अधिक पाया जाता है और उसकी आवेगात्मक प्रतिक्रियाओं की 'समग्र या कुछ नहीं' प्रकृति—ये सभी लक्षण एक ऐसे मनोव्यापार की ओर संकेत करते हैं, जो भिन्नीकृत 'सभ्य' मनुष्य की अपेक्षा अधिक अवचेतन और सहजस्फूर्त हैं।

हम केवल आदिम ही नहीं बल्कि *पशु* के रूप में जन्म लेते हैं। हमारी सहज वृत्तियाँ आनुवंशिक रूप से अनुकूलित नहीं होतीं, बल्कि सामाजिक पर्यावरण द्वारा अनुकूलित होती हैं। हम पहले ही कह आए हैं कि यही चेतना का समग्र अर्थ है। चूँकि हमारे सहजमूलक अनुकूलन अर्जित होते हैं, इसलिए हमारा मनोव्यापार अवचेतन के विविध स्तरों को प्रस्तुत करता है और कमोबेश सहजस्फूर्त होता है। इसमें सभ्यता की एक बाहरी परत होती है, जिसके नीचे अपेक्षाकृत एक अधिक आदिम परत होती है और उससे भी नीचे एक निरी जैव परत होती है। यह बात मोटे तौर पर बहुत पहले से विदित है, परंतु मनोविश्लेषकों की उपलब्धि यह रही कि चेतना के सामाजिक आधार को सामान्यतः गलत ढंग से समझते हुए भी उन्होंने अवचेतन मनोव्यापार के महत्त्व को समझा और इसकी छान-बीन करने के लिए उन्होंने एक युक्ति निकाली।

चूँकि विषय और वस्तु का पारस्परिक भेदन पूर्ण होता है, चूँकि जीवन और अनुभव हमेशा पर्यावरण के साथ मूल वृत्तियों का संघर्ष हुआ करता है, इसलिए समस्त मनोव्यापारों में अनिवार्य रूप से बाह्य यथार्थ का एक घटक होता है और होता है एक सहजमूलक घटक है। यह चेतना की ही विशिष्टता नहीं है बल्कि समस्त जैव-अनुक्रियाओं का एक लक्षण है। यह तथ्य कि स्वचालित तंत्रिकातंत्र भी पर्यावरणगत प्रभावों के साथ अनुक्रिया करता है और उससे अनुकूलित हो सकता है, प्रकट करता है कि इसके मनोव्यापार में भी 'यथार्थ' का एक घटक होता

है। अतः तंत्रिकागत सक्रियता के समूचे क्षेत्र में पर्यावरणगत या अर्जित प्रभावों और सहजमूलक या प्रवृत्तिगत प्रभावों की परस्पर व्याप्ति होती है। पहले का मनोविज्ञान मुख्य रूप से अर्जित प्रभावों से—चेतन क्षेत्र की 'वास्तविक चीजों' से सरोकार रखता था। यहाँ तक कि प्राचीन मनोविज्ञान में भावनाएँ, अनुभूतियाँ और सहज वृत्तियों तक पर वस्तुगत रूप में विचार किया जाता था और ये वास्तविक चीजें मानी जाती थीं। अतः मनोविश्लेषण को विजय के लिए एक समूचा क्षेत्र मिल गया। यह थी मनोव्यापार में प्रवृत्तिगत या सहजमूलक तत्त्वों की खोज जिन पर वस्तुगत रूप में नहीं बल्कि क्रियात्मक अवस्था में अर्थात उनकी अपनी शर्तों पर विचार किया गया। दुर्भाग्य यह है कि वे एक दूसरी ही अति पर पहुँच गए और उन्होंने सभी वस्तुगत घटकों को अस्वीकार कर दिया। नतीजा यह हुआ कि जीवन केवल एक अंधी गतिशील कामवासना मात्र पर उतार दिया गया।

जब हम मनुष्य को सहज वृत्ति और पर्यावरण में विभाजित करते हैं तो हमें यह अवश्य याद रखना चाहिए कि स्वयं मनुष्य की सहज वृत्ति भी पर्यावरणगत अनुकूलनों (प्राकृतिक चयन) की उपज है, परंतु यह जन्मजात जैव अनुकूलन है, जब कि मनुष्य का चेतन अनुकूलन सामाजिक पर्यावरण के साथ होता है और इसलिए यह अर्जित सांस्कृतिक अनुकूलन होता है। अनूकूलन की इन दोनों परतों—जैव या सहजात और सांस्कृतिक या चेतन—में टकराव हो सकता है। सामान्य जीवन में इनमें से प्रत्येक का अपना क्षेत्र है। शुद्ध जैव अनुकूलन मनुष्य के पाचन पर लागू होते हैं, शुद्ध सांस्कृतिक अनुकूलन मनुष्य द्वारा एक घर की रूपरेखा तैयार करने पर लागू होते हैं; परंतु जहाँ तक ये एक-दूसरे को आच्छादित करते हैं, इनमें परस्पर विरूपण आ सकता है। एक बदशक्ल मकान को देखकर मनुष्य का पाचन गड़बड़ हो सकता है। मकान की रूपरेखा वह पैसे के लिए—अर्थात अपना पेट भरने के लिए तैयार कर सकता है। पाक-कर्म एक कला बन जाता है। कला रोटी-दाल का कारोबार बन जाती है। मनोविश्लेषण ने इसी विरूपण और एक-दूसरे के क्षेत्र में प्रवेश का अध्ययन किया है। चूँकि जैव प्रवृत्तियाँ चेतना में आवेगों और अनुभूति-तालों को उत्पन्न करने से बहुत निकट संबंध रखती हैं (इनके बीच ठीक कितना संबंध है, इसे अभी तक संतोषजनक रूप में सिद्ध नहीं किया जा सका है) अतः मनोविश्लेषण में सहज वृत्तियों द्वारा चेतना के विरूपण (जिसमें उल्लंघन भी शामिल है) का अध्ययन मुख्यतः मनुष्यों के विचारों और कार्यों पर आवेगात्मक साहचर्यों और ग्रंथियों के प्रभावों का ही अध्ययन रहा है। और चूँकि हम इस बात का अध्ययन कर आए हैं कि कला चेतना के रागात्मक तत्त्वों को एक सामान्य अहं में व्यवस्थित करती है, अतः इतना तो स्पष्ट ही है कि मनोविश्लेषण की खोजें कला को समझने में बहुत अधिक सहायक हैं।

III

अभी तक मनोव्यापारों का किसी ने कोई संतोषजनक वर्गीकरण नहीं प्रस्तुत किया है। हमारा संबंध बिंबों (अनिवार्य रूप से दृश्य ही नहीं) के प्रवाह से है, जिन्हें मैं स्पष्ट इंद्रियबोध या स्मृति से अलग करने के लिए फंतासी की संज्ञा देता हूँ। हम इनके निम्नलिखित वर्गीकरण का प्रयोग करेंगे : (क) स्वप्न; (ख) दिवास्वप्न; (ग) मुक्त साहचर्य; (घ) निर्देशित चिंतन; और (ङ) निर्देशित अनुभूति।

मनोविश्लेषकों से पहले तक किसी मनोवैज्ञानिक ने स्वप्न का गंभीरता से अध्ययन नहीं किया था। इसका श्रेय फ्रायड को है कि अब हम देख पाते हैं कि यह कितनी हास्यास्पद चूक थी। अपने आदिम चरित्र और विचित्र लक्षणों के कारण, स्वप्न फंतासी की प्रकृति और चिंतन की भूमिका पर रोशनी डालते हैं।

स्वप्न में कतिपय ऐसे लक्षण होते हैं, जो इसे दूसरे प्रकार के विचारों से अलग करते हैं। सबसे महत्त्वपूर्ण यह तथ्य है कि इसमें विचार—संघनित, स्थानांतरित और रूपांतरित इंद्रियबोधों के स्मृति-बिंब—वास्तविक पर्यावरण का स्थान ले लेते हैं। स्वप्न का यह स्वविशिष्ट लक्षण है। फंतासी के दूसरे सभी रूपों में चिंतक अस्पष्ट रूप में अपने परिवेश के प्रति सचेत बना रहता है और अपने को अपनी मुक्त कल्पना की रचनाओं में अवस्थित नहीं करता। वह उन्हें आसन्न परिवेश का दर्जा नहीं देता। स्वप्न देखनेवाला ऐसा करता है। अतः इनमें इतनी प्रखरता और पूर्ण वास्तविकता आ जाती है, जैसी आसन्न परिवेश में हमेशा उस समय पाई जाती है जब वह हमारे अवधान का विषय होता है।

विचारों का यह भौतिकीकरण अंतर्मुखता का परिणाम है। यह पर्यावरण से ऐंद्रिक अवधान को हटा लेने का परिणाम है। यह अंतर्मुखता ही स्वप्न बुनती है। त्वचा की संवेदहीनता के रोगी कमरा शांत हो तो आँख बंद करते ही गहरी निद्रा में डूब जाते हैं। निद्रा में सहायक सभी तत्त्व—अंधकार, शांति, मानसिक रिक्तता—बाह्य ऐंद्रिक उद्दीपनों को घटाने की युक्तियाँ हैं।

अतः स्वप्नगत विचारों की भौतिकता और स्पष्टता केवल सापेक्ष होती है। यदि कोई स्वप्न में देखे चेहरों, रूपों, शब्दों और दृश्यों को फिर याद करे तो ये सभी अस्पष्ट, धुँधले, रंगहीन, छिद्रपूर्ण, अनिश्चित और अधूरे प्रतीत होते हैं। परंतु चूँकि उस समय उनसे टकराने के लिए कोई ऐंद्रिक यथार्थ विद्यमान नहीं रहता, अतः ये पर्यावरण-जैसी हैसियत और प्रखरता प्राप्त कर लेते हैं। अवधान का यह संकोचन ही है, जो स्वप्न की सामग्री को ऐसी यथार्थता और प्रखरता प्रदान करता है न कि इसकी आंतरिक सुसंगति। इसके विपरीत स्वप्न की सामग्री अव्यवस्थित और खंडित होती है।

युंग ने सामान्य 'मुक्त साहचर्य' का, अर्थात जाग्रत अवस्था में मन द्वारा यथार्थ पर सचेत रूप में ध्यान दिए बिना मुक्त भाव से एक बिंब के साथ दूसरे बिंब के

साहचर्यों से निर्मित बिंबों की छानबीन की। स्वप्न अजस्र मुक्त साहचर्य का एक जटिल रूप है जिसमें फंतासी का मुक्त प्रवाह पर्यावरण की भौतिक यथार्थता पा लेता है। फ्रायड ने स्वप्न में इस जटिलतर मुक्त साहचर्य के तंत्र को खोलकर रखा।

अतियथार्थवाद अपनी शिल्पविधि को मुक्त साहचर्य पर आधारित करता है। इस तरह यह एक स्वतःस्फूर्त कलात्मक कृति की उपलब्धि करने की आशा करता है। यहाँ यह इस क्लासिकी बुर्ज्वा भ्रम को ही प्रकट करता है कि स्वतंत्रता अनिवार्यता की अनभिज्ञता है। फ्रायड और युंग के प्रयोगों ने यह सिद्ध कर दिया है कि स्वप्न या मुक्त साहचर्य स्वतंत्र तो होते ही नहीं उल्टें वे अवचेतन अनिवार्यता के कठोर नियतिवाद से ग्रस्त होते हैं। सहजस्फूर्त प्रेरणाओं के विरूपण, जिन्हें ग्रंथियाँ कहा जाता है, फंतासी को अपरिहार्य रूप में इस बात के लिए बाध्य करते हैं कि वह एक निकृष्ट और संकुचित लीक पर ही बढ़े।

मैककर्डी ने उन्मादियों की कृतियों पर जो अनुसंधान कार्य किया है, वह भी ऊपरी स्वतःस्फूर्तता के नीचे छिपे उसी कठोर नियम को उद्‌घाटित करता है। उन्माद की अवस्था के ऊपर से देखने पर प्रयासहीन और आश्चर्यजनक रूप से धाराप्रवाह प्रतीत होनेवाले लंबे प्रलापों की आशुलिपि में लिखे रिपोर्ताजों का सावधानी से विश्लेषण करने से सिद्ध हुआ कि ये सभी वस्तुतः शैशवोचित सरलतावाली किसी इच्छा से निर्धारित हैं। एक बार अवचेतन नियम के खुल जाने के बाद पता चला कि ये प्रलाप कुछ थोड़े-से विचार थे, जो नितांत भोंडे प्रतीकों के दायरे में डोलते रहते हैं।

स्वप्न का कार्य क्या है? फ्रायड और रिवर्स इस बात पर एकमत हैं कि शारीरिक दृष्टि से ये 'निद्रा के संरक्षक' हैं। जो उद्दीपन सोनेवाले को जगाकर क्रिया के लिए उकसा सकते—अर्थात जगा सकते हैं—वे जब तक बाध्यकर नहीं हो जाते तब तक गैर चालक लीक पर डाल दिए जाते हैं। इनमें केवल बाह्‌य उद्दीपन, जैसे कि घंटी, ही नहीं आते जिसकी आवाज स्वप्न में बुन जाती है, बल्कि आंतरिक उद्दीपन—पीड़ा, भूख, यौन लालसाएँ, प्रवृत्तिगत इच्छा के ऐसे सभी उभरते हुए विक्षोभ भी आते हैं, जो एक कुत्ते को भी अपनी निद्रा में दौड़ने की हरकत करने को बाध्य कर देते हैं।

फ्रायड ने यह भी पाया कि यह व्याख्या कदापि यहीं समाप्त नहीं हो जाती। ठीक है कि स्वप्न बाधक उद्दीपनों के बावजूद व्यक्ति को सोने में मदद पहुँचाते हैं, पर वे जो विशेष रूप लेते हैं ठीक वही रूप क्यों लेते हैं? फ्रायड ने यह प्रमाणित किया कि बाह्‌य उद्दीपनों के प्रति उन्हें एक फंतासीजन्य अनुक्रिया भी अपनानी चाहिए। यह दुख की बात है कि उन्होंने स्वप्नों के इस सामान्य गुण को 'इच्छा-पूर्ति' का एक विशेष नाम दिया, क्योंकि इसने उनके अनुवर्तियों को गुमराह

किया और इसने मनोविश्लेषण को मनोविज्ञान के दूसरे क्षेत्रों—जैसे व्यवहारवाद और गेस्टाल्ट मनोविज्ञान से अलग मोड़ दिया।

मान लीजिए एक सोए व्यक्ति को आवाज दी गई है। आवाज उसके स्वप्न में प्रवेश कर जाती है। इसकी सक्रिय अनुक्रिया सामान्यतः उठने का रूप लेगी। परंतु उसकी फंतासीजन्य अनुक्रिया इस स्वप्न का रूप लेगी कि वह उठ गया है—यह एक ऐसा अनुभव है जो हम में से अधिकांश लोगों को आम तौर पर होता है। इसी तरह यदि किसी की नींद में भूख की कचोट विघ्न डालती है तो उसकी जाग्रत अनुक्रिया पेट भरने की होगी और इसीलिए क्षुधार्त खोजी यात्रियों को निरंतर खाने के सपने आते रहते हैं।

निश्चय ही यह ठीक उसी तरह एक इच्छापूर्ति है, जैसे फंतासी में व्यक्ति उठने और खाने की इच्छा की पूर्ति करता है। परंतु एक आम विवरण के रूप में 'इच्छापूर्ति' भ्रामक है क्योंकि 'इच्छा' एक ऐसा शब्द है जिसे प्रायः सचेत भाव से गढ़े गए लक्ष्य के लिए प्रयोग में लाया जाता है, और यहाँ इसके प्रयोग से ऐसा लगता है कि स्वप्न की फंतासीसुलभ अनुक्रिया का जाग्रत जीवन की सक्रिय अनुक्रिया के साथ गहरा संबंध है। वे अनंत उद्दीपन जो हमें दैनिक जीवन में सक्रिय बना देते हैं—जैसे कोई आदेश, कोई प्रोत्साहन, कोई दिखाई देती हुई चीज, उत्सुकता, ज्ञापन, पत्र, कामेच्छा—इन्हें भी इच्छा कहा जा सकता है, क्योंकि साफ कहें तो हम तब तक कोई क्रिया नहीं करेंगे जब तक हमारे भीतर सहज गतिशीलता हमें ऐसा करने को प्रेरित नहीं करती। परंतु ऐसे कार्यों के लिए 'इच्छापूर्ति' शब्द का प्रयोग करने या स्वप्न में इनके फंतासीजन्य पर्याय का प्रयोग करने से ये कुछ विचित्र और अनमेल-से प्रतीत होने लगते हैं और इससे फ्रायड को 'अप्रिय' स्वप्नों और 'अतृप्तिकर' स्वप्नों की व्याख्या करते समय भी परेशानी का सामना करना पड़ता है। यह ठोस जीवन के आत्म-वस्तु संबंध के प्रति उनके भाववादी आत्मवादी रुख का ही प्रतिबिंब है।

स्वप्न चेतन्य होते हैं। अब तक हम देख आए हैं कि चेतना की आधार सामग्री समाज-प्रदत्त होती है कि भाषा, शिक्षा और सामाजिक संपर्क से मनुष्य की सहज अनुक्रियाएँ साझे जगत और साझे अहं द्वारा अनुकूलित हो जाती हैं और इन्हें ही चेतना का दर्जा दिया जाता है। इसलिए स्वप्न में भी समाज मनुष्य के साथ होता है। स्वप्न में भी सामाजिक अहं सामाजिक जगत में मनुष्य की इच्छाओं की काल्पनिक तृप्ति करता है।

सामाजिक जगत में मनुष्य अपने उद्दीपन के उपयुक्त तत्काल अनुक्रिया करके उठ सकता या खा सकता है। परंतु साहचर्य की शर्तें इस बात की माँग करती हैं कि किसी व्यक्ति पर प्रहार करने या किसी स्त्री को चूमने की सहज लालसा तुष्ट न हो। इसलिए सामाजिक जगत में इस प्रकार की अवैध लालसा की दो में से कोई एक

नियति हो सकती है, जिन्हें फ्रायड ने 'दमन' और 'उदात्तीकरण' की संज्ञा दी है।

यदि हम लालसा का दमन करते हैं तो हम अपनी इच्छाशक्ति के प्रयत्न से इसे चेतन क्षेत्र से खारिज कर देते हैं। अब हम देख चुके हैं कि चेतना सहज अनुक्रियाओं के 'सामाजीकरण' या सभ्यता के साथ उनके अनुकूलन के अनुरूप होती है। परिणामस्वरूप कोई ऐसी लालसा जिस पर चेतन लिबास चढ़ा हुआ है, उसकी बर्बर नग्नता को ढक दिया गया है। इसे अर्ध-सभ्य बना लिया गया है। यदि यह लालसा इतनी प्रबल है कि दूसरे स्वार्थों (अर्थात दूसरी सहज प्रेरणाओं से) इसे खारिज नहीं किया जाता बल्कि उसे बलपूर्वक, इच्छा-शक्ति के प्रयोग से अवचेतन में दमित करना पड़ता है तो जाहिर है कि यह दमन ही उससे सभ्यता का आवरण उतारकर उसे बर्बर और पाशविक बना देता है। इसी से दमन की वे बुराइयाँ जिनका फ्रायडवादियों ने संकेत दिया है, उस क्रिया द्वारा ही पैदा होती हैं जो उन्हें उनके सामाजिक अनुकूलन से नंगा कर देती हैं और उन्हें हैवान बना देती हैं। चेतन लालसाओं के इस पाशवीकरण से संत की भयानक हिंस्रता, शुद्धतावादी की कटुता और धर्मपरायणों की अकथनीय क्रूरताएँ जाग्रत होती हैं।

उदात्तीकरण में सहज वृत्तियों का सामाजिक अनुकूलन हो जाता है, जिससे उन्हें चेतन अवस्था में अपनी तृप्ति करने की छूट मिल जाती है। एक 'कड़ी' चिट्ठी लिखना, हिंस्र खेलों में या आर्थिक प्रतिस्पर्धा में हिस्सा लेना ऐसे तरीके हैं जिनके द्वारा समाज हमें अपनी सहज लालसा को चेतन आवरण देने की छूट देता है। प्रकृति के साथ संग्राम करना, अपनी घृणा को एक सृजनात्मक भौतिक निजात देना उदात्तीकरण के अपेक्षाकृत उच्चतर रूप हैं। नाचना, प्रेम की कविता लिखना, जिस स्त्री को हम प्यार करते हैं, उसकी खातिर या तारीफ से उसे सम्मानित करना ऐसे तरीके हैं जिनके द्वारा हम अपनी कामवासना को सभ्य बनाते हैं। इस तरह ये सहज वृत्तियाँ जिनकी अंध शक्ति हमें उनका अंधा गुलाम बना सकती है, हमें अपना स्वामी मान लेती है और हमारी स्वतःस्फूर्तता को बढ़ा देती है क्योंकि इन्हें एक चेतन और इसलिए सामाजिक अनुकूलन प्रदान कर दिया गया है। यहाँ भी स्वतंत्रता अनिवार्यता की चेतना मानी जानी चाहिए।

परंतु उदात्तीकरण की संभावना का प्रसार, चेतना की और इसलिए स्वतःस्फूर्तता की व्यापकता का निश्चय भाव-जगत में नहीं हो सकता। यह सामाजिक उत्पादन का ही हिस्सा है और समाज की समस्त स्वतंत्रता की भाँति यह भी श्रम से जन्म लेती है। अतीत में चेतना का अधिकांश और इसलिए उदात्तीकरण का सर्वाधिक प्रसार उस वर्ग के हिस्से में रहा है जो सामाजिक उत्पादन के बहुत बड़े हिस्से पर कब्जा जमाए बैठा था और दूसरे वर्ग के लिए विश्राम और आहार की समाज-दमित लालसाओं के उदात्तीकरण ने धर्म का और एक स्वप्निल स्वर्ग के कोरे काल्पनिक ढाँचे का रूप ले लिया है।

स्वप्न का 'मैं' भी एक समाजीकृत 'अहं' है, सामान्य अहं के संपर्क से रूपांतरित एक सहज, अवचेतन, वंशजात अहं है। स्वप्न जगत भी सामान्य गोचर जगत द्वारा रूपांतरित पर्यावरण के प्रति सहज अनुक्रिया का जगत है। यही कारण है कि वास्तविक जीवन की ही भाँति स्वप्न में भी भूख और जाग उठने के तकाजों की तुष्टि प्रत्यक्ष फंतासी से होती है—हम खाने या पहनने के स्वप्न देखते हैं—जब कि दूसरों की हत्या करने या बलात्कार करने-जैसी सहज वृत्तियों का उदात्तीकरण हो जाता है या फ्रायड के शब्दों में ये 'सेंसर द्वारा विरूपित' हो जाती हैं। निश्चय ही सहज वृत्ति के रूप में इनका लक्ष्य न तो हत्या करना होता है न बलात्कार करना, क्योंकि हत्या और बलात्कार सामाजिक अवधारणाएँ हैं, जो सेक्स और आत्मरक्षण की सहज चेतन वृत्तियों के लिए अज्ञात हैं। परंतु इन शब्दों का प्रयोग चेतन अर्थ में अवचेतन का विवेचन करने में होना चाहिए।

एक पृथक अंतः मानसिक सेंसर की धारणा स्पष्टतः एक अमूर्तन है। वस्तुतः यह सेंसर और वे विरूपण जिन्हें 'वह' जन्म देता है मानस के विशेष विभाग की सृष्टि नहीं हैं, बल्कि ये स्वयं चेतना की प्रकृति में ही निहित होते हैं। किसी भी तंत्रिकागत प्रभावांकन जिसकी क्रिया स्वप्न-चेतना का अंग बनती है, अनिवार्य रूप से कुछ निश्चित सामाजिक नियमों का आदर करना होगा, क्योंकि वह चेतना ही पोशाक और हजामत की तरह—सभ्य होने का लक्षण है।

फिर स्वप्न में हम अपने को ऐसे काम करने की छूट क्यों देते हैं, जिन्हें जाग्रत अवस्था में करने में हमें शर्म आए, दो तत्त्व मिलकर स्वप्न की यह नैतिक शिथिलता उत्पन्न करते हैं। यह पहले ही कहा जा चुका है कि वशजात न केवल एक असभ्य के रूप में बल्कि एक पशु के रूप में जन्म लेता है, और इसलिए चेतना का विकास बाह्य को सुडौल बनाने तथा अनगढ तने को तराशने-जैसा काम है। चेतना आत्म-चेतना के रूप में आरंभ होती है, पर्यावरण से स्व के विलगाव के रूप में आरंभ होती है, परंतु अकेले इसी से चेतना नहीं उत्पन्न हो जाती। यह एक अर्थ में इसके विपरीत और मात्र सहज होती है। आत्मचेतना जब पर्यावरण की ओर रुख करती है और अनुभवों द्वारा पर्यावरण की छाप अपने ऊपर उतारती है तभी यह यथार्थ की चेतना, 'अपरता' की चेतना बनती है। यह एक सामाजिक प्रक्रिया है। बच्चा अपने परिवेश में दिलचस्पी लेते हुए उनके विषय में सक्रिय अनुभव से सीखता हुआ चेतना का विकास करता है। चूँकि वह ऐसा भाषा और सामाजिक क्रियाशीलता द्वारा करता है, अतः यथार्थ का उसका अनुभव एक सामान्य गोचर जगत के अतिशय जटिल यथार्थ का अनुभव होता है। निद्रा की अंतर्मुखता में पर्यावरण तिरोहित हो जाता है और इसलिए इसके साथ ही यथार्थ के सामाजिक जगत का बहुत बड़ा अंश भी लुप्त हो जाता है। हम बचपन की अंतर्मुखता और शैशवावस्था की उभरती हुई आत्म-चेतना की ओर लौटने को प्रवृत्त होते हैं,

जिसमें 'मैं' ही सबकुछ होता है और बाह्य यथार्थ एक धूमिल अव्यवस्था बना रहता है। इससे स्वप्नों की पुरातन और शैशवोचित प्रकृति का ही उद्‌घाटन नहीं होता बल्कि इस बात का भी उद्‌घाटन होता है कि इनके विश्लेषण में शैशवकालीन अनुभव का इतना प्रभाव क्यों होता है। निद्रा में हमारा चेहरा बालसुलभ हो जाता है। इसी वजह से स्वप्न में माँ, गर्भ की ओर वापसी, अगम्यगमन, और दूसरी सभी फ्रायडीय प्रेरणाएँ एक महत्त्वपूर्ण भूमिका प्रस्तुत करती हैं। यद्यपि स्वप्न का 'मैं' इतना महत्त्वपूर्ण है परंतु यह एक क्षुद्र अहं है, क्योंकि इसकी सिद्धि का साधन सामाजिक जीवन है। स्वप्न का 'मैं' केवल आंशिक रूप से समाजीकृत स्वप्न की दुनिया-जैसा है। इस प्रकार स्वप्न यथार्थ से आंतरिक और बाह्य दुहरा अलगाव रखता है। इसका दबाव पूरी तरह किसी भी एक तरफ नहीं पड़ता बल्कि यह निर्बंध हो जाता है।

स्वप्न और जीवन में जो फर्क है, उसकी गुंजाइश रखे बिना स्वप्न से जीवन पर आना गलत होगा। यह फर्क है जीवन में पर्यावरण की अधिक सक्रिय भूमिका का, जो सचेत रूप में देखने पर एक सामाजिक निर्मिति है। हम एक वंशजात के रूप में—निरे सहज रूप में—जन्म लेते हैं। फिर हम आत्म-चेतन बनते हैं और पर्यावरण के साथ क्रिया-प्रतिक्रिया करते हुए अपनी सहज वृत्तियों का अनुकूलन करते हैं, जिससे हमारी शैशवोचित चेतना, आशाओं, महत्त्वाकांक्षाओं और लक्ष्यों का निर्धारण होता है। जिस प्रकार हमारी शैशवकालीन चेतना का निश्चय हमारे वंशजात प्रकार से नहीं होता, उसी प्रकार हमारी प्रौढ़ चेतना का निश्चय हमारी शैशवकालीन चेतना से नहीं होता। इन दोनों में एक फर्क है जो अनुभव का फर्क है और यह अनुभव समाज में रहने के परिणामस्वरूप पर्यावरण में अधिक गहराई तक प्रवेश करने पर निर्भर करता है। हम इसमें जीते रहे हैं, इसीलिए बदले हैं। फ्रायडवाद स्वप्न का इसी के आधार पर मूल्यांकन करता है इसलिए यह चेतना के अनुकूलन को एक बंधन या सहज वृत्तियों पर एक मनोबाधा मानकर बराबर इसकी भर्त्सना करता है और इस मार्मिक तथ्य को नहीं देख पाता कि ये अनुकूलन पर्यावरण के साथ सहज वृत्तियों के संघर्ष से उत्पन्न होते हैं। यदि इन अनुकूलनों से वंचित कर दिया जाए तो ये सहज वृत्तियाँ और भी कम स्वतंत्र होंगी। यदि किसी कछुए या केंकड़े का खोल अलग कर दिया जाए तो वह स्वतंत्र नहीं हो जाएगा, अपितु वह पर्यावरण की अनिवार्यताओं के सम्मुख अरक्षित बन जाएगा। निश्चय ही इससे यह संभावना खत्म नहीं हो जाती कि ये अनुकूलन भौतिक स्थितियों में आए परिवर्तनों द्वारा संभव होनेवाले अन्य अनुकूलनों की स्वतंत्रता की तुलना में अपेक्षाकृत अवरोधक होते हैं। उदाहरण के लिए कैक्टस का सींग-जैसा करचा रेगिस्तानी क्षेत्र में बेरोकटोक विकसित होता है, परंतु यदि वहाँ आर्द्रता बढ़ जाए तो इस करचे का विकास अवरुद्ध हो जाएगा और इसका छिलका या तो अलग हो

जाएगा अथवा कैक्टस को घेरकर पतले छिलके के बहुत से पौधे उग जाएँगे । यह बात मनुष्य पर अधिक सशक्त रूप मे लागू होती है, जिसका सामाजिक संगठन उसकी उत्पादक शक्तियों को अनवरत और तेज गति से बदलता रहता है ।

इस तरह स्वप्न की निर्बंध प्रकृति की आंशिक व्याख्या उसकी शैशवोचित प्रवृत्ति से हो जाती है । हमारा सामाजिक अनुकूलन उन्हीं कारणों से ढीले-ढाले रूप में हमारे पर्यावरण से जुड़ा हुआ है जिनकी व्याख्या हम पहले कर आए हैं । पर्यावरण की शक्ति में कोई कमजोरी आने पर हमारा अनुकूलन भी कम होने लगता है । हम सभी जानते हैं कि हम अपने घरेलू दायरे में, या अपने दोस्तों के साथ या किसी विदेश में, कितने भिन्न ढंग से आचरण करते हैं । हम जानते हैं कि शराब के नशे में हमारे गुस्से का प्रवृत्तितः भड़कना या कोई गैर सामाजिक आचरण पर्यावरण के यथार्थ के कमजोर पड़ने के कारण होता है । हम भूल जाते हैं कि हम कहाँ हैं । निद्रा में अंतर्मुखता पर्यावरण को कठोर यथार्थ से शून्य कर देती है और इसलिए सामाजिक सुसंबद्धता में भी इसी के अनुरूप एक शिथिलता आ जाती है । यह तब तक लुप्त नहीं हो सकती जब तक स्वप्न चेतन बना रहता है और चेतन होकर ही यह कोई महत्त्व रख सकता है । कारण यह है कि अपने लंबे अनुकूलन के बाद सहज वृत्तियाँ सामाजिक रूप में मान्य यथार्थ के अनुसार ही आचरण कर सकती हैं अन्यथा नहीं, और ऐसा समस्त यथार्थ चेतन होता है ।

जिस यथार्थ से स्वप्न की चेतन सामग्री बनती है, वह अपनी आद्य और सहज प्रकृति के कारण जाग्रत चेतना की तुलना में अनगढ़ और सीमित होता है । यह बात केवल बाह्य यथार्थ पर ही लागू नहीं होती, जो स्वप्न में 'स्वप्नगत विचार' के रूप में आता है अपितु आंतरिक यथार्थ पर भी लागू होती है, उस 'मैं' के विषय में भी लागू होती है जो इनका अनुभव करता है । यह एक घटिया, क्षुद्र और स्वार्थी 'मैं' होता है । हम इस 'मैं' में किसी श्रेष्ठता या शौर्य के प्रति सचेत नहीं होते; इसके विपरीत यह ऐसा कोई भी काम नहीं करता जिस पर हमें गर्व हो सके । यहाँ तक कि इसकी सफलताएँ भी बहुत आसानी से मिल जाती हैं । स्वप्न से जागने के बाद हम इस बात पर काफी खुश होते हैं कि हम 'सचमुच उस-जैसे' नहीं हैं । और वस्तुतः हम वैसे होते भी नहीं हैं । कारण : साहचर्य की प्रक्रिया ही लोगों को श्रेष्ठ या शूर बनाती है । वही उनके चरित्र को सौंदर्य और सार्थकता प्रदान करती है । अतः स्वप्न का 'मैं' अपने सामाजिक अनुकूलन से वंचित होकर अपनी विशालता और मानवोचित मूल्य से भी वंचित होता है ।

इसके बावजूद हम स्वप्न के रूप में भी फंतासी को एक ऊर्ध्वमुखी भूमिका की ओर बढ़ते पाते हैं । स्वप्न में अहं क्रियाशील होकर यथार्थ पर प्रयोग करता है, परंतु अब यह एक लचीला यथार्थ होता है जिसमें भौतिक वस्तुओं की कठोरता नहीं

होती। एक रात की अवधि में यथार्थ के प्रत्यक्ष संसर्ग[1] के तात्कालिक तनाव और वास्तविक सामग्री की तोड़-जोड़ करने की सीमाओं से मुक्त होकर जोड़-तोड़ करना संभव होता है।

इसमें अपनी सहज वृत्तियों से अधिक अनुकूलता रखनेवाले यथार्थ के नए रूपों के साथ प्रयोग करना और यह अनुभव करना संभव होता हैं कि ये रूप कैसे लगेंगे और हमारी सहज वृत्तियाँ इनकी उपलब्धियों के साथ क्या प्रतिक्रिया करेंगी। इस तरह स्वप्न के भ्रम का जैव महत्त्व यह है कि संभव वास्तविकताओं और इनके प्रति रुझानों के साथ मानसिक रूप से प्रयोग करते हुए यह यथार्थ में भी ऐसे परिवर्तन लाने का रास्ता तैयार करता है। स्वप्न क्रिया के लिए रास्ता तैयार करता है; मनुष्य किसी संभव काम को कर सके, इससे पहले जरूरी है कि वह इसका स्वप्न देखे। यह सच है कि हमारे स्वप्नों का साकार होना ठीक स्वप्न-जैसा नहीं होता; यह देखने और महसूस करने में उससे भिन्न होता है। परंतु साथ ही इसमें कुछ ऐसा होता है जो हमारी आकांक्षाओं में होता है, और इसे साकार करना इसलिए संभव हो पाया है कि इससे पहले इसका हमने सपना देखा, जिसने हमें इसकी ओर उसी तरह लालायित किया, जैसा फसल के उत्सव में फसल को संभव बनाया। इसमें संदेह नहीं कि स्वप्न इतना अधिक आद्य और सामाजिक यथार्थ से इतना अधिक कटा हुआ है कि यह सभ्य मनुष्यों के ठोस जीवन में बहुत महत्त्व नहीं रख सकता।

स्वप्न की भ्रामक प्रकृति का उपचार यह नहीं कि इसे खत्म कर दिया जाए बल्कि यह है कि इसे इस तरह विशद और विस्तृत बनाया जाए कि यह जिस सिद्धि की पूर्व कल्पना करता है उसके अधिकाधिक निकट बढ़ता जाए; इसे जीवन और यथार्थ और स्पष्ट अंतर्वस्तु से अधिकाधिक भरा जाए। यहाँ पुनः अनिवार्यता की चेतना के विस्तार में स्वतंत्रता का विस्तार होता है। यह योजना स्वप्न के सामाजीकरण की माँग करती है।

IV

अतः जरा उस पहले नर-वानर की कल्पना कीजिए जो यथार्थ के अपने लगभग निजी जगत में सहज एकांत जीवन जीता था और अपनी इन्छाओं के अनुरूप कुत्ते की तरह सरलतम क्रियाओं के सपने देखता था, और जिसके सामने एक ऐसा यथार्थ था जो स्वप्नों को अधिक वास्तविक, अंतर्वस्तु से अधिक भरपूर और अधिक उपयोगी बनाने की माँग कर रहा था।

---

1. स्वप्न की अंतर्मुखता में मानसिक तत्त्वों का जो लचीलापन और जोड़-तोड़ (पनुर्संयोजन) संभव होता है, वह संभवतः शरीर की सभी उच्चतर कोशिकाओं की दैहिक प्रक्रिया का ही प्रतिबिंब है और इसलिए यही निद्रा का जैव कारण है। निद्रा में पूरे शरीर के अनुकूलन में एक वैसा ही विलयन और आत्मसात्करण हो सकता है जैसा स्वप्न में चेतना के साथ कुछ होता है।

कविता के जन्म का विवेचन करते समय हम आदि मानव के समाधान का उल्लेख कर आए हैं। मनुष्य ने जब जाग्रत जीवन में स्वप्नों का समावेश किया तो उसने आगे की दिशा में एक लंबा डग भरा। उसने उसे जाग्रत यथार्थ के वैचारिक पहलुओं का हल ढूँढ़ने को बाध्य किया।

परंतु यह आवश्यक था कि वह उस विशेषता को अर्थात इसकी कल्पकता को खोए बिना ऐसा करता जो कि स्वप्नों को उपयोगी बनाती है। यदि चेतना का सामना बाह्य यथार्थ से पूरा मेल खानेवाले तकाजों से होता है तो प्रत्यक्षबोध—अर्थात संप्रति—हमारे चतुर्दिक की चीजों के प्रत्यक्षबोध और संप्रति—हमारे भीतर की अनुभूतियों के प्रत्यक्षबोध से इसका फर्क मिट जाता है।

अतः इस जाग्रत चेतना के जोड़ों को जैसे-तैसे ढीला करना जरूरी था। जरा दिक्-काल के एक ठोस मणिभ में किसी एक बिंदु पर स्थित 'मैं' की कल्पना कीजिए। जब तक 'मैं' दिक्-काल से अपने संबंधों के प्रति सचेत है, तब तक वे 'मैं' से अनंतता की ओर फूटनेवाले गोचर दीप्तजाल मात्र हैं।

इसे ढीला करने के दो तरीके संभव हैं :

(1) एक में वस्तु से विषय का अलगाव आता है। इससे आगे दो उपविभाजनों की संभावना उत्पन्न होती है :

(क) इस बात की संभावना रहती है कि अनुभूति-ताल पर ही ध्यान केंद्रित किया जाए और बाह्य यथार्थ के मणिभ को घुल जाने दिया जाए। इसका यह अर्थ नहीं कि बाह्य यथार्थ गायब हो जाता है; इसका अर्थ है कि बाह्य यथार्थ का परिचालन उसके अपने नियमों के अनुसार न करके सहज और आत्मनिष्ठ नियमों के अनुसार किया जाता है। अतः स्वप्न की कल्पकता तो बनी रहती है परंतु स्वप्न को प्रखर बनाने के लिए इसमें आत्मनिष्ठ चेतना का जाग्रत यथार्थ भर दिया जाता है। इससे हमें भ्रामक आभासिक जगत (परंतु वास्तविक साझा अहं) अर्थात कला जगत का क्षेत्र प्राप्त होता है।

(ख) या संभावना इस बात की रहती है वस्तु के यथार्थ पर ध्यान केंद्रित किया जाए और आंतरिक यथार्थ के नाभिबिंदु को घुल जाने दिया जाए। इसका यह अर्थ नहीं कि द्रष्टा 'मैं' गायब हो जाता है, बल्कि यह कि 'मैं' का संचालन इसकी अपनी आकांक्षाओं के अनुसार न होकर बाह्य यथार्थ की अनिवार्यता के अनुसार होता है। यहाँ भी स्वप्न की कल्पकता बनी रहती है परंतु जाग्रत पर्यावरण के यथार्थ को स्वप्न जगत में लाकर इसे कठोर बना दिया जाता है। इससे हमें निर्वैयक्तिक, सर्वव्यापी आवेगशून्य आभासिक अहं का विज्ञान-जगत, अर्थात वास्तविक गोचर जगत प्राप्त होता है।

(2) विषय को वस्तु से अलग करने के अलावा दिक् को काल से, सदृश को विदृश से, परिमाण को गुण से अलग करना संभव है। इसका यह अर्थ नहीं कि दिक्

और काल लुप्त हो जाते हैं बल्कि सिर्फ यह कि इनमें से एक न एक बहुगुणित हो जाता है और इसलिए विरूपण उत्पन्न हो जाता है ।

(क) दिक्-व्यवस्था से विश्लेषणकारी विज्ञानों की और कविता की उपलब्धि होती है ।

(ख) काल-व्यवस्था से विकासमूलक विज्ञानों और कहानी की उपलब्धि होती है ।

विश्लेषणकारी विज्ञान में सर्वोपरि गणित है और भौतिकी जिसका एक विशेष क्षेत्र है, दिक्-सदृश क्रम-व्यवस्थाओं का विवेचन करते हैं, जो काल से स्वतंत्र होती हैं । यदि समय इसमें आता भी है तो महज एक तरंगदोलन की भाँति जिसमें एंट्रापी को छोड़ कोई नया गुण पैदा नहीं होता । यह समय-निर्बंध व्यवस्था का, परिमाण का, यांत्रिक भौतिकता का क्षेत्र है ।

विकासमूलक विज्ञान बाद में चलकर विकसित होते हैं । इसका नजरिया ऐतिहासिक होता है । यथार्थ का विवेचन ये एक प्रक्रिया के रूप में नए गुणों के प्रादुर्भाव के रूप में करते हैं । समाजशास्त्र, जीवविज्ञान, भूगर्भविज्ञान, मनोविज्ञान, ज्योतिर्विज्ञान और शरीर विज्ञान, ये सभी ऐसे विज्ञान हैं, जिनका लगाव समय से है, जो काल के भीतर इधर-उधर डोलते रहते हैं, और इसलिए काल का संघनन और सामान्यीकरण करके इसका उसी तरह भेदन करते हैं जैसे विश्लेषणकारी विज्ञान दिक् का संघनन और सामान्यीकरण करते हुए इसका भेदन करते हैं । इसमें संदेह नहीं कि ये क्षेत्र परस्पर व्याप्त होते हैं । केवल गणित ही शुद्ध विश्लेषणकारी और द्वंद्ववाद ही शुद्ध विकासमूलक विज्ञान है । 1750 से 1850 के बीच विकासमूलक विज्ञानों का उत्थान ही वह चीज थी जिसने कांडिलक, दे' हालबाख और दाइद्रो के यांत्रिक भौतिकवाद को बदलकर मार्क्स और ऐंगल्स का द्वंद्वात्मक भौतिकवाद बना दिया और इसे भाववाद द्वारा विकसित आत्म और वस्तु संबंध के सभी सक्रिय पहलुओं को समेटने में सक्षम बना दिया ।

कला के क्षेत्र में ठीक यही विभाजन ठीक ऐसे ही भेद को जन्म देता है । साहित्यिक कला में उपन्यास विकाससूचक है और कविता विश्लेषणकारी । चूँकि यह फर्क बुनियादी महत्त्व का है इसलिए इस पर आगे चलकर सविस्तार विचार किया जाएगा ।

इतना तो जाहिर ही है कि आदि मानव के स्वप्नों की इन बाह्याभिव्यक्तियों को हमारी तरह सोच-बूझकर नहीं विकसित किया । इनका जन्म प्रकृति के साथ उसके संघर्ष से हुआ, उस संघर्ष में साहचर्य की आवश्यकता से हुआ, और उस साहचर्य द्वारा अनिवार्य बनाए गए वाचिक और दृश्य प्रतीकों द्वारा हुआ । आभासिक अहं की मदद से खोजा गया यथार्थ जगत और आभासिक जगत द्वारा खोजा गया वास्तविक अहं ही चेतन जगत और चेतन अहं है और इसलिए

सामाजिक जगत सामाजिक अहं है।

नृत्य और गायन में मनुष्य आसन्न यथार्थ की दुनिया को खारिज करके अर्ध-निद्रा में निमग्न हो जाता है। इससे वह बाह्य यथार्थ की दुनिया से मनमाने खेल खेलने में, इसे बनाने और बिगाड़ने में समर्थ होता है। परंतु वह ऐसा मनचाहे या नियमहीन ढंग से नहीं करता। ऐसा करने की न तो कोई तुक होगी न ही कोई प्रयोजन। वह इसका निर्माण सामाजिक अहं के नियमों के अनुसार करता है। और वह इसलिए ऐसा करता है कि नृत्य और गायन में बाह्य यथार्थ की दुनिया से अलग हटता हुआ भी वह अपने शरीर को लय में घुमाता हुआ, दूसरों के साथ मिलकर उन्हीं शब्दों को दुहराता हुआ, उनके बीच सामाजिक दृष्टि से एक ही उपादान, जैसे संगीत के ताल नाच में नकल किए जानेवाले प्राणी, सामाजिक दृष्टि से मान्य सत्ताओं या अनुभवों को सूचित करनेवाले शब्दों से प्रेरित होकर अनुभूतियों का एक आम ताना-बाना बुनता हुआ अपने साथियों के भाव जगत के साथ संपर्क बनाए रहता है। इस तरह साझे गोचर जगत के मुद्दों का सामाजिक अहं को केंद्र में रखकर चयन, संघटन, सम्मिश्रण और पुनरभिमुखीकरण किया जाता है। आरंभिक यूनानी अनुष्ठानों के 'देवता' जो अपने उपासकों में उतर आते थे, नृत्य द्वारा निर्मित ओजपूर्ण साझे अहं के प्रतीक के अतिरिक्त कुछ नहीं हैं।

इसमें संदेह नहीं कि समाज के विकास के साथ-साथ ही कविता सार्वजनिक पर्वों से अपने को अलग कर लेती है। सभ्य मनुष्य अपेक्षाकृत अधिक आसानी से शारीरिक अंतर्मुखता प्राप्त कर लेता है। कविता की लय इसे हासिल करने के लिए पर्याप्त है। और शब्दों की सामूहिक आत्मगत अर्थवत्ता उसे उन सामूहिक पर्वों की आवश्यकता के बिना, जो कि श्रम विभाजन के कारण अब पुराना पड़ गया है, अपने साथियों के संपर्क में रखती है। यह श्रम विभाजन स्वयं भाषा के विशदतर दायरे और वृहत्तर अंतर्वस्तु में भी प्रतिबिंबित होता है।

इस प्रकार की कला कालातीत होती है, क्योंकि मनुष्य स्वयं भी कालातीत है। वह युग-युगांतर तक समग्र रूप से अब (वर्तमान) में ही रहता है, जिसके साथ एक विस्मयकारी अतीत और भविष्य लगा रहता है। यह भावगत कालातीतता इस तथ्य को प्रतिबिंबित करती है कि स्वयं मनुष्य का श्रम विभाजन समय में विस्तृत नहीं है, कि वह मुश्किल से अपना भोजन जुटा पाता है, कि वह आधुनिक मनुष्य की तरह मनुष्यों की बदलती हुई पीढ़ियों से ढेर सारी पूँजी, जमा हुआ श्रम, तकनीक और सांस्कृतिक उपलब्धियाँ विरासत में नहीं पाता। मृतकों और अजन्मों से उसका न्यूनतम सामाजिक रिश्ता होता है। बेशक थोड़े-से औजार, एक सीमित तकनीक, एक अलिखित भाषा उसके पास होती है, और अतीत के विषय में यह साझेदारी नायकों के बारे में, एक सतयुग के बारे में और एक प्रामीथियस या मोज़ेज के बारे में, जो असभ्य मनुष्यों के लिए ज्ञान लाए थे, चंद कालजयी कथाओं में

प्रतिबिंबित होती है। परंतु सामान्यतः कविता की कालातीतता उसकी अपनी बचकानी सरलता के अनुरूप ही है जिसके चलते बह त्राहर्न की तरह सोचता है कि गेहूँ सुनहला और अमर—एक ऐसा अन्न जो न कभी बोया गया न काटा गया—था।

परंतु जैसे-जैसे इतिहास का विकास होता है, वैसे ही वैसे परिवर्तनशील अतीत के साथ मनुष्य की अंतर्क्रीड़ा नगरों, देवालयों, राज्यों, सिंचाई निर्माणों और अंततः कहानियों में अर्थात कालक्रम में संगठित मनुष्यों के परिवर्तनशील जीवन के बिंबों में प्रतिबिंबित होती है। इस तरह एक नई कला—उपन्यास और फिल्म—का उदय होता है, जो 1750 से आगे के ठीक उस युग में जब विकासवादी विज्ञानों का रूप निखरता है, अपने उत्कर्ष पर पहुँचती है। यह समूची अंतर्दृष्टि स्वयं भी प्रकृति में उन उत्कट ऐतिहासिक परिवर्तनों की उपज है, जो औद्योगीकरण के कारण संभव हो जाए।

कहानी में मनुष्य शैशव से वृद्धावस्था की ओर अग्रसर होता है और हमारी दिलचस्पी इस बात को लक्ष्य करने में होती है कि परिपक्वता प्राप्त करने की इस प्रक्रिया में उसका बाह्य जगत और उसका अपना हृदय कैसे बदलता जाता है। मनोजगत की इस आत्मनिष्ठ अंतर्वस्तु तथा एक कालव्यापी जीवन-सूत्र की सापेक्षता में इसके वास्तविक पर्यावरण का यह विरूपण, संयोजन, संघनन और चयन कहानी को कविता से अलग करता है।

इससे ही उपन्यास की अपेक्षाकृत अधिक जटिलता का उद्‌घाटन होता है। अभिन्नीकृत कबीले में यह बहुत आसानी से और हमेशा ही संभव होता है कि लोग एक समय में एक स्थान पर एक राय हों और इस सम्मिलन से एक सार्वभौम और कालातीत अहं का उदय हो, जो एक स्वर से सभी की बात कहता है। परंतु आधुनिक समाज का अपेक्षाकृत अधिक भिन्नीकृत जीवन विविधतापूर्ण है। लोगों का जीवन एक जटिल टेपेस्ट्री में गुँथा और तना-बुना है और ऐसे क्षण बहुत कम ही आते हैं, जब उन सभी के मन और आवेग एक सार्वभौम 'मैं' में एकत्र होते हों। अतः उपन्यास का नायक कविता के नायक-जैसा एक सार्वभौम, साझा 'मैं' नहीं बल्कि एक वास्तविक ठोस व्यक्ति होता है।

उपन्यास की 'सामूहिकता' किस तरह सुनिश्चित होती है? यह उस यथार्थ पर्यावरण में उतरती है जो उपन्यास में हमेशा देखने में आता है। यह क्रियाओं की, दूसरे चरित्रों की और सामाजिक घटनाओं की यथार्थतः है, जिन्हें एक सामाजिक तंतुजाल समझा जाता है। इस प्रकार बाह्य यथार्थ जिसे हम अंतर्मुखता द्वारा अपने तात्कालिक ध्यान बिंदु से काटकर अलग कर देते हैं, एक दूसरे वेश में हमारे सामने आता है। यह इहकालिक यथार्थ के रूप में नहीं आता, उस कमरे के रूप में नहीं आता जिसमें बैठा मैं पढ़ रहा हूँ, बल्कि आता है एक ऐसे बाह्य यथार्थ के रूप में जो रहा है और हो सकता है; और यह सिर्फ इसलिए संभव है कि काल के आयाम की

दृष्टि से उपन्यास मूर्त होता है। अतः उपन्यास के आभासिक जगत के उतार-चढ़ाव से पाठक का तात्कालिक यथार्थ एक ओर ठेल दिया जाता है या अंधकार में चला जाता है, और इसलिए यह आभासिक जगत कविता के झिलमिल, सपनीले आभासिक जगत की तुलना में अधिक यथार्थपरक तथा तथ्यात्मक होता है।

इस दृष्टि से उपन्यास दिवा-स्वप्न से अधिक सादृश्य रखता है। सामान्य स्वप्न की तुलना में दिवा-स्वप्न में अधिक यथार्थ होता है। यह संभावना के दायरे में होता है। इसमें स्वप्न की असंयतता या आकस्मिक संक्रमण नहीं होते। यह अपेक्षाकृत अधिक व्यवस्थित होता है और कम आदिम होता है। और ऐसा होना अनिवार्य है, क्योंकि दिवा-स्वप्न में हम जागते होते हैं और इसलिए फंतासी में यह भौतिक संगति, वास्तविक क्रम में व्यवस्थित वस्तुओं की यह ऐंठन, इसलिए आती है कि ताकि रोजमर्रा का पर्यावरण छँट जाए और मन इस पर एकाग्र हो सके। दिवा-स्वप्न और उपन्यास में 'भौतिक तत्त्व' की इस मात्रा के कारण इनका कालगत संयोजन अनिवार्य हो जाता है, क्योंकि इस प्रकार के संयोजन के बिना कथासूत्र बोझिल हो जाएगा और उलझ जाएगा और फिर अंततः फूटकर स्वयं गोचर यथार्थ की मंद और बोझिल गति के साथ बढ़ने लगेगा। इस बिंदु पर पहुँच-कर इसका सारा मूल्य या प्रभाव-संयोजन की इसकी सारी संभावना खत्म हो जाएगी। स्वप्न अपनी ऐंद्रिक अंतर्मुखता और कविता अपनी लय और संकेंद्रण के द्वारा यथार्थ की इतनी अधिक ऐंठन और इतने अधिक कालगत 'संयोजन' की आवश्यकता से बच निकलती है।

दिवा-स्वप्न की चरित्रगत विशेषता यह है कि यह फंतासी का एक अपेक्षाकृत अधिक 'सभ्य' रूप है। यह एक वैयक्तिक कल्पक यथार्थ के रूप में ठीक उसी तरह मनुष्य की अभिव्यक्ति है जैसे स्वप्न मनुष्य में कल्पक यथार्थ की आवश्यकता का स्वर है। एक अपने को बदलने से मनुष्य द्वारा प्रकृति पर प्राप्त प्रभुत्व को अभिव्यक्त करता है; दूसरा प्रकृति को बदलने से मनुष्य द्वारा अपने ऊपर प्राप्त प्रभुत्व को व्यक्त करता है। दिवा-स्वप्न में मनुष्य अपने को यथार्थ के साथ अनुकूलित करता हुआ अपने साथ प्रयोग करता रहता है, स्वप्न में वह यथार्थ को अपने अनुकूल बनाता हुआ प्रयोग करता रहता है। ये दोनों लक्षण अपने से संबंधित कलाओं में भी पहुँच जाते हैं।

विज्ञान का विशाखन भी इसी पैतृकता को व्यक्त करता है। विश्लेषणपरक विज्ञानों में मनुष्य किसी दूसरे परवर्ती या पूर्ववर्ती यथार्थ के विचारों को बीच में लाकर वर्तमान यथार्थ से अपने को अंतर्मुख नहीं बनाता, बल्कि अपने आपसे प्राप्त मानकों को वर्तमान यथार्थ पर फैलाकर ऐसा बनता है। यही क्रम व्यवस्था या परिमाण का क्षेत्र है। जिस प्रकार मनुष्य प्रत्यक्षबोध से कुछ खास सामान्यताओं

को हासिल करता है उसी तरह वह प्रत्यक्षबोध से कुछ खास गोचर सामान्यताओं को हासिल करता है। तीन गाएँ, तीन छड़ियाँ, तीन सेब जब आत्मनिष्ठ पहलू से शून्य होते हैं (गाय एक व्यक्ति को एक चीज, और सेब दूसरे के मूल्यांकन में दूसरी चीज प्रतीत होता है), तो उन मनुष्यों के बीच उनमें एक गोचर सामान्यता होती है उनका 'त्रिभाव', उनकी संख्या, मात्रा। वर्गीकरण की ये गुणताशून्य श्रेणियाँ इनकी विशिष्टताओं से वर्तमान को शून्य करके, मनुष्य को इस बात में समर्थ बनाती हैं कि वह समस्त यथार्थ को एक कालहीन ढंग से 'अमूर्त' कर सके, मिला सके, चुन सके और जोड़ सके। जो गुण एक स्थान में एक व्यक्ति में ही पाए जाते हैं, उनसे साझे अहं को रिक्त करने से ही यह संभव हो पाता है कि मनुष्य यथार्थ के समूचे क्षेत्र को एक फंतासीपूर्ण और कल्पक ढंग से समझ सके। इस प्रक्रिया से यथार्थ अपने काल से—नए गुणों के उद्भव से—वंचित हो जाता है।

यही कारण है कि मनुष्य के दैनिक जीवन में गणना (भारत), जो कि चरवाहों का विज्ञान है और भूमिति (मिस्र) जो खेतिहरों का विज्ञान है, अपेक्षाकृत अधिक गुणपरक ऐतिहासिक विज्ञानों से पहले जन्म लेते हैं। अपेक्षाकृत अधिक आदिम समुदाय में मनुष्यों को अपने दैनंदिन की जिंदगी में लगभग एक-जैसे ही अनुभव होते हैं। उनके लिए सामूहिक रूप में एक-दूसरे से मिलना और दिक्-काल के एक बिंदु से अपने अनुभवों को एक विश्व-परिदृश्य के ऐसे पुंज में बाँध पाना अधिक आसान था जो गुणता, अनुभूति-ताल से शून्य हो। गणित ठीक यही तो है। उनके लिए अपनी समूची अनुभूति-ताल और इसलिए समस्त गुणों को अलग करके अपने परिवेश से अपने को अलग छाँट लेना आसान था। चूँकि वे अपने कार्य-भार सामूहिक रूप से पूरा करते थे, अतः उनके लिए समस्त कार्य-भारों से सामान्यता को—उनके परिमाणगत तत्त्व को पाले गए मवेशियों, रोपे गए क्षेत्रों से—अलग छाँट पाना आसान था।

नींद की अंतर्मुखता में पर्यावरण से जब समस्त ऐंद्रिक उद्दीपनों को निष्कासित करके इनको प्रतिस्थापित किया जाता है तो स्वप्न गणित बन जाता है। इसमें गणित की अंतर्मुखता आ जाती है जो कि समस्त ऐंद्रिक गुणों को निष्कासित कर देती है और अपनी पकड़ को वर्तमान यथार्थ से परे ले जाकर समस्त यथार्थ तक विस्तृत करने में समर्थ होती है। निद्रा में श्वसन की लय और रक्त का प्रवाह गोचर जगत को अहं में खींच लाता है। गणित में श्वसन की लय और रक्त का प्रवाह अहं को गोचर जगत में ठेल देता है।

आगे चलकर जब सभ्यता विविधतापूर्ण हो जाती है, और मनुष्यों के श्रम, आकांक्षाएँ और लक्ष्य परस्पर मिश्रित होते हैं और एक-दूसरे में गुँथते-मिलते हैं तो विकासमूलक विज्ञानों का उदय होता है। यहाँ चेतना से समस्त गुणों को छाँटकर नहीं बल्कि इसके स्थान पर एक ऐसे अहं को स्थापित करके वर्तमान यथार्थ से

अंतर्मुखता हासिल की जाती है, जिसकी गुणवत्ता का मूल्यांकन सीमित, विरूपित और काल सीमा में संघटित होता है। यह आभासिक अहं गणित की तरह ऐसा अहं नहीं होता, जो चारों तरफ नजर डालने पर भी केवल एक ही तरह के गुणों को अर्थात उन गुणों को ही देख पाता है, जो विचाराधीन विज्ञान के एक विशेष क्षेत्र को परिसीमित करते हैं। अतः विकासमूलक विज्ञानों के उदय के साथ विज्ञान टूटकर विभिन्न क्षेत्रों में बँट जाता है, जिनमें से प्रत्येक के अपने सुस्पष्ट गुण होते हैं जैसे रसायन, जीवविज्ञान, मनोविज्ञान, समाज विज्ञान आदि के क्षेत्र। ये क्षेत्र एक-दूसरे का खंडन नहीं करते। ये गुणों के एक ही सार्वभौम आंदोलन अर्थात यथार्थ के चयन हैं पर श्रम के विभाजन के बिना मनुष्य की पकड़ में आ ही नहीं सकते।

ये क्षेत्र मनमाने ढंग से नहीं चुने गए हैं। इनका निर्धारण यथार्थ की प्रकृति से और इसके साथ मनुष्य के सक्रिय संबंध से होता है। ये जड़ प्रकृति के साथ, एक काया के रूप में स्वयं अपने साथ, अपने मन के साथ और समाज के साथ जो उनके आपसी संबंधों का साँचा है, उसके उत्तरोत्तर लगाव को सूचित करते हैं। किसी एक क्षेत्र में भी गुणों की बहुलता के कारण उन्हें ठीक उसी तरह समय में संयोजित और संघनित करना आवश्यक होता है, जैसे मनुष्य अपने निजी अनुभवों को जब याद करता है तो वह यथार्थ की प्रक्रिया में इस क्षेत्र में उदित होनेवाले गुणों को संघनित और मिश्रित करके इन्हें संयोजित करता है।

जिस प्रकार उपन्यास का नायक एक ऐसा व्यक्ति होता है, जो उन्हीं घटनाओं और व्यक्तियों से घिरा हुआ है जो सक्रिय रूप में उन्हीं आत्मनिष्ठ प्रतिक्रियाओं को जाग्रत करेंगे जिनके लिए उपन्यास लिखा जाता है, उसी तरह विकासमूलक विज्ञान का नायक गुणों का एक विशेष क्षेत्र है, जिसका अवलोकन ठीक उसी आभासिक अहं ने या एक इंद्रियवाले मनुष्य ने किया है, जिसकी दृष्टि की विशिष्टताओं से केवल वे ही संबंध जाग्रत होंगे जिनका संयोजन और अध्ययन करने के लिए उस विज्ञान का विकास किया गया है।

कला और विज्ञान का यह विकास केवल स्थैतिक यथार्थों की चिंतनमूलक खोज मात्र नहीं है, यह प्रकृति के साथ मनुष्यों के सक्रिय संबंध का ही अंग है। कला की फंतासी मनुष्य के अहं के संघटन में निरंतर परिवर्तन करती रहती है, मनुष्य को अपनी प्रवृत्तियों की अनिवार्यता के विषय में सचेत और इसलिए स्वतंत्र बनाती है। यह कोई निरपेक्ष स्वतंत्रता नहीं है बल्कि परिवर्तन के साधनों से अर्थात उस जटिल, समृद्ध, सामाजिक अहं से सापेक्षता रखती है जिस पर कल्पना से एकप्राण होकर मनुष्य अपने अंधे अहं का दबाव डालता है। यह सामाजिक अहं पुनः वैचारिक तत्त्वों से नहीं बल्कि ऐसे ठोस आवेगों और आकांक्षाओं से बना है, जिन्हें कोई

व्यक्ति किसी वास्तविक ठोस समाज में रहते हुए अनुभव करता है ।

उदाहरण के लिए यह बात साहित्यिक कलाकृतियों की सामग्री की प्रकृति में उन शब्दों से जो मनुष्य की सहकारी क्रियाओं में, चाहे वे कितनी भी साधारण क्यों न हों, अदालत, पड़ाव और घरेलू जबान में व्यक्त होती है ।

विज्ञान और कला फंतासी के सीमांत हैं । ये ठोस अनुभूति और प्रत्यक्षबोध के नितांत अमूर्त, और सामान्य, तात्विक नियमों को मूर्त करते हैं । ये अमिश्रित हैं और इस कारण ही ये एक-दूसरे से अलग हुए हैं । वे केवल नवीन से, सामाज़िक अनुभव के केवल उन्हीं सामान्य नुक्तों से सरोकार रखते हैं, जो पहले विद्यमान साझे अहं और साझे गोचर जगत का निषेध करते हैं और इसलिए अहं और जगत दोनों के (नई कलाकृतियों, नई प्राक्कल्पनाओं) विस्तार की माँग करते हैं ताकि इन्हें समाहित किया जा सके । इसी तरीके से व्यवहार सिद्धांत से एकाकार होता है, क्योंकि लोगों के व्यावहारिक अनुभव मनुष्यों की पूर्वनिर्धारित चेतना का निषेध करते हैं और इसमें संशोधन की माँग करते हैं । जो लोग यांत्रिक ढंग से सोचते हैं उन्हें लगता है कि विज्ञान और कला जीवन के अनुभवों में अंतर्विष्ट नहीं हैं बल्कि इसके विपरीत हैं, क्योंकि ये अंतर्विरोध के परिणाम हैं ।

विज्ञान और कला को जब वैचारिक क्षेत्रों के रूप में देखा जाता है तो ये जीवन से कृत्रिम रूप में अलग होते हैं । पर व्यवहार, अनुभव, अनुभूत और ज्ञात रूप में ये प्रत्येक चरण पर प्रकृति के साथ मनुष्य के संघर्ष से निसृत होते हैं ।

फंतासी का जगत निद्रा के 'संरक्षक' के रूप में उत्पन्न होता है, क्योंकि निद्रा में मनुष्य प्रकृति के साथ सक्रिय संघर्ष से विश्राम कर रहा होता है और अपनी इच्छाओं के अनुसार प्रतीकों को तथ्य मानकर अपने संघर्ष के चिह्नों को पुनः व्यवस्थित करता है । यह जगत जाग्रत यथार्थ के सामाजिक जगत में अंतर्विष्ट (इंट्राजेक्ट) होकर टूटने को और एक ओर तो बाह्य यथार्थ की अनिवार्यता को अधिकाधिक प्रतिबिंबित करने को और दूसरी ओर मनुष्यों के हृदयों की छाप ग्रहण करने को बाध्य होता है । अतः लोग एक-दूसरे के आवेगात्मक अनुभवों से और यथार्थ के अनुभवों से अभिभूत होते हैं । लोग जैसे होते हैं वैसा ही दूसरों को बनाते हैं ।

कलाकार और वैज्ञानिक इस निर्माण कार्य में हिस्सा बँटाते हैं । ये ऐसे लोग होते हैं, जो जीवन का एक विशेष प्रकार का अनुभव प्राप्त करते हैं । यह अनुभव कलाकार के साथ भावात्मक और वैज्ञानिक के साथ प्रत्यक्ष मूलक होता है । यह अनुभव साझे अहं और साझे जगत का निषेध करता है और इसीलिए यह इन जगतों को इस तरह पुनर्निर्मित करने की अपेक्षा रखता है जिसमें नए अनुभव समाहित हो सकें । जिस प्रकार समाज के लिए भौतिक सामान का उत्पादक उसे आम बाजार में लाता है उसी तरह कलाकार या वैज्ञानिक अपने विशेष अनुभव को एक खास रूप में उकेरकर वैचारिक बजार में ले जाता है ।

उत्पादन पर सामाजिक उत्पादन की अर्थात माल की छाप तो इसलिए जरूरी है कि उसको ऐसी शक्ल दी गई हो जो उसे (एक सामाजिक उपयोग-मूल्य दे सके) सामाजिक दृष्टि से उपयोगी बना सके। इसे सामाजिक उपयोगिता की दुनिया की अपनी चीज बनाने के लिए जरूरी है कि इसे श्रम से रचा गया हो। इसी तरह कलाकार या वैज्ञानिक के लिए अपने अनुभव को एक सामाजिक सार्थकता प्रदान करना जरूरी है। इसे समाज के वैचारिक जगत में शामिल करना जरूरी है। इसे इस रूप में उकेरने में ही कला या विज्ञान का श्रम निहित है और इसी से कलाकार या वैज्ञानिक अपने को एक सामाजिक उत्पादक मानने का अधिकारी होता है।

युंग फंतासी या मुक्त साहचर्य को 'निर्दिष्ट चिंतन' अर्थात ऐसे चिंतन से उल्टा मानते हैं जो एक तर्कसंगत मार्ग पर अर्थात यथार्थ के हमारे चेतन ज्ञान से संगति रखनेवाले मार्ग पर चलने को बाध्य होता है। हम पहले ही देख आए हैं कि यह चेतन ज्ञान साझे गोचर जगत से प्राप्त होता है। अतः निर्दिष्ट चिंतन वैज्ञानिक चिंतन है। निर्दिष्ट चिंतन द्वारा हम बाह्य यथार्थ के अपने अनुभव को सँवारकर एक सामाजिक उत्पाद बना देते हैं।

युंग की निर्दिष्ट चिंतन की अवधारणा में हम 'निर्दिष्ट अनुभूति' को भी जोड़ना चाहेंगे। जब हम अपनी अनुभूतियों को ऐसी दिशा में बढ़ने के लिए निर्दिष्ट करते हैं, जो उस चीज से संगति रखे जिसे हम सही समझते हैं, जब हम इसे अपने 'सच्चे' स्व से, प्रामाणिक और सुंदर से संगति रखने के लिए निर्दिष्ट करते हैं, जिसे हम अपना उत्कृष्टतर अंश, अपने हृदय में बसा आदर्श समझते हैं तो ठीक ऐसा ही होता है। जैसे निर्दिष्ट चिंतन तर्क द्वारा नियंत्रित होता है और सत्य के सामाजिक मानदंड को स्वीकार करता है, उसी तरह निर्दिष्ट अनुभूति हृदय द्वारा नियंत्रित होती है और यह सुंदर तथा सद् के सामाजिक मानदंड को स्वीकार करती है।

वर्ग-धर्म का अपराध यह है कि इसने सद् को सुंदर से और अंतश्चेतना को हृदय से विच्छिन्न कर दिया है। आरंभिक कविता की तरह जिसमें विज्ञान और कला अभी मिले-जुले रूप में रहते हैं, धर्म पुराणगाथा के रूप में उत्पन्न होता है, क्योंकि अभी सामूहिक फंतासी सामूहिक स्वप्न से अधिक कुछ नहीं रहती। मनुष्य ने अभी तक अपने को अपने पर्यावरण से पूरी तरह अलग नहीं किया है, वह अभी अहं और पर्यावरण के अंतर्विरोध के प्रति सचेत नहीं है और सचेत न होने के कारण उस अंतर्विरोध का गुलाम है, अपनी अनुभूतियों और घटनाओं के चलते अंध भाव से इधर से उधर उछाल खाता रहता है। परंतु जब विज्ञान और कला की शाखाएँ फूट जाती हैं तो धर्म कोई उपयोगी भूमिका अदा नहीं करता। यह दोनों को जोड़ता है और इसलिए विज्ञान के सत्य को विरूपित करता है और कला की मूर्तता को कुंठित करता है।

हम देख चुके हैं कि विज्ञान के क्षेत्र में फंतासी ने एक अंतर्भेदी शक्ति पा ली है,

पर्यावरण को अधिक पैनेपन से प्रतिबिंबित करने की क्षमता पा ली है । इसका रहस्य यह है कि इसने वास्तविक ठोस अह के स्थान पर एक आभासिक अहं को या एक टिकटी को ला रखा, जिसकी लोच के कारण फंतासी का साँचा पर्यावरण से अधिक सान्निध्य रख सकता है । परंतु धर्म अब भी आत्मनिष्ठ और वस्तुनिष्ठ की खिचड़ी पकाता है । मनुष्य जिसके सच होने की आशा करता है उसे सत्य घोषित कर देता है । यथार्थ के विषय में इसके दृष्टिकोण मनुष्य की रागात्मक प्रेरणाओं से विरूपित होते हैं । यह काव्यात्मक भ्रमों की आत्मगत अंतर्वस्तु को ही सच मान और समझ लेता है और इस बात की माँग करता है कि लोग इसे बाह्य यथार्थ को मूर्त करनेवाली उक्तियों का दर्जा दें । परंतु चूँकि लोगों का व्यावहारिक अनुभव वैज्ञानिक परिकल्पनाओं की सत्यता को सिद्ध या असिद्ध करता है, अतः धर्म भौतिक जगत से इतर एक जगत—स्वर्ग का राज्य, परलोक—का प्रतीक बनाकर अपने भ्रमों की पोल को बनाए रख सकता है । जाहिर है कि यह आदिम धर्म से स्खलन था, जो दृश्य भौतिक जगत के हवाले से अपनी मान्यताओं को वैज्ञानिक रूप में प्रस्तुत करता था, जैसे चमत्कार करने, भौतिक पहाड़ों को हटाने आदि में देखा जा सकता है । उसकी त्रुटियाँ व्यावहारिक पहुँच के भीतर होने के कारण. अपने खोखलेपन के इजहार से विज्ञान को जन्म दे सकती थीं ।

परंतु वर्ग-धर्म अपनी प्रतीकात्मक उक्तियों को बड़ी सावधानी से भौतिक परीक्षण से बचाकर, अपने को स्वर्ग के राज्य तक सीमित रखता है, जो या तो यथार्थ जगत के पीछे विद्यमान है या अधिक पेचीदे रूप में 'मनुष्यों के हृदय में ही अवस्थित है,' अर्थात सबकुछ के बावजूद आत्मपरक है । ऐसे मामले में धर्म के सत्य महज भावना-ताल के प्रतीक हैं और इस तरह धर्म अपने को कला के स्तर पर उतार लाता है । यदि कोई फर्क रहता है तो यह कि इसके जन्म की पद्धति के कारण ही इसमें एक जड़सूत्री और अधकचरी ऐंठन आ जाती है, जो चेतन कला की अर्थात ऐसी कला की लोच और तकनीकी समृद्धि के ठीक-ठीक विपरीत है जो अपनी भूमिका, अपने उपादानों, अपनी समस्याओं, अपनी तकनीक और अपनी परंपराओं के प्रति सचेत है ।

इस तरह ऐसे सभी अवशेषों की तरह जिनके कार्यभाग को दूसरी शाखाओं ने अपना लिया है, आधुनिक धर्म में स्खलन के धब्बे दिखाई देते हैं । और जैसा कि हम दिखा चुके हैं, इसके समूचे विचारधारात्मक ढाँचे में उन कारणों की झलक मिल जाती है, जिन्होंने इसे जिला रखा है । ये वे ही कारण हैं जिन्होंने राजतंत्र को, अभिजात तंत्र को, सामंती सुविधाओं और इसी तरह के दूसरे बेकार के अवशेषों को जिला रखा है । ये कारण हैं एक वर्ग समाज की विशेष स्थितियाँ और जड़वादिता, जो बेकार के विशेषाधिकारों की रक्षा करती हैं ।

धर्म का विभ्रम, आत्म और वस्तु के बीच का विभ्रम है । यह उस समाज को

प्रतिबिंबित करता है जो आत्म और वस्तु के बीच सक्रिय संबंध के खत्म हो जाने के कारण स्वयं भी विभ्रांत हो चुका है। इस संबंध का खात्मा ही इनमें से प्रत्येक में परस्पर प्रतिवर्ती गति लाकर इन्हें एक-दूसरे से अलग कर देता है। एक ऐसा समाज जिसमें चेतना (आत्म) पर्यावरण (वस्तु) से इसलिए अलग हो गई है कि चिंतक वर्ग श्रमिक वर्ग से अलग हो गया है, उसमें इस बात की संभावना नहीं रह जाती कि यथार्थ का विचारधारात्मक बिंब व्यवहार द्वारा निरंतर दुरुस्त होता रहे, जिससे विज्ञान स्वस्थ और गतिशील रहता है। विज्ञान अपने विशेष क्षेत्र में सक्रिय अनुभव द्वारा यथार्थ से निकट लगाव बनाए रहता है। इसे किसी वर्ग से सार्वभौम 'दर्शन' में समाविष्ट नहीं किया जा सकता। ऐसी स्थिति में यह एक अतिशय विशेषीकृत, परस्पर विरोधी विज्ञानों की अस्तव्यस्तता में पड़कर सड़ने लगता है और इन विज्ञानों का विलगाव चिंतन को दरिद्र बना देता है। यहाँ तक कि एक वैज्ञानिक भी आमतौर पर एक अवैज्ञानिक विश्व-दृष्टि रखने लगता है। इसलिए इस दरार के कारण यथार्थ के एक आत्मनिष्ठ रूप में विरूपित चित्र का उभरना और क्रिया द्वारा संशोधन से अप्रभावित रह जाना संभव हो जाता है। गुलाम अंध भाव से यह जान सकते हैं कि वे मुक्त नहीं हैं और ईश्वर अच्छा नहीं है—परंतु उनके मालिक उनके इन अनुभवों के भागीदार कैसे हो सकते हैं? और इसी तरह एक परलोक, यह भौतिक जगत नहीं अपितु चमकीले भावनापूर्ण रंगों में रँगे जगत का जन्म पीड़ित वर्ग द्वारा सहन किए जानेवाले भौतिक जगत के कष्टों से होता है जिनके लिए उन्हें भावी आनंद द्वारा क्षतिपूर्ति दी जाती है। अतः धर्म का औंधा जगत उत्पन्न होता है। यह औंधा होता है क्योंकि सामाजिक जगत को इसमें उलट दिया जाता है। ये दोनों तत्त्व मिलकर धर्म को ऐसे समय में भी बनाए रखते हैं जब विज्ञान और कला के विकास ने अपने पैने औजारों से—अर्थात कला के *चेतन* भ्रम और विज्ञान के निर्वैयक्तिक सत्य से—इसे स्थानच्युत कर दिया गया है और इन दोनों के कारण अपेक्षाकृत अधिक समृद्ध ठोस जीवन संभव हो पाया है।

फंतासी का विकास क्रिया के एक अनन्य अनुसंगी के रूप में होता है, जो इसकी सृष्टि करती है और पुनः इसका पूर्वानुमान करती और इसे अधिक समृद्ध रूप में अस्तित्व में लाती है। और व्यवहार समृद्ध होकर फंतासी के पूर्वानुमानों को संशोधित करता है और उपलब्धि के एक नए स्तर को संभव बनाता है। इस तरह फंतासी दो तरह से मनुष्य को अनुकूलित करती है अर्थात समाज के अहं के प्रति उसकी सहज वृत्तियों को और समाज के प्रत्यक्षबोध के प्रति उसके प्रत्यक्षबोध को अनुकूलित करती है। यह अनुकूलन पशुवत मूक वंशजात को उदात्त और श्लाघ्य बनाता है और उसे स्वतंत्र बनाता है क्योंकि समाज का अहं और समाज का प्रत्यक्षबोध निस्सहाय व्यक्ति के अहं और प्रत्यक्षबोध के मुकाबले उसी तरह अपार अंतर्दर्शी, समृद्ध और जटिल होता है जैसे एकल मनुष्य की तुलना में साहचर्य

में बँधा मनुष्य प्रकृति के विरुद्ध अधिक शक्तिशाली होता है।

प्रत्येक चिंतन, प्रत्येक अनुभूति किसी न किसी मात्रा में विज्ञान या कला की श्रेणियों को प्रतिबिंबित करती है। विज्ञान और कला हमारे दैनिक अस्तित्व में जन्म लेते हैं। वैज्ञानिक प्रणालियाँ और कलाकृतियाँ संगठन के सर्वोच्च रूप मात्र हैं। ये हमारे व्यावहारिक दैनिक जीवन के सार तत्त्व हैं।

विज्ञान और कला व्यावहारिक बन जाते हैं। ये हमारे ठोस जीवन में प्रवेश कर जाते हैं। हम किसी कलात्मक निर्मिति में से आभासिक जगत को सीधे धक्का देकर निकाल देते हैं और इसके स्थान पर एक यथार्थ जगत को स्थापित कर देते हैं, या हम किसी वैज्ञानिक निर्मिति में से आभासिक निर्वैयक्तिक अहं को धक्का देकर अलग कर देते हैं और इसके स्थान पर एक वास्तविक मनुष्य को स्थापित कर देते हैं। पहले मामले में हम एक आसक्तिशून्य मानव इच्छा का वास्तविक भौतिकीकरण करते हैं; दूसरे मामले में हम यथार्थ के एक अंग को मानव इच्छा का जवाब बना देते हैं। इस तरह वास्तविक ठोस जीवन में प्रवेश करने पर कलात्मक और वैज्ञानिक निर्मितियाँ मानो मिश्रित या अशुद्ध हो जाती हैं, अमूर्त की जगह ठोस हो जाती हैं और इसे संभव बनाने के लिए हम जिस भाषा का प्रयोग करते हैं वह अनुचालन की दुनिया की भाषा है जो विज्ञान और कला के 'शुद्ध' और 'अव्यावहारिक' जगतों की भाषा से अलग है। जमीन पर उतरना एक ऐसी बाध्यता है जिसके लिए हमें खेद करने की जरूरत नहीं है। विज्ञान और कला मनुष्य के लिए बने हैं न कि मनुष्य विज्ञान और कला के लिए। मगर बात इतनी ही नहीं है। विज्ञान और कला का जन्म मनुष्य से हुआ न कि विज्ञान और कला से मनुष्य का। विज्ञान और कला का वास्तविक 'अशुद्ध' जीवनानुभव में उतरना ही उन्हें संशोधित, परिष्कृत और विकसित करता है जिससे ये जीवन में अपने साकार होने के परिणामस्वरूप अपने आकाश में अधिक बुद्धिमान, समृद्ध,अमूर्त और शुद्ध होकर लौटते हैं। और आज यद्यपि विज्ञान और कला इतने वायवीय हैं परंतु अपनी शैशवावस्था में ये उतने ही ठोस थे जितना ठोस जीवन।

आर्थिक उत्पादन के लिए सहयोग द्वारा पैदा हुई यह फंतासी भौतिक प्रतीकों—भाव भंगियों, ध्वनियों, रेखांकनों, स्पर्शों—द्वारा संप्रेषित होती है। मनुष्य की इंद्रियों की प्रकृति के कारण श्रवणेंद्रिय पहले अधिक काम्य इंद्रिय प्रतीत होती है जो मनुष्य की आँखों को बाह्य पर्यावरण की टोह लेने के लिए स्वतंत्र छोड़े रहती है। श्रम विभाजन जो अब सभी मनुष्यों को एक साथ पर्यावरण के विषय में चिंतित नहीं करता, उसने फिर दृष्टि को विशेष प्रश्रय दिया और ध्वनियाँ दृश्य प्रतीक—लेखन—बन गईं। भाषा चित्रांकन या 'चित्रलेखन' बनकर ऊपर उठी और फंतासी के संचार के लिए वांछित उपकरण के रूप में विकसित हुई। अनेक दार्शनिक भाषा के ठोस कार्य-भार के विषय में अपने अज्ञान के कारण, इसके

रूपगत पहलू पर अपना ध्यान अधिक केंद्रित करते हैं और इसका विवेचन एक विचित्र संश्रयात्मक ढंग से करते हैं।

वे इसे 'अपूर्ण', आदर्श भाषा से स्खलित और तर्कहीन पाते हैं। यह बात कुछ वैसी ही है जैसे कोई जीव वैज्ञानिक किन्हीं प्रजातियों का अध्ययन करे और उनमें यह ढूँढे कि किसी आदर्श जीव से वे किस सीमा तक अलग चली गई हैं। इस प्रकार के दार्शनिक समझते हैं कि चेतना चिंतन है, यथार्थ का एक निर्मल बिंब है। इसी तरह वे सोचते हैं कि भाषा विश्व का एक निष्क्रिय चित्र है। विटिगेंस्टाइन की पुस्तक 'ट्रेक्टस लाजिको-फिलसोफिक्स' पूरी तरह इस धारणा पर ही आधारित है। यह उस तरह के सतही दिमाग के लोगों की भूल है जो कल्पना कर लेते हैं कि कोई चित्र बिलकुल उस वस्तु-जैसा ही होगा, जिसे यह चित्रित करता है। वे यह नहीं देख पाते जो कि चीज हमारे पास है उसकी हू-ब-हू नकल करना कितनी बड़ी नादानी है और यह कि भाषा और चिंतन का यथार्थ से संबंध निष्क्रिय प्रतिबिंब का नहीं है बल्कि यह एक सक्रिय और प्रवृत्तिमूलक (टेंडेंशस) प्रतिक्रिया है और यह सक्रियता और प्रवृत्तिमूलकता ही वह चीज है जो एक निरी प्रतिक्रिया को चेतन और ज्ञात बनने में सहायता देती है। दर्पण यथातथ्य प्रतिबिंबन करता है। वह जानता नहीं। विश्व का प्रत्येक अणु शेष विश्व को प्रतिबिंबित करता है, परंतु ज्ञान केवल मनुष्य को ही प्राप्त होता है और प्राप्त होता है शेष यथार्थ के साथ एक सक्रिय और सामाजिक संबंध के परिणामस्वरूप। ज्ञान एक आर्थिक उत्पाद है।

विटिगेंस्टाइन की अवधारणा को रसेल निम्न शब्दों में व्यक्त करते हैं, "भाषा का तात्विक कार्य है तथ्यों का दावा या निषेध करना।" परंतु यह तो कोई काम ही नहीं है। तथ्य अपना दावा या निषेध स्वयं करते हैं, अर्थात या तो वे होते हैं या नहीं होते। मनुष्य बाह्य यथार्थ में या तो उन्हें देखता है या नहीं देखता। वह खामोश रहता है। जीवन के एक प्रसार के रूप में भाषा का काम है इस बात का निर्णय करना कि कौन-से तथ्य दावा या निषेध करने के योग्य हैं, कौन-से तथ्य मनुष्य के लिए अस्तित्व रखते हैं और कौन से नहीं। भाषा का कार्य है कि यह तथ्यों को एक व्यवस्थित विश्व-दृष्टि में यथासंभव सर्वोत्तम रूप में नियोजित करने का ऐसा औजार बन सके, जो उन्हें यथाक्रम चुन या संघनित या वर्गीकृत कर सके; और ऐसी किसी विश्व दृष्टि में विषय का स्थान अवश्य होगा। समाज को अहं और विश्व के रूप में दो बार प्रकट होना होगा और इन दोनों ही मामलों में इसे अपने भौतिक इतिहास को अपने पीछे लेकर चलना होगा। भाषा के विषय में रसेल का दृष्टिकोण उस महिला जैसा है जिसने कार्लाइल से बड़े जोश से कहा था, 'मैं विश्व को स्वीकार करती हूँ।' परंतु मनुष्य विश्व को स्वीकार नहीं करता क्योंकि विश्व उसे स्वीकार नहीं करता। उसे किसी भी कीमत पर इसे बदलना होगा। और वह इसे दूसरों के साथ मिलकर ही बदल सकता है। इसलिए भाषा आर्थिक उत्पादन के

लिए साहचर्य में बँधे हुए ऐसे लोगों के संबंधों को प्रतिबिंबित करती है जो अनुभूति और प्रत्यक्षबोध से संपन्न हैं।

भाषा के इस ऐतिहासिक दायित्व से इस बात का स्पष्टीकरण हो जाता है कि वर्तमान भाषाएँ विटिगेंस्टाइन द्वारा परिकल्पित 'पूर्ण' भाषा से इतनी दूर क्यों हैं। इस प्रकार की कोई पूर्ण भाषा पूर्णतः व्यर्थ होगी। यह संसार का एक चित्र होगी और बाह्य यथार्थ के साथ इसका वैसा ही संबंध होगा जैसा दर्पण-प्रतिबिंब का उस वस्तु से होता है जिसको यह प्रतिबिंबित करता है। लेकिन वैसी हालत में यह उस वस्तु से घटिया चीज होगी जिसका प्रतिबिंब इसमें उतर रहा है, और होगा एक बेकार का सर दर्द। जगत या 'आत्म' पर तब इसका कोई गुप्त प्रभुत्व नहीं रहेगा। चूँकि भाषा अनुभूतियों को व्यक्त करती है, चूँकि यह जिस तरह यथार्थ के अंशों को चित्रांकित करती है उसी तरह उनको मूल्यांकित भी करती है इसलिए ही यह मूल्यवान भी है। भाषा केवल यही व्यक्त नहीं करती कि यथार्थ क्या है (यथार्थ तो मनुष्य की आँखों में घूरता रहता है), यह इस बात को भी प्रकट करती है कि यथार्थ के साथ क्या किया जा सकता है। यह उसके अपने भीतर के गुप्त नियमों को, उसके साथ मनुष्य जो कुछ करना चाहता है उसको भी, अर्थात उसकी अपनी अवचेतन अनिवार्यताओं को भी व्यक्त करती है। भाषा इस बात को व्यक्त करने का एक औजार है कि यथार्थ मनुष्य—अमूर्त मनुष्य नहीं बल्कि ठोस मनुष्य—की सापेक्षता में क्या है।

क्या यह साफ जाहिर नहीं है कि भाषा के विषय में दार्शनिकों की भूलों का स्रोत वही है जो धर्म का अर्थात एक वर्ग समाज में आत्म का वस्तु से विच्छेद ? ऐसी स्थिति में विचार महज चिंतन से उत्पन्न होता प्रतीत होता है और यह उस क्रियाशीलता से ही कट जाता है जो इसे सर्जित, विकसित और संशोधित करती है। भाषा और फंतासी जिसने कि भाषा को जन्म दिया है, और चेतन मनस् जो इन दोनों की संतान है और मनुष्य जिसके प्रकृति के साथ संघर्ष ने इन तीनों की सर्जना की है, एक ऐसे संबंध से बँधे हुए हैं जिसकी अभिव्यक्ति मार्क्स ने बड़ी जल्दबादी में लिखी अपनी पुस्तिका थीसिस आन फ्योरबाख में की थी जिससे मानव चिंतन में एक नए युग का आरंभ होता है : ''दार्शनिकों ने तरह-तरह से विश्व की व्याख्या मात्र की है; पर सवाल है इसे बदलने का।''

अध्याय 10

कविता का स्वप्न-विधान

इससे पहले के एक अध्याय में हमने कहा था कि आधुनिक कविता शब्दों से निर्मित होती है, गैर-प्रतीकात्मक, अतर्क्य, ठोस, प्रभाव संकुल और लयात्मक होती है। स्वप्न की छानबीन करते समय हमें पता चला कि फंतासी के अन्य रूपों के मुकाबले यह गैर-प्रतीकात्मक और अतर्क्य होती है। कविता शब्दों से निर्मित होती है, स्वप्न स्मृति-बिंबों से निर्मित होते हैं। स्वप्न के बिंब बाह्‌य यथार्थ से उपलब्ध नियमों का अनुसरण नहीं करते। जैसाकि मनोविश्लेषण से सिद्ध होता है,बिंबों के प्रवाह की व्याख्या भावात्मक (ऐफेक्टिव) नियमों से की जा सकती है।

स्वप्न न तो निर्दिष्ट चिंतन है न निर्दिष्ट अनुभूति, बल्कि यह मुक्त अर्थात गैर-सामाजिक साहचर्य है। अत: स्वप्न के साहचर्य व्यक्तिगत होते हैं और इन्हें स्वप्न देखनेवाले के व्यक्तिगत जीवन के हवाले से ही समझा जा सकता है। स्वप्न निर्मिति का गुप्त नियम है 'स्वप्न तंत्र'।

काव्यगत अतर्क्यता में स्वप्न से यह बात मिलती-जुलती है कि इसके बिंबों के प्रवाह की व्याख्या भावात्मक नियमों से होती है, परंतु यह मुक्त साहचर्य नहीं है जैसाकि स्वप्न है। काव्यगत अनुभूति निर्दिष्ट अनुभूति है—सामाजिक अहं द्वारा नियंत्रित अनुभूति है। काव्यगत साहचर्य सामाजिक होते हैं।

जैसे स्वप्न देखनेवाला किसी अन्य यथार्थ से सरोकार रखे बिना पूरी तरह अपने स्वप्न के बिंबों में रमा होता है उसी तरह कविता का पाठक बाह्‌य जगत से सरोकार रखे बिना कविता के शब्दों में ही रमा होता है। कवि का संसार,उसका अपना संसार होता है। जब वह कविता पढ़ता है तो वह कवि के मनोभावों को महसूस करता है। जिस प्रकार देवाविष्ट व्यक्ति देवता की ओर से प्रथम पुरुष में बात करता है उसी तरह काव्यात्मक भ्रम के प्रभाव में पाठक कवि की ओर से प्रथम पुरुष में अनुभव करता है।

कविता के विचारों की तरह स्वप्न के बिंब ठोस होते हैं। प्रत्येक स्वप्न में और प्रत्येक कविता में स्मृति-बिंब और शब्द एक भिन्न भूमिका प्रस्तुत करते हैं और

इसलिए उनके भिन्न-भिन्न अर्थ होते हैं। स्वप्न और कविता परस्पर असंगत होते हैं। प्रत्येक स्वप्न और प्रत्येक कविता अपने आप में एक संसार होता है।

कविता लयात्मक होती है। लय के कारण शारीरिक चेतना अपने ओज पर पहुँच जाती है जिससे पर्यावरण के ऐंद्रिय प्रत्यक्षबोध ओझल हो जाते हैं। नृत्य, संगीत या गान की लय में हम सजग न होकर *आत्म* सजग होते हैं। हृदय की धड़कन और श्वसन की लय तथा शारीरिक टेक पर्यावरण की भौतिक लय का निषेध करती है। इस अर्थ में स्वप्न भी लयात्मक होता है। स्वप्न देखनेवाला अपने शरीर के प्रासाद में लौट जाता है और दरवाजे बंद कर लेता है।

'शारीरिक' अंतर्मुखता कविता में कहानी की अपेक्षा अधिक आवश्यक क्यों है जिसके कारण कवि को कोरे छंद और तुक की परेशानियाँ गवारा करनी पड़ती हैं ? इसका उत्तर यह है कि कविता में अंतर्मुखता अधिक प्रगाढ़ होनी चाहिए। अंतर्मुखता से हमारा आशय महज आसन्न पर्यावरण से रुख फेर लेना नहीं है। यह तो किसी शांत अध्ययन कक्ष में बैठकर भी बिना किसी विघ्न के हासिल किया जा सकता है। इस प्रकार की अंतर्मुखता हर प्रकार के चिंतन के लिए, वैज्ञानिक चिंतन और उपन्यास तथा कविता पाठ के लिए अपेक्षित है और यह पद-विन्यास से नहीं बल्कि एकाग्रता के प्रयत्न से आती है। कुछ लोग ऐसी स्थितियों में किसी कठिन वैज्ञानिक पुस्तक या काव्य-पुस्तक पर एकाग्र चित्त हो सकते हैं जिनमें दूसरे ऐसा नहीं कर सकते। अतः इस प्रकार की अंतर्मुखता पद-विन्यास पर निर्भर नहीं करती। किसी आदमी ने यह नहीं सुझाया है कि छंदोबद्ध बनाने से वैज्ञानिक लेखन अधिक सुकर हो जाएगा।

परंतु अंतर्मुखता का एक पहलू और भी है। यह सच है कि वैज्ञानिक फंतासी के लिए अंतर्मुख होते समय हम आसन्न पर्यावरण से रुख मोड़ लेते हैं पर साथ ही यह भी सच है कि हम यथार्थ के उस अंश की ओर रुख मोड़ते हैं जिनके प्रतीक उसके शब्द होते हैं। साधारणतः हम शब्दों के पीछे बाह्य यथार्थ की उस दुनिया को घुमड़ते देखते हैं जिसका ये वर्णन कर रहे होते हैं। परंतु कविता में विचारों को स्वयं शब्दों के अनुभूति-ताल की दिशा में अग्रसर होना होता है। इसमें हमारे ध्यान को कविता द्वारा प्रतीकबद्ध बाह्य यथार्थ के खंडों के नीचे, उन खंडों से जुड़े हुए मनोभावों के अंतर्जगत में डूबना होता है। कविता में हमें बहुरंगी शीशे के गुंबद को भेदकर स्व के शुभ्र आलोक में पहुँचना होता है। शारीरिक अंतर्मुखता की जरूरत इसीलिए पड़ती है जो कि पाठक के तात्कालिक पर्यावरण से रुख मोड़ना ही नहीं है बल्कि कविता में चित्रित पर्यावरण (या बाह्य यथार्थ) से भी रुख मोड़ना है। अतः कविता भाषा का प्रयोग करते समय स्व की निर्मिति को ऊपर उठाने के लिए यथार्थ की निर्मिति को निरंतर तोड़ती-मरोड़ती और नकारती है। लय, अनुस्वरता या अनुप्रास के जरिए यह ऐसे शब्दों के समास तैयार करती है जिनका कोई तार्किक

संबंध नहीं होता, अर्थात बाह्य यथार्थ के जगत में जिनका कोई संदर्भ बिंदु नहीं होता। यह मनचाही दीर्घता के चरणों में शब्दों को तोड़ देती है और इस तरह उनकी तार्किक निर्मित को और खंडित कर देती है। यह प्रतीप (इनवर्सन) और नाना प्रकार के कृत्रिम बलाघात और व्यतिक्रमों के द्वारा बाह्य जगत से उपलब्ध शब्द संगति को खंडित कर देती है।

इस प्रकार बाह्य यथार्थ का संसार पीछे खिसक जाता है और सहज वृत्तियों का संसार, शब्दों के पीछे छिपी भावात्मक आवेगपरक कड़ियाँ दृष्टिगोचर होने लगती हैं और यथार्थ जगत बन जाती हैं। वस्तु से आत्म उभर आता है, सामाजिक जगत से सामाजिक अहं फूट पड़ता है। वर्ड्सवर्थ ने ठीक ही कहा है, 'छंद की प्रवृत्ति होती है भाषा को एक हद तक इसके यथार्थ से शून्य करने, और इस तरह समूची रचना पर असार अस्तित्व की एक तरह की अर्ध-चेतना मंडित करने की।' इस तरह कोलरिज भी हमसे मिलती-जुलती ही एक अवधारणा पर पहुँचा था; ''छंद महज अवधान को उद्दीप्त करता है''' पर किसी भी तरह के अवधान को नहीं बल्कि एक खास तरह के अवधान को—स्वयं शब्दों के रागात्मक साहचर्यों के अवधान को ही उद्दीप्त करता है।

यहाँ हमें कविता और उपन्यास के बीच एक फर्क मिलता है जिसे समझ लेना बहुत महत्त्वपूर्ण है। उपन्यास में भी आत्मनिष्ठ तत्त्वों का अपने आप में मूल्य होता है, और ये भी सामने तो आते हैं परंतु एक अलग ढंग से। उपन्यास भी कमोबेश संगत आभासिक यथार्थ को जिसमें इतना सार होता है कि यह पाठक और यथार्थ के बीच टिका रह सके, प्रतिस्थापित करके बाह्य यथार्थ को तिरोहित कर देता है। इसका अर्थ यह है कि उपन्यास में आवेगपरक सूत्र शब्दों से नहीं बल्कि शब्दों द्वारा प्रतीकबद्ध आभासिक यथार्थ की गतिशील धारा से जुड़े होते हैं। यही कारण है कि लय, पद लालित्य और शैली उपन्यास के लिए अपरिचित-सी चीजें हैं। यही कारण है कि उपन्यास का अनुवाद इतनी अच्छी तरह हो जाता है। यही कारण है कि उपन्यास शब्दों से रचित नहीं होते। ये नाटक की तरह दृश्यों, क्रियाओं, ठोस चीजों, लोगों से रचित होते हैं। एक अलंकृत शैली उपन्यास के लिए बाधक है क्योंकि यह आँखों को चीजों और लोगों से हटाकर शब्दों पर खींच लाती है, और ये शब्द शब्द नहीं होते, काले अनुरेख नहीं होते, प्रतीक होते हैं, जिनसे तरह-तरह की भाव-वीचियाँ सीधे जुड़ी होती हैं। उदाहरण के लिए जब कोई चीखता है, ''जानवर!'' तब हम किसी जानवर की बात और फिर पाशविक गुणों की बात नहीं सोचते, बल्कि हमारे भीतर एक सशक्त प्रतिक्रिया होती है जिसका आशय होता है निर्ममता और भोंड़ेपन से। यह शब्द के प्रति एक काव्यात्मक प्रतिक्रिया है; पहली कथात्मक प्रतिक्रिया है।

चूँकि शब्द थोड़े होते हैं इसलिए जैसा कि फ्रायड ने कहा है, ये 'अति नियत'

(ओवर डिटरमिंड) होते हैं। एक शब्द के अनेक भावात्मक सूत्र होते हैं क्योंकि इसके अनेक 'अर्थ' होते हैं (उदाहरण के लिए 'जानवर' शब्द का अर्थ मूर्ख व्यक्ति, निष्ठुर व्यक्ति, पशुओं की एक जाति आदि हो सकता है)। उपन्यास लेखन में शब्दों का विन्यास ऐसा रखा जाता है ताकि यथार्थ के जिस अंश से हमारा आशय है उसे छोड़कर शेष सभी अंश इससे छँट जाएँ, और आवेगात्मक साहचर्य उस विन्यास से जुड़ता है जो इस तरह बनता है। काव्य लेखन का संबंध यथार्थ के किसी सुसंगत अंश का पूर्व संदर्भ दिए बिना आवेगात्मक साहचर्यों को छाँटने या संबलित करने से होता है। उदाहरण के लिए उपन्यास-लेखन में 'हिंद महासागर' पद में 'महासागर' शब्द को एक विशेष भौगोलिक महासागर तक परिसीमित कर दिया गया है और तभी जाकर यह पाठक के लिए आवेगात्मक साहचर्य रखता है। कविता में 'हिन्द महासागर' का एक भिन्न अर्थ है क्योंकि यहाँ आवेगात्मक साहचर्य किसी विशेष सागर से जुड़ा हुआ नहीं है बल्कि 'हिंद' शब्द और 'महासागर' शब्द से जुड़ा हुआ है जो परस्पर घुलकर एक आभामय धुँधली अनुभूति को जन्म देते हैं जो उपन्यास लेखक के पद से बिलकुल भिन्न है।

इसमें संदेह नहीं कि किसी उपन्यास में काव्यात्मक लेखन के टुकड़े आ सकते हैं (उदाहरण के लिए प्रूस्त, माल्रो, लारेंस और मेलविल के उपन्यासों में) या कविता में उपन्यास-लेखन के टुकड़े आ सकते हैं (शेक्सपियर के नाटकों में शुद्ध विवरणात्मक अंश) परंतु यह इनकी सामान्य चारित्रिक विशेषताओं को प्रभावित नहीं करता। यह अंतर इतना भेदक है कि अनेक महान उपन्यासकारों में कविता के प्रति पाई जानेवाली विचित्र उदासीनता और अनेक महान कवियों में घटिया उपन्यासों के प्रति चाव की व्याख्या इसी से हो जाती है। कविता और उपन्यास की तकनीकों का अंतर दो कलाओं के अपने क्षेत्रों के बीच के अंतर को निर्धारित करता है।

II

साहित्यिक कला का आधार क्या है ? वह कौन-सा भीतरी अंतर्विरोध है जो इसको अग्र गति देता है ? स्पष्ट है कि यह एक विशेष प्रकार का अंतर्विरोध ही हो सकता है जो समाज के समूचे आंदोलन को जन्म देता है। यह है सहज वृत्ति और पर्यावरण के बीच का अंतर्विरोध, मनुष्य और प्रकृति के बीच का अंतहीन संघर्ष,जो जीवन है।

कलाकार के रूप में मेरी एक खास चेतना है जो मेरे सामाजिक जगत द्वारा ढाली गई है। एक कलाकार के रूप में मैं अपनी कलात्मक चेतना से सरोकार रखता हूँ जिसका प्रतिनिधित्व कला के वे समस्त प्रत्यक्ष और परोक्ष प्रभाव जिन्हें मैंने महसूस किया है और वे सभी आवेगात्मक संयोजन करते हैं जिन्होंने मुझमें एक चेतन भोक्ता को उत्पन्न किया है। मेरा अनुभव इस चेतना का खंडन करता है,

अर्थात मुझे एक नया व्यक्तिगत अनुभव होता है, कुछ ऐसा जो कि कविता के सामाजिक जगत में उपलब्ध नहीं है। अतः मैं उस चीज की कामना करता हूँ जिसे आत्माभिव्यक्ति कहा जाता है। परंतु यह वास्तव में अपना सामाजीकरण है, अपने निजी अनुभव को ऐसे रूप में ढालना है कि यह कला के सामाजिक जगत में समाविष्ट हो सके और एक कलाकृति के रूप में प्रकट हो सके। कलाकृति निषेध के निषेध को—कला के विद्यमान जगत (विद्यमान चेतना या सिद्धांत) और मेरे अनुभव (जीवन या अभ्यास) के समन्वय को प्रस्तुत करती है।

अतः अपने अंतिम रूप में कला जगत मेरी कलाकृति के समावेश से परिवर्तित हो जाएगा। एक कलाकार के रूप में यह मेरी क्रांतिकारी भूमिका है। परंतु साथ ही मेरी चेतना भी परिवर्तित हो जाएगी, क्योंकि कला-जगत के माध्यम से मैंने अपने नए, मूक और अस्त-व्यस्त जीवनानुभव को चेतन बनने, अपनी चेतना के क्षेत्र में प्रवेश करने को बाध्य किया है। एक कलाकार के रूप में यह मेरी अनुकूलनपरक भूमिका है। इसी तरह एक कलामर्मी के मामले में ऐसा होगा कि उसकी चेतना में एक नई कलाकृति के समावेश से क्रांतिकारी परिवर्तन आएगा परंतु उसके द्वारा इसका मूल्यांकन उस सीमा तक ही संभव हो पाएगा जिस सीमा तक उसे भी जीवन में वैसा ही अनुभव हुआ हो। पहली प्रक्रिया क्रांतिकारी होगी; दूसरी अनुकूलनपरक।

क्रांतिकारी शब्द का प्रयोग करने की अपेक्षा विकासमूलक शब्द का प्रयोग करना अधिक अच्छा रहेगा। ऐसे में क्रांतिकारी शब्द को केवल उन मामलों तक सीमित रखना होगा जिनमें अनुभव की नई अंतर्वस्तु विद्यमान चेतना से इतनी विपरीत पड़ती है कि यह अपने समावेश के लिए एक समग्र परिवर्तन की, विद्यमान मानदंडों (परिपाटियों, परंपराओं, कलामानों) के संशोधन की माँग करती है जो तभी संभव है जबकि उस अवधि में स्वयं ठोस जिंदगी में भी उसी तरह के परिवर्तन हो चुके हों। एलिजाबेथ काल ऐसे ही कालों में से एक था। हम अब ऐसे ही एक दूसरे काल के समारंभ बिंदु पर हैं।

साफ जाहिर है कि कलाकार का सरोकार जिस चेतना से होता है वह आवेगात्मक चेतना है, अर्थात एक ऐसी चेतना जो सहज वृत्तियों से सीधे निकलती है। पर वैज्ञानिक और उसकी प्राक्कल्पना (जो कि कलाकृति की समानार्थी है) तथा प्रत्ययमूलक चेतना, अर्थात सीधे इंद्रिय प्रत्यक्ष से फूटनेवाली चेतना, के बीच ठीक ऐसा ही संबंध होता है।

चूँकि कला प्रक्रिया में मध्यस्थ व्यक्तियों के अनुभव की सापेक्षता में सामाजिक अहं होता है अतः साफ जाहिर है कि कलाकृति द्वारा लाई जानेवाली एकान्विति इस शर्त पर ही प्राप्त हो सकती है कि समन्वित होनेवाला निजी अनुभव (क) महत्त्वपूर्ण हो, अर्थात गहन आवेगात्मक प्रेरणाओं से संबंध रखता हो और साथ ही

संबंध रखता हो अपरिवर्तित सहज वृत्तियों से क्योंकि संस्कृति के बदलते हुए अनुकूलनों के नीचे ये ज्यों की त्यों बनी रह जाती हैं और ऐसे कंकाल का, सामाजिक अहं की मुख्य संयोजक शक्ति के रूप में काम करती हैं जिन्हें कला ने युग-युग के दौरान निर्मित किया है; (ख) सामान्य हो, अर्थात् ऐसा अंतर्विरोधी अनुभव न हो जो केवल कलाकार या इक्के-दुक्के लोगों में पाया जाता हो, बल्कि अधिकांश लोगों का अपने जीवनानुभवों में इससे एक मूक अवचेतन रूप में साबका पड़ा हो, अन्यथा कलाकृति उनके लिए सार्थक कैसे हो सकती है ? यह उनके अब तक के अराजक अनुभवों को उस तरह एकान्वित कैसे कर सकती और अभिव्यक्ति कैसे दे सकती है जैसे इसने कलाकार के अनुभवों को अभिव्यक्ति दी है ?

शर्त (क) इस बात का इत्मीनान दिलाती है कि महान कला—अर्थात ऐसी कला जो एकीकरण के व्यापक और गहन कारनामे कर गुजरती है—में कुछ सार्वलौकिकता, कुछ सार्वकालिकता होती है जो युग-युग तक चलती रह सके। हम देखते हैं कि यह सार्वकालिकता, सहज वृत्तियों की सार्वकालिकता है। यह वंशजात (जीनोटाइप) का अपरिवर्तित गुप्त चेहरा है जो सभ्यता के समस्त ऊपरी ढाँचे के नीचे बना रहता है। शर्त (ख) इस बात की व्याख्या करती है कि आधुनिक कला में हमें एक विशेष और मार्मिक अर्थ क्यों मिलता है, क्यों हम समकालीन कवियों में से मामूली कवियों में भी कुछ ऐसा जीवंत और आत्मीय तत्त्व पाते हैं जो हमें होमर, दांते या शेक्सपियर में नहीं मिलता। इसका कारण यह है कि वे उसी संसार में रहते हैं और उन्हीं अशरीरी ताकतों का सामना करते हैं जिनकी शक्ति को वे महसूस करते हैं।

इससे इस बात की भी व्याख्या हो जाती है कि कला के विषय में भौतिकवादी दृष्टिकोण अपनाना, किसी युग की कला को उस युग के सामाजिक संबंधों का अक्स मानना क्यों सही है। कारण, आम लोगों का अनुभव आमतौर पर उस युग के सामाजिक संबंधों से निर्धारित होता है, या यह कहना अधिक दुरुस्त होगा कि उस युग के सामाजिक संबंध मनुष्यों के अपने व्यक्तिगत अनुभव हैं जो औसत से आगे चले गए हैं। यह ठीक उसी तरह है जैसे एक प्रजाति (स्पीशीज) प्राणियों की भौतिक विशिष्टताओं का ऐसा समुच्चय है जो औसत से आगे चला गया है। चूँकि कला सामाजिक जगत में जीवित रहती है, और इसका कोई मूल्य उस दशा में ही हो सकता है जबकि यह उस युग में लोगों के साझे अनुभवों को एकान्वित कर सके, अतः यह स्पष्ट है कि किसी युग की कला उस युग के मनुष्यों के साझे अनुभवों को ही व्यक्त कर सकती है। कलाकार जहाँ तक वह कलाकार है, अपने युग का एकाकी भेड़िया होने की बजाय एक सामान्य (नार्मल) मनुष्य होता है। इसमें संदेह नहीं कि दृष्टि की सामान्यता की ही भाँति चेतना की सामान्यता भी दुर्लभ होती है, और दृष्टि की सामान्यता से इसकी भिन्नता यह है कि इसका कोई स्थिर भौतिक मानक नहीं है

बल्कि इसका मानक वर्ष-प्रति वर्ष बदलता रहता है। इसके अतिरिक्त हम कह सकते हैं कि उसकी सामान्यता असामान्य अनुभवों का मानदंड है। यह समकालीन मनुष्यों के जीवन में विचित्रता, नवीनता और आकस्मिकता का अर्थात उन सभी अप्रत्याशित तत्त्वों के प्रवेश का मानदंड है जो उनकी परंपरागत चेतना को झकझोर देते हैं। कलाकार की ऊपर से दीखनेवाली असामान्यता का कारण यही है।

इसी से अंततः इस बात की व्याख्या हो जाती है कि किसी वर्ग समाज में कोई कला वर्ग-कला क्यों होती है। कारण, मार्क्स की दृष्टि से कोई वर्ग ऐसे लोगों का समूह मात्र है जिनके जीवनानुभव सारतः एक-जैसे होते हैं, अर्थात इनके बीच औसतन उससे कम आंतरिक भिन्नताएँ पाई जाती हैं जितनी भिन्नता दूसरे वर्गों के जीवनानुभवों से इनमें बाह्यतः पाई जाती हैं। निश्चय ही इस अंतर का एक आर्थिक आधार है, आर्थिक उत्पादन की अपरिहार्य शर्तों से उत्पन्न होनेवाला एक भौतिक कारण है। अतः कलाकार अनिवार्य रूप से उस समूह के नए अनुभवों को समन्वित करेगा और उसकी चेतना को मुखर करेगा जिसके अनुभव सामान्यतः उसके अपने अनुभवों से मेल खाते हैं। यह है उसका अपना वर्ग। यह कलासेवी वर्ग होगा अर्थात वह वर्ग होगा जिसके छोर पर समाज की स्वतंत्रता और चेतना पुंजीभूत है। प्रत्येक युग में यह होता है शासक वर्ग।

यह साहित्यिक कला का सबसे सामान्य आंदोलन है जो कि समाज के सबसे सामान्य नियम को प्रतिबिंबित करता है। कविता और उपन्यास की भिन्न-भिन्न तकनीकों के कारण—जिनकी व्याख्या पहले की जा चुकी है—यह आंदोलन कविता और उपन्यास में भिन्न-भिन्न तरीकों से व्यक्त होता है।

कविता पहले शब्दों के द्वारा प्रतीकबद्ध वस्तु या सत्ता की ओर बढ़ने और फिर उनके प्रभावात्मक साहचर्यों को उजागर करने के स्थान पर सीधे शब्दों के प्रभावात्मक साहचर्यों पर ध्यान केंद्रित करती है। चूँकि शब्द जिन वस्तुओं के प्रतीक हैं, उनकी अपेक्षा उनकी संख्या कम होती है, अतः कविता के प्रभाव इसके अनुरूप ही संघनित होते हैं, परंतु स्वयं कविता इसके अनुरूप ही अस्पष्ट और गूढ़ार्थ होती है। यह गूढ़ार्थता जिसे एंपसन कविता की जान मानता है, वस्तुतः गौण रूप में पैदा होती है। पहले प्रतीकबद्ध यथार्थ की ओर और पुनः यथार्थ के प्रभावगत ताल की ओर जाने की बजाय शब्दों के अनुभूतिगत ताल पर ध्यान का यह केंद्रीकरण, भाषा की प्रकृति के कारण, मनुष्य की चेतना के अपेक्षाकृत अधिक मूल और सहज अंश पर ध्यान केंद्रित करने-जैसा है। यह मनुष्य की चेतना के अपेक्षाकृत अधिक सहज सामान्य अंश तक पहुँचने का प्रयत्न है। यह अनुकूलित मनुष्य में वंशजात (जीनोटाइप) के रहस्यमय अपरिवर्तनशील मर्मस्थल तक पहुँचने का प्रयास है। कविता में शारीरिक अंतर्मुखता का यही कारण है।

यह वंशजात अभिन्नीकृत है क्योंकि यह अपेक्षाकृत अपरिवर्तनशील है। उपन्यास में कालानुक्रम के महत्त्व की तुलना में कविता की कालनिरपेक्षता का यही रहस्य है। कविता कालनिरपेक्ष रूप में एक सामान्य 'मैं' की बात करती है जिसको केंद्र बनाकर समस्त अनुभव चलता है। कविता में मनुष्य के समस्त आवेगात्मक अनुभव सहज वृत्तियों को, कहें 'मैं' को केंद्र बनाकर व्यवस्थित होते हैं। कविता एक स्थल से ग्रहण किए गए यथार्थ के सहज परिदृश्यों का पुंज है। चूँकि यह अस्पष्ट और गूढ़ार्थ होती है इसलिए ही इसकी दृष्टि दूरगामी होती है, इसका क्षितिज खुल, फैल और तनकर धूमिल अनंतता तक पहुँचता प्रतीत होता है। सहजस्फूर्त होने के कारण यह कालजयी होती है। इसमें सहज वृत्तियाँ एक उद्घोष-सा करती हैं। यह उद्घोष यह व्यक्त करता है कि समूचे समकालीन जीवन के साथ प्रत्येक व्यक्ति के सामान्य संबंध में कौन-सी बात आम है।

परंतु उपन्यास यथार्थ से अपने आत्मनिष्ठ साहचर्यों को हासिल करने के लिए पहले यथार्थ के पास पहुँचता है। यही कारण है कि हम उपन्यास को 'अपने भीतर' नहीं महसूस करते। हमारी अपनी भावनाओं का उपन्यास के भावना-ताल से तादात्म्य नहीं होता। हम उपन्यास के आभासिक जगत के भीतर खड़े होते हैं और इसका सर्वेक्षण करते हैं; अधिक से अधिक हम चरित नायक से अपना तादात्म्य कायम करते हैं और उसके साथ पर्यावरण की अपरता पर दृष्टि डालते हैं। उपन्यास सहज वृत्तियों और परिवेश के बीच सामान्य तनाव को व्यक्त नहीं करता बल्कि परिवेश (जीवनानुभव) में परिवर्तन के परिणामस्वरूप उत्पन्न तनाव के परिवर्तनों को व्यक्त करता है। एक भिन्नीकृत समाज में मनुष्यों के कालगत अनुभवों में परस्पर खासी भिन्नता होती है। किसी ऐसे समाज में काल तत्त्व (एक प्रक्रिया के रूप में यथार्थ) का यह प्रवेश बहुत महत्त्वपूर्ण है। इसका अर्थ है कि उपन्यास को विशेष पर बल देना ही चाहिए और इसके चरित्र ऐसे होने ही चाहिए जिनके कार्यों और अनुभूतियों का सर्वेक्षण बाहर से किया जा सके। कविता आभ्यंतर है। यह एक बिंदु अर्थात कवि के बिंदु से उजागर होनेवाले जगत के परिदृश्यों का पुंज है। कहानी बाह्यगत है। यह संसार के विभिन्न भागों से लिए हुए एक 'मैं' (चरित्र) के परिदृश्यों का पुंज है।

जाहिर है कि उपन्यास का विकास केवल ऐसे समाज में ही हो सकता है जिसमें लोगों के अनुभव परस्पर इतनी अधिक भिन्नताएँ रखते हैं कि इनके लिए वस्तुगत नजरिया अपनाना जरूरी हो जाता है। अनुभव की ये भिन्नताएँ स्वतः भी समाज में होनेवाले द्रुत परिवर्तनों का, कार्यभागों में अधिक भिन्नीकरण का, एक प्रक्रिया के रूप में, एक द्वंद्व के रूप में जीवन के अधिक गहन साक्षात्कार का परिणाम है। कविता एक कबीले की देन है, जहाँ बचपन से लेकर बुढ़ापे तक जीवन बिना किसी खास परिवर्तन के चलता रहता है। उपन्यास एक बेचैन युग की चीज है जिसमें

लोगों के साथ निरंतर घटनाएँ घटित हो रही हैं और इसलिए लोग निरंतर बदलते जा रहे हैं।

III

इसके बावजूद कला आत्मपरक है। कला मात्र आवेशपरक है और इसलिए उसका संबंध सहज वृत्तियों से है। सामाजिक जीवन से इसका अनुकूलन ही आवेगात्मक चेतना को जन्म देता है। इसलिए कला वंशजात से अपने निकट संबंध से पलायन नहीं कर सकती, जिसकी गुप्त इच्छाएँ ही जुड़कर समस्त मानव संस्कृति की एक अंतहीन शृंखला बनाती हैं।

अब इस वंशजात पर कालातीत और कालबद्ध, परिवर्तनहीन और परिवर्तनशील, सामान्य और विशिष्ट इन दो पहलुओं से विचार किया जा सकता है।

(क) वंशजात कालातीत, परिवर्तनहीन और सामान्य रूप में सभी समाजों और सभी मनुष्यों में मुख्यतः स्थिर होता है। इसमें सादृश्यों का एक उपस्तर होता है। मनुष्य यदि एथेंसवासी से प्राचीन ब्रितानी और फिर लंदनवासी में बदलता है तो यह प्राकृतिक चयन के प्रभाव से जन्मजात भिन्नताओं के कारण नहीं बल्कि सामाजिक विकास से उद्भूत अर्जित परिवर्तनों के कारण। कविता इस स्थिर (अविकार) सहज पहलू को व्यक्त करती है।

(ख) इसके बावजूद इन सादृश्यों के नीचे वंशजात अपनी व्यक्तिगत भिन्नताओं को प्रकट करते हैं, क्योंकि ये जीनों के पुंज हैं। इन जीनों में निरंतर अदल-बदल होता रहता है जिससे नए व्यक्तित्व प्रकट होते हैं। इस तरह भिन्नता रखने के कारण लोग सामूहिक सभ्यता के सादे कबीलाई जीवन से संतुष्ट नहीं रह सकते। वे विलासिता की वस्तुओं की, स्वतंत्रता की, विशेष उत्पादनों की माँग करते हैं जो इस प्रकार की आदिम अर्थव्यवस्था के दायरे में पूरी नहीं की जा सकती। इससे समाज का आर्थिक विभेदन होता है। जैसा हम पहले कह आए हैं, यह विभेदन वैयक्तिकता के दमन का नहीं बल्कि इसकी सिद्धि का साधन है। अतः इन वैयक्तिक वंशगत भिन्नताओं के कारण कालक्रम में चलकर परिवर्तन आता है और चरित्रों की, सामाजिक मानदंडों से व्यक्ति के विचलन की सिद्धि होती है। अतः अपनी तकनीक के कारण ही उपन्यास की दिलचस्पी इस बात में होती है कि विद्यमान समाज में चरित्र अपनी वैयक्तिक भिन्नताओं की प्राप्ति के लिए किस तरह प्रयत्न करते हैं।

कविता उस स्वतंत्रता की अभिव्यक्ति करती है जो समाज में मनुष्य की सामान्य कालातीत एकता में निहित है। समाज में इसकी दिलचस्पी सामान्य प्रवृत्तिगत रुझानों के योग में, इसके संरक्षक के रूप में होती है। यह मृत्यु, प्रेम,

आशा, अवसाद और निराशा की बात उस रूप में करती है जैसे सभी लोग इनका अनुभव करते हैं। उपन्यास उस स्वतंत्रता की अभिव्यक्ति है जिसे लोग समाज में अपनी एकता में नहीं बल्कि अपनी भिन्नताओं में तलाश करते हैं। यह समाज के रंध्रों में उनकी स्वतंत्रता की खोज की अभिव्यक्ति है, और इसलिए यह अपने से भिन्न दूसरे व्यक्तियों की ठोस गतिविधियों से उनकी वितृष्णा और इनके साथ उनके टकरावों की अभिव्यक्ति है।

अतः पूँजीवाद के अंतर्गत उपन्यास का विकास होना अवश्यंभावी था। इसमें श्रम विभाजन के परिणामस्वरूप उत्पादन की शक्तियों में हुई वृद्धि के फलस्वरूप समाज का विभेदन ही बहुत अधिक नहीं बढ़ गया बल्कि यह अपने आधार में निरंतर क्रांतिकारी परिवर्तन लाते हुए जीवन में अंतहीन प्रवाह और परिवर्तन भी लाता गया। इसी तरह पूँजीवाद के ह्रास के साथ-साथ उपन्यास ऐसे मनुष्यों के अनुभवों को मुखर करने को विवश था जो अपनी वैयक्तिकता को कुचलने के कारण स्वतंत्रता के साधन नहीं रह गए बल्कि रबर की मुहर बन गए थे (वर्गों का स्थिरीभवन)। अब चूँकि उत्पादन की शक्तियों को आगे विकास करने से रोक दिया गया था इसलिए इसने जीवन की मुक्त गति को कुंठित कर दिया था (आम आर्थिक संकट)। अतः ऐसे काल में आम क्रांतिकारी विक्षोभ के साथ ही साथ उपन्यास के पराभव का काल आ जाता है।

इस तरह हम कविता और उपन्यास की तकनीकी भिन्नताओं में परिवर्तन-हीनता और परिवर्तन, दिक् और काल के बीच की भिन्नता का दर्शन करते हैं और यह स्पष्ट है कि ये परस्पर निषेधकारी विलोम नहीं हैं बल्कि ऐसे विलोम हैं जो एक-दूसरे में अंतर्व्याप्त हैं। एक-दूसरे से दूर जाते हुए ये निरंतर एक अधिक समृद्ध यथार्थ को जन्म देते हैं।

यह अंतर कुछ वैसा ही है जैसा विकासमूलक और विश्लेषणपरक विज्ञानों में पाया जाता है। और जिस तरह कविता की तकनीक शब्द पर तत्काल एकाग्रता की माँग करती है उसी तरह विश्लेषणपरक विज्ञान जैसे ज्यामिति और गणित, प्रतीक पर तत्काल एकाग्रता की माँग करते हैं। उपन्यास इस बात की माँग करता है कि हम प्रतीक को छोड़कर यथार्थ पर पहुँच जाएँ और तब फिर भावात्मक संयोजन पर पहुँचें। जीव विज्ञान इस बात की माँग करता है कि हम पहले ठोस वस्तुओं पर पहुँचें और तब फिर इनके तर्कगम्य संयोजन पर। कविता शब्द से सीधे भावात्मक संयोजन पर पहुँचती है। यह यथार्थ की परवाह नहीं करती। उसके संबंध को यह शब्द में ही निहित मानती है। गणित प्रतीक से सीधे गोचर संयोजन पर पहुँचता है और यह ठोस पदार्थों की परवाह नहीं करता। उनके महत्त्वपूर्ण गुण (इसके लिए) प्रतीक में पहले से घनीभूत मान लिए जाते हैं। इसीलिए हम कवियों और गणितज्ञों की बिलकुल नपी-तुली भाषा—सर्वथा सही शब्द और सही प्रतीक—को

जीववैज्ञानिकों और उपन्यासकारों की शिथिल भाषा से ठीक उल्टा पाते हैं।

हम देख चुके हैं कि संगीत अपनी पराकाष्ठा पर पहुँची हुई एक तरह की कविता ही है। जिस प्रकार गणित पदार्थ के वस्तुगत गुणों से लगभग समग्रतः पलायन कर जाता है ठीक उसी तरह संगीत ध्वनियों के वस्तुगत संदर्भों से लगभग समग्रतः पलायन कर जाता है। कविता में ऐसा नहीं होता। यही कारण है कि भाषा के प्रयोग में संगीतकार कवि की अपेक्षा अधिक सटीक होता है और संगीत के प्रतीकों के भावात्मक नियम उतने ही नपे-तुले और बारीक होते हैं जैसे गणित के प्रतीकों के प्रत्यक्ष ज्ञानात्मक नियम।

अब हम इस बात को अधिक स्पष्टता से समझ सकते हैं कि कविता की तकनीक स्वप्न से क्यों मिलती-जुलती है। स्वप्न की विशेषता यह है कि इसमें प्रमुख भूमिका हमेशा स्वप्न देखनेवाला निभाता है। वह इसमें हमेशा मौजूद रहता है। कभी-कभी तो, जैसा कि विश्लेषणों से पता चलता है, वह छद्म रूप में इनमें मौजूद रहता है। यही आत्मकेंद्रित कविता की भी विशेषता है। कवि बड़ी सादगी से अपने समस्त प्रभावों, अनुभवों, विचारों, बिंबों को सीधे पेश करता है। कविता में ऊपर से जो अहंभाव मिलता है, उसका कारण यही है। कारण, इसमें प्रत्येक चीज को सीधे देखा और अनुभव किया जाता है। कविता स्मृति-बिंबों का एक ऐसा संबंध है जिसके बीच में केवल दो ही शब्द आते हैं, —'मैं' और 'सदृश'।

परंतु यह स्वप्न का अहंभाव नहीं है, यह एक सामाजिक अहंभाव है। कवि का विशेष आवेगात्मक गठन शब्दों में घनीभूत हो जाता है और शब्दों को पढ़ते समय पाठक का मन वैसे ही आवेगात्मक गठन का अनुभव करता है। पाठक जब तक कविता पढ़ता है तब तक के लिए वह अपने को कवि की जगह में रख लेता है और उसकी आँखों से देखता है। वह स्वयं कवि हो जाता है।

शेली की एक कविता में हम शेली हो जाते हैं। शेक्सपियर को पढ़ते समय हम उसकी गहन झिलमिल दृष्टि से देखते हैं। कवि की अप्रत्याशित वैयक्तिकता का यही कारण है। यद्यपि कविता में हमारे आम समकालीन दृश्यपट पर आम मानव प्राणी अर्थात प्रकृत मानव ही दृष्टि डालता है पर वह एक व्यक्ति की आँखों से, कवि के मानस की खिड़की से ही, इस पर दृष्टि डालता है।

यह होता कैसे है? यह एक विचित्र रहस्यमय काव्यगत तकनीक है। जिस प्रकार कविता की तुलना स्वप्न से की जा सकती है ठीक उसी तरह कविता की तकनीक स्वप्न की तकनीक-जैसी है। स्वप्न की तकनीक की प्रकृति की खोज विश्लेषकों ने 'स्वप्न-विधान' के अंतर्गत की है।

स्वप्न की दो परतें होती हैं। जो उजागर होती है, वह है प्रकट अंतर्वस्तु। हम समुद्र के किनारे टहल रहे हैं, एक जहाज हमारे पास आता है, हम इस पर सवार हो जाते हैं, हम फ्रांस पहुँच जाते हैं, हम कुछ जोखिमों में पड़ जाते हैं, आदि-आदि।

यह स्वप्न की प्रकट अंतर्वस्तु है, जिसकी चर्चा हम अगली सुबह नाश्ते के समय अपने परिवार के सदस्यों से करते हैं, जिन्हें इसमें कोई रस नहीं मिलता और जिनकी समझ में यह नहीं आता कि इसमें हमारी दिलचस्पी क्यों है। लेकिन इसमें हमारी दिलचस्पी का कारण यह है कि इसमें हम पूरी तरह भरम गए थे। जब तक ये घटनाएँ होती रहीं तब तक मुझे ऐसा लगता रहा कि यह सब मेरे साथ सचमुच हो रहा है। और इस स्पष्टता का कोई भावात्मक कारण होना अवश्य चाहिए। परंतु हम पर आनेवाले जोखिम कितने भी आश्चर्यजनक क्यों न रहे हों, स्वप्न में हमने बहुत मामूली-सा वास्तविक आवेग अनुभव किया। यदि हमने आवेग अनुभव भी किया तो यह हमारे जोखिमों के सही अनुपात में नहीं था। आश्चर्यजनक घटनाएँ घटती रहीं और हमें आश्चर्य नहीं हुआ। तुच्छ चीजें घटित हुईं और हम भयभीत हो उठे। प्रभाव यथार्थ के संदर्भ में स्थानांतरित हो गए। यदि हमसे पूछा जाए कि स्वप्न के अंगभूत इन विभिन्न बिंबों से हमारे मन में क्या साहचर्य उभरते हैं तो विस्थापित भावात्मक जीवन का एक समूचा प्रच्छन्न विकास उजागर होगा। प्रत्येक प्रतीक हमारे जीवन की स्मृतियों के साथ विचारों के सूत्रों से नहीं बल्कि भावात्मक सूत्रों से जुड़ा हुआ है।

'स्वप्न विधान' की विशेषता यह है कि स्वप्न का प्रत्येक प्रतीक अति-नियत (बहु-अर्थी) होता है और इसके बहुत सारे आवेगात्मक आशय होते हैं। हम देख चुके हैं कि कविता के शब्दों की भी यही विशेषता है, और यह भी उसी कारण से उत्पन्न होती है अर्थात स्वप्न-प्रतीकों का मूल्यांकन सीधे उनकी भावात्मक अंतर्वस्तु से होता है न कि एक सुसंगत आभासिक जगत के प्रतीकों के रूप में, जिसकी ओर हम सबसे पहले अपनी नजर ले जाते हैं। अतः स्वप्न की महत्त्वहीनता कविता की 'तर्कहीन' लय तथा आनुप्रासिकता से मेल खाती है।

मानस का गठन कुछ ऐसा है कि स्वप्न में समस्त चेतन इच्छाएँ, आशाएँ, भय और प्रवृत्तिगत चीजों के प्रेम का स्थान प्रकट रूप में मनमाने स्मृति-बिंब ले लेते हैं, परंतु जो वस्तुतः सरल अवचेतन लालसाओं के भावात्मक सूत्रों से जुड़े होते हैं। ये सहज वृत्ति के क्षुधानिवारक क्रिया-व्यापार द्वारा और इसलिए मानस के असुप्त अंश द्वारा संयोजित होते हैं और चूँकि यह जन्मगत रूप में आदिम होता है, अपरिष्कृत होता है इसलिए असामाजिक या कहें गैर सामाजिक होता है। यह भावात्मक उपस्तर आमतौर पर स्वप्न में प्रकट नहीं होता। यह 'दमित' रहता है। केवल यादृच्छिक प्रतीक ही चेतना में प्रकट होते हैं जो कि ऊपरी तौर पर असंबद्ध होते हैं। परंतु यह भावात्मक आधार स्वप्न का 'तर्क' है और इसके मार्ग को यही निर्देशित करता है। यह उसकी गुप्त अंतर्वस्तु है। परंतु भावनाएँ स्वप्न के स्मृति-बिंबों से जो संबंध रखती हैं उसका भी एक तर्क है। इस तरह यहाँ दुहरा विरूपण होता है—यथार्थ का विरूपण और आवेगों का विरूपण। इसमें आत्म और

वस्तु का दुहरा स्थानांतरण होता है।

हम निद्रा में किसी उद्दीपन के संदर्भ में पूर्ण अचेतनता क्यों प्राप्त नहीं कर सकते ? इसका सीधा-सा कारण यह है कि निद्रा मृत्यु या पूर्ण अचेतनता नहीं है, बल्कि एक ऐसी अवस्था है जिसमें हमारे अवधान का एक अंश जगा ही रहता है। स्वप्न में यद्यपि हमारा अवधान बाहरी दुनिया से मुड़ जाता है परंतु यह पूरी तरह सो नहीं जाता, अन्यथा बाह्य उद्दीपन हमें किसी सूरत में जगा ही नहीं सकते थे। सोनेवाले के अवधान को ऊँची आवाज देकर आकृष्ट किया जा सकता है। जाहिर है कि प्राणियों के लिए बहुत गहरी नींद में सो जाना खतरनाक है। अवधान की परिधि से नीचे का कोई उद्दीपन—जैसे बाहर की कोमल आवाजें, चेहरे पर पड़ती हुई धूप, हाथ-पाँव पर दबाव, भीतर के पाचन तंत्र की गड़बड़ियाँ—अवचेतन सहज वृत्तियों के कुलकों के आदेश से अपने उचित संवेदी मार्ग पर नहीं बल्कि दूसरे मार्गों पर डाल दिए जाते हैं।

अवचेतन इच्छा की वास्तविकता की जाँच व्यावहारिक स्तर पर की जा सकती है। यदि सोनेवाला यह निश्चय कर ले कि वह किसी खास चीज को पकड़े रहेगा तो जागने पर भी वह उसे पकड़े रहेगा। इससे यह सिद्ध होता है कि उसकी पूरी निद्रा के दौरान कुछ असुप्त संवेदी तार अवचेतन रूप में इस संकल्प पर लगे रहे थे और ये स्नायविक प्रेरणाओं की अविरल धारा के माध्यम से उँगलियों तक इस बात का संकेत लगातार देते रहे थे कि वह अपनी पेशियों की जकड़ को बनाए रहे। यदि इस प्रकार के उद्दीपन से भावनाएँ जाग जाती हैं तो नींद खत्म हो जाएगी। अतः सहज अवचेतन से भावात्मक प्रतिदर्शों (पैटर्न्स) की लीक किसी तरह छूट जाती है और उद्दीपन यहाँ पहुँचने की जगह कुछ लीक बदलकर एक अगली मंजिल से जुड़े प्रतिदर्शों अर्थात स्मृति-बिंबों पर पहुँच जाते हैं। ये साहचर्य द्वारा उन भावात्मक प्रतिदर्शों से जुड़े रहते हैं जिनको छोड़ दिया गया है, परंतु ये स्वयं भावसिक्त नहीं हो पाते। ये स्मृति-बिंब स्वप्न में उभरते हैं और इस तरह अवधान की कौंध को एक ऐसी सामग्री दे देते हैं जिस पर वह अपने को केंद्रित कर सके। ऐसा न होने की स्थिति में अवधान उद्दीपन पर केंद्रित होता और सोनेवाले को जगा देता है। यह मात्र आकस्मिक नहीं है कि निद्रा केवल उच्चतर प्राणियों को—अर्थात केवल ऐसे प्राणियों को ही आती है जिनका जीवन अर्जित अनुकूलनों से भरपूर है और इसलिए निद्रा में जिन्हें शारीरिक रूप से हल पाने की जरूरत पड़ती है। कीट-पतंग जिनमें जन्मजात रूप में जटिल अनुकूलन पाया जाता है, सोते नहीं हैं। या यदि वे सोते भी हैं, जैसा कि क्राईसैलिस में पाया जाता है तो यह एक अंतिम और अपेक्षाकृत बहुत ही अधिक परिपूर्ण अनुकूलन होता है, जिसमें शरीर की प्रत्येक कोशिका का नव प्रवर्तन होता है।

अतः स्मृति-बिंबों का—उनकी अव्यक्त अंतर्वस्तु का—आवेगात्मक गठन

इनके जनन की प्रक्रिया में ही निहित है। यदि उद्दीपक एक निश्चित ग्रहण-सीमा को लाँघ जाए या विचलन में कोई गड़बड़ हो जाए तो बहुत सशक्त भावनाएँ उत्पन्न होती हैं और सोनेवाला व्यक्ति इनके प्रति सतर्क होकर तुरंत जाग जाता है। स्वप्न इतनी आसानी से क्यों भूल जाते हैं इसका कारण भावनापरक यथार्थ का अभाव है और दुःस्वप्न जिनमें कि सोनेवाला व्यक्ति सशक्त प्रभावों के कारण जग जाता या उनिद्र हो जाता है, क्यों सामान्यतः साफ-साफ याद रहते हैं, इसका कारण भी इसी में ढूँढ़ा जा सकता है। हम जाग इसलिए जाते हैं कि प्रभाव यथार्थ रूप लेने के बिंदु पर पहुँच जाते हैं और इसलिए क्रिया की ओर अग्रसर होते हैं।

तो स्वप्न में एक व्यक्त और एक अव्यक्त अंतर्वस्तु होती है। व्यक्त अंतर्वस्तु बिंबात्मक फंतासी होती है, अव्यक्त अंतर्वस्तु भावात्मक यथार्थ होता है। इन दोनों का स्वप्न में व्यक्त एक फंतासीजन्य भाव-प्रवणता से और अव्यक्त अंतर्वस्तु से जुड़े हुए बिंबात्मक यथार्थ से दुहरा लगाव होता है। मनोविश्लेषकों ने इनके बीच यह भेद इसलिए नहीं किया है कि स्वप्न का विश्लेषण शब्दशः किया जाता है। वे यह नहीं भाँप सके हैं कि बिंबों और भावनाओं को भाषा में अनूदित करते समय एक ज्ञानात्मक छिद्र बना रहता है। भाषा में बिंब और भाव एक साथ विद्यमान होते हैं और इन्हें अलगाया नहीं जा सकता। ये दोनों ही सामाजिक और सचेत होते हैं। इसकी उपेक्षा के कारण मनोविश्लेषक को एक अंतर्विरोध का सामना करना पड़ता है। स्वप्न की अव्यक्त अंतर्वस्तु की छानबीन करते समय स्वप्न देखनेवाला उसे साहचर्यों के रूप में अवचेतन भावनाओं का पुंज कदापि नहीं दे सकता, क्योंकि स्वप्न देखनेवाला केवल भाषा के माध्यम से अपनी बात कह सकता है और भाषा में भावना सदा एक बिंब से, बाह्य यथार्थ के एक प्रतीक से जुड़ी होती है और यह स्वतः एक सचेत अनुभूति-ताल होती है। अतः विश्लेषक स्वप्न-बिंबों की अव्यक्त अंतर्वस्तु के रूप में अधिकाधिक ऐसे बिंब पाता है जिनसे सचेत भावनाएँ जुड़ी होती हैं। इसी कारण मनोविश्लेषक न केवल अवचेतन भावनाओं को उनके सामाजिक रूपांतर का समकक्ष मान लेता है, बल्कि वह ऐसे स्वप्न, जिसमें भावनात्मक गठन अवचेतन और इसलिए व्यक्तिगत होता है तथा कला के बीच की खाई की उपेक्षा कर जाता है जिसमें भावनात्मक गठन चेतन और इसलिए सामाजिक होता है। यह मुक्त साहचर्य और निर्दिष्ट अनुभूति के बीच का अंतर है।

IV

इसका परिणाम है अतियथार्थवादी तकनीक जिसमें अनिर्दिष्ट अनुभूति और व्यक्तिगत भावनात्मक गठन पाया जाता है, जिसमें स्वतंत्रता सही मायने में बुर्ज्वा ढंग की स्वतंत्रता होती है, अनिवार्यता की अवचेतना होती है अर्थात उस

भावनात्मक गठन का अज्ञान बना रहता है जिससे बिंबों के प्रवाह का निश्चय होता है और जो अच्छी कविता में सचेत होता है। अतियथार्थवादी कला की जहनियत और दृष्टिगत प्रकृति का कारण यही है। यह बुर्ज्वा स्वतंत्रता प्रतीकवादी दर्शन में जिससे कि अतियथार्थवाद का जन्म हुआ, पहले से मौजूद थी। प्रतीकवाद के दार्शनिक रेमी दे गोर्मा ने ठीक ही कहा था, ''सबसे बड़ी बात यह कि यह निर्बाधता का एक सिद्धांत है; इसका आशय है विचार और रूप की परम स्वतंत्रता। यह कलात्मक व्यक्तित्त्व का स्वतंत्र और वैयक्तिक विकास है।'' और प्रतीकवादी कवियों में महानतम कवि रिम्बो ने कहा था, ''मैं अपने मन की अस्त-व्यस्तता को पवित्र मानने लगा हूँ।''

स्वप्न की ही भाँति कविता में भी व्यक्त और अव्यक्त अंतर्वस्तुएँ होती हैं। कविता का भावानुवाद करके मोटे तौर पर व्यक्त अंतर्वस्तु पर पहुँचा जा सकता है। यह बिंब या 'विचार' होता है। किसी भावानुवाद में कविता की अव्यक्त अंतर्वस्तु अर्थात आवेगात्मक अंतर्वस्तु, लगभग पूरी तरह लुप्त हो जाती है। निष्कर्ष यह कि यह शब्दों द्वारा द्योतित बाह्य यथार्थ में नहीं होती है (क्योंकि इसको तो परिरक्षित रखा गया है) बल्कि स्वयं शब्दों में ही होती है। कविता की 'तर्कग्राह्य' व्याख्या उसकी ही व्यक्त अंतर्वस्तु है। कविता में यही बाह्य यथार्थ है। इसकी अभिव्यक्ति अन्य रीतियों से और अन्य भाषाओं में हो सकती है। परंतु कविता की अव्यक्त अंतर्वस्तु इसकी खास ढंग की पदावली को छोड़ अन्यत्र कहीं नहीं पाई जाती।

अव्यक्त अंतर्वस्तु क्यों मूल शब्द में निहित है, शब्दों के आशय में—अर्थात बाह्य यथार्थ के उस अंश में क्यों नहीं जो शब्दों में प्रतीकबद्ध होता है? आवेग भावनात्मक दृष्टि से बाह्य यथार्थ के उस अंश से नहीं जुड़े होते हैं जिनका द्योतन व्यक्त अंतर्वस्तु करती है, क्योंकि यथार्थ के उसी अंश की अभिव्यक्ति दूसरी भाषाओं में कराई जा सकती है और इसके बावजूद यह कविता नहीं होगी। फिर शब्दावली आवेगात्मक अंतर्वस्तु कैसे मूल शब्दावली में निहित होती और उन चीजों में नहीं होती, जिनका यह द्योतन करती है? स्वप्न-विश्लेषण विचारों के भावनात्मक साहचर्य द्वारा हमें इसका जवाब देता है। विचारों के किसी भी साहचर्य में दो बिंब एक-दूसरे से उसी तरह एक तीसरी चीज से जुड़े होते हैं जैसे दो डंडे किसी रस्सी से जोड़े जाते हैं। कविता में ये भावनाओं से जुड़े होते हैं।

यदि कोई शब्द अपने परिवेश से काटकर अलग कर दिया जाए और इस पर उसी तरह ध्यान केंद्रित किया जाए जैसे कोई विश्लेषक अपने मरीज से स्वप्न के किसी खास बिंब पर ध्यान एकाग्र करने को कहता है तो मस्तिष्क में अस्पष्ट रूप से बहुत-से साहचर्य उभरेंगे। स्प्रिंग (वसंत···) जैसे किसी सादे-से शब्द में भी सैकड़ों अर्थ जुड़े हुए हैं जैसे हरियाली, यौवन, निर्झर, उछाल आदि। प्रत्येक शब्द के पीछे

उन हजारों भिन्न-भिन्न स्थितियों से जिनमें इस शब्द का प्रयोग किया जाता है, चुने हुए आवेगात्मक साहचर्यों के पुंज खिंचे चले आते हैं। इन साहचर्यों से ही कविता में भावना की अव्यक्त अंतर्वस्तु उत्पन्न होती है। हरियाली और यौवन की धारणाएँ नहीं बल्कि वसंत शब्द के साथ हरियाली और यौवन को जोड़नेवाला भावसूत्र ही कविता का उपजीव्य (कच्चा माल) है।

इसमें संदेह नहीं कि वसंत शब्द से इंगित होनेवाली चीज 'वसंत' (मौसम) के भी अनेक भावात्मक साहचर्य हैं। इनका उपयोग उपन्यास में होता है। कविता का संबंध अपेक्षाकृत अधिक सामान्य, सूक्ष्म और सहजस्फूर्त भावनाओं से है जो 'वसंत' शब्द से घनिष्ठ रूप में जुड़े हुए हैं, और इसलिए इनमें लगभग श्लेषात्मक साहचर्य शामिल हैं जो स्प्रिग (झरना) और स्प्रिग (उछलना) से जुड़े हैं। कविता में शब्दों से क्रीड़ा करने, श्लेष या व्यंग्य का प्रयोग करने, शब्द-विन्यास पर रीझने की जो प्रवृत्ति होती है उसका रहस्य यही है। यह कविता की तकनीक का ही अंग है, जो कि शब्दों के अव्यवहृत और यहाँ तक कि विरोधी भावात्मक तालों को मूर्त करने के लिए इनका उपयोग अव्याकरणिक रूप में भी करती है। उपन्यास में शब्दों का वैयाकरणिक रूप में प्रयोग किया जाता है ताकि यथार्थ के उस स्पष्ट अंश को छोड़कर शेष सभी अर्थों और इसलिए सभी भावात्मक तालों को छाँटकर अलग किया जा सके और फिर यह यथार्थ के इस अंश से आवेगात्मक अंतर्वस्तु को और यथार्थ के अन्य अंशों के साथ इसके सक्रिय संबंध को कहानी में गोचर जीवन-अनुभवों के अंग के रूप में हासिल करता है।

जब हम कविता की कोई पंक्ति पढ़ते हैं तो अन्य विचार जिनसे भावनाएँ जुड़ी होती हैं, मस्तिष्क में नहीं उभरते। कविता में मौसम की धारणा के लिए एक शब्द के रूप में 'वसंत' शब्द में हम वसंत की छलाँग और आवेश पाते हैं परंतु जब तक इसका प्रयोग एक खुले काव्यात्मक श्लेष के रूप में न किया गया हो तब तक हम इसमें निर्झर या उछाल का भाव नहीं पाते। कविता एक तरह का उल्टा स्वप्न है। जहाँ स्वप्न में वास्तविक भावनाएँ अंशतः दबी रहती हैं और चेतना में मिश्रित बिंब उभरते हैं, वहाँ कविता में संबंधित बिंब अंशतः दबे रहते हैं और मिश्रित भावनाएँ ही भाव-योजना के रूप में चेतना में उपस्थित रहती हैं।

कविता में व्यक्त अंतर्वस्तु होती ही क्यों है? सभी बिंब दबे क्यों नहीं रह जाते? महान कविता अविवादी प्रतीकवादियों की तरह अर्थहीन शब्दों का संकलन मात्र नहीं होती, बल्कि इसके शब्द स्वयं भावात्मक साहचर्यों से भरपूर होते हैं? यदि कविता का भावानुवाद किया जाए तो वह भावात्मक मूल्य को खो बैठती है— फिर कविता को कथन, व्याख्या या वर्णन क्यों करना चाहिए, व्याकरण का पालन क्यों करना चाहिए, इसमें वाक्य विन्यास क्यों होना चाहिए और इसे भावानुवाद में समर्थ क्यों होना चाहिए?

इसका उत्तर है—क्योंकि कविता बाह्य यथार्थ के प्रति अनुकूलन है। यह जगत के प्रति एक आवेगात्मक रुख है। यह भाषा से निर्मित होती है और भाषा की सर्जना अपरता को सूचित करने के लिए, वस्तुगत यथार्थ के उन अंशों को प्रकट करने के लिए हुई जिनमें हम सामाजिक रूप में हिस्सा बँटाते हैं। यह उस भाषा में ही वैज्ञानिक चिंतन के रूप में जीवित रहती है। व्यक्त अंतर्वस्तु बाह्य यथार्थ का इतिवृत्त प्रस्तुत करती है। व्यक्त अंतर्वस्तु बाह्य यथार्थ के एक खास अंश का—चाहे वह कोई दृश्य हो, समस्या हो, विचार हो या घटना हो—प्रतीक है। और आवेगात्मक अंतर्वस्तु वास्तविक अनुभव में तो नहीं पर कविता में यथार्थ के इस इतिवृत्त से जुड़ी हुई है। आवेगात्मक अंतर्वस्तु बाह्य यथार्थ के इस अंश से निःसृत होती है। जीवन में बाह्य यथार्थ का यह अंश आवेगात्मक रंगत से शून्य होता है परंतु जब इसका वर्णन एक खास तरह की शब्दावली में किया जाता है तब अकस्मात जादुई ढंग से भावना के रंग से झिलमिलाने लगता है। यह भावना की रंगत एक आवेगात्मक गठन को प्रस्तुत करती है जो उस चीज से मेल खाता है जिसे (फंतासी या वास्तविकता में) बाह्य यथार्थ के उस अंश का सामना होने पर कवि ने स्वयं महसूस किया था।

जब कवि कहता है : स्लीप, दैट नाट्स अप द रैवेल्ड स्लीव आफ केयर—तो वह एक प्रकट कथन कर रहा होता है। इसका भावानवाद है—

चिंता की उलझी लड़ियों को नींद जोड़ती-सुलझाती है। यह कविता-पंक्ति व्यक्त अंतर्वस्तु के अधिकांश भाग को वहन कर लेती है, परंतु भावना के वे रंग जो इसमें प्रयुक्त शब्दों के साहचर्य में निहित हैं, लुप्त हो जाते हैं। यह एक जादू भरे छल-जैसा है। कवि जगत के एक अंश को पकड़ लेता है और हम इसे एक विचित्र आवेगात्मक लौ से दीप्त होते देखते हैं। यदि हम तार्किक ढंग से इसकी व्याख्या करें तो हमें कहीं वह आग नहीं दिखाई देती। इसके बावजूद, इसके बाद हमेशा यथार्थ के इस अंश में एक दीप्ति बनी रह जाती है, यह आवेगात्मक जीवन से सुरभित बना रहता है। अतः कविता हमारे लिए बाह्य यथार्थ को समृद्ध बनाती है।

कविता में जिन भावात्मक साहचर्यों का प्रयोग होता है वे अनेक रूपों के होते हैं। कभी तो ये ध्वनि साहचर्य होते हैं और तब हम उस पंक्ति को 'संगीतात्मक' कहते हैं। इसका यह मतलब नहीं कि भाषा विशेष रूप से सुरीली होती है। किसी विदेशी को इसमें संभवतः कोई खास शब्द-नाद नहीं मिलेगा :

थिक ऐज आटमल लीव्ज दैट स्ट्रो द ब्रूक्स
इन वैलाम्ब्रोसा

यह पंक्ति किसी ऐसे व्यक्ति को संगीतात्मक नहीं प्रतीत होगी जो अंग्रेजी से अनभिज्ञ है। परंतु अंग्रेजी जाननेवाले किसी व्यक्ति के लिए इससे जो आवेगपूर्ण साहचर्य जाग्रत होते हैं वे ध्वनियों से जाग्रत होते हैं न कि ऐंद्रिक लगाव से और

इसलिए हम इस पंक्ति को संगीतात्मक कहते हैं।

जब तक बाह्य यथार्थ के प्रतीकों से गहरा लगाव न हो, तब तक कविता में भावना का संचार कर पाना असंभव है। कारण, काव्यगत भावनाएँ (जहाँ तक ये काव्यात्मक होती हैं) सामाजिक होती हैं और अलग-अलग विषयों को सिर्फ तभी जोड़ा जा सकता है जबकि उनमें कोई सामान्य वस्तु (पदार्थ) हो, अन्यथा कदापि नहीं। प्रतीकवाद की तार्किक परिणति कविता नहीं, बल्कि संगीत है। यहाँ यह आपत्ति उठाई जा सकती है कि संगीत की रचना ऐसी ध्वनियों से होती है जो किसी बाह्य यथार्थ की ओर संकेत नहीं करते, इसके बावजूद संगीत एक कला है और इसकी एक सामाजिक अंतर्वस्तु होती है। चूँकि संगीत में प्रतीक बाह्य यथार्थ की ओर संकेत नहीं करते और स्वयं ही बाह्य यथार्थ का अंश बन चुके हैं, और ऐसा करते समय उन्होंने एक ऐसे रीतिबद्ध विन्यास (मात्रा, स्वर-मैत्री के 'नियम' आदि) को जन्म दिया है, अतः यह विशेषता ही उसमें एक कठोरता लाती और इसे बाह्य यथार्थ का सामाजिक दर्जा भी देती है। संगीत के सुर स्वयं ही संगीत की व्यक्त अंतर्वस्तु हैं, और इसलिए ये व्याकरणिक (विषयगत) नियमों का पालन नहीं करते, बल्कि अर्थ-गणितीय (वस्तुगत) नियमों का पालन करते हैं। इसमें संदेह नहीं कि इन नियमों के भीतर ये अनिवार्य रूप से तोड़े-मरोड़े जाते या संयोजित किए जाते हैं। इसी तरह स्थापत्य एक बाह्य यथार्थ बन जाता है और यह उपयोग-कार्य (यूस-फंक्शन) के दायरे में तोड़ा-मरोड़ा या संयोजित किया जाता है।

कविता की तकनीक की खास बात यह है कि किसी विशेष शब्द से जुड़े हुए सभी भाव चेतना के स्तर तक नहीं पहुँच पाते, बल्कि केवल वे ही पहुँच पाते हैं जो अपेक्षित होते हैं। यह काम शब्दों को इस तरह व्यवस्थित करके किया जाता है कि उनके साहचर्यों के पुंज एक-दूसरे से गुँथकर कुछ खास भावनाओं को प्रबल करते हैं और शेष को बाधित करते हैं और इस तरह आवेग का एक सुगठित पुंज तैयार करते हैं। एक शब्द की भावनात्मक रंगत दूसरे शब्दों से सीधे परावर्तित होनेवाली छाया और प्रकाश को ग्रहण कर लेती है। ऐसा यह खासतौर से समासप्रधान भाषाओं, जैसे लातिन और ग्रीक में अंशतः इनके तारतम्य के द्वारा, और खासतौर से व्यासप्रधान भाषाओं, जैसे अंग्रेजी और चीनी में उनके व्याकरणिक संयोजन से है, पर मुख्य रूप से पूरे 'अर्थ' के माध्यम से करता है। व्यक्त अंतर्वस्तु, शाब्दिक अर्थ, रूपांतरणीय भाव एक तरह का सेतु या विद्युत संवाहक है जो प्रत्येक शब्द की समस्त भावात्मक धारा को एक संपर्क में ला देता है। यह एक प्रकार का स्विच बोर्ड है। कुछ भावात्मक साहचर्य इसमें प्रवेश करने के साथ ही धूमिल पड़ जाते हैं, दूसरे कुछ अन्य शब्दों में उतर जाते हैं और उनकी रंगत को बदल देते हैं; शेष परस्पर घुल-मिलकर किसी खास शब्द को ओज से भर देते हैं। ये सभी मिलकर उस विशेष मिश्रित दीप्ति की रचना करते हैं जो कि उस कविता की भावात्मक

योजना या इसके अर्थ के प्रति आवेगात्मक रुख को प्रकट करता है। अतः एक ही शब्द की एक कविता में एक तरह की भावात्मक रंजकता होती है जो दूसरी कविता की भावात्मक रंजकता से अलग होती है।

किसी कविता के ठोस होने का यही कारण है। यह भावात्मक दृष्टि से ठोस होती है। प्रत्येक शब्द की किसी कविता में एक विशेष भावात्मक अर्थवत्ता होती है जो दूसरी किसी कविता में उसी शब्द की अर्थवत्ता से भिन्न होती है। इस तरह आवेगात्मक अंतर्वस्तु मन में तरल ढंग से इधर-उधर तैरती नहीं रहती है; यह एक-दूसरे में गुँथी सैकड़ों लड़ियों द्वारा व्यक्त अंतर्वस्तु से—बाह्य यथार्थ के एक अंश से—मजबूती से जुड़ी होती है। किसी कविता की अंतर्वस्तु महज आवेग नहीं होती अपितु सुव्यवस्थित आवेग होता है। यह बाह्य यथार्थ के किसी अंश के प्रति एक सुव्यवस्थित और अबूझ दौरे, क्रोध के उन्माद या निराशा की रिक्तता की तरह चाहे कितने भी सशक्त क्यों न हों, पर यदि वे अव्यवस्थित हैं तो उनके मुकाबले इनके मूल्य—और कठिनाई—का यही रहस्य है। ऐसे आवेग अव्यवस्थित होने के कारण असुंदर होते हैं। ये सामाजिक दृष्टि से अव्यवस्थित होते हैं क्योंकि ये समाजस्वीकृत बाह्य यथार्थ की सापेक्षता में व्यवस्थित नहीं होते। ये बाह्य यथार्थ के प्रति अचेत होते हैं। कविता के आवेग व्यक्त अंतर्वस्तु के अंग होते हैं। हम यथार्थ के किसी अंश के प्रति आवेगात्मक रुख नहीं अपनाते। कविता में यह जिस रूप में प्रकट होता है उसी रूप में यह बाह्य यथार्थ में भी प्रतीत होता है। यह यथार्थ में ही निहित होता है। आवेगात्मक संज्ञान का यही तरीका है। काव्यात्मक संज्ञान में वस्तुएँ पहले से ही अनुभूतिगत निर्णय की छाप के साथ प्रस्तुत की जाती हैं। कविता के अनुकूलनपरक मूल्य का रहस्य यही है। यह एक वास्तविक आवेगात्मक अनुभव-जैसा होता है।

स्पष्ट है कि कविता का मूल्यांकन व्यक्त अंतर्वस्तु के महत्त्व द्वारा या भावात्मक रंगत की स्पष्टता द्वारा, भिन्न-भिन्न तरह से किया जा सकता है। हम ऐसे किसी कवि के प्रति जो बाह्य यथार्थ के किसी नए अंश को कविता के दायरे में लाता है, उस कवि की अपेक्षा अधिक आभारी होते हैं जो पुरानी बासी अंतर्वस्तु को प्रस्तुत करता है। परंतु पहला कवि यथार्थ के इस अंश को भावात्मक रंगत देने में कमजोर हो सकता है। यह पुरानी बासी रंगत हो सकती है। इसकी बजाय हमारा दूसरा कवि यथार्थ के अपने रूढ़ अंश के बावजूद लगभग पूरी तरह एक नई भावनात्मक रंगत दे सकता है। उनकी व्यक्त अंतर्वस्तुएँ लंबे अरसे से हमारे विचार जगत की चीज रही हैं। पुरानी कविता में जाहिरा तौर पर जो एक गतानुगतिकता पाई जाती है—पुराने कवियों का मूल्यांकन हम प्रायः पूरी तरह उनकी भावात्मक ताल से करेंगे, जो फिर भी एक महत्तम गतानुगतिकता है—इसी कारण है। नए कवियों से हम नई अंतर्वस्ति, नई भावात्म रंगत की माँग करते हैं,

क्योंकि उनका काम है नए सामाजिक वातावरण के प्रति नया आवेगात्मक रुझान पैदा करना। ऐसा कवि जिसमें ये दोनों बातें काफी मात्रा में हों, एक अच्छा कवि होगा। ऐसा कवि जो अपने जाल में बाह्य यथार्थ के बहुत बड़े अंश को समेट लेता है और इसे नाना प्रकार की भावात्मक रंगीनियाँ देता है, उसे हम महान कवि कहते हैं। इसकी मिसाल शेक्सपियर है। यही कारण है कि महान कविताएँ हमेशा लंबी कविताएँ हुआ करती हैं, क्योंकि इन्हें व्यक्त अंतर्वस्तु के रूप में यथार्थ के बहुत बड़े अंश को अपने भीतर समाहित करना होता है। परंतु व्यक्त अंतर्वस्तु चाहे जो कुछ भी क्यों न हो, यह कविता का अभिप्रेत नहीं है। कविता का अभिप्रेत है, भावनाओं के उद्रेक द्वारा व्यक्त अंतर्वस्तु की दिशा में विशिष्ट आवेगात्मक संयोजन। स्वप्न की तरह यहाँ भावनाएँ अव्यक्त नहीं रहती हैं, यहाँ अव्यक्त अंतर्वस्तु बनती है इससे जुड़े हुए विचारों का दमन। जिस तरह स्वप्न की कुंजी है सहज वृत्तिगत सामानों की शृंखला जिससे स्वप्न विधान की युक्ति समझ में आती है, उसी तरह कविता की कुंजी है बाह्य यथार्थ के दमित अंशों का पुंज—जीवनानुभवों का एक अस्पष्ट अवचेतन जगत।

कविता यथार्थ जगत को भावनात्मक रगत से रँग देती है। भावना के ये रंग केवल 'सुंदर सलोने' ही नहीं होते, क्योंकि यह इसके साथ ही अनिवार्यता का यथार्थ जगत भी हुआ करता है और महान कविता हमारी बाह्य अनिवार्यता की नग्नता पर पर्दा नहीं डालती, बल्कि इसे हार्दिकता के आलोक से दीप्त कर देती है। कविता बाह्य यथार्थ—प्रकृति और समाज को आवेगपरक अर्थवत्ता से समो देती है। चूँकि इस अर्थवत्ता के कारण प्राणी बाह्य यथार्थ में एक गहरी दिलचस्पी लेने लगता है अतः यह यथार्थ जगत में हो या कल्पना जगत में, सर्वत्र उसे इस बाह्य यथार्थ से अधिक तत्परता से निबटने में सक्षम बनाती है। एक आदिम मनुष्य बंजर-ऊसर जमीन को जोतने में लगनेवाले श्रम को देखकर हिम्मत हार बैठेगा। पर जब धरती को 'प्रकृति माँ' की भावना के रंग से रँग दिया जाएगा तो वही इसे जोतने में जी-जान से लग जाएगा। कारण, कविता के जादू से अब यह कामुकता के उत्तेजक रंग से या मातृ-स्नेह से चमकने लगी है। ये भावनात्मक रंग सिर्फ इसीलिए असत्य नहीं हो जाते कि ये वैज्ञानिक नहीं होते। कारण, ये वंशजात की अपनी सहज वृत्तियों के रंग हैं और ये सहज वृत्तियाँ उतनी ही वास्तविक हैं जितनी वास्तविक यह धरती है। कविता बाह्य यथार्थ को जो सार्थक अभिव्यक्ति देती है वह महज वंशजात की अनिवार्यता को अपनी पसंद के अनुसार ढालने की अंतहीन चेष्टा की भविष्यवाणी है, जिसमें उसे निरंतर अधिकाधिक सफलता मिली है। मार्क्स और ऐंगेल्स ने एकांगी यांत्रिक भौतिकवाद बनने से पहले के भौतिकवाद के विषय में, जब कि यह नवजागरण की कलात्मक गरिमा से ओत-प्रोत था, कहा था, "इंद्रिय-संवेद्य काव्यात्मक मोहकता से मंडित पदार्थ एक लुभावनी मुस्कराहट से मनुष्य के समूचे

अस्तित्व को आकर्षित करता प्रतीत होता है ।" यह इंद्रिय-संवेद्य मोहकता कविता की देन है, और जब स्व की अनुभूति से सहमकर भौतिकवाद शुष्क वैज्ञानिक बन गया और पदार्थ एक तार्किक परंतु खोखली तरंगप्रणाली में अदृश्य होकर रह गया, तभी जाकर यह एकांगी हो गया । कविता पदार्थ को जीवन और मूल्य से समन्वित करती है और वंशजात को पुनः उस जगत में प्रतिष्ठित करती है, जिससे यह निष्कासित हुआ था ।

V

यद्यपि हमने कविता की तुलना स्वप्न से की है, परंतु साथ ही हमने यह भी देखा कि इनमें कुछ तात्विक अंतर भी है । कविता सर्जनात्मक है, स्वप्न नहीं । कविता सर्जनात्मक है, क्योंकि यह निदेशित अनुभूति है । स्वप्न में साहचर्य 'मुक्त' होते हैं—यथार्थ के बिंब वंशजात की इच्छाओं के अनुसार उसी तरह मोड़-बदल लिए जाते हैं, जैसे किसी चुंबक के ऊपर लोहे के बुरादे अपने को बल की अनुरूपता में 'मुक्त' रूप में व्यवस्थित कर लेते हैं । परंतु कविता में भावना को गोचर यथार्थ की एक आम दुनिया में रहना पड़ता है, इसलिए यह एक सामाजिक रूप में गढ़ी जाती है । कविता आवेगों को बहिर्मुख करती है । इसमें स्व की अभिव्यक्ति होती है, यह बलपूर्वक निचुड़कर बाहर ला दिया जाता है । इसमें आवेग ढाले जाते हैं, इन्हें चालू सिक्का बना दिया जाता है । अनुभूतियों को सामाजिक मूल्य प्रदान किया जाता है । इसमें काम किया जाता है । स्वप्न-विधान सही अर्थ में श्रम नहीं है; काव्यगत स्वप्न-विधान श्रम है क्योंकि इसमें एक सामाजिक माल पैदा किया जाता है, जबकि स्वप्न में नहीं ।

यही कारण है कि कविता की तकनीक स्वप्न की तकनीक से अलग है । स्वप्न की सतह के नीचे अवचेतन, सहज इच्छाएँ होती हैं । सहज वृत्ति अंधी होती है । जब तक यह अवचेतन है, जब तक यह अपने को अनुकूलित करने में असमर्थ है, तब तक यह अपने को बदल नहीं सकती । कारण, तब तक इसके पास उद्दीपकों के प्रति स्वचालित अनुक्रिया मात्र होती है, इच्छा नहीं । इच्छा के इन सहज पैटर्नों के अनुसार मस्तिष्क में बिंबों का नृत्य चलता रहता है । ये बिंब अप्रत्यक्ष भावनात्मक सूत्रों द्वारा इच्छा के पैटर्न से जुड़े होते हैं । परंतु ये सूत्र स्वप्न में खुद ही दबे रहते हैं. क्योंकि यदि स्वप्न देखनेवाले को आगे सोते रहना है तो उसे ऐसी हर चीज का वरण करना होगा जो भावनाओं को उकसाकर क्रिया में बदल दे । भावना बोझिल बिंबों का विशद क्षेत्र व सीमाएँ तोड़ देती है । "स्वप्न की इच्छाओं का सिद्धांत सूत्र है, सोई हुई भावनाओं को पड़ी रहने दो ।" जिस तरह कोई बिना सोच-विचार के आदतन कोई हरकत करे उतनी ही आसानी से काल्पनिक तुष्टि पाकर ये भावनाएँ दमित हो जाती हैं ।

काव्यात्मक भ्रम में यह प्रक्रिया उलट जाती है। स्वप्न अवचेतन से ऊपर की ओर उठते हैं और इसलिए ये अंधे और गैर सृजनात्मक होते हैं। कविताएँ चेतना से नीचे की ओर उतरती हैं और इसलिए सचेत और सृजनात्मक होती हैं। स्वप्न डरे हुए-से मनोभावों के गतिशील क्षेत्र से कतराते हैं कि कहीं सोनेवाले की नींद टूट न जाए और वह सक्रिय न हो उठे। कविता साहसपूर्वक इसकी खोज करती है, ताकि वह अंतर्जगत को बदल सके।

स्वप्न के स्मृति-चित्र सहज वृत्तियों के हाथ की कठपुतली होते हैं, परंतु कविता के शब्द एक सोद्देश्य मार्ग का अनुसरण करते हैं। इनका लक्ष्य होता है पहले भावनाओं को जाग्रत करना और फिर इन्हें पुनर्गठित करना। स्वप्न का एकमात्र परिणाम होता है यथार्थ से उपलब्ध चित्रों का एक अस्थायी और मनमाना पैटर्न जो सहज वृत्तियों के संकेत पर पुनर्व्यवस्थित होते हैं। सहज वृत्तियाँ कहती हैं, 'दुनिया ऐसी नहीं बल्कि ऐसी है' और फिर वे इसे स्वप्न में नए सिरे से ढालती हैं, परंतु कभी-कभी सहज वृत्तियाँ इतनी रूपांतरित हो जाती हैं कि वे अपने आपसे ही तकरार करने लगती हैं और स्वप्न के अंतर्विरोधों का विस्फोट उन प्रभावों के रूप में होता है जो हमें जगा देता है।

परंतु कविता अपने शब्दों को लेकर उन्हें इस तरह व्यवस्थित करती है कि भावनाएँ जाग्रत होकर यथार्थ के प्रति एक नई योजना, एक नया भावनात्मक रुख अपनाने को बाध्य होती हैं। स्वप्न यथार्थ को सहज वृत्तियों के अनुसार ढालता है और इसलिए सोनेवाले को बाह्य यथार्थ से बचाए रखने और उसे सुलाए रखने के अतिरिक्त अन्य किसी मतलब का नहीं होता। कविता सहज वृत्तियों को यथार्थ के अनुसार ढालती है और इसलिए उपयोगी होती है, क्योंकि यह पाठक को यथार्थ से बचाए नहीं रखती बल्कि उसका मनोबल जगाती है कि वह उसका सामना कर सके। कविता स्वप्न का विलोम है—इसकी दिशा, लक्ष्य और इसलिए तकनीक उलटे हैं। कविता यथार्थ से नीचे सहज वृत्तियों की ओर प्रवाहित होती है और केवल प्रत्यक्षबोध के अंतिम पड़ाव पर रुकती है जहाँ यह सहज वृत्तियों से आमना-सामना करती है। स्वप्न सहज वृत्तियों से यथार्थ के सीमांत की ओर, अवधान के छोर की ओर प्रवाहित होता है और वहाँ वास्तविक उपलब्धि से कुछ नीचे रह जाता है, क्योंकि यह क्रिया से नीचे रह जाता है।

अतः हमें इस बात पर आश्चर्य नहीं होना चाहिए कि कविता सार्वजनिक होती है और स्वप्न निजी, क्योंकि चेतना एक सामाजिक रचना है। चेतन मानसिक अंतर्वस्तुएँ जिन्हें अहं बाँधे रहता है, सामाजिक रूप में प्राप्त अंतर्वस्तुएँ होती हैं। यह सच है कि इनका सामंजस्य होता है क्योंकि जिस शरीर में ये निहित होते हैं वह भौतिक दृष्टि से एक वस्तु होता है, परंतु जिन उपादानों का सामंजस्य होता है वे समूचे समाज से प्राप्त होते हैं, जैसे आचार, ज्ञान, संस्कृति, अभिलाषाएँ, कर्त्तव्य

आदि। असामाजिक मनुष्य हैवान, अचेत, प्रवृत्तिचालित और इसलिए इच्छाशक्ति से शून्य होता है। एक प्रवृत्तिचालित अचेत प्राणी के पास इच्छाशक्ति नहीं होती बल्कि केवल स्वचालित प्रतिक्षेप होते हैं जो आंतरिक और बाह्य उद्दीपनों के संदर्भ में अनुक्रिया करते हैं। इसके पास स्वतंत्रता नहीं होती, क्योंकि स्वतंत्रता के लिए इच्छाशक्ति की आवश्यकता होती है। इच्छा करने का सार तत्त्व यह है कि चेतना को उन कारणों का बोध होता है जो इसके चुनाव को अनिवार्य बना देते हैं, और यह अनिवार्यता ही इच्छाशक्ति है। इच्छा की पूर्ति मानस का चेतन द्वंद्व है जिसमें सहज वृत्तियों व शरीर तथा बाह्य प्रकृति की अनिवार्यता के बीच का संघर्ष चेतन क्रिया द्वारा सुलझता है, जिसमें अनुभूति और प्रत्यक्षबोध दोनों होते हैं। चेतन लघु ब्रह्मांड सृजनशील होता है क्योंकि यह स्वेच्छा से काम कर सकता है, क्योंकि अंततः चेतन क्रिया और सर्जना दोनों एक ही हैं। सर्जना आकस्मिक आविर्भाव के विपरीत अपने को ढालती हुई इच्छाशक्ति है न कि उभरती हुई अंध अनिवार्यता। दुर्घटना चट्टानों को विचित्र और अकल्पनीय रूपों में गढ़ देती है परंतु इच्छा पत्थर को एक अभीष्ट मूर्ति में तराशती है। ये दोनों ही अनिवार्यता के दो पहलू हैं।

अतः कवि को सर्वप्रथम एक ऐसा व्यक्ति होना चाहिए जो शब्दों के सभी साहचर्यों और भावात्मक तालों के प्रति अर्थात केवल व्यक्तिगत ही नहीं, बल्कि सामूहिक तालों के प्रति भी संवेदनशील होना चाहिए। वह व्यक्तिगत और सामूहिक तालों के बीच फर्क कैसे कर सकता है। वह सचेत रूप में ऐसा नहीं कर सकता और कोई कवि ऐसी कविताएँ लिखने से बच नहीं सकता जो उसके लिए तो सार्थक हों परंतु दूसरे लोगों के लिए अर्थहीन हों। वह केवल इतना ही कर सकता है कि अपने भावात्मक जीवन को सामाजिक रूप में जिए, शब्दों के साथ जिए। कारण, वह शब्दों के साथ ही वस्तुतः सामाजिक रूप में जी सकता है। इनका सामना उसे किताबों में, साहित्य में, वैज्ञानिक निबंधों में, पत्र-पत्रिकाओं में, बातचीत में होगा पर ये हमेशा सार्वजनिक रूप में ही सामने आएँगे। अतः यदि वह स्मृति-चित्रों की जगह अपना जीवन शब्दों के साथ गुजारता है तो वह कविता की तकनीक पर अधिकार पा लेगा, क्योंकि कविता शब्दों से लिखी जाती है।

शब्दों पर कवि का अधिकार सृजनात्मक दायित्व के लिए उसे औजार प्रदान करता है। उसका दायित्व यह है। आवेगात्मक पुनर्गठन को व्यक्त किया जाना चाहिए, इसे ऐसे शब्दों में व्यक्त किया जाना चाहिए जो सामाजिक रूप में सुगम हो। आइए, हम अपने मुहावरे—भावनात्मक पुनर्गठन—को एक अपेक्षाकृत अधिक चालू मनोवैज्ञानिक रूप दें। एक ग्रंथि ऐसी अंतर्वस्तुओं का पुंज है जो मानसिक ऊर्जा प्राप्त कर लेती हैं। ये गठित होकर गतिशील शक्ति से भर उठती हैं। ये मानस के एक बड़े हिस्से पर छा जाती हैं। मानस में अनेक छोटी ग्रंथियाँ होती हैं परंतु ये केवल तभी चिकित्सकीय अर्थ में ग्रंथियाँ बनती हैं जब ये मानस की

प्रमुख चेतन अंतर्वस्तु द्वारा विकर्षित की जाती हैं जिसे दमन कहा जाता है और जब ये 'अहं' के लिए अर्थात मानस के चेतन रूप में सोचने और अनुभव करनेवाले अंश के लिए अज्ञात रह जाती हैं, जब ये 'अपनी ही एक इच्छा' विकसित कर लेती हैं तो ये खतरनाक हो जाती हैं, चेतना के अनजाने ही मानस के कार्यों को प्रभावित करती हैं, और तंत्रिकीय अंतर्द्वंद्व, संदेह और ऊल-जलूल चिंताओं को जन्म देती हैं। लगता है मनुष्य अपने आप में बँट गया है। उसकी दो प्रेरणाएँ और दो इच्छाएँ हो जाती हैं। इसी प्रकार के लक्षण पावलोव के कुत्तों में तब पाए जाते हैं जब वे एक वर्ग और एक वृत्त के प्रति दो प्रकार की अनुक्रियाएँ करने के लिए अनुकूलित हो जाते हैं। यदि इन आवृत्तियों के बीच की कोई चीज उनके सामने पेश की जाए तो वे तंत्रिकीय झिझक की श्वान-सुलभ विकृति प्रदर्शित करेंगे। आवेगात्मक पुनर्गठन किसी स्वायत्त ग्रंथि को सामाजिक दृष्टि से सचेत बनाकर उसे कुछ हद तक सुलझाने-जैसा है।

VI

मनो-चिकित्सा अपनी अवधारणाएँ रोगविज्ञान से प्राप्त करती है। स्वस्थ चिंतन से विक्षिप्तता के संबंध को समझे बिना मनुष्य के मन और जीवन में भ्रम और यथार्थ के संबंध को पूरी तरह समझ पाना असंभव है।

जैसा कि हम देख चुके हैं, स्वप्न में क्रिया के उद्दीपन की भाव-रंजित चित्रों की एक धारा में काल्पनिक तुष्टि हो जाती है जिसमें यथार्थ से भाव और चित्र दोनों के संबंध विरूपित हो जाते हैं। यह विरूपण इस खास वजह से अनुचित नहीं है कि स्वप्न अपनी व्याख्या से ही क्रिया में व्यक्त नहीं हो सकता क्योंकि इसका उद्देश्य है अपने परिवेश के साथ सक्रिय संबंध कायम करने से प्राणी को बचाए रखना।

मनुष्य जब जाग्रत जीवन में अपने स्वप्नों को उतार देता है तो वह आगे की ओर एक कदम बढ़ाता है। परंतु यह उतारना ही फंतासी में शरीर विज्ञान की दृष्टि से ग्राह्य तत्त्वों की संभावना को संकीर्ण बना देता है। चूँकि अब फंतासी क्रिया में व्यक्त होती है इसलिए इसे किसी न किसी तरह वर्तमान यथार्थ के अनुरूप बनाना जरूरी हो जाता है क्योंकि वर्तमान यथार्थ ही क्रिया का निर्धारण करता है।

परंतु इसे वर्तमान यथार्थ के आत्मगत और वस्तुगत दोनों पक्षों में मोड़ा नहीं जा सकता, क्योंकि ऐसा करने का अर्थ होगा फंतासी को प्रत्यक्ष बोध के समकक्ष मानना जिसमें मनुष्य की बाह्य यथार्थ की आसन्न दृष्टि भी होती है और इस यथार्थ के प्रति उसका रुख भी होता है।

अतः रहस्यमय भ्रम पैदा करने के लिए इसका देशपरक विरूपण हो जाता है, यह सम्मोहन और अनुष्ठान के पास केंद्रित हो जाता है जो कि जादू और शब्दों की शक्ति के द्वारा समूचे यथार्थ को कबीलाई परिधि में खींचता प्रतीत हाता है। इसका

कालपरक विरूपण मिथक या कहानी की सर्जना के लिए होता है। मिथक और जादू, या धर्मशास्त्र और रहस्यवाद ये दोनों यथार्थ के साथ मनुष्य के कल्पक संबंध के विकासमूलक और विश्लेषणपरक पहलुओं से संगति रखते हैं। परंतु इसके बावजूद ये मिश्रित होते हैं। आत्मपरक तत्त्व वस्तुपरक तत्त्व के साथ मिल जाता है। विज्ञान कला के साथ मिल जाता है। अभी तक ये धर्म ही बने रहते हैं। आत्मपरक को अधिक शुद्ध और आंतरिक तथा वस्तुपरक को अधिक सटीक और बाह्य बनाने के लिए जरूरी है कि ये 'अपर' पक्ष के विलयन और जोड़-तोड़ के द्वारा एक-दूसरे से अलग हो जाएँ।

अतः जाग्रत अवस्था की फंतासी एक दिशा में विरूपित होती है। कला फंतासी का आभासिक जगत के जरिए बाह्य यथार्थ की दिशा में विरूपित करती है; विज्ञान आभासिक अहं के जरिए इसे आत्मपरक दिशा में विरूपित करता है। इसके बावजूद यह विरूपण की दिशा में विरूपण के लिए विरूपित नहीं होता। यह 'दूसरी' दिशा में अधिक परिशुद्धता के लिए विरूपित होता है। अब हम देखते हैं कि वर्तमान यथार्थ से परे दूसरा पक्ष अधिक परिशुद्धता की ओर तभी अग्रसर हो सकता है जब यह पाशविक फंतासी की अर्ध चेतनता से एक मनुष्य की चेतना तक पहुँचते हुए अन्य व्यक्तियों की चेतना के साथ साहचर्य स्थापित करे।

अतः कला का अविकृत पक्ष—अर्थात आत्मपरक पक्ष सामाजिक अहं की सामाजिक आत्मपरकता के साथ क्रिया-प्रतिक्रिया करते हुए विकसित होता है और विज्ञान का अविकृत पक्ष अर्थात वस्तुपरक पक्ष सामाजिक जगत की सामाजिक वस्तुपरकता के साथ क्रिया-प्रतिक्रिया करते हुए विकसित होता है।

विज्ञान और कला व्यक्तिगत फंतासियों में मौजूद वैज्ञानिक और कलात्मक तत्त्वों के सामान्यीकृत रूप हैं। परंतु व्यक्तिगत फंतासियों में बाधा पड़ती रहती है। लोग पागल हो जाते हैं। इन बाधाओं के अध्ययन से फंतासी की प्रकृति पर प्रकाश पड़ना चाहिए।

पागल लोग वे होते हैं, जिनका सिद्धांत उनके यथार्थ से अनमेल पड़ गया है जैसा कि व्यवहार में अर्थात उनकी क्रिया में देखने में आता है। यह यथार्थ केवल सामाजिक यथार्थ हो सकता है क्योंकि यही एकमात्र ऐसा यथार्थ है जिसका ज्ञान समाज को है। पागल लोग वे होते हैं, जिनका यथार्थ विषयक सिद्धांत समाज के सिद्धांत से तीखी भिन्नता रखता है। वे सामाजिक दृष्टि से ऐसे लोग होते हैं जिनका अनुकूलन गलत हुआ है। उनके भीतर एक द्वंद्व चलता रहता है। यह द्वंद्व है उनके सामाजिक अनुभव—समाज में उनके जीवन—तथा जीवन के विषय में उनके फंतासीपूर्ण सिद्धांत के बीच का द्वंद्व।

आज मनोचिकित्सा में विक्षिप्तता की दो प्रमुख शाखाएँ मानी जाती हैं : (क) उन्मादी विषाद अथवा चक्रविक्षिप्ति, और (ख) अंतराबंधमूलक, कैटेटोनिक

या मनोभ्रंशजन्य बाधाएँ। केत्शमर द्वारा किए गए ये दोनों समूह दो प्रकार की शरीर रचनाओं से घनिष्ठ संबंध रखते हैं। ये हैं तुंदिल (पिकनिक—सुगठित और मांसल) तथा कृशकाय (एस्थेनिक—क्षीण और दुर्बल)। विक्षिप्तता या उन्माद के अतिरिक्त मानसिक कार्य-व्यापार की अन्य बाधाएँ भी हैं, जिन्हें मनस्ताप (साइकोन्यूरोसिस) कहा जाता है। हिस्टीरियाजन्य मनस्ताप और चक्रविक्षिप्ति तथा मनोदुर्बलताजन्य मनस्ताप और अंतराबंधमूलक विक्षिप्तता के बीच घनिष्ठ संबंध ढूँढ़ने की एक प्रवृत्ति देखने में आती है।

बहिर्मुखी और अंतर्मुखी मानसिकताओं में युंग का वर्गीकरण भी इस धारणा पर आधारित है कि बहिर्मुखी प्रकार के लोग मानसिक रूप में बेचैन होते हैं। इनमें हिस्टीरियाजन्य या चक्रविक्षेपी किस्म के विषाद उत्पन्न होते हैं जब कि अंतर्मुखी प्रकार के लोग मनोदुर्बलताजन्य मनस्ताप या अंतराबंध के शिकार होते हैं। पहले किस्म के लोगों के विषय में आम तौर पर यह माना जाता है कि ये दूसरे प्रकार के मुकाबले आसानी से निरोग किए जा सकते हैं।

हम देख चुके हैं कि स्वप्न ऐसे तनाव का वाहक है जो फंतासी के स्तर पर आत्म (भावात्मक ताल) और वस्तु (स्मृति-बिंबों) के दुहरे विरूपण द्वारा पूरी तरह सुलझ जाता है। पागल लोग अपने सिद्धांत को सामाजिक यथार्थ से अलग करके और इसे व्यक्तिगत बनाकर अपने द्वंद्व को सुलझा लेते हैं। वे जाग्रत होते हैं और इसलिए वे अपनी समस्याओं को स्वप्नवत विचलन द्वारा नहीं सुलझा सकते। उनकी फंतासी एक सिरे पर सामाजिक यथार्थ से जुड़ी रहेगी।

हमारी मान्यता यह है कि बहिर्मुखी, चक्रविक्षेपी हिस्टेरिक प्रकार का व्यक्ति यथार्थ से बाह्य रूप में जुड़ा होता है। वास्तव में यह तथ्य चिकित्सा विज्ञान की दृष्टि से सही है। यहाँ तक कि उन्मादी विषाद से ग्रस्त व्यक्ति अपने को सही दिशा दे सकता है, अपना रास्ता ढूँढ़ सकता है, और आम तौर पर इस बात पर ध्यान दे सकता है कि उसके चारों ओर क्या हो रहा है।

मैककर्डी का कहना है कि वह वास्तविक उद्दीपन से प्रतिक्रिया करता है, परंतु करता है अतिरंजित रूप में ही। उदाहरण के लिए वह नीचे कोई फुसफुसाहट सुनता है और कल्पना कर लेता है कि उसकी हत्या के विषय में कोई वार्तालाप चल रहा है। इसके बाद उसमें ऐसा भय समा जाता है मानो उसकी हत्या का सचमुच प्रयत्न हो रहा हो।

अपने को यथार्थ के साथ समायोजित करने में वह अपने अहं को समाज से काट बैठता है। नतीजा यह होता है कि वह अचेतन और इसी के अनुरूप बर्बर और उग्र हो जाता है। वह इतना विचलित हो जाता है कि उसका अपने ऊपर नियंत्रण ही नहीं रह जाता और मामूली से मामूली उकसावे पर लड़ने-मरने को उतारू हो जाता है। अतः देखनेवालों को मानसिक विषाद से पीड़ित व्यक्ति उग्र आवेश से ग्रस्त

ऐसा व्यक्ति प्रतीत होता है जो बाह्य यथार्थ को पूरी तरह भुला बैठा है। परंतु वह खुद को ऐसा नहीं लगता, क्योंकि उसका अहं अचेतन और आदिम हो गया है और इसलिए उसके चेतन क्षेत्र से विरत हो गया है। बेशक यह उसके चेतन क्षेत्र में बाह्य यथार्थ को बेमेल बना देता है जिससे यह अवचेतन शक्तियों द्वारा निरंतर विरूपित किया जाता रहता है। यदि उसके कान में 'केंकड़ा' शब्द पड़ गया तो तत्काल वह यह मान लेता है कि उसे जीते-जी उबाला जानेवाला है। चूँकि उसका अहं अचेतन और समाज-विच्छिन्न हो गया है अतः वह इसका गुलाम बन जाता है।

परंतु अंतराबंध से ग्रस्त व्यक्ति में बाह्य यथार्थ के प्रति वैसी ही आवेगात्मक संगति और एकान्विति दिखाई देती है जैसी उन्मादग्रस्त विषादी के मामले में पाई जाती है। मैककर्डी के अनुसार अंतराबंध के रोगी में रोग का लक्षण वहाँ जाहिर होता है जब रोगी उद्दीपन के अनुपात में भावात्मक प्रतिक्रिया नहीं प्रकट करता। उदाहरण के लिए वह घोषणा करता है कि उसे लोगों की यह कानाफूसी सुनाई पड़ रही है कि वे उसकी हत्या कर देंगे मगर उसमें भय का लक्षण नहीं दिखाई देता। अंततः उसमें दिग्विन्यास (ओरिएंटेशन) का पूर्ण अभाव दिखाई देने लगता है, वह अपने को खिलाने-पिलाने में भी असमर्थ हो जाता है और अंततः यथार्थ की एक निजी दुनिया में पहुँच जाता है। यह एक ऐसा अंतर्मुखी व्यक्ति होता है जो आत्म को सर्वाधिक महत्त्व देता है। उसने बाह्य यथार्थ को समाज-विच्छिन्न करके अपनी उलझन का समाधान कर लिया है और इस तरह वह एक स्वप्न-जगत में—एक निजी दुनिया में विचरता है। यह स्वप्न-जगत उसके चेतन अहं को प्रतिबिंबित करता है। मगर चूँकि यह स्वप्न-जगत चेतन अहं का अनियंत्रित प्रतिबिंब है इसलिए यह दर्शक को बहुत स्पष्ट नहीं दिखाई देता। चूँकि प्रेक्षक उस बाह्य यथार्थ का ही अंग है जिसका निषेध किया जा चुका है अतः वह अंतराबंध के रोगी के अहं के संपर्क में नहीं होता। अंतराबंध के रोगी का चेतन अहं आवेश या आवेग में नहीं आता क्योंकि स्वप्न-जगत उसे रुष्ट नहीं करता बल्कि उसकी पुष्टि करता है। अंतराबंध से ग्रस्त रोगी की अंतश्चेतना तथा उसके मानसिक जगत की प्रबल सामाजिक अंतर्वस्तु का यही कारण है। यह निश्चय ही उसके आचरण को प्रभावित नहीं करता, क्योंकि पैरानोइया (संविभ्रम) की तरह इसमें भी बाह्य जगत हमेशा 'गलती' पर होता है। यह उसकी इच्छाओं के अनुरूप अपने को बदलकर अपना औचित्य स्थापित करता है। यही कारण है कि फ्रायड संविभ्रमी को आत्मरतिग्रस्त कहते हैं और इसी से उसकी असाध्यता और अस्पृश्यता का स्पष्टीकरण हो जाता है।

अब हम कला की फंतासीजन्य युक्ति के सामान्य तंत्र को अंतराबंध और मनोदौर्बल्य (साइकास्थैनिया) जन्य आधि के अंतर्मुखी विरूपण के समान और

तिज्ञान की फंतासीजन्य युक्ति के सामान्य तंत्र को चक्रविक्षिप्तता या हिस्टीरिया के विरूपण के समान मानते हैं।

क्या इसका यह अर्थ है कि हम विज्ञान और कला को किसी भी दृष्टि से रुग्णताजन्य या भ्रामक मानते हैं ? नहीं, क्योंकि एक-जैसे ही मनोवैज्ञानिक तंत्र के क्रियाशील होने के बावजूद कला उसी तरह आधि (न्यूरोसिस) नहीं है जैसे चिंतन स्वप्न नहीं है। और इन दोनों का अंतर ठीक इस बात में है कि विज्ञान और कला की एक सामाजिक अंतर्वस्तु होती है। जिस यथार्थ के चतुर्दिक बहिर्मुख हिस्टीरिया-ग्रस्त या चक्रविक्षिप्त व्यक्ति अपने सिद्धांत को विरूपित करता है वह एक निजी यथार्थ है। यह एक ऐसा यथार्थ है जो उसकी चेतना में यथार्थ के समस्त सामाजिक सिद्धांत को खंडित करता है। यह अंतर्विरोध उसके निजी अनुभव को सामाजिक यथार्थ के साथ संश्लेषण की ओर अग्रसर करने (जैसा कि विज्ञान में होता है) और दोनों यथार्थों को बदलने की माँग करने की बजाय एक ऐसे आचरण की ओर ले जाता है जो यथार्थ के सामाजिक सिद्धांत का निषेध करता है। चक्रविक्षिप्त के अहं की समाज-विच्छिन्नता अवचेतन में सहज वृत्तियों के उफान को जन्म देती है जो बाह्य यथार्थ के साथ उसके संबंध को, और इसलिए उसके समस्त कार्य को विकृत कर देती है। अंतराबंधग्रस्त व्यक्ति की बाह्य यथार्थ की अवधारणा की समाज-विच्छिन्नता प्रत्यक्ष बोध की गुलामी की ओर ले जाती है, एक ऐसे अहं की ओर ले जाती है जो इसके ऊपर से नियंत्रण को हटा लेता है और इस तरह इसका जगत स्वप्नवत और अयथार्थ बन जाता है।

इस तरह विज्ञान का यथार्थ व्यक्त और सत्य होने के कारण इसका मनोवैज्ञानिक तंत्र सिद्धांत के क्षेत्र में एक ऐसे अहं को उत्पन्न करता है जो चक्रविक्षिप्त बहिर्मुख व्यक्ति से सर्वथा विपरीत होता है। यह एक ऐसा अहं होता है जो भावना और गुण से शुष्क होता है, जो तटस्थ, निष्क्रिय और अनिवार्यता के प्रति घोर सचेत होता है। निश्चय ही यह यथार्थ ही सहज वृत्तियों की गतिशीलता और ललक से शून्य होने के कारण अपनी पूर्णता के लिए कला की अपेक्षा रखता है। अतः यह सच है कि एक ऐसा संसार जो केवल विज्ञान के बल पर ही जीवित रहना चाहे, वह अपने ही सिद्धांत का व्यवहार में खंडन करेगा और यह चक्रविक्षिप्ति-जैसी व्यग्रता को प्रकट करेगा। इसका कारण यह नहीं है कि विज्ञान चक्रविक्षिप्त का जनक है बल्कि यह कि यह ठोस जीवन का केवल एक हिस्सा है।

यथार्थ के चतुर्दिक जिस मनोदुर्बल आधिग्रस्त (साइकास्थैनिक न्यूरोटिक) या अंतराबंध से ग्रस्त व्यक्ति बाह्य जगत को विरूपित करता है, वह एक निजी अहं है जो उसकी अपनी निजी लालसाओं और ललकों से बना हुआ है। इसके चतुर्दिक वह एक पूरे आभासिक जगत (आधिग्रस्त व्यक्ति की बाध्यतामूलक क्रियाएँ, मनोग्रस्तताएँ या मिथ्या भीतियाँ अंतराबंधवाले व्यक्ति की कल्पना के पूरे पर्दे) को

'सजाता' है। परंतु कला का अहं सार्वजनिक और उदात्त होने के कारण इसका मनोवैज्ञानिक तंत्र सिद्धांत के क्षेत्र में एक ऐसे जगत को जन्म देता है जो सुंदर और सशक्त होता है। यह जगत अनिवार्यता से शून्य होने के कारण अपनी सार्थकता के लिए विज्ञान के तंत्र की अपेक्षा रखता है। केवल कला के सहारे जीनेवाला जगत व्यवहार में अपने ही सिद्धांत को नकार देगा और सपनों के एक सुंदर जगत में जीवित रहेगा जब कि इसके समस्त कार्य केवल कष्ट और कुरूपता को ही जन्म देंगे।

VII

आइए, बहिर्मुख मानसिक विशृंखलता के इन दोनों रूपों के बीच फर्क की जाँच करें। हिस्टीरिया से ग्रस्त व्यक्ति बाह्य यथार्थ (यदि बाह्य को 'शरीर से बाहर' के अर्थ में लें तो) को नहीं नकारता। वह इसे स्वीकार करता है। जिस यथार्थ को वह विरूपित और समाज-विच्छिन्न करता है वह आत्मनिष्ठ दृष्टि से उसका शरीर है। ऐसा लगता है कि वह सामाजिक यथार्थ के उस अंश को चुनौती देने का साहस नहीं कर पाता जहाँ समाज सबसे मजबूती से जमा होता है, और इसलिए वह अपने शरीर को एक ऐसी चीज के रूप में चुनता है जिसमें उसकी एक विशेष मालिकाना दिलचस्पी होती है और वह इसको विरूपित करता है। हिस्टीरियाजन्य सर्वविदित बीमारियों (हिस्टीरियाजन्य मूकता, पक्षाघात, अंधता, अति संवेदनीयता और संवेदहीनता) का यही कारण है। ये इस अर्थ में सामाजिक दृष्टि से अवास्तविक होती हैं कि ये केवल कार्यपरक और अंगों से असंबद्ध होती हैं, और फिर भी हिस्टीरिया के रोगी के लिए वास्तविक होती हैं, क्योंकि पारिभाषिक दृष्टि से वह इनके वास्तविक कारण के प्रति अचेत होता है।

सहज वृत्ति और पर्यावरण के बीच के द्वंद्व का हिस्टीरिया के तरीके से समाधान का एक विख्यात उदाहरण वह सैनिक है जिसका मृत्यु-भय हिस्टीरियाजन्य पक्षाघात का रूप ले लेता है, और ऐसा ही उदाहरण वह महिला है जिसकी प्रेम की अतृप्ति अथवा प्रभुत्व का भय हिस्टीरिया के दौरे का रूप ले लेता है। यही कारण है कि हिस्टीरिया के लक्षणों के लिए 'आंगिक भाषा' शब्द भी प्रचलित है।

परंतु यदि द्वंद्व इस तरीके से सुलझ नहीं पाता तो बहिर्मुख व्यक्ति का अहं उसके अवचेतन में प्रवेश कर जाता है और सामाजिक यथार्थ के समूचे क्षेत्र को, जिसमें उसका अपना शरीर भी आता है, चुनौती देता है। अपने पर्यावरण के संदर्भ में वह पागल हो जाता है। वह नहीं जानता कि कहाँ से शक्तियाँ आकर उसके पर्यावरण में बाधा डालती हैं और इसे पूरी तरह विरूपित कर देती हैं। उसका अहं उसकी आत्मा के अंधकार में ठेल दिया जाता है, पर्यावरण से उस पर मुँह बनाता है, यद्यपि

वह इसे वहाँ पहचान नहीं पाता।

पर मनोदुर्बल रुग्णतंत्रिक (न्यूरोटिक) एक ऐसा व्यक्ति होता है जो सबसे पहले सामाजिक यथार्थ को चुनौती देता है। अतः जिस प्रकार बहिर्मुख व्यक्ति का द्वंद्व एक बाह्‌य यथार्थ (अर्थात एक गोचर बाह्‌य यथार्थ) के साथ द्वंद्व होता है, जो कि उसके अवचेतन अहं के लिए बहुत कठिन होता है, उसी तरह अंतर्मुखी व्यक्ति का उसके अनुभूत अहं (नैतिकता की चेतना) के साथ द्वंद्व एक ऐसा द्वंद्व होता है जो उसके अवचेतन पर्यावरण के लिए बहुत कठिन होता है। मनोदुर्बल व्यक्ति में बाह्‌य यथार्थ और जीवन में दिलचस्पी का जो अभाव पाया जाता है, अर्थात अपनी समस्याओं का सामना करने या उनके विषय में कुछ भी करने की जो असमर्थता पाई जाती है, उसका भी यही कारण है। वह शत्रुता रखनेवाले व्यक्तियों (पैरानोइया) या वस्तुओं (मिथ्या भीति) या प्रक्रियाओं (आंतरिक बाध्यताओं) जैसी बाह्‌य वास्तविकताओं का आविर्भाव अपनी इच्छाओं का औचित्य सिद्ध करने के लिए कर लेता है। मनोदुर्बल व्यक्ति एक सामाजिक व्यक्ति के रूप में अहं के अस्तित्व को, दूसरों के अहं से संपर्क रखनेवाले अहं के अस्तित्व को नहीं नक़ारता, परंतु पर्यावरण की कठिन परिस्थितियों के कारण आम नियमों से बरी होने का दावा करता है। मनोदुर्बल रुग्णतंत्री (न्यूरोटिक) में जो शहीदाना अंदाज और अंतर्दर्शन पाया जाता है, जो मनोविश्लेषकों की जेब भरनेवाले और लगभग असाध्य ग्राहक जुटाता है, उसका कारण यही है। अपनी 'विशेष कठिनाइयों' के कारण इस प्रकार के रुग्णतंत्री हमेशा एक 'आसान' दुनिया की सृष्टि करने के लिए प्रयत्नशील रहते हैं। वह इससे उत्पन्न आवेग को पर्यावरणगत यथार्थ के दूसरे ब्यौरों के सर मढ़कर अपने द्वंद्व को सुलझाता है। उदाहरण के लिए वह किसी यौन-संकट से उत्पन्न आवेग को किसी मामूली-सी चीज से जोड़ देता है। किसी खाई में दफनाए जाते हुए सैनिक द्वारा उत्पन्न आवेग या इस विषय में उसका भय मनोदुर्बलता के कारण सभी काली चीजों या अँधेरी-बंद जगहों पर स्थानांतरित कर दिया जाता है।

इस तरह जैसे हिस्टीरिया से ग्रस्त व्यक्ति बाह्‌य यथार्थ को नहीं नकारता बल्कि अपने शरीर को शारीरिक व्याधि से ग्रस्त मानकर इससे उसे समायोजित करता है, उसी तरह मनोदुर्बल रुग्णतंत्री एक सामाजिक अहं के रूप में अपने दायित्वों को नहीं नकारता बल्कि उन्हें अपने पर्यावरण में समायोजित करता है और इस पर्यावरण को वह विस्तृत औचित्य स्थापनों और कपोल कल्पनाओं द्वारा विरूपित करता है। इसके मामूली से मामूली ब्यौरे को लेकर वह तोड़-मरोड़ करता है। हिस्टीरिया से ग्रस्त व्यक्ति अंगों की भाषा बोलता है और रुग्णतंत्री एक अनुभूतिगत भाषा बोलता है। एक समाज से ऐसी किसी चीज को मानने को कहता है जिसे वह नहीं देखता (और जिसका प्रमाण वह स्वयं गढ़ता है), दूसरा ऐसी किसी चीज को न मानने को कहता है जिसकी अनुभूति उसे नहीं होती (और जिसके

कारण को वह गढ़ लेता है)। इस तरह जैसे हिस्टीरिया से ग्रस्त रोगी अपने पक्षाघात के वास्तविक कारण के प्रति अचेत होता है, उसी तरह रुग्णतंत्री अपनी 'कठिन' परिस्थितियों के कारण के प्रति अचेत होता है। वह बंद जगहों से दूर रहकर भय से किनारा करना चाहता है। उसे इस बात का अहसास नहीं हो पाता कि वह बंद जगहों की भीति द्वारा जिस चीज से कतरा रहा है, वह खंदक में उतरने का काम है।

परंतु यदि उलझन इस तरीके से असाध्य हुई तो रुग्णतंत्री सामाजिक यथार्थ को पूरी तरह भूल जाता है और अपने स्व के प्रति अचेत हो जाता है। यही अंतराबंध (स्किज़ोफ्रेनिया) है। इस समय भी वह बाह्य यथार्थ के प्रति सचेत रहता है। इसका एक उदाहरण कोर्साकोफ़ संलक्षण है। इसमें रोगी के साथ बाह्य रूप में जो कुछ भी घटित होता है उस सबकी जानकारी भी उसे होती है, पर वह यह नहीं जानता कि यह सब उसके साथ घटित हो रहा है। क्लैपारेद के शब्दों में, उसमें पक्षज्ञान (मोइए) का अभाव होता है। मैककर्डी द्वारा दिए गए एक उदाहरण को लें तो एक रोगी को उसके चिकित्सक ने एक पिन चुभो दिया, जिसे उसने अपने हाथ में छिपा रखा था। दूसरी बार जब वह उसे छूने चला तो वह पीछे हट गई। इसका कारण पूछने पर उसने बताया, ''कभी-कभी हाथों में पिन छुआ करते हैं।'' उसे यह नहीं समझाया जा सका कि उसे एक अहं के रूप में पिन चुभोया गया था, बल्कि वह केवल यही समझ सकी कि एक चुभन महज उसकी प्रज्ञानात्मक चेतना के क्षेत्र में हुई है। इस प्रकार की फंतासी से ग्रस्त होने पर इस प्रकार का रोगी फंतासीजन्य दृश्यावली का एक आधान मात्र होता है जब कि एक चक्रविक्षिप्त एक फंतासीग्रस्त नैपोलियन, एक नायक, एक विराट 'मैं' हुआ करता है।

अब हम बहिर्मुखता के तंत्र की तुलना विज्ञान की बहिर्मुखता से कर चुके हैं। हम इससे भी आगे जाएँगे और हिस्टीरिया के तंत्र की तुलना विश्लेषणपरक विज्ञानों से और चक्रविक्षिप्ति की तुलना विकासमूलक विज्ञानों से करेंगे।

हिस्टीरिया उसके शरीर को विरूपित करता है ताकि वह एक इच्छित यथार्थ से मेल खानेवाला एक स्थिर यथार्थ प्रदान कर सके। इसी प्रकार गणितज्ञ एक ऐसे अहं की कल्पना करता है जो बाह्य यथार्थ में सर्वत्र क्रम-नियोजन और वर्गीकरण करता और हल निकालता है। परंतु चूँकि गणितज्ञ के साथ यह बाह्य यथार्थ सामाजिक, यथार्थपरक और इसलिए चेतन यथार्थ होता है, ठीक इसी कारण वह अहं जो इस प्रकार हल निकालता रहा है वह अचेतन, अमूर्त, विरूपण करनेवाली या वैशेषिक आत्मनिष्ठता से रिक्त होता है।

चक्रविक्षिप्त अपनी परेशानियों के अनुसार समायोजन कायम करने के लिए अपने अहं पर भी नियंत्रण खो बैठता है। नतीजा यह होता है कि उसके प्रज्ञानात्मक क्षेत्र में उसका विभ्रम सर्वत्र उसी पर आँख गड़ाए रहता है। इसी तरह एक

जीवविज्ञानी या समाजशास्त्री एक ऐसे अहं की कल्पना करता है जो उसके द्वारा चुने हुए यथार्थ के क्षेत्र में सर्वत्र निष्क्रिय रूप में अवलोकन करता, नोट लेता और महसूस करता रहता है। परंतु चूँकि वैज्ञानिक के मामले में यह बाह्य यथार्थ सामाजिक, यथार्थपरक और चेतन यथार्थ होता है अतः इस प्रकार अवलोकन करनेवाला अहं आत्मनिष्ठ या व्यक्तिगत पक्षपात से मुक्त होता है। यह एक ऐसी तटस्थ नजर होती है जो ठोस समाज के हर तथ्य का अवलोकन करती रहती है और जो इसके बावजूद सर्वत्र उस गुण का विस्तार करती रहती है, जिसमें इसकी दिलचस्पी होती है।

इसी तरह चूँकि हम कला विषयक अंतर्मुखता की तुलना कर आए हैं, अतः अब हम इससे आगे बढ़कर मनोदौर्बल्यजनित आधि (न्यूरोसिस) की तुलना कविता से और अंतःप्रबंध की तुलना उपन्यास से करेंगे। रुग्णतंत्री व्यक्ति सामाजिक पर्यावरण के स्थान पर एक विशेष व्यक्तिगत पर्यावरण को स्थापित कर लेता है, जो उसकी आत्मगत कठिनाइयों का कारण होता है। वह अपनी इच्छाओं से मेल खानेवाले एक अवास्तविक पर्यावरण की रचना कर लेता है। परंतु कवि अपनी भावनाओं और अपने अनुभव के अहं के स्थान पर एक अपेक्षाकृत अधिक वास्तविक और सामाजिक 'मैं' को स्थापित करता है। वह अपने अहं को सामाजिक अहं में पूरी तरह प्रवेश करने को बाध्य करता है और बिल्कुल विपरीत कारणों से एक आभासिक 'समायोजित' बाह्य जगत की सृष्टि करता है। इसलिए जैसा कि हम देख आए हैं, प्रत्येक कविता सामाजिक 'मैं' पर केंद्रित होती है।

परंतु कैटेटोनिया से ग्रस्त व्यक्ति अपने जगत को असाधारण कठिन परिस्थितियों का एक यथार्थ जगत भी नहीं बनाता। समाज से वास्तविक जगत पूरी तरह लुप्त हो जाता है, और कैटेटोनिया के रोगी का जगत 'अहं गठित' पर्यावरणजन्य अंतर्वस्तु के एक जगत के साथ, अहं-सर्जित स्मृत आदेशों के एक जगत के साथ मेल खाने लगता है। परंतु उपन्यासकार अपने 'मैं' को केवल सामान्यीकृत मानव अहं के साथ ही ताल-मेल में नहीं लाता (जिस रीति से कि कवि अपने मैं को विशेष रूप से कठिन परिस्थितियों से उठाकर सभी मानव परिस्थितियों में एक 'मैं' की स्थिति में पहुँचाता है), बल्कि समाज के वैयक्तीकरण (इनडिविजुएशन) द्वारा विकसित एक अहं के साथ भी ताल-मेल में लाता है। यही कारण है कि उपन्यास अपनी समस्त अंतर्वस्तु के साथ कविता की भाँति एक अहं की ओर उन्मुख नहीं दिखाई देता बल्कि यह एक वस्तुगत जगत बन जाता है। यह एक ऐसा जगत बन जाता है जो ऊपर से देखने पर समाज का एक ऐसा निचय बन जाता है जिसका सर्वेक्षण बाहर से किया जा रहा हो। यह ठीक वैसा ही है जैसे कैटेटोनिया के रोगी का 'मैं' विस्तृत होकर दृश्य रूप में वस्तुगत आदेशों का जगत बन जाता है।

क्या कारण है कि (नृतत्ववेत्ताओं के अनुसार) हिस्टीरिया और चक्रविक्षिप्ति आदिम समाजों में बहुत अधिक पाई जाती है ? इसका कारण यह है कि उनकी अभिन्नीकृत आदिम अवस्था में पर्यावरणजन्य या वस्तुगत यथार्थ के लिए इस बात की बहुत अधिक संभावना रहती है कि यह अहं या आत्मनिष्ठ यथार्थ की तुलना में अधिक तीक्ष्ण मानसिक तनाव पैदा कर सके और इसके लिए आरोग्यकर फंतासी की अपेक्षा हो । आदिम जन सादे सामाजिक पर्यावरण की माँगों से बँधे होते हैं । उनकी अंतश्चेतना निर्मल और बाध्यकर होती है। वर्ग-विरोध के कारण विचारधारा का विकास और अंतश्चेतना की दरार आधुनिक समाज के विघटित अहं और दमित स्व को जन्म देती है । मनोदुर्बलताजन्य आधि (न्यूरोसिस) विशेष रूप से पूँजीवादी बीमारी है । रिवर्स के अनुसार युद्ध के दौरान सैनिकों में हिस्टीरिया और अफसरों के बीच मनोदुर्बलताजनित आधि सबसे अधिक व्याप्त थी । यह एक ऐसे वर्ग की बीमारी है जो समाज की दरार के चलते बाह्य यथार्थ से चेतना पर फेंक दिया गया है । यह ठीक वैसे ही है जैसे हिस्टीरिया एक ऐसे वर्ग की बीमारी है, जो चेतना से बाह्य यथार्थ पर फेंक दिया गया है । चेतना के विकास के लिए एक ऐसे वर्ग समाज के विकास की जरूरत थी जो अपने अलगाव से उसका विकास कर सके, परंतु उन वर्गों को जो एक-दूसरे से चिंतन और अस्तित्व, सिद्धांत और व्यवहार में इतने अलग जा चुके हैं कि यह स्वयं में एक व्याधि बन गया है, समन्वित करने के लिए एक वर्गहीन समाज की आवश्यकता है। अंतराबंध (स्किज़ोफ्रेनिया) दार्शनिक और भाववादी बीमारी है ।

इस तरह यद्यपि कला और अंतराबंध के समाधानों में और विज्ञान तथा चक्रविक्षिप्तता की युक्तियों में एक सानुरूपता है, क्योंकि इनमें सामाजिक द्वंद्व का समाधान एक-जैसे ही तरीकों से होता है परंतु इनके लक्ष्य विपरीत हैं । मौजूदा सामान्यता (नार्मलिटी) की तुलना में पागलपन का रास्ता अधिकाधिक भ्रम, अचेतनता और निजता की ओर बढ़ता है जबकि वैज्ञानिक या कलात्मक रास्ता अधिकाधिक यथार्थ, चेतनता और सार्वजनीनता की ओर बढ़ता है । इसलिए कैटेटोनिया में भावनाएँ दमित हो जाती हैं और कला में वे प्रचुर रूप में चेतन हो जाती हैं, चक्रविक्षिप्तता में अहं निरंकुश हो जाता है, विज्ञान में यह अनिवार्यता के प्रति सचेत होता है ।

इसका मतलब यह है कि मनोविक्षिप्त व्यक्ति का सामना जब सामाजिक चेतना और वास्तविक जीवन के अनुभव के बीच पाए जानेवाले द्वंद्व से होता है तो वह इसका समाधान चेतना को कम वास्तविक और सामाजिक तथा अधिक निजी और भ्रामक बनाकर उस चीज को दूर करके करना चाहता है जो चेतना में टकराव पैदा कर रही है, जबकि वैज्ञानिक या कलाकार इसका समाधान उलटे रास्ते से करना चाहता है । वह नए अनुभव को सामाजिक चेतना में खींच लाता है, चेतना

को अधिक वास्तविक और सामाजिक तथा कम निजी और भ्रामक बनाकर यही कार्य करता है। इन दोनों को एक-जैसी ही रुकावटों का सामना करना पड़ता है परंतु ये विपरीत दिशाओं में अग्रसर होती हैं। इस दृष्टि से विज्ञान और कला 'दैवी उन्माद' हैं। अनुभव में अंतर्विरोध के कारण पागल एक निजी चूक की ओर बढ़ता है जबकि वैज्ञानिक और कलाकार लोक-सत्य की ओर। वे स्वस्थ चित्त व्यक्तियों से भी अधिक प्रकृतिस्थ होते हैं। कारण, प्रकृतिस्थ व्यक्ति अपने जीवन में किसी द्वंद्व या अंतर्विरोध का अनुभव नहीं करते और इसलिए उनके सामने इनको सृजनात्मक रूप में हल करने की संभावना भी नहीं होती। कलाकार और वैज्ञानिक में अंतर केवल यही होता है कि कलाकार चेतना और जीवन के आत्मगत तत्त्वों में रुचि रखता है जबकि वैज्ञानिक इनके वस्तुगत तत्त्वों में। एक कवि और गणितज्ञ में तथा एक उपन्यासकार और एक विकास-विज्ञानी में अंतर केवल यह है कि इनमें से एक की दिलचस्पी सामान्यीकरण में, एकीकरण में, मानवीय सार-तत्त्व में और सारभूत यथार्थ में है तो दूसरे की विशेषीकरण में, भिन्नीकरण में, मानवीय वैयक्तिकता में और एक ठोस यथार्थ में।

यद्यपि कलाकार और वैज्ञानिक जिन समस्याओं का समाधान करते हैं, उनमें वे पागलपन से ठीक उलटा रास्ता अपनाते हैं परंतु इसका यह मतलब नहीं कि वे पूरी तरह प्रकृतिस्थ ही होते हैं। कारण, वे केवल उन्हीं समस्याओं का समाधान कर सकते हैं जो सामाजिक दृष्टि से वास्तविक हैं, और जिनका समूचे समाज के लिए एक व्यापक अर्थ है। कलाकार की समस्याएँ आत्मपरक हैं, वैज्ञानिक की समस्याएँ वस्तुपरक हैं, जिनका वैसा सामाजिक समाधान संभव नहीं जैसा दूसरे लोगों की समस्याओं के साथ होता है। और इसमें संदेह नहीं कि वस्तुगत समस्याओं से सामना पड़ने पर कलाकार की दशा उस वैज्ञानिक-जैसी होती है जिसका सामना आत्मगत समस्याओं से हुआ हो। यहाँ दोनों कम से कम उतने ही असहाय होते हैं जितने आम लोग। इसका अर्थ यह है कि विज्ञान और कला नितांत सामान्यीकृत और सारभूत रूप में अमूर्त सामाजिक यथार्थ हैं, अतः ये उस ठोस जीवन के बिलकुल साथ-साथ नहीं चल सकते जिससे ये उत्पन्न होते हैं, पर ये उसे लगातार समृद्ध और विकसित कर सकते हैं।

मनोविश्लेषण और मनोविज्ञान रुग्णता के मनोविज्ञान और प्रतिभा के मनोविज्ञान के बीच और मानसिक सर्जना और मानसिक विभ्रम के बीच सामान्यतः स्पष्ट फर्क नहीं कर पाते क्योंकि यह चेतन और अवचेतन फंतासी के बीच कारणगत विभेद को प्रमाणित करने में असमर्थ हैं। यह अंतर एक सामाजिक अंतर है परंतु पूँजीवादी मनोविज्ञान होने के कारण मनोविज्ञान 'सभ्य समाज में व्यक्ति' की अवधारणा से ऊपर उठ नहीं पाता। यह जैव पर्यावरण को सामाजिक पर्यावरण से अलग नहीं कर पाता, और चेतना सामाजिक पर्यावरण की उपज है।

हम उन कठिनाइयों की चर्चा पहले ही कर आए हैं जो इसके कारण फ्रायडवादी दर्शन में उत्पन्न होती हैं।

फंतासी के इन प्रकारों के बीच की दरार का कारण ही यह है कि स्वप्न में जब कि निष्क्रिय शरीर ठोस जीवन से मुक्त होता है, उस समय यथार्थ से पलायन—आंतरिक और बाहृय—दो रूप ले सकता है। स्वप्न का प्रवेश जब जाग्रत जीवन में होता है तब ऐसा संभव नहीं होता। विशेष प्रकार की विक्षिप्तता का यही कारण है।

साथ ही एक बार विक्षिप्तता आरंभ हो जाने के बाद, एक गहनतर निद्रा में वापस लौटने की सैद्धांतिक संभावना उत्पन्न हो जाती है जिसमें एक बार फिर समायोजन दुहरे स्तर, परंतु एक अधिक भेदक रूप में घटित होता है। वास्तव में कल्याणकर प्रगाढ़ निद्रा पर मैककर्डी और हाक की कृतियों में साइकोसिस (उन्माद) के आसन्न उपचार के पूर्व लक्षण के रूप में एक विशेष प्रकार की लंबी गहन निद्रा के वैज्ञानिक महत्त्व को उद्घाटित किया गया है। अतः जाहिर है कि ऐसे द्वंद्वों के समाधान में जो दिन में उत्पन्न होते हैं और जिनका समाधान निजी तौर पर रात के समय होता है, निद्रा और स्वप्न एक महत्त्वपूर्ण भूमिका प्रस्तुत करते हैं। इसलिए भी अनिद्रा जो कि आसन्न विक्षिप्तता का एक सर्वमान्य लक्षण है, और इसी तरह ब्रोमाइड और निद्रा उत्पन्न करनेवाली औषधियों के चिकित्सकीय महत्त्व पर किसी तरह का संदेह नहीं किया जा सकता।

VIII

हमने 'मनोवैज्ञानिक प्रकारों' की जो सीमारेखा खींची है उससे निश्चय ही इसी विषय पर युग की प्रख्यात कृति का स्मरण हो आता है। हमारा वर्गीकरण कहाँ तक उसके वर्गीकरण से मेल खाता है?

युंग ने सर्वप्रथम अपने वर्गीकरण में बहिर्मुखी और अंतर्मुखी प्रकारों में विभेद किया था। कुल मिलाकर हमारा वर्गीकरण उसके वर्गीकरण से मेल खाता है—बहिर्मुखता में बाहृयता का, प्रत्यक्षबोध का, वस्तु का मूल्यांकन—चाहे यह क्रिया में हो या चेतना में; और अंतर्मुखता में आंतरिकता का, भावना का, विषय का मूल्यांकन आता है—चाहे या चेतना में हो या क्रिया में।

बेशक इसका मतलब यह नहीं है कि अंतर्मुखी व्यक्ति अनिवार्य रूप से सहानुभूतिशील होता है। इसके विपरीत वह जिसको मूल्यवान समझता है, वह है उसकी अनुभूति न कि दूसरों की। यदि सहानुभूतिशील कोई होता है तो वह है बहिर्मुख व्यक्तित्व, परंतु उसकी कमजोरी यह है कि उसकी अनुभूति उथली होती है।

युंग को यह वर्गीकरण अपर्याप्त प्रतीत हुआ था और इसलिए उसने वस्तु या विषय के मूल्यांकन से अलग चार कार्यों को अलग किया था । इन कार्यों में से दो तर्कनापरक (रैशनल) हैं : ये हैं अनुभूति और चिंतन : और दो अतर्कनापरक हैं । ये हैं बोध और अंतःप्रज्ञा । एक प्रकार का एक प्रमुख कार्य है और एक गौण कार्य जो अनिवार्य रूप से एक भिन्न प्रकृति का है, अर्थात एक तर्कनापरक कार्य के साथ एक अतर्कनापरक कार्य अनिवार्य रूप से लगा रहेगा और इसी तरह एक अतर्कनापरक कार्य के साथ तर्कनापरक कार्य लगा रहेगा । ये चारों ही कार्य सभी मानसों में मौजूद रहते हैं और इसलिए व्यक्तीयन (इनडिविजुएशन) अर्थात एक कार्य की कीमत पर दूसरे कार्य के विकास का अर्थ है कि जो कार्य उपयोग में नहीं लाए जाते वे अवचेतन में डूब जाते हैं । इस तरह एक चिंतक में अनुभूति अवचेतन में डूब जाती है और इसके अनुरूप ही बर्बर और अनगढ़ हो जाती है । यहाँ यह एक क्षतिपूरक प्रभाव डालती है और अंततः इसकी शक्ति प्रबल हो सकती है और पहले यह आकस्मिक रूप में और फिर पूरी तरह प्रमुख कार्य बन जाती है और फिर व्यक्तित्व का एक तरह का परिवर्तन या पूर्ण वैपरीत्य आ जाता है । इसका उदाहरण वह निष्ठुर, ईसाई-द्रोही सॉल है जो कट्टर ईसाई पाल बन जाता है, वह सूखा गणितशास्त्री है जो एक उग्र मैनियाग्रस्त बन जाता है ।

युंग का अनुभव काफी समृद्ध है और वह बहुत प्रखर मेधा के व्यक्ति हैं । इस वर्गीकरण को उन्होंने बहुत अधिक मूल्यवान और महत्त्वपूर्ण माना है । परंतु यह उलझा हुआ है और इसका कारण चेतना के अर्थ के विषय में युंग का ज्ञानवादी भ्रम है । युंग ने अनुभूति और चिंतन का जो विच्छेदन किया है उसे मैं सिद्धांत और व्यवहार का विच्छेदन मानता हूँ । चिंतक बहिर्मुखी सैद्धांतिक बहिर्मुखी है, विचारों में डूबा रहनेवाला व्यक्ति है । अनुभूतिप्रवण बहिर्मुखी व्यावहारिक बहिर्मुखी है, क्रियाशील व्यक्ति है । परंतु अनुभूतिप्रवण अंतर्मुखी व्यक्ति सैद्धांतिक अंतर्मुखी है और चिंतक अंतर्मुखी व्यावहारिक अंतर्मुखी है । इसमें संदेह नहीं कि अंतर्मुखी और बहिर्मुखी के सिद्धांत और व्यवहार दोनों उनके द्वारा वस्तु और आत्म के विभिन्न मूल्यांकनों द्वारा नियत होते हैं, सिद्धांत और व्यवहार दोनों में कार्यों में जो विपरीतता देखने में आती है उसका भी प्रत्यक्षतः यही कारण है । और इसलिए युंग की आरंभिक गलती, जो उसने बाद में ठीक कर ली थी, यह है कि वह यह मानते हैं कि मनोवैज्ञानिक प्रकारों के निर्धारण के लिए अंतर्मुखता और बहिर्मुखता स्वयं में ही पर्याप्त हैं । फंतासी की द्विपक्षता का हमारा विश्लेषण (जिसके साथ ही व्यवहार की एक वैसी ही द्विपक्षता होती है) इस बात की व्याख्या कर देती है कि कार्यों की यह विपरीतता कैसे आती है ।

'इंद्रियानुभूति' और 'अंतःप्रज्ञा' का हम क्या अर्थ लें ? युंग के अनुसार इंद्रियानुभूति अचेत बोध द्वारा बाह्य वस्तु व्यापार का मूल्यांकन है, जब कि

'अंतःप्रज्ञा' अचेत बोध द्वारा आंतरिक वस्तु व्यापार का मूल्यांकन है।

मेरी समझ से युंग यहाँ ज्ञान-मीमांसा के भुलावे में पड़ गए हैं। उनके प्रकारभेद तो वास्तविक हैं पर उनके तंत्र को गलत समझा गया है। बोध (सेंसिंग) केवल अतर्क्य अनुभूति नहीं है, परंतु उनके आपसी संबंध वे ही हैं जो कविता और उपन्यास के बीच के संबंध। बोध चेतन परंतु काव्यात्मक है, यह सामान्यीकृत अनुभूति है। यह ऐसी इह-पक्षता है जो सामान्य सहजात अहं बनकर रह गई है। अनुभूति चेतन, परंतु ठोस है। यह व्यक्तिबद्ध बोध प्रतीति है अर्थात एक ऐसा बोध है जिसे विशिष्ट भिन्नीकृत अहं का दर्जा दे दिया गया है। इस तरह बोध अनुभूति से अधिक आदिम है। इसी तरह अंतःप्रज्ञा अतर्क्य चिंतन नहीं है परंतु इनके आपस के संबंध वैसे ही हैं जैसे गणित और जीवविज्ञान के संबंध। अंतः प्रज्ञान चेतन, परंतु गणितीय है। यह सामान्यीकृत चिंतन है। यह एक ऐसी इतर-पक्षता है जो परिमाण की अमूर्त सामान्यता बनकर रह गई है। चिंतन सचेत, पर ठोस होता है। यह विशेषीकृत अंतःप्रज्ञान है, एक ऐसी अंतःप्रज्ञा है जिसकी अंतर्वस्तु मात्रा के क्षेत्र की है। इस तरह अंतःप्रज्ञान अनुभूति से अधिक आदिम है।

इस बात की व्याख्या पहले की जा चुकी है कि हमारी जाति के इतिहास में कहानी और विकासमूलक विज्ञानों से पहले कविता और गणित का आविर्भाव क्यों हुआ। इसी तरह बोध और अंतःप्रज्ञान चिंतन के प्राचीनतम रूप हैं—ये आदिम समाज के नेताओं, फरिश्तों, कवियों और शास्त्रकारों के विमर्श हैं।

बहिर्मुखता व अंतर्मुखता के बीच, जिनमें क्रमशः वस्तु और आत्म का मूल्यांकन होता है, युंग ने जो फर्क किया है उसके महत्त्व से हम मोटे तौर पर सहमत हैं। हम उनकी इस चेतावनी से भी सहमत हैं कि इनमें से किसी भी प्रकार का व्यक्ति क्रिया व्यापार के किन्हीं क्षेत्रों के संदर्भ में अंतर्मुखी और शेष में बहिर्मुखी हो सकता है, और यह कि यह बदलाव एक ही व्यक्ति के जीवन के दौरान आ सकता है। अतः एक टाइप (प्रकार) के जीवन के प्रति रवैये में एक अनिश्चितता और वैयक्तिकता बनी रहती है। इसके उदाहरणस्वरूप स्पीयरमैन की उस अवधारणा को ले सकते हैं जिसमें उसने बुद्धि के दो घटक—एक सामान्य निधि 'स' जो सभी क्षेत्रों पर लागू होती है और एक विशेष क्षमता 'व' जो एक क्षेत्र तक ही सीमित रहती है—माने हैं। 'स' अपने रवैये और परिमाण में ही भिनन्ता नहीं रख सकता बल्कि विभिन्न 'व' तत्त्वों का रवैया और परिमाण भी भिन्न-भिन्न हो सकता है।

हमारा विश्लेषण युंग के विश्लेषण से तीन दृष्टियों से भिन्न है :

(1) वह जीवन के प्रति सैद्धांतिक और व्यावहारिक दृष्टिकोणों में फर्क की गुंजाइश नहीं छोड़ते और न ही गुंजाइश छोड़ते हैं किसी ऐसे क्षेत्र की, जिसमें आदमी सिद्धांतजीवी होता है और शेष में व्यावहारिक। कोई व्यक्ति किसी विशेष क्षेत्र में जितना ही शुद्ध सिद्धांतजीवी होगा, अन्य क्षेत्रों में वह उतना ही शुद्ध

व्यावहारिक हो सकता है। और इन दोनों के विलगाव के कारण सिद्धांत और व्यवहार दोनों में ही एक खास प्रकार की अनगढ़ आदिमता दिखाई देगी जिसके कारण ये उससे एक भिन्न गुण प्रतीत होंगे, जैसे ये एक सक्रिय समग्रता में प्रतीत होते हैं। चिंतनशील और अंतःप्रज्ञ बहिर्मुखी व्यक्ति और अनुभूतिप्रवण तथा बोध-संपन्न अंतर्मुखी व्यक्ति, ये दोनों ही मुख्यतः सिद्धांतजीवी हैं। इसका कारण यह है कि इनके दैनिक आचरण में वस्तुओं का एक मूल्यांकन दृष्टिगोचर होता है जो कि उनके फंतासीजन्य मूल्यांकन के विपरीत होता है और इसी तरह अनुभूतिप्रवण और बोधसंपन्न बहिर्मुखी और चिंतनशील तथा अंतःप्रज्ञ अंतर्मुखी व्यक्तियों में जीवन के प्रति मुख्यतः एक व्यावहारिक दृष्टिकोण पाया जाता है।

(2) वह बोध और अंतःप्रज्ञान को किसी न किसी रूप में अनुभूति और चिंतन का अवचेतन रूप मानता है यद्यपि वह प्रयोग 'अतर्क्य' (इरैशनल) शब्द का करते हैं। परंतु जिस अंतः प्रज्ञान पर गणितीय तर्कना आधारित है उसे अतर्क्य नहीं माना जा सकता। निश्चय ही यह सवाल अंतःप्रज्ञा शब्द की वजह से खड़ा होता है और हमारा सुझाव यह नहीं है कि प्वायनकेयर की शाखा ने गणित के विषय में जो दृष्टिकोण रखा है वह सही है और पीनो तथा रसेल का वृद्धिघात गलत है। अंतःप्रज्ञा का प्रयोग अफलातूनी अर्थ में नहीं किया जाता है। इसका प्रयोग महज एक अमूर्त, साधारणीकरण लानेवाले नुक्ते से किया जाता है जो तर्कशास्त्र और एक अधिक आदिम समाज की विशेषता है और इसलिए यह अतर्क्य तो है ही नहीं, इसके विपरीत यह व्यवहार के मुकाबले तर्क की श्रेष्ठता को प्रकट करती है (जैसा कि अफलातूनवाद, चर्चप्रधानतावाद और बौद्ध दर्शन में पाया जाता है)।

(3) युंग ने चेतना और अवचेतना की सम्यक परिभाषा नहीं की है। अवचेतन को वह मानसिक ऊर्जा का ऐसा ह्रास मानते हैं जिसके कारण अवचेतन अंतर्वस्तुएँ ग्रहण सीमा से नीचे चली जाती हैं। इस अनगढ़ और अनुपयोगी सिद्धांत की जगह हमने ठोस जीवन के तनाव के कारण, जो इन्हें अवचेतन और इसी के अनुरूप आद्य और बचकाना बनाते हैं, चेतन अंतर्वस्तुओं की, चाहे वे अंह से जुड़ी हों या पर्यावरण से, समाज-विच्छिन्नता की अवधारणा को स्थान दिया है।

यदि वास्तविक बाह्य यथार्थ जीवन में कहीं मेरी चेतना से टकराता है तो मैं इसे सक्रिय रूप में और वास्तव में बदल सकता हूँ। यदि मैं क्षुधापीड़ित हूँ तो मैं भोजन पा सकता हूँ, यदि मुझे ठंड सता रही है तो मैं कपड़े पहन सकता हूँ। वैज्ञानिक फंतासी इस प्रकार के सक्रिय परिवर्तन या व्यवहार से उत्पन्न हुई है। अंतर्मुखता होते हुए भी यह बहिर्मुख अंतर्मुखता अर्थात बाह्य यथार्थ को बदलने के लिए तत्पर अंतर्मुखता है। इससे इसका मूल्य, उद्देश्य और उत्पत्ति की रीति बदल जाती है। जीवन का जो अनुभव विद्यमान वैज्ञानिक चेतना से टकराता है और इसके परिवर्तन की माँग करता है वह हमेशा वस्तुगत यथार्थ को बदलने को तत्पर

अनुभव होता है। विज्ञान प्रकृति को बदलने के लिए मानव-प्रयत्नों का मार्गदर्शक है और इसी के द्वारा इसका विकास ज्ञान की एक अमूर्त प्रणाली के रूप में होता है।

पर यदि मेरा सामाजिक अहं जीवन में मेरी चेतना के साथ टकराता है तो मैं सक्रिय और वास्तविक रूप में अपने को बदल सकता हूँ। मैं दूसरी चीजों की चाह कर सकता हूँ—अपनी वृत्तियों को अपने मौजूदा जीवन में सुलभ दूसरे उपायों से, उदाहरण के लिए कला-कृतियों द्वारा तुष्ट कर सकता हूँ। तब मेरी रुचि जो कि अंतर्मुखी हो गई है, वस्तुओं में होगी। यह अपने निजी अहं को बदलने को तत्पर बहिर्मुखता है। अहं का यह परिवर्तन ही कलाकृतियों का मूल्य, उद्देश्य और उत्पत्ति की रीति है। जीवन का जो अनुभव मेरे वर्तमान अहं का निषेध करता है, और इसके परिवर्तन की माँग करता है, हमेशा एक ऐसा अनुभव होता है जिसका सामना मेरे अभावों की तुष्टि में, अर्थात खुद मुझे बदलने में होता है। कला वस्तुओं के एक ठोस समूह में, एक आभासिक जगत में विकसित होती है जिसके द्वारा मनुष्य अपने को बदलता है और ऐसा करते हुए खुद अपने को समझता है। कला की पद्धति विज्ञान की पद्धति का दूसरा पहलू है। एक कुछ करने के लिए जानता है, दूसरा महसूस करने के लिए कुछ करता है। एक बाह्य यथार्थ को बदलने के लिए अपने को बदलता है, दूसरा अपने को बदलने के लिए बाह्य यथार्थ को बदलता है। दोनों ही एक-दूसरे के लिए आवश्यक हैं। कारण, बाह्य और आंतरिक परिवर्तन की सीमाएँ, दोनों ही अनिवार्यता द्वारा आरोपित हैं। विद्यमान चेतना के साथ काम करते हुए लोग यथार्थ को नए रूपों में बदलते हैं। विद्यमान रूपों के साथ काम करते हुए लोग चेतना को बदलते हैं। पहला है सृजनात्मक व्यवहार में उतरा हुआ विज्ञान और दूसरा है सृजनात्मक अनुभव में उतरी हुई कला। इस भूमिका को बदल दें तो विज्ञान का सृजनात्मक सिद्धांत और कला का सृजनात्मक सिद्धांत सामने आ जाएगा।

व्यवहार के साथ सिद्धांत के इस संबंध को समझे बिना युंग—इस बात को महसूस किए बिना ही—अंतर्मुखता की एक परिभाषा से दूसरी परिभाषा की ओर बढ़ जाते हैं।

अंतर्मुख रूप में अर्थात सिद्धांत में, चिंतन और अंतः प्रज्ञान व्यावहारिक कार्य हैं अर्थात ये ऐसे कार्य हैं जो चिंतन को बाह्य जगत की ओर उन्मुख करते हैं। व्यवहार में, बहिर्मुख रूप में ये दुनिया को बदलनेवाले कार्य, अर्थात ऐसे कार्य हैं जो गोचर यथार्थ को बदलते हैं। अंतर्मुख रूप में, अर्थात सिद्धांत में, अनुभूति और बोध सैद्धांतिक कार्य अर्थात चिंतन को अहं की ओर उन्मुख करनेवाले कार्य हैं। व्यवहार में, बहिर्मुख रूप में, ये अपने को बदलनेवाले कार्य हैं अर्थात आत्म-तुष्टि या आत्माभिव्यक्तिवाले कार्य, अहं को तुष्ट करनेवाले कार्य हैं। इन जटिल संबंधों के कारण ही टाइपों (प्रकारों) की जटिलता पैदा होती है क्योंकि न तो कोई व्यक्ति

ठीक दूसरों की तरह जीता है, न ही फंतासी और क्रिया के बीच उसके संबंध ठीक दूसरों-जैसे होते हैं। इस तरह युंग ने जिन्हें चिंतक और अंतःप्रज्ञ बहिर्मुखी व्यक्ति कहा है वे सिद्धांतजीवी लोग हैं, वैज्ञानिक लोग हैं। ठीक इसी तरह उनके चिंतक और अंतःप्रज्ञ बहिर्मुखी व्यक्ति क्रियाशील लोग हैं, रहस्यमय ढंग से व्यावहारिक लोग हैं। उनके बहिर्मुखी बोधयुक्त और अनुभूतिप्रवण लोग व्यावहारिक लोग हैं, क्षुधाजीवी या इंद्रियसेवी व्यक्ति हैं और उनके बोधयुक्त और अनुभूतिप्रवण अंतर्मुखी व्यक्ति सैद्धांतिक लोग हैं, साधक, पैगंबर या कवि हैं।

अवचेतन की क्षतिपूर्ति की भूमिका के विषय में भी युंग की उलझन का स्रोत यही है। यह कहने का कि कोई कार्य अवचेतन बन जाता है, अर्थ यह कहना है कि यह समाज-विच्छिन्न हो जाता है। युंग ने जिसे चेतन अंतर्वस्तु द्वारा दमित या विकर्षित होकर कार्यों का 'अवचेतन में लीन हो जाना' कहा है, वह इसके अलावा और कुछ नहीं है कि मनुष्य अपने भीतर के सामाजिक अहं या सामाजिक यथार्थ के अंशों को एक-दूसरे के विरोध में पाता है। अपने जीवनानुभव में उसने अपने विषय में जो चेतना अर्जित की है वह बाह्य जगत की उसकी चेतना के साथ टकराता है। हम यह देख आए हैं कि वह फंतासी में दो तरह से अपने को समायोजित कर सकता है—बाह्य जगत की अपनी चेतना को अपने अहं की ओर उन्मुख करके अथवा अपने अहं को बाह्य जगत की ओर उन्मुख करके।

यदि बाह्य जगत उस (चिंतक और अंतःप्रज्ञ बहिर्मुखी व्यक्ति) के लिए प्रधान है तो वह अपने को समाज से काट लेगा और वह अपने अहं को बाह्य यथार्थ से इस तरह समायोजित करेगा कि यह आत्मगत रूप में विकृत हो जाए; ताकि इसके विषय में उसका समूचा नजरिया और मूल्यांकन झूठा हो जाए। दूसरे शब्दों में कहें तो अनुभूति पक्ष या बोध पक्ष एक अवचेतन और आद्य कर्म बन जाएगा; यह समाज से कट जाएगा और इसलिए सहज वृत्ति से ओत-प्रोत हो जाएगा। जब यह वस्तुपरक रूप में क्रियाशील होगा तो उसका अहं हमें स्फीत और भावुकतापूर्ण लगेगा। परंतु सिर्फ इसीलिए कि यह इस उग्र सहज वृत्तिचालित रूप में क्रियाशील होता है उसके अहं का आत्मगत पक्ष भी न्यून होगा। उन्माद से ग्रस्त व्यक्ति की अनुभूति बहुत प्रखर नहीं हुआ करती, परंतु वह इस तरह आचरण करता है मानो वह उग्र आवेश में हो क्योंकि उसमें स्व की उस चेतना का अभाव होता है जो यथार्थ के प्रति मनुष्य की अनुक्रिया को संयत, जटिल और सूक्ष्म बनाती है। उसकी अनुक्रिया में सबकुछ बाजी पर लगाने या कुछ भी न करने का भाव होता है। युंग ने जिसे क्षतिपूरक अवचेतन कहा है वह वास्तव में बहिर्मुख व्यक्ति का अहं के समाज-विच्छेदन और आत्मगत अनुभूतियों की अवचेतना द्वारा फंतासी में यथार्थ के साथ जीवन का समायोजन है जिसके अनुरूप ही उसके कार्यों में एक गहरा आवेश आ जाता है, उसके अहं में उग्र स्फीति भी आ जाती है।

इस प्रकार के व्यक्ति की सही अनुक्रिया वैज्ञानिक हुआ करती है—यह पर्यावरण को बदलती है और इसके परिणामस्वरूप चेतना में पर्यावरण के यथार्थ को अपेक्षाकृत अधिक भरती है। इसका पहला रास्ता भ्रम का रास्ता है, पागलपन का रास्ता है, असामाजिक और अवचेतन अहं का रास्ता है, जो एक पर्यावरण के एक मिथ्या चेतन प्रत्यक्ष-बोध की ओर और इसलिए विध्वंसकारी आचरण की ओर ले जाता है। दूसरा रास्ता विज्ञान का रास्ता है, यथार्थ का रास्ता है, एक ऐसा रास्ता है जो अहं को इस प्रकार चालित करता है कि यह पर्यावरण का एक अधिक सच्चा, चेतन प्रत्यक्ष ज्ञान पैदा कर सके और इसलिए आचरण में अधिक उपयोगी हो सके। इन दोनों मामलों में बहिर्मुखता और अंतर्मुखता का एक दोलन पाया जाता है।

परंतु यहाँ 'चिकित्सक, अपना इलाज करो' की उक्ति लागू नहीं होती। अपने विशेष तनाव के कारण समाज के प्रति वैज्ञानिक का योगदान है पर्यावरणगत यथार्थ की एक अधिक गहरी चेतना, और उसे अपनी निजी एकांगिता को दुरुस्त करने के लिए ठीक उस चीज की जरूरत है जिसे वह नहीं बल्कि कलाकार दे सकता है। यह है आत्मगत चेतना और आंतरिक यथार्थ।

इसी तरह अनुभूतिप्रवण या बोधप्रवण अंतर्मुखी व्यक्ति के मामले में चेतना तथा यथार्थ के बीच एक द्वंद्व अहं को अधिक महत्त्व देने के कारण अनिवार्य रूप से चेतन प्रत्यक्षबोध के विरूपण की शक्ल ले लेता है। इसके परिणामस्वरूप मनोदुर्बल स्नायुतंत्री का विकास होता है जो आवेगों के प्रति अधिक सचेत होता है और अपने पर्यावरण से नकली रूप में स्वतंत्र होता है, जो वस्तुगत विषय के निषेध के कारण 'कठिन परिस्थितियों' के रूप में अपने पर्यावरण की गुलामी को जन्म देता है। उसका अहं नहीं बल्कि प्रकृति आदिम और अनियंत्रित बन जाती है क्योंकि यह अवचेतन बन जाती है।

इस प्रकार का अंतर्मुखी व्यक्ति कलात्मक रचना कर्म की ओर प्रवृत्त होता है। अर्थात वह अपने बाह्य यथार्थ की चेतना को गिराकर नहीं बल्कि अपने अहं के अनुभव को सामाजिक चेतना में उतारकर अपने को बदलने की ओर अग्रसर होता है। परंतु समाज के संदर्भ में यह सृजनात्मक कार्यभार एकपक्षीय व्यक्तित्व को जन्म दे सकता है जिसे विज्ञान से उपलब्ध बाह्य यथार्थ की आरोग्यदायिनी चेतना के उपचार से ही सही किया जा सकता है।

गलत ढंग से अनुकूलित अंतर्मुखी व्यक्ति अपने को वस्तु से काटकर 'प्रकृति' के साथ अपने द्वंद्व से स्वतंत्र करने का प्रयास करता है। परंतु वस्तु की उसकी चेतना उसे अंधा गुलाम बना देती है। गलत ढंग से अनुकूलित बहिर्मुखी व्यक्ति अपने को आत्म से काटने का प्रयत्न करता है, परंतु उसकी स्वयं की चेतना उसे अपनी ही सहज वृत्तियों का गुलाम बना देती है। इस तरह ये अपने निजी व्यक्तित्वों में ही

इस बात को सिद्ध करते हैं कि स्वतंत्रता अनिवार्यता की चेतना है। सिद्धांत रूप में ये अहं का अथवा जगत का निषेध करते हैं परंतु ऐसा करके वे व्यवहार में एक उच्छृंखल बर्बर रूप में इन्हीं को प्रमाणित करते हैं और उनके सिद्धांत तथा व्यवहार के बीच पाई जानेवाली इस दरार में ही उनका पागलपन मौजूद है। इस प्रकार कला हिस्टीरिया से ग्रस्त व्यक्ति के इलाज का उपाय सुझाती है और विज्ञान रुग्णतंत्री के उपचार का। चेतना के संदर्भ में कला और विज्ञान रोगनिवारक हैं—विज्ञान अंतर्मुखी व्यक्ति के लिए और कला बहिर्मुखी व्यक्ति के लिए। व्यावहारिक जीवन की सापेक्षता में ये यथार्थ में परिवर्तन लाते हैं—विज्ञान संसार को बदलता है और कला मनुष्यों को।

इन दुर्बलताओं के अतिरिक्त युंग का अध्ययन यथार्थ के एक अंश के रूप में मानव मन का एक गहन विश्वकोश है। यह इस बात का एक अध्ययन है कि सृजनात्मक जीवन में मनुष्य कैसे अपनी स्वतंत्रता की सिद्धि करता या सिद्धि से वंचित रह जाता है। यह नागर समाज में जीनेवाले एक व्यक्ति की अवधारणा से ऊपर न उठ सकनेवाली विश्वदृष्टि के लिए यथासंभव मानस का गहनतम अध्ययन है।

विज्ञान और कला समाज के माध्यम से एक तरह के फंतासीजन्य अनुकूलन के सबसे अमूर्त और सामान्यीकृत रूप हैं जिन्हें कर्म के यथार्थ से अलग नहीं किया जा सकता। ये दोनों ही प्रकृति को और इसलिए स्वयं को अर्थात जीवन को बदलने की क्रिया से उद्भूत होते हैं। यदि विज्ञान और कला हममें से प्रत्येक व्यक्ति को हमारे व्यक्तिगत जीवन के सभी पक्षों में ऐसी नैतिकता और समझदारी, ऐसा आवेग और उपकरण नहीं देते जो महज समान्य न होकर हममें से प्रत्येक व्यक्ति को हमारे ठोस संबंधों में राह दिखाते हैं और ये ही ऐसे प्रत्येक कार्य के पैमाने हैं जिनसे हम अपने उन कार्यों को मापते हैं जिनके द्वारा हम प्रकृति को और स्वयं अपने को बदलते हैं—हमें तात्कालिक मार्गदर्शन नहीं देते तो ये कुछ भी नहीं हैं। यदि यह सिद्धांत जो हमारे कार्यों का मार्गदर्शन करता और उन्हें प्रेरित करता है, प्रत्येक कार्य से नए सिद्धांत नहीं निकालता और एक विकासशील चीज की तरह नहीं बढ़ता तो हम अपना जीवन गलत ढंग से जी रहे हैं। मानव सक्रियता वस्तुओं के माध्यम से सक्रियता है। विज्ञान और कला को व्यावहारिक, आलोचनात्मक—क्रांतिकारी क्रियाशीलता से अलग करने का अर्थ है इन्हें जीवन से अलग कर देना। और आधुनिक सभ्यता लगातार यही करती जा रही है।

आधुनिक सभ्यता अपने को चीरकर दो फाँक करना अच्छी तरह जान गई है। सबसे पहले अपने उत्थान में इसने आत्म से अपने को काटकर अलग करने का प्रयत्न किया, अपने को पूरी तरह वस्तु में झोंक देने का प्रयत्न किया। एलिजाबेथकालीन पूँजीवादी तंत्र की उग्र चक्रविक्षिप्तिजन्य ऊर्जा का यही रहस्य

है । अब यह हिस्टीरिया से मनोदुर्बलता के एक दूसरे छोर पर पहुँच गई है और अपने को वस्तु से काटने का प्रयत्न कर रही है जिसे यह नियंत्रित नहीं कर सकती और इस तरह अनिवार्यता का अंधा गुलाम बन गई है । यहाँ यांत्रिक भौतिकवाद से भाववाद की ओर एक दोलन है जो अपने को आत्म और वस्तु दोनों से काटने का और इस तरह दोनों पर अधिकार पाने का प्रयत्न करती हुई दोनों का गुलाम, महज आभास का एक निरुपाय शिकार बन गई है ।

प्रत्यक्षवाद कविता में अतियथार्थवाद की ओर अग्रसर होता है । कविता के स्वप्न-विधान को छोड़ दिया गया है और लोग हवा में तैर रहे हैं, आत्म और वस्तु दोनों से अपने को काट रहे हैं । वे इन दोनों से अचेत हैं और इसलिए इन दोनों के अंधे गुलाम बन चुके हैं। मुक्त साहचर्य बाध्यकर स्वप्न है। कविता में स्वप्न-विधान ख़त्म हो जाता है । यह स्वप्न बन जाती है; कवि एक सुदम्य प्रगाढ़ निद्रा में पहुँच जाता है । सुदम्य, क्योंकि ऐरागां ने कहा है कि कवि इस अवस्था में शांति से रह नहीं सकता न ही वह पिछली किसी अवस्था में लौट सकता है बल्कि एक ऐसे जगत को हासिल करके ही अपने को मुक्त कर सकता है जिसमें आत्म और वस्तु पुनः सामाजिक और इसलिए चेतन हो जाएँ और जीवन के साथ कवि का संबंध फिर उन्मुक्त, क्रांतिकारी और श्रमपरक हो जाए ।

अध्याय 11

कलाओं का अंतर्गठन

कविता बाह्य यथार्थ के एक अंश को ग्रहण करती है, उसे भावना के रंगों से रँगती है और इससे एक नया आवेगात्मक रुझान पैदा करती है जो स्थायी नहीं होता, बल्कि कविता के समाप्त होने के साथ समाप्त हो जाता है। कविता असल में एक अचिर और प्रयोगात्मक भ्रम है फिर भी मानस पर इसके जो प्रभाव पड़ते हैं वे टिकाऊ होते हैं। यह एक ही भाषा में विज्ञान के साथ—जिसका सार तत्त्व है वस्तुगत यथार्थ की अभिव्यक्ति—बनी रहने में समर्थ है, क्योंकि वास्तव में बाह्य यथार्थ का कोई बिंब उन दोनों प्रस्तावों के बीच में बँटा रहता है जिनके लिए विज्ञान के मामले में बाह्य यथार्थ तथा कविता के मामले में वंशजात शब्दों का प्रयोग होता है। यह बात कविता की ही अपनी खासियत है नहीं है, यह सभी कलाओं में पाया जाता है। कविता की अपनी खासियत है उसकी तकनीक, और वह खास ढंग का आवेगात्मक संघटन जो इस तकनीक से उपलब्ध होता है। इसके बावजूद कविता के विश्लेषण से दूसरी कलाओं की तकनीक पर भी रोशनी पड़नी चाहिए।

दूसरा महत्त्वपूर्ण कलात्मक संघटन जो शब्दों द्वारा निष्पादित होता है, वह है कहानी। कविता की तकनीक कहानी की तकनीक के मुकाबले क्या स्थान रखती है?

कविता में भावनाएँ सीधे शब्द-साहचर्यों से जुड़ी होती हैं। कवि को इसका ख्याल रखना पड़ता है कि पाठक का ध्यान शब्दों के पीछे छिपे उस बाह्य यथार्थ पर जिसका कि इनके द्वारा वर्णन किया जा रहा है, भावान्वित होने से पहले न जाने पाए। कहानी के साथ बात इससे बिल्कुल उलटी है। कहानी पाठक को उस दुनिया में पहुँचा देती है जिसका कि वह वर्णन करती है। वह दृश्य को देखता है, पात्रों से मिलता है और उनके विलंबों, गलतियों और बदहालियों का अनुभव करता है।

यह तकनीकी अंतर ही कहानी की अपेक्षाकृत अधिक मंथर प्रकृति का भी कारण है। पाठक कवि के साथ तादात्म्य स्थापित करता है। कवि और पाठक दोनों के लिए ही शब्द भावगर्भित होकर. बाह्य यथार्थ के एक अंश को पहले से लेकर

उभरते हैं। परंतु उपन्यास पहले यथार्थ के एक निर्वैयक्तिक विवरण के साथ ही उभरता है। उपन्यासकार और उसकी रचना का पाठक—दोनों इससे बाहर होते हैं। जो कुछ घट रहा है, उसको वे देखते रहते हैं। वे पात्रों के प्रति सहानुभूतिशील होते जाते हैं। पात्र परिचित दृश्यों के बीच डोलते रहते हैं और ये ही उनके आवेगों को उभारते हैं। ऐसा लगता है जैसे वे एक दुनिया में विचर रहे हैं और अपने निर्णयों का प्रयोग कर रहे हैं जबकि कवि जिस दुनिया को प्रस्तुत करता है वह पहले से भावना के रंग में डूबी होती है।

उपन्यास का पाठक तत्काल अपना तादात्म्य उस तरह उपन्यासकार के साथ कायम नहीं कर लेता जैसे कि कविता का पाठक कर लेता है। कविता का पाठक वही कुछ कहता प्रतीत होता है जो कवि कहता है, वह उसी की भावनाओं को को अपने हृदय में अनुभव करता है। परंतु कहानी का पाठक कहानी लिखता हुआ नहीं प्रतीत होता। वह इसके भीतर जीता हुआ प्रतीत होता है। अतः कहानी में भावनात्मक ताल बाह्य यथार्थ के साथ जुड़ जाता है। कविता और कहानी—दोनों ही ध्वनियों का प्रयोग करते हैं, जो बाह्य यथार्थ के बिंब और भावगत अनुनाद उभारते हैं, परंतु कविता में भावगत अनुनाद भाषा के विन्यास द्वारा गठित होते हैं, जबकि उपन्यास चित्रित बाह्य यथार्थ की संरचना द्वारा गठित होते हैं।

संगीत में ध्वनियाँ वस्तुओं को सूचित नहीं करतीं। वे स्वयं ही ऐंद्रिक उपादान होती हैं। अतः भावगत अनुनाद उनसे सीधे जुड़ जाते हैं। यद्यपि कविता के भावगत अनुनाद भाषा की संरचना द्वारा गठित होते हैं पर यह संरचना स्वयं 'अर्थ' पर अर्थात संदर्भित बाह्य यथार्थ पर निर्भर करती है। परंतु संगीत की संरचना स्वतः पर्याप्त होती है। यह तार्किक रूप में बाह्य यथार्थ का संकेत नहीं देती। अतः संगीत की में स्वयं एक विशद रूपगत और छद्म गणितीय घटक होता है। इसका मात्रा और ताल का कूटतार्किक अनुशासन बाह्य यथार्थः के तार्किक अनुशासन का स्थान ले लेता है। इस तरह संगीत, कविता और उपन्यास में ध्वनि-प्रतीक के तीन अलग-अलग काम होते हैं। उपन्यास में यह बाह्य यथार्थ के लिए प्रयोग में आता है; कविता में शब्द जनित भावात्मक अनुनादों और स्मृति-बिंबों के मानसिक ग्रथन के लिए और संगीत में छद्म-बाह्य यथार्थ के एक अंश के लिए।

कलागत फंतासी में सामाजिक अहं अथवा आत्मनिष्ठ जगत बाह्य जगत के विरूपण से निष्पन्न होता है। परंतु जगत को विरूपित करके एक भावात्मक संघटन का रूप देने के लिए जरूरी है कि इसकी अपनी एक ऐसी संरचना हो जो भावात्मक (आत्मनिष्ठ) न होकर तार्किक (वस्तुनिष्ठ) हो। संगीत के समाज स्वीकृत नियमों का, जो कि कूटतार्किक नियम होते हैं, यही कारण है। ये भाषा के

नियमों से मेल खाते हैं। भाषा के नियम भी समाज स्वीकृत होते हैं, छद्म-वस्तुनिष्ठ होते हैं और कविता में इनको विरूपित कर दिया जाता है। पर उपन्यास में, जो वस्तुगत यथार्थ के दिक् और काल का विरूपण करता है, ऐसा नहीं किया जाता।

एक तर्कसंगत बाह्य जगत केवल दिक् और काल में ही विद्यमान रह सकता है। अतः संगीत का जगत दिक् और काल में स्थित होता है। काल है आरोहवरोह, जिसके कारण कोई स्वरानुक्रम (लय) दिक्गत वक्र को तो मुखर करता ही है, साथ ही काल में भी चलता रहता है। यद्यपि कोई स्वरानुक्रम समय में फैला होता है पर साथ ही यह दिक् में भी व्यवस्थित होता है। जिस तरह कोई गणितीय दलील दिक् की दृष्टि से स्थिर होती है यद्यपि यह समय में चलती रहती है, उसी तरह एक स्वरानुक्रम कालातीत और सार्वभौम रूप में मान्य होता है। विज्ञानों की वर्गीकृत की जानेवाली अंतर्वस्तु की तरह ही यह एक सामान्यीकरण होता है। अपने सार रूप में यह रंगहीन और गुणहीन होता है। अपने तर्क की सीमा में यह अहं में एक सार्वभौम आवेगात्मक रुझान उत्पन्न करता है।

स्वर संगति (सुर) से संगीत में एक कालगत तत्त्व आ जाता है। जिस प्रकार दिक् का वर्णन केवल समय की सीमा में (चरणों की एक शृंखला के रूप में) ही किया जा सकता है, उसी तरह समय का वर्णन केवल दिक् (एक दृश्यावली की तरह युगपत विद्यमान रूप में कल्पित काल के एक दिक् रूप में) में ही किया जा सकता है। समय गुणों का आविर्भाव है। अतः एक साथ ध्वनित होनेवाले दो गुण समय को दिक् रूप में विवेचित करते हैं। जिस प्रकार विकासमूलक विज्ञान बाह्य यथार्थ से विकसित होते गुणों के (जिन्हें इसके बावजूद यहाँ एक सर्वदर्शी दृष्टि द्वारा पहले से पूरी तरह विकसित रूप में देखा जाता है) एक समूचे क्षेत्र में परिदृश्य का आनयन करते हैं। उसी तरह सुर संगीत में कालगत समृद्धि और जटिलता के समूचे संपन्न क्षेत्र का आनयन करता है। यह संगीत का वैयक्तीकरण करता है और निरंतर नए गुणों की सृष्टि करता है। अतः यह मात्र एक संयोग नहीं बल्कि उन तरीकों का ही परिणाम है, जिससे बुर्ज्वा वर्ग अपने आधार में निरंतर क्रांति लाता रहता है; स्वभावतः संगीत में सुर का सबसे अधिक विकास औद्योगिक क्रांति, विकासमूलक विज्ञानों के उत्थान तथा जीवन के प्रति एक द्वंद्वात्मक दृष्टि के साथ-साथ हुआ। कहानी और सिफनी में भी इसके समानांतर ही एक कालपरक आंदोलन आया। इसी तरह यह भी मात्र संयोग नहीं था कि संगीत का विकास तकनीकी विकास के साथ-साथ घटित हुआ जिसने एक ओर तो बुर्ज्वा आर्केस्ट्रा के वाद्यों में प्रचुरता लाई और दूसरी ओर संचार के विस्तार से लोगों के जीवन और अनुभवों को परस्पर एक सिफनी की तरह पिरो दिया।

स्वरानुक्रम (मेलाडी) की दुनिया में अभिन्नीकृत मनुष्य का सामना ठीक उसी

तरह एक सार्वभौम प्रकृति अथवा स्थिर समाज से होता है, जैसे कविता में। उपन्यास में तथा सुर (हार्मनी) में मनुष्य एक परिवर्तनशील और विकासशील जगत में लोगों के उत्कट आवेगों के समृद्ध और जटिल आंदोलन की कल्पना करता है। यदि नृतत्वशास्त्र में हुए अनुसंधानों से कोई नसीहत ली जा सकती है तो लय स्वरानुक्रम (मेलाडी) और सुर (हार्मनी) से पहले की चीज है, और हम यह मान आए हैं कि लयात्मक नृत्य और चीत्कार कविता का भी जनक था। संगीत का बाह्य जगत जगत का नहीं बल्कि वंशजात (जीनोटाइप) का चित्रण करता है। इसलिए इस जगत को खींचकर आत्म में लाना पड़ता है न कि आत्म को निचोड़ कर वस्तु बनाया जाता है। चूँकि लय शरीर के गुप्त जीवन की मूक प्रक्रियाओं को चीख-चीखकर प्रकट करती है और विश्व के बाह्य घटनाचक्र का निषेध करती है, इसलिए यह श्रोता को एक शारीरिक अंतर्मुखता में पहुँचाकर अपने भीतर में गहरे डुबो देती है। इसलिए अपनी बहिर्मुखता और भौतिकता के बावजूद संगीत के तार्किक नियमों को सबसे पहले लय के सामने झुकना पड़ता है, लय द्वारा विरूपित होना पड़ता है, श्वास, धड़कन और काया का धूमिल वानस्पतिक जीवन के अनुसार व्यवस्थित होना पड़ता है। लय अपनी समूची निर्वैयक्तिकता से युक्त ध्वनि की नंगी दुनिया को एक मानवीय और मांसल दुनिया बना देती है। स्वरानुक्रम और सुर इसके ऊपर अपेक्षाकृत अधिक भिन्नीकृत और परिष्कृत मानवता की छाप डालते हैं, परंतु एक महान संगीत निर्देशक को निश्चय ही उसके अपने युग से ही जाना जाता है। संगीत निर्देशक के हाथ की छड़ी जटिल से जटिल आर्केस्ट्रा से कहती है, "ध्वनि का यह समूचा जटिल सुविन्यस्त तूफान मानव शरीर के भीतर घटित होता है।" संगीत निर्देशक आर्केस्ट्रा में प्रत्यक्ष उपस्थित सामान्य अहं है।

मनुष्य ने जब लय का आविष्कार किया तो यह उसकी नवोदित आत्म-चेतना की अभिव्यक्ति थी, जिसने अपने को प्रकृति से अलग कर लिया था। स्वरानुक्रम इस स्व को निरे शरीर से कुछ अधिक रूप में, प्रकृति की सार्वभौम अपरता के विरोध में खड़े समवेत कबीले के एक सदस्य के स्व के रूप में व्यक्त करता है। लय एक व्यक्ति की अनुभूति है, स्वरानुक्रम मानव की अनुभूति। सुर व्यक्ति की अनुभूति है, एक व्यक्ति के रूप में अपने बारे में सचेत मनुष्य की अनुभूति है जो एक ऐसी दुनिया में रहता है जिसमें समाज के लोगों के जीवन एक सूत्र होकर वर्धमान और विकासमान प्रकृति के सामूहिक समारोह को प्रतिबिंबित करते हैं।

जिस प्रकार संगीत की लय शारीरिक होती है और वस्तुओं को अपने विन्यास के अनुसार इस तरह विरूपित करती है कि इन्हें शरीर में समोया जा सके, उसी तरह आवर्तिता और क्रमव्यवस्था जो कि गणित का सार तत्त्व है, वह भी 'प्राकृतिक' और तार्किक है और यह शरीर को निचोड़कर वस्तु में ला रखती है, जिसके कारण

यह बाह्य प्रकृति के अंतर्गठन का अनुसरण करती है।

कबीले के सामूहिक सदस्यों की स्थूल इच्छाएँ एक-दूसरे से टकराती नहीं हैं। प्रत्येक व्यक्ति के लिए स्वतंत्रता हासिल करने के लिए उन्हें पारस्परिक आत्म समायोजन की जरूरत नहीं होती, क्योंकि यहाँ स्वतंत्रता की व्यापक विषमताएँ नहीं पैदा हुई रहती हैं। वहाँ कोई वास्तविक अतिरिक्त स्वतंत्रता नहीं होती। आदिम जनों का जीवन लगभग अक्षरश: एक अंधी अनिवार्यता के अनुरूप होता है। आदिम जन का लाभ इतना स्वल्प होता है कि उसे इससे बहुत अधिक वंचित करने का अर्थ होता है स्वयं जीवन से ही वंचित करना। इसलिए चूँकि कुल मिलाकर यह लाभ बहुत कम होता है इसलिए इसमें सभी बराबर हिस्सा बँटाते हैं और मनुष्य का प्रमुख प्रतिरोधी मनुष्य न होकर प्रकृति हुआ करती है। परंतु श्रम के विभाजन के कारण उत्पन्न वैयक्तीकरण और उत्पादन में इसी के अनुरूप वृद्धि किसी तात्विक समस्या से जूझनेवाले विभिन्न चरित्रों की आपसी क्रिया-प्रतिक्रिया को बढ़ा देती है। पहले तो यह त्रासदी की स्थिर और तार्किक सरलता के साथ उदित होती है पर बुर्ज्वा सभ्यता में यह एक अधिक लचीली और परिवर्तनशील तकनीक के साथ उपन्यास के रूप में विकसित होती है। संगीत में स्वर संगति (आर्केस्ट्रेशन) का विकास स्वतंत्रता के मार्ग के रूप में इसी तरह का महत्त्व रखता है।

बुर्ज्वा अर्थव्यवस्था में कला का ह्रास संगीत में भी प्रतिबिंबित होता है। जिस प्रकार उपन्यास सर्वहारा के कष्ट से एक खास ढंग के पलायन को–'पलायनवादी' साहित्य को जो कि पूँजीवाद का धर्म है–जन्म देता है, उसी तरह संगीत जाज़ के भावात्मक भुलावे को जन्म देता है जो उस त्रासद द्वंद्व को सामने रखे या सुलझाए बिना, जिसमें कि स्वतंत्रता हासिल की जाती है, सहज वृत्तियों की तुष्टि मात्र करता है। दोनों ही अनिवार्यता की ओर से मुँह फेरकर इससे पलायन करने की, और इस तरह सामाजिक संबंधों की चेतना के विरुद्ध बुर्ज्वा विद्रोह का एक नया रूप तैयार करने की बात सोचते हैं। बुर्ज्वा साहित्य में सर्वहारा के कष्ट से पलायन के साथ-साथ ही निम्न बुर्ज्वा कष्ट की अभिव्यक्ति होनी शुरू हो जाती है। इसकी विशिष्ट अभिव्यक्ति है अराजक बुर्ज्वा विद्रोह, अति यथार्थवाद जो समस्त रूढ़ियों को नकार कर, आंतरिक और बाह्य दोनों ही जगतों को सामाजिक साझेदारी से मुक्त करने और इस तरह कला को स्वप्न के तिलिस्मी संसार में उतारकर अपने को मुक्त करने का प्रयत्न करता है। इसी तरह निम्न बुर्ज्वा संगीत तालहीनता से एक मरणोन्मुख वर्ग की मृत्यु-पीड़ा की अराजक अभिव्यक्ति की ओर अग्रसर होता है। अप्रबुद्ध सर्वहारा वर्ग का खुमार बुर्ज्वाजी वर्ग के निचले स्तर के निष्फल विद्रोह की फंतासीपूर्ण आकांक्षाओं में घुलमिल जाता है।

चूँकि संगीत का संसार अपनी तार्किक संरचना के साथ गणित की तार्किक अंतर्वस्तु की तरह छद्म रूप में ही बाह्य संसार है और इसका उत्स वंशजात में है,

अतः इन दोनों में ही शैशवोचित वैचित्र्य की संभावना रहती है। उपन्यास और विकासमूलक विज्ञानों के पूर्ण विकास के लिए प्रतिभा के धनी व्यक्तियों में भी ठोस अनुभवों की परिपक्वता अपेक्षित होती है। चूँकि संगीत का बाह्य यथार्थ इसके द्वारा ही उत्पन्न होता है, अतः ऐसा लगता है मानो संगीत लोगों के आवेगों को प्रत्यक्षतः संचालित कर रहा है।

भाषा बाह्य यथार्थ और आंतरिक यथार्थ—तथ्यों और भावनाओं—दोनों को ही व्यक्त करती है। यह काम यह प्रतीकों के माध्यम से अर्थात मानस में एक स्मृति-बिंब जो कि बाह्य यथार्थ के किसी अंश का मानसिक प्रक्षेपण है और एक भावना जो कि किसी सहज वृत्ति का मानसिक प्रक्षेपण है, को उभारकर करती है। परंतु भाषा प्रतीकों का ऊल-जलूल समूह नहीं है। इसका व्यवस्थित होना जरूरी है। यह व्यवस्था स्वयं प्रतीकों में निहित है परंतु इसे इन प्रतीकों द्वारा स्वतः प्रतीकबद्ध नहीं किया जा सकता। इस धारणा का सूत्रपात विट्गिंस्टाइन ने किया था। इसे उन्होंने प्रतीकों और बाह्य यथार्थ के बीच एक प्रक्षेपी सानुरूपता माना है। परंतु प्रतीकों तथा आंतरिक यथार्थ के बीच भी एक प्रक्षेपी सानुरूपता है और अंतिम शक्ल या प्रतिरूप इन दोनों संयोजनकारी शक्तियों के बीच तनाव या अंतर्विरोध का परिणाम है। ये दोनों ही व्यवस्थाएँ उस चीज में समान रूप में पाई जाती हैं, जिसका प्रक्षेपण किया जाता है। यदि यह बाह्य यथार्थ का हिस्सा है, तो हम कह सकते हैं कि प्रतीक और प्रतीकबद्ध दोनों में ही यथार्थ जगत विद्यमान है। यदि यह आंतरिक यथार्थ का प्रक्षेपण है तो इन दोनों में ही वह भावात्मक अनेकार्थता या सामाजिक अहं विद्यमान है। पृथक रूप में देखें तो ये व्यवस्थाएँ अमूर्तन हैं। ठोस भाषा में इन्हें अलगाया नहीं जा सकता। ठोस भाषा में केवल उनका तीखा आपसी संबंध ही प्रतिबिंबित होता है, और यही आत्म और वस्तु का संबंध है—प्रकृति के साथ मनुष्य का सक्रिय संघर्ष है।

कविता में सामान्य अहं की भावात्मक शक्तियों द्वारा विरूपित अथवा संयोजित अनेकार्थता एक ऐसी तार्किक और व्याकरणिक अनेकार्थता है, जो स्वयं शब्दों की क्रम व्यवस्था और वाक्य विन्यास में पाई जाती है। निश्चय ही इसके अनुरूप तार्किक व्यवस्था 'बाहर वहाँ' प्रतीकबद्ध बाह्य यथार्थ में भी पाई जाती है। यह उससे अनुरूपता तो रखती है परंतु ठीक वही नहीं होती और इसलिए इसमें उपन्यास की अपेक्षा अधिक प्रत्यक्ष, 'प्रगल्भ' और आदिम भावात्मक अंतर्गठन की गुंजायश होती है। उपन्यास में सामान्य अहं द्वारा व्यवस्थित तार्किक अनेकार्थता 'बाहर वहाँ' प्रतीकबद्ध बाह्य यथार्थ में होती है। अतः कविता उपन्यास की तुलना में अधिक सहजस्फूर्त, बर्बर और आदिम होती है। यह उस दुनिया की चीज है, जिसमें शब्द नए थे और उनमें जगत की सृष्टि करने की एक रहस्यमय शक्ति थी। यह मन की एक ऐसी आदत से उत्पन्न होती है जो नामों, मंत्रों, सूत्रों और सूक्तियों

को एक तिलिस्मी गुण प्रदान करती है, यह भाषा के विषय में एक असंदिग्ध ज्ञान के युग की चीज है, जिसे जब हम सचेत रूप में खोजते हैं तो यह तर्क के निगमों की तरह एक नया, अमानवीय और अमोघ यथार्थ-जैसा प्रतीत होता है। कविता का शब्द लोगो (शब्द तत्त्व) है, प्राण प्रतिष्ठित शब्द है, अपने को व्यवस्थित करती हुई सक्रिय इच्छाशक्ति है, जबकि उपन्यास का शब्द प्रतीक है, संदर्भ है, वार्तालाप के रूप में एक इंगित है।

संगीत में तार्किक अनेकार्थता संगीत का रूपगत या विन्यासगत तत्त्व है, जो भाषा के व्याकरणिक अथवा विन्यासगत तत्त्व के अनुरूप है। इसमें संगीत के सिद्धांत की बोझिलता (स्टफनेस), रूढ़ियाँ, नियम, मात्रा, नियत तार तथा वाद्यगत सीमाएँ सभी आती हैं। यह संगीत का निर्वैयक्तिक और बाह्य तत्त्व है। इसे लय, स्वरानुक्रम (मेलाडी) तथा सुर (हार्मनी) द्वारा दिक् और काल में विरूपित कर दिया जाता है। विटिगेंस्टाइन ने एक रहस्यवादी ढंग से यह बावा किया है कि चूँकि भाषा तथ्यों के अनुरूप होती है अतः यह अतथ्यात्मक सत्ताओं की बात नहीं कर सकती। इसे रहस्यवादी अंत:प्रज्ञा का सहारा अवश्य लेना पड़ेगा। इसका समाहार करते हुए वह लिखते हैं, 'जिस चीज की बात नहीं की जा सकती, उसके विषय में चुप रहना ही होगा।' यह सच नहीं है। विटिगेंस्टाइन मनमाने ढंग से भाषा के कार्य को सीमित करके इसे उन क्षेत्रों से ही बाहर कर देते हैं, जिस पर इसका लंबे अरसे से अच्छा अधिकार रहा है। कला—संगीत, कविता और उपन्यास—ही उन चीजों के बारे में भावात्मक अनेकार्थता में बात करती है जिनके विषय में तार्किक अनेकार्थता में कोई मनुष्य बात कर ही नहीं सकता।

लयबद्ध काल की सम-धड़कन बाह्य जगत में दृष्टिगोचर होनेवाली आवर्तिता की नियमितता के विपरीत पड़ती है। अतः मनुष्य स्वभावतः ही उन थोड़े-से प्राकृतिक कालचक्रों--दिन और रात, माह और वर्ष—को ही पकड़े रहता है। अतः अनुक्रम और गणना हमारी शरीर-रचना में ही निहित है, और गणित की गणना आवर्तिता के विभिन्न समूहों को भिन्न-भिन्न नाम देने में अर्थात सबसे पहले अंक प्रतीक और फिर आगे चलकर अलग-अलग लिखित अक्षरों के विकास में निहित है। अहं का बाह्य यथार्थ पर प्रक्षेपण इसे व्यवस्थित करने के लिए होता है। आत्मगत भावनात्मक आवर्तिता संख्या की जननी है, इसीलिए गणित में भावात्मक काल को बाह्य यथार्थ में मौजूद अनुक्रमों द्वारा विरूपित करना होता है। बाह्य अनेकार्थता ही संयोजनकारी शक्ति है। संगीत में बाह्य आवर्तिता को सहजस्फूर्त अहं के अनुरूप बनाने के लिए भावात्मक रूप में विरूपित किया जाता है। यह भावात्मक प्रतिरूप संयोजनकारी शक्ति है। संगीतज्ञ एक अंतर्मुखी गणितज्ञ है। विद्युतचालित संगणक एक बहिर्मुख संगीत निर्देशक है।

संक्षेप में कहें तो :

गणितज्ञ आत्मगत स्रोतों से उपलब्ध आवर्तिताओं के स्थानगत अनुक्रमों का उपयोग करता है। इन कालचक्रों को बाह्य यथार्थ के अनुरूप बनाने के लिए इन्हें विरूपित किया जाता है।

संगीत वस्तुगत स्रोतों से उपलब्ध कालचक्रों के भावात्मक अनुक्रम का उपयोग करता है। इन कालचक्रों को आंतरिक यथार्थ के अनुरूप बनाने के लिए विरूपित किया जाता है।

कविता में भावात्मक लय तर्क-दिक्-परक (लाजिको-स्पैशियल) होती है न कि भाव-कालपरक (एफेक्टिव-टेंपोरल)। गणित की आधारभूत लय की तरह यह संज्ञानात्मक सामग्री (काग्निटिव मेटीरियल) द्वारा विरूपित नहीं होती। यह पर्यावरण के विपरीत शरीर की गति का इजहार करती है। छंद टेक और तुक द्वारा वस्तु को अपने भीतर समेटता हुआ बाह्य समय का, परिवर्तनशील यथार्थ के तटस्थ प्रवाह का निषेध करता है।

संगीत, भाषा, गणित, ये सभी ध्वनियाँ मात्र हैं, फिर भी ये समूचे विश्व को प्रतीकबद्ध कर सकते हैं और बाह्य यथार्थ के आंतरिक यथार्थ से सक्रिय संबंध को अभिव्यक्त कर सकते हैं। ध्वनि जो एक निरी भौतिक तरंग-दीर्घता मात्र है, जीवन की समस्त मूर्तता को प्रतीकबद्ध करने का इतना उपयुक्त माध्यम क्यों बन गई?

पशु के जीवन में बाह्य यथार्थ तीन दूर-ग्राही केंद्रों से पकड़ में आता है, जिनके गिर्द, जैसाकि शेरिंगटन ने स्पष्ट किया है, मस्तिष्क विकसित हुआ है। ये हैं शरीर-रासायनिक गंध, ध्वनि और दृष्टि। कुल मिलाकर प्रकाश तरंगों की ग्राहकता इस दृष्टि से दूसरों के मुकाबले श्रेष्ठ सिद्ध होती है और इसलिए ध्वनि स्पीशीज के बीच में आपसी संचार का एक विशेषीकृत माध्यम बन गई है। चिड़ियों में तथा शाखाजीवी वानरों में तो ऐसा होना स्वाभाविक ही है क्योंकि उनकी निगाह हवाई या शाखागत संतुलन के लिए उधर ही लगी रहती है। चीत्कार—ध्वनिमात्र—लंबे समय से गर्म रुधिरवाले जानवरों के बीच, जिनसे कि हमारा अपना विकास हुआ है, सहज अभिव्यक्ति की आवाज रही है। बहुत लंबे समय से हमारे कान मामूली ध्वनियों के भावात्मक साहचर्यों के साथ अनुक्रिया करने के लिए सधते आए हैं। चिड़ियाँ, जिनका उपापचय सबसे चुस्त होता है और जो सभी प्राणियों में सबसे अधिक आवेगचालित होती हैं, एक ही मधुर पंक्ति को अनवरत दुहराती हुई अपनी सहज वृत्तियों के सरल पैटर्न को व्यक्त करती हैं। परंतु मनुष्य चेतावनी देनेवाली चीत्कार की राह पर ही एक कदम और आगे जाता है। आर्थिक प्रचालनों के—संभवतः आखेट के—तकाजों ने वस्तुओं के और बाह्य यथार्थ की उन प्रक्रियाओं ने नामकरण को अत्यंत आवश्यक बना दिया, जिनके विषय में सहज अनुक्रिया संभव नहीं थी। संभवतः यहीं आकर अंगचेष्टा का आरंभ हुआ और होंठों और जबान से बाह्य यथार्थ के किसी अंश की चित्रात्मक नकल

उतारते हुए मनुष्य ने एक सहज ध्वनि को, एक भाव-प्रतीक को इस तरह संशोधित किया कि यह बाह्य यथार्थ के एक अंश का प्रतीक बन सके। इसके साथ ही भाषा का जन्म हुआ। मनुष्य की सरल चीत्कार जो अनुभूति से, आदिम सहानुभूति से, अंगचेष्टा से, अनुचालन से उत्पन्न हुई थी, अब मूर्त हो गई। अब वही चीत्कार बाह्य यथार्थ के एक स्थायी अंश के लिए और इसके स्थायी निर्णय के लिए प्रयोग में आने लगी। यहाँ एक ऐसी चीज का जन्म हुआ जो एक साथ संगीत, कविता, विज्ञान और गणित सबकुछ थी। परंतु आर्थिक काम-काज में, जो इसका आधार था, विकास होने के साथ यह आगे चलकर अलग होती गई और इससे भाषा और फंतासी की उस समूची गतिशीलता का जनन होता गया जिसे हम संगीत से लेकर गणित तक के छोरों के बीच पाते हैं।

संगीत की प्रस्तुति में आवेगों का निरा मनमाना क्रम विन्यास नहीं होता है। यह एक ऐसी चीज को व्यक्त करता है, जो बाह्य यथार्थ की अनेकार्थता के अनुसार निर्मित वैज्ञानिक भाषा के वश की बात नहीं। यह वंशजात की बहुरूपता को सामने लाता है। यह हमें एक ऐसी चीज के बारे में बताता है, जिसे हम किसी और तरीके से नहीं जान सकते। यह हमें हमारे अपने बारे में बताता है। इसके कुहरिल जाल में हम जिन विराट सत्यों को मंडराते हुए अनुभव करते हैं, वे मात्र भ्रम नहीं हैं न ही वे बाह्य यथार्थ के विषय में सत्य हैं। ये हमारे अपने विषय में, हम स्थैतिक रूप में क्या हैं इसके विषय में नहीं, बल्कि हम क्या बनने के लिए प्रयत्नशील हैं. इसके विषय में सत्य हैं।

II

ध्वनि प्रतीकों पर आधारित कलाओं के अतिरिक्त दृश्य या मूर्त कलाएँ हैं, जैसे चित्रकला, मूर्तिकला और स्थापत्य। यह आसानी से देखा जा सकता है कि ये हमारे विश्लेषण में किस तरह फिट बैठती हैं। आँख जो कि सभी प्राणियों में त्वचा के क्रमिक परिष्कार से विकसित हुई है, बाह्य यथार्थ की छानबीन करने के लिए सबसे मुस्तैदी से उपयोग में आती रही है जबक्रि कान (श्रवणेंद्रिय) का उपयोग बाह्य यथार्थ के ऐसे विशेष अंशों की छानबीन करने के लिए होता है, जिसमें दूसरे वंशजात आते हैं। ध्वनि वंशजात और वंशजात के बीच मध्यस्थता करती है—प्राणी अपने शत्रु या जोड़े की आवाज सुनता है। प्रकाश वंशजात और बाह्य यथार्थ के गैर वंशजातीय अंशों के बीच भी मध्यस्थता करता है।

इसके परिणामस्वरूप जब हम बाह्य यथार्थ का कोई दृश्य प्रतीक बनाते हैं, जैसे कोई खाका या रेखाचित्र, तो स्वभावतः ही यह प्रतीकात्मक ही नहीं होता बल्कि बाह्य यथार्थ को भी प्रस्तुत करता है। ध्वनि अनुकार को छोड़कर, शब्द

स्वतः एक फोटोग्राफ की तरह चीजों का यांत्रिक प्रस्तुतीकरण नहीं करते बल्कि ये केवल प्रतीकात्मक और इसलिए 'रूढ़' होते हैं। परंतु एक रेखाचित्र कूट व्याकरणिक (स्यूडो ग्रैमेटिकल) नियमों या रूढ़ियों की अनिवार्य मध्यस्थता के बिना यथार्थ का सीधा प्रस्तुतीकरण करता है। इसे एक रेखाचित्र और एक फोटोग्राफ के बीच पाए जानेवाले सादृश्य में देखा जा सकता है।

रेखाचित्र और मूर्तिकला में बाह्य यथार्थ के अंश एक आभासिक जगत में प्रक्षेपित होते हैं जैसा कि किसी फूल के रेखाचित्र या एक घोड़े की मूर्ति में देखने में आता है। इस चित्र में उस बाह्य यथार्थ की, जिससे इसे रेखांकित किया जाता है, कोई ऐसी चीज वास्तविक या तार्किक अनेकार्थता या अधिक साफ कहें तो सदृशता होनी चाहिए, जो स्वतः वर्णनीय न हो।

परंतु रेखा और रंग के भी अपने निजी भावात्मक साहचर्य होते हैं। इन्हें आभासिक जगत या प्रस्तुत की जानेवाली चीज के प्रति एक दृष्टिकोण से संघटित करना होता है। इसे एक भाववृत्ति होना चाहिए और यही बात चित्रकला या मूर्तिकला में वंशजात या भावात्मक बहुरूप के समान होती है और इसे स्वतः रेखाचित्र द्वारा प्रतीकबद्ध नहीं किया जा सकता क्योंकि यह रेखाचित्र में निसर्गजात रूप में होता है। एक अनाड़ी प्रेक्षक को रेखाचित्र में यह एक विरूपण प्रतीत होता है। उसे लगता है, यह बाह्य यथार्थ-जैसा नहीं है। परंतु निश्चय ही यह एक सादृश्य है। यह वंशजात के भावात्मक संसार से सादृश्य रखता है।

हमारे इस संक्षिप्त सर्वेक्षण के लिए चित्रकला और मूर्तिकला में जो एकमात्र फर्क करना जरूरी है, वह यह कि चित्रकला में दो आयाम होते हैं जब कि मूर्तिकला में तीन आयाम। चित्रकला बाह्य यथार्थ के तीन आयामों में से दो का चुनाव करती है या बिल्कुल दुरुस्त तो यह कहना होगा कि यह चार आयामों में से दो का ही चुनाव करती है, क्योंकि संगीत, कविता और कहानी से दृश्य कलाओं का यह अंतर है कि इनमें चौथा आयाम अर्थात काल होता ही नहीं। चित्र समय के किसी एक क्षण से आरंभ होकर किसी दूसरे क्षण में समाप्त नहीं होते। ये स्थिर होते हैं। ये परिवर्तित नहीं होते। सभी कलाओं को बाह्य यथार्थ में से किसी न किसी रूप में चुनाव करना होता है अन्यथा उनके जोड़ों पर वह ढीलापन नहीं होता जिसे अहं के संयोजन की छूट मिल सके। इनमें स्वतंत्रता का एक अंश होना ही चाहिए।

रेखा और रंग जोकि यथार्थ वस्तुओं को प्रतीकबद्ध करते हैं, प्रस्तुत अहं--यथार्थ (इगो रिऐलिटी) द्वारा संयोजित होते हैं। इसके परिणामस्वरूप यथार्थ के अंश विशेष में एक नई भावात्मक रुझान पैदा हो जाती है। रेम्ब्राँ या सेजाँ के किसी चित्र को देखने के बाद हम बाहरी दुनिया को एक अलग ही नजर से देखने लगते हैं। यहाँ भी हम उसी बाह्य यथार्थ को देख रहे होते हैं, परंतु यह नई भावात्मकता से आर्द्र होता है और चटक आवेगात्मक रंगत से चमकता रहता है।

साफ-साफ कहें तो भाषा के विषय में हम जो मानदंड स्थापित कर आए हैं वह यहाँ भी ठीक बैठता है । माइकेल ऐंजेलो के किसी चित्र या किसी डच के पोर्ट्रेट में पिकासो के चित्रों की तुलना में बाह्य यथार्थ उसी तरह कहीं अधिक पाया जाता है जैसे किसी कहानी में बाह्य यथार्थ कविता से अधिक पाया जाता है ।
परंतु दृश्य क्षेत्र में भावात्मक संघटन को यह किस सीमा या किस अंश तक प्रभावित करता है ? चित्रकला के क्षेत्र में महानता का मूल्यांकन मुख्यतः इसी आधार पर किया जाता है । संगीत या कविता की ही तरह चित्रकला में भी सरल समाधान या यथार्थ की उथली पकड़ कला को निकृष्ट बनाती है ।

चित्र और कविता में केवल यह सादृश्य है कि प्रभावोत्पादकता चीजों के साहचर्य में नहीं बल्कि उन रेखाओं और रंगों में निहित होती हैं जिनसे वह रची जाती है। कुछ दृश्यों में—उदाहरण के लिए एक अंत्येष्ठि में—स्वयं में ही प्रभावोत्पादकता होती है । परंतु चित्र में जिस प्रभावोत्पादकता का प्रयोग किया जाता है उसका संबंध एक घटना के रूप से—अंत्येष्ठि से—नहीं होता बल्कि होता है भूरे रंग के एक बड़े पारदर्शी आयताकार बक्स से, जिसके सिरे पर किंचित भूरी अश्वाकृतियों के अंकन हैं । शोकार्त के भाव से जुड़े हुए प्रभाव-सूत्रों को पूरे औचित्य के साथ कहानी में उपयोग में लाया जा सकता है और एक उपन्यासकार अंत्येष्ठि के भावात्मक साहचर्यों को अपने साँचे में उतारने के लिए पूरे औचित्य के साथ इसे अपनी कथा में उकेर सकता है । इसके अलावा एक शब्द के रूप में 'अंत्येष्ठि' शब्द में निश्चय ही निसर्गजात प्रभावोत्पादकता होती है जिसका उपयोग कविता में किया जा सकता है—जैसे मेरी आशाओं की अर्थी—पर इस बात को अच्छी तरह समझ लेना जरूरी है कि इस प्रकार के भाषागत साहचर्यों का पूरा का पूरा समूह जैसे अंधकार, बैंगनीपन, दमघोंट सम्मानीयता, जुलूस, साज-बाज और संस्कार, गहरे कुओं, रोशनदान और कब्र के संयुक्त ध्वनि-साहचर्यों को प्रयोग में आना चाहिए या अवरुद्ध होना चाहिए । चित्र में जिन भावात्मक साहचर्यों का उपयोग होता है वे केवल रंग, रेखा तथा रंग और रेखा के संयोगों से संबंधित होते हैं परंतु इनका उपयोग अर्थ—अर्थात प्रस्तुत की जानेवाली वास्तविक वस्तु को—संघटित करने के लिए होता है ।

अतः स्थिर मूर्त कलाएँ जो कि प्रतीकात्मक होती हैं कविता और गणित अर्थात विश्लेषणात्मक विज्ञानों और सार्वदेशिक कलाओं से मिलती-जुलती हैं । जिस प्रकार हम तत्काल कविता के 'मैं' में डूब जाते हैं उसी तरह हम तत्काल चित्रकार के दृष्टिकोण में डूब जाते हैं । हम दुनिया को कवि और चित्रकार की नजर से देखते हैं ।

हम पहले ही इस बात की व्याख्या कर आए कि क्यों यह दृष्टिकोण जीवन के प्रति एक कबीलाई आदिम रुख को जन्म देता है, कि क्यों यह स्थिर प्रकृति के

विपरीत एक स्थिर सार्वभौम मानवीय सार तत्त्व की सिद्धि कराता है, और इसलिए आवेश या अंतर्दृष्टि के सार्वभौम नाद को मुखर करने का सर्वोत्तम माध्यम है। एक अंतर्विरोध के द्वारा जो वस्तुतः अंतर्विरोध नहीं है, बल्कि वैयक्तिकता की प्रकृति में ही निहित है, कविता और चित्र भी वैयक्तिकता को—परंतु केवल कवि की वैयक्तिकता को—व्यक्त करने के सर्वोत्तम माध्यम हैं। चित्र, कविता और संगीत इन सभी में यह बात सामान्य है। ये मानव इकाइयों के एक समूह की रोचक गौण जटिलताओं को नहीं, अपितु मानव प्रजाति के कालातीत सार्वभौम गुण को व्यक्त करते हैं। इस कारण से भी हम चित्रकला को मानव सभ्यता के इतिहास में एक आरंभिक चरण में ही—उतने आरंभिक चरण में जितना आरंभिक पाषाणकालीन मनुष्य था—विकसित पाते हैं।

अपने प्रथम उत्स में चित्रकला प्रकृति में भावात्मक गुणों की मानवीय चेतना रही है और इसलिए आरंभिक पाषाण काल की कला के चरित्र को जब कि यह प्राकृतिक विषयों का चित्रण करती है, हम 'बहुत जीवंत' पाते हैं। परंतु जब मनुष्य शिकारियों और आहार-संग्रहियों के समूह से कृषिजीवी और पशुपालक कबीलों में विकसित होता है तब मनुष्य प्रकृति के सहकारी अवेक्षक से आगे बढ़कर इसमें अपनी इच्छाओं-आकांक्षाओं की तलाश करने लगता है। वह प्रकृति को कबीले में लाकर और इसे पालतू बनाकर इस पर एक सहकारी प्रभुत्व कायम कर लेता है। इसलिए वह अब यथार्थ पर सामाजिक रूपों के प्रभुत्व में रुचि लेने लगता है, जो प्रज्ञानात्मक दृष्टि से 'रूढ़ि' बन जाता है। अतः पुरापाषाणकालीन प्रकृतिवादी कला नव्य पाषाणकाल में रूढ़िवादी, यादृच्छिक और प्रतीकात्मक अर्थात आलंकारिक बन जाती है। इससे केवल लेखन का रास्ता ही तैयार नहीं होता, बल्कि इससे संस्कृति में एक मनोगत परिवर्तन भी व्यक्त होता है, जो लय से कविता और स्वरानुक्रम (मेलाडी) की ओर की यात्रा के समान है।

गणों या कबीलों से वर्ग-समाज की ओर संक्रमण में चित्रकला में एक और विभेदन आता है जो प्रकृतिवाद की ओर वापसी का रूप लेता है परंतु मनुष्य अब प्रकृति में ठोस कबीले के भावात्मक गुणों की खोज नहीं करता बल्कि शासक वर्ग के ओजगर्भित और विशेषीकृत गुणों की खोज करता है। इनका विस्तार श्रम के विभाजन के द्वारा होता है और बृहत्तर तकनीकी शक्ति और प्रकृति के अंतर्भेदन से ही यह संभव हो पाता है। जब कोई वर्ग सक्रिय यथार्थ से जीवंत संबंध खो बैठता है और इसकी पिछली खोजें जड़ीभूत होकर सूखी खोल में बदल जाती हैं तब यह प्रकृतिवाद हमेशा 'रूढ़िवादिता' की ओर लौटने को तत्पर होता है। प्रकृतिवाद आचार्यमन्यता का रूप ले लेता है। अपनी विराटतर उत्पादनशीलता और विभेदीकरण और अधिक प्रखर श्रम-विभाजन के अनुरूप ही सर्वाधिक प्रकृतिवादी चित्रकला बुर्ज्वा कला है। बुर्ज्वा कला में प्रकृतिवाद के उत्थान का यही कारण है,

और इसका क्रांतिकारी आत्मांदोलन सामान्यतः उसी अवधि में संगीत में सुर (हार्मनी) और विकासमूलक विज्ञानों के उत्थान से जुड़ा हुआ है। प्रकृतिवाद को गलती से यथार्थवाद, उदाहरण के लिए बुर्ज्वा फ्लेमिश चित्रकला का यथार्थवाद, नहीं समझ लिया जाना चाहिए। यह यथार्थवाद भी रूढ़िवादी हो सकता है। चूँकि चित्रकला उपन्यास की तरह नहीं बल्कि कविता की तरह है, अतः अहं का संघटन जो कि प्रकृतिवाद का आधार है उसमें चित्रित यथार्थ जगत में घटित नहीं होता बल्कि जटिल स्मृति-बिंबों द्वारा तथा रेखा और रंग द्वारा उद्‌बोधित भावात्मक अनुरंजन से फूटता है और 'आशय' द्वारा, चित्रकला की प्रस्तुत्य विशेषताओं द्वारा संयोजित होता है।

बाद की बुर्ज्वा संस्कृति में आर्थिक विभेदन स्वतंत्रता की वैयक्तिकता का मार्ग नहीं रह जाता बल्कि बाधक और दमनकारी बन जाता है। इसमें अंतर्वस्तु के विरुद्ध एक प्रतिक्रिया पाई जाती है। यह प्रतिक्रिया जब तक बुर्ज्वा दायरे में रहती है तब तक 'माल की जड़ उपासना' प्रतीत होती है। जो सामाजिक रूप अंतर्वस्तु को बिकाऊ बनाते हैं और इसे एक विनिमय मूल्य प्रदान करते हैं, उन्हें स्वयं में साध्य बना दिया जाता है। घनवाद (क्यूबिज्म), भविष्यवाद और तथाकथित अमूर्त कला के विभिन्न रूपों का यही कारण है।

बुर्ज्वा विद्रोही अंततः अपने को सामाजिक रूपों का गुलाम और इसलिए अभी तक बाजार से बँधा हुआ पाकर अपने को सामाजिक अहं से भी मुक्त करने का और स्वप्न-जगत में पलायन करने का प्रयत्न करता है, जहाँ अहं तथा बाह्य जगत दोनों व्यक्तिगत और अवचेतन होते हैं। यही अतियथार्थवाद है जो जाहिरा तौर पर यथार्थवाद की वापसी है। पर यह वापसी काल्पनिक है क्योंकि जो चीज वापस आनी है वह यथार्थ अर्थात बाह्य जगत नहीं है, बल्कि अवचेतन व्यक्तिगत जगत है। अतियथार्थवाद अंतिम बुर्ज्वा मोर्चा है, इसकी व्याख्या हम पहले ही कर आए हैं।

III

मूर्त कलाएँ स्थिर होती हैं। काल में चलनेवाली दृश्य कला नृत्य, नाटक और (अंततः) फिल्म में पाई जाती है। नृत्य आदिम कथा है, जिसमें गुण अपने को लय के गर्भ से अलग कर लेता है। नृत्य में लय धीरे-धीरे शारीरिक नहीं रह जाती, यह काल में उद्‌घाटित होने लगती है और यथार्थ की, जिसमें कि घटनाएँ घटित होती हैं, गुणात्मक गति अपना लेती है।

चित्र और कविता में यह समानता है कि इन दोनों में प्रतीकों की प्रस्तुत्य संरचना द्वारा संघटित भाव पाए जाते हैं। इनमें ताबूत की जगह एक काली

आयताकृति आती है। परंतु जैसे ही दृश्य कला समय में चलने लगती है, वैसे ही यह दिकपरक या कूट व्याकरणिक संघटन कदापि संभव नहीं रह जाता और इसलिए इसे उस रूप में चलना पड़ता है, जैसे कहानी में। भावात्मक संघटन दृश्य प्रस्तुतीकरण (वास्तविक ताबूत) द्वारा प्रतीकबद्ध वास्तविक वस्तु का संघटन बन जाता है। नृत्य का प्रणयनिवेदन, रंगमंच पर हत्या, फिल्मों के विद्रोह ऐसे उपादान हैं जिन्हें भावात्मक रूप में संघटित किया गया है, न कि ज्यामितिक संरचना के रूप में देखी जानेवाली आलिंगनबद्ध आकृतियाँ, औंधी पड़ी हुई आकृति या बिखरी हुई भीड़ है जैसा कि वे तब होतीं जब इन्हें एक स्थिर चित्र में जड़ीभूत कर दिया जाता। स्थिर कलाओं के ज्यामितिक संघटन तथा कालपरक कलाओं के वास्तविक संघटन में भ्रांति के कारण नाटक की तरह-तरह की विशेष अभिव्यक्तियों और दृश्यात्मक सिद्धांत—जैसे एडवर्ड गोर्डन क्रेग का सिद्धांत—पैदा होते हैं। बैले, नाटक और फिल्म का विकास सुर के विकास के समकक्ष हुआ है। चूँकि श्रम-विभाजन के कारण समूहबद्ध कबीले के स्थिरीकृत जीवन में विभेदन और वैयक्तिकता उत्पन्न हुई है, अतः प्रकृति की परिवर्तनशील पृष्ठभूमि में अपने जीवनानुभवों के ताने-बाने बुनते हुए व्यक्तियों की सुर-संगति के समकक्ष ही इन कलाओं का भी विकास हुआ है। त्रासदी का उदय यूनान के गणों से यूनानी वर्गों के त्वरित विकास के साथ होता है और बुर्ज्वा उत्पादकता के उत्थान के साथ एलिजाबेथकालीन नाटकों में इसका प्रस्फुटन होता है। इन दोनों ही युगों में कविता अभी तक इन्हें अपने भीतर समोए रहती है क्योंकि वर्ग समाज में नाटक संक्रमणशील अवस्था में है। यह एक ऐसे समाज की देन है जो सामूहिकता से वैयक्तिकता की ओर अग्रसर हो रहा है।

भाषा और संगीत के भावात्मक संघटन की तुलना में नृत्य, नाटक और फिल्म की तकनीक मिश्रित या सुरसंगति-जैसी है। जैसे संगीत की ध्वनियाँ बाह्य यथार्थ की वस्तु हैं न कि इन वस्तुओं के प्रतीक, उसी तरह नाचता या अभिनय करता हुआ मनुष्य या उसके चतुर्दिक की दृश्यावली एक वास्तविक वस्तु है। माना कि नाचता या अभिनय करता हुआ मनुष्य दूसरी वस्तु का (प्रणय निवेदन करता या मरता हुआ आदमी जिसकी वह नकल उतार रहा है) भी संकेत देता है। पर वह स्वयं में भी बाह्य यथार्थ की एक वस्तु—नजाकत से या आकर्षक ढंग से हाव-भाव करता मनुष्य है। अतः अभिनय और नृत्य में एक 'गैर प्रतीकात्मक तत्त्व' होता है, परंतु इनमें दूसरा तत्व भी होता है और वह है बाह्य यथार्थ की वस्तुओं का संकेत देने की विशिष्टता। इनमें दुहरा संघटन पाया जाता है—वह चीज जिसकी नकल उतारी जाती है और नकल उतारनेवाला व्यक्ति। यह दुहरे संघटन का एक खास खतरा है और यह अभिनेता और लेखक, अभिनेता वृंद और निर्माता (प्रोड्यूसर) के बीच एक फसाद पैदा करता है। इस पर आज केवल फिल्म में काबू पाया जा सकता है जिसमें

कैमरे की यांत्रिक लोच के कारण अभिनेता वृंद एक अच्छे निर्माता के हाथों में मनचाहे ढंग से ढाला-सँवारा जा सकता है। परंतु बुर्ज्वा व्यक्तिवाद के युग में फिल्म की इस विशेषता का पूरा लाभ नहीं उठाया जा सकता और सोवियत रूस को छोड़कर अन्यत्र फिल्म केवल फिल्मी सितारों के नाम पर चलती है।

कविता की दुनिया की तरह नर्तक या अभिनेता स्वतः चिंतन (कंटेम्प्लेशन) की वस्तु के रूप में निश्चल रहता है। जिस यथार्थ को प्रतीकबद्ध किया जाता है वह कहानी के उपादानों के यथार्थ की तरह—अर्थात गतिशील—है। अतः एक नाटक या फिल्म में निश्चल, निकट-शाट या अभिनेता की तात्क्षणिक मुद्रा और गतिज क्रियाशीलता या लेखकीय कृति के गठन के बीच एक तनाव होता है—इसका सादृश्य महाकाव्य में काव्य की तात्क्षणिक छुअन और वर्णनात्मक गतिशीलता में देखा जा सकता है।

महाकाव्य या नाटक में वैयक्तिक अंश जिन्हें हम खासतौर से काव्यात्मक या नाटकीय मानते हैं, जैसे होमर का आकाश में खिलते हुए नक्षत्रों का वर्णन या ड्यूज का उदात्त क्षण, लगभग संगीत-जैसे होते हैं। भाव शब्दों या अभिनयों से जुड़े होते हैं और ये अर्थ द्वारा उसी तरह उन्मोचित होते हैं मानो कोई बाँध टूट गया हो। नाटक या महाकाव्य में ठहराव आ जाता है। एक काव्यात्मक क्षण आ उपस्थित होता है और जैसे ही काल तिरोहित होता है, इसमें दिक् का प्रवेश हो जाता है। क्षितिज फैलता है और सीमाहीन हो जाता है। कला अपने को दुहरे रूप में व्यक्त करती है। जिन चीजों का वर्णन किया जाता है उनके अपने भाव उत्पन्न हो जाते हैं जो कहानी की घटना या काल-प्रवाह में नाटक द्वारा संघटित किए जाते हैं। यही चीज हमें इलियड और ओडेसी को ऐसे सारवान और विराट लोक मानने को प्रेरित करती है जो उन छोरों तक फैले हैं जहाँ तक हमारी दृष्टि पहुँच सकती है। शेक्सपियर के महान नाटकों में हम इस दुहरे संयोजन को एक विराट कुहरिल अर्थवत्तावाले लोक के रूप में अनुभव करते हैं जो अभिनय के पीछे अस्पष्ट रूप में ही छाया नहीं रहता, बल्कि इसके काव्यात्मक अंशों को भी वस्तुतः नीचे से इस तरह उद्भासित करता है जिससे स्वयं घटना भी बड़े सूक्ष्म रूप में परिशोधित हो जाती है और इससे अप्रत्याशित आलोक फूटने लगता है। काव्यात्मक नाटकों के अभिनय में यहीं कठिनाई पेश आती है। इनमें अभिनय और कविता दोनों साथ-साथ चलते हैं, क्योंकि ये दोनों दो संरचनाओं में विद्यमान होते हैं। परंतु कविता और अभिनय—कवि का 'मैं' और अभिनेता का 'मैं'—एक ही संरचना में होते हैं और एक-दूसरे को ओझल कर देते हैं। हम दुविधा में पड़ जाते हैं कि यह इर्विन का हैमलेट है या शेक्सपियर का। पढ़े जानेवाले नाटक में कविता अभिनय का स्थान ले लेती है। यही कारण है कि शेक्सपियर के नाटकों को पढ़ने से जो तोष मिलता है, उसकी तुलना इब्सन के नाटकों से नहीं की जा सकती। इसमें संदेह नहीं

कि शेक्सपियर के समय में अभिनेता अपेक्षाकृत कम प्रभावशाली था जैसा कि इस बात से ही सिद्ध होता है कि स्त्रियों की भूमिका के लिए लड़कों का उपयोग किया जाता था।

नृत्य और नाटक में यथार्थ और प्रतीकबद्ध का जो विशिष्ट और सुंदर मिश्रण पाया जाता है, उसे जब-तब संगीत में पाए जानेवाले इन्हीं के मिश्रण—मिसाल के लिए वह संकर किस्म का संगीत जिसमें बुलबुलें गा रही हैं, मठों की घंटियाँ बज रही हैं और इंजनों की सीटियाँ सुनाई पड़ रही हैं—से अलग करना होगा। ये वास्तविक वस्तुएँ जिनका अनुकरण या संकेत ध्वनि द्वारा किया जा रहा है, संगीत की दुनिया की तार्किक सुसंगति में बाधा डालती हैं और इसलिए यहाँ इनकी छूट नहीं दी जा सकती।

पुरापाषाणकाल में व्यक्ति केवल आत्मसजग है और अभी तक वस्तुओं के प्रत्यक्ष बोध से बँधा हुआ है, और यथातथ्य चित्रित, असंघटित साक्षात वस्तुओं के एक आणविक प्रकृतिवाद को जन्म दे रहा है। इसलिए आदिवासियों के आखेट-नृत्य में प्राकृतिक वस्तु—जानवर—की बिना किसी रद्दोबदल के नकल उतारी जाती है, क्योंकि मनुष्य सिर्फ इसकी खोज करता है, इसे परिवर्तित नहीं करता। यथातथ्य प्रत्यक्षबोध में वस्तु अहं को मनुष्य से बाहर खींच लाता है। यह साक्षात्कार सहकारी रूप में हासिल किया जाता है और इसलिए सचेतन बन जाता है। यह एक ऐसा तथ्य है जो उन गुणों को इसके पाशविक प्रत्यक्षबोध में पाए जानेवाले गुणों से अलग कर लेता है। परंतु इनकी खोज की जाती है, सर्जना नहीं।

नव्य पाषाणकाल में जब कि शिकारी या आहारसंचयी मनुष्य कृषिकर्मी या पशुपालक कबीला बन जाता है, तब इसकी कला में वस्तुओं की समाज द्वारा निरी खोज नहीं की जाती बल्कि इन्हें बदला जाता है। मनुष्य अपने प्रत्यक्ष ज्ञान में एक सामाजिक मनुष्य के रूप में, एक ऐसे कबीले के रूप में अपनी सिद्धि करता है जो संचार के साधनों में मूलबद्ध रूढ़ियों और रूपों के अनुसार वस्तुओं को बदल रहा है। नृत्य समूह-गान की रीतिबद्ध अनुष्ठित गति तथा आरंभिक त्रासदी बन जाता है। आखेटजीवी या खाद्य-संग्रही आदिम जनों का नृत्य नितांत प्रकृतिवादी और स्वाँगपरक था। कृषिकर्मी या पशुपालक कबीलों के नृत्य में एक धार्मिक अनुष्ठान की रीतिबद्धता दिखाई देती है और यह प्रकृति पर कबीले की आत्मा की छाप को प्रकट करता है। यह भावभंगी की चामत्कारिक और विश्वशासी शक्ति पर बल देता है। परिक्रमा करनेवाला सूर्य चक्कर देते हुए नर्तक का आदेश मानता है। युवकों की उछलकूद से फसल में बढ़त आती है। अंधाधुंध गति से जीवन में तेजी आती है। कबीला प्रकृति को अपने हृदय में उतार लेता है।

वर्ग-समाज के विस्तार से नृत्य विकसित होकर कहानी का, एक नाटक का रूप ले लेता है। सामूहिक नृत्य की जटिलताएँ खासी ढीली पड़ जाती हैं और इनसे

व्यक्ति अभिनेताओं का उदय होता है। एक वर्ग समाज में श्रम के विभाजन द्वारा उत्पन्न वैयक्तिकता का प्रतिबिंब त्रासदी पर पड़ता है। समूह नृत्य से एक देवता, नायक, पुरोहित, राजा, जनता, महापुरुष अलग होकर मंच पर प्रकट होते हैं और एक साथ गतिहीन अभिनय तथा गतिशील क्रिया को जन्म देते हैं, जो सामूहिक नृत्य में उसी तरह अविभाज्य रूप में एक थे, जैसे मंत्रगान में गतिहीन काव्य—जिसमें शब्द काव्यात्मक दृष्टि से विश्वविधायक था और साथ ही एक पौराणिक कथा का भी वर्णन करता है—तथा गतिशील कहानी एक थे।

इसमें संदेह नहीं कि एक वर्ग समाज का ह्रास और कठोरता, दोनों—किसी निश्चित क्षण में 'पात्रों' की ऐंठन और टाइपीकरण में प्रतिबिंबित होते हैं। यह वैयक्तिकता वर्ग में नहीं बल्कि श्रम-विभाजन में मूलबद्ध है। पहले यह विभाजन वर्गगत दरार के कारण संभव होता है पर एक निश्चित क्षण पर आकर यह इसके आगे के विकास का निषेध करता है और एक अवरोध, पंडिताऊ जड़ीभवन का एक स्रोत बन जाता है। यह एक ऐसी केंचुल का रूप ले लेता है जिसे या तो समाज को तोड़ना होगा, अन्यथा यह घुटकर रह जाएगा।

हम कह आए हैं कि प्रधान गिरजे सामंती न होकर बुर्ज्वा थे, कि कैथोलिक मत के मर्म में पहले से ही प्रोटेस्टेंट धर्म-द्रोह मौजूद था, और सामंती प्रदेशों में बुर्ज्वा नगर विकसित हो रहे थे। इसलिए बुर्ज्वा नाटक गिरजाघरों में रहस्य- नाटकों (मिस्ट्री प्ले) के रूप में शुरू होता है, जिस पर चर्च के अधिकारीगण नाक-भौं सिकोड़ते हैं। जब राजसत्ता बुर्ज्वा वर्ग के साथ गठजोड़ कर लेती है तो रहस्य-नाटक बढ़कर दरबार में पहुँच जाता है और एलिजाबेथकालीन त्रासदी का रूप ले लेता है। यहाँ व्यक्ति एक बार पुनः प्रकृत रूप से, राजा के रूप में, नायक की मुक्त आकांक्षाओं में मूर्त सामाजिक इच्छा के रूप में प्रतिष्ठा पाता है।

बुर्ज्वा वैयक्तिकता के विशेष विकास के कारण, शेक्सपियर के बाद अनुकृति पर आधारित अभिनय का स्थान स्थिर अभिनेता ले लेता है। यूनानी त्रासदी में अभिनेता ऊँचे जूतों और मुखौटों से सजा रहता था। वह कविता और अभिनय का शुद्ध वाहक था। चूँकि एलिजाबेथकालीन नाटकों में अभिनेता का व्यक्तित्व अभी घुटा रहता है और चूँकि अभिनेता अनुकृतिपरक अभिनय से नीचे माना जाता है इसलिए नाटक अभी तक काव्यात्मक बना रहता है। हमारे अपने समय में कवि के क्षण से अभिनेता के क्षण का द्वंद्वः शेक्सपियर के बालक-नारी पात्र में—जो सामंती दरबार की सामूहिक प्रस्तुतियों में दबा-दबा रहता था, अभी एक खोखलापन बना हुआ था जिससे क्लिओपेट्रा के काव्य को बाहर आने और फैलने की गुंजाइश पैदा होती है। मंच पर महिलाओं के आगमन से नाटक में अभिनय के उत्थान और कथा तथा कविता के अंत की सूचना मिलती है। निजी रूप से वैयक्तिक अभिनेता या अभिनेत्री प्रमुखता पा जाते हैं; दूसरों के साथ या सामाजिक अहं के साथ उसके

सामाजिक संबंध—जिनमें नाटक की कहानी या कविता निहित है—गौण बन जाते हैं। अपनी तकनीक के सामूहिक आधार के कारण नाटक बुर्ज्वा संस्कृति के व्यक्तिवाद से आहत होता है।

चित्रकला की तरह नाटक निरंतर यथार्थवादी होता जाता है और फिर माल की जड़पूजा—अभिव्यंजनावाद की अमूर्त संरचना—बन जाता है जिसमें रूढ़ियों या सामाजिक रूपों का अभिभव हो जाता है और अंतर्वस्तु या 'कहानी' को निकाल बाहर किया जाता है। इस प्रकार नाटक शुद्ध सामाजिक अहं बनने की चेष्टा करता है, जो एक असंभव-सी बात है और अतंतः नाटक अपने को अतियथार्थवादी स्वप्न-विधान की युक्ति के अनुसार सामाजिक अहं और बाह्य यथार्थ से काटने की चेष्टा करता है।

यह बुनियादी आंदोलन ठीक वही है जिसका विश्लेषण हम कविता में पहले ही कर आए हैं। कारण, कृषिजीवी या चारणजीवी समाज जिसने प्रकृति को अपने अभिन्नीकृत हृदय में उतार लिया है, उसमें छंद, प्रतिछंद और आलाप से युक्त होकर आखेटजीवी आदिम जनों के नृत्य के प्रामाणिक बिंब (पक्षी की पुकार या पशु के नाद) की अनुकृति करनेवाली चीत्कार ही परिष्कृत गायन या सामूहिक मंत्रपाठ का रूप ले लेती है। श्रम-विभाजन पर आधारित वर्ग-समाज और इसमें वैयक्तिकता का उत्थान चारण के आविर्भाव में प्रतिबिंबित होता है जो अपनी वर्णनात्मक कविता में नायकों के कारनामों की श्लाघा करता है, ऐसी कहानियाँ सुनाता है जिनमें वह अपनी ओर से नहीं बल्कि एक सामान्य वर्ग की ओर से बोलता है और इस तरह उसका व्यक्तिगत क्षण कवि के क्षण से, जो कि केवल नायकों के कार्यों में निहित होता है, नहीं टकराता। परंतु श्रम के और अधिक विभाजन के कारण समाज में और अधिक वैयक्तिकता आने के कारण प्रेमपरक, नीतिपरक और आत्मपरक गीति काव्य के साथ कवि का उदय होता है जिसमें कवि का क्षण व्यक्तिगत क्षण। से मेल खाता है जिसमें सामूहिक 'मैं' (जो पहले सामान्य और शौर्यपरक था) निजी और वैयक्तिक हो जाता है। इसके साथ उस तरह का प्रकृतिवाद और करुणा लगी रहती है जिसके लिए यूरीपिडीज के समकालीनों ने उसकी भर्त्सना की थी और जो पूँजीवादी संस्कृति के लिए इतना रोचक और सही प्रतीत होता है।

बुर्ज्वा कविता में कवि को पूरी वैयक्तिकता प्राप्त हो जाती है। यहाँ गेय गीति-काव्य पाठ्य कविता बन जाता है और कविता का सामाजिक अहं मुक्त व्यक्ति के साथ ही अभिन्न हो जाता है। यहाँ पुनः बाह्य जगत से पलायन (प्रतीकवाद) और सामाजिक अहं से पलायन (अतियथार्थवाद) के लिए प्रकृतिवाद का सहारा लिया जाता है।

IV

स्थापत्य और प्रायोगिक कलाएँ (मृत्तिका कला, बुनाई, कपड़ों, फर्नीचर, मशीनों, कारों, छापे के अक्षरों आदि की डिजाइन) दृश्य क्षेत्र में इस अर्थ में उसी तरह की एक भूमिका प्रस्तुत करती हैं जैसे श्रव्य क्षेत्र में संगीत की 'चीजें' बाह्य यथार्थ का अंश होती हैं और ये प्रभाव द्वारा सीधे विरूपित या संघटित होती हैं। परंतु स्थापत्य और दूसरी कलाएँ प्रतिवर्ती संगीत-जैसी होती हैं। संगीत के अपने कूट-तार्किक नियम होते हैं। बाह्य तत्त्व, अपनी कूट-तार्किक नियामवली के साथ स्थापत्य तथा दूसरी कलाओं में संगीत की तरह, एक रीतिबद्ध वैचारिक ढाँचा नहीं होता बल्कि एक मानवीय सामाजिक प्रकार्य होता है। एक मकान या पात्र का बाह्य यथार्थ इसका उपयोग होता है, इसकी आवरणीयता या क्षमता होती है। उपयोग का यह रूप या तो प्राकृतिक बाह्य यथार्थ के प्रतीकांकन से भावात्मक रूप में संघटित या विरूपित होता है (जैसे तब होता है जब एक कालीन, पात्र या मकान को मूर्ति या अलंकरण से आच्छादित कर दिया जाता है) या तब जब इसे आकार, संतुलन, सुर (हार्मनी), वक्रता या दिक् में लोच दी जाती है। यह संघटन काव्यात्मक होता है। वह 'मैं' जो उपयोग-कार्य को संयोजित करता है, स्थिर और सामूहिक होता है। यूनानी स्थापत्य उस समाज के गर्भ से जन्म लेता है जहाँ सामाजिक 'मैं' तथा वैयक्तिक 'मैं' एक-दूसरे से टकराते नहीं बल्कि एक-दूसरे को बल देते हैं।

आखेटजीवी मनुष्य उपयोग-मूल्य को यथार्थपरक रूप में व्यक्त करता है। वह प्रकृति में अपने उपयोग की सानुरूपता पाता है। उसका आवास गुफा होती है; उसका पात्र कमंडल (तुंबा) होता है, उसका हथियार एक अनगढ़ पत्थर होता है; उसकी पोशाक चमड़ा होता है। इस अर्थ में उसकी प्रायोगिक कला उतनी ही यथार्थपरक होती है जितने उसके चित्रांकन।

कृषिकर्मी या पशुपालक मनुष्य अपने वस्तुगत उपयोग-मूल्य पर एक अलंकरण आरोपित कर देता है जो रूढ़ और विरूपित होता है। यह प्रकृति को कबीले के हृदय में उतार लेता है और इसे मूर्त रूप में अपनी इच्छा के अनुसार ढालता है। उपयोग-मूल्य को एक सामाजिक रूप दिया जाता है—इसे ढाला जाता है। पत्थर के औजारों को चिकनाया जाता है। गुफा की तलाश करने की जगह वह एक सुविधाजनक स्थान पर जैसी-तैसी एक झोंपड़ी डाल लेता है। वह अब चमड़ा नहीं पहनता। उसकी पोशाक बुनी जाती है। तुंबे की जगह वह बर्तनों का उपयोग करता है, जिन्हें एक खास शक्ल में गढ़ा और सजाया गया रहता है।

वर्ग-समाज के जन्म के साथ महलों और मंदिरों का जन्म होता है जहाँ 'आवरणीयता' को प्रभावशाली ढंग से संघटित किया जाता है, ताकि वह शासक

वर्ग की महिमा और पवित्रता को व्यक्त कर सके। यह महिमा और पवित्रता श्रम-विभाजन से और संपत्ति की परक्राम्यता से उत्पन्न हुई है जिससे बढ़ी हुई सामाजिक शक्ति शासक वर्ग के एक सिरे पर एकत्र हुई प्रतीत होती है जब कि इसके साथ ही गुलाम वर्ग के सिरे पर दीनता और तिरस्कार एकत्र हुए प्रतीत होते हैं। एथेंस और रोम में व्यापारी वर्ग के जन्म के साथ इसकी छाया नगरपालिका की इमारतों पर भी दिखाई देती है। सामंती समाज में गढ़ियाँ और राजप्रासाद सामाजिक शक्ति के भावात्मक संघटन को प्रकट करते हैं। मध्यकालीन नगर जीवन के कैथेड्रल (गिरजाघर) तथा धर्मशालाएँ पहले से ही बुर्ज्वा वर्ग की बढ़ती हुई शक्ति को प्रकट करते हैं और विद्रोह में सिर उठाए-से प्रतीत होते हैं। बुर्ज्वा वर्ग अभी समूहबद्ध है—यह स्वशासी और स्व-सैन्य कम्यूनों में संघबद्ध है। यह सामंतवाद के छिद्रों में कबीलाई द्वीप-जैसा है। सबसे पहले इनका सामाजिक विस्तार महलों और राजाओं के कैथेड्रलों में प्रकट होता है जो कुछ समय के लिए सामंतों के विरुद्ध बुर्ज्वाजी वर्ग की शक्ति के केंद्र हैं। फिर यह बढ़कर अभिजात अट्टालिकाओं और राजकीय भवनों का और अंततः संभ्रांत जनों के निवास का रूप ले लेता है। पहले तो यह प्रकृतिवादी आंदोलन रहता है। मकान अपेक्षाकृत कम भड़कीले, अधिक उपयोगी और घरेलू बन जाते हैं। यह आंदोलन भी अमूर्तीकरण का शिकार हो जाता है। चित्रकला का अमूर्तन स्थापत्य में प्रकार्यवाद (फंक्शनलिज्म) बन जाता है। अंततः सामाजिक अहं का भी निषेध होता है और स्थापत्य में सर्वत्र अटपटापन और झक दिखाई देती है जिसका कार्य की आवश्यकता से कोई सरोकार नहीं रह जाता। निश्चय ही यही आंदोलन मृत्तिकला, वस्त्रोद्योग और अन्य व्यावहारिक कलाओं में भी घटित होता है। मोटे तौर पर कहें तो इस क्षेत्र में एक वर्ग-समाज के उत्पादनों में शासक वर्ग का वही प्रचुर परिष्कार और लक्ष्यों तथा आकांक्षाओं का वही सौंदर्यात्मक आदर्शीकरण दिखाई देता है।

V

कलाओं के संघटन को तालिकाबद्ध रूप में दिखाया जा सकता है :

कला

I ध्वनि	बाह्य यथार्थ
संगीत	संगीत-संरचना के कूट-तार्किक नियम
कविता	भाषा के विन्यासगत और व्याकरणिक नियम
कहानी	यथार्थ बाह्य जगत का वर्णन

II दृश्य

चित्रकला और मूर्तिकला	संरचनागत प्रस्तुतीकरण के परिकल्पित नियम
नृत्य, नाटक और फिल्म	वास्तविक घटना वास्तविक व्यक्तियों द्वारा अनुकृत
स्थापत्य मृत्तिका कला वस्त्रकला फर्नीचर आदि	उपयोग-प्रकार्य

जााहेर है कि आहार-अन्वेषी तथा आखेटजीवी मनुष्य में इनके अस्पष्ट उद्भव से लेकर एक वर्ग-समाज में जहाँ विशेषीकरण संभव होता है, इनके जटिल विकास तक कलाओं को ऐतिहासिक रूप में भी व्यवस्थित किया जा सकता है। हम इस आंदोलन का विवेचन पहले कर आए हैं। ये तीनों प्रधान काल आधुनिक कला की आत्मनिष्ठ संघटना की पद्धति में अस्वीकार किए जा चुके हैं। इनमें शामिल है प्रकृति में अपने आपको खोजती हुई मनुष्य की चेतना, कबीले के सामजिक किंतु अभिन्नीकृत 'मैं' में प्रकृति को जीवित व्यक्तियों में खंडित करते हुए और इसके साथ ही एक भिन्नीकृत विकासशील विश्व में प्रकृति का समाधान करते हुए मनुष्य की चेतना।

यदि हमसे यह पूछा जाए कि कला का प्रयोजन क्या है तो हम इसका जवाब दे सकते हैं—इस जवाब की प्रकृति ठीक इस बात पर निर्भर करेगी कि प्रयोजन से हम क्या समझते हैं। कला 'अति जीवित' रही है। वे संस्कृतियाँ जिनमें कला थी उन संस्कृतियों से अधिक काल तक जीवित रही हैं और उनका स्थान ले सकी हैं जिनमें कला नहीं थी। इसका कारण यह है कि कला मानस को पर्यावरण के अनुरूप ढालती है और इसलिए यह समाज के विकास की शर्तों में से एक है। परंतु यदि हम प्रश्न करें कि कला अपना कार्य कैसे करती है तो हमें इसका उत्तर मिल जाएगा, क्योंकि यह इस काम को पर्यावरण के एक अंश को लेकर और इसे विरूपित करके, इसे बाह्य यथार्थ से विसदृश बनाकर जो साथ ही वंशजात से सादृश्य भी है, इस काम को करती है। यह बाह्य यथार्थ को वंशजात की सहज वृत्तियों के अधिकाधिक अनुकूल रूप में नए सिरे से ढालती है, परंतु चूँकि प्रवृत्तिचालित वंशजात एक अवचेतन और गतिशील इच्छा से अलग कुछ नहीं है, अतः यह बाह्य यथार्थ को आंतरिक व्यवस्था के अनुकूल ढालती है। कला सामाजिक और जैव रूप में अधिक मूल्यवान हो जाती है और कला जितनी ही महान होगी, नए

साँचे में ढालना उतना ही व्यापक और यथार्थ की प्रकृति के निकटतम होगा और अपनी सामग्री के रूप में जीवन की उदासी, विपत्तियों, अंध आवश्यकताओं और साथ ही साथ आनंद और उल्लास का उपभोग करेगी। एक ऐसा संघटन जो यह सोचकर किया जाना है कि जीवन सर्वोत्तम जगत में सर्वोत्तम के लिए ही बना है, अधिक समय तक जीवित नहीं रह सकता। इसलिए महान कला महान त्रासदी हो सकती है क्योंकि यहाँ यथार्थ को इसके कटुतम रूप में—मृत्यु, निराशा और अनवरत विफलता—रखते हुए भी इसे एक ऐसा संघटन, ऐसी शक्ल, ऐसा भावात्मक संघटन दिया गया है जो नियति के अधिक गहन और अधिक सामाजिक दृष्टिकोण को व्यक्त करती है। बाह्य यथार्थ को हृदय से फूटा हुआ एक भावात्मक संघटन देकर वंशजात समस्त यथार्थ को, यहाँ तक कि मृत्यु को भी, अधिक रोचक बना देता है क्योंकि वह इसे अधिक सच्चा भी बना देता है, दुनिया में रोचकता आ जाती है, हमारे हृदय इसका सामना करने, इसमें जीने, इससे जूझने की भूख लिए इसकी ओर बढ़ते हैं। एक महान उपन्यास वह है जिसके जैसा हम स्वयं अपनी ज़िंदगी को बनाना चाहेंगे—क्षुद्र और फीकी नहीं बल्कि महान समस्याओं से भरी हुई, मृत्यु तक को एक उदात्त संगीत में बदलती हुई ज़िंदगी।

एक महान चित्र वह है जिसे देखकर हमें लगे कि काश दुनिया ऐसी ही दिखाई देती—चटक और प्रभावकारी रंगों से भरपूर। महान संगीत वह है जिसे सुनकर हमें लगे कि हमारे मन के आवेग भी इसी तरह फूटते—आयाससिद्ध उद्देश्य और गहन लक्ष्यों से भरपूर। और चूँकि एक क्षण के लिए हम यह देख लेते हैं कि जीवन कैसा हो सकता है, चूँकि एक क्षण के लिए हमें अपने हाथों में पुनर्निर्मित ध्येय मिल जाता है अतः इसके बाद हम हमेशा अपने जीवन को यथासंभव कम क्षुद्र बनाने, अधिक खुली आँखों से अपने चारों ओर देखने और अधिक प्रचुरता और आयास के साथ महसूस करने की ओर प्रवृत्त होते हैं।

यदि हम पूछें कि कला क्यों पर्यावरण को वंशजात (प्रकृत मानव) की भावनाओं से मंडित करती हुई हमारे इतने करीब आ जाती है और इतना महत्त्व कैसे प्राप्त कर लेती है तो हमें कला के विषय में कुछ और कहना होगा। बाह्य यथार्थ को हमारी अभिव्यक्ति से आलोकित करके कला हमें स्वयं अपने बारे में बताती है। कोई मनुष्य अपने आप पर सीधे नजर नहीं डाल सकता, परंतु कला विश्व को एक दर्पण बना देती है जिसमें हम, जैसे हम हैं वैसे नहीं बल्कि जैसे हम समाज के माध्यम से यथार्थ की सापेक्षता में सक्रिय संभाव्यता में बन सकते हैं, वैसे अपनी झलक देख सकते हैं। जिस वंशजात को हम देखते हैं वह एक ऐसा वंशजात है जिस पर मानव जाति की संभावनाओं और गौरव की छाप पड़ी हुई है—उसमें एक ऐसा परिष्कार आ गया है जो पुनः समाज द्वारा शेष यथार्थ में से ही निकाला गया है। कला जीवन के अंतरतम की अनेकानेक झाँकियाँ दिखाती है और इसके

उद्देश्य से भिन्न और फिर भी इसी से उद्भूत है, यही इसका महत्त्व है। यह एक ऐसा जादुई चिराग है जो हमारे वास्तविक स्व को विश्व पर प्रक्षेपित करता है और हमें इस बात से आश्वस्त करता है कि हम विश्व को अपनी आवश्यकताओं के अनुपात में बदल सकते हैं। परंतु ऐसा करने के लिए जरूरी है कि हम अपनी वास्तविक आवश्यकताओं को अधिक गहराई से जानें, अपने को अपने विषय में अधिक सचेत बनाएँ। हमारी कला जितनी ही विकसित और सूक्ष्म होगी, जादुई चिराग का तमाशा जितना ही नई बारीकियाँ और अछूते वैभव दिखाएगा, उतनी ही अच्छी तरह हम बाह्य यथार्थ को पकड़ सकेंगे। कला हमें वह कुछ बताती है जिसे विज्ञान नहीं बता सकता और धर्म जिसे बताने का मात्र स्वाँग भरता है। यह बताती है कि हम क्या हैं और क्यों हैं, हम क्यों आशा करते हैं और कष्ट भोगते हैं और प्यार करते हैं और मरते हैं। ये बातें वह विज्ञान की भाषा में नहीं बताती जैसा कि धर्मशास्त्र और उपदेशवाक्य करने का प्रयास करते हैं बल्कि उस भाषा में बताती है जो मात्र इन सत्यों को व्यक्त कर सकती है। यह है स्वयं आंतरिक सत्य की भाषा, भावना और आवेग की भाषा और इसका संदेश प्रकृति के साथ एक सक्रिय संघर्ष में—उस संघर्ष में जिसे जीवन कहा जाता है—इसके सार तत्त्व को आत्मसात करने के प्रयास में उत्पन्न होता है।

विज्ञान जो कुछ करता है उसकी यह मात्र उल्टी तस्वीर है। विज्ञान का भी एक अतिजीविता मूल्य और उद्देश्य होता है और यह इसे ठीक उसी तरह यथार्थ को वंशजात के अनुरूप ढालते हुए पूरा करता है, जैसे कला वंशजात को बाह्य यथार्थ के अनुकूल ढालते हुए पूरा करती है। जिस प्रकार कला वंशजात की आंतरिक आकांक्षाओं को बाह्य यथार्थ पर प्रक्षेपित करती हुई अपने अनुकूलन के उद्देश्य को सिद्ध करती है उसी तरह विज्ञान अपने लक्ष्य को, बाह्य यथार्थ की क्रम-व्यवस्था को मानस में, वैज्ञानिक विचारधारा के फंतासीपूर्ण प्रतिबिंब-जगत में उतारते हुए पूरा करता है। मानस में प्रक्षेपित अनिवार्यता चेतन बन जाती है और मनुष्य बाह्य यथार्थ को अपनी इच्छानुसार ढाल सकता है। जिस प्रकार कला वंशजात को अनुकूलित करती हुई तथा इसके लक्षणों को बाह्य यथार्थ में प्रक्षेपित करती हुई यह बताती है कि वंशजात क्या है, उसी तरह विज्ञान बाह्य यथार्थ के प्रतिबिंब को ग्रहण करता हुआ हमें बताता है कि बाह्य यथार्थ क्या है। जिस प्रकार कला हमें इस बात का महत्त्व और अर्थनुभूति की भाषा में बताती है कि हम क्या हैं, उसी तरह विज्ञान हमें संज्ञान की भाषा में, जो कुछ हम देखते हैं उसका महत्त्व समझाता है। एक कालधर्मी है, परिवर्तन से भरपूर है; दूसरा दिक् धर्मी है और स्थिर प्रतीत होता है। इनमें से कोई एक समूचे विश्व का फंतासीपूर्ण प्रतिबिंब नहीं उत्पन्न कर सकता परंतु परस्पर विरोधी होने के कारण ये दोनों साथ मिलकर द्वंद्वात्मक हो जाते हैं और कालधर्मी दिक्धर्मी ऐतिहासिक विश्व को मूर्त कर देते हैं और ऐसा ये

स्वयमेव नहीं करते बल्कि अभ्यास द्वारा, ठोस जीवन द्वारा करते हैं जिससे इनका उदय होता है। इस तरह जो विश्व उद्‌भूत होता है वह विस्फोटक, अंतर्विरोधी, गतिशील रूप में अलग जाता हुआ विश्व होता है, क्योंकि यही उस यथार्थ की गति के लक्षण हैं जो इन्हें पैदा करता है और वह है मानव-जीवन।

सिद्धांत के क्षेत्र में कला और विज्ञान विरोधी किंतु फिर भी मिली-जुली भूमिकाएँ प्रस्तुत करते हैं। विज्ञान अपने संज्ञान के साथ कला का, बाह्य यथार्थ का एक प्रक्षेपित (परिकल्पित) चयन प्रदान करता है, जिसे कला अंतर्गठित करती है और भावात्मक रूप में प्रभावकारी बनाती है, जिससे वंशजात की ऊर्जा अपनी इच्छा को बाह्य यथार्थ पर आरोपित करने की दिशा में प्रवृत्त होती है। इस तरह क्रिया से भीतर की ओर बढ़ता हुआ अवधान कला के माध्यम से पुनः बाहर क्रिया की ओर अग्रसर होता है। बाह्य तत्त्वों के परिवर्तन की ओर ध्यान देने से संज्ञान की अंतमुर्खी गति उत्पन्न होती है; आंतरिक तत्त्वों के परिवर्तन की ओर ध्यान देने से क्रिया की बहिर्मुख गति पैदा होती है। बाहर की ओर गतिशील ऊर्जा अपने लक्ष्यों की प्राप्ति कर सके, इसके लिए विज्ञान की पुनः आवश्यकता पड़ती है और इनके आंतरिक संबंध को समझने के लिए मूल स्मृति-बिंबों को अब भावात्मक दृष्टि से संशोधित करके पुनः आँकने पर ही वंशजात की आकांक्षाएँ क्रियान्वित हो सकती हैं। अब संज्ञानयुक्त विज्ञान क्रियाशील विज्ञान बन जाता है। विद्यमान स्मृति-बिंबों की सहायता से इन आकांक्षाओं को क्रियान्वित करने के लिए बाह्य यथार्थ की वास्तविक क्रम व्यवस्था का अधिक ज्ञान प्राप्त होता है। अपना लक्ष्य पूरा हो जाने के बाद ध्यान अपने भंडार को समृद्ध करने के लिए अछूते आत्मानुभवों के साथ वापस लौटता है। इस समृद्धतर अंतर्वस्तु को वंशजात द्वारा पुनः प्रभावकारी रूप में संयोजित किया जाता है और यह पुनः एक लक्ष्य की दिशा में ऊर्जा के रूप में बाहर की ओर फूटता है। यह ऊर्जा हमेशा समाज के पर्यावरण की ओर बाहर को प्रवाहित होती रहती है और इससे हमेशा नए प्रत्यक्षबोध भीतर की ओर प्रवाहित होते रहते हैं। अपने को बदलते हुए हम दुनिया को बदलते हैं। दुनिया को बदलते हुए हम इसके बारे में अधिक जानकारी प्राप्त करते हैं। इसके विषय में अधिक कुछ सीखने के साथ हम अपने आपको बदलते हैं। अपने आपको बदलते हुए हम अपने विषय में और अधिक सीख पाते हैं। जब हम यह जानते हैं कि हम क्या हैं तब हम इस बात को अधिक स्पष्टता से समझ पाते हैं कि हम चाहते क्या हैं। यही ठोस जिंदगी की द्वंद्वात्मकता है जिसमें साहचर्य में बँधे मनुष्य प्रकृति से संघर्ष करते हैं। वंशजात और बाह्य यथार्थ सिद्धांत में एक-दूसरे से अलग अस्तित्व रखते हैं पर यह अमूर्त अलगाव है। यह अलगाव जितना ही अधिक होगा इनमें से प्रत्येक की अचेतनता भी उतनी ही अधिक होगी। इनके पूर्ण अलगाव से एक ओर तो मनुष्य का पार्थिव शरीर रह जाता है और दूसरी ओर अज्ञात

पर्यावरण। इनके क्रिया-प्रतिक्रिया का बिंदु है मानस, जहाँ से प्रकाश के दो मंडल एक साथ बाहर की ओर फूटते हैं। इनमें से एक है बाह्य यथार्थ का ज्ञान अर्थात विज्ञान; और दूसरा हमारा अपने विषय में ज्ञान अर्थात कला। जैसे-जैसे ये मंडल बढ़ते हैं, एक दूसरे से क्रिया-प्रतिक्रिया करते हुए ये उस उपादान को ही बदल देते हैं, जिस पर ये हावी हैं। वंशजात का चेतन क्षेत्र बाह्य यथार्थ के ज्ञात क्षेत्र से रंगीन हो जाता है। और बाह्य यथार्थ के ज्ञान का क्षेत्र चेतन क्षेत्र से रंगीन हो जाता है। परिवर्तन अर्थात हृदय का परिवर्तन, धरती के चेहरे का परिवर्तन—इन दोनों वृत्तों के विस्तार का परिणाम ही नहीं है, यह स्वयं उसी तरह इन दोनों का विस्तार है जैसे प्रकाश की एक कौंध विद्युत-चुंबकीय तरंग समूह है। जैसे मनुष्य अनिवार्यता के प्रति अधिकाधिक सचेत होता हुआ अधिकाधिक स्वतंत्र और स्वानुरूप होता जाता है, उसी तरह अनिवार्यता वंशजात की चेतन पकड़ में जितनी ही अधिक आती जाती है, यह उतनी ही सुव्यवस्थित और 'नियमानुकूल' होती जाती है।

अतः कला सर्वथा सक्रिय संज्ञान है और विज्ञान सर्वथा संज्ञानात्मक क्रिया। विमर्श (कंटेंप्लेशन) की अवस्था में कला संज्ञान के विषय का सर्वथा सक्रिय संघटन है, और क्रिया में संज्ञान की वस्तु का सर्वथा सक्रिय संयोजन है। विमर्श की अवस्था में विज्ञान क्रिया के विषय का सर्वथा संज्ञानात्मक संघटन है और क्रिया में क्रिया के विषय का सर्वथा संज्ञानात्मक संघटन। विज्ञान और कला के बीच की कड़ी और इस बात का कारण कि ये दोनों एक ही भाषा में रह सकते हैं, यह है : क्रिया का विषय वही है जो संज्ञान का विषय और यह है वंशजात। क्रिया की वस्तु वही है जो संज्ञान की वस्तु और यह है बाह्य यथार्थ। यद्यपि वंशजात अपने को यथार्थ के दूसरे हिस्सों के विरुद्ध खड़ा पाता है पर चूँकि यह भी यथार्थ का एक अंश है अतः इन दोनों में क्रिया-प्रतिक्रिया होती है, इससे विकास होता है। इस तरह मनुष्य के चिंतन और मनुष्य के समाज का एक इतिहास बनता है।

कला अनुभूतियों का विज्ञान है। विज्ञान जानने की कला है। कुछ करने के लिए जरूरी है कि हम जानें, पर क्या करना है यह जानने के लिए हमारी अनुभूति का होना जरूरी है।

कला का जन्म संघर्ष में होता है, क्योंकि समाज में फंतासी और यथार्थ के बीच एक द्वंद्व चलता रहता है। यह रुग्णतंत्री द्वंद्व नहीं है, क्योंकि यह एक सामाजिक समस्या है और इसका समाधान कलाकार समाज के लिए करता है। मनोविश्लेषक इस बात को नहीं देख पाते कि कलाकार एक सामाजिक कार्य कर रहा है, बल्कि उसे एक ऐसा रुग्णतंत्री मान लेते हैं जो जनता की कीमत पर अपनी ग्रंथियों से निजात पा रहा है। इसलिए किसी कलाकृति का विश्लेषण करते समय मनोविश्लेषक केवल उन्हीं प्रतीकों को खोजते हैं जो खासतौर पर निजी अर्थात रुग्णतंत्री होते हैं, और इसलिए कला की मनोविश्लेषणवादी आलोचना को अपने

उदाहरण और सामग्री हमेशा घटिया दर्जे की कला-कृतियों में अथवा अच्छी कृतियों के अयाचित लक्षणों में मिलते हैं। हैमलेट में उन्हें ईडिपस कांप्लेक्स (मातृ-मनोग्रंथि) दिखाई देता है, पर वे यह नहीं देख पाते कि इससे महान वक्तृताओं की सार्वलौकिक शक्ति की व्याख्या नहीं होती या ऐंटनी ऐंड क्लिओपेट्रा की इस-जैसी ही महानता की व्याख्या नहीं होती, जिसका विश्लेषण मातृ-मनोग्रंथि के रूप में नहीं किया जा सकता।

कभी-कभी मनोविश्लेषक किसी ऐसे व्यक्ति को निरोग कर सकता है जो बिना किसी सहायता के अपने को निरोग नहीं कर सकता, क्योंकि वह रुग्णतंत्री के मानस से बाहर एक शक्ति या लीवर बिंदु प्रदान कर सकता है। वह समाज का एक सदस्य है, और इसलिए सामाजिक रूप में रचित चेतन मानस में अर्थात स्नायुतंत्री के 'श्रेष्ठतर पक्ष' के बाहर से भीतर की ओर काम कर सकता है और इस तरह अवचेतन या 'हेय पक्ष' पर आक्रमण कर सकता है। श्रेष्ठतर पक्ष या चेतन मानस अर्थात अंतश्चेतना समाज की सृष्टि है, जब कि 'हेय पक्ष' वंशजात है अर्थात हमारे भीतर का पशु है।

मनोविश्लेषक केवल एक इंसान है और उसके भीतर भी वह 'हेय पक्ष' है, जो उसके और उसके रोगी के बीच में आ सकता है। वह एक ऐसी विलासिता है, जिसकी बिसात केवल खुशहाल लोग ही रख सकते हैं। कला में पूरा समाज, सामाजिक सर्जना में रत समस्त चेतन मानस मनुष्य के उत्कृष्टतर पक्ष से बात करता है। मानवता का समग्र उत्कृष्टतर अंश जीवन की समस्याओं पर अनवरत प्रहार करता और उन्हें सुलझाता हुआ किसी राष्ट्र की कलात्मक संस्कृति के पीछे सन्नद्ध खड़ा रहता है। वे देवता नहीं मनुष्य हैं। उसी की तरह ये जब मरे तो अपने पीछे अपने अस्थिर जीवन के सार तत्त्व को छोड़ गए। कला में सांत्वना देने की, घाव भरने की और अनुप्राणित करने की जो शक्ति होती है, उसका रहस्य यही है।

यथार्थ के प्रति किसी रुग्णतंत्री या उन्मत्त व्यक्ति (साइकोटिक) का भावनात्मक रुख स्थायी होता है। सृजन के समय कवि का या अनुभव के समय पाठक का भावनात्मक रुख अस्थायी होता है। किसी खरे भ्रम का सार तत्त्व यह है कि यह गैर प्रतीकात्मक और मूर्त होता है। रुग्णतंत्री को विभ्रम होता है क्योंकि ग्रंथि उसके अवचेतन में होती है। वह अस्वतंत्र होता है। कलाकार की उलझन चूँकि चेतना में होती है, अतः उसे केवल भ्रम होता है। वह स्वतंत्र रहता है। कविता पढ़ते समय हम एक रुख अपनाते हैं और आवेगों को अनुभव करते हैं और जब कविता की अनुभूति हो जाती है तो इस रुख को अलग झटक दिया जाता है। यह रुख चेतन आवेगों द्वारा उन्मोचित होता है। यह ठीक उसी तरह है जैसे अपनी ग्रंथि के प्रति सचेत होते ही रुग्णतंत्री का रुख कुंठामुक्त हो सकता है, जैसे यदि उद्दीपन सोद्देश्य क्रिया की माँग करता है तो सोनेवाला जग जाता है। कलाकार एक

कलाकृति में स्वायत्त ग्रंथियों को उन्मुक्त करता है और यह भूल जाता है कि वह नई ग्रंथियों की सर्जना करने जा रहा है। वंशजात को उसके सतत परिवर्तनशील पर्यावरण से अनुकूलित करने के लिए प्रयोग करने जा रहा है। यदि कविता धर्म बन जाती है, यदि गैर प्रतीकात्मक को प्रतीकात्मक मान लिया जाता है, तो आवेगात्मक रवैया रुग्णतंत्री के रवैये की तरह जड़ीभूत हो जाता है। इस तरह रेचन के लिए धर्म के भ्रमों की तुलना में कविता के भ्रमों का मूल्य यह है कि इन्हें भ्रम माना जाता है और स्वप्न के भ्रमों की तुलना में इनका महत्त्व यह है कि वे सामाजिक होते हैं।

यदि कविता का आवेगात्मक रवैया ठहरता नहीं तो इनका मूल्य क्या है? मूल्य यह है कि अनुभव अपने पीछे स्मृतियों का एक निशान छोड़ जाता है। प्राणी इसे संचित करता और क्रिया द्वारा इसका संशोधन करता है। आज का विश्व वैसा ही नहीं है जैसा यह एक लाख साल पहले था, क्योंकि इसके पास इतने अधिक अनुभव संचित हैं और यह उतना ही अधिक ऐतिहासिक है। समाज आज वही नहीं है जो आज से दो हजार वर्ष पहले था, क्योंकि इसकी संस्कृति बहुत लंबे समय तक जीवित रही है और इसने काफी अनुभव संजोया है। यही बात एक बुद्धिमान मनुष्य पर लागू होती है। वह अपने जीवन के दौर में अधिक समय तक जिया है और अधिक अनुभव अर्जित कर सका है। उसने केवल बाह्य यथार्थ का ही ज्ञान नहीं अर्जित किया है, क्योंकि ऐसे व्यक्ति को हम महज ज्ञानी कहते हैं, और उसके ज्ञान को एक सूखी और संपन्नता से शून्य-सी चीज मानते हैं। बुद्धिमान मनुष्य ने अपने बारे में भी जाना है। उसे आवेगपरक अनुभव भी हुए हैं। इस दूसरे अनुभव के कारण ही हम उसे विद्वान कहते हैं जिसमें कि एक परिपक्वता है, एक संतुलन है, एक गंभीरता है, जो उसे उसके समूचे इतिहास से मिला है। इसमें संदेह नहीं कि न तो विज्ञान ही ठोस जीवन का स्थान ले सकता है न ही कला। ये दोनों इसके लिए मार्गदर्शक हैं।

किसी संस्कृति की, हमारी सामाजिक विरासत की बुद्धिमता उसके विज्ञान और इसकी कला दोनों में निहित हैं। इनमें से कोई भी एक केवल एकपक्षीय बुद्धिमत्ता है, परंतु दोनों मिलकर एक परिपक्व गंभीरता, ओज और सौमनस्यता को जन्म देते हैं जिसे पाकर प्राणी बाह्य यथार्थ का सामना करने की दृष्टि से अपने विषय में आश्वस्त अनुभव करता है।

फिर कला का भ्रम क्या है? यह किस चीज में निहित है? यह भावात्मक तत्त्व में निहित नहीं है क्योंकि कलात्मक आवेग सचेत रूप में अनुभव किया जाता है, और इसलिए वास्तविक और सच्चा होता है। आवेग के विषय में जब हम वास्तविक और सच्चे का प्रयोग करते हैं तो इसका अर्थ महज यह होता है कि क्या यह यथार्थ में विद्यमान रहा है? क्या यह मानस में विद्यमान रहा है? कविता का

आवेग इस अर्थ में निश्चय ही वास्तविक है । अतः कविता का आवेग निश्चित रूप से बाह्य यथार्थ के उस खंड में निहित है, जिससे आवेग स्वयं जुड़े हुए हैं—अर्थात कविता में अर्थ और उपन्यास में कहानी । बाह्य यथार्थ के इस अंश का उद्देश्य है भावना के लिए विषय जुटाना, क्योंकि भावना एक सचेतन निर्णय है और इसलिए यह 'किसी चीज' का निर्णय ही हो सकता है । अतः कला बाह्य यथार्थ के चुने हुए अंशों के साथ भावात्मक प्रयोग है । यह स्थिति वैज्ञानिक प्रयोग से मेल खाती है । इसमें बाह्य यथार्थ का एक चुना हुआ अंश प्रयोगशाला में निर्मित किया जाता है । यह एक आभासिक जगत है, बाह्य यथार्थ के उस अंश की नकल है जिसमें प्रयोगशाला की दिलचस्पी है । यह शारीरिक लवण के घोल में एक पशु का हृदय हो सकता है, दो तश्तरियों के बीच में विद्युत कणिकाओं की बौछार हो सकता है या वात-नली में एक एयरो-फायल हो सकता है । प्रत्येक मामले में दुनिया का एक 'नकली' अंश है, जिसे इस तरह अलग कर लिया गया है कि इसको सुविधापूर्वक सँभाला जा सके और यह इस अर्थ में भ्रामक है कि यह वस्तुतः वही नहीं है जिसका सामना हम जीवन में करते हैं बल्कि बाह्य यथार्थ से एक ऐसा चयन है, जिसे हमारे अपने प्रयोजन से व्यवस्थित किया गया है । यह एक तरह का 'मानो यह' (एज इफ) है । इसी तरह वैज्ञानिक तर्कना में प्रतीकबद्ध बाह्य यथार्थ 'समग्रतः' बाह्य यथार्थ या इसका एक मामूली-सा अंश नहीं होता, बल्कि यह उससे एक चयन हुआ करता है । कला के यथार्थ के अंश और विज्ञान के यथार्थ के अंश के बीच फर्क यह है कि विज्ञान उस चुने हुए अंश के उस जगत से संबंध में रुचि रखता है जिससे यह लिया गया है जब कि कला वंशजात तथा यथार्थ के चुने हुए अंश के संबंध में रुचि रखती है और इसलिए उस अंश के पीछे स्थित समस्त जगत की उपेक्षा करती है । यदि 'आभासिक जगत' को हम बाह्य यथार्थ के भ्रामक अंश के, कविता और विज्ञान दोनों के प्रतीकात्मक अंश के अर्थ में ग्रहण करें तो हम निम्न संबंध निकालते हैं :

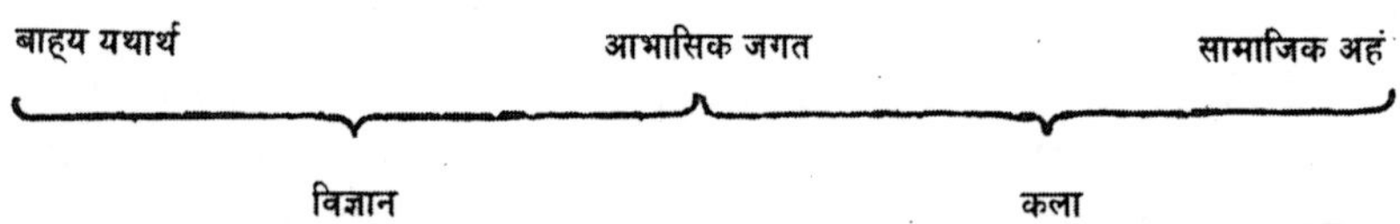

इस तरह कला और विज्ञान में यदि कोई बात समान है तो वह है मात्र 'भ्रम' । विज्ञान की खास बात यह है कि इसका सरोकार बाह्य यथार्थ से है; कला आंतरिक यथार्थ से सरोकार रखती है । क्रमयोजना या तार्किक अनेकार्थता जो वैज्ञानिक भाषा की विशिष्टता है, वह इसके आभासिक जगत में एक आंतरिक संरचना है, जो बाह्य यथार्थ के संबंधों से प्रक्षेपित है । वह क्रम-व्यवस्था या भावात्मक अनेकार्थता जो कलात्मक भाषा की विशिष्टता है, इसके आभासिक जगत में एक ऐसी आंतरिक संरचना है जो आंतरिक यथार्थ के संबंधों से प्रक्षेपित है । अतः हम

एक दूसरे चित्रात्मक प्रस्तुतीकरण पर पहुँचते हैं :

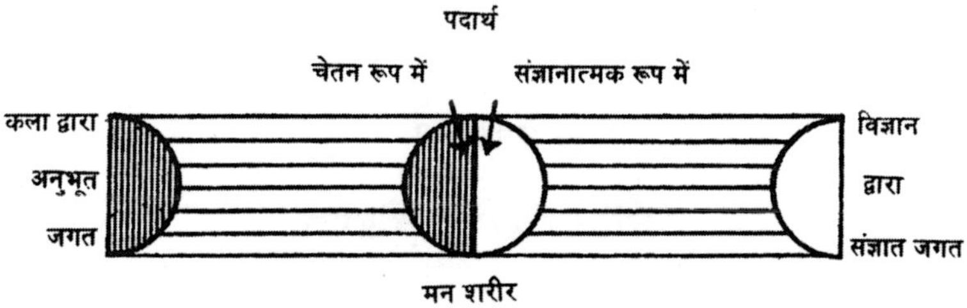

परंतु चूँकि वंशजात स्वयं बाह्य यथार्थ का एक अंश है, अतः इसे हम निम्न रूप में भी प्रस्तुत कर सकते हैं :

अतः विज्ञान और कला मिलकर एक पूरे विश्व को प्रतिमूर्त कर सकते हैं, जिसमें स्वयं वंशजात भी शामिल है । इनमें से प्रत्येक स्वतः आंशिक है, परंतु ये दोनों आधे एक-दूसरे के साथ चिपककर नहीं बल्कि ठोस जिंदगी की प्रक्रिया में प्रकृति के साथ मनुष्य के संघर्ष में एक-दूसरे में व्याप्त होते हुए, एक समग्र की रचना करते हैं ।

अध्याय 12

कविता का भविष्य

कभी भविष्य एक ऐसी जगह था, जहाँ व्यक्ति अपनी आशाएँ और आकांक्षाएँ छिपाए रखता था। यह एक ऐसा स्थान था जहाँ वह अपनी भावी समृद्धि को वर्तमान के सँकरे दायरे में कैद रखने के लिए दुनिया की अनुदारता से प्रतिशोध ले सकता था।

भविष्य के विषय में हम कम या अधिक सफलता के साथ केवल स्वप्न देख सकते हैं। परंतु फिर भी स्वप्न देखने का अर्थ 'मुक्त साहचर्य' स्थापित करना नहीं है बल्कि कुछ फंतासियाँ पालना है, विगत यथार्थ के स्मृति-बिंबों की एक खास तरह की फेंट-बाँट है, जिसे वर्तमान यथार्थ में कुछ खास वास्तविक कारणों से नए तर्ज और क्रम में व्यवस्थित किया गया है। यहाँ तक कि स्वप्न भी 'नियत' होता है और स्वप्न में कोई गतिविधि दिन के भौतिक वस्तु-व्यापार में वास्तविक गतिविधि को प्रतिबिंबित करती है, जो फिलहाल पहचान में नहीं आती। यही कारण है कि हम भविष्य के विषय में सुनिश्चितता के साथ स्वप्न देख सकते हैं—दूसरे शब्दों में कहें तो वैज्ञानिक पूर्वकथन कर सकते हैं। यह स्वप्न की इलहामी और विश्वविधायिका शक्ति है। इसकी विश्वविधायिका शक्ति का स्रोत इसका स्वप्न होना नहीं है—बल्कि यह कि यह चिंतन के जगत में एक ऐसी गतिविधि को प्रस्तुत करता है, जो स्वप्न की सहायता से व्यवहार में पूरी तरह सिद्ध हो सकता है। यह अपनी सर्जनात्मक शक्ति नवान्न पर्व की कविता की भाँति, क्रिया के लिए मार्गदर्शक और प्रेरक के रूप में ग्रहण करता है। यह एक ऐसा स्वप्न है जो स्वप्न की दुनिया को छोड़कर सामाजिक क्रांति की दुनिया में प्रवेश कर गया है। यह किसी व्यक्ति का स्वप्न नहीं है, बल्कि एक ऐसे मनुष्य का स्वप्न है जो अपनी वैयक्तिक चेतना में उस पूरे वर्ग की सर्जनात्मक भूमिका को प्रस्तुत करता है, जिसकी गतिविधि समाज की भौतिक परिस्थितियों में निहित है।

हमने समाज के एक अभिन्न अंग के रूप में, ऐतिहासिक दृष्टि से कहें तो आंदोलन में कविता के अध्ययन के महत्त्व पर बार-बार बल दिया है। परंतु

आंदोलन के पूर्ण विवेचन के लिए जरूरी है कि हम केवल यह न बताएँ कि यह कहाँ से उत्पन्न हुआ है बल्कि यह किधर को अग्रसर है। इसके अतीत का सर्वेक्षण करते समय हम इसके भविष्य—अर्थात वर्तमान—में खड़े थे। परंतु अब इसके वर्तमान को समझने के लिए हमें इसकें भविष्य की बात भी सोचनी होगी। हम यह काम मोटे तौर पर ही कर सकते हैं; हम नितांत आधारभूत तथा प्राथमिक तत्त्वों द्वारा उत्पन्न परिमाणगत आंदोलन का ही पूर्वकथन कर सकते हैं। एक वास्तविक विज्ञान के रूप में समाजशास्त्र अभी तक अपनी शैशवावस्था में ही है, क्योंकि विज्ञान महज अनुचिंतन नहीं है; यह यथार्थ के साथ एक सक्रिय संघर्ष में उत्पन्न होता है, जिसके क्रमिक परिवर्तन वैज्ञानिक नियम में सामान्यीकृत होते हैं। अतः समाजशास्त्र का विज्ञान क्रांतिकारी क्रियाशीलता की उपज है, क्योंकि यह क्रियाशीलता ही यथार्थ को बदलती है। मनुष्य अभी तक अपने को पूरी तरह नियंत्रित करना नहीं सीख पाया है।

इस आंदोलन की लड़ाई हमारी चेतना में लड़ी जाएगी और इस चेतना को विस्तृत और रूपांतरित करनेवाली शक्ति होगी। इस तरह मूल्यों की एक पूरी की पूरी दुनिया जन्म लेगी, जिसका गुणात्मक वर्णन करना उतना ही कठिन है जितना मनुष्य का अपने ऊपर नजर डालना।

इसकी पहली सीमा को ध्यान में रखते हुए ही हमें कोई बहुत दुरुस्त और विस्तृत पूर्वकथन करते समय सावधानी बरतनी होगी—मामूली से बदलाव से कोई गुण ठीक अपने विपरीत गुण में रूपांतरित हो सकता है। इसकी दूसरी सीमा को ध्यान में रखते हुए हमें भविष्य की नवीनता को वर्तमान के बासी अर्थों में उतारने से बचना चाहिए।

पूँजीवाद ने जिन उत्पादक शक्तियों को उन्मुक्त किया है, वे इस बिंदु तक विकसित हो चुकी हैं जहाँ वे उन सीमाओं में बँधकर नहीं रह सकतीं जिन्होंने इन्हें जन्म दिया। ये सीमाएँ अब ध्वस्त हो रही हैं और कमोबेश तेजी के साथ रूपांतरित हो रही हैं। ये परिवर्तन 'स्वतः' नहीं हो जाते, क्योंकि इतिहास का निर्माण मानवीय गतिविधियों से होता है, यद्यपि उनके कार्यों का हमेशा यही असर नहीं होता है जो होना चाहिए। इतिहास के परिणाम मनुष्यों के इच्छित कार्यों की शुद्ध देन हैं, परंतु इतिहास के परिणाम कतई किन्हीं मनुष्यों द्वारा इच्छित नहीं होते।

आज समूची बुर्ज्वा संस्कृति अपने अंतिम संकट में छटपटा रही है। वे ही अंतर्विरोध जिनके तनाव से पहले समाज की उत्पादक शक्तियों का विकास हुआ, आज उन्हें ध्वस्त कर रही हैं और पुरातन के गर्भ से सामाजिक संबंधों की एक नई प्रणाली जन्म ले रही है और वह है साम्यवाद। साम्यवाद कोई ख्याल नहीं है, यह पूँजीवाद के भीतर पक रहे अंतर्विरोधों का अपरिहार्य समाधान है। एक ओर फैक्ट्रियों में संगठन की वृद्धि हुई है तथा दूसरी ओर फैक्ट्रियों के बीच निजी मुनाफे

की प्रतिस्पर्धा में वृद्धि हुई है। एक ओर उत्पादक शक्तियों की बेमिसाल वृद्धि हुई है तो दूसरी ओर निरंतर संकट पैदा करती हुई एक अर्थव्यवस्था पनपी है जिसके परिणामस्वरूप उत्पादन पर बंदिश लगती जाती है। एक ओर अंतर्राष्ट्रीय संचार में वृद्धि हुई है, चेतना में एका आया है और उत्पादन में अंतर्निर्भरता आई है, दूसरी ओर राष्ट्रवादिता में और शत्रुता में वृद्धि हुई है। एक ओर शांति की आकांक्षा बढ़ती जा रही है, दूसरी ओर युद्ध की तैयारी भी बढ़ती चली जा रही है। फालतू पूँजी विदेशों में बेतहाशा मुनाफे की खोज में लगी है और स्वदेश में बेकार लोग काम की व्यर्थ तलाश कर रहे हैं। समाज के एक सिरे पर तो ऐसे धनाढ्यों की संख्या घटती गई है जिनके पास इतनी आय, शक्ति और क्रयशक्ति है जिसका इससे पहले के समाज में स्वप्न भी नहीं देखा जा सकता था, और दूसरे सिरे पर इस हद तक संपत्ति से वंचित, काम से वंचित, आशा से वंचित एक सेना की वृद्धि हुई है, जो इससे पहले की किसी सभ्यता में देखने में नहीं आती। एक ओर तकनीक के एक नए विश्व में विज्ञानों और कलाओं की जगमगाहट; दूसरी ओर अलग-अलग क्षेत्रों में इनका अलगाव जिनके विघटन और अंतर्विरोध से ज्ञान गड्ड-मड्ड होकर रह जाता है और लोग आत्मिक दृष्टि से हताशा की स्थिति में पहुँच जाते हैं।

इन अंतर्विरोधों को गिनाने का कोई अंत नहीं है, क्योंकि सामाजिक संगठन के विभिन्न स्तरों पर ये बुनियादी बुर्ज्वा अंतर्विरोध अर्थात सामाजिक संबंधों के अराजक अज्ञान के रूप में स्वतंत्रता को प्रस्तुत करते हैं। इस अज्ञान का केवल एक ही अर्थ हो सकता है और वह है केवल एक वर्ग के लिए स्वतंत्रता। केवल उस वर्ग के लिए स्वतंत्रता जिसका अस्तित्व अपने आधार में निरंतर क्रांति लाते रहने पर और इसलिए अपने ही विनाश के लिए परिस्थितियाँ तैयार करते चले जाने पर निर्भर करता है। 'मुक्त बाजार'—वह अंधी नियमहीनता जिसके द्वारा अराजकता के नियम पाशविक रूप में उभरकर सामने आते हैं—बुर्ज्वा दिमाग पर चार शताब्दियों से शासन करता आया है। चार शताब्दियों से वह इसी एक स्वतंत्रता को अर्थात सिर्फ उस बंदिश को जिसके द्वारा बुर्ज्वा वर्ग जीवित है, कहें उत्पादन के साधनों को छोड़कर शेष समस्त सामाजिक बंदिशों से स्वतंत्रता को आदर्शीकृत करता चला आया है। इस सूत्र का अर्थ है कि स्वतंत्रता को निरंतर एक अस्पष्ट भावात्मक स्तर पर पहुँचा दिया जाए, क्योंकि बुर्ज्वा स्वतंत्रता का भौतिक अर्थ करने का मतलब है, स्वतंत्रता के साधनों पर एक वर्ग के एकाधिकार की खुली घोषणा करना। सामाजिक उत्पादन स्वतंत्रता की शर्त है और इस पर एकाधिकार का अर्थ है उस स्वतंत्रता पर एकाधिकार जिसे समाज ने पैदा किया है। यदि इसे बिल्कुल नंगा करके देखा जाए तो स्वतंत्रता का बुर्ज्वा सूत्र सच्चे रूप में उजागर हो जाएगा। यह है बुर्ज्वा वर्ग के लिए स्वतंत्रता। इस तरह नंगा करने पर यह अपनी असलियत को जाहिर कर देता है। इससे सिद्ध होता है कि मानव मात्र के लिए

समानता, व्यक्ति की स्वतंत्रता, और व्यक्तिगत पात्रता की सिद्धि के लिए बुर्ज्वा की समूची माँगें सिर्फ एक चीज को छोड़ जाती हैं, जो इन माँगों को शोषित बहुजन के लिए वास्तविकता बना सकती थी। वे सिर्फ कुछ थोड़े से लोगों की निजी पूँजी पर प्रहार नहीं करते, जो कि अधिकांश के लिए संपत्ति के उन्मूलन की शर्त है। वे अतिरिक्त सामाजिक उत्पादन पर कुछ थोड़े से लोगों के एकाधिकार पर प्रहार नही करते जो अधिकांश लोगों के लिए अनिवार्यता की गुलामी की एक शर्त है। इससे बुर्ज्वा शरमाकर अपने दावों को वापस नहीं ले लेता और स्वतंत्रता तथा व्यक्तिगत पात्रता के विषय में बात करना बंद नहीं कर देता। इसके विपरीत उसके सूत्र के सार तत्त्व के अ-स्वतंत्र जनों द्वारा यह समझदारी उसे इस भौतिक यथार्थ से और अधिक काटने को और एक भाववादी जगत में पूरी तरह पहुँचा देने को बाध्य करती है, जहाँ यह निर्बंध होकर फूलती-फैलती है और भाववादी स्वतंत्रता की औंधी दुनिया की सृष्टि करती है, जो एक ओर तो वास्तविक कष्ट का विरोध बन जाती है और साथ ही वास्तविक कष्ट की एक वास्तविक अभिव्यक्ति होती है। यह पूर्णत: एक बुर्ज्वा फंतासी है, यह 'मानववाद' का धर्म है। ठीक उसी अनुपात में जिसमें कि समाज में मानव स्वतंत्रता का ह्रास होता है। मुक्ति और व्यक्तिगत पात्रता का यह फंतासीजन्य भाववादी जगत अपना नितांत विशिष्ट विकास करता है।

एक वर्ग अस्तित्व में आता है जिसकी अ-स्वतंत्रता बुर्ज्वा निजी संपत्ति पर निर्भर करती है। इसकी स्वतंत्रता का रास्ता बुर्ज्वा अधिकार का विनाश है और इसलिए उस वर्ग का विनाश है जिसका अनवरत अस्तित्व उस अधिकार पर निर्भर करता है। यह अ-स्वतंत्र वर्ग लंबे समय से सर्वहारा के रूप में अभिहित होता आया है। यह आधुनिक समाज का महज सबसे दुखी वर्ग ही नहीं है। इसके विषय में इस विशिष्ट बुर्ज्वा अवधारणा में इसकी सबसे महत्त्वपूर्ण भूमिका की उपेक्षा कर दी जाती है। जब से वर्गों का अस्तित्व है तब से इतिहास में हमेशा एक सर्वाधिक दुखी वर्ग रहा है। प्राचीन समाज में गुलाम, मध्यकालीन समाज में भूदास, आधुनिक समाज में वेतनजीवी गुलाम, उस दिन से ही जब आर्थिक उत्पादन एक ऐसे स्तर पर पहुँच गया, जहाँ कोई व्यक्ति अपने निर्वाह के साधनों से अधिक उत्पादन कर सके और दूसरे लोगों का शोषण करना लाभकर हो गया, इनकी पीड़ाएँ समाज की अंतश्चेतना से अभिन्न रूप में जुड़ी रही हैं, इतना तो जाहिर ही है। 'तुम्हारे साथ हमेशा गरीब लोग लगे रहते हैं।' बुद्ध, ईसा और लूथर ने मानवता के अधिकांश भाग के कष्टों को इस दुनिया के जीवन की अनिवार्य नियति माना और इसका संतुलन बनाने के लिए, इनकी पीड़ा को सहलाने के लिए और इसलिए यातनाग्रस्त मनुष्यों के विद्रोह को शमित करने के लिए फंतासी पर आधारित एक पूरी दुनिया

गढ़ डाली ।[1]

परंतु पूँजीवादी अर्थव्यवस्था का आंदोलन जिस तरीके से सबसे पीड़ित वर्ग की सृष्टि करता है उसी से अपनी बर्बादी की नींव भी डालता है । विशाल फैक्ट्रियों में यह सर्वहारा को जुड़ने का मौका देता है और इससे बुर्ज्वा राज्य के पीछे मजदूरों के एक आभासी राज्य की स्थितियाँ उत्पन्न करता है । सत्ता के लिए अपने आरंभिक संघर्ष में बुर्ज्वा शोषित वर्ग का उपयोग करता है जिससे वे राजनीतिक दृष्टि से शिक्षित होते हैं । अपने श्रम के अतिरिक्त (सरप्लस) मूल्य के एक अंश के लिए संघर्ष में अपने बचाव के लिए सर्वहारा को अपना संगठन बनाने की जरूरत होती है, जो इसकी राजनीतिक शिक्षा को अधिक ऊँचे स्तर पर पहुँचाता है । पूँजीवादी अर्थव्यवस्था के लिए उन्नत संचार तथा सार्वभौम शिक्षा की जरूरत पड़ती है जो सर्वहारा को एक सुगठित जन समाज में ढाल देता है । 'स्थायी' संकट के दौरों से जिसमें यह अपने गुलामों को उनकी गुलामी की शर्तों पर हासिल करने में असमर्थ होता है और उनके बल पर अपना पेट भरने की जगह उन्हें खिलाने को बाध्य होता है, उन्हें यातना शिविरों में या युद्ध के मोर्चों पर झोंकने को मजबूर होता है और इस तरह बुर्ज्वा वर्ग शासन करने की अपनी अंतिम अक्षमता को सिद्ध कर देता है । स्थायी बेकारी की वृद्धि एक युग का खात्मा है । यह समाज के उस प्रागैतिहासिक अथवा वर्ग-आधारित युग के अंत का सूचक है जिसमें लोग अपने कार्यों से इतिहास का निर्माण करते हैं परंतु एक ऐसे इतिहास का निर्माण जो उससे भिन्न होता है जिसे बनाना उनका उद्देश्य था ।

पूँजीवादी प्रतिस्पर्धा का यह निर्मम नियम और इसके साथ लगी हुई 'ब्याज' की दर में गिरावट की प्रवृत्ति सिर्फ उन्हीं कार्यों से दूर होती है, जो इसके पतन में तेजी लाते हैं, इजारेदारों के उत्थान में तेजी लाती है जो तब तक आपस में और तीखी लड़ाई लड़ते रहते हैं जब तक फैक्ट्री में सामाजिक संगठन और फैक्ट्रियों के निजी स्वामित्व का अंतर्विरोध अपने चरम बिंदु पर नहीं पहुँच जाता ।

जनता का विशाल बहुमत अपने सामने कुछ थोड़े से लोगों को पाता है, जिन्होंने उत्पादन के साधनों पर एकाधिकार कायम कर रखा है । यह अंतर्विरोध समाजवाद के मार्ग को सुगम बनाने की जगह उसे अधिक कष्टकर और विक्षोभकर

---

1. ईसा जब अपने उपदेश में कहते हैं कि गरीब निर्वाण या परलोक में नहीं बल्कि इस दुनिया में ही स्वर्ग हासिल कर सकते हैं तब उनके उपदेशों में एक क्रांतिकारी अंतर्वस्तु मिलती है । यह बात इसी से साफ जाहिर हो जाती है कि आरंभिक ईसाइयों को भौतिक यातना और 'क्रूरता' के प्रवादों द्वारा उत्पीड़ित किया जाता रहा, परंतु चूँकि स्वर्ग अ-प्रतिरोध से, दैवी शक्तियों से और हृदय परिवर्तन से हासिल किया जा सकता था अतः यह निरा सुधारवाद बनने को और कांस्टैंटाइन की गद्दी से ईसाई साम्राज्य के दलितों को जोड़ने की एक मशीन बनने को बाध्य था । यदि आदिम ईसाइयत आदिम साम्यवाद है तो रोम की साम्राज्यवादी ईसाइयत सामाजिक लोकतंत्र है ।

बना देता है क्योंकि विशेषाधिकार की बढ़ती हुई तर्कहीनता जिसकी ओर समूची पूँजीवादी अर्थव्यवस्था मुड़ती है, बुर्ज्वाजी वर्ग को अपने को कायम रखने के लिए निरंतर पाशविक, षड्यंत्रकारी और निरंकुशतापूर्ण तरीकों को काम में लाने को बाध्य करती है। इंसान के जन्म के लिए मानवता को तीखी प्रसववेदना झेलनी पड़ती है; और रूस, जर्मनी तथा स्पेन की घटनाओं ने कम्युनिस्टों की इस चेतावनी की सचाई को ही सिद्ध किया है कि एक नया समाज उन लोगों की हिंसा से उत्पन्न पीड़ा में ही जन्म लेगा, जो एक ऐसी दुनिया के जन्म को रोकने के लिए कुछ भी करने पर आमादा होंगे जिसमें बहुजन की स्वतंत्रता उनकी अ-स्वतंत्रता पर आधारित होगी।

पीड़ितों का यह विद्रोह जो रूस में घटित भी हो चुका है, बहुसंख्यक जनता के लिए एक आम लक्ष्य की ओर कोई सुस्पष्ट मार्ग नहीं है। पूँजीवाद के अंतिम विस्फोट से आहत सभी वर्गों—मजदूर, किसान, छोटे काश्तकार, दूकानदार, दस्तकार, तकनीशियन, कलाकार, विशेषज्ञ—से मिलकर ही विद्रोही जनता का निर्माण होता है : ये सभी स्थिति की असह्यता के विषय में सहमत होते हैं, परंतु जीवन की परिस्थितियों के कारण एक ही वर्ग इस बात के लिए संगठित होता है कि पुरानी व्यवस्था का तख्ता उलट सके और नई का निर्माण कर सके। दूसरे वर्ग केवल व्यवस्था—पूँजीवादी राज्य—के अंग के रूप में संगठित होते हैं और इसका तख्ता पलटने का अर्थ होता है उनके संगठन के एकमात्र साधन को खत्म कर देना। केवल औद्योगिक मजदूर अपनी ट्रेड यूनियनों, सहकारी संगठनों और राजनीतिक दलों के द्वारा इस व्यवस्था के 'विरुद्ध' संगठित होते हैं, और इसलिए ये ही ऐसा ढाँचा बन सकते हैं जो समाज को सचमुच उलट सके और इसको सिर के बल खड़ा कर सके।

औद्योगिक मजदूरों का यह विशेष लक्षण इसे इस संघर्ष में अग्रणी बनाता है। इसकी संख्या और संगठन को छोड़ अन्य सभी बाधाएँ इसके विरुद्ध होती हैं। बुज्वाजी वर्ग पुरानी व्यवस्था पर शासन करता है और न्यायपालिका, पुलिस, सेना, नागरिक सेवा, वित्त तथा व्यवसाय के सभी प्रमुख स्थलों पर एकाधिकार रखता है। बुर्ज्वा अर्थव्यवस्था में जीने के कारण सभी लोगों के मस्तिष्क बुर्ज्वा पूर्वकल्पनाओं से विकृत होते हैं। परंतु भौतिक परिस्थितियों का दबाव न केवल सर्वहारा को उसी तरह विद्रोह करने को प्रेरित करता है जैसे इससे पहले गुलामों और किसानों ने विद्रोह किए थे, बल्कि उनसे जुदा बात यह है कि ये परिस्थितियाँ सफलता के साधन को उसके हाथों में—इसके अपने संगठन और पूँजीवाद के गढ़ में—पहुँचा देती हैं। सर्वहारा का संगठन, जो पहले दौर में इसे इस विद्रोह का वास्तविक नेता बना देता है, इस काल की सफलता के बाद सर्वहारा के अधिनायकवाद में व्यक्त होता है जो मार्क्सवादी विश्लेषण का ऐसा शब्द है

जिसको सबसे अधिक गालियाँ दी जाती हैं और जिसे सबसे कम समझा जाता है क्योंकि यह एक ऐसे वर्ग की सर्जनात्मक भूमिका को प्रकट करता है जिसे बुर्ज्वा कभी-कभी 'सबसे पीड़ित' तो मान सकते हैं पर 'सबसे अग्रणी' कदापि नहीं ।

पीड़ित बहुजन पुराने का तख्ता उलटने की माँग कर रहा है । वह यह नहीं देख पाता कि इसका अर्थ नए का निर्माण होता है । निम्न बुर्ज्वाजी वर्ग को हमेशा ऐसा लगता है कि इतिहास को उलटी दिशा में मोड़ा जा सकता है और एक ऐसे युग में लौटा जा सकता है जिसमें निजी संपत्ति शोषण का साधन नहीं थी, क्योंकि तब औजार इतने अविकसित और बिखरे हुए थे कि इनका स्वामित्व उस व्यक्ति के पास हो सकता था जो इनका प्रयोग करता था । जब मालिक और उत्पादक एक थे । सर्वहारा जानता है कि फैक्ट्रियों का उस तरह व्यक्तिगत रूप में स्वामी नहीं हुआ जा सकता जैसे हथियारों का । सर्वहारा को इस बात का अफसोस नहीं है, बल्कि वह यह समझता है कि पूँजीवादी अर्थव्यवस्था का ऐसा सारा विकास जिसके फलस्वरूप फैक्ट्रियों में संगठन बने हैं और श्रम का सामाजीकरण हुआ है, समाज की उत्पादक शक्तियों को उस स्तर तक उठा सका है जहाँ कुछ थोड़े से लोगों की स्वतंत्रता बहुतों की अ-स्वतंत्रता पर निर्भर नहीं करती ।

सामाजिक उत्पादन सभी को स्वतंत्रता देने के लिए पर्याप्त है । सर्वहारा क्रांति के बाद सामाजिक उत्पादकता के स्तर में उत्थान सर्वहारा के अधिनायकवाद का एक विशेष कार्यभार है । इसमें दूसरे वर्ग अभ्यास से यह सीखते हैं कि इतिहास को उलटा नहीं चलाया जा सकता; कि सवाल नई ऊँचाइयों पर धावा बोलने का है । और जब लोग इस बात को समझते हैं तो समूची जनता समाजवादी हो जाती है और सर्वहारा अधिनायकवाद का ह्रास आरंभ हो जाता है । इसकी भविष्यवाणी नए सोवियत संविधान में की जा चुकी है, जिसमें साम्यवाद के चरम विकास के रूप में नहीं बल्कि साम्यवाद की दिशा में एक नए अभियान के रूप में सभी को समान अधिकार प्रदान किए गए हैं । जब साम्यवाद आ जाएगा तभी समान 'अधिकारों' की अवधारणा भी राज्य के ताने-बाने से अलग हो जाएगी और राज्य भी बिखर जाएगा । दूसरे व्यक्तियों के साथ साहचर्य कायम करके अपनी स्वतंत्रता हासिल करने का मनुष्य का 'अधिकार' समान अधिकार की बुर्ज्वा अवधारणा का निषेध करता है, जो ऐसी उच्चतम नैतिकता रही है जिस तक बुर्ज्वा पहुँचने की महत्त्वाकांक्षा भर रख सकते थे । जब लोगों की निसर्गजात योग्यता और इच्छाएँ भिन्न-भिन्न हैं तो साम्यवाद का इस तरह का विश्वास समान अधिकारों से कैसे मेल खा सकता है ? अधिकार का आशय एक ऐसी चीज से है जिसका प्रयोग दूसरों के विरुद्ध किया जाता है और साम्यवाद समाज की एक ऐसी अवस्था है जिसमें भौतिक स्थितियाँ मनुष्य को मनुष्य का शत्रु रहने ही नहीं देतीं ।

राज्य की उत्पत्ति अमीरों और गरीबों के बीच कलह को—एक ऐसे कलह को

जो समाज को पंगु बना देता है—रोकने के लिए हुई थी। खुले कलह की समाप्ति विषमता का इलाज नहीं है, क्योंकि यह विषमता ही श्रमिकों के लिए एक ऐसी स्थिति है जिसमें वे अधिक उत्पादनशीलता के स्तर पर पहुँच सकते हैं। अमीरों और गरीबों के बीच बँटवारा श्रम विभाजन से पैदा हुआ है। राज्य समाज की नौका को ध्वस्त किए बिना इस विषमता के चिर अस्तित्व को संभव बनाता है। चूँकि अमीरों और गरीबों के हित परस्पर विरोधी हैं, अतः विषमता के इस सतत अस्तित्व को यह दमन द्वारा ही बनाए रख सकता है। राज्य एक ऐसा दमनकारी अंग है जिसके द्वारा शासक वर्गों द्वारा शोषण की स्थितियाँ जबरदस्ती कायम रखी जाती हैं। जब तक लोग संपत्ति के ऐसे अधिकार द्वारा और समाज की भौतिक स्थितियों द्वारा परस्पर ऐसे वर्गों में बँटे हुए हैं जिनके हित परस्पर विरोधी हैं और जिनके भीतर गुप्त युद्ध चलता रहता है तब तक शांति किसी ऐसी दमनकारी सत्ता के उदय द्वारा ही कायम की जा सकती है जो देखने में दोनों वर्गों से ऊपर हो। यह सत्ता है राज्य।

बुर्ज्वा वर्ग की संपत्ति, जिसके बल पर उसे स्वतंत्रता प्राप्त है, बहुजन की अ-स्वतंत्रता की शर्त है। जब बहुजन बुर्ज्वाजी वर्ग को निःसत्व करके अपनी स्वतंत्रता प्राप्त करते हैं तो इसकी स्वतंत्रता शासक वर्गों की अ-स्वतंत्रता की शर्त बन जाती है। परंतु जहाँ दूसरे किन्हीं शासक वर्गों की भाँति बुर्ज्वा वर्ग को अपने अस्तित्व के लिए एक अ-स्वतंत्र शोषित वर्ग की अपेक्षा होती है, वहाँ सर्वहारा वर्ग को अपनी स्वतंत्रता को कायम रखने के लिए बुर्ज्वा वर्ग की आवश्यकता नहीं होती। इस तरह वर्ग-समाज को खत्म करने की स्थितियाँ तैयार हो जाती हैं।

जब तक बुर्ज्वा या उसके शिविर के अनुयायी राष्ट्र के भीतर या बाहर मौजूद हैं, तब तक सर्वहारा राज्य को सर्वहारा के लिए स्वतंत्रता की शर्तें बनाए रखने के लिए एक दमनकारी अंग के रूप में मौजूद रहना होगा। बुर्ज्वा शिक्षा के अवशेष और अपने सुविधाजनक जीवन द्वारा इन्हें प्राप्त विशिष्ट अनुभव स्वत्व-वंचित बुर्ज्वाजी वर्ग को एक खतरनाक शत्रु बना देते हैं जो समाज को हिंसा में झोंककर स्वतंत्रता के अपने आदर्श के भौतिक आधार को किसी समय फिर से हासिल करने के लिए तैयार रहता है। परंतु उनके अस्तित्व की शर्तें अर्थव्यवस्था में जमी नहीं होतीं। शोषण के साधनों का सफाया किया जा चुका होता है। बुर्ज्वाजी वर्ग एक के बाद दूसरे राज्य से भरता चला जाता है और इसके मरने के साथ ही राज्य भी मरता जाता है, क्योंकि राज्य समाज में वर्ग विभाजन की अभिव्यक्ति है जिसकी जड़ें अर्थव्यवस्था की भौतिक स्थितियों में निहित हैं और लोगों की चेतना को प्रभावित करती हैं। जब समग्र चेतना ऐसे लोगों की चेतना बन जाती है, जिन्हें कभी उत्पादन की बुर्ज्वा शर्तों से पाला ही नहीं पड़ा तब इस बात की जरूरत नहीं रह जाती कि राज्य शेष समाज से अलग और ऊपर-जैसी किसी चीज के रूप में रहे।

तब आज अंतहीन प्रतीत होनेवाला युद्ध जो कभी गुप्त रूप से चलता रहता है कभी खुलकर परंतु हमेशा त्रासद और पाशविक होता है, खत्म हो सकता है, क्योंकि अंततः यहाँ पीड़ित वर्ग के कष्टों का कारण ईश्वर या शैतान या यहूदियों या दूसरे देशों के अपने वर्ग के दूसरे सदस्यों या बुराई के दूसरे किन्हीं कल्पित स्रोतों को नही बताया जाएगा, बल्कि यह लड़ाई उन मौलिक स्थितियों के विरुद्ध होगी जिसने एक वर्ग के रूप में उनके कष्ट उत्पन्न किए हैं। एक बार यदि इस घृणा और कष्ट को इसके स्रोत की ओर सही ढंग से मोड़ दिया जाए तो यह घृणा और कष्ट समाप्त हो जाता है। यह शांतिपूर्वक समाप्त नहीं होता क्योंकि बहुजन का विरोध वह वर्ग करता होता है जिसकी खुशहाली ठीक उन्हीं स्थितियों में निहित है जिसे बहुजन समाप्त करना चाहते हैं और इसलिए जो इन स्थितियों को हिंसा के बल पर बचाने के लिए तैयार रहता है।

मगर यह अंतिम लड़ाई है। इस विराट क्रांति में सर्वहारा पार्टी की भूमिका उस वर्ग का हिरावल दस्ता बनने का होता है जिनकी वस्तुगत स्थितियाँ इसे समूचे संक्रमण का नेता बनाती हैं। हिरावल दस्ता होने का अर्थ नेतृत्व प्रदान करना है न कि साथ खिंचते चले जाना। इसका अर्थ उस वर्ग से संपर्क बनाए रखना भी है जिसका यह संगठित मोर्चा है, इस वर्ग के मार्गदर्शक सिद्धांत तथा विधायक इच्छा शक्ति की सक्रिय अभिव्यक्ति बनना भी है।

तब फिर वह कौन-सा तरीका है जिससे पार्टी इस भूमिका को पूरा भी कर सके और इसके बावजूद इसकी वह नियति न हो जो आज रूस में है? यह भूमिका है स्वत्व-वंचित वर्ग के संदर्भ में सर्वहारा की तानाशाही की अर्थात दमन के अंतिम उपयोग को व्यक्त करना जिससे आगे दमन कदापि संभव नहीं रह जाएगा; मुक्त किए गए बहुजन के संदर्भ में यह भूमिका किसी दमनकारी अधिकार द्वारा नहीं बल्कि इसलिए है कि यह अनुगामियों के लक्ष्यों और महत्त्वाकांक्षाओं को नितांत स्पष्टता से व्यक्त करती है, उनका नेता बने रहने की। एक ऐसी पार्टी का अनूठा नजारा सामने आता है जो राज्य में अल्प मत में है, और जिसके एक पार्टी के रूप में न कोई अधिकार हैं, न शक्तियाँ, और इसके बावजूद जो समकालीन सोवियत समाज के प्रत्येक अंग में अपने सदस्यों के संरक्षण के बल पर उस वर्ग के क्रिया-कलाप का मार्गदर्शन करती है और उनके अनुभवों को मूर्त और अभिव्यक्त करने से कभी विरत नहीं होती। परंतु एक पृथक संगठन के रूप में समाज के अग्रणी सदस्यों का संगठन चाहे कितना भी दमनशून्य क्यों न हो, यह सामाजिक उत्पादन के अभी तक के अपूर्ण स्तर के कारण समाज में अ-स्वतंत्रता के अवशेष को जाहिर करता है। जब इसे एक ऐसे स्तर तक उन्नत बना लिया जाएगा जहाँ समाज के सभी सदस्य अपनी शारीरिक और मानसिक वैयक्तिकता का पूरा अहसास कर सकेंगे तभी समाजवाद का युग समाप्त हो सकता है और साम्यवाद का

आरंभ हो सकता है। तब पार्टी भी बिखर जाएगी, क्योंकि तब यह विस्तृत होकर एक ऐसे चरण पर पहुँच गई होगी, जहाँ यह सभी को अपने भीतर समाहित कर लेगी और इसलिए एक पार्टी रह ही नहीं जाएगी। तभी लोग अनिवार्यता के क्षेत्र से स्वतंत्रता के क्षेत्र में पहुँचेंगे। ऐसा वे अनिवार्यता की उपेक्षा करते हुए नहीं करेंगे बल्कि कार्यों द्वारा अनिवार्यता के विषय में पूर्णतः सचेत होकर करेंगे। अतीत में मनुष्यों ने भौतिक पर्यावरण की अनिवार्यता की चेतना तो हासिल की थी पर स्वयं समाज की नहीं और इसलिए वे समाज के रूपों के—मशीन, फसल और इनके द्वारा उत्पन्न संबंधों के—गुलाम बने हुए थे। सिवाय उस तरीके के जिसके द्वारा वे पर्यावरण की अनिवार्यता के विषय में सचेत हुए थे, अर्थात सिवाय इसे बदलने के अनुभव के, वे समाज की अनिवार्यता के प्रति सचेत कैसे हो सकते हैं। राजनीति विज्ञान क्रांति के विज्ञान के अतिरिक्त और कुछ कैसे हो सकता है? इस तरह मनुष्य स्वतंत्रता के विशेष और ठोस रूप में सामान्य तथा अमूर्त सूत्र की सिद्धि करता है जो निम्न रूप में अभिव्यक्त होता है :

लोग प्रकृति के साथ अपने संघर्ष में (अर्थात स्वतंत्रता के लिए संघर्ष में) एक-दूसरे के साथ कुछ खास संबंध कायम करते हैं, जिसका सार है आर्थिक उत्पादन के लिए साहचर्य में बँधे मनुष्यों द्वारा प्रकृति को बदलने से उत्पन्न सामाजिक उत्पादन। परंतु लोग अपने को बदले बिना प्रकृति को नहीं बदल सकते। जिसकी मध्यस्थता समाज के अनिवार्य और विकासशील संबंधों द्वारा की जाती है, मनुष्यों और प्रकृति की आपसी अंतर्व्याप्ति या परावर्ती गतिशीलता की पूरी समझ का अर्थ है केवल प्रकृति की ही नहीं बल्कि स्वयं हमारी और इसलिए समाज की अनिवार्यता की पहचान। यदि वस्तुनिष्ठ रूप में देखें तो आत्म और वस्तु का यह सक्रिय संबंध विज्ञान है, आत्मनिष्ठ रूप में देखें तो यह कला है। परंतु व्यवहार की सक्रिय संगति में उभरनेवाली चेतना के रूप में यह महज ठोस जीवन है—व्यक्तियों और प्रकृति की एक दुनिया में एक मानव व्यक्ति के रूप में काम करने, महसूस करने, सोचने और आचरण करने की एक पूरी प्रक्रिया है।

हमने अभी जिस तरह का विश्लेषण पूरा किया है अर्थात आज समाज की गतिविधि का जो आर्थिक और राजनीतिक विश्लेषण हमने किया है, वह कविता के अध्ययन में सामान्यतः बाहरी चीज समझा जाएगा। परंतु कोई भी व्यक्ति जिसने यहाँ तक हमारे तर्कों को धैर्यपूर्वक समझा है समकालीन कला के विषय में इसकी सार्थकता और समाज के आधार के क्रांतिकारी रूपांतरण के महत्त्व को समझने से चूक नहीं सकता जो हमारी कला और कलाकारों को सर्वत्र प्रभावित कर रहा है।

II

यह विराट क्रांतिकारी संक्रमण जिसमें समूचा ऊपरी ढाँचा 'कमोबेश तेजी से

रूपांतरित' हो रहा है, विचारधारा के क्षेत्र में सरल, तात्कालिक आंदोलन के रूप में निष्पन्न नहीं होता। यह संक्रमण भौतिक है, उत्पादक शक्तियों और सामाजिक संबंधों की एक समूची प्रणाली का परिवर्तन है, और ये भौतिक आंदोलन मनुष्य की चेतना में प्रतिबिंबित होते हैं जहाँ सभी संघर्ष एक मुद्दे के रूप में लड़े जाते हैं। यह संक्रमण अभी शुरू ही हुआ है मगर इसके प्रभाव कला के समूचे क्षेत्र में, संघर्ष की समस्त विविधताओं और समृद्ध विकास में महसूस किए जाने लगे हैं। केवल क्रांति की प्रकृति को ही नहीं बल्कि भावी समाज की प्रकृति को समझे बिना आधुनिक कला को समझ पाना असंभव है जिसकी ओर पड़नेवाला दबाव चेतना के स्तर के नीचे घटित होनेवाले विस्फोट से उड़नेवाली प्रत्येक चिंदी के प्रक्षेप-पथ में व्यक्त हो रहा है।

हम सर्वहारा कला की बात करते हैं। यह एक ऐसी कला है जो स्वयं सर्वहारा वर्ग के आंदोलन को व्यक्त करती है और यह आंदोलन है समूचे समाज के साथ सहभाव कायम करके एक वर्ग के रूप में अपने अस्तित्व को निःशेष करने का। फिर सर्वहारा कला सर्वहारा समाज की एक भेदक चेतना के रूप में अपना विकास करने से पहले बुर्ज्वा कला से उच्चतर रूप में कैसे अस्तित्व में आ सकती है ? और यह तभी अपने पूरेपन में घटित हो सकता है जब कि सर्वहारा स्वतंत्रता बुर्ज्वा स्वतंत्रता से आगे बढ़ जाए—कारण, चेतना विचारधारा में सामाजिक उत्पादन का प्रतिबिंब है, जिससे ही यह अस्तित्व में आती है। कला भी उत्पादकता की एक समस्या है।

सर्वहारा चेतना बुर्ज्वा चेतना के समान हो जाए तो भी यह एक उच्चतर कोटि की होगी, क्योंकि बुर्ज्वा स्वतंत्रता और चेतना समाज के केवल एक वर्ग की चेतना रही है और इसकी अभिव्यक्ति केवल उस वर्ग की महत्त्वाकांक्षाओं और लक्ष्यों में ही हुई है। अतः बुर्ज्वा कला एक ऐसे मनुष्य की कला है जिसका शरीर कटा हुआ था। बुर्ज्वा वर्ग इस अर्थ में एक वर्ग या एक अल्पमत नहीं है कि उसे यहाँ-वहाँ से छँटे हुए मनुष्य का एक समूह माना जाए। इस तरह के लोग किसी भी क्षेत्र में यथार्थ की पूर्ण और सुघड़ चेतना को उत्कृष्ट रूप में व्यक्त कर सकते हैं। किसी भी समाज में कलाकार और वैज्ञानिक इसी प्रकार के अल्पसंख्यक होंगे। परंतु बुर्ज्वा वर्ग एक आर्थिक वर्ग है। यह एक ऐसा वर्ग है, जिसकी परिभाषा इसके समग्र भौतिक परिवेश और जीवन पद्धति के फर्क द्वारा की जाती है। जीवन का शेष आंदोलन दूसरे वर्ग की शाश्वत रात्रि में चला जाता है और रूपांतरित होकर चेतना के दिवस के रूप में वापस आता है, जिसके विषय में कोई बुर्ज्वा नहीं जानता कि ऐसा कैसे होता है। यह कैसे घटित होता है इसे जानने का अर्थ होगा बुर्ज्वा न रह जाना। बुर्ज्वा दृष्टि की अंतिम अपूर्णता का यही रहस्य है और जैसे-जैसे भौतिक अंतर्विरोध, जो कि वर्गों के अलगाव का कारण है, बढ़ता जाता है वैसे ही वैसे चिंतन

और क्रिया के बीच की खाई बढ़ती जाती है। सामाजिक चेतना सामाजिक क्रिया में उसी तरह चीरकर अलग कर दी जाती है, जैसे हड्डी से मांस चींथकर अलग कर दिया जाए। आधुनिक चेतना में प्रकट तहस-नहस से जाहिर होता है कि मनुष्य इस अंग विच्छेद की पीड़ा को सहन नहीं कर सकता।

जो चेतना शासक वर्ग के छोर से चिपकी रह जाती है, वह सिकुड़कर अकड़ जाती है क्योंकि यह शरीर के केंद्र से अलग हो जाती है। यह शास्त्रीय हो जाती है, प्रतिक्रियावादी और फासिस्ट हो जाती है और एक जीवित-मृत्यु में जड़ीभूत हो जाती है। कलात्मक चेतना का बहुत बड़ा हिस्सा इस विखंडन को झेल नहीं सकता। एक अंश समूचे अंधेपन और सहज वृत्ति के साथ शोषित वर्ग के छोर पर खिच आता है, पर इसका असर यह होता है कि यह चेतना के समूचे क्षेत्र को अपने विस्फोट से छिन्न-भिन्न कर देता है। यह असह्य तनाव पीड़ा के उद्वेलित प्रवाह में सड़ती और चक्कर खाती ऐसी समस्त आधुनिक बुर्ज्वा कला के अराजक और उन्मत्त विभ्रम में दिखाई देता है जो कि सच्चे मन से रची गई है। इसकी अभिव्यक्ति लारेंस-जैसे रचनाकारों और उनके अनुवर्तियों की चीत्कार में होती है जो आधुनिक बौद्धिक चेतना की यंत्रणा से मुक्ति की माँग करते हैं; और साथ ही प्रकट होती है ज्वायस की छिन्न-मनस्क (स्किजोफ्रेनिक) दृष्टि में जो बुर्ज्वा अनुभव की समूची प्रेतलीला की भर्त्सना करते हैं।

सहज वृत्ति तथा मूक अनुभव द्वारा उल्टे छोर पर खिंचकर और सर्वहारा जीवन की संगठनकारी शक्ति द्वारा निर्मल होकर और वहीं टिककर, बुर्ज्वा कलाकार की चेतना का एक अंश अलग होकर शोषित और क्रांतिकारी वर्ग के छोर से जुड़ जाता है। यह उस चेतना में घुलमिल जाती है जो इस अलगाव की विकासशील प्रक्रिया में निर्मित हो चुकी है। यह निर्मित चेतना कलात्मक न होकर वैज्ञानिक होती है, आवेगात्मक और अभिव्यंजक न होकर बौद्धिक और क्रियाशील होती है।

यह नई चेतना धीरे-धीरे पुरानी चेतना के सभी बिखरे हुए तत्त्वों को अपनी ओर खींच लेती है। पुरानी चेतना का खाका लगभग लुप्त हो जाता है। चूँकि पुरानी चेतना बुर्ज्वा वैचारिक रूपों की शक्तियों के अनुरूप संयोजित थी, इसलिए इससे पहले कि पुराने तत्त्व एक अधिक समृद्ध प्रतिदर्श (पैटर्न) में, अर्थात उस प्रतिदर्श में प्रवेश करें जो समाज के एक सीमित अंश की ही सृष्टि नहीं है बल्कि एक ऐसे वर्ग की सृष्टि है जो फैलकर समूचे ठोस जीवन को अपने भीतर समाहित कर चुका है, इनका पूरी तरह टूट जाना जरूरी है। इस फैलाव का प्रमाण नई चेतना की पूर्णतर अंतर्वस्तु में पाया जा सकता है जिसका पोषण अब मानव यथार्थ की समूची प्रक्रिया करेगी और इसलिए जो उसी तरह एक फूल-जैसा अविकल विकास करेगी जैसे यह कबीलाई समाज में करती रही, परंतु ऐसा उस समय से अब तक विकसित

तकनीकी परिष्कार के साथ करेगी। 'सर्वहारा' कला जब अपने को चरितार्थ करेगी तो यह 'कम्युनिस्ट' कला बन जाएगी।

विचारधारा के क्षेत्र में यह प्रक्रिया भौतिक अर्थव्यवस्था के क्षेत्र में जो कुछ घटित होगा, उसी के समानांतर है। यहाँ यह पूँजीवादी अर्थव्यवस्था के विचार-रूपों के विकास से जन्म लेकर बुर्ज्वा उत्पादन के तत्त्व, उत्पादन की शक्तियों, वर्गों के विरोधी ध्रुवों के बीच की प्रतिकर्षी गतिविधि के परिणामस्वरूप अराजकता में भड़क रही है। जब ये विचार रूप निःशेष हो जाएँगे तभी ये तत्त्व समाजवाद के अपेक्षाकृत अधिक सार्थक संगठन में व्यवस्थित हो सकेंगे। परंतु इसी बीच समाजवादी अर्थव्यवस्था के रूपों की आगमनसूचक रूपरेखा ट्रेड यूनियनों से मजदूरों की शक्ति की परिषदों में विकसित होकर सर्वहारा के छोर पर एक संगठनकारी शक्ति के रूप में प्रकट हो चुकी है।

यह सारी लड़ाई मनुष्यों की चेतना में लड़ी जाती है। कला के क्षेत्र में यह सर्वहारा के साथ बुर्ज्वा कलाकारों के पलायनकारी या विभ्रमपूर्ण समझौते के रूप में और सर्वहारा कलाकारों के उदय (पहली बार बुर्ज्वा तकनीक की सीमाओं के भीतर) में प्रकट होती है।

सर्वहारा के संदर्भ में बुर्ज्वा कलाकार की तीन संभावित भूमिकाएँ हैं—विरोध, समझौता या आत्मसात्कार। विरोध का अर्थ है परित्यक्त विचार रूपों की ओर वापसी। कल के परित्यक्त रूपों की ओर लौट पाना कतई संभव नहीं है। वे अपने को खत्म कर चुके हैं। अतः पीछे हटना और पुराणगाथात्मक विषयों की ओर लौटना, विश्व की व्याख्या कुलीनता और अवचेतना के संदर्भ में करना जरूरी हो जाता है। एक विरोध के लिए स्वीकृति पाने के लिए जो कि विशेषाधिकार प्राप्त प्रतिक्रियावादी शक्तियों के साथ समझौता मात्र हो सकता है, अहं और बाह्य जगत दोनों का बर्बरीकरण आवश्यक हो जाता है। इतिहास को पीछे लौटाने की इस चेष्टा से स्पेंग्लरवादी, आर्यवादी और फासिस्ट कला का जन्म होता है।

अधिकांश बुर्ज्वा कलाकार आज समझौते के रास्ते पर चल रहे हैं—फ्रांस में यीद; ब्रिटेन में डे लेजिस, आडेन और स्पेंडर, और अति यथार्थवादियों में से अनेक ने इसी संधिपत्र पर हस्ताक्षर किए हैं। इस प्रकार की संधि केवल अराजकतावादी संधि हो सकती है। बुर्ज्वा वर्ग उससे ऊँचा कोई संगठन नहीं पैदा कर सकता जिसे यह पैदा कर चुका है। यह है राष्ट्रवादी राज्य, जो फासिस्ट राज्य में अपने चरम बिंदु पर पहुँच जाता है। अतः यदि कुछ कलाकार इस संगठन को ठुकरा देते हैं और क्रांतिकारी हो जाते हैं तो वे सर्वहारा द्वारा रचित उच्चतर रूपों में ही संगठित हो सकते हैं। परंतु यह आत्मसात्करण का मार्ग है और हम यहाँ उन बुर्ज्वा कलाकारों की चर्चा कर रहे हैं जो एक समझौता करते हैं जिसका अर्थ है कि वे सर्वहारा संगठन में प्रवेश नहीं करते बल्कि 'सहयात्री' के रूप में इसकी जमात से अलग रहते हैं।

अतः वर्तमान समाज के प्रति उनका रवैया केवल ध्वंसात्मक हो सकता है। यह रवैया अराजक, निःशेषवादी और अति यथार्थबादी रवैया है। वे क्रांति की श्लाघा एक विराट विस्फोट के रूप में करते हैं, जो ऐसी हर चीज को उड़ा देगा जिसके विषय में वे ऐसा महसूस करते हैं कि यह उनके मार्ग को अवरुद्ध किए हुए है। परंतु उनके पास कोई रचनात्मक सिद्धांत नहीं है। मेरा मतलब उनके पास कलाकार के रूप में कोई रचनात्मक सिद्धांत नहीं है। वे अर्थशास्त्री हो सकते हैं और समाजवाद के आर्थिक विचार-रूपों को स्वीकार कर सकते हैं, परंतु एक कलाकार के रूप में वे एक ऐसी कला के रूप और वस्तु को नहीं देख सकते जो बुर्ज्वा कला का स्थान ले सके।

वे जानते हैं कि क्रांति की इस विराट आतिशबाजी के बाद 'कोई चीज आनेवाली है', परंतु वे इस नई ठोस जिंदगी के विशिष्ट सौंदर्य को एक कलाकार की-सी स्पष्टता से महसूस नहीं कर पाते क्योंकि वे सुनिश्चित रूप में उस संगठन से कटे हुए हैं जो इसे सचाई में बदलेगा और इसलिए अकेले जिसके दिल में ही भविष्य के जन्म की रूपरेखा है, उन्हें उस भविष्य में 'कुछ' तो रखना ही होगा और वे वहाँ बुर्ज्वा स्वतंत्रता और बुर्ज्वा समानता की अस्पष्ट अभिलाषाओं को रखते हैं। वे अपनी इच्छाओं के अनुरूप ही दिलेर नई दुनिया की तस्वीर देखते हैं। इसकी शक्ल साम्यवाद से नफरत करनेवाले फासिस्टों से अलग नहीं है जो अपनी इच्छाओं के पैमाने से नई दुनिया को रोक रखने की चेष्टा करते हैं। इन दोनों ही मामलों में भविष्य की एक तस्वीर गढ़ी जाती है जो विचित्र रूप में रुग्ण तथा आत्मिक दृष्टि से हिस्टीरियाग्रस्त है। पर एक मामले में यह पीछे की ओर लौट रही है, दूसरे मामले में यह अग्र गति और अंधे पूर्वाभास से परिपूर्ण है।

इसमें संदेह नहीं कि समकालीन बुर्ज्वा कलाकार की यह अराजक स्थिति बुर्ज्वा क्रांति की पुरानी कष्टगाथा का ही एक रूपांतर है। बुर्ज्वा प्रत्येक चरण पर ऐसी अंतर्विरोधी मान्यताओं का दावा करके व्यवस्था के विरुद्ध विद्रोह करता है जो उन चीजों को ही तेजी से आगे बढ़ाते हैं जिनसे वह नफरत करता है। परंतु यह उस आपदा का एक नया रूपांतर है। इस अंतिम चरण में बुर्ज्वा अर्थव्यवस्था के विकास में सक्रिय सहायता देने का अर्थ है विध्वंस को सहायता देना; इसलिए सर्वहारा के ये दोस्त खरे क्रांतिकारी हैं और उनकी क्रियाशीलता में विनाशकारी तत्त्व नकली नहीं बल्कि वास्तविक और पूर्ण हैं। इनके बीच की दरार क्रांति के प्रति एक रचनात्मक दृष्टिकोण की असंभाव्यता से पैदा होती है।

त्रात्स्की-जैसे तत्त्व अपने रुख में अपने आपको अनेक रूपों में व्यक्त करते हैं। तरुण कलाकार रूमांती क्रांतिकारी है। क्रांति का ध्वंसकारी हिस्सा ही उन्हें सबसे अधिक रंगीन प्रतीत होता है। और अनेक मामलों में यह स्पष्ट है कि हिंसा के बिना क्रांति हताशाजनक होगी। बादलेयर ने 1848 में मोर्चे पर अपनी लड़ाई का

हवाला देते हुए जो कुछ कहा था, उसमें उसने इस क्रांतिकारी भावना को नितांत अराजक रूप में व्यक्त किया था : जब मैं गणतंत्रवादी होने को तैयार होता हूँ, मैं जानबूझकर गलती करता हूँ!...मैं कहता हूँ : क्रांति जिंदाबाद! इसी तरह मैं कहूँगा : विनाश जिंदाबाद! मृत्यु जिंदाबाद!

इससे उनकी कला में क्रांतिकारी तत्त्वों में भी एक फासिस्ट बू आ जाती है, क्योंकि वे अपनी घृणा भी उसी स्रोत, अर्थात बुर्ज्वा विकास से, निम्न बुर्ज्वा पीड़ा से प्राप्त करते हैं। खैर, उनकी यह घृणा इसके सही स्रोत, बुर्ज्वा के प्रति होती है, जब कि फासिस्टों की घृणा काल्पनिक स्रोतों—मार्क्सवादियों, यहूदियों और अन्य राष्ट्रों के प्रति होती है। (सच्ची सर्वहारा कला में ध्वंसात्मक तत्त्व सर्वहारा की पीड़ा से उत्पन्न होता है जो कि एक भिन्न प्रकार का कष्ट है।)

रचनात्मक पक्ष में उनकी कृतियों का भावात्मक प्रसंग प्रायः अस्पष्ट, दिशाहीन और उलझा हुआ होता है। इसमें किसी न किसी रूप में 'मेरे लिए स्वतंत्रता' या 'सामाजिक पाबंदियों से स्वतंत्रता' का तकाजा निहित रहता है। निम्न बुर्ज्वा सीमाओं या आदर्शों से इसके द्विधाग्रस्त अलगाव के कारण व्यक्तिगत छूटों और सर्वहारा क्रांतिकारी सिद्धांत में नए आश्वासनों के लिए यहाँ-वहाँ दौड़-भाग या इसके संशोधन की एक हल्की-सी चिंता इसमें बनी रहती है।

उनकी कला में उलझाव का यह एक ऐसा स्रोत है जो इसे प्रायः अराजकता में बदल देता है, या यहाँ तक कि इन्हें चुप तक करा देता है। यह समझ लेना जरूरी है कि सर्वहारा संगठन में रच-पच जाने से उनका इनकार करना अनिवार्य रूप से यह सिद्ध नहीं करता कि वे सर्वहारा क्रांतिकारी जमात से पूरी तरह बाहर हैं। सर्वहारा क्रांति सर्वहारा के नायकत्व में घटित होती है और इसका अर्थ है कि यदि ये कलाकार अपने को पूरी तरह निष्क्रिय नहीं बना देना चाहते हैं, जैसा कि इनमें से कुछ आज कर रहे हैं, तो इन्हें सर्वहारा सेनाध्यक्ष के अभियान आदेशों को कुछ अंश तक स्वीकार करना चाहिए। उन्हें किसी न किसी कदर सर्वहारा के साथ कार्य करना चाहिए और इसका निश्चित रूप से अर्थ है कि उन्हें संयुक्त कार्रवाई के दायित्वों को स्वीकार करना चाहिए। इससे उन्हें सीख मिलेगी और इसका, मिसाल के तौर पर, स्पेंडर और डे लेविस पर खासा असर पड़ा है। कुछ मामलों में उनके सर्वहारा पार्टी, अर्थात कम्युनिस्ट पार्टी, में शामिल होने तक की बात आ सकती है परंतु इनमें से कुछ कलाकारों द्वारा ऐसा कदम उठाए जाने के विषय में घोर अनिच्छा उनकी मानसिकता की सूचना देती है। इसके बावजूद, यदि ये पार्टी में शामिल हो जाएँ तो भी उनके समझौते में यह अराजक तत्त्व एक विशिष्ट रूप ले लेता है। वे सर्वहारा के साथ मिल जाने की, उसके सिद्धांत और संगठन को कला के अतिरिक्त ठोस जीवन के सभी क्षेत्रों में स्वीकार करने की घोषणा करते हैं। यह

शर्त जो सामान्य आदमी के लिए कोई महत्त्व नहीं रखती, किसी कलाकार के लिए इस वजह से सर्वथा विनाशकारी है कि उसका सबसे महत्त्वपूर्ण कार्य कलाकार होना है। इससे उसके जीवन और कला में एक अलगाव पैदा हो जाता है—सर्वहारा के रूप में उसका जीवन बुर्ज्वा के रूप में उसकी कला से निरंतर दूर हटता जाता है। इसमें संदेह नहीं कि यह अलगाव पारस्परिक विरूपण के बिना घटित नहीं हो सकता। उसका सर्वहारावादी जीवन उसकी कला में मार्क्सवादी शब्दावली की अधकचरी और अनगढ़ कतरनों के विस्फोट के रूप में और जीवंत सर्वहारा सिद्धांत के यांत्रिक व्यवहार के रूप में व्यक्त होता है। यह बात अंग्रेजी के उन तीनों कवियों में बहुत साफ दिखाई देती है, जो क्रांतिकारी आंदोलन से जुड़े रहे हैं। उनकी बुर्ज्वा कला उनके सर्वहारा जीवन में बुर्ज्वा 'स्वतंत्रता' और अनुशासनहीनता या बिलकुल जाहिरा तौर पर पार्टी के क्रांतिकारी सिद्धांत के बुर्ज्वा विरूपण के रूप में फूटती है। इससे अचेतन रूप में कला में एक गैर ईमानदारी आ जाती है, जैसे उस व्यक्ति में आ जाती है जो क्रांति का अपने निजी स्वार्थों के लिए दुरुपयोग करता है। इसकी वजह यह है कि वह क्रांति को बुर्ज्वा स्वर्ग के एक मार्ग के रूप में देखता है और इस बात से अभिज्ञ होता है कि उसके साथी क्रांतिकारियों के विचार उससे भिन्न हैं। जो भी हो, वह वर्तमान प्रणाली का तख्ता पलटने में सहयोग करने के लिए तैयार होता है। यह केवल गैर-ईमानदारी से भरा होता है, क्योंकि यह अचेत होता है। यदि इसे खुला रूप दिया जाए तो यह एक कार्यकारी समझौता होगा, उसी तरह की एक मान्य संधि होगी, जो जन-मोर्चे की विभिन्न पार्टियों को राजनीतिक रूप में एक करती है।

चूँकि यह झिझक मुख्य रूप से कला के क्षेत्र में है, अतः क्रांति के साथ इस कलाकार की मुख्य चिंता क्रांति के बाद कला के क्षेत्र में अपनी स्वतंत्रता की गारंटी प्राप्त करने की होती है। उसे इस बात की चिंता नहीं होती कि अधिकांश लोगों को कौन-सी बात सर्वाधिक महत्त्वपूर्ण प्रतीत होगी। उसे ठोस जीवन में स्वतंत्रता की चिंता नहीं होती। वह समझता है कि तब उसके कार्य-कलाप अधिक स्वतंत्र होंगे, क्योंकि इन दूसरे मामलों में उसका दृष्टिकोण पहले से ही सर्वहारा है। उसे फिक्र होती है कि क्या कला स्वतंत्र होगी, क्या कला पर सेंसरशिप होगी या नहीं। स्वतंत्रता की उसकी समूची अवधारणाएँ वस्तुतः एक शब्द में उतर आती हैं। यह है सेंसरशिप। वह रूस जाता है तो उतना यह देखने के लिए नहीं कि लोग स्वतंत्र हैं या नहीं, जितना यह देखने कि अधिकारीगण कलाकारों के काम में 'दखल' तो नहीं देते। और इससे कलाकार के विषय में वह खास बुर्ज्वा अवधारणा अपना लेता है जिसके अनुसार एक मनुष्य के रूप में कलाकार एक छुट्टा भेड़िया होता है। वह एक ऐसा आदमी है जो समाज के लिए सौंदर्य की उद्भावना इसलिए करता है कि वह समकालीन सामाजिक नियंत्रणों से मुक्त है; और वह इस अवधारणा का पैबंद

सर्वहारा सिद्धांत में लगाने का प्रयत्न करता है।

बेशक यह बात सिर्फ कलाकार में ही नहीं पाई जाती। उदाहरण के लिए वैज्ञानिक सर्वहारा से इसी तरीके से समझौता करेंगे। वे केवल विज्ञान के क्षेत्र में शर्तें लगाते हैं। वे रूस में हर चीज का बलिदान देने के लिए तैयार होकर जाते हैं, बशर्ते वैज्ञानिक सिद्धांत के साथ कोई दखलंदाजी न की जाए। वे वैज्ञानिक के एक 'छुट्टा भेड़िया' होने की बुर्ज्वा अवधारणा विकसित कर लेते हैं। और यह बात सभी के बारे में कही जा सकती है—अध्यापक, किसान, प्रशासक, इतिहासकार, अभिनेता, अर्थशास्त्री, सैनिक और फैक्ट्री प्रबंधक जो सर्वहारा के साथ समझौते की आवश्यकता को तो स्वीकार करते हैं, इसे स्वतंत्र और सचेत रूप में चुनते हैं और सिवाय उस क्षेत्र के जो उनके लिए मूल्यवान है और जिसमें वे बुर्ज्वा मान्यताओं को बनाए रखने की माँग करते हैं, दूसरे सभी क्षेत्रों में सर्वहारा नेतृत्व को स्वीकार करते हैं। वास्तविकता यह है कि यदि इन सभी निम्न-बुर्ज्वा दावों को स्वीकार कर लिया जाए और इन्हें एक जगह जुटा दिया जाए तो ये किसी सर्वहारा समाज का ही निषेध करेंगे और उनका मतलब होगा वर्तमान प्रणाली को ही बनाए रखना जिसके विरुद्ध ये विद्रोह करते हैं। यह निश्चय ही उन व्यक्तियों को प्रभावित नहीं करता जो इस तरह की माँग करते हैं, क्योंकि उन्होंने अपनी रुचि के विशेष क्षेत्र को समग्र जीवन-क्षेत्र से काटकर अलग कर लिया है। उदाहरण के लिए कलाकार एक वैज्ञानिक का सर्वहाराकरण होता देखकर पूरी तरह संतुष्ट होगा। यही कारण है कि निम्न-बुर्ज्वा जितना ही क्रांतिकारी होता जाता है वह अन्य बुर्ज्वा क्रांतिकारियों के साथ अपने निजी संगठन में उतना ही कम काम कर सकता है और सर्वहारा के नायकत्व में वह उतना ही अधिक एक व्यक्ति बनता जाता है।

जीवन और सबसे मूल्यवान कार्य के बीच यह द्विभाजन इसलिए ही संभव है कि बुर्ज्वा संस्कृति के विकास से समस्त विचारधारा कला, दर्शन, भौतिकी, मनोविज्ञान, इतिहास, जीवविज्ञान, अर्थशास्त्र, संगीत, नृतत्व आदि के पृथक क्षेत्रों में दूर होती चली गई है। ये क्षेत्र जब अपने आंतरिक गठन और उपलब्धियों को बढ़ाते हैं तो एक-दूसरे से दूर भी भागते हैं और आम गड़बड़ी को और अधिक बढ़ाते हैं। यह चिंतन के क्षेत्र में उस तरीके के समान है, जिसमें फैक्टरी के भीतर के संगठन से फैक्टरियों के बीच का विघटन बढ़ा है। यह उत्पादन के संबंधों के साथ उत्पादक शक्तियों का संघर्ष है। यह बुर्ज्वा अंतर्विरोध का ही एक हिस्सा है। सर्वहारा का उतना ही बड़ा कार्य इस विचारधारात्मक गड़बड़ी को समन्वित करना और इसे चेतना के एक नए स्तर तक उठाना है जितना आर्थिक गड़बड़ी को समन्वित करना और उसे उत्पादन के एक नए स्तर तक पहुँचाना। इनमें से एक कार्य दूसरे का प्रतिरूप है। और इन दोनों का लक्ष्य एक ही है और वह है मानवता

के लिए अधिक स्वतंत्रता अर्जित करना।

अतः इन सभी बुर्ज्वा क्रांतिकारियों से जागरूक सर्वहारा को एक ही बात कहनी है :

> चूँकि आपकी स्वतंत्रता की अवधारणा की जड़ें समाज के एक हिस्से में जमी हुई हैं इसलिए यह आंशिक भी है। प्रत्येक स्वतंत्रता का निर्धारण उस समाज द्वारा होता है जो इसे पैदा करती है, परंतु चूँकि आप इस निर्धारण की रीति से अनभिज्ञ हैं, इसलिए आप अपनी चेतना को अपने अनुभव और इतिहास से निर्धारित न मानकर स्वतंत्र मानते हैं। इस भ्रम को आप बड़े गर्व से प्रदर्शित करते हैं पर यह आपकी पिछली दासता का तमगा है, क्योंकि यदि आपकी नजर उन कारणों पर पहुँच पाती, जिनसे आपके विचार निर्धारित होते हैं तो आप भी हमारी तरह स्वतंत्रता के मार्ग पर होते। सामाजिक स्वतंत्रता का एक मात्र रास्ता है समाज में अनिवार्यता की स्वीकृति।
>
> परंतु जब हम कहते हैं कि जागरूकता का निर्धारण उस समाज द्वारा होता है, जो इसे पैदा करता है तो इसका अर्थ है कि विचार अंततः ठोस जीवन से अर्थात व्यवहार से अविभाज्य है। प्रत्येक व्यक्ति दूसरों के लिए स्वतंत्रता को अर्जित और विकसित करता है। आप समझते हैं कि सिद्धांत को व्यवहार से, और उन सामाजिक आभारों और रूपों से, जो व्यवहार के साथ लगे हुए हैं, आप चिंतन को 'सेंसरशिप' से स्वतंत्र कर रहे हैं। आप विचार को जीवन से अलग करने की और इसलिए इसे छोड़कर हर चीज को समर्पित करके किसी न किसी तरह मनुष्य की स्वतंत्रता को बचाए रखने की आशा करते हैं। आपकी हालत उस आदमी-जैसी है, जिसने अपने सिक्के से खरीद-बिक्री की झंझट मोल लेने की जगह इसे रूमाल से ढक लिया था। परंतु स्वतंत्रता कोई ऐसी चीज नहीं जिसे बचाया जाए और काटकर अलग रखा जाए बल्कि यह जीवन की ठोस समस्याओं के साथ सक्रिय संघर्ष में उत्पन्न होनेवाली एक शक्ति है। आप चिंतन को अवचेतन बुर्ज्वा मान्यताओं का बंधक बना देंगे। आप व्यवहार की आत्मा को ही खत्म कर देंगे।
>
> मान्यताओं या निर्धारक कारणों से स्वतंत्र कला का अपना कोई तटस्थ जगत नहीं है। कला एक सामाजिक कार्य-व्यापार है। आपकी स्वतंत्रता स्वप्न की आभासिक स्वतंत्रता है जो चेतना से बाहर की शक्तियों से कठोर रूप में निर्धारित होने के बावजूद अपने को स्वतःस्फूर्त मान लेती है। वर्ग-आधारित कला अपनी कारणता से अचेत है और इसलिए इसी सीमा तक मिथ्या और अस्वतंत्र है तथा सर्वहारा कला अपनी कारणता के प्रति सचेत हो रही है और इसलिए साम्यवाद की सचमुच स्वतंत्र कला के रूप में

उदित होगी। आपको इन दोनों के बीच चुनाव करना ही होगा। साम्यवादी कला को छोड़ कोई और कला वर्ग-हीन नहीं है और साम्यवादी कला अभी तक जन्म नहीं ले सकी है। और आज की वर्ग कला जब तक सर्वहारा कला नहीं होगी तब तक एक मरणोन्मुख वर्ग की ही कला रहेगी।

हम आपकी कला की बुर्ज्वा अंतर्वस्तु की आलोचना करने से भी नहीं थकेंगे। आप बड़े गुस्से से 'आर्थिक' मान्यताओं (कैटेगरीज) को ठुकरा देते हैं। इसका कारण यह नहीं होता कि ये गलत हैं बल्कि यह कि ये आर्थिक हैं। परंतु सही आर्थिक विचार रूप उनके अतिरिक्त और कौन-से हो सकते हैं जो ठोस जीवन से लिए गए हैं? हम सिर्फ इस बात की माँग करते हैं कि आप कला को जीवन से और जीवन को कला से संतुलित करें, कि आप कला को जीवंत बनाएँ। क्या आपको दिखाई नहीं देता इनका अलगाव ही बुराई की जड़ है और बुर्ज्वा है? क्या आपको दिखाई नहीं देता कि इस एक मामले में आप अपने शत्रुओं के साथ जा खड़े होते हैं? आप हमारे दोस्त हैं और इसीलिए तो हम आपके सिद्धांत का इतना जमकर विरोध करते हैं।

हमारी यह माँग कि आपकी कला को सर्वहारापरक होना चाहिए, इस बात की माँग नहीं है कि आप जड़सूत्री विचार रूपों और मार्क्सवादी मुहावरों को कला में व्यवहृत करें। ऐसा करना बुर्ज्वा होगा। हम सिर्फ यह कहते हैं कि आप सचमुच नई दुनिया में जीवित रहें और अपनी आत्मा को पीछे न छोड़े और यदि आपकी कला बुर्ज्वा बनी रहती है तो आपकी आत्मा नई दुनिया में कैसे रह सकती है? जब आपकी कला सजीव बन पाएगी तभी हम यह मानेंगे कि यह संक्रमण घटित हो चुका है। तब आपकी कला सर्वहारा बन जाएगी। तब हम इसकी निष्प्राणता क लिए इसकी आलोचना करना बंद कर देंगे।

हम आपसे इस बात की माँग नहीं करते कि आप कला के क्षेत्र में उस चीज को स्वीकार करें जिसे आप सर्वहारा तानाशाही कहते हैं। इसके विपरीत हम कहते हैं कि जब तक आप सर्वहारा तानाशाही को अपने ऊपर लादते हैं, और सर्वहारा विचारधारा के दूसरे क्षेत्रों के सूत्रों को लेकर यांत्रिक रूप से कला पर घटित करते हैं, तब तक आप बुर्ज्वा ही बने हुए हैं। यह इस बात की माँग है कि एक कलाकार के रूप में आप कला के क्षेत्र में सर्वहारा नेता बन जाएँ। आप उन दोनों आसान रास्तों में से किसी एक को न अपनाएँ जो असल में एक ही हैं। इनमें से एक है बुर्ज्वा कला की निष्प्राण मान्यताओं को यांत्रिक रूप में फेंटते रहना और दूसरा है दूसरे सर्वहारा क्षेत्रों की मान्यताओं का यांत्रिक रूप में आयात करना। आप कठिन सर्जनात्मक मार्ग का अनुसरण करें। यह है कला के मानदंडों और तकनीक का पुनर्विन्यास

> ताकि यह जन्म ले रहे नए जगत को व्यक्त कर सके और इसकी सिद्धि का हिस्सा बन सके। तभी हम कहेंगे कि आपकी कला सर्वहारावादी और सजीव है। तभी हम कहेंगे कि आपकी आत्मा अतीत को छोड़ आई है—इसने अतीत को खींचकर वर्तमान में ला दिया और भविष्य की सिद्धि के लिए विवश किया है। अब आप 'महज एक कलाकार' (जिसका वास्तव में अर्थ है एक बुर्ज्वा कलाकार) नहीं हैं। आप सर्वहारा कलाकार हो चुके हैं।

सर्वहारा वैज्ञानिक, इंजीनियर, फैक्टरी मैनेजर, इतिहासकार और अर्थशास्त्री को वह जो संदेश देता है वह तत्त्वतः ऐसा ही है। परंतु प्रत्येक मामले में यह संदेश समझा नहीं जाता। इसे औपचारिक या कुटिल माना जाता है। इस बहस को सिद्धांत रूप में नहीं सुलझाया जा सकता क्योंकि इस विवाद का सार तत्त्व यह है कि इसके प्रतिद्वंद्वी दो संसारों में रहते हैं। इनमें से एक बुर्ज्वा मान्यताओं का संसार है और दूसरा सर्वहारा संसार। परंतु इसे व्यावहारिक जगत में हल किया जा सकता है क्योंकि ये दोनों ही एक वास्तविक जगत में रहते हैं। अतः समाजवादी क्रांति की प्रगति अपने बुर्ज्वा मित्रों को बहुत जल्दी आत्मसात कर लेती है। इसके बावजूद बुर्ज्वा चेतना बुर्ज्वा क्रांतिकारियों के पीछे लगी रहती है और कुछ विशेष चरित्रों में एक हताशाजनक दरार पैदा करती है, जिसके चलते इसके कुछ नेताओं के अधःपतन को क्रांति का नियम मान लिया जाता है। त्रात्स्की, जीनोवीव और कामेनेव इस बात के उदाहरण हैं कि यह किस तरह पूरे विश्वासघात का रूप ले सकता है। दूसरी ओर यह कलाकार को पूरी परिपक्वता तक पहुँचने से रोक सकता है। येसेनिन, मायकोव्स्की, पिल्नयाक और यूरी ओलेशा के जीवन और कृतित्व क्रांति के बाद बुर्ज्वा कला की मान्यताओं को सर्जनात्मक रूप में नए साँचे में ढालने की इस अक्षमता के पीछे काम करनेवाले द्वंद्व के उदाहरण हैं। साथ ही सर्वहारा के छोर पर आत्मसात्करण की इस प्रक्रिया में समाजवादी क्रांति के विकास के साथ तेजी आती है।

एक ओर तो सर्वहारा जीवन जीनेवाले लोग इनकी व्याख्या विद्यमान बुर्ज्वा मानदंडों के रूप में करते हैं; अर्थात वे पहले से विद्यमान बुर्ज्वा कलात्मक तकनीक का प्रयोग करते हैं। इस प्रयास में बाह्य मानदंडों को लागू करने के कारण आरंभ में एक दरिद्रता और निश्चित रूप से कुछ अनिश्चितता पाई जाती है। इससे एक ऐसी कला का उदय होता है जिसे कभी-कभी तात्विक रूप में सर्वहारा कला मान लिया जाता है, यद्यपि वास्तव में यह एक संक्रमणकालीन कला होती है। इस कला में एक सादगी और विषय का खुलापन होता है। इसके साथ तकनीक संबंधी अपरिपक्वता और अनगढ़ता पाई जाती है, जो कुछ वैसा ही होता है जैसे उस सर्वहारा में पाई जाएगी, जिसे पहली बार प्रशासन में एक ऐसी भूमिका मिली हो जो अब तक खास तौर पर बुर्ज्वा का विशेषाधिकार रहा हो। फिर भी यही वह तरीका

है जिसके द्वारा किसी बुर्ज्वा तकनीक और बुर्ज्वा प्रशासन को श्रमपूर्वक गढ़कर एक ऐसे नए स्तर पर पहुँचाया जाएगा, जिसमें घातक बुर्ज्वा गलतियों को छोड़कर हर प्रकार की गलतियाँ की जाएँगी ।

दूसरी ओर बुर्ज्वा चेतना से युक्त कलाकार इन्हें सर्वहारा जीवन को व्यक्त करने के लिए नए रूप में ढालने का प्रयत्न करते हैं । इनके साथ आकर दूसरे कलाकार मिल जाते हैं । यह कुछ वैसा ही है जैसे दूसरी ओर से सुरंग तैयार की जा रही हो । इनमें से एक तो सर्वहारा जीवन (व्यवहार) को बुर्ज्वा चेतना (सिद्धांत) की ओर ठेलने का प्रयास करता है; दूसरा बुर्ज्वा चेतना को सर्वहारा जीवन मे घुसाने का प्रयत्न करता है । ये दोनों कार्य चेतना को पूरी तरह नए रूप में ढालने की माँग करते हैं और इनमें से कोई अकेले सफल नहीं हो सकता । बुर्ज्वा प्रयास एक खास तरह की कला को जन्म देता है, जिसे कभी-कभी संक्रमणकालीन बुर्ज्वा कला न मानकर सर्वहारा कला मान लिया जाता है । यह एक ऐसी कला है जिसमें बुर्ज्वा कला के समृद्ध किंतु अस्पष्ट, बिखरे और अव्यवस्थित तत्त्वों को विशद, ठोस, सर्वहारा यथार्थों में अपूर्ण रूप में रूपांतरित कर दिया जाता है ।

महान सर्वहारा कला केवल इन दोनों के समन्वय से अर्थात सर्वहारा द्वारा पुरानी चेतना के विघटन के बाद पूर्ण आत्मसात्करण से ही उत्पन्न हो सकती है । यह आत्मसात्करण चेतना को नए स्तर तक अर्थात साम्यवादी चेतना के स्तर तक उठा देता है ।

चूँकि उस समय सर्वहारा समूचे समाज का पर्याय बन जाता है, अतः यह चेतना कदापि आंशिक और जीवन से उस तरह विच्छिन्न नहीं रह जाती जैसे हड्डी से मांस । तब समाज और मनुष्य में उसका प्रतिबिंब कदापि भग्न और आहत नहीं रहता । कला जीवन के पास लौट आती है और सभी मनुष्यों का यथार्थ बन जाती है ।

III

कविता शब्दों में प्रतीकबद्ध बाह्य यथार्थ के तत्त्वों के साथ अहं के गतिशील संबंध को साधारणीकृत और अमूर्त रूप में व्यक्त करती है । यह साधारणीकरण इसकी उस योग्यता का स्रोत है, जिसके द्वारा मनुष्य के भीतर सहजस्फूर्त आवेगात्मक तत्त्वों को—सामाजिक अहं के शारीरिक घटकों को—अनूठी शक्ति से मुखर किया जाता है ।

हम फिर कह दें कि कविता का आरंभ आदिम आखेटजीवियों और आहार अन्वेषियों के चीत्कार से आरंभ होता है, जिसमें मनुष्य अपने को बदलते हुए प्रकृति पर स्वामित्व पाने का प्रयास करता है । यह काम वह अपने को प्रकृति में झोंकते हुए करता है ताकि उसके संगठित जीवन का तरीका उसी तरह इच्छित वस्तुओं के

अनुरूप हो सके, जैसे कला में अभिव्यक्त उसका सामाजिक प्रत्यक्ष बोध पशुओं की डगर, उनकी विशेष रूपरेखा, उनकी विशिष्ट भयानकता और दुर्बलता के अनुरूप होता है। प्रकृति में अपने को डाल देने की यह क्रिया सचेत होती है, क्योंकि यह सामाजिक है। मनुष्य इस आरंभिक चरण में भी दूसरों के साथ मिलकर ही शिकार कर सकता था और आहार जुटा सकता था। यही कविता है जो कि मनुष्य के हृदय से प्रकृति की ऐसी नकल का आह्वान करती है, जो निरा प्रतिबिंब नहीं है बल्कि यह ऐसी प्रकृति है, जिसे मनुष्य प्रकृति के सूत्रों से उस समय बुनना चाहता है जब लोग सामूहिक प्रयास में उसके (प्रकृति के) साथ हिस्सा बँटाते हैं।

कविता में यह मिथ और अनुष्ठान के रूप में, सामूहिक गान या तान के रूप में उतारा जाता है, जहाँ प्रकृति रेवड़ों और फसलों के रूप में समाज के हृदय में उतार ली जाती है। लोग अपने सामूहिक प्रत्यक्षबोध और क्रिया को प्रकृति की रूपरेखा के अनुरूप बदलने की जगह, प्रकृति की रूपरेखा को अपने अनुसार बदलते हैं। विश्व प्रक्रिया को मनुष्य की अपनी झक के अनुरूप बनाने के लिए खुले दिल से तोड़ा-मरोड़ा जाता है। इसके बावजूद वह समाज जिसमें प्रकृति को घसीट लाया गया है अभी तक अभिन्नीकृत और समग्रतावादी है। समाज एक गर्भवती स्त्री की भाँति निष्क्रिय होते हुए भी सर्जनशील है। अब जीवन इससे बाहर नहीं रह गया है बल्कि इसके भीतर समा गया है।

अगले चरण में समाज में प्रकृति के अंतःक्षेप से स्वयं समाज प्रतिस्पर्धी हिस्सों या वर्गों में बँट जाता है। श्रम का विभाजन समाज के विभाजन में प्रतिबिंबित होता है। कृषिजीवी और पशुपालक सभ्यता के विकास से एक शासक वर्ग की सृष्टि होती है जो जमकर बैठ जाता है और इसके विपरीत भूदासों और दासों का एक वर्ग बनता है। प्रकृति के साथ संघर्ष बदलकर मनुष्यों के बीच आपसी संघर्ष का रूप ले लेता है। शासक वर्ग का प्रथम उदय पुराणगाथाओं के महाकाव्य में और कहानी में रूपांतरण तथा समारोहों के नाटकों के विकास रूप में दिखाई देता है। समाज का द्वंद्व कविता में मलिन और धूमिल नैतिक सवालों—ठीक और गलत के सवालों—में प्रतिबिंबित होता है जिसके दूसरी ओर ऐसी कविता मिलती है जिसका संबंध उल्लास, प्रेम और आनंद से है। कविता के क्षेत्र में संदेह, करुणा, उदात्तता, सौम्यता, भय और आयाससिद्ध सौंदर्य इन सभी का प्रवेश हो जाता है। वर्गों के विकास के कारण कार्यों में विभेद संभव हो पाता है, जिससे वैयक्तिकता को अधिक स्वतंत्रता मिलती है। पहली बार लोग कविता में अपनी बात करने लगते हैं। गीत का जन्म होता है।

बुर्ज्वा वर्ग सत्ता में आता है। यह एक ऐसा वर्ग है जिसके अस्तित्व की शर्त है अपने आधार में निरंतर क्रांति लाते रहना। कविता बदहवास हो जाती है, दुखांत हो जाती है, अंतर्विरोधों से भर जाती है। इसकी तकनीक में बहुत तेजी से

रूपांतरण आने लगता है। इसकी रचना के नियमों का ही तकाजा है कि प्रत्येक कदम इसके अस्तित्व की शर्तों के ही विरोध में उठाया जाए जो कि इन शर्तों की परिपक्वता और स्वयं इसके पतन को प्रोत्साहित करता है। ठोस बुर्ज्वा अस्तित्व के चलते कवियों द्वारा कविता के निषेध की और वैयक्तिक स्वतंत्रता के विरुद्ध कवियों का निरंतर विद्रोह कविता की एक पूरी दुनिया की माँग करता है जो ठोस बुर्ज्वा अस्तित्व की शर्तों की ही पूर्ति करता है। यह जीवन से पलायन करके शुद्ध कला के स्वर्ग में पहुँच जाता है। व्यक्तिगत सार्थकता का दावा और ठोस जीवन का खुला निषेध उसी अनुपात से बढ़ता जाता है जिस अनुपात से ठोस जीवन की शर्तें व्यक्तिगत सार्थकता का गला घोंटती जाती हैं। अपने आप में सिमटने की यह क्रिया बुर्ज्वा वर्ग के यथार्थ से पीछे हटने, बुर्ज्वा चेतना और सर्वहारा यथार्थ के बीच समाज की उत्पादक शक्तियों तथा बुर्ज्वा वर्ग के अस्तित्व की सामाजिक शर्तों के बीच बढ़ते हुए अंतर्विरोध की झलक देता है।

कविता तकनीकी दृष्टि से एक अभूतपूर्व सामर्थ्य पर पहुँच जाती है। यह यथार्थ जगत से अधिकाधिक अलग होती चली जाती है। यह उस समय तक अधिकाधिक सफलता के साथ जीवन के व्यक्तिगत प्रत्यक्षबोध और व्यक्तिगत अनुभूति का दम भरती जाती है जब तक यह इतनी समाज-विच्छिन्न नहीं हो जाती कि पहले प्रत्यक्षबोध और फिर अनुभूति बिल्कुल समाप्त नहीं हो जाते। अधिसंख्य लोग अब कविता कतई पढ़ते ही नहीं, इसकी आवश्यकता कतई महसूस ही नहीं करते, इसे समझते भी नहीं, क्योंकि अपनी तकनीक के विकास के चलते कविता ठोस जीवन से अलग हो गई है और यह अलगाव समूचे समाज में एक इसी तरह के अलगाव का प्रतिरूप है।

इस तरह कवि जीवन—अर्थात अपने अनुभव द्वारा—तब तक केवल उन्हीं शब्दों और संयोजनकारी मूल्यों पर ध्यान केंद्रित करने को बाध्य होता है जो कुल मिलाकर मनुष्यों के लिए कम मूल्यवान होते चले गए जब तक कविता समूचे समाज के एक अनिवार्य कार्य (जैसा कि किसी आदिम कबीले में होता था) से हटकर कुछ थोड़े-से चुने हुए लोगों की विलासिता नहीं बन जाती।

बुर्ज्वा संस्कृति से साम्यवाद की ओर बढ़ने का आंदोलन आदिम समाजवाद के सामाजिक भाईचारे की ओर वापसी का भी आंदोलन है। पर यह एक ऐसा आंदोलन है, जो इस बीच के सभी विकासों, समस्त श्रम-विभाजनों को भी समेटता और जुटाता है जो स्वतंत्रता, विशिष्टीकरण और चेतना के विस्तार के कारण संभव हो पाए हैं। यह बिना किसी दमन के एक ऐसे समाज की समग्रवादिता और एकनिष्ठता की ओर आंदोलन है, जिसमें चेतना और स्वतंत्रता में सभी का समान हिस्सा है।

इस प्रकार का समाज आदिम रूप में एक समाज था क्योंकि अपनी स्वल्प

उत्पादनशीलता के कारण इसमें पाई जानेवाली एकनिष्ठता अपरिष्कृत और नंगी थी और इसमें चेतना और स्वतंत्रता इतनी स्वल्प थी कि इसमें सबका हिस्सा होने के बावजूद यह हिस्सा बहुत थोड़ा था। चेतना और स्वतंत्रता पर एकाधिकार होना, इनका कुछ समय के लिए शासक वर्ग के छोर पर पुँजीभूत होना आवश्यक था ताकि मनुष्य अपनी उन उत्पादक शक्तियों को विकसित कर सके जो सामाजिक श्रम की गोद में निद्रालीन थीं। और जब इसमें ऐसे अंतर्विरोध पैदा हो जाते हैं जिनको साम्यवाद के जरिए ही हल किया जा सके तो उस विभाजन और श्रम संगठन पर आधारित उत्पादक शक्तियाँ उस अवस्था तक विकसित होती हैं जहाँ एक समाज की एकनिष्ठता के भीतर वैयक्तिक विभेदन मुक्त रूप में घटित हो सके, जहाँ स्वतंत्रता और चेतना इतनी पर्याप्त हैं कि इसमें सभी का हिस्सा हो सके और फिर भी इसमें पर्याप्त छूट हो; जहाँ एक समाज, स्वतंत्रता और चेतना सामान्य होने के कारण उस वर्ग समाज की तुलना में अधिक ऊँची हो सके, जिसमें कि इसे निरंतर काटा और पंगु बनाया जाता रहता है। वैयक्तिकता सिद्धि के एक नए और उच्चतर आयाम में आती है।

इसका अर्थ है कवि के भावकों का बहुत बड़ा विस्तार। जब स्वतंत्रता और चेतना पर सभी का अधिकार हो जाता है और उन पर किसी विशेष वर्ग का विशेषाधिकार नहीं रह जाता, तब कवि के भावकों में क्रमशः पूरा समाज आ जाता है। कविता एक बार फिर वही भूमिका निभाने लगती है, जो यह आदिम समाज में निभाया करती थी, पर इसमें एक फर्क रहता है। उत्पादक शक्तियों में जो अपार वृद्धि हुई है, उसने कविता को दूसरी कलाओं से तथा कलाओं को विज्ञान से विलग कर दिया है और इससे कविता कबीले की कविता नहीं रह गई है बल्कि बदलकर इकाई मानवों की कविता बन गई है। अतः साम्यवाद में कविता समग्रवादी होने से कम व्यक्तिगत नहीं हो जाएगी बल्कि अधिक व्यक्तिगत हो जाएगी। यह विशिष्टीकरण कलात्मक होगा जो सामाजिक अहं के परिवर्तन से आएगा जो कि व्यक्तिगत और स्वप्नवत नहीं होता। यह सामाजिक अहं के अवचेतन में उतर आने के कारण घटित होगा।

कवि के भावकों में वृद्धि सोवियत संघ में देखी भी जा सकती है जहाँ कवियों के बीस-तीस लाख पाठक होते हैं, जहाँ कविता की पुस्तकों की इतनी भारी बिक्री होती है, जैसी इससे पहले कभी हुई ही नहीं थी।

यही परिवर्तन कवि की शब्दावली में भी झलकता है। बुर्ज्वा कवि की शब्दावली पंडिताऊ और सीमित हो गई थी। यह सीमित शब्दों के प्रयोग के अर्थ में सीमित नहीं हुई थी बल्कि शब्दों के उपयोज्य जन-मूल्यों की सीमा के द्वारा सीमित हो गई थी। वास्तव में बुर्ज्वा कवियों द्वारा प्रयुक्त शब्दों की संख्या और किस्म में तो वृद्धि हुई जो उस तकनीक में निरंतर आती रहनेवाली क्रांति के

समानांतर है, जो पूँजीवादी अस्तित्व की शर्तों के कारण सीधे पूँजीवाद की जड़ों तक पहुँचती है। परंतु तकनीक की इस वृद्धि व समृद्धि के समानांतर कवियों द्वारा प्रयुक्त शब्दों के सामाजिक साहचर्यों में एक ह्रास और दारिद्रय आया है।

एक-एक करके ये संगठन भोंडे, आम, रूढ़िवादी, कुटिल लकीर के फकीर और निष्प्राण या बाजारू होते गए, क्योंकि जिस जीवन से ये अपना प्राण तत्त्व ग्रहण करते थे, वह स्वयं भी यही होता जा रहा था। अतः आधुनिक कविता जीवन से, वास्तविक सामाजिक अंतर्वस्तु से निरंतर शून्य होती चली जाती है, और कविता द्वारा प्रयोज्य जो एकमात्र शब्द-मूल्य बचे रह जाते हैं, वे उस समय तक अधिकाधिक व्यक्तिगत होते चले जाते हैं जब तक वे पूरी तरह किताबी और निजी नहीं हो जाते। यही कारण है कि कविता बुर्ज्वा सभ्यता की शर्तों में डूबकर अधिकांश लोगों की पहुँच से बाहर होती चली गई। यह ठोस जीवन के प्रति अत्यधिक विद्रोहपूर्ण, अत्यधिक खुले रूप में आलोचनात्मक हो गई। यह विद्रोहपूर्ण थी, क्रांतिकारी नहीं, पर साथ ही इसकी गति मंद भी नहीं थी। इसने इनके भोंडे मूल्यों और विक्षुब्ध मूल वृत्तियों को अपनाकर इन दोनों को धर्म, जाज या जासूसी उपन्यासों-जैसे भाववादी इच्छापूरक जगत में शामिल भी नहीं किया। इसने चुपचाप इन सभी भोंडे मूल्यों को निकाल बाहर किया पर ऐसा करते हुए इसने ठोस जीवन को भी धीरे-धीरे बाहर कर दिया और यही प्रक्रिया थी जिसके कारण कला कला के लिए का, अपरता और भ्रम का, स्वप्न के गगनचुंबी स्वर्ग का संसार अस्तित्व में आया जो अंततः पूरी तरह निजी बन गया और दुःस्वप्न तथा जलमग्न झिलमिल प्रकाश की खाई में बदल गया।

इस प्रकार कविता की रूपरेखा की वह सरलता, वह गरिमा और पैनी उदात्तता समाप्त हो गई, जो इसमें तब आती है जब यह ठोस जीवन में स्थित होती है और नितांत सामान्य तथा महत्त्वपूर्ण अनुभवों को नितांत सर्वग्राह्य सार्थक रूप में मुखर करने के सामर्थ्य से उत्पन्न होती है।

विद्रोही होने के बावजूद कविता क्रांतिकारी नहीं थी क्योंकि क्रांति भौतिक यथार्थ की परिधि में रहती है, मनुष्यों के सामान्य मूल्यों और आहत सहज वृत्तियों के साथ काम करती है। यह उन्हें एक फंतासीजन्य स्वर्ग में इन्हें शमित करने के लिए संयोजित नहीं करती बल्कि उनकी घृणा और महत्त्वाकांक्षाओं को, चाहे जितने भी सीमित रूप में क्यों न हो, ठोस जीवन की दुनिया में उनके कष्ट के कारणों को समाप्त करने की दिशा में मोड़ देती है। कवि क्रांति का नायक नहीं हो सकता (यद्यपि एक निश्चित चरण पर वह इसका गायक और प्रेरक हो सकता है), क्योंकि विजातीय मूल्यों के दबाव से उसका जगत यथार्थ जगत का एक छोटा हिस्सा बन गया है और क्रांति के कार्यभार का एक हिस्सा इस जगत का विस्तार करना भी है।

मूल्यों के परिवर्तन, जीवन को भोंडेपन से बचाने, समवेत स्वतंत्रता के विस्तार

तथा वैयक्तिक चेतना के उन्मोचन का जो कि साम्यवाद में घटित होता है, अर्थ है कलाकार की अभिरुचि के अनुसार पुनरुज्जीवित और उदात्तीकृत इन सामाजिक मूल्यों की ओर वापसी। पहले उसके शब्दभंडार को शब्दों की संख्या तक भी सरलीकृत किया जा सकता है। इसका असल कारण है कि इन शब्दों द्वारा उन्मुक्त यथार्थ जटिल और समृद्ध है। अब वह पुराने सभ्रांत रूप में बात कर सकता है। भाषा के पीछे मूल्यों का संसार कविता के लिए उसी तरह विस्तृत होगा, जैसे यह एलिजाबेथ काल में विस्तृत हुआ था। उस समय यह विस्तार मूल्यों की एक समूची दुनिया के उद्‌घाटन से हुआ था, जो पहले कवि के लिए वैयक्तिक हुआ करते थे पर अब पहली बार सामाजिक बनाए गए थे। अब यह विस्तार कविता में परिशोधित सामाजिक मूल्यों की एक दुनिया के उद्‌घाटन से आएगा, जो पहली बार कवि के लिए व्यक्तिगत बन जाएँगे। कविता की तकनीक में यह परिवर्तन इस बात की झलक है कि कविता किस तरह उस जीवन में वापस आती है जिससे यह पलायन कर गई थी और अपने साथ किस तरह उन समस्त विकासों के लिए आती है जो इस अलगाव के द्वारा पैदा हुए थे।

बुर्ज्वा अर्थव्यवस्था द्वारा विकसित वैयक्तिकता जो स्वतः अराजक और अवरुद्ध हो गई थी, साम्यवादी मानदंडों द्वारा और भी विकसित की जाती है, और इसके साथ ही समन्वित भी की जाती है। इसे एक समग्रतावादी पूर्णता और स्वस्थ चित्तता भी प्रदान की जाती है। यह दो तरीकों से व्यक्त किया जा सकता है। एक ओर तो प्रसारण का विकास कविता को एक नया सामूहिक आकार देगा और दूसरी ओर अभिनेता की वैयक्तिकता का कवि के क्षणों से कोई द्वंद्व नहीं होगा और कविता अपने को अधिक सामूहिक और वास्तविक बनाती हुई नाटक के पास लौट सकती है। ऐसा भी लगता है (यद्यपि यह अटकल मात्र है) कि चूँकि फिल्म पूँजीवादी मंच की उच्चतम संभावनाओं को अपेक्षाकृत अधिक सामूहिक, अधिक सशक्त और अधिक लचीले रूप में हासिल करती है अतः यह साम्यवाद में ही अपनी पूरी सार्थकता प्राप्त कर सकेगी।

आर्केस्ट्रा के संचालक की तरह फिल्म का निर्माता उस अहं का मूर्त रूप है जिसमें कहानी घटित होती है पर उसकी शक्ति एक संचालक से बहुत अधिक है। यह नहीं सोचा जाना चाहिए कि साम्यवाद में अभिनेताओं, 'सितारों' या लेखकों के लिए अवरोध पैदा होगा। इसके विपरीत केवल उसी स्थिति में उनकी वैयक्तिकता को अपेक्षाकृत अधिक विशद और गहन अर्थ मिल सकेगा, क्योंकि यह एक सामूहिक अर्थ होगा। यह मात्र संयोग नहीं है कि बुर्ज्वा संस्कृति के अंतिम चरण में वैयक्तिकता को तो इतना ऊपर उठा दिया गया पर इसने कोई 'नायक', कोई महान लेखक, कलाकार, अभिनेता या कवि नहीं पैदा किया। महान व्यक्ति महज एक व्यक्ति नहीं होता अपितु यह एक ऐसी वैयक्तिकता होता है, जिसे सामूहिक

प्राण-प्रतिष्ठा और महत्त्व दे दिया जाता है। इसकी छाया चूँकि पूरे समाज पर पड़ती है इसलिए ही यह इतनी महाकार होती है। बुर्ज्वा संस्कृति सर्वहारा संस्कृति की खिल्ली इस बात पर उड़ाती रही है कि अपने पहले संघर्ष में इसने मार्क्स, लेनिन और स्तालिन पैदा किए जबकि बुर्ज्वा संस्कृति के अनुसार साम्यवाद 'महान पुरुषों में' या 'व्यक्तियों' में विश्वास नहीं करता और इस तरह यह अपने ही उपदेशों का खंडन करता है। इस खिल्ली में बुर्ज्वा संस्कृति समाज से व्यक्ति के संबंध की अपनी अवधारणा की भ्रामकता को ही उद्घाटित करती है।

यह देखा जा सकता है कि समाज के इस अंतिम आंदोलन में आदिम समाजवाद से यह साम्य है कि एक बार फिर मनुष्य अहं से यथार्थ की ओर—बाहर की ओर—मुड़ता है, और दुनिया से सीधे आँखें मिलाता है। परंतु अब दुनिया कुछ थोड़े-से पशुओं और फसलों और एक परिक्रमा करते हुए सूर्य की दुनिया नहीं है, बल्कि एक ऐसी दुनिया है जो वर्ग-निर्माण के दौरान प्रकृति को समाज के भीतर समाहित करके समृद्ध हो चुकी है। यह एक ऐसा यथार्थ है, जो शताब्दियों तक प्रकृति और मनुष्य की पारस्परिक अंतर्व्याप्ति द्वारा विशदतर होता गया है। यह समाज में श्रम के विभाजन में प्रकट है, और मनुष्य द्वारा प्रकृति को बदलने के प्रयत्न के कारण जटिल हो चुका है। सबसे पहले मनुष्य ने सामाजिक संबंधों की पूरी दुनिया की ओर से बेपरवाह होकर, जिन्हें यह आंदोलन पैदा करता है, प्रकृति को अपने भीतर उतारते हुए प्रकृति को बदलने का प्रयास किया।

इस काल के समाप्त होने पर मनुष्य समस्त वैभव और जटिल मूल्योंवाले सामाजिक संबंधों की पूरी दुनिया से आँखें मिला सकता है। इससे पहले यह उनके संज्ञात जगत में तोड़-मरोड़ द्वारा, देवताओं की अदृश्य उपस्थिति या शक्तियों के रूप में, निरे अमूर्तन—मनुष्य, 'मानव सार तत्त्व', नागर समाज—के रूप में ही उन्हें मालूम था। जीवन का यह ठोस जगत जो अपने भीतर मनुष्य और प्रकृति के विच्छिन्न और सरलतर अमूर्त जगतों को एक अविकल और विकसित समग्रता के रूप में संचित करता है, साम्यवादी कवि की चिंता का विशेष विषय है। वह अपनी निजी वैयक्तिकता में, उसी तक और इसी के लिए रुचि नहीं लेता। यह एक ऐसी अवधारणा है, जिसमें बुर्ज्वा समाज के अंतर्विरोध छिपे हैं और जिसने उसे नष्ट कर डाला। वह एक संप्रेषणशील जगत में जो कि सिर्फ रूपाकारहीन समुद्र नहीं है अपितु जिसकी अपनी कठोरता और यथार्थ है, दूसरे व्यक्तियों के साथ संबंध विकसित करने में रुचि रखता है। साम्यवादी कवि वास्तविक जीवन में मनुष्यों के संबंधों में निहित समस्त मूल्यों को फलीभूत करने से इतना अधिक लगाव रखता है जितना इससे पहले कभी रखा ही नहीं गया।

कला की प्रत्येक अवस्था, संस्कृति के प्रत्येक चरण के अपने गतिशील सिद्धांत होते हैं जो इसकी त्रासदी, इसके सौंदर्य, इसके तोष और इसकी सर्जनात्मक शक्ति

के स्रोत होते हैं । आदिम संस्कृति में बलवान और बर्बर पशु की त्रासदी; पशुपालक समाज में देवताओं और मिथ की त्रासदी; समस्त वर्ग समाजों में चरित्र नायक की इच्छा की त्रासदी । आरंभिक बुर्ज्वा समाज में राजा की इच्छा की त्रासदी; परवर्ती बुर्ज्वा समाज में ज्वायस के 'यूलिसेज़' और प्रूस्त के 'मैं सर्वथा व्यक्तिगत फंतासी की एक दुनिया में रहता हूँ' की त्रासदी । त्रासदी अपने तईं दुखांत नहीं होती; यह सुकर, कोमल और तोषकर होती है । अरस्तू के शब्दों में कहें तो यह रेचक होती है । पर इसके साथ ही उस संस्कृति का भी एक दृश्य होता है, जो इसलिए दुखद मृत्यु का ग्रास बन रही होती है कि इसका साँचा अर्थात समाज बिखर गया है और निर्वीर्य हो गया है । यह कला की करुणा है, जो इसलिए त्रासदी नहीं हो सकती कि यह अपनी समस्याओं को त्रासद रूप में हल नहीं कर सकती बल्कि यह असाध्य द्वंद्वों से क्षत-विक्षत है और नाना प्रकार की अवास्तविक फंतासियों से बेचैन है । यह आज कला के विलय और व्यर्थता की ट्रैजेडी है । यह उस इच्छा की दुर्गति है जो अपने आपको समझती नहीं; उस अवचेतन मनुष्य की ट्रैजेडी है जो गुलाम तो है पर यह नहीं जानता कि वह किसका गुलाम है । कला स्वतंत्र लोगों का विशेषाधिकार है ।

समस्त कला स्वतंत्रता की उस अवधारणा द्वारा अनुकूलित होती है, जो इसे जन्म देनेवाले समाज का शासन करती है । कला स्वतंत्रता का ही एक रूप है और समाज का एक वर्ग स्वतंत्रता को सर्वथा उस सापेक्ष स्वतंत्रता के रूप में ही कल्पित कर पाता है जिसे वह हासिल कर चुका है । बुर्ज्वा समाज में मनुष्य बाह्य यथार्थ की अनिवार्यता के प्रति तो सचेत है पर अपनी स्वतंत्रता के प्रति नहीं । इसका कारण यह है कि वह उस समाज से ही अचेत है, जो उसे वह बनाती है, जो वह है । वह केवल एक अधूरा आदमी है । साम्यवादी कविता पूर्ण होगी क्योंकि इसमें मनुष्य न केवल अपनी अनिवार्यता के विषय में सचेत होगा अपितु बाह्य यथार्थ की अनिवार्यता के विषय में भी सचेत होगा ।

जो भी चीज अस्तित्व ग्रहण करती है, वह नष्ट भी हो जाती है, सबकुछ प्रवहमान है, गतिशील है; अस्तित्व का अर्थ है एक फव्वारे-जैसा होना और फिर भी एक शक्ल रखना क्योंकि कोई चीज स्थिर नहीं है—यही समस्त कला का विषय है, क्योंकि यही यथार्थ का ताना-बाना है । मनुष्य जीवन की ओर खिंचता है, क्योंकि जीवन उससे अलग खिसकता रहता है; उसकी इच्छाएँ नक्षत्रों जितनी पुरानी और अटल हैं । प्यार में एक उन्मेषपूर्ण मधुरता होती है और नई जिंदगी पुरानी को अलग ठेलती जाती है—ये अस्तित्व के गुण हैं जो उतने ही पुराने हैं जितना मनुष्य स्वयं । स्वयं मनुष्य को भी गुजर जाना होगा ।

अतः कला की सामग्री तभी तक है जब तक मनुष्य है । यह फव्वारा उस समय रुक जाता है जब लोगों में वैमनस्य पैदा हो जाता है और निष्फल द्वंद्व में वे अपनी

बर्बादी करते हैं तथा समाज की धड़कन रुक जाती है। यह समूची गति सर्जनात्मक है, क्योंकि यह कोई मामूली आंदोलन नहीं है बल्कि अपनी ही उग्रता द्वारा उद्घाटित एक विकास है। शाश्वत सरलताएँ अपने अंतरतम से कला में सर्मृद्धि लाती हैं। इसका कारण केवल यह नहीं है कि ये शाश्वत हैं बल्कि यह कि परिवर्तन ही उनके अस्तित्व की शर्त है। इस तरह कला मनुष्य की आत्मसिद्धि की एक शर्त है और स्वतः मनुष्य के यथार्थों में से एक है।

ग्रंथ-सूची

द' आब्रो, ए., इवोल्यूशन ऑफ साइंटिफिक थाट फ्राम न्यूटन टु आइंस्टाइन, 1927
ऐडलर, ए., द न्यूरोटिक कंस्टीट्यूशन, 1916
ऐडलर, एम. जे., डायलेक्टिक
आल्ड्रिच, सी. आर., द प्रिमिटिव माइंड
ऐलेन, ए. एच. बी., प्लेज़र ऐंड इंस्टिंक्ट, 1930
ऐलवर्डीज, एफ., सोशल लाइफ इन द एनिमल वर्ल्ड
द' एल्विएला, ई. जी., ला माइग्रेशां दे सिंबोले, 1891
एपोलिनेयर, जी., आल्कूल्स
ऐपथार्प, डब्ल्यू. एफ., द आपेरा, पास्ट ऐंड प्रेजेंट, 1901
अरिस्टाटल, पोएटिक्स
रेटरिक
अर्नाल्ड, एम., इंट्रोडक्शन टु 'इंग्लिश पोएट्स', वार्ड, 1880
ऐशली, डब्ल्यू. जे. , इकानामिक आर्गनाइजेशन ऑफ इंग्लैंड, 1914
ऐटकिंसन, जे. जे., प्राइमल लॉ, 1903

बार्टले, एफ. सी., साइकोलॉजी ऐंड प्रिमिटिव कल्चर, 1923
बेटसन, डब्ल्यू. मेंडल्स, प्रिंसिपल्स ऑफ हेरेडिटी, 1909
बेल, क्लाइव, सिस सेजाँ, 1922
बेल, ई., हेलेनिक आर्किटेक्चर, 1920
बेनेडिक्ट, आर., पैटर्न्स आफ कल्चर, 1935
बेनेट, एच. एस., द पैस्टन्स ऐंड देयर इंग्लैंड, 1922
बर्गसाँ, एच., Essai surles donnees immediates de la conscience. 1889.
Matiere et memoire. 1896.
L' Evolution creatrice. 1907.
बर्कली एच., मिस्टिसिज्म इन मॉडर्न मैथेमेटिक्स, 1910
ब्यूवर, जे. ए., द लिटरेचर आफ द ओल्ड टेस्टामेंट इन इट्स हिस्टारिकल डवलपमेंट, 1904
ब्लैक, एम., नेचर ऑफ मैथमेटिक्स, 1933
ब्लूमफील्ड, एल., लैंग्वेज, 1935

बोइसोनेड, पी., Le Travail dans l'Europe chretienne au moyen age. 1921.
बोर्न, एच. ई., द रिवोल्यूशनरी पीरियड इन इंगलैंड, 1914
बोडेन, डब्ल्यू., द राइज आफ द ग्रेट मैनुफैक्चर्स आफ इंगलैंड, 1919
इंडस्ट्रियल सोसाइटी इन इंगलैंड टुवर्ड्स द एंड आफ द एटींथ सेंचुरी, 1925
ब्रीस्टेड, जे. एच., ए हिस्ट्री आफ द ऐंशंट इजिप्शियंस, 1908
ऐंशंट टाइम्स, 1916
BREHIER, L. L'Art Byzantin. 1924.
ब्रिगमन, पी. डब्ल्यू., द लाजिक आफ माडर्न फीजिक्स, 1927
ब्राड, जी. डी. परसेप्शन, फीजिक्स ऐंड रियलिटी, 1914
साइंटिफिक थाट, 1923
ब्राडेत्स्की, एस., द मीनिंग आफ मैथेमेटिक्स, 1929
ब्रोवर, एल. ई. जे., 'इनट्यूशनिज्म ऐंड फार्मेलिज्म' (बुल. अमेरि. मैथ. सोसाइटी, खंड 20), 1913
बूचर, के., आर्बिएट एंड रिदम्स, 1899
बड, सी., चाइनीज पोएम्स, 1912
बज, ई. ए. डब्ल्यू., ईजिप्शियन मैजिक
ईजिपशियन रिलिजन
बुखारिन, एन. आई., इंपीरियलिज्म ऐंड वर्ल्ड इकानमी (अनु.), 1930
इकानमिक थ्योरी आफ द लेजर क्लास
बुखारिन, एन. आई. (तथा अन्य) मार्क्सिज्म ऐंड मॉडर्न थाट, 1935
पोएट्री, पोएटिक्स ऐंड द प्राब्लम्स आफ पोएट्री इन द यू. एस. एस. आर. 1935
बुलेन, ए. एच., एलिजाबेथंस, 1924
बर्किट, एम. सी., प्रीहिस्ट्री, 1921
द ओल्ड स्टोन एज, 1933
बर्न्स, एमिल, कैपिटलिज्म, कम्युनिज्म ऐंड ट्रांजिशन
बरो, टी., सोशल बेसिस आफ कांशसनेस
बुशेल, एस. डब्ल्यू., चाइनीज आर्ट, 1909
बटलर, डब्ल्यू. एफ., द लोंबार्ड केम्यून्स, 1906
बक्स्टन, एल. एच. डी., प्रीमिटिव लेबर, 1924
कैजोरी, एफ., हिस्ट्री आफ मैथमेटिक्स, 1919

कैंपबेल, सी. एम., डेस्टिनी ऐंड डिजीज इन मेंटल डिसआर्डर्स, 1935

कैनन, डब्ल्यू. बी. बाडिली, चेंजेज इन पेन, हंगर, फीयर ऐंड रेज, 1915

कार्लन, एफ. टी., हिस्ट्री ऐंड प्राब्लम्स आफ आर्गनाइज्ड लेबर, 1920

कारपेंटर, राइस द एस्थेटिक बेसिस आफ ग्रीक आर्ट, 1921

चेज, ए., द हिस्ट्री आफ आर्केस्ट्रेशन, 1926

कैसिरेर, ई., स्प्राख उंड माइथास, लीपत्सिग, 1925.

चैंबर्स, ई. के., द मेडिवल स्टेज, 1903

द एलिजाबेथन स्टेज, 1923

चेनी, एस. डब्ल्यू., प्राइमर आफ माडर्न आर्ट, 1923

चेनी, ई. पी., इंडस्ट्रियल ऐंड सोशल हिस्ट्री आफ इंगलैंड, 1920

चाइल्ड, वी. जी., द डान आफ यूरोपियन सिविलाइजेशन, 1926

क्लैपरेड, ई., Recognition et moiete. Arch. de Psych. 1911.

कार्डरिंग्टन, आर. एच., द मेलानेसियंस, 1891

कोलरिज, एस. टी., बायोग्राफिया लिटेरारिया, 1917

कम्युनिस्ट इंटरनेशनल प्रोग्राम, 1929

कानवे, बी. एल., द कंडेम्नेशन आफ गैलीलियो, 1910

कोनीबियर, एफ. सी., मिथ, मैजिक ऐंड मारल्स, 1910

कार्बुजिएर, ले. सिटी आफ टुमारो, 1929

कार्नफोर्ड, एफ. एच., ओरिजिन आफ ऐटिक कामेडी, 1914

फ्राम रिलिजन टु फिलासफी, 1912

कोल्टन, जी. सी., सोशल लाइफ इन ब्रिटेन फ्राम द नार्मन कांक्वेस्ट टु द रिफार्मेशन, 1918

COUTURAT, La Logique de Leibnitz.

COUTURAT (with LEAU), Histoire de la langue universelle. 1907

क्रावले, ई., द मिस्टिक रोज, 1927

क्रू, एच. तथा देसाल्वियो, ए., डायलाग्स कंसर्निंग टू न्यू साइंसेज बाइ गैलीलियो गैलिली (अनु.), 1914

क्रोचे, बी., एस्थेटिक (अनु.), 1909

क्राउच, जे., प्यूरिटैनिज्म ऐंड आर्ट, 1910

क्यूमाँ, एफ., द मिस्टिरीज आफ मिथ्रा, 1903

कनिंघम, डब्ल्यू., प्रोग्रेस आफ कैपिटलिज्म इन इंगलैंड, 1916

डैलस, ए. एस., द गे साइंस, 1866

डैपियर-ह्वेथम, डब्ल्यू. सी., ए हिस्ट्री आफ साइंस, 1930

डार्विन, चार्ल्स ओरिजिन आफ स्पीशीज, 1859

डिसेंट आफ मैन, 1871
दासगुप्त, हिस्ट्री आफ इंडियन फिलासफी, 1922
डेविस, डब्ल्यू. एस., इन्फ्लुएंस आफ वेल्थ इन इंपीरियल रोम, 1910
देबोरिन, ए., लेनिन ऐंड द क्राइसिस आफ माडर्न फीजिक्स, लेनिनग्राद, 1930
देलापोर्त, एल., मैसोपोटामिया
देमोलिन्स, ई., Comment la route cree le type social. (2 vols.) 1901-1903.
डेवी, जे., स्टडीज इन लाजिकल थ्योरी, 1903
डिब्ली, जी. बी., इंस्टिक्ट ऐंड इंट्यूशन, 1929
डिक्सन, आर. बी., द बिल्डिग आफ कल्चर्स, 1928
डाउनी, जे., क्रिएटिव इमैजिनेशन
ड्रेवर, जे., इंस्टिक्ट इन मैन, 1917
ड्राइएख़, एच., द क्राइसिस इन साइकोलॉजी, 1925
दुर्खीम, ई., De la division du travail social. 1893.
Les Regles de la methode sociologique. 1895.
Les Formes elementaires de la vil) religieuse. 1912.

दत्त, आर. पी., फासिज्म ऐंड सोशल रिवोल्यूशन
वर्ल्ड पालिटिक्स, 1936

ईटन, आर. एम., सिंबलिज्म ऐंड ट्रुथ, 1925
एडिंग्टन, ए. एस., द नेचर आफ फिजिकल वर्ल्ड, 1928
ईलियट, टी. एस. पोएम्स, 1925
कलेक्टेड एसेज
एंपसन, डब्ल्यू., सेवन टाइम्स आफ ऐंबिगुइटी
ऐंगेल्स, एफ. (देखें कार्ल मार्क्स भी) ऐंटी-ड्यूरिंग (अनु.), 1878
ओरिजिन आफ द फैमिली, 1884
लुडविग फ्योरबाख, 1886
द ब्रिटिश लेबर मूवमेंट (अनु.), 1936
एस्पिनोजा, ए., Les Origines de la technologie. 1899.
इवांस, ए., द पैलेस आफ मिनोज ऐट क्नोसास, 1921-1936

फेयरबैंक्स, ए., हैंडबुक आफ ग्रीक रिलिजन, 1910
फे, सी. आर., लाइफ ऐंड लेबर इन द नाइंटींथ सेंचुरी, 1921
फर्गूसन, डब्ल्यू. एस., ग्रीक इंपीरियलिज्म, 1913
फर्थ, आर., प्रिमिटिव इकानमिक्स आफ द न्यूजीलैंड माओरी, 1929

फिशर, आर. ए., द जेनेटिकल थ्योरी आफ नैचुरल सेलेक्शन, 1930
फिलकिंजर, आर. सी., द ग्रीक थियेटर ऐंड इट्स ड्रामा, 1918
फ्लुगेल, जे. सी., द साइको-एनेलिटिकल स्टडी आफ द फैमिली, 1921
फोरसिथ, ए. आर., मैथमेटिक्स इन लाइफ ऐंट थाट, 1929
फोर्टेस्क्यू, ए., द आर्थोडाक्स ईस्टर्न चर्च, 1911
फार्चून, आर. एफ., सोर्सरर्स आफ दोबू, 1932
फाक्स, सी. ई., द थ्रेसहोल्ड आफ द पैसिफिक
फाक्स, आर., लेनिन, 1933
फ्रांकोत, L'Industrie dans la Grece ancienne. 1901.
फ्रेजर, जे. जी., द गोल्डन बाउ, 1911-1915
फ्रेज, जी., Grundgesetsze der Arithmetik. Jena, 1893-1903.
फ्रायड, एस., ट्राउमडेयूटुंग, 1900
    इगो ऐंड द इड, 1919
    टोटेम ऐंड टैबू, 1919
    ग्रुप साइकालॉजी ऐंड द एनैलिसिस आफ द इगो, 1922
    कलेक्टेड पेपर्स, 1925
    इंट्रोडक्टरी लेक्चर्स आन साइको-एनेलिसिस, 1929
    फ्यूचर आफ ऐन इल्यूजन, 1935
फ्रोबेनियस, एल., Der Ursprung der afrikanischen Kultur. 1898.

गार्डनर, ए. एच., स्पीच ऐंड लैंग्वेज, 1932
गेडेस, पी. ऐंड टाम्सन, ए., एवोल्यूशन, 1932
गेनेप, ए. वान., Les rites de passage. 1909.
    L'Etat actuel du probleme totemique. 1920.
घुरये, जी. एस., कास्ट ऐंड रेस इन इंडिया
गिरी ऐंड रिविल, इमेंसिपेशन आफ मेडिविएल टाउन्स, 1907
ग्लोत्स, जी., Le travail dans la Grece ancienne.
    द एजियन सिविलिजेशन (अनु.)
गोडार्ड, पी. जी., द नाइट चैंट, ए नोवाजो सेरिमनी (अमे. म्यू. नैचु. हिस्ट्री. vi), 1902
गोल्डनवीजर, ए., हिस्ट्री, साइकालॉजी ऐंड कल्चर, 1933
गोमे, जी. एल., फोक लोर एज ऐन हिस्टारिकल साइंस, 1908
गोनर, ई. सी. के., कामन लैंड ऐंड इन्क्लोजर, 1912
गुडाल, टी. सी., एथेनियन ट्रैजेडी, 1920
गोर्डन, आर. जी., द न्यूरोटिक पर्सनेलिटी

गोरिस, जे. ए., Etude sur les colonies marchandes meridionales a Anvers de 1488 a 1567. 1925.
गोस, ई., ए हिस्ट्री आफ एटींथ सैंचुरी लिटरेचर, 1911
ग्रिगोरी, टी. ई., द फिलासफी आफ कैपिटलिज्म
ग्रास, ई., द बिगिनिंग्स आफ आर्ट, 1897
गुइनबर्ट, सी., द फार्मेशन आफ द चर्च

हैडन, ए. सी., इवोल्यूशन इन आर्ट, 1914
हैमंड, एम. बी., द काटन इंडस्ट्री, 1897
हार्डी, जी., ले आर्ट नीग्रे, 1927
हार्पर, आर. एफ. असुरियन ऐंड बेबीलोनियन लिटरेचर, 1901
हैरिसन, जे., ऐंशंट आर्ट ऐंड रिचुअल
हार्ट, बी., द साइकालॉजी आफ इनसैनिटी, 1919
हार्टलैंड, ई. एस., प्रिमिटिव पैटर्निटी, 1909
द इवोल्यूशन आफ किनशिप, 1922
हार्टमैन, एफ. L'Agriculture dans l'ancienne Egypte. 1923.
हैसबैक, द इंग्लिश ऐग्रिकल्चरल लेबरर, 1908
हेड, एच., स्टडीज इन न्यूरालजी (2 खंड), 1920
हेकर, जे., मास्को डायलाग्स, 1933
ही बर्ग, जे. एल., साइंस ऐंड मैथमैटिक्स इन क्लैसिकल ऐंटीक्विटी, 1922
हर्वर्टसन, ए. जे. और एफ. डी., मैन ऐंड हिज वर्क, 1909
हेविंस, डब्ल्यू. ए. एस., इंग्लिश ट्रेड ऐंड फिनांस इन द एटींथ सेंचुरी, 1892
हेविट, ई. एल., ओरेंडा ऐंड द डेफिनिशन आफ रिलिजन (अमे. ऐंथ्रो. न्यू. स.), 1902
हिलबर्ट, डी., Grundlagen der Geometrie. Berlin (7th ed.). 1930.
हिंग्स्टन, आर. डब्ल्यू. जी., प्राब्लम्स आफ इंस्टिंक्ट ऐंड इंटेलिजेंस, 1928
हर्न, वाई., द ओरिजिन आफ आर्ट, 1900
हाबहाउस, एल. टी., माइंड इन इवोल्यूशन, 1901
मारल्स इन इवोल्यूशन, 1906
हाबहाउस, एल. टी., व्हीलर, जी. सी. गिंसबर्ग, एम., द मैटीरियल कल्चर ऐंड सोशल इंस्टीट्यूशंस आफ द सिंप्लर पीपुल्स, 1915
हाब्सन, जे. ए., इवोल्यूशन आफ माडर्न कैपिटलिज्म
हडसन, टी. सी., द नागा ट्राइब्स आफ मणिपुर, 1911
हाफमन, डब्ल्यू. आई., द ग्राफिक आर्ट आफ द एस्किमो, 1925

हालबाख, Systeme de la nature.
हालिस, ए. जे., द मासाइ, 1905
 द नांदी, 1909
हूप, वान डर, कैरेक्टर ऐंड द अनकांशस
हापकिंस, ई. डब्ल्यू., द ग्रेट एपिक्स आफ इंडिया, 1920
 ओरिजिन ऐंड इवोल्यूशन आफ रिलिजन, 1923
होज, सी., द पैगन ट्राइब्स आफ बोर्नियो, 1912
हुल्मे, टी. ई., स्पेकुलेशंस
ह्यूम, आर. ई., द थर्टीन प्रिंसिपल उपनिषद्स, 1921
हटन, जे. एच., द अंगामी नागाज, 1921
 द सेमा नागाज, 1921
हाइंडमैन, एच. एम., कमर्शियल क्राइसिस इन द नाइनटींथ सेंचुरी, 1892
इमथर्न, ई., अमंग द इंडियंस आफ गायना, 1883

जेक्सन, टी. ए., डाइलेक्टिक्स, 1936
जेन्श, टी. आर., आइडेटिक इमेजरी
जेम्स, डब्ल्यू., प्रिंसिपल्स आफ साइकालॉजी, 1908
ज्यां, सी. एफ., La Litterature des Babyloniens et des Assyriens. 1924.
जीन्स, जे., द यूनीवर्स एराउंड अस, 1929
जेनिंग्स, एच. एस. बिहेवियर आफ द लोवर आर्गीनिज्म्स, 1906
 जेनेटिक वैरिएशंस इन रिलेशन टु इवोल्यूशन, 1935
जेस्पर्सन, ओ., लैंग्वेज, इट्स नेचर, डवलपमेंट ऐंड ओरिजिन, 1922
जेवंस, एफ. बी., इंट्रोडक्शन टु द हिस्ट्री आफ रिलिजन, 1896
जान्सेन, डब्ल्यू. एल. एर्ब्लिकुट, कोपेनहैगेन, 1917
जांस्टन, एच., द युगांडा प्रोटेक्ट्रेट, 1902
जोंस, ई. पेपर्स आन साइको-एनैलिसिस, 1923
ज्वायस, पी. डब्ल्यू., ओल्ड केल्टिक रोमांसेज, 1861
 सोशल हिस्ट्री आफ ऐंशंट आयरलैंड, 1914
ज्वायस, टी. ए., मायन ऐंड मेक्सिकन आर्ट, 1927
युंग, सी. जी., साइकोलाजिकल टाइप्स
 साइकोलॉजी आफ द अनकांशस
 कंट्रिब्यूशंस टु एनेलिटिकल साइकोलॉजी
 एनेलिटिकल साइकोलॉजी
जूनोड, एच. ए., द लाइफ आफ ए साउथ अफ्रीकन ट्राइब (2 खंड), 1912, 1913

कार्स्टेन, आर., द सिविलाइजेशन आफ द साउथ अमेरिकन इंडियंस
के, जी. आर., इंडियन मैथेमेटिक्स, 1915
कीन, टी. एच., मैन, पास्ट ऐंड प्रेजेंट, 1920
कीथ, ए., एंटिक्विटी आफ मैन, 1925
किंग, सी. डी., द साइकोलॉजी अनकांशसनेस
कोफ्का, द ग्रोथ आफ द माइंड
प्रिंसिपल्स आफ गेस्टाल्ट साइकोलॉजी, 1935
कोलर, डब्ल्यू., द मेंटलिटी आफ एप्स, 1927
गेस्टाल्ट साइकोलॉजी, 1929
क्रेत्श्मर, ई., फिजीक ऐंड कैरेक्टर
क्रोपाटकिन, मुचुअल एड, ए फैक्टर इन इवोल्यूशन, 1902
क्रंबेकर, के., Geschichte der byzantischen Literature. 1897.

लैड, जी. टी., आउटलाइन आफ एस्थेटिक्स
लैंग, ए., होमर ऐंड हिज एज, 1906
लैंज, एफ. ए., हिस्ट्री आफ मैटिरियलिज्म
लैंगफील्ड एच. एस. कांफ्लिक्ट ऐंड ऐडजस्टमेंट इन आर्ट, ('प्राब्लम्स आफ पर्सनैलिटी', सं. ए. ए. रोबैक में), 1925
लैपिडस, आई. तथा आस्त्रोवित्यानोव, आर., आउटलाइन आफ पोलिटिकल इकानमी, 1929
लैशले, ब्रेन मैकेनिज्म ऐंड इंटैलिजेंस, 1929
लारेंस, डब्ल्यू. डब्ल्यू., मेडिवल स्टोरी, 1912
लेनिन, वी. आई., मैटिरियलिज्म ऐंड इंपीरियो-क्रिटिसिज्म, 1909
द टीचिंग्स आफ कार्ल मार्क्स, 1914
इंपीरियलिज्म, 1917
द स्टेट ऐंड रिवोल्यूशन, 1918
'लैफ्ट-विंग' कम्युनिज्म, 1920
लेवी, एच. (तथा अन्य), ऐस्पेक्ट्स आफ डाइलेक्टिकल मैटिरियलिज्म, 1934
लेवी-ब्रूल, Les Fonctions mentales dans les societes inferieures. 1910.
L'Aine primitive. 1927.
लेविस, सी. आई., ए सर्वे आफ सिंबालिक लाजिक, 1918
लेक्सा, एफ., La Magie dans l'Egypte antique. (2 vols.) 1924.
लिंग-राथ, एच., द तस्मानियंस. 1899
लोरिमर, एफ., द ग्रोथ आफ रीजन

लोवी, आर. एच., प्रिमिटिव सोसाइटी, 1920
प्रिमिटिव रिलिजन, 1924
लूके, जी. एच., आर्ट ऐंड रिलिजन आफ फासिल मैन, 1930

मैकुलो, जे. ए., द चाइल्डहुड आफ फिक्शन
मैककर्डी, जी. जी., ह्यूमन ओरिजिंस, 1934
मैककर्डी, जे. टी., कामन प्रिंसिपल्स इन साइकोलॉजी ऐंड फीजियोलॉजी, 1928
साइकोलॉजी आफ इमोशन
मैकडोनेल, ए. ए., संस्कृत लिटरेचर, 1900
मैकडूगल, डब्ल्यू., सोशल साइकोलॉजी, 1908
द ग्रुप माइंड, 1920
आउटलाइन आफ साइकोलॉजी, 1923
आउटलाइन आफ ऐब्नार्मल साइकोलॉजी, 1926
मैकेंजी, डी., द माइग्रेशन आफ सिंबल्स
मिथ्स आफ क्रीट ऐंड प्रि-हेलेनिक यूरोप
मैश, ई., Die Analysis der Empfindungen. 1885.
मांएज, टी., Les Religions de la prehistoire. 1920.
मैलिनोव्स्की, बी., फैमिली एमंग द आस्ट्रेलियन एबोरिजिनीज, 1913
आर्गोनात्स आफ द वैस्टर्न पैसिफिक, 1922
क्राइम ऐंड कस्टम इन सैवेज सोसाइटी, 1926
सेक्स ऐंड रिप्रेशन इन सैवज सोसाइटी, 1926
साइकोलॉजी आफ प्रिमिटिव पीपुल्स
मैरेट, जे. आर., डे ला एच. रेस, सेक्स ऐंड एन्वायर्नमेंट, 1935
मैरेट, आर. आर., द थ्रेसहोल्ड आफ रिलिजन, 1909
साइकोलॉजी ऐंड फोक लोर, 1920
हेड, हार्ट ऐंड हैंड इन ह्यूमन इवोल्यूशन, 1935
मार्के, जे. जे., द सिंबालिक प्रासेस
मार्स्टन, डब्ल्यू. एम., इमोशंस आफ नार्मल पीपुल, 1928
इंटीग्रेटिव साइकोलॉजी
मार्क्स, के., पावर्टी आफ फिलासफी, 1847
द क्लास स्ट्रगल्स इन फ्रांस, 1850
ऐटींथ ब्रुमेर आफ लुई बोनापार्ट, 1852
ए कंट्रीब्यूशन, टु 'दि क्रिटिक आफ पोलिटिकल इकानमी', 1859
कैपिटल (3 खंड), 1867-1894

करेस्पांडेंस
मार्क्स, के. (ऐंगेल्स के साथ), द कम्युनिस्ट मैनिफेस्टो, 1848
मैसन, डब्ल्यू. ए., हिस्ट्री आफ द आर्ट आफ राइटिंग, 1920
माडस्ली, द फिजियालॉजी आफ माइंड, 1876
मीड, एम., ग्रोइंग अप इन न्यू गिनी, 1930
मीक, सी. के. नार्दर्न ट्राइब्स आफ नाइजीरिया, 1925
ट्राइबल स्टडीज इन नार्थ नाइजीरिया, 1931
मिएर-ग्रेफ, माडर्न आर्ट, 1905
मीले, ए., तथा कोन, एम.
मिलर, आई., द साइकोलॉजी आफ थिंकिंग, 1929
मिलिकन, आर. ए., द इलेक्ट्रान, 1924
मिल्स, जे. पी., द लहोटा नागाज, 1922
द आओ नागाज, 1936
मिशेल, प्राब्लम्स आफ साइको-पैथालॉजी, 1927
मामसेन, टी., द हिस्ट्री आफ रोम, 1877
मनी-कायर्ल, आर., द मीनिंग आफ सैक्रिफाइस, 1930
मूर, सी. एच., डवलपमेंट ऐंड कैरेक्टर आफ गाथिक आर्किटेक्चर, 1904
मोरे, ए., फ्राम ट्राइब टु इंपायर
द नाइल ऐंड इजिप्शियन सिविलाइजेशन
मार्गन, जे., डे प्रिहिस्टोरिक मैन
मार्गन, लेविस, लीग आफ द इराक़ुइज़, 1851
ऐंशंट सोसाइटी, 1877
मार्गन, लायड, हैबिट ऐंड इंस्टिक्ट, 1896
इंस्क्टि ऐंड एक्सपीरिऐंस
मार्गन, टी., द मेकेनिज्म आफ मेंडेलियन हेरिडिटी, 1915
थ्योरी आफ द जीन, 1920
मोरिस, डब्ल्यू. होप्स ऐंड फीयर्स फार आर्ट, 1896
मोसो, ए., द पैलेसेज आफ क्रीट ऐंड देयर बिल्डर्स, 1917
मूलर, एम., द साइंस आफ लैंग्वेज, 1880
मर्किसन, पी. (सं.) साइकोलॉजीज आफ 1920
साइकोलॉजीज आफ 1930
मर्फी, प्रिमिटिव मैन
मर्फी, जी., एन हिस्टारिकल इंट्रोडक्शन टु माडर्न साइकोलॉजी, 1929
मरे, जी., राइज आफ द ग्रीक एपिक, 1911

मायर्स, जे. एल., डाउन आफ हिस्ट्री, 1918

नीडैम, जे., द स्केप्टिकल बायोलोजिस्ट, 1929
नाइकोड, जीन, फाउंडेशंस ऑफ ज्योमेट्री ऐंड इंडक्शन, 1930.
नीत्शे, द बर्थ ऑफ ट्रेजेडी

आगडेन, सी. के. तथा रिचर्ड्स, आई ए., द मीनिंग ऑफ मीनिंग, 1923.
आग, डी., यूरोप इन सेवंटीथ सेंचुरी, 1928.
आस्बार्न, एच. एफ., मैन आफ द ओल्ड स्टोन एज, 1915.

पैगेट, आर. ह्यूमन स्पीच, 1930.
पार्किन, ई. ए., प्रिहिस्टारिक आर्ट, 1916.
पैरी, सी. एच. एच., द इवोल्यूश आफ द आर्ट आफ म्यूजिक, 1917.
पैटर्सन, एल., मिथ्राइज्म ऐंड क्रिश्चिऐनिटी, 1921.
पालन, एफ., द लाज आफ फीलिंग
पावलोव, आई पी., कंडीशंड रिफ्लेक्सेज, 1927.
पी. के. एच., द इंग्लिश विलेज, 1921.
पेलिसियर, जी. ले., Mouvement litteraire au XIXe siecle. 1908
पेनीमन, टी. के. द अरुंटा रिलिजन (सोशि. रि.), जन. 1929.
पेरिस, जी. एच., इंडस्ट्रियल हिस्ट्री आफ इंगलैंड, 1914.
पेरी, डब्ल्यू, जे., द मेगालिथिक कल्चर आफ इंडोनेशिया, 1918.
चिल्ड्रेन आफ द सन, 1926.
पीटरमैन, बी., द गेस्टाल्ट थ्योरी, 1932.
पेट-ड्यूटेलिस, सी., द फाउंडेशन आफ माडर्न मानर्कीज
पेत्री, एफ., टूल्ज ऐंड वेपंस, 1917.
सोशल लाइफ इन ऐंशंट ईजिप्ट
रिलिजस लाइफ इन ऐंशंट ईजिप्ट
पिआगेट, जे., लैंग्वेज ऐंड थाट आफ दि चाइल्ड, 1926
पिएरो, एच., थाट ऐंड द ब्रेन, 1927.
पिल्सबरी, डब्ल्यू, बी., फंडामेंटल्स आफ साइकोलॉजी
पिरेन, एच., मेडिवल सिटीज, 1925.
प्लैंक, एम., द यूनिवर्स इन द लाइट आफ माडर्न फीजिक्स, 1931.
प्लेटो, आयन (अनु. शेली), द रिपब्लिक लाज
प्लेखनोव, जी. वी. फंडामेंटल प्राब्लम्स आफ मार्क्सिज्म एसेज इन द हिस्ट्री आफ मैटिरियलिज्म
प्वायनकेयर, एच., साइंस ऐंड हाइपाथैसिस, 1925.

(अनु.) द वैल्यू आफ साइंस, 1907

L'Invention mathematique. (*Rev. du mois*) july 1928

पोल, डब्ल्यू., फिलासफी आफ म्यूजिक

पोस्टगेट, आर., हिस्ट्री आफ द इंग्लिश वर्किंग क्लास, 1926

प्राज, एम., द रोमांटिक एगोनी, 1933

प्रिविले, ए., DE Les Societes africaines. 1894

प्रिचर्ड, एच. ए., ड्यूटी ऐंड इंटरेस्ट, 1929

प्रिंस, एम., द डिसोसिएशन आफ ए पर्सनैलिटी, 1908

द अनकांशस, 1914

प्राथेरो, इंग्लिश फार्मिंग पास्ट ऐंड प्रेजेंट, 1912

पुनेट, आर. सी., मेंडेलिज्म, 1905

राबो, ई., Elements de biologie generale. 1921.

रैम्से, एफ. पी., द फाउंडेशंस आफ मैथेमेटिक्स

रैत्रे, आर. एस., अशान्ती, 1923

रिलिजन ऐंड आर्ट इन अशान्ती, 1927

रीड, सी., ओरिजिन आफ मैन, 1920

रीवी, जी. तथा स्लोनिम, एम., सोवियत लिटरेचर, 1935

रीड, जे., टेन डेज दैट शूक द वर्ल्ड

रीखेनबाख, एच., एटम ऐंड कास्मस, 1932

राइनैख, एस., कल्ट्स, मिथ्स ऐंड रिलिजन (अनु.), 1912

रेनाडे, जी., द बर्थ आफ द बुक

रेवेत्स, जी. साइकोलॉजी आफ ए म्यूजिकल प्राडिजी.

रिबोट., La Logique des sentiments.

रिचर्ड्, आई. ए., प्रिंसिपल्स आफ लिटरेरी क्रिटिसिज्म

रिचर्ड्स, आई. ए., प्रिंसिपल्स आफ लिटरेरी क्रिटिसिज्म

रिचर्ड्स, ए., हंगर ऐंड वर्क इन ए सैवेज ट्राइब, 1932

रिजवे, डब्ल्यू., ओरिजिन आफ ट्रेजेडी, 1910

ड्रामाज ऐंड ड्रैमेटिक डांसेज, 1915

रिग्नानो, ई. साइकोलॉजी आफ रीजनिंग, 1923

रिवर्स, डब्ल्यू. एच. आर., द टोडाज, 1907

इंस्टिक्ट ऐंड द अनकांशस, 1922

कांफ्लिक्ट ऐंड ड्रीम, 1923

मेडिसिन, मैजिक ऐंड रिलिजन, 1924

सोशल आर्गनाइजेशन, 1924

रोबैक, ए. ए. साइकोलॉजी आफ कैरेक्टर, 1927
राबर्टसन, जे. एम., एलिजाबेथन लिटरेचर, 1914
राबर्टसन-स्मिथ, डब्ल्यू., रिलिजन आफ द सेमाइट्स, 1887
राबिसन, जे. एच., द माइंड इन द मेकिंग, 1921
रोजर्स, टी., सिक्स सेंचुरीज आफ वर्क ऐंड वेजेज, 1890
रोहीम, जी., आस्ट्रेलियन टोटेमिज्म, 1925
रोमनीज, मेंटल इवोल्यूशन इन एनिमल्स
रास्तोवित्सेफ, एम., द रोमन इंपायर, सोशल ऐंड इकानमिक डवलपमेंट, 1926
रसेल, ए. एल. एन., आर्किटेक्चर, 1927
रसेल, बी., मिस्टिसिज्म ऐंड लाजिक, 1918
इंट्रोडक्शन टु मैथमेटिकल फिलासफी, 1920
एनैलिसिस आफ मैटर
एनैलिसिस आफ माइंड
आउटलाइन आफ फिलासफी, 1927
रसेल, बी., (ए. एन. ह्वाइटहेड के साथ) प्रिंसिपिया मैथमेटिका
रसेल, डी., द प्रिल्यूड आफ मशीन एज
रसेल, ई. एस., इंटरप्रेटेशन आफ डवलपमेंट ऐंड हेरिडिटी, 1930

सेंट्सबरी, जी. ई. बी., हिस्ट्री आफ एलिजाबेथन लिटरेचर, 1887
फ्लरिशिंग आफ रोमांस ऐंड राइज आफ एलिगरी, 1897
सैपिर, ई., लैंग्वेज, 1921
सासर, डे., Cours de linguistique generale. 1916.
सेस, ए. एच., साइंस आफ लैंग्वेज, 1880
सेस, आर. यू., प्रिमिटिव आर्ट्स ऐंड क्रैफ्ट्स, 1933
स्मिट, डब्ल्यू., द ओरिजिन ऐंड ग्रोथ आफ रिलिजन, 1931
स्कोन, एम. (सं.), द इफेक्ट्स आफ म्यूजिक
शुल्त्शे, Psychologie der Natuvolker.
स्काट, जी., द आर्किटेक्चर आफ ह्यूमैनिज्म, 1914
सेजविक, डब्ल्यू. टी. तथा टाइलर, एच. डब्ल्यू., ए शार्ट हिस्ट्री आफ साइंस, 1917
सेलिगमैन, सी. जी., द मेलानेसियंस आफ ब्रिटिश गिनी, 1910
द पीपुल्स आफ अफ्रीका, 1930
सेलिगमैन, ई. आर. ए., द इकानमिक इंटरप्रेटेशन आफ हिस्ट्री, 1924
सेमूर, टी. डी., लाइफ इन द होमरिक एज, 1908

शैंड, ए. एफ., फाउंडेशन आफ कैरेक्टर
शेली, पी. बी., ए डिफेंस आफ पोएट्री (निबंध), 1930
शेरिंग्टन, सी. एस., इंटीग्रेटिव ऐक्शन आफ द नर्वस सिस्टम, 1906
सिद्धांत, एन. के., द हिरोइक एज आफ इंडिया
सिडनी, सर फिलिप, ऐन एपोलॉजी फार पोएट्री, 1895
सिंगर, सी., स्टडीज इन द हिस्ट्री ऐंड मैथड आफ साइंस, 1917-1921
स्कीट, डब्ल्यू, डब्ल्यू., मलय मैजिक, 1900
स्कीट, डब्ल्यू. डब्ल्यू., तथा सी. ब्लैगडेन, पेगन रेसेज आफ द मलय पेनिनसुला, 1906
स्लेटर, जी., इंग्लिश पीजैंट्री ऐंड द इंक्लोजर आफ कामन लैंड्स, 1907
द मेकिंग आफ माडर्न इंगलैंड, 1915
स्मिथ, ऐडम, द वेल्थ आफ नेशंस, 1776
स्मिथ, डी. ई., हिस्ट्री आफ मैथमेटिक्स (2 खंड), 1923-1925.
स्मिथ, जी. ई., द माइग्रेशन आफ अर्ली कल्चर्स
एसेज आन द इवोल्यूशन आफ मैन, 1927
ह्यूमन, हिस्ट्री, 1929
स्मिथ, डब्ल्यू., The Commedia dell' Arte. 1912.
सोलेस, डब्ल्यू. जे., ऐंशंट हंटर्स, 1911
सोर्डिले, सी., द रिलिजस थाट आफ ग्रीस
स्पीयरिंग, एच. जी., द चाइल्डहुड आफ आर्ट, 1912
स्पीयरमैन, सी., द नेचर आफ इंटेलिजेंस एंड द प्रिंसिपल्स आफ काग्निशन, 1923
स्पेंस, एल., लॉ ऐन इंट्रोडक्शन टु माइथालजी
स्पेंसर, डब्ल्यू. बी, तथा गिलेन, एफ. जे., नेटिव ट्राइब्स आफ सेंट्रल आस्ट्रेलिया, 1899
नार्दर्न ट्राइब्स आफ सेंट्रल आस्ट्रेलिया, 1904
द अरुंटा : ए स्टोन एज पीपुल, 1927
स्पेंग्लर, ओ., डिक्लाइन आफ द वेस्ट
स्पिंडेन, एच. जे., ए स्टडी आफ माया आर्ट, 1913
स्तालिन, जे., लेनिनिज्म, 1928
प्रिपेयरिंग फार अक्तूबर, 1931
स्तालिन रिपोर्ट्स आन द सोवियत यूनियन, 1934
द कोलोनियल क्वेश्चन, 1936
स्टेट, एच. ए., द बावेंडा, 1931
स्टेबिंग, एल. एस., ए माडर्न इंट्रोडक्शन टु लाजिक, 1930

स्टाइन, ए., इनरमोस्ट एशिया, 1928
स्टीफेन, एल., हिस्ट्री आफ इंग्लिश थाट इन द एटींथ सेंचुरी, 1902
स्टीफेंसन, एच. टी., द एलिजाबेथन पीपुल, 1910
स्टोडार्ड, लोथ्रोप, द रिवोल्ट अगेंस्ट सिविलाइजेशन, 1923
स्टाउट, एनेलिटिकल साइकोलॉजी, 1909
मैन्युअल आफ साइकोलॉजी, 1913
स्ट्रैची, जे., द कमिंग स्ट्रगल फार पावर
द नेचर आफ कैपिटलिस्ट क्राइसिस
थ्योरी ऐंड प्रैक्टिस आफ सोशलिज्म, 1936
समर्स, एम., द रेस्टोरेशन स्टेज
सुसुकी, ओ. टी., ए ब्रीफ हिस्ट्री आफ चाइनीज फिलासफी, 1914
स्वीट, एच., इंट्रोडक्शन टु द हिस्ट्री आफ लैंग्वेज
स्विडलर, एम., ऐंशंट पेंटिंग, 1929

टानी, आर. एच., द ऐक्विजिटिव सोसाइटी, 1921
टेलर, जी., एन्वायर्नमेंट ऐंड रेस, 1927
टेलबिटजर, एस., इमोशन ऐंड इनसैनिटी
टामस, एन. डब्ल्यू., किनशिप ऐंड ग्रुप मैरेज इन आस्ट्रेलिया, 1906
टाम्सन, ए. जे., हेरिडिटी
थाम्पसन, जे. थ्रू मैसाइ लैंड, 1885
थोरेज, एम., फ्रांस टु-डे, 1936
थार्नडाइक, ए. एच., शेक्सपियर्स थियेटर, 1916.
लिटरेचर इन ए चेंजिग एज, 1920
थार्नडाइक, ई. एल., ह्यूमन लर्निंग, 1931
थार्नडाइक, एल., ए हिस्ट्री आफ मैजिक ऐंड एक्सपेरिमेंटल साइंस, 1923
थर्स्टन, एल. एल., नेचर आफ इंटैलिजेंस
टोटेन, जे., ऐंशंट इकानमिक आर्गनाइजेशन
ट्रोल्त्श, ई., प्रोटेस्टैंटिज्म ऐंड प्रोग्रेस, 1912
ट्राटर, हर्ड इंस्टिक्ट

उक्सकुल, जे. वान, थियेट्रिकल बाइआलॉजी, 1926
अनविन, जी., इंडस्ट्रियल आर्गनाइजेशन इन द सिक्सटींथ ऐंड सेवेंटींथ सेंचुरीज, 1909
अरे, पी. एन., ओरिजिन आफ टाइरेनी, 1922
उशर, ए. पी., ऐन इंट्रोडक्शन टु द इंडस्ट्रियल हिस्ट्री आफ इंगलैंड, 1920

वैंडरवेल्डे, ई., पैरासाइटिज्म, आर्गैनिक ऐंड सोशल, 1895
तेंड्रीज, लैंग्वेज, 1925
वोस्लर, के., द स्पिरिट आफ लैंग्वेज
व्राइज, एच., डे डाइ म्युटेशनस्थ्योरी, 1900

वैली, ए., ए हंड्रेड ऐंड सेवंटी चाइनीज पोएम्स, 1918
मोर ट्रांसलेशंस फ्रास द चाइनीज, 1918
वैलेश्चेक, आर., प्रिमिटिव म्यूजिक, 1893
वाल्टर्स, एच., द आर्ट आफ द रोमन्स, 1911
वार्नर, जी. टी., लैंडमार्क्स इन इंग्लिश इंडस्ट्रियल हिस्ट्री, 1912
वाटसन, जे. बी., बिहेवियरिज्म, 1925
वेब, सी. सी. जे., ग्रुप थ्योरीज आफ रिलिजन, 1916
वेब, एस. और बी., हिस्ट्री आफ ट्रेड यूनियनिज्म, 1920
द डिके आफ कैपिटलिस्ट सिविलाइजेशन, 1923
सोवियत कम्युनिज्म—ए न्यू सिविलाइजेशन, 1935
वेब्स्टर, एच., प्रिमिटिव सीक्रेट सोसाइटीज, 1908
वर्नर, ए., नेटिव्स आफ ब्रिटिश सेंट्रल अफ्रीका, 1906
वेस्टर मार्क, ई. ए., ओरिजिन ऐंड डवलपमेंट आफ मारल आइडियाज, 1909
रिचुअल ऐंड बिलीफ इन मोरक्को, 1926
वेस्टन, जे. एल., फ्राम रिचुअल टु रोमांस
व्हाइट, ए. डी., द वारफेयर आफ साइंस विद रिलिजन
व्हाइटहेड, ए. एन., प्रिंसिपल्स आफ नैचुरल नालेज, 1925
साइंस ऐंड द माडर्न वर्ल्ड, 1926
वाइजार, एल., Histoire des croyances religieuses et des opinions philosophiques en Chine. 1917.
विलियम्स, सी. टी. ए., द रिद्म आफ माडर्न म्यूजिक, 1909
विलियम्स, एम., सोशल स्कैंडिनेविया इन वाइकिंग एज, 1920
विलियम्स, पापन्स आफ द ट्रांस फ्लाई, 1935
विलियम्सन, जे. ए., ए शार्ट हिस्ट्री आफ ब्रिटिश इंपीरियलिज्म, 1922
विंचेस्टर, सी. टी., लाइफ आफ जान वेस्ली, 1900
विंडलबैंड, डब्ल्यू., ए हिस्ट्री आफ फिलासफी, 1901
वाइपर, आर., कम्युनिज्म ऐंड कल्चर, 1925
विस्लर, सी., द अमेरिकन इंडियन, 1917
विटिगेंस्टाइन, एल., ट्रेक्टस लाजिको-फिलोसोफिक्स, 1922

सम रिमार्क्स आन लाजिकल फार्म (अरिस्टोटेलियन सोसा. सप्लि. वाल्यूम IX) 1929
वुड, एच. टी., इंडस्ट्रियल इंगलैंड इन द मिडल आफ द एटींथ सेंचुरी, 1913
वुडगर, जे. एच., बाइओलाजिकल प्रिंसिपल्स, 1929
वुडवर्थ, आर. एस., कंटेंपरेरी स्कूल्स आफ साइकोलॉजी, 1931
वुल्फ, एल. एस., इंपीरियलिज्म ऐंड सिविलाइजेशन, 1928
वर्ड्सवर्थ, डब्ल्यू., प्रीफेस टु 'लिरिकल बैलेड्स', 1802
वुंट, डब्ल्यू., वोल्केरसाइकोलॉजी, 1900
Grundzuge der physiologischen Psychologie. (5 Aufl.). 1903.
त्सुकर मैन, एस., सोशल लाइफ आफ मंकीज ऐंड एप्स, 1932

ग्रंथ-सूची

अ

आ

इ

ख

ग

घ

च

छ

ज

त

थ

द

ध

फ